# Kommentar zum Schweizerischen Zivilgesetzbuch

unter Mitwirkung von


**Dr. V. Aepli**
Titularprofessor an der Universität Freiburg (Schweiz), Rechtsanwalt

**Dr. R. Bär**
Professor an der Universität Bern

**Dr. E. Bossard**
Titularprofessor an der Hochschule St. Gallen

**Lic. iur. V. Bräm**
Oberrichterin in Zürich

**Dr. W. F. Bürgi**
Professor an der Hochschule St. Gallen

**Dr. A. Egger**
Professor an der Universität Zürich

**Dr. A. Escher**
Professor an der Universität Zürich

**Dr. A. Escher**
Handelsgerichtsschreiber in Zürich

**Dr. P. Gauch**
Professor an der Universität Freiburg (Schweiz)

**Dr. M. Gutzwiller**
Professor an der Universität Freiburg (Schweiz)

**Dr. R. Haab**
Professor an der Universität Basel

**Dr. F. Hasenböhler**
Professor an der Universität Basel

**Dr. P. Higi**
Gerichtsschreiber/Ersatzrichter in Zürich

**Dr. A. Homberger**
Professor an der Universität Bern

**Dr. P. Jäggi**
Professor an der Universität Freiburg (Schweiz)

**Dr. P. Liver**
Professor an der Universität Bern

**Dr. U. Nordmann-Zimmermann**
Bundesrichterin in Lausanne

**Dr. K. Oftinger**
Professor an der Universität Zürich

**Dr. H. Oser**
Bundesrichter in Lausanne

**Dr. W. Scherrer**
Professor an der Universität Basel

**E. Schmid**
Bundesrichter in Lausanne

**Dr. J. Schmid**
Professor an der Universität Freiburg (Schweiz)

**Dr. W. Schönenberger**
Bundesrichter in Lausanne

**Dr. H. Schönle**
Professor an der Universität Genf

**Dr. M. Schraner**
Kantonsrichter in Freiburg (Schweiz)

**Dr. A. Siegwart**
Professor an der Universität Freiburg (Schweiz)

**Dr. E. Spirig**
Oberrichter in Zürich

**Dr. A. Staehelin**
Appellationsgerichtspräsident in Basel
Professor an der Universität Basel

**Dr. W. von Steiger**
Professor an der Universität Bern

**Dr. A. Simonius**
Professor an der Universität Basel

**Dr. A. Troller**
Professor an der Universität Freiburg (Schweiz)

**Dr. F. Vischer**
Professor an der Universität Basel

**Dr. D. Zobl**
Professor an der Universität Zürich


## V. Band:

# Obligationenrecht

ZÜRICH 1996 SCHULTHESS POLYGRAPHISCHER VERLAG

# Obligationenrecht

(Bundesgesetz vom 30. März 1911 und 8. Dezember 1936,
samt den seitherigen Änderungen)

**Kommentar zur 1. und 2. Abteilung (Art. 1–529 OR)**
Erste Auflage von H. Oser. Zweite Auflage von Oser/Schönenberger.
Dritte Auflage herausgegeben von Wilhelm Schönenberger und Peter Gauch

## Teilband V 2b

# Die Miete

## Vierte Lieferung
## Art. 271–274g OR

**Vierte, völlig neu bearbeitete Auflage**



Herausgegeben von

**Dr. Peter Gauch** und **Dr. Jörg Schmid**
Professoren an der Universität Freiburg/Schweiz



Bearbeitet von

**Dr. Peter Higi**
Gerichtsschreiber/Ersatzrichter in Zürich



ZÜRICH 1996 SCHULTHESS POLYGRAPHISCHER VERLAG

Zitiervorschlag: Higi


ISBN 3 7255 3214 1

# Vorwort

Der Auftrag an den Kommentator des Gesetzes lautet, den Praktiker möglichst umfassend zu informieren und ihm zugleich eine Hilfe für Lösungsansätze in möglichst vielen konkreten Einzelfällen zu bieten. Mit knappen, generalisierenden oder pauschalen Ausführungen kann diese Vorgabe wohl nur schwerlich erreicht werden. Vielmehr scheint der Auftrag stete Differenzierung zu verlangen, das Herstellen systematischer Bezüge, das Begründen von Ansichten, endlich das stete kritische Hinterfragen (auch der eigenen Ansichten). Ich hoffe, mit dieser vierten Lieferung des Teilbandes V 2b dem hohen Auftragsziel einigermassen gerecht geworden zu sein. Die Rechtsprechung des Bundesgerichts ist bis und mit BGE 122 III, Heft 2 berücksichtigt. Ferner wurden (wie üblich und bis anhin gepflegt) weitere ausgewählte Literatur und Rechtsprechung beigezogen, und zwar grundsätzlich bis zum Erscheinungsdatum Ende April 1996.

Meine Frau und meine Kinder haben mich während der Arbeit auch an diesem Buch getragen und ertragen. Es ist ihnen gewidmet.

Zu herzlichem Dank verpflichtet bin ich der Verwaltungskommission des Obergerichtes des Kantons Zürich, dem Präsidenten des Bezirksgerichts Zürich, Herrn lic. iur. RUDOLF KIESER, sowie Herrn Dr. BRUNO STEINER und Herrn lic. iur. MAX HAURI, Vizepräsidenten des Bezirksgerichts Zürich. Ihrer grosszügigen Denkweise ist es zuzuschreiben, dass ich mein Arbeitspensum am Bezirksgericht Zürich zu reduzieren und dadurch die Kommentierung zu fördern vermochte.

Wertvolle Unterstützung und Anregung in verschiedenen Bereichen erfahren durfte ich wiederum von Prof. Dr. PETER GAUCH (Freiburg), vom Verlag Schulthess (Herr BÉNON EUGSTER war für mich ein steter und äusserst geduldiger Ansprechpartner), von der Informatikabteilung des Bezirksgerichts Zürich sowie von zahlreichen Kolleginnen und Kollegen am Bezirksgericht Zürich und aus der Lehre und Anwaltschaft. Stellvertretend hervorgehoben sei hier für sie alle Herr lic. iur. BEAT GUT (vollamtlichter Ersatzrichter), der zudem erneut freundschaftlich die Mühsal auf sich genommen hat, das Typoskript nach Mängeln durchzulesen. Ein besonderer Dank geht im weiteren an die Herrn Dr. ROGER WEBER (Gerichtsschreiber) sowie Dr. RAYMOND BISANG (Rechtsanwalt, Zürich). Selbst mit der Kommentierung des Gesetzes befasst, haben sie mir in ausserordentlich kollegialer Freundlichkeit ihre Typoskripte bzw. Druckfahnenabzüge zur Verfügung gestellt. Sie haben mich dadurch in die glückliche und besonders vorteilhafte Lage versetzt, bereits vor dem Erscheinen ihrer Werke in Buchform ihre Gedanken und Auffassungen in den

Text einzuarbeiten. Sollten ihre Werke wegen allfälliger redaktioneller Retouchen noch vor der Drucklegung im vorliegenden Band ungenau zitiert sein, so möge der Leser das mit Blick auf die Aussergewöhnlichkeit der Geste der zwei Kollegen dem Verfasser verzeihen.

Zürich, im Oktober 1996 PETER HIGI

# Inhaltsübersicht

# Abkürzungsverzeichnis

| | |
|---|---|
| A. | Auflage |
| a.A. | anderer Ansicht |
| a.a.O. | am angeführten Ort |
| aArt. | alter Artikel; z.B. frühere, durch die Änderung des OR vom 15. Dezember 1989 ersetzte Fassung eines Artikels |
| ABGB | Das Allgemeine bürgerliche Gesetzbuch (Österreich) |
| Abs. | Absatz |
| Abse. | Absätze |
| AGVE | Aargauische Gerichts- und Verwaltungsentscheide |
| AJP | Aktuelle Juristische Praxis |
| al. | alinea |
| a.M. | anderer Meinung |
| Amtl.Bull. NR | Amtliches Stenographisches Bulletin des Nationalrates |
| Amtl.Bull. SR | Amtliches Stenographisches Bulletin des Ständerates |
| Anm. | Anmerkung |
| aOR | alt OR; frühere, durch die Änderung vom 15. Dezember 1989 ersetzte Fassung des Obligationenrechts |
| ApG. | Appellationsgericht |
| AR GVP | Ausserrhodische Gerichts- und Verwaltungspraxis |
| Art. | Artikel |
| AS | Amtliche Sammlung der Bundesgesetze und Verordnungen |
| AT | Allgemeiner Teil |
| BauR | Baurecht, Mitteilungen des Seminars für schweizerisches Baurecht, Fribourg |
| BB | Bundesbeschluss |
| BBl. | Bundesblatt |
| Bd. | Band |
| Bde. | Bände |
| betr. | betreffend |
| BG | Bundesgesetz |
| BGB | Bürgerliches Gesetzbuch (Deutschland) |
| BGE | Entscheide des Schweizerischen Bundesgerichtes (amtliche Sammlung) |
| BGer | Schweizerisches Bundesgericht |
| BGMM | Entwurf zum Bundesgesetz über Massnahmen gegen Missbräuche im Mietwesen vom 27. März 1985, BBl 1985 I, S. 1526 ff. |

| | |
|---|---|
| BJM | Basler Juristische Mitteilungen |
| BlSchK | Blätter für Schuldbetreibung und Konkurs |
| BMM | Bundesbeschluss über Massnahmen gegen Missbräuche im Mietwesen vom 30. Juni 1972 (mit seitherigen Änderungen; aufgehoben) |
| Botsch. | Botschaft des Bundesrates an die Bundesversammlung; wo ohne Zusatz zitiert: Botschaft des Bundesrates vom 27. März 1985, BBl 1985 I, S. 1389 ff. |
| BR | Bundesrat |
| BT | Besonderer Teil |
| BV | Bundesverfassung |
| bzw. | beziehungsweise |
| ca. | zirka |
| (i.S.) ... ca. | (in Sachen) ... contra |
| Cahiers | Cahiers du bail |
| CC | Code Civil (Frankreich) |
| CCI | Codice Civile (Italien) |
| DdB | Droit du bail; Publication annuelle du Séminaire sur le droit du bail, Université de Neuchâtel |
| DERS., Ders. | Derselbe usw. |
| d.h. | das heisst |
| Diss. | Dissertation |
| E. | Erwägung |
| ev. | eventuell |
| ExpKom | Expertenkommission |
| f. | folgende/r (Seite/Randnote/Artikel) |
| ff. | folgende (Seiten/Randnoten/Artikel) |
| Fn. | Fussnote |
| franz. | französisch |
| GBV | Verordnung vom 22. Februar 1910 betreffend das Grundbuch (mit seitherigen Änderungen) |
| gl. | gleich/e/r |
| gl.M. | gleicher Meinung |
| GVP | St. Gallische Gerichts- und Verwaltungspraxis |
| h.L. | herrschende Lehre |
| Hrsg. | Herausgeber, Herausgeberin |
| i.e.s. | im engeren (engsten) Sinn |
| IPR | Internationales Privatrecht |
| IPRG | Bundesgesetz über das Internationale Privatrecht vom 18. Dezember 1987 |

| | |
|---|---|
| insbes. | insbesondere |
| i.S. ... (ca.) | in Sachen ... (contra) |
| i.S.(v.) | im Sinn (von) |
| ital. | italienisch |
| i.V.m. | in Verbindung mit |
| i.w.S. | im weiteren (weitesten) Sinn |
| JDG | JOURNAL DE GENÈVE et Gazette de Lausanne |
| JdT | Journal des Tribunaux |
| Kap. | Kapitel |
| KSG | Konkordat über die Schiedsgerichtsbarkeit vom 27. März 1969 (SR 279) |
| LGVE | Luzerner Gerichts- und Verwaltungsentscheide |
| LugÜ | Übereinkommen über die gerichtliche Zuständigkeit und die Vollstreckung gerichtlicher Entscheide in Zivil- und Handelssachen, geschlossen in Lugano am 16. September 1988 (Lugano-Übereinkommen) |
| lit. | litera (Buchstabe) |
| m.a.W. | mit anderen Worten |
| m.E. | meines Erachtens |
| Mit. | Mitteilungen des Bundesamtes für Wohnungswesen zum Mietrecht |
| mp | Mietrechtspraxis, Zeitschrift für schweizerisches Mietrecht |
| MHG | Gesetz zur Regelung der Miethöhe (Deutschland) |
| MRA | MietRecht Aktuell |
| MRG | Mietrechtsgesetz (BG vom 12. November 1981 über das Mietrecht; Österreich) |
| N | Note (Randnote) |
| NF | Neue Folge |
| NGVP | Gerichts- und Verwaltungspraxis des Kantons Nidwalden |
| Nr. | Nummer |
| o.D. | ohne Datum |
| OG | Bundesgesetz über die Organisation der Bundesrechtspflege vom 16. Dezember 1943 (mit seitherigen Änderungen) |
| OGer | Obergericht |
| OR | Bundesgesetz über das Obligationenrecht vom 30. März 1911/ 18. Dezember 1938 (mit seitherigen Änderungen) |
| PKG | Praxis des Kantonsgerichts Graubünden |
| Plädoyer | plädoyer, Das Magazin für Recht und Politik |

| | |
|---|---|
| Pra. | Die Praxis des schweizerischen Bundesgerichtes (Basel 1912 ff.) |
| Recht | recht, Zeitschrift für juristische Ausbildung und Praxis |
| Rep. | Repertorio di Giurisprudenza Patria |
| Rz. | Randziffer |
| S. | Seite |
| SchKG | Bundesgesetz über Schuldbetreibung und Konkurs vom 11. April 1889, gemäss Änderung vom 16. Dezember 1994 |
| SchlT | Schlusstitel |
| SJ | Semaine Judiciaire |
| SJK | Schweizerische Juristische Kartothek (Zürich und Genf) |
| SJZ | Schweizerische Juristen-Zeitung |
| sog. | sogenannt(e) |
| SPR | Schweizerisches Privatrecht, Basel 1969 ff. |
| SR | Systematische Sammlung des Bundesrechts |
| SZIER | Schweizerische Zeitschrift für internationales und europäisches Recht |
| u.a. | unter anderem/unter anderen |
| u.ä.(m.) | und ähnliches (mehr) |
| unveröff. | unveröffentlicht/e/r |
| usw. | und so weiter |
| u.U. | unter Umständen |
| UWG | Bundesgesetz gegen den unlauteren Wettbewerb vom 19. Dezember 1986 |
| v. | vom/von |
| Verf. | Verfasser |
| vgl. | vergleiche |
| VMM | Verordnung über Massnahmen gegen Missbräuche im Mietwesen vom 10. Juli 1972 (aufgehoben) |
| VMWG | Verordnung über die Miete und Pacht von Wohn- und Geschäftsräumen vom 9. Mai 1990 (mit seitherigen Änderungen) |
| Vo | Verordnung |
| Vorbem. | Vorbemerkung(en) |
| VZG | Verordnung des Bundesgerichtes über die Zwangsverwertung von Grundstücken vom 23. April 1923 (mit seitherigen Änderungen) |
| WGG | Wohnungsgemeinnützigkeitsgesetz (Österreich) |
| z.B. | zum Beispiel |
| ZBJV | Zeitschrift des Bernischen Juristenvereins |

| | |
|---|---|
| ZGB | Schweizerisches Zivilgesetzbuch vom 10. Dezember 1907 (mit seitherigen Änderungen) |
| Ziff. | Ziffer |
| zit. | zitiert |
| ZMP | Zürcher Mietrechtspraxis, Entscheide des Mietgerichtes und der Schlichtungsbehörde Zürich |
| ZPO | Zivilprozessordnung |
| ZR | Blätter für Zürcherische Rechtsprechung |
| ZSR | Zeitschrift für schweizerisches Recht |
| z.T. | zum Teil |
| ZWR | Zeitschrift für Walliser Rechtsprechung |

# Literaturverzeichnis


| | |
|---|---|
| AEPLI VIKTOR | Kommentar zu Art. 114–126 OR, Zürcher Kommentar, 3. A., Zürich 1991 |
| AMONN KURT | Grundriss des Schuldbetreibungs- und Konkursrechts, 5. A., Bern 1993 |
| BARBEY RICHARD | L'arrêté fédéral instituant des mesures contre les abus dans le secteur locatif du 30 juin 1972, Lausanne 1984 (zitiert: BARBEY, arrêté) |
| BARBEY RICHARD | Commentaire du droit du bail, chapitre III, Protection contre les congés concernant les baux d'habitation et de locaux commerciaux, Genève 1991 (zitiert: BARBEY, Protection) |
| BECKER HERMANN | Kommentar zu Art. 1–183 OR, Berner Kommentar, 2. A., Bern 1941/45 |
| BECKER HERMANN | Kommentar zu Art. 184–551 OR, Berner Kommentar, Bern 1934 |
| BREHM ROLAND | Kommentar zu Art. 41–61 OR, Berner Kommentar, Bern 1990 |
| BRUNNER MAX | Mietrecht, 2. A., Rorschach 1938 |
| BUCHER EUGEN | Schweizerisches Obligationenrecht, Allgemeiner Teil ohne Deliktsrecht, 2. A., Zürich 1988 (zitiert: BUCHER, AT) |
| BUCHER EUGEN | Schweizerisches Obligationenrecht, Besonderer Teil, 3. A., Zürich 1988 (zitiert: BUCHER, BT) |
| VON BÜREN BRUNO | Schweizerisches Obligationenrecht, Allgemeiner Teil, Zürich 1964 (zitiert: v. BÜREN, AT) |
| VON BÜREN BRUNO | Schweizerisches Obligationenrecht, Besonderer Teil, Zürich 1972 (zitiert: v. BÜREN, BT) |
| BÜRGI F. WOLFHART | Kommentar zu Art. 698–738 OR, Zürcher Kommentar, Zürich 1969 |
| BÜRGI F. WOLFHART/NORDMANN U. | Kommentar zu Art. 739–771 OR, Zürcher Kommentar, Zürich 1979 |
| CALAMO CHRISTIAN | Die missbräuchliche Kündigung der Miete von Wohnräumen, Bern 1994 |
| CLASS EDI | Die ordentliche Vermieterkündigung nach § 564b BGB und Art. 267 OR der Wohnraummiete im schweizerischen und deutschen Recht unter besonderer Berücksichtigung der Fortführung des Mietverhältnisses aus sozialen Gründen, Zürich 1987 |
| DESCHENAUX HENRI | Der Einleitungstitel, in: SPR, II, Basel 1967 |

| | |
|---|---|
| EGGER CHARLES-ALBERT | Les justes motifs de la prolongation judiciaire du bail, Fribourg 1984 |
| ENGEL PIERRE | Contrats de droit suisse, Bern 1992 |
| FRANK RICHARD (Hrsg.) | Der Beweis im Zivil- und Strafprozess, Zürich 1996 |
| FRITZSCHE HANS/ WALDER HANS ULRICH | Schuldbetreibung und Konkurs nach schweizerischem Recht, Bd. 1, Zürich 1984 |
| FRITZSCHE HANS/ WALDER HANS ULRICH | Schuldbetreibung und Konkurs nach schweizerischem Recht, Bd. 2, Zürich 1993 |
| FUHRER JOHANN | Der neue Mieterschutz, Basel 1972 |
| GAUCH PETER | System der Beendigung von Dauerverträgen, Fribourg 1968 |
| GAUCH PETER/SCHLUEP WALTER | Schweizerisches Obligationenrecht. Allgemeiner Teil, 2 Bde, 6. A., Zürich 1995 |
| GIGER BRUNO | Die Erstreckung des Mietverhältnisses (Art. 272–272d OR), Zürich 1995 |
| GMÜR ROLAND/CAVIEZEL WERNER | Mietrecht – Mieterschutz, 3. A., Zürich 1980 |
| GMÜR ROLAND/PREROST RUEDI/ TRÜMPY JAKOB | Mietrecht für die Praxis, Zürich 1986 |
| GMÜR ROLAND/THANEI ANITA | Rechtsprechung des Bundesgerichtes zur Mietzinserhöhung, Fachheft Mietrecht Nr. 3, Zürich 1993 |
| GUHL THEO/MERZ HANS/ KUMMER MAX | Das Schweizerische Obligationenrecht, 7. A., Zürich 1980 |
| GUHL THEO/KOLLER ALFRED/ DRUEY NICOLAS | Das Schweizerische Obligationenrecht, 8. A., Zürich 1991 |
| GULDENER MAX | Schweizerisches Zivilprozessrecht, 3. A., Zürich 1979 |
| HAAB ROBERT | Kommentar zu Art. 641–714 ZGB, Zürcher Kommentar, 2. A., Zürich 1977 |
| HABSCHEID WALTHER | Schweizerisches Zivilprozess- und Gerichtsorganisationsrecht, 2. A., Basel 1990 |
| HANGARTNER YVO | Das neue Mietrecht, St. Gallen 1991 |
| HAURI HEINZ | Der missbräuchliche Mietzins, Zürich 1979 |
| HAUSER WILLY/HAUSER ROBERT | GVG – Erläuterungen zum Gerichtsverfassungsgesetz des Kantons Zürich vom 29. Januar 1991, 3. A., Zürich 1978 |
| HAUSHEER HEINZ/REUSSER RUTH/ GEISER THOMAS | Kommentar zum Eherecht, Bd. 1, Bern 1988 |
| HEGNAUER CYRIL/ BREITSCHMID PETER | Grundriss des Eherechts, 3. A., Bern 1993 |
| HIGI PETER | Die Schlichtungsstellen und ihre Bewährtheit – Der Versuch, eine diffuse rechtspolitische «Leistungsbewertung» zu objektivieren, Zürich 1996 (zitiert: HIGI, Schlichtungsstellen) |

HÖCHLI ANDREAS — Der Untermietvertrag, Zürich 1979

HOHL FABIENNE — La réalisation du droit et les procédures rapides – Evolution et réformes, Fribourg 1994

HOMBERGER ARTHUR — Kommentar zu Art. 919–977 ZGB, Zürcher Kommentar, 2. A., Zürich 1938

HONSELL HEINRICH — Schweizerisches Obligationenrecht, Besonderer Teil, 3. A., Bern 1995

HONSELL HEINRICH/ VOGT NEDIM PETER/ WIEGAND WOLFGANG (Hrsg.) — Kommentar zum schweizerischen Privatrecht. Obligationenrecht I, Art. 1–529 OR, Basel 1992 (zitiert: Basler Kommentar, mit Autorenzusatz)

HONSELL HEINRICH/ VOGT NEDIM PETER/ WIEGAND WOLFGANG (Hrsg.) — Kommentar zum schweizerischen Privatrecht. Obligationenrecht I, Art. 1–529 OR, 2. A., Basel voraussichtlich 1996 (zitiert: Basler Kommentar II, mit Autorenzusatz)

HUBER HANS — Kommentar zu Art. 6 ZGB, Berner Kommentar, Bern 1962

HUNZIKER ROLF — Das Verfahren in Mietsachen gemäss Art. 267a–f des Obligationenrechts und gemäss Bundesbeschluss über Massnahmen gegen Missbräuche im Mietwesen vom 30. Juni 1972, Zürich 1977

JÄGGI PETER/GAUCH PETER — Kommentar zu Art. 18 OR, Zürcher Kommentar, Zürich 1980

KELLER MAX/GABI SONJA — Das Schweizerische Schuldrecht, Bd. 2, Haftpflichtrecht, 2. A., Basel und Frankfurt a.M. 1988

KELLER MAX/ SCHAUFELBERGER PETER — Das Schweizerische Schuldrecht, Bd. 3, Ungerechtfertigte Bereicherung, 3. A., Basel und Frankfurt a.M. 1990

KELLER MAX/SCHÖBI CHRISTIAN — Schweizerisches Schuldrecht, Bd. 1, Allgemeine Lehren des Vertragsrechts, 3. A., Basel und Frankfurt a.M. 1988

KOFMEHL SABINE — Das Recht auf Beweis im Zivilverfahren, Bern 1992

KÖHLER WOLFGANG — Handbuch der Wohnraummiete, 2. A., München 1984

KRAMER ERNST — Kommentar zu Art. 1 und 2 OR, Berner Kommentar, Bern 1986

KRAMER ERNST — Kommentar zu Art. 18 OR, Berner Kommentar, Bern 1986

KRAMER ERNST — Kommentar zu Art. 19/20 OR, Berner Kommentar, Bern 1990

KUMMER MAX — Kommentar zu Art. 8–10 ZGB, Berner Kommentar, Bern 1962

KUMMER MAX — Grundriss des Zivilprozessrechts, 4. A., Bern 1984

KUMMERER CHRISTIAN — Das Mietrecht auf einen Blick, Zürich 1992

LACHAT DAVID/MICHELI JACQUES — Le nouveau droit du bail, 2. A., Lausanne 1992

| | |
|---|---|
| LACHAT DAVID/STOLL DANIEL | Das neue Mietrecht für die Praxis, 3. A., Zürich 1993 |
| LEUCH GEORG/MARBACH OMAR/ KELLERHALS FRANZ | Die Zivilprozessordnung für den Kanton Bern, 4. A., Bern 1995 |
| LIVER PETER | Kommentar zu Art. 5 ZGB, Berner Kommentar, Bern 1962 |
| LIVER PETER | Das Eigentum, in: SPR V/I, Basel 1977, S. 1 ff. (zitiert: LIVER, SPR) |
| LIVER PETER | Kommentar zu Art. 730–744 ZGB, Zürcher Kommentar, Zürich 1980 |
| MACHER PETER/TRÜMPY JAKOB | Das Mietrecht für Mieterinnen und Mieter, Zürich 1995 |
| MEIER GEORG | Der Mietwohnungsbau im Ländervergleich Schweiz/ Deutschland, Dietikon 1995 |
| MEIER-HAYOZ ARTHUR | Kommentar zu Art. 1 und 4 ZGB, Berner Kommentar, Bern 1962 |
| MEIER-HAYOZ ARTHUR | Kommentar zu Art. 641–654 ZGB, Berner Kommentar, Bern 1981 |
| MEIER-HAYOZ ARTHUR | Kommentar zu Art. 655–679 ZGB, Berner Kommentar, Bern 1964 |
| MEIER-HAYOZ ARTHUR | Kommentar zu Art. 680–701 ZGB, Berner Kommentar, Bern 1975 |
| MENGE JEAN-PIERRE | Kündigung und Kündigungsschutz bei der Miete von Wohn- und Geschäftsräumen, Diss., Basel 1993 |
| MERZ HANS | Kommentar zu Art. 2 ZGB, Berner Kommentar, Bern 1962 (Nachdruck 1966) |
| MERZ HANS | Obligationenrecht, in: SPR VI/1, Basel 1984 (zitiert: Merz, SPR) |
| MEYER BEAT L. | Mietrecht im Alltag, Zürich, o.D. |
| MOSCA GIANMARIA | Il Nuovo Diritto di Locazione, Lugano 1991 |
| MOSER MARKUS | Die Erstreckung des Mietverhältnisses nach Art. 267a–267f OR, Zürich 1975 |
| MOSER SUSY | Wohnbaugenossenschaften, Zürich 1978 |
| MÜLLER RENÉ | Der Bundesbeschluss über Massnahmen gegen Missbräuche im Mietwesen vom 30. Juni 1972, Zürich 1976 |
| OFTINGER KARL/BÄR ROLF | Kommentar zu Art. 884–918 ZGB, Zürcher Kommentar, 3. A., Zürich 1981 |
| OFTINGER KARL/STARK EMIL | Schweizerisches Haftpflichtrecht, Allgemeiner Teil, Bd. I, Zürich 1995 |
| OSER HUGO/ SCHÖNENBERGER WILHELM | Kommentar zu Art. 1–183 OR, Zürcher Kommentar, Zürich 1929 |
| OSER HUGO/ SCHÖNENBERGER WILHELM | Kommentar zu Art. 184–418 OR, Zürcher Kommentar, Zürich 1936 |

| | |
|---|---|
| PORTNER WERNER | Wegleitung zum neuen Mietrecht, 2. A., Bern 1992 |
| PREROST RUEDI/THANEI ANITA | Das Mieterbuch, Zürich 1990 |
| RAISSIG WALTER/SCHWANDER URS | Massnahmen gegen Missbräuche im Mietwesen, 3. A., Zürich 1984 |
| REISER HANS | Gerichtsstandsvereinbarungen nach IPR-Gesetz und Lugano-Übereinkommen, Zürich 1995 |
| REYMOND CLAUDE | Gebrauchsüberlassungsverträge, in: SPR VII/1, Basel 1977, S. 199 ff. |
| SCHLUEP WALTER | Innominatverträge, in: SPR VII/1, II, Basel 1979, S. 761 ff. |
| SCHMID EMIL | Kommentar zu Art. 253–260 OR, Zürcher Kommentar, Zürich 1974 |
| SCHMID EMIL | Kommentar zu Art. 261–274 OR, Zürcher Kommentar, Zürich 1977 |
| SCHMIDLIN BRUNO | Kommentar zu Art. 3–17 OR, Berner Kommentar, Bern 1986 |
| SCHÖNENBERGER WILHELM/ JÄGGI PETER | Kommentar zu Art. 1–17 OR, Zürcher Kommentar, Zürich 1973 |
| SCHRANER MARIUS | Kommentar zu Art. 68–83 OR, Zürcher Kommentar, Zürich 1991 |
| SCHWANDER IVO (Hrsg.) | Das Lugano-Übereinkommen, St. Gallen 1990 |
| SPIRIG EUGEN | Kommentar zu Art. 164–174 OR, Zürcher Kommentar, Zürich 1993 |
| SPIRIG EUGEN | Kommentar zu Art. 175–183 OR, Zürcher Kommentar, Zürich 1994 |
| SPRENGER WERNER | Entstehung, Auslegung und Auflösung des Mietvertrages für Immobilien, Zürich 1972 |
| STARK EMIL | Kommentar zu Art. 919–941 ZGB, Berner Kommentar, Bern 1984 |
| STRÄULI HANS/MESSMER GEORG | Kommentar zur Zürcherischen Zivilprozessordnung, 2. A., Zürich 1982 |
| TERCIER PIERRE | Les contrats spéciaux, 2. A. von: La partie spéciale du Code des obligations, Zürich 1995 |
| THANEI ANITA | Die Erstreckung des Mietverhältnisses, Fachreihe Mietrecht Nr. 2, Zürich 1990 |
| TRACHSEL ARTHUR | Leitfaden zum Mietrecht, Zürich 1991 |
| VON TUHR ANDREAS/PETER HANS | Allgemeiner Teil des Schweizerischen Obligationenrechts, Bd. 1, Zürich 1979 |
| VON TUHR ANDREAS/ESCHER ARNOLD | Allgemeiner Teil des Schweizerischen Obligationenrechts, Bd. 2, Zürich 1974 |
| VON TUHR ANDREAS/PETER HANS/ ESCHER ARNOLD | Allgemeiner Teil des Schweizerischen Obligationenrechts, Supplement, Zürich 1984 |

| | |
|---|---|
| TUOR PETER/SCHNYDER BERNHARD | Das Schweizerische Zivilgesetzbuch, 10. A., Zürich 1986 |
| TUOR PETER/SCHNYDER BERNHARD/ SCHMID JÖRG | Das Schweizerische Zivilgesetzbuch, 11. A., Zürich 1995 |
| USTERI MARTIN/BRUNNER KURT/ FUTTERLIEB RAOUL/ROHRER BEAT/TSCHUDI JEAN-PIERRE | Schweizerisches Mietrecht, Kommentar, Zürich 1991 (zitiert: SVIT-Kommentar I) |
| USTERI MARTIN/BRUNNER KURT/ FUTTERLIEB RAOUL/ROHRER BEAT/TSCHUDI JEAN-PIERRE | Schweizerisches Mietrecht, Kommentar, 2. A., Zürich 1996 (zitiert: SVIT-Kommentar II) |
| VOGEL OSCAR | Grundriss des Zivilprozessrechts, 4. A., Bern 1995 |
| WALDER HANS-ULRICH | Einführung in das internationale Zivilprozessrecht der Schweiz, Zürich 1989 |
| WALDER HANS-ULRICH | Zivilprozessrecht nach den Gesetzen des Bundes und des Kantons Zürich unter Berücksichtigung anderer Zivilprozessordnungen, 3. A., Zürich 1983; Supplement dazu, Zürich 1991 (zitiert: Walder I) |
| WALDER HANS-ULRICH | Zivilprozessrecht nach den Gesetzen des Bundes und des Kantons Zürich unter Berücksichtigung anderer Zivilprozessordnungen, 4. A., Zürich 1996 (zitiert: WALDER II) |
| WEBER ROGER/ZIHLMANN PETER | Kommentar zu Art. 253–274g OR, in: Kommentar zum Schweizerischen Privatrecht, Obligationenrecht I, Art. 1–529 OR, hrsg. von HONSELL, VOGT und WIEGAND, Basel, voraussichtlich 1996/97 (zitiert: Weber/Zihlmann, Basler Kommentar) |
| WEBER ROLF | Kommentar zu Art. 68–96 OR, Berner Kommentar, Bern 1983 |
| WEKA | Aktuelles Nachschlagewerk zum schweizerischen Mietrecht, Zürich 1991 (mit laufenden Nachträgen) |
| WEY RENATE | La consignation du loyer, études des Art. 259g–i nCO, Lausanne 1995 |
| ZÄCH ROGER | Kommentar zu Art. 32–40 OR, Berner Kommentar, Bern 1990 |
| ZIHLMANN PETER | Das neue Mietrecht, Zürich 1990 (zit. ZIHLMANN I) |
| ZIHLMANN PETER | Das Mietrecht, 2. A. von «Das neue Mietrecht», Zürich 1995 (zit. ZIHLMANN II) |
| ZIHLMANN PETER | Kommentar zu Art. 253–274g OR, in: Kommentar zum Schweizerischen Privatrecht, Obligationenrecht I, Art. 1–529 OR, hrsg. von HONSELL, VOGT und WIEGAND, Basel 1992 (zitiert: Zihlmann, Basler Kommentar) |
| ZIHLMANN PETER/JAKOB MARTIN | Mietrecht – Ein Ratgeber aus der Beobachterpraxis, Zürich 1993 |

ZÜST MARTIN — Die Mängelrechte des Mieters von Wohn- und Geschäftsräumen, Bern 1992

Weitere Literaturhinweise in N 1 der Vorbemerkungen zu Art. 271–273c, in N 1 zu Art. 274, vor einzelnen Artikeln und im Text.

# Zitierweise

1. Ohne nähere Angaben zitierte *Gesetzesbestimmungen* sind solche des OR.
2. Werke und Kommentare, die im vorstehenden allgemeinen Literaturverzeichnis oder in den Literaturhinweisen am Anfang einzelner Abschnitte aufgeführt sind, werden mit dem Namen des *Verfassers*, allein oder mit unterscheidenden Hinweisen zitiert.
   Hinweise, die die Arbeiten gleicher Autoren unterscheiden, sind im Literaturverzeichnis bzw. in den Literaturhinweisen besonders vermerkt.
3. Verweisungen auf *Noten* beziehen sich, wo kein Verfasser angegeben ist, auf solche des vorliegenden Kommentars, Teilband V2b, vierte Lieferung, 4. Auflage (zu den Art. 271–274g), sowie auf solche der 1994 erschienenen ersten Lieferung (zu den Art. 253–265) bzw. der 1995 erschienenen zweiten Lieferung (zu den Art. 266–268b).

## Dritter Abschnitt:
## Kündigungsschutz bei der Miete von Wohn- und Geschäftsräumen

## Chapitre III:
## Protection contre les congés concernant les baux d'habitations et de locaux commerciaux

## Capo terzo:
## Della protezione dalle disdette in materia di locazione di locali d'abitazione e commerciali

# Vorbemerkungen zu Art. 271–273c (Dritter Abschnitt des Achten Titels)

**Literatur:** Siehe allgemeines Literaturverzeichnis, ferner Vorbem. zu Art. 266–266o sowie (Auswahl): BARBEY, La protection contre les congés (L'annulation du congé), in: 6ème séminaire sur le droit du bail, Neuchâtel 1990 (zit. Annulation), BROGLIN, Pratique récente en matière d'annulation du congé et de prolongation du bail à loyer, in: 7ème séminaire sur le droit du bail, Neuchâtel 1992, BRUNNER, Die Anfechtbarkeit der Kündigung im neuen Mietrecht, in: Plädoyer 4/90, S. 40 ff., CALAMO, Anfechtung der Kündigung wegen Treuwidrigkeit, in: AJP 1995, S. 95 f., DERS., Nichtigkeit, Unwirksamkeit und Anfechtbarkeit von Kündigungen, in: AJP 1996, S. 92 ff., DERS., Anfechtbarkeit der Kündigung; Zulässigkeit der Kündigung zwecks Zinserhöhung, in: AJP 1996, S. 224 f., CORBOZ, La nullité du congé dans le nouveau droit du bail, in: Cahiers, 1994, S. 33 ff., EIHOLZER, Anfechtung von ausserordentlichen Kündigungen im Mietrecht. Ein Konflikt zwischen Schlichtungsbehörde und Ausweisungsbehörde, SJZ 1992, S. 325 ff. (zit. Konflikt), DERS., Anträge an die Schlichtungsbehörde, in: mp 2/93, S. 55 ff. (zit. Anträge), EMMERICH/SONNENSCHEIN, Miete, Handkommentar zu §§ 535–580a BGB, 2. Wohnraumkündigungsschutzgesetz, 6.A., Berlin/New York 1991, GILLERON, La protection du faible dans les contrats, in: ZSR (NF) 1979 I, S. 233 ff., GMÜR, Kündigungsschutz – Prozessuales rund um den «Entscheid» der Schlichtungsbehörde, in: mp 4/90, S. 121 ff. (zit. Prozessuales), DERS., Kündigungsschutz, Referat zur Mietrechtstagung vom 25. Oktober 1993 des Schweizerischen Institutes für Verwaltungskurse (hektografiert; zit. Kündigung), GUINAND, Annulation du congé ou prolongation du bail?, in: Hommage à Raymond Jeanprêtre, Neuenburg 1982, S. 129 ff. (zit. GUINAND I), DERS., Validité du congé et prolongation de bail, in: 2ème séminaire sur le droit du bail, Neuchâtel 1982 (zit. GUINAND II), GUT, Grundzüge des Mietrechts, Referate für das Schweizerische Institut für Verwaltungskurse, 2. A., Zürich 1996 (hektografiert), HASENBÖHLER, Aus der basellandschaftlichen Rechtsprechung zu den Art. 267a-267f OR (Kündigungsbeschränkungen im Mietrecht), in: BJM 1972, S. 1 ff., HEDIGER, Entwicklungen im Mietrecht, in: SJZ 1995, S. 253 ff., HIGI, Mietvertragskündigung – nichtig, ungültig oder gültig und anfechtbar, in: SJZ 1995, S. 225 ff., JEANPRÊTRE, La prolongation des baux à loyer, X[e] Journée juridique, Genf 1970, DERS., Die Kündigungsbeschränkungen im Mietrecht, Zürich 1971, KNOEPFLER, Prolongation du bail et adaption du loyer, in: 3ème séminaire sur le droit du bail, Neuchâtel 1984, KOCH, Der Schutz der Familienwohnung aus mietrechtlicher Sicht, in: Plädoyer 6/89, S. 44 ff., LACHAT, Survol du nouveau droit du bail à loyer, SJ 1990, S. 393 ff., DERS., Übersicht über das neue Mietrecht, in: mp 1/90, S. 37 ff., DERS., La sous-location, in: SJ 1992, S. 469 ff., LANGENSIEPEN, Kündigungsbeschränkungen aus sozialen Gründen im Deutschen und Schweizerischen Mietrecht, Diss. Bern 1973, MICHELI, Vers une révision complète du droit du bail, Plädoyer 3/89, S. 53 f., NORDMANN, Der Schutz des Mieters nach dem neuen Gesetz über den unlauteren Wettbewerb, in: mp 1/89, S. 1 ff., OBERHOLZER, Schutz der Persönlichkeit im Mietrecht, Zürich 1976, RONCORONI, Der Kündigungsschutz bei der Miete von Wohn- und Geschäftsräumen, bei: HANGARTNER, Das neue Mietrecht, S. 111 ff. (zit. RONCORONI I), RONCORONI, Le nouveau droit du bail à loyer: la protection contre les congés, in: 6ème séminaire sur le droit du bail, Neuchâtel 1990 (zit. RONCORONI II), SCHMIDT-FUTTERER/BLANK, Wohnraumschutzgesetze, Kündigung, Mieterhöhung, Mietwucher, Zweckentfremdung, Kommentar, 6. A., München 1988, STAEHELIN, Der Schutz der schwächeren Vertragspartei, in: BJM 1978, S. 1 ff., STURM, Der Rechtsmissbrauch im Schweizer Recht – 1

Ein Überblick über die neuere Judikatur des Bundesgerichts, in: SJZ 1993, S. 373 ff., THANEI, Formalismusdschungel oder echter Mieterschutz?, in: NZZ, Nr. 40, vom 17. Februar 1995, S. 17 (zit. Formalismusdschungel), VOYAME, La résiliation des contrats de bail et de travail, in: La vie économique, 9/1982, S. 637 ff., WEGMANN, Die Praxis des zürcherischen Obergerichts zu den Artikeln 267a–267f OR, in: SJZ 1973, S. 177 ff., WEITNAUER, Der Schutz des Schwächeren im Zivilrecht, Karlsruhe 1975, WESSNER, Die allgemeinen Bestimmungen des neuen Mietrechts, in: mp 3/91, S. 124 ff., WIDMER H., Die Aufgabe des Wohnungsmietrechts, Diss. Bern 1985, WIDMER U., Der richterliche Eingriff in den Vertrag, Diss. Zürich 1971, WÜRTH/ZINGHER, Miet- und Wohnrecht, 19. A., Wien 1989 (Ergänzungsband 1994, Ergänzungsheft 1995), ZELLER, Treu und Glauben und Rechtsmissbrauchsverbot, Zürich 1981, DERS., Zum Begriff der «Missbräuchlichkeit» im Schweizerischen Privatrecht, in: ZSR (NF) 1990 I, S. 261 ff., ZWICKER, Die Anfechtung der Kündigung nach dem neuen schweizerischen Mietrecht, in: Der Schweizer Treuhänder 6/1990, S. 267 ff.

## Inhaltsverzeichnis

# A. Übersicht zu den Bestimmungen des Dritten Abschnittes

## I. Systematische Einordnung und Gliederung

### 1. Systematische Einordnung

Der Achte Titel des Obligationenrechts (Die Miete) ist vom Gesetzgeber 2
in vier Abschnitte aufgeteilt. Der *Erste Abschnitt* enthält sog. allgemeine Bestimmungen, die zum einen mehrere *Legaldefinitionen* enthalten und dabei *verschiedene Formen der Miete* eher weniger als mehr definieren (z.B. Wohnungsmiete im allgemeinen [Art. 253a Abs. 1] und im besonderen [Art. 253b], Ferienwohnungsmiete [Art. 253a Abs. 2], Geschäftsraummiete [Art. 253a Abs. 1]; vgl. dazu N 53 ff., N 84 ff., N 125 ff. Vorbem. zu Art. 253–274g, N 7 ff., N 22 ff., N 44 ff. zu Art. 253a–253b). Zum andern regeln die allgemeinen Bestimmungen die Begründung der Miete, die Rechte und Pflichten der Parteien während des Mietverhältnisses sowie die Beendigung

der Miete, und zwar im wesentlichen für alle Mietformen (zu den Begriffen Miete, Mietverhältnis usw. vgl. N 8 f. zu Art. 253).

3 Der *Dritte Abschnitt* des Achten Titels des Obligationenrechts (Die Miete) umfasst die Art. 271–273c und trägt den Titel: «Kündigungsschutz bei der Miete von Wohn- und Geschäftsräumen» – *der Geltungsbereich der in ihm zusammengefassten Normen ist demzufolge auf die Miete von Wohn- und Geschäftsräumen eingeschränkt* (dazu nachstehend N 20 ff.; ähnlich z.B. das BGer im unveröff. Urteil 4C.425/1994 vom 6. Februar 1995, E. 2, sowie in BGE 121 III 161). Das ergibt sich – wie bei den *im Zweiten Abschnitt* (Art. 269–270e) zusammengefassten Normen (dazu vgl. Vorbem. zu Art. 269–270e) – einzig aus dem gesetzlichen Abschnittstitel (nicht aber aus einer Norm des Abschnittes selbst), der auf die Legaldefinitionen des Ersten Abschnittes (vorn N 2) verweist; der eingeschränkte Geltungsbereich folgt somit letztlich nur aus der inneren Logik der Gesetzessystematik (vgl. auch Botsch., S. 1412, S. 1416, S. 1458; ähnlich BGE 121 III 161, ferner siehe z.B., statt vieler: TERCIER, S. 239).

4 Die *Normen des Zweiten und Dritten Abschnittes bilden allerdings kein einheitliches Missbrauchsrecht* (unzutreffend daher TERCIER, S. 239, Rz. 1949, der in diesen zwei Abschnitten ein «ensemble homogène» ortet). Es liegen vielmehr zwei eigenständige Normenkomplexe vor, die sich sowohl im Missbrauchsbegriff (vgl. ZELLER, in: ZSR [NF] 1990 I, S. 270 ff.) als auch im sachlichen Geltungsbereich (vgl. Art. 253b), und damit verbunden ebenso im verfahrensrechtlichen Geltungsbereich (vgl. HIGI, in: mp 1/92, S. 13, mit Verweisen, vgl. auch GUHL/KOLLER/DRUEY, S. 398 i.V.m. S. 379, LACHAT/STOLL, S. 166 f., SVIT-Kommentar, N 4–7 zu Art. 253a-253b), erheblich unterscheiden.

5 Der *Vierte Abschnitt* des Achten Titels umfasst bundesrechtliche Verfahrensnormen (Art. 274–274g), die wiederum grundsätzlich für alle Mietformen gelten (vgl. den gesetzlichen Titel: «Behörden und Verfahren»), im wesentlichen aber das Verfahren bei Streitigkeit aus der (auch) vom Dritten Abschnitt erfassten Miete von Wohn- und Geschäftsraum betreffen (vgl. Art. 274b, Art. 274c, Art. 274d–274g) und insoweit die Verfahrensvorschriften des Dritten Abschnittes (Art. 273 ff.) ergänzen.

## 2. Gliederung

6 Der Dritte Abschnitt gliedert sich *unter dem Gesichtspunkt des Regelungsinhaltes* der in ihm zusammengefassten Bestimmungen (grob) in *vier Normengruppen*, deren verfassungsmässige Grundlage sich im wesentlichen

in Art. 34$^{septies}$ Abs. 1 BV findet, und nicht in Art. 64 Abse. 1 und 2 BV (ähnlich, statt vieler: BARBEY, Protection, S. 87, N 249).

a) Eine *erste Gruppe* umfasst Regelungen zum **materiellen Kündigungs-** 7
**schutz** (Art. 271-272d). Dieser setzt sich in der gesetzlichen Fassung aus *zwei Instituten zusammen*, die auf verschiedenen Betrachtungsweisen zu dem basieren, was Kündigungsschutz ist bzw. sein kann, und daher grundsätzlich *unabhängig* voneinander bestehen (vgl. RONCORONI I, a.a.O., S. 117; vgl. auch N 61 f. zu Art. 271). Beiden Instituten gemeinsam ist *die Beschränkung des Kündigungsschutzes in persönlicher Hinsicht:* Kündigungsschutz kann grundsätzlich *nur* dem *Mietvertragspartner gegenüber* geltend gemacht werden, nicht aber einem Dritten gegenüber. Eine restriktiv zu handhabende Ausnahme von diesem Grundsatz bildet Art. 273b Abs. 2 (Umgehungstatbestand bei der Untermiete); eine eheschutzrechtlich motivierte weitere Ausnahme findet sich in der Regelung von Art. 273a (zum Eheschutz im Kündigungsrecht vgl. ebenfalls N 4–6 und N 8–10 zu Art. 266m–266n).

aa) Die Art. 271 f. befassen sich mit der sog. «**Anfechtbarkeit der Kün-** 8
**digung**», welche grundsätzlich *beiden Vertragsparteien gleichermassen «Schutz»* vor Kündigungen des Mietverhältnisses durch die Gegenpartei bietet (siehe nachstehend N 48). Auf Verlangen der gekündigten Partei hin kann eine Kündigung, die gegen Treu und Glauben verstösst, im nachhinein für unwirksam erklärt werden. *«Schutz» bedeutet* hier somit nichts anderes als die *Aufhebung der vertragsauflösenden Wirkung der Kündigung* (anders: Art. 336 und Art. 336a [Arbeitsvertragsrecht]), weshalb man diese Form des Kündigungsschutzes als originären Kündigungsschutz bezeichnen kann. Einer besonderen *Schutzbedürftigkeit der gekündigten Partei bedarf es hingegen überhaupt nicht* – die Treuwidrigkeit einer Kündigung (zum Begriff der Treuwidrigkeit vgl. N 143 ff. Vorbem. zu Art. 266-266o, ferner N 48 ff. zu Art. 271 sowie HIGI, a.a.O., S. 230 f., ZELLER, in: ZSR [NF] 1990 I, S. 271 f.) ist ausreichender Anlass, dem Schutz zu gewähren, der ihn verlangt.

Es versteht sich von selbst, dass der *kündigenden Partei* die Berufung 9
auf diese Schutzbestimmungen *nicht zusteht* (statt vieler: BARBEY, Protection, S. 87, N 254).

**bb)** Die Art. 272 ff. bieten demgegenüber – wie schon das alte Recht – 10
nur dem Mieter Schutz (als gekündigter Partei, nicht aber als kündigender Partei, gl. z.B., statt vieler, BARBEY, a.a.O., THANEI, S. 8 f. und S. 42). Durch die **Erstreckung des Mietverhältnisses** sollen die vertragsauflösen-

den Wirkungen der *Kündigung durch den Vermieter* dann gemildert werden, wenn eine (besondere) *Schutzbedürftigkeit des Mieters* gegeben ist (vgl. dazu z.B. BGE 105 II 197 f., 116 II 448 f.). Da diese Form des Kündigungsschutzes an die Kündigung anschliesst, kann man sie als *nachträglichen Kündigungsschutz* bezeichen.

11 Ebenso werden in den Art. 272 ff. *abschliessend die Fälle geregelt*, in denen – aufgrund erheblichen Selbstverschuldens des Mieters aus gesetzgeberischer Warte (abschliessende Güterabwägung des Gesetzgebers) – *eine Erstreckung des Mietverhältnisses*, bzw. ein «Kündigungsschutz», *ausgeschlossen ist* (vgl. Art. 272a; ähnlich RONCORONI, in: mp 2/90, S. 86).

12 b) Art. 273 regelt den **formellen Kündigungsschutz,** indem er Verfahrensvorschriften aufstellt, namentlich Klagefristen, welche wiederum den Interessen beider Parteien Rechnung tragen (gewissermassen im Sinn des Schutzes vor Überraschungen durch «späte» Klagen; vgl. Art. 273 Abse. 1–3; vgl. auch Votum KOLLER, in: Amtl.Bull. NR vom 16. März 1989, S. 536).

13 In den Abse. 4 und 5 von Art. 273 wird sodann der Grundsatz des Rechtsschutzes «durch Verfahren» (WIDMER, bei: HANGARTNER, S. 36) verankert (und nicht etwa der Grundsatz bloss des Rechtsschutzes). Zugleich wird – wenigstens implizit – das *primäre Mittel* definiert, mit dem diesem Grundsatz zum Durchbruch verholfen werden soll: Es ist das die möglichst rasch einzuleitende (vgl. Klageverwirkung; Art. 273 Abse. 1–3) paritätische – mithin *interessenvertretungsgeprägte – Laienschlichtung*, die entweder in eine Einigung mündet oder in einen Entscheid (Art. 273 Abs. 4; vgl. HIGI, Schlichtungsstellen, S. 28 f. [dort auch Fn. 27]).

14 Der Streiterledigung durch die Vermittlung bzw. den Entscheid eines *unabhängigen Richters* kommt demgegenüber bloss *zweitrangige Bedeutung* zu (vgl. Art. 273 Abs. 5). Das verdeutlicht, was unter dem angestrebten Rechtsschutz *durch* Verfahren (WIDMER, a.a.O.) zu verstehen ist: Ein Verfahren an sich soll schon als «Rechtsschutz» genügen (vgl. auch Botsch., S. 1418, die von beachtlichen Entspannungen in den Beziehungen zwischen Mietern und Vermietern durch die altrechtlichen Schlichtungsstellen spricht und sich durch die Schlichtungsbehörden und deren erweiterte Verfahrensmöglichkeiten weitere Entkrampfungen erhofft [dazu auch HIGI, Schlichtungsstellen, S. 16 f.]).

15 Die im vorgestellten Konzept durchscheinende rein formale Betrachtungsweise des Rechtsschutzes (es soll nur schon das Verfahren genügen) wird dank Art. 266l Abs. 2 (so auch Botsch., S. 1405) vor allem einseitig zugunsten «des Mieters» verstärkt (was in anderem Zusammenhang BARBEY mit guten Gründen als verfassungswidrig rügt; DERS., Protection, S. 87, N 249). Art. 266l Abs. 2 begründet nämlich die *Pflicht des Vermieters*, bei Kündigungen mittels amtlich genehmigten Formulars *den Mieter auf die Möglichkeiten der und die konkreten Umstände zur Verfahrenseinleitung* hinzuweisen. Vom Mieter ist – nach Auffassung des

Gesetzgebers offenbar stets – anzunehmen, er bedürfe dieser Hinweise (dazu vgl. N 16–18 zu Art. 266l; Botsch., a.a.O.).

Art. 271 bietet allerdings sowohl dem Mieter als auch dem Vermieter Kündigungsschutz (vgl. vorn N 8, nachstehend N 48). Mit Fug kann man daher immerhin fragen, weshalb – konsequenterweise – nicht auch die Mieterkündigung formularmässig erfolgen soll (so, contra legem allerdings, THANEI, Formalismusdschungel, a.a.O., S. 17). Die Frage stellt sich nicht zuletzt deshalb, weil ebenso der Vermieter, z.B. als untervermietender Mieter etwa, solcher formularmässiger Hinweise bedürfen könnte. Die vom Gesetzgeber in Art. 266l Abs. 2 unterstellte Hilfsbedürftigkeit des Mieters drängt endlich zur Frage, weshalb beim Ablauf der vereinbarten Vertragsdauer nicht ebenfalls irgendein (zweifelsfrei völlig unpraktisch zu verwirklichender) formularmässiger Hinweis auf den Verfahrensrechtsschutz erfolgen muss (was alles die Begründetheit der Frage nach dem tieferen Sinn der «Formularpflicht» erhellt; vgl. dazu auch N 19 ff. zu Art. 266l). 16

c) In der dritten Normengruppe findet sich eine **Regelung von Sondertatbeständen im Lichte des Kündigungsschutzes:** sich aus dem Eherecht ergebende Besonderheiten zur Klagelegitimation bei der Familienwohnung (Art. 273a; Kündigungsschutz als Schutz der Familienwohnung, vgl. Art. 169 ZGB) und zur Verhinderung von Umgehungen des Kündigungsschutzrechts über das Untervermieten (Art. 273b). Diese Sondertatbestände haben als vom *Schutz erfasste Personen* wiederum bloss *den «Mieter»* bzw. einen mit diesem verbundenen Dritten (Ehegatten, Untermieter) im Auge. 17

d) Art. 273c enthält schliesslich eine **Regelung zum Charakter der im Dritten Abschnitt zusammengefassten Normen,** soweit sich dieser nicht aus den Normen selbst ergibt. Der Kündigungsschutz erweist sich hierbei wiederum im wesentlichen bloss als *Schutz des Mieters*, und zwar auch vor sich selbst (Verbot des Verzichts auf Rechte im voraus). Daraus resultiert in letzter Konsequenz eine erhebliche *Beschneidung der Vertragsfreiheit des Mieters* (ähnlich TERCIER, S. 253), die ihre Rechtfertigung gemäss gesetzgeberischem Verständnis im allgemeinen Sozialschutzbedürfnis des Mieters findet (vgl. dazu auch Botsch., S. 1405). 18

## II. Durch die Art der Miete begrenzter Geltungsbereich der Bestimmungen des Dritten Abschnittes

Der Geltungsbereich der im Dritten Abschnitt des Achten Titels des OR zusammengefassten Kündigungsschutznormen ist *beschränkt* auf die *Miete* von Wohn- und Geschäftsraum. Das schliesst den Kündigungsschutz bei anderen Gebrauchsüberlassungsverhältnissen i.w.S. aus (wie bei der Leihe, 19

Nutzniessung, beim Wohnrecht, Baurecht usw.; vgl. auch N 150–152, N 157–159, N 161, N 164–166 Vorbem. zu Art. 253–274g, N 7 zu Art. 261–261a, jeweils mit Verweisen; zur gewöhnlichen Pacht hinwieder vgl. Art. 300; bei der landwirtschaftlichen Pacht gelten die Art. 26 ff. LPG [ausschliesslich Pachterstreckung]). Das «Leasing» von Wohn- und Geschäftsräumen ist demgegenüber stets (u.U. atypische) Miete (vgl. N 193 Vorbem. zu Art. 253–274g) und damit vom Kündigungsschutzrecht erfasst.

Wie in N 3 vorstehend angesprochen, verweist der Titel des Dritten Abschnittes auf die Legaldefinitionen in Art. 253a f. Die z.T. vielschichtige und nicht immer ganz eindeutige Begrifflichkeit des Gesetzes (vgl. z.B. Art. 266b–266e; siehe ferner N 84 ff. Vorbem. zu Art. 253–274g) lässt es allerdings geraten scheinen, es nicht bei diesem Hinweis zu belassen, sondern sowohl den *Begriff des Wohn- als auch des Geschäftsraumes* im Sinn der Art. 271 ff. noch etwas näher zu betrachten.

## 1. Miete von Wohnraum

20 a) Der **Begriff** des Wohnraumes im Sinn der Bestimmungen knüpft (ausschliesslich) an die *vertraglich vereinbarte Nutzungsart* der Mietsache an (vgl. N 7 und N 18–20 zu Art. 253a-253b, mit Verweisen), nicht hingegen an die objektive Beschaffenheit der Sache selbst (vgl. N 12 zu Art. 253a–253b, mit Verweisen; letzterer kommt immerhin erhebliches Gewicht in Zusammenhang mit der Vertragsauslegung zu [siehe N 13 ff. zu Art. 256; üblicher Gebrauch], wenn es an einer eindeutigen Vereinbarung zur Nutzungsart fehlt).

21 *Wohnraum im Sinn der Bestimmungen ist demnach* grundsätzlich jeder Raum (zu diesem Begriff siehe N 8 ff. zu Art. 253a–253b), der nach dem übereinstimmend erklärten *Willen der Vertragsparteien dem Mieter zum Wohnen dienen soll* (N 7 zu Art. 253a–253b; vgl. zum Begriff des Wohnens ferner N 13 ff. zu Art. 253a–253b), unabhängig davon, ob der Raum unter dem Gesichtspunkt irgendwelcher «objektiver» Kriterien (wie Bauverordnungen, Subventionsbestimmungen usw.) als «wohntauglich» erscheint oder nicht (vgl. N 12, N 18 zu Art. 253a–253b; vgl. auch BARBEY, Protection, S. 73 f.).

22 *Unerheblich* im Lichte der Bestimmungen *ist demgegenüber*, ob sich der Wohnraum in einer beweglichen (Fahrnisbaute [h.L.; a.A. GIGER, S. 48]) oder unbeweglichen Sache befindet, ob es sich beim Wohnraum um ein Einzelzimmer (vgl. N 36 zu Art. 266e; gl. z.B. auch BARBEY, Protection, S. 74, N 191) oder um ein Haus oder um eine Wohnung im gängigen Sinn handelt. Unerheblich ist ferner, ob der Wohnraum aufgrund von Förderungen sei-

tens der öffentlichen Hand besteht und/oder bezüglich der Mietzinsgestaltung einer Kontrolle des Gemeinwesens unterstellt ist (vgl. Art. 253b), oder ob er gar eine Luxuswohnung darstellt (Villa, Luxusappartement, Schloss; vgl. dazu wiederum Art. 253b; statt vieler: BARBEY, Protection, S. 74, N 192 f., GIGER, S. 44 ff.). Endlich spielt es (unter dem Aspekt der Beziehung zwischen den Vertragspartnern) grundsätzlich keine Rolle, ob das Mietobjekt in Untermiete vermietet wurde oder im Rahmen einer Hauptmiete (vorn N 7; vgl. ferner Art. 273b Abs. 1) oder gar im «Rahmen» eines Dienstverhältnisses (Dienstwohnung i.e.S. oder i.w.S. [vgl. dazu N 9, N 224 Vorbem. zu Art. 253–274g, N 20 f. zu Art. 253]; zu den rechtlichen Ausgestaltungsmöglichkeiten von Vertragsverhältnissen über Dienstwohnungen und den sich daraus ergebenden Folgen zum Kündigungsrecht bzw. Kündigungsschutz vgl. N 189 ff. Vorbem. zu Art. 266–266o [echte gemischte Verträge], N 209 ff. [gekoppelte Verträge]; m.E. zu undifferenziert COCCHI, Die Kündigung der Dienstwohung, in: mp 2/95, S. 51 ff.).

Ergänzend ist an dieser Stelle darauf hinzuweisen, dass der Mieter, und damit ebenfalls der mietende Dienst- bzw. Arbeitnehmer der öffentlichen Hand (vgl. N 9 Vorbem. zu Art. 253–274g), verfassungsrechtlichen (Mieter-)Schutz geniesst (Art. 34^septies Abs. 1 BV). Da dem Mietrecht auf Gesetzesstufe eine Bevorzugung öffentlich-rechtlicher Vermieter analog Art. 342 OR (Arbeitsvertragsrecht) fremd ist, gilt dieser Schutz auch dem öffentlich-rechtlichen Vermieter gegenüber. Es wäre denn auch nicht ganz einzusehen, weshalb z.B. der Mieter einer Dienstwohnung i.e.S., der Schulhausabwart oder Krankenpfleger bzw. -schwester ist, mietrechtlich – gewissermassen wegen öffentlicher Interessen – schlechter gestellt sein soll als etwa der in einer Dienstwohnung i.e.S. lebende Sicherheitsbeauftragte für ein Chemiefabrikareal, der von einer Aktiengesellschaft angestellt ist: Die öffentlichen Interessen legen es wohl unbeschadet um die rechtliche Zuordnung der Anstellungsverhältnisse eher nahe, dass der Sicherheitsbeauftragte in unmittelbarer Nähe seines Tätigkeitsfeldes wohnt als etwa der Schulhausabwart usw. (a.A. in den Konsequenzen COCCHI, a.a.O., S. 56 [gemischte Verträge sollen ausschliesslich als Arbeitsverträge behandelt werden]).

**b) Abgrenzungen,** die das Gesetz in Art. 253a vorgibt, sind immerhin unter den Gesichtspunkten der Gebrauchsdauer *und* (kumulativ; vgl. N 46 zu Art. 253a–253b) der Art des Wohngebrauches zu treffen: Vom Geltungsbereich der Bestimmungen des Dritten Abschnittes *nicht erfasst* sind «Ferienwohnungen», die für höchstens drei Monate gemietet werden (Art. 253a Abs. 2); wohl aber alle «Ferienwohnungen», deren effektive Vermietung drei aufeinanderfolgende Monate übersteigt (gl., statt vieler: BARBEY, Protection, S. 74, N 194). In den Geltungsbereich des Dritten Abschnittes fallen hingegen alle kürzeren Wohnraummieten, die nicht «Ferienwohnungen» betreffen, sowie alle Mieten von «Ferienwohnungen», die die Dauer von drei Monaten übersteigen, namentlich die Miete von Zweitwohnungen. 23

24 Genaueres *zum Begriff der «Ferienwohnung»* siehe in N 44 f. zu Art. 253a–253b. *Zur Mietdauer von höchstens drei Monaten* vgl. N 46 zu Art. 253a–253b.

25 *Wohnraum bleibt* (und nicht Geschäftsraum wird) die vertragsgemäss zum Wohnen vermietete Wohnung (bzw. das vertragsgemäss zum Wohnen vermietete Haus), die (bzw. das) der *Mieter gewerbsmässig* (z.B.) zimmerweise *untervermietet* (gl. BARBEY, Protection, S. 75, N 197, mit zutreffender Begründung). Wohnraum bleibt ebenfalls die vertragswidrig anderweitig genutzte Wohnung (z.B. Nutzung als Geschäftsraum; von der vertragswidrigen Nutzung zu trennen ist die von den Parteien u.U. stillschweigend vereinbarte Nutzungsänderung).

## 2. Miete von Geschäftsraum

26 Der *vereinbarte Gebrauch eines Raumes zu Geschäftszwecken* begründet die von den Bestimmungen des Dritten Abschnittes erfasste Geschäftsraummiete (vgl. N 25 f. zu Art. 253a–253b).

27 Zum *Begriff des Raumes,* der auch in einer Fahrnisbaute liegen kann, siehe N 22 zu Art. 253a–253b und N 36 f. zu Art. 266e (möbliertes Einzelzimmer als Geschäftsraum). Die Eigenschaften des Raumes selbst sind für die Antwort auf die Frage, ob im Einzelfall ein Geschäftsraum vorliegt oder nicht, an sich unerheblich; sie erlangen allerdings in Zusammenhang mit der Vertragsauslegung eine gewisse Bedeutung (vgl. vorn N 20 sowie N 13 ff. zu Art. 256 [üblicher Gebrauch]).

28 Über die zutreffende Antwort auf die Frage, was denn ein Geschäft ist, welches einen Raum zum Geschäftsraum erhebt, gehen die Auffassungen – wenigstens oberflächlich betrachtet – auseinander (vgl. N 27 ff. zu Art. 253a–253b; vgl. auch nachstehend N 29 ff.). *Nach der hier vertretenen Auffassung* muss «Geschäft» als Ausdruck einer grundsätzlich «erwerbsorientierten» *wirtschaftlichen Tätigkeit i.w.S.* verstanden werden. Diese Auffassung deckt sich mit dem üblichen sprachlichen Verständnis des Begriffes «Geschäft» (bzw. «commerce» und «commercio» [vgl. «locaux commerciaux» und «locali ... commerciali» in Art. 253a]), welches Verständnis man folglich auch beim durchschnittlichen Normadressaten und beim durchschnittlichen Mitglied der gesetzgebenden Versammlung findet und daher nicht ganz ausser acht lassen sollte (gl. im Resultat ZIHLMANN II, S. 33; für eine enge Auslegung ferner etwa WEY, S. 68, WEBER/ZIHLMANN, Basler Kommentar, N 12 f. zu Art. 253a–253b; a.A. z.B. GIGER, S. 46, mit Verweisen auf die Literatur zum alten Recht). Die sich *daraus ergebenden Abgrenzungskriterien* zum Wohnraum einerseits und zu übrigem Raum anderseits

sind in N 30 ff. zu Art. 253a–253b dargestellt. Geschäftsraum sind daher z.B. Fabriken, Werkstätten, bewirtschaftete Lagerräume, Büros, Läden, Hotels, Arztpraxen, Anwaltspraxen usw., Museen, Ateliers, Redaktionsräume, Schulräume oder gar ein Grenzsanitätsposten (BJM 1990, S. 311 ff.; vgl. auch BARBEY, Protection, S. 74 f., N 195).

Das *Bundesgericht* hat in BGE 118 II 42 als Geschäftsraum (weiterhin 29
[vgl. BGE 110 II 51, 113 II 406 ff.]; siehe ferner N 27–29 zu Art. 253–253a) *jeden Raum* bezeichnet, der tatsächlich dazu beiträgt, «dass der Mieter seine Persönlichkeit in privater *oder*» (!) «wirtschaftlicher Hinsicht entfalten kann» (Hervorhebung durch den Verf.). Letztlich trifft das – nüchtern besehen – auf jeden Raum zu, der von einer Person benutzt wird (vgl. auch N 42 zu Art. 266e). «Geschäft» im Unterschied etwa zu «Wohnen» oder zu «Hobby» ist in dieser Umschreibung – wie man es auch immer drehen und wenden will – *schlicht nicht definiert* (was in den Ausführungen dieses Kommentares zu Art. 253a–253b entsprechend kritisiert worden ist; gl. kritisch ZIHLMANN II, S. 205 f. i.V.m. S. 33; die «weitherzige» Auslegung des Begriffes durch das Bundesgericht begrüssen demgegenüber etwa LACHAT/STOLL, S. 33, und GIGER, S. 46).

In einem unveröffentlichen Urteil vom 6. Februar 1995 (4C.425/1994, E. 30
2a; vgl. ZBJV 131 [1995], S. 418 f.) hat das *Bundesgericht* seine (Nicht-)Definition des «Geschäftes» in BGE 118 II 42, welches einen Raum zum Geschäftsraum erhebt, *ansatzweise korrigiert:* «Festzuhalten ist immerhin, dass die Kritik insoweit berechtigt ist, als zur Persönlichkeitsentfaltung in privater Hinsicht auch reine Freizeitbeschäftigungen natürlicher Personen» (!) «beitragen, die mit Geschäftstätigkeit auch im weitesten Sinne nichts mehr gemein haben. Dass aber Hobbyräume in der Regel nicht als Geschäftsraum im Sinne der mietrechtlichen Schutzbestimmungen zu qualifizieren sind, liegt auf der Hand» (!) «und entspricht auch verbreiteter Lehrmeinung ...». Denn Sinn und Zweck der mietrechtlichen Schutzbestimmungen bezögen sich – so das Bundesgericht weiter – «auf den Schutz existentieller Grundbedürfnisse und nicht auf Freizeitgestaltung, sei sie subjektiv für den Mieter noch so wichtig».

Daraus erhellt, dass ebenfalls das Bundesgericht grundsätzlich davon 31
ausgeht, ein *Geschäftsraum müsse ein Raum sein, der für das Ausüben von Geschäftstätigkeiten (im weitesten Sinn) gemietet worden ist.* Und man geht wohl nicht fehl, wenn man feststellt, es habe mutmasslich in BGE 118 II 42 das Ausüben einer Geschäftstätigkeit im weitesten Sinn *stillschweigend als Prämisse* seiner weiten Definition von Geschäftsraum unterlegt. Diese Prämisse hat das Bundesgericht *jedoch* auch im Urteil vom 6. Februar 1995 *immer noch nicht näher definiert* (vgl. dazu auch N 32 ff.). Das ist mit Blick auf die *Rechtssicherheit bedauerlich.* Denn bei einer klareren Definition

liessen sich Prozesse wie derjenige, der zum Urteil vom 6. Februar 1995 geführt hat, durchaus vermeiden, weil dann ebenfalls für die Mietvertragsparteien klarer auf der Hand liegen würde, was für das Bundesgericht – entgegen der weiten Umschreibung in BGE 118 II 42, die an jedem Raum anknüpft, der einer Entfaltung dient – jeweils bloss unausgesprochen «auf der Hand» liegt.

32 Im Urteil 4C.425/1994 vom 6. Februar 1995 hält das Bundesgericht ferner fest, Sinn und Zweck des Kündigungsschutzes sei der *«Schutz existentieller Grundbedürfnisse»*. Dieser Hinweis ist an sich zutreffend, in Zusammenhang mit der Definition dessen, was Geschäftsraum ist, allerdings *am falschen Ort angebracht*. Die Art. 271 ff. definieren nämlich weder über ihren Sinn und Zweck noch explizit, was Geschäftsraum ist. Der Begriff des Geschäftsraumes ist ihnen vielmehr als unausgesprochene Prämisse zugrunde gelegt, wie ergänzend darzulegen ist:

33 – Der Begriff des Geschäftsraumes bezeichnet für das gesamte Mietrecht des *OR einheitlich eine Kategorie* von Mietsachen (Raummiete; N 86 und N 90 Vorbem. zu Art. 253–274g), der nicht – je nach Kontext – eine andere Bedeutung zukommt bzw. zukommen kann (ähnlich WEBER/ZIHLMANN, Basler Kommentar, N 3 zu Art. 253a–253b). Das zeigt sich zum einen darin, dass der Begriff des Geschäftsraumes als Bezeichnung für eine besondere Kategorie der Raummiete in **Art. 253a Abs. 1** zwar inhaltlich nicht umschrieben (gl. etwa ZIHLMANN II, S. 205), aber sprachlich doch genau fixiert wird (durchaus im Sinn einer Definition); die Fixation erfolgt u.a. durch eine Gegenüberstellung des Begriffes mit dem Begriff des Wohnraumes. Der einheitliche Sinn des Begriffes «Geschäftsraum» zeigt sich zum anderen in seiner gleichlautenden Verwendung in diversen weiteren Normen (wie z.B. Art. 256 Abs. 2 lit. b, Art. 257b, Art. 257e Abs. 1, Art. 263, Art. 268, Überschrift zum Zweiten Abschnitt [Art. 269 ff.]) und in allen Normen, die genau die Voraussetzungen dafür umschreiben (Kündigungsberechtigung, weitere Gültigkeitserfordernisse einer Kündigung), aufgrund derer die Kündigungsschutzbestimmungen der Art. 271 ff. überhaupt zum Zuge kommen können (Art. 257d, Art. 257f, Art. 261, Art. 266d, Art. 266l).

34 Dass also die Geschäftsraummiete des Schutzes gemäss den Art. 271 ff. teilhaftig wird, ist mit Blick auf *das, was Geschäft ist*, gerade nicht aus dem Schutzzweck dieser Bestimmungen abzuleiten, wie es das BGer versucht, sondern *in einer gesamthaften Betrachtung*, die z.B. auch die Art. 263 (Parteiwechsel) oder Art. 257e und die Art. 269 ff. im Auge behält, *zu gewinnen*.

35 – Soweit der Schutzzweck der Art. 271 ff. den Begriff des Geschäftsraumes überhaupt zu bestimmen vermöchte (wie offenbar das BGer vermeint), vermittelt das Urteil vom 6. Februar 1995 überdies nichts Erhellendes, im Gegenteil: Die Argumentation des Bundesgerichtes drängt zu – im Lichte ihres Wortlautes – durchaus nicht einfach spitzfindigen Fragen darüber, *wann* eigentlich eine Beschäftigung *keine reine Freizeitbeschäftigung* natürlicher Personen *mehr ist* und inwieweit dergleichen «unreine» Freizeitbeschäftigung eine (einem existentiellen Grundbedürfnis entsprechende) Geschäftstätigkeit sein soll (Hobbyraum des Briefmarkensammlers, der Marken tauscht und kauft bzw. verkauft, um die Sammlung zu komplettieren? Autobasteleien wie in BGE 118 II 42? Puppensammlung? Miete eines Zimmers zum Muskeltraining durch eine von krankhafter Muskelschwäche betroffene Person?); die Argumentation drängt zu den weiteren Fragen, ob es auch *Freizeitbeschäftigungen juristischer Personen* gibt, die als (einem existentiellen Grundbedürfnis entsprechende) Geschäftstätigkeit aufgefasst werden müssen, und welche *Ausnahmen reiner Freizeitbeschäftigung* denn doch *zum Durchbruch der Regel führen*, um die Annahme einer Geschäftstätigkeit (die einem existentiellen Grundbedürfnis entspricht) in den Augen des Bundesgerichtes zu rechtfertigen! Das Urteil vom 6. Februar

1995 wirft letztlich mehr (kuriose) Fragen auf, als es Fragen löst. Das kann den Rechtsuchenden kaum befriedigen.

### 3. Gemischter Gebrauch

Der gemischte Gebrauch eines Raumes durch den Mieter (verabredeter gleichzeitiger Wohn- und Geschäftszweck; vgl. N 36-N 38 zu Art. 253a–253b) fällt zwangslos in den Geltungsbereich der Art. 271 ff. 36

Probleme ergeben sich lediglich bei der Anwendung vereinzelter Normen, deren Beachtung Voraussetzung oder Folge einer gültigen Kündigung ist (Art. 266c, Art. 266d, Art. 266e [vgl. N 21–23 zu Art. 266e, Art. 272b Abs. 1). In diesen Fällen ist gemäss richtiger Auffassung auf den primären bzw. überwiegenden Gebrauchszweck abzustellen (vgl. N 40–42 zu Art. 253a–253b; gl. z.B. LACHAT/STOLL, S. 34, unter Hinweis auf SJ 1979, S. 587). Diese bestimmt, ob die Regeln zur Wohn- oder Geschäftsraummiete Anwendung finden. 37

Folgt man demgegenüber der nach wie vor unklaren bundesgerichtlichen Auffassung, wie sie auch in der präzisierten Fassung von BGE 118 II 42 gemäss Urteil vom 6. Februar 1995 durchscheint (vorn N 29 ff.), muss man – bis vom Bundesgericht kundgegeben wird, was unausgesprochen auch noch auf der Hand liegt (vorn N 31) – konsequenterweise stets einen gemischten Gebrauch annehmen, wenn eine Tätigkeit des Mieters in den Wohnmieträumen als vertraglich verabredete der Entfaltung des Mieters auch in privater Hinsicht dient, ohne reine Freizeitbeschäftigung zu sein. Ferner muss man wohl annehmen, diese Tätigkeit erhebe die Mietsache stets ebenfalls zum Geschäftsraum. Alsdann käme wohl immer das für Geschäftsräume vorgesehene Recht zur Anwendung. Da dies über alles geschen nicht zweckdienlich sein kann, ist dem in N 36 ff. zu Art. 253a–253b Ausgeführten gleichwohl stets der Vorzug zu geben. 38

Vom *gemischten Gebrauch zu unterscheiden sind die gemischten Vertragsverhältnisse*. Inwieweit diese vom Geltungsbereich des mietrechtlichen Kündigungsschutzes erfasst werden, ist in jedem einzelnen Fall gesondert zu prüfen (vgl. dazu allgemein N 168 ff. Vorbem. zu Art. 266–266o [insbesondere N 188]; zu den gemischten Miet-/Arbeitsverträgen im besonderen vgl. N 189 ff. Vorbem. zu Art. 266–266o). 39

### 4. Nicht vom Geltungsbereich erfasste Mietarten

Alle Mietverhältnisse, deren Gegenstand weder Wohn- (vorn N 20 ff.) noch Geschäftsraum (vorn N 26 ff.) ist, bleiben, sofern sie nicht nach dem Willen der Parteien oder gemäss Art. 253a Abs. 1 Teil eines gesamthaften 40

Mietverhältnisses geworden sind (vgl. dazu N 49 ff. zu Art. 253a–253b, N 105 ff. Vorbem. zu Art. 266–266o), *vom Anwendungsbereich des Kündigungsschutzes i.S. der Art. 271 ff. ausgeschlossen* (gl.M. offenbar auch BGE 121 III 161).

41 Es sind das – nebst den Mietverhältnissen über Ferienwohnungen i.S.v. Art. 253a Abs. 2 – alle Mietverhältnisse über «*Hobbyräume*» (wie Reitstall für private Zwecke), über *Bastelräume* (nach Bundesgericht gemäss Urteil 4C.425/1994 vom 6. Februar 1995, allerdings nur «in der Regel»), über *Einstellplätze und ähnliche Einrichtungen* (Art. 266e; vgl. zum Begriff N 46 ff. zu Art. 266e), über *unbewegliche Sachen wie Garagenplätze oder Geschosse einer Garage*, selbst wenn der Mieter gewerbsmässig die dort abgestellten Fahrzeuge betreibt (BARBEY, Protection, S. 75, N 196), über *Bootsanlegestellen* (auch einer Segelschule [GVP 1990 Nr. 45], nicht aber ein Bootshaus, das einem Berufsfischer für die Unterstellung und den Unterhalt des Bootes und das Einbringen des Fanges vermietet ist, da dieses Geschäftsraum bildet; gl. BARBEY, Protection, S. 75, N 195, unter Hinweis auf DdB 1989, Nr. 20), über *Lagerplätze, Versammlungslokale und Klubhäuser, die nur dem geselligen Zusammensein von Mitgliedern* dienen (ohne Restaurations- oder Sekretariatsbetrieb; a.A. BGer in BGE 118 II 42 sowie im Urteil 4C.425/1994, LACHAT/STOLL, S. 33, ZIHLMANN, Basler Kommentar, N 5 zu Art 253; offen gelassen BARBEY, Protection, S. 74 f., N 195 f.).

42 Endlich bleiben ausgeschlossen *alle Mietverhältnisse über bewegliche Sachen*, auch über solche, die als Wohn- oder Geschäftsraum dienen könnten (Fahrnisbauten; vgl. N 8 ff. zu Art. 266b), wenn sie nicht vertragsgemäss gerade Wohn- oder Geschäftsraum sind (dann fallen sie unter das Kündigungsschutzrecht; gl.M. offenbar z.B. auch WEBER/ZIHLMANN, Basler Kommentar, N 2 zu Art. 253a–253b und N 2 zu Art. 271–271a; a.A. etwa GIGER, S. 48, für den sich der Ausschluss von Fahrnisbauten aus Art. 677 ZGB ergibt [diese Auffassung erweist sich wohl als verfehlt, da sie der doch eher irrigen Annahme unterliegt, eine allfällige Kündigungsschutzklage etwa des Mieters einer Fahrnisbaute müsse stets zugleich den Standplatz der Baute miterfassen und sich gegen den Grundeigentümer richten, auf dessen Grundstück die Baute steht, und nicht bloss gegen den Vermieter der Fahrnisbaute, der vom Grundeigentümer durchaus verschieden sein kann; vgl. dazu vorn N 7; z.B.: Miete eines «Containers» als Geschäftsraum und Aufstellung auf eigenem Grund des Mieters]).

# B. Übersicht zum materiellen Kündigungsschutzrecht

## I. Originärer Kündigungsschutz: Anfechtbarkeit der Kündigung (Art. 271–271a)

### 1. Gesetzgeberische Intentionen

Im originären Kündigungsschutz (zum Begriff siehe vorn N 8) hat der Gesetzgeber verschiedene Intentionen – nicht immer zu gleichen Teilen – verwirklicht, die *vor allem am Grundsatz von Treu und Glauben sowie am Missbrauchsverbot i.S.v. Art. 2 ZGB* (dazu N 137 ff. Vorbem. zu Art. 266–266o) *anknüpfen* (gl. etwa TERCIER, S. 254). Diese Intentionen haben im Gesetzestext unterschiedlichen Niederschlag gefunden. Der originäre Kündigungsschutz steht daher im Vergleich zum nachträglichen Kündigungsschutz (Erstreckungsrecht i.S.v. Art. 272 ff.) bei sachrichtiger Betrachtung und Anwendung nur beschränkt im Spannungsfeld von Privatautonomie (Kündigungsfreiheit), Eigentumsfreiheit und Sozialschutz (a.A. offenbar z.B. TERCIER, S. 253). 43

a) Art. 271 Abs. 1 ist zunächst von der Intention geprägt, **Treu und Glauben im gegenseitigen Verhalten der Parteien** sei **bei Dauerschuldverhältnissen** wesentlich *ausgeprägter zu berücksichtigen* als bei den sog. «einfachen» Schuldverhältnissen (auch Zielschuldverhältnisse genannt; vgl. KRAMER, N 158 vor Art. 1). Diese Auffassung, die sich auf die Tatsache abstützt, dass (vertragliche) Beziehungen zwischen Parteien nur dann erfolgreich bzw. erträglich sind, wenn beide sich korrekt (bzw. vertragstreu) verhalten, hat in der Lehre und in der Praxis *unter verschiedenen Aspekten schon lange Eingang gefunden* (u.a. etwa zur versehentlichen Zustellung eines leeren Couverts an die Gegenpartei in ZR 36 [1937] Nr. 138; vgl. N 42 Vorbem. zu Art. 266–266o, mit Verweisen. Eine ähnliche Sicht vertritt z.B. CALAMO, S. 147 f., allerdings mit weiter als bloss zu Art. 2 ZGB reichenden Bezügen). 44

Zum korrekten bzw. vertragstreuen Verhalten gehört *die Treu und Glauben entsprechende Ausübung regelhafter Befugnisse*, wozu auch die 45

Kündigung zählt (vgl. dazu N 150 Vorbem. zu Art. 266–266o). Die rechtsmissbräuchliche Kündigung, also die einseitige Vertragsauflösung, die offenkundig («offenbar» in der Gesetzessprache) gegen Treu und Glauben verstösst, ist deshalb seit je vom Gesetz missbilligt und wirkungslos belassen worden (vgl. Art. 2 Abs. 2 ZGB). Kündigungsschutz meint deswegen in seiner ursprünglichen Bedeutung, die gekündigte Partei sei vor «rechtsmissbräuchlichen» Kündigungen der Gegenpartei zu schützen (vgl. dazu Amtl. Bull. SR vom 8. Juni 1988, S. 174 f. [Votum BÜHRER: «... die Anfechtbarkeit von willkürlichen und schikanösen Kündigungen ...»], Amtl.Bull. NR vom 16. März 1989, S. 533 f. [Voten HUBACHER und KOLLER]).

46 Der Gesetzgeber hat *mit der Fassung von Art. 271 Abs. 1* diesen engen und selbst in der Beratung im Parlament im Sprachgebrauch der Parlamentarier doch immer wieder aufscheinenden *klassischen Begriff des Rechtsmissbrauchs verlassen:* Nicht bloss der «offenbare» Rechtsmissbrauch ist «anfechtbar», sondern jeder Verstoss gegen Treu und Glauben (vgl. N 141–144 Vorbem. zu Art. 266–266o; ähnlich z.B. GUHL/KOLLER/DRUEY, S. 407, ZELLER, in: ZSR [NF] 1990 I, S. 271 f., ZIHLMANN II, S. 207; unklar, ob a.A., z.B. bei LACHAT/STOLL, S. 338).

47 *Im Gegenzug zu dieser Ausweitung* des sachlichen «Schutzbereiches» von Art. 271 Abs. 1 über den des Art. 2 Abs. 2 ZGB hinaus hat der Gesetzgeber dafür die Rechtsfolge im Vergleich zu Art. 2 Abs. 2 ZGB «gemildert», und zwar von der allgemeinen Nichtigkeit auf die «Unwirksamkeit» der Kündigung im (erfolgreichen) Fall der Anfechtung (so auch BGE 119 II 154, unter Hinweis auf die Botsch.; gl. LACHAT/ STOLL, S. 340: «Die Ausweitung des Missbrauchsbegriffes korreliert mit der Abschwächung der Rechtsfolge»; vgl. dazu ebenfalls nachstehend N 60 ff. sowie N 158 ff. Vorbem. zu Art. 266–266o).

48 Die *Einbettung* des originären *Kündigungsschutzes in das Prinzip von Treu und Glauben* gemäss Art. 2 Abs. 1 ZGB und damit (wenigstens strekkenweise; siehe N 141–144 Vorbem zu Art. 266–266o) in die traditionelle Missbrauchsgesetzgebung (a.A. ZELLER, a.a.O.) führt sodann in den Konsequenzen zu einem – wie es RONCORONI nennt – «paritätischen» Kündigungsschutz (RONCORONI I, a.a.O., S. 131): Der Grundsatz von Treu und Glauben ist der Massstab für die Rechtsausübung einer jeden Person, also ebenfalls für das Kündigungsverhalten eines Vermieters und eines Mieters (vgl. Botsch., S. 1458; statt vieler ferner: GUHL/KOLLER/DRUEY, S. 408).

49 Eine Einschränkung der Anwendung des Grundsatzes von Treu und Glauben bei Kündigungen auf das Verhalten bloss einer Partei (des Vermieters) wurde im Vorfeld der Gesetzesrevision z.T. erwogen und wird auch heute noch z.T. erwogen (vgl. dazu etwa RONCORONI I, a.a.O., S. 131). Diese Einschränkung würde einen Bruch mit dem unsere Rechtsordnung beherrschenden, alle Rechtsunterworfenen erfassenden Prinzip von Treu und Glauben darstellen und wäre dogmatisch unhaltbar (RONCORONI I, a.a.O.). *Einseitiger Kündigungsschutz*

*bedürfte daher in jedem Fall einer anderen dogmatischen Einbettung als in den Rahmen von Art. 2 ZGB.*

b) *In Anlehnung an die bisherige Missbrauchsgesetzgebung* (Art. 18 Abs. 3 BMM, Art. 24 BMM, Art. 28 Abs. 3 BMM; vgl. auch Amtl.Bull. NR vom 16. März 1989, S. 535, Votum LEUENBERGER) *will der originäre Kündigungsschutz, wie er nach langen Debatten im Parlament* (mit Differenzbereinigung; vgl. Amtl.Bull. SR vom 8. Juni 1988, S. 174 ff., vom 19. September 1989, S. 428 ff., vom 30. November 1989, S. 683 f., NR vom 16. März 1989, S. 533 ff., vom 28. November 1989, S. 1878 f.) *in den Art. 271 f. Gesetz geworden ist, ebenfalls einen* **Schutz der sozial schwächeren Vertragspartei** *verankern* (vgl., statt vieler: BARBEY, Protection, S. 45 f., CALAMO, S. 138 f.). Ausfluss dieser weiteren gesetzgeberischen Intention sind namentlich der in Art. 271a Abs. 1 lit. d und lit. e geregelte «zeitliche» Kündigungsschutz sowie Art. 271a Abs. 1 lit. b und lit. c (Unlauterkeit der Pressions- bzw. Änderungskündigungen des Vermieters). Ausgeprägteren Niederschlag als im originären Kündigungsschutz hat die Sozialschutzintention in der Formularpflicht des Art. 266l Abs. 2 gefunden (vgl. vorn N 15 f., mit Verweisen) sowie vor allem im nachträglichen Kündigungsschutz (Art. 272 ff.; vgl. nachstehend N 78 f.). 50

*Wer die sozial schwächere Vertragspartei* im Rahmen eines Wohn- oder Geschäftsraummietvertrages *ist* (dazu z.B. CALAMO, S. 138 ff.), wird vom Gesetzgeber *nicht einer fallweisen Betrachtung überlassen, sondern* (wenigstens indirekt) *generell geregelt.* Sozial schwächere Partei ist der *Mieter,* weil er z.B. auf Unterkunft und auf den Arbeitsort angewiesen ist (BARBEY, Protection, S. 45). Sozial schwächer im Vergleich zu den Vermietern sind viele Mieter beispielsweise auch bezüglich ihrer wirtschaftlichen Möglichkeiten, was sich bei Wohnungswechseln niederschlägt. Mieter sind endlich als sozial schwächere Vertragspartei einzustufen, weil sie regelmässig geschäftlich unerfahren(er) sind (vgl. BARBEY, a.a.O.) als die Vermieter (CALAMO [S. 139] ortet Art. 271 daher eher in der Nähe von Art. 21 als von Art. 2 Abs. 2 ZGB). Schutz der sozial schwächeren Vertragspartei heisst endlich Schutz namentlich kinderreicher Familien (BARBEY, Protection, S. 46, N 78). 51

Die Intention des Sozialschutzes, verbunden mit ökonomischen Überlegungen vor allem zum Wohnungsmarkt (die allerdings stets stark ort- und zeitverhaftet sind; vgl. dazu BARBEY, Protection, S. 46, N 81–83; CALAMO, S. 40 ff., S. 142) sowie Überlegungen zur fortschreitenden Anonymisierung mietvertraglicher Beziehungen (BARBEY, Protection, S. 45, N 77), liessen es dem Gesetzgeber demgegenüber geraten erscheinen, ein im Einzelfall durchaus mögliches Übergewicht in sozialer und wirtschaftlicher Hinsicht 52 des Mieters, namentlich des Geschäftsraummieters, als *kleineres Übel* in Kauf zu nehmen (ähnlich CALAMO, S. 141 f.).

53 c) Die dargelegten wesentlichen Motive des Sozialschutzes haben zur (fast zwangsläufigen) **Begrenzung** des originären Kündigungsschutzes **auf die Miete von Wohn- und Geschäftsraum** geführt, wobei sich für die Geschäftsraummiete der Sozialschutz wohl schwieriger rechtfertigen lässt. In diesem letzten Punkt unterscheidet sich das Kündigungsschutzrecht des OR denn auch z.B. erheblich vom deutschen Recht, welches den Geschäftsraummieter gerade nicht dem Sozialschutzrecht unterstellt (vgl. z.B. EMMERICH/SONNENSCHEIN, a.a.O., S. 495, N 11 ff.), weil es da kein grundsätzliches Sozialschutzbedürfnis vermutet (z.B. weder eine gravierende Unerfahrenheit noch einen Kinderreichtum, noch eine gewissermassen zwingende wirtschaftliche Unterlegenheit des Geschäftsraummieters).

## 2. Kündigungen

54 Der originäre Kündigungsschutz knüpft – wie es der Begriff von selbst nahelegt – *einzig* an die Mietvertragsauflösung durch eine grundsätzlich *gültige Kündigung* an (so BGE 121 III 156 ff., 120 II 32, 120 II 107 f.; vgl. ferner HIGI, a.a.O., S. 231, und TERCIER, S. 254; ähnlich ferner RONCORONI I, S. 121). Er knüpft m.a.W. an an eine formgültige Kündigung, der eine Kündigungsberechtigung (dazu N 47 ff. und N 132 ff. zu Art. 266–266o) der kündigenden Vertragspartei zugrunde liegt. Ob es sich bei der *Kündigung um eine ordentliche* (vgl. dazu N 75 ff. Vorbem. zu Art. 266–266o) *oder um eine ausserordentliche* (vgl. N 79 ff. Vorbem. zu Art. 266–266o) *handelt, ist hingegen belanglos* (gl.M. etwa TERCIER, S. 255; ähnlich ferner z.B. LACHAT/STOLL, S. 353; vgl. zudem ZMP 1/94 Nr. 8).

55 Teilweise a.A. ist RONCORONI I, a.a.O., S. 122 f., hinsichtlich der ausserordentlichen Kündigungen des Mieters; diese seien gewissermassen vom Kündigungsschutz ausgeschlossen, weil sie nicht gegen Treu und Glauben verstossen könnten (ohne jedoch zu begründen, warum das ausgeschlossen sein soll [eine Kündigung des Mieters beispielsweise gestützt auf Art. 259b entgegen einer gerade zuvor abgegebenen Versicherung, er werde die Kündigung unterlassen, verstösst durchaus gegen Treu und Glauben]). Ähnlich wie RONCORONI argumentiert ferner EIHOLZER, Konflikt, a.a.O., S. 326, der ausserordentliche Kündigungen ausgeklammert wissen will mit der m.E. wenig überzeugenden Begründung, es sei nicht einzusehen, unter welchen Gesichtspunkten eine ausserordentliche Kündigung etwa des Vermieters gestützt auf Art. 257d gegen Treu und Glauben verstossen soll (eine solche Kündigung verstösst z.B. dann gegen Treu und Glauben, wenn sie entgegen einem Stundungsversprechen erfolgt).

56 Allen diesen abweichenden Auffassungen liegt offensichtlich eine gedankliche Vermischung von treuwidriger Ausübung des Kündigungsrechts einerseits und den gesetzlichen Voraussetzungen der Kündigungsberechtigung anderseits (dazu N 47 ff. zu Art. 266–266o)

zugrunde. Zur selben Vermischung neigten bis zu BGE 121 III 156 ff. auch das BGer sowie etwa CORBOZ, in: Cahiers 1994, S. 33 ff.

a) Zum **Begriff** der Kündigung als *einseitiger Erklärung zur Vertragsauflösung* vgl. N 31 ff. Vorbem. zu Art. 266–266o. Zur gültigen bzw. fehlerhaften Kündigung siehe N 129 ff. Vorbem. zu Art. 266–266o, mit Verweisen. 57

b) **Nicht von den Bestimmungen** der Art. 271 f. **erfasste Formen der Vertragsauflösung** sind die, denen keine Kündigung zugrunde liegt, als da vor allem sind: 58

- die Vertragsbeendigung infolge Zeitablaufes (Art. 255 Abs. 2; dazu N 26–28 und N 37 f. zu Art. 255; vgl. ferner BGE 121 III 260),
- der Aufhebungsvertrag (vgl. N 12 ff. zu Art. 266–266o),
- der Rücktritt vom Mietvertrag vor dem Mietantritt (vgl. N 6 zu Art. 266–266o); nach dem Mietantritt wird der «Rücktritt» zur Kündigung mit Wirkung ex nunc (statt vieler: GAUCH, S. 30, CALAMO, S. 206, mit weiteren Verweisen),
- die Irrtumsanfechtung des Mietvertrages i.S.v. Art. 23 vor dem Mietantritt (nach dem Mietantritt wird die Anfechtung zur Kündigung mit grundsätzlicher Wirkung ex nunc; N 8 Vorbem. zu Art. 266–266o),
- die Nichtübernahme der Mietsache durch den Mieter i.S.v. Art. 258 Abs. 1 (schwerer anfänglicher Mangel, gewöhnlicher Verzug; vgl. dazu N 51 ff. zu Art. 258),
- die vorzeitige Rückgabe der Mietsache i.S.v. Art. 264 (vgl. N 28 Vorbem. zu Art. 266–266o, mit weiteren Verweisen),
- der Parteiwechsel (vgl. N 30 Vorbem. zu Art. 266–266o, mit Weiterverweisungen),
- die objektive Unmöglichkeit des Vermieters (vgl. N 22 ff. Vorbem. zu Art. 266–266o, mit Verweisen),
- der Ablauf der vereinbarten oder gerichtlich festgelegten Erstreckungsdauer i.S.v. Art. 272b.

In allen diesen Fällen ist eine Anfechtung der vertragsauflösenden Erklärung bzw. Handlung gestützt auf Art. 271 f. und Art. 273 von vornherein (einsichtigerweise) *ausgeschlossen*. 59

### 3. Konzept des originären Kündigungsschutzes

a) Eine *missbräuchliche Kündigung i.S.* der Art. 271 f. *ist nicht per se wirkungslos* bzw. «unwirksam» oder ungültig (solches hatte noch der bundesrätliche Entwurf von Art. 271 vorgesehen). Wer die Kündigung der Ge- 60 genpartei für missbräuchlich erachtet, hat das in der Gesetz gewordenen Fassung vielmehr *stets klageweise* geltend zu machen (die Kündigung «anzufechten»; Art. 273 Abs. 1). Im Resultat hinwieder führt die Anfechtung einer Kündigung nur dann, wenn die Kündigung missbräuchlich war, dann aber immer, zu deren (nachträglich festgestellten) Unwirksamkeit (vgl., statt vieler: LACHAT/STOLL, S. 339). Im Gegensatz zum BMM (vorn N 50) und zum bundesrätlichen Entwurf, dem das Parlament nicht folgte (gl. LACHAT/STOLL, S. 338), basiert das geltende Recht somit auf **dem Prinzip der Anfechtbarkeit** (Votum KOLLER, in: Amtl.Bull. NR vom 16. März 1989, S. 536) **statt** auf dem Prinzip der **anfänglichen Ungültigkeit** (bzw. der Unwirksamkeit oder der Nichtigkeit; vgl. dazu Amtl.Bull. NR vom 16. März 1989, S. 535 f., Voten LEUENBERGER usw.). Die Rechtsfolge der Art. 271 f. unterscheidet sich damit wesentlich zugleich von derjenigen des Art. 2 ZGB und von derjenigen der Art. 21 und 23 i.V.m. Art. 31 (dazu auch nachstehend N 66 f.; die dogmatischen Auseinandersetzungen zu den letztgenannten Bestimmungen zwischen Vertretern der Anfechtungs- und der Ungültigkeitstheorie [vgl. GAUCH/SCHLUEP, Bd. 1, S. 164 ff.] entfallen somit im Zusammenhang mit Art. 271).

61 Der Grundsatz der Anfechtbarkeit (Annullabilität; vgl. den französischen Text) *setzt* nach dem Gesagten logisch zwingend voraus, dass *jede Kündigung, die hinsichtlich der Form und der Kündigungsberechtigung fehlerfrei ist, grundsätzlich vertragsauflösende Wirkungen entfaltet und damit anfänglich gültig ist* (gl. TERCIER, S. 254, Rz. 2062 und 2070, GUHL/KOLLER/DRUEY, S. 407; ähnlich z.B. BARBEY, Protection, S. 108, N 4; a.A. WEBER/ZIHLMANN, Basler Kommentar, N 4 zu Art. 271–271a, in Verkennung der dogmatischen Einordnung der Anfechtbarkeit; unklar, ob a.A., z.B. bei HONSELL, S. 217). Denn anfänglich Ungültiges kann vertragsauflösende Wirkungen – zumindest vom üblichen Wortsinn her betrachtet – nicht entfalten (in diese Richtung zielend immerhin BGE 121 III 160, unter Hinweis auf BGE 119 II 147: «aurait dû agir dans les 30 jours s'il ne voulait pas que le congé devînt efficace»).

62 BARBEY, Protection, S. 108, N 4, hält – insoweit von der h.L. abweichend – jede Kündigung zunächst einmal bloss für vermutungsweise gültig; die Vermutung wird in dieser Sichtweise unwiderlegbar, wenn die Anfechtung unterlassen wird; eine solche Vermutung konkurrierte allerdings mit den von Art. 271a Abs. 1 aufgestellten gegenteiligen Vermutungen (vgl. dazu nachfolgend N 72 f.), was die Sicht der Dinge unnötig kompliziert. Die von BARBEY vertretene Auffassung scheint sich endlich mit der Annullabilität (Anfechtung) in deren Wortsinn schlecht zu vertragen – annulliert werden kann eigentlich nur etwas, was als gültig gilt.

63 *Unangefochten gebliebene Kündigungen* sind jedoch – unbeschadet darum, ob man anfängliche Gültigkeit oder bloss einstweilen vermutete Gültigkeit wie BARBEY annimmt (vorn N 62) – *konsequenterweise stets wirksam,*

*selbst dann, wenn sie offenbar missbräuchlich i.S.v. Art. 2 Abs. 2 ZGB sind* (in diese Richtung zielen z.B. die Voten LEUENBERGER, JEANPRÊTRE, GUINAND und KOLLER, in: Amtl.Bull. NR vom 16. März 1989, S. 535 f. [das Votum HUBACHER am gleichen Ort erhellt demgegenüber nichts]; vgl. ferner N 162 f. Vorbem. zu Art. 266–266o, mit Verweisen; gl.M. sodann BGE 119 II 147, ferner TERCIER, S. 254 [Rz. 2062], S. 258 [Rz. 2096], GUHL/KOLLER/DRUEY, S. 407). Zu den Gründen hierfür, die aus dem Anfechtungsprinzip folgen, siehe auch nachstehend N 66.

A.A., ohne tiefere Begründung, CALAMO, S. 205 bzw. S. 135 («Die speziellen Normen ... 64
Art. 271 ff. OR, decken für das Wohnraummietrecht den relevanten Geltungsbereich von Art. 2 Abs. 2 ZGB wohl völlig ab. Ihre exklusive Anwendung ist aber nicht gefordert [sic] ...»). A.A. auch BGE 121 III 156 ff., ZMP 2/93 Nr. 14, WEBER/ZIHLMANN, Basler Kommentar, N 4 zu Art. 266o, ZIHLMANN II, S. 207, alle gleichfalls ohne nähere Begründung (vgl. dazu ebenfalls nachstehend N 66 ff. und N 28 ff. zu Art. 271). Endlich a.A. z.B. BRUNNER, a.a.O., S. 41, der ebenfalls die Abschwächung der Rechtsfolge in Art. 271 Abs. 1 im Vergleich zu Art. 2 Abs. 2 ZGB hervorhebt, jedoch zugleich das Gegenteil mit eigenwilliger Begründung festhält: «Liegt allerdings ein Fall von offensichtlichem Rechtsmissbrauch vor, so ist nicht einzusehen, wieso nicht die für einen solchen Fall vorgesehene» (wo?; siehe N 65) «Rechtsfolge der Nichtigkeit Platz greifen soll.» Die Nichtigkeit und nicht bloss die Anfechtbarkeit von treuwidrigen Kündigungen sieht BRUNNER namentlich gestützt auf Art. 20 dort «vorgesehen», wo die Kündigung die Strafnorm des Art. 325$^{bis}$ StGB (der auch für BRUNNER tatbestandsmässig im wesentlichen Art. 271a Abs. 1 lit. a entspricht) erfüllt, offenbar deshalb, weil nach Ansicht von BRUNNER strafbares Verhalten gewissermassen stets zivilrechtliche Nichtigkeit nach sich zieht.

Hinter der Auffassung, die Nichtigkeit einer Kündigung, die gegen Art. 325$^{bis}$ StGB ver- 65
stösst, ergebe sich aus Art. 20, steckt ein doppelter *Irrtum.* Übersehen werden zum einen die unterschiedlichen Ziele, die Privatrecht und Strafrecht verfolgen. Übersehen wird zum andern, dass – gerade wegen der unterschiedlichen Ziele von Straf- und Privatrecht – strafbares Verhalten nur dann die zivilrechtliche Nichtigkeit nach sich zieht, wenn diese Rechtsfolge sich aus der verletzten Norm oder deren Sinn und Zweck ergibt (statt vieler: GAUCH/-AEPLI/CASANOVA, OR AT, 3. A., Zürich 1992, S. 45 f., mit Verweisen). Nichtigkeit als stete zusätzliche Zivilrechtsfolge legt nun aber Art. 325$^{bis}$ StGB (notabene ein Übertretungstatbestand) nicht nahe, weil diese Bestimmung überhaupt nur dann zur Strafbarkeit des auch von Art. 271a erfassten Verhaltens führt, wenn der Mieter einen Strafantrag gestellt hat (die Parallelen zur Anfechtbarkeit des Art. 271 Abs. 1 sind unübersehbar; in beiden Fällen wird eine Tätigkeit des Mieters verlangt, damit Rechtsfolgen eintreten). Art. 271 Abs. 1 (Abschwächung der Rechtsfolge auch nach Auffassung BRUNNERs) hinwieder verlangt zusammen mit Art. 273 Abs. 1 zwingend eine Anfechtungshandlung auch im Fall einer Kündigung gemäss Art. 271a Abs. 1 lit. a. Träfe die Auffassung über die Nichtigkeit von BRUNNER zu, so genügte in dergleichen Fällen ein Strafantrag innert drei Monaten (Art. 29 StGB i.V.m. Art. 102 StGB), um die Nichtigkeit einer Kündigung herbeizuführen, die der Gesetzgeber im Zivilrecht ausdrücklich bloss als innert 30 Tagen anfechtbar erklärt hat! Wenn etwas logisch betrachtet nicht einzusehen ist (vgl. aber BRUNNER, a.a.O.), dann diese Konsequenz.

Der Grundsatz der (blossen) Anfechtbarkeit statt der ursprünglichen 66
Ungültigkeit einer missbräuchlichen Kündigung wurde vom Gesetzgeber aus *Gründen der allgemeinen Rechtssicherheit, der Vorhersehbarkeit der Verhältnisse* und ihrer Entwicklungen gewählt. Zu dieser Wahl beigetragen hat nicht zuletzt der Umstand, dass der *Grundsatz des Art. 271 Abs. 1* («blos-

ser» Verstoss und nicht «offenbarer» Verstoss gegen Treu und Glauben; vgl. N 143 Vorbem. zu Art. 266–266o; ZIHLMANN II, S. 207) *stets konkretisierungsbedürftig ist* (vgl. Amtl.Bull. NR vom 16. März 1989, S. 536, Votum KOLLER: «Der Bundesrat meint, dass die Rechtsfolge der Anfechtbarkeit hier zumutbar und genügend ist, vor allem aus Gründen der Rechtssicherheit»; vgl. ebenfalls nachstehend N 70).

67 Sicherheit bietet die gewählte Regelung nicht nur den Parteien selbst, sondern z.B. auch *allfälligen Nachfolgemietern.* Die Zweiseitigkeit des originären Kündigungsschutzes (vorn N 48) lässt im übrigen die gezeigten Folgen der Unterlassung der Anfechtung (vorn N 63) einer Kündigung des Mieters durch den Vermieter durchaus zugunsten auch des Mieters eintreten. Endlich erspart die Konzeption der Anfechtbarkeit im Vergleich zur Nichtigkeit bzw. ursprünglichen Ungültigkeit dann die «Konstruktion» eines Aufhebungsvertrages, wenn die gekündigte Partei – aus welchen Gründen auch immer – die Kündigung als gültig erachtet und aus dem Mietobjekt auszieht bzw. dieses zurücknimmt.

68 Die mit dem Grundsatz der Anfechtbarkeit einhergehende – und z.T. kritisierte (vgl. etwa LACHAT/STOLL, S. 339, S. 340) – «Milderung» der Rechtsfolgen der missbräuchlichen Kündigung im Vergleich zu den (wenigen) Tatbeständen der Missbräuchlichkeit des alten Rechts erweist sich von daher m.E. durchaus als sinnreich. In den praktischen Folgen der zutreffenden Anfechtung bleibt sie dem alten Recht zudem gleich. *Die Kritik* (vgl. etwa Votum LEUENBERGER, in: Amtl.Bull. NR vom 16. März 1989, S. 535) *übersieht* endlich *geflissentlich*, dass der sachliche Anwendungsbereich der Art. 271 f. im Vergleich zum alten Recht nicht unerheblich erweitert worden ist (ähnlich LACHAT/STOLL, S. 340; dazu vgl. N 143 f., N 162 f. Vorbem. zu Art. 266–266o, mit Verweisen) und dass die Neuerung *einhergeht mit der neuen Formularpflicht des Art. 266l* (Hinweis auf die Anfechtbarkeit und die zur Entgegennahme der Anfechtung zuständige Behörde auf dem Formular, dessen Nichtverwendung durch den Vermieter die Kündigung nichtig werden lässt), welche gerade für Mieter *keine neuen hohen oder gar unüberwindbare Hürden aufbaut*, um ihr Recht durchsetzen zu können. Die Anfechtung einer offenbar rechtsmissbräuchlichen Kündigung, also einer Kündigung, deren Fehlerhaftigkeit gewissermassen jedermann ins Auge springt (vgl. TUOR/SCHNYDER, S. 50), gestützt auf einen Formularhinweis, muss daher erst recht als zumutbar erscheinen. Rationale, stichhaltige Gründe, die entgegen dem Gesetz (Art. 271 Abs. 1) dem allgemeinen Grundsatz von Art. 2 Abs. 2 ZGB zusätzlich Raum verschaffen zu wollen, bestehen daher kaum.

69 **b)** Die Art. 271 f. enthalten bezüglich der Gründe, die eine Kündigung missbräuchlich machen, eine **offene Regelung.** Diese besitzt einen etwas komplizierten Aufbau und dürfte namentlich in Art. 271a dem durchschnittlichen Bürger als Normadressaten kaum das Gefühl von Klarheit in der Aussage vermitteln.

70 aa) Im Sinn einer **Generalklausel** (vgl. N 15 zu Art. 271) erklärt Art. 271 Abs. 1 jede Kündigung bzw. *jedes Kündigungsverhalten* beider Vertragsparteien, das gegen Treu und Glauben verstösst, für anfechtbar und damit als missbräuchlich. Worin ein solcher Verstoss gegen Treu und Glauben konkret in bzw. bei einer Kündigung zu erblicken ist, wird in Art. 271 Abs. 1 hingegen gerade nicht definiert; *die Norm ist insoweit konkretisierungsbe-*

*dürftig* (vgl. dazu N 146 ff. Vorbem. zu Art. 266–266o sowie N 55 ff. zu Art. 271; ähnlich z.B. BARBEY, Protection, S. 109).

Umgekehrt *definiert Art. 271 Abs. 1 ebenfalls nicht*, welches Kündigungsverhalten im konkreten Einzelfall *als Treu und Glauben entsprechend zu betrachten ist*, was es bekanntlich erst erlauben würde, das Missbräuchliche einer Kündigung konkret zu fassen (vgl. N 147 Vorbem. zu Art. 266–266o). Auch hierin bleibt die Norm demnach stets konkretisierungsbedürftig. 71

**bb)** Art. 271a Abs. 1 befasst sich demgegenüber ausschliesslich mit Vermieterkündigungen. Im Lichte der durch die Generalklausel bewirkten offenen **Regelung** enthält er bloss die beispielhafte Auflistung **besonderer Einzeltatbestände** (statt vieler: BARBEY, Protection, S. 109). Sind deren tatsächliche Voraussetzungen erfüllt, so *vermutet* der Gesetzgeber immerhin einen Verstoss des kündigenden Vermieters gegen Treu und Glauben, mithin eine Missbräuchlichkeit der Kündigung und deren Anfechtbarkeit (als «Rechtsfolge»; es liegen mithin atypische Rechtsvermutungen vor [vgl. dazu KUMMER, N 325 zu Art. 8 ZGB], die man z.T. auch als Fiktionen bezeichnen kann [dazu KUMMER, N 344 f. und N 350 zu Art. 8 ZGB]). Diese Vermutungen sind jedoch – wie der Abs. 3 von Art. 271a verdeutlicht – nicht bei jedem dieser Einzeltatbestände gleichermassen unwiderlegbar (statt vieler: LACHAT/STOLL, S. 338 f.). 72

Die in den Einzeltatbeständen des Art. 271a Abs. 1 enthaltenen Vermutungen werden endlich in bezug auf eine konkrete Kündigung dann aufgehoben, bzw. letztlich stets widerlegt (vgl. auch vorn N 62 f.), wenn eine Anfechtungsklage der gekündigten Partei innert Frist gemäss Art. 273 Abs. 1 unterbleibt. 73

## II. Nachträglicher Kündigungsschutz: Erstreckung des Mietverhältnisses (Art. 272–272d)

### 1. Allgemeine Voraussetzungen und Geltungsbereich

Im Gegensatz zum originären Kündigungsschutz, der auf die nachträglich festzustellende Unwirksamkeit einer Kündigung im Fall des Missbrauchs abzielt (vgl. auch N 32, N 92 ff. zu Art. 271), *setzt* der nachträgliche Kündigungsschutz gerade *eine selbst unter den Aspekten des originären* 74

*Kündigungsschutzes gültige Kündigung voraus* (gl., noch zum alten Recht: SCHMID, N 8 zu aArt. 267a): Erst dort, wo eine derart «umfassend» gültige Kündigung vorliegt, kann er ansetzen (vgl. auch MOSER, S. 183 f., GIGER, S. 58). Damit ist zugleich dargetan, dass der Geltungsbereich des nachträglichen Kündigungsschutzes, der mit dem originären gemeinsam im Dritten Abschnitt des Achten Titels vereint ist, durch die Art der Miete gleich eingeschränkt wird wie derjenige des originären Kündigungsschutzes, also auf die Miete von Wohn- und Geschäftsraum (vgl. vorn N 20 ff., N 26 ff., N 53; sinngemäss gleich, statt vieler: TERCIER, S. 254, Rz 2065, und S. 259, WEBER/ZIHLMANN, Basler Kommentar, N 2 zu Art. 272).

75 Im weiteren Gegensatz zum originären Kündigungsschutz *greift der nachträgliche ebenfalls bei den Fällen des ordnungsgemässen, vereinbarten Vertragsablaufes bei befristeten Mietverhältnissen* (Art. 255 Abs. 2, Art. 272 und Art. 273), was im Lichte der durch ihn verfolgten Zwecke befriedigen mag (vgl. nachstehend N 77 ff.), dogmatisch hingegen – vom Mieter mitbestimmte Vertragsbeendigung – eher fragwürdig erscheinen kann (vgl. auch MOSER, S. 185: «Die für die Erstreckung ausschlaggebenden Gründe liegen ... in Umständen auf der Seite des Mieters»).

76 *Nicht zur Anwendung gelangt der nachträgliche Kündigungsschutz* hingegen gemäss klarer gesetzlicher Anordnung (Art. 272 Abs. 1) in allen übrigen Fällen der Mietvertragsauflösung, die weder Kündigung noch ordnungsgemässer, vereinbarter Vertragsablauf sind (vgl. vorn N 58: Aufhebungsvertrag, objektive Unmöglichkeit, vorzeitige Rückgabe der Mietsache usw.; gl.M. offenbar z.B. auch THANEI, S. 9).

## 2. Wesen

77 Der nachträgliche Kündigungsschutz strebt danach, die *Folgen der ordnungsgemässen Vertragsauflösung durch Kündigung oder Zeitablauf da zu mildern*, wo die Vertragsauflösung *für den Mieter* nach Auffassung des Gesetzgebers Härten mit sich bringt. Er war schon dem alten Recht (aArt. 267a ff.) bekannt und setzt als Mittel zur Milderung der Härten die zeitlich begrenzte «Fortsetzung» des Mietverhältnisses ein (sog. Erstreckung des Mietverhältnisses; vgl. nachstehend N 82 ff.). *Härten* in seinem Sinn bilden können daher nur Umstände, die durch den Zeitablauf objektiv gemildert werden können (grundlegend: BGE 102 II 255 f., 105 II 198, 116 II 448 f.; ferner, statt vieler: ENGEL, S. 195, GIGER, S. 29).

78 Im Gegensatz zum originären Kündigungsschutz setzt der nachträgliche Kündigungsschutz damit eine *besondere Schutzbedürftigkeit des Mieters* voraus (vgl. RONCORONI I, a.a.O., S. 118) und ist insoweit einseitiger Schutz

zu Lasten der (Vertrags-)Freiheit des Vermieters (ähnlich z.B. TERCIER, S. 253). *Geschützt wird der Mieter jedoch nicht vor sich selbst und nicht vor den Folgen allfälligen erheblichen vertragswidrigen Verhaltens seinerseits.* Bei Mieterkündigungen, aus bzw. mit welchem Grund auch immer (GIGER, S. 50, ferner, statt vieler, e contrario: THANEI, S. 8), und bei Vermieterkündigungen infolge erheblicher mieterseitiger Vertragsverletzungen kann der nachträgliche Kündigungsschutz (eine Erstreckung des Mietverhältnisses) *nicht zum Zuge kommen* (Art. 272a Abs. 1). Insoweit wird der nachträgliche Kündigungsschutz *vom Grundsatz des Art. 2 Abs. 1 ZGB mitgeprägt,* was ebenfalls Art. 272a Abs. 2 verdeutlicht.

Die *Intentionen,* die dem nachträglichen Kündigungsschutz zugrunde liegen, entstammen im übrigen ausschliesslich dem Sozialschutzgedankengut (statt vieler siehe etwa: Botsch., S. 1408 f., MOSER, S. 182 ff., GIGER, S. 28 f.). Namentlich gründen sie in der *Idee der sozialen Verpflichtung* des Grundeigentums sowie der weiteren *Idee,* der Vermieter (auch der Untervermieter) habe – nach seinen Möglichkeiten und dem objektiv ihm im Einzelfall Zumutbaren – *in Fällen eines allgemeinen* (z.B. Wohnungsmangel) *oder individuellen Notstandes zur Milderung der Notstandsfolgen im Sinn des Allgemeinwohls* (sozialer Frieden) *beizutragen* (in diesem Sinn wohl auch GIGER, S. 29, unter Berufung auf JÄGGI, Fragen des privatrechtlichen Schutzes der Persönlichkeit, in: ZSR 79 [1960], S. 163 f.). Nur unter diesen Gesichtspunkten gesamtgesellschaftlicher Solidarität, die sich u.a. aus den Art. 34[septies] BV zugrunde liegenden Wertungen ergeben (vgl. Botsch., S. 1408 f.), lässt es sich (dogmatisch) rechtfertigen, dass eine Erstreckung selbst im Fall der regelhaften, vom Mieter insoweit vertraglich mitbestimmten Auflösung des befristeten Mietverhältnisses gewährt werden kann (vgl. auch GIGER, S. 28 f.). 79

*Grenzen der Verpflichtung des Vermieters zur Leistung eines Solidaritätsbeitrages* zugunsten des gesamtgesellschaftlichen Friedens bilden, nebst dem Eigenverschulden des Mieters (vorn N 78), seine – objektiv betrachtet – berechtigten eigenen Interessen (vgl. Art. 272 Abs. 1). Das Gesetz verpflichtet den Vermieter daher nur zu zeitlich beschränkter «Schutzgewährung» (vgl. z.B. ZIHLMANN, Basler Kommentar, N 1 zu Art. 272). 80

*Die generelle Gleichsetzung von Wohn- und Geschäftsraummiete im Kündigungsschutzrecht* mutet in diesem Kontext (vgl. auch GIGER, S. 27 ff.) streckenweise befremdend an. Sie birgt in sich nämlich die latente Gefahr, dass echte Notstandshilfe mit blosser Wirtschaftshilfe zugunsten eines Wettbewerbsteilnehmers verwechselt wird (illustrierend für diese Gefahr ZMP 1/92, Nr. 7 und Nr. 8; in den nicht veröffentlichten Erwägungen des Entscheides Nr. 7 hat das Mietgericht Zürich der eventualiter beantragten Erstreckung auf sechs Jahre u.a. nicht stattgegeben, weil es im Hauptargument der Klägerin [die mehrere Ladengeschäfte betrieb], sie erziele wegen Umstrukturierungen usw. ausgerechnet nur mit der Filiale Gewinne, deren Räumlichkeiten gekündigt worden waren, gerade eine Massnahme versteckter 81

«Wirtschaftshilfe» zu Lasten Dritter erblickte). Dem deutschen Recht ist denn auch diese Form des Kündigungsschutzes bei der Geschäftsraummiete fremd (vgl. vorn N 53).

### 3. Konzept

82 Der nachträgliche Kündigungsschutz fusst auf dem *Prinzip der Einzelfallbetrachtung bzw. -gerechtigkeit* und damit der Billigkeit (vgl. Art. 272 Abs. 1). Die Einzelfallbetrachtung darf sich dabei nicht an frei wählbaren Gesichtspunkten orientieren, sondern hat dem Gesetzgeber besonders wichtig erscheinende Punkte gemäss Art. 272 Abs. 2 und Art. 272a zu berücksichtigen (ähnlich z.B. ZIHLMANN, Basler Kommentar, N 10 zu Art. 271).

83 Das Gesetz bestimmt allerdings nur vereinzelt und dann bloss sinngemäss (im Gesamtzusammenhang), *wie* die von ihm erwähnten Gesichtspunkte im Einzelfall zu werten sind (vgl. Art. 272a). Namentlich Art. 272 Abs. 2 äussert sich zur Gewichtung der einzelnen in ihm aufgelisteten Gesichtspunkte nicht (wiederum, statt vieler: ZIHLMANN, Basler Kommentar, N 10 zu Art. 272).

84 Die *Erstreckung* bezeichnet ein Verhältnis zwischen den Parteien, das *nicht* auf dem frei gebildeten *Konsens beider Parteien* bzw. auf einem Mietvertrag beruht (vgl. N 32 zu Art. 253; gl. z.B. MOSER, S. 189, GIGER, S. 166 f.), sondern *letztlich auf dem Gesetz:* Das Gesetz hält die Voraussetzungen explizit oder implizit fest, unter denen dieses Verhältnis überhaupt erst entstehen kann (gültiger Hinfall der vertraglichen Beziehung; Erstreckungsbegehren des Mieters; Befristung des Anspruches, Erstreckung verlangen zu können [Art. 273 Abs. 2]; Fehlen eines Ausschlussgrundes [Art. 272a Abs. 1]), und legt zudem die Maximaldauer des Verhältnisses fest (Art. 272b Abs. 1).

85 Das mit Erstreckung bezeichnete Verhältnis folgt in seiner Abwicklung demgegenüber weitestgehend (vgl. Art. 272 Abs. 2) den Regeln des Mietvertragsrechtes (so auch ZMP 3/92 Nr. 29 [S. 16]) und wird *nicht de lege* begründet (sondern durch Entscheid oder Vereinbarung; ähnlich z.B. GIGER, a.a.O.). Das gebietet es, bei der Erstreckung *nicht* von *einer Fortsetzung des Mietverhältnisses* zu reden (womit zugleich eine Abgrenzung zu Art. 266 Abs. 2 gezogen wird). Vielmehr ist von einem quasi-gesetzlich begründeten Mietverhältnis eigener Art zu sprechen (ähnlich z.B. MOSER, S. 192 f., SCHMID, N 3 zu aArt. 267a).

## C. Grundsätzliche Regelung des Charakters der Normen des Dritten Abschnittes (Art. 273c)

Die im Dritten Abschnitt des Achten Titels zum Kündigungsschutz zusammengefassten Normen sind gemäss Art. 273c durchwegs einseitig zwingend zugunsten des Mieters. Sie sind das soweit, wie sie überhaupt Rechte des Mieters begründen (ähnlich RONCORONI, in: mp 2/90, S. 85; Art. 273c z.B. begründet gerade keine solchen Rechte) und ihm keinen Verzicht auf diese Rechte ausdrücklich erlauben. Mit dieser Regelung wird auf den ersten Blick generell klargestellt, dass es *im Kündigungsschutzrecht, soweit dieses vor allem Rechte des Mieters begründet*, wegen des Schutzcharakters dieses Rechts, *kein dispositives Recht* geben kann (gl. im Resultat etwa SVIT-Kommentar I, N 1 zu Art. 273c). 86

Die generelle Sicht von Art. 273c wird dem unterschiedlichen Charakter der im Dritten Abschnitt zusammengefassten Normen jedoch nicht gerecht (gl. z.B. RONCORONI, a.a.O.). Welche Normen überhaupt Rechte des Mieters schaffen usw. sowie welche Konsequenzen auf den Charakter einer Norm der Grundsatz von Art. 273c zeitigt bzw. zeitigen könnte, ist daher bei jeder Norm einzeln zu betrachten (gl. z.B. RONCORONI, a.a.O., sowie im Resultat ferner SVIT-Kommentar I, N 4 f. zu Art. 273c; teilweise a.A. mutmasslich GIGER, S. 26). 87

# Art. 271

A. Anfechtbarkeit der Kündigung
I. Im allgemeinen

**[1] Die Kündigung ist anfechtbar, wenn sie gegen den Grundsatz von Treu und Glauben verstösst.**
**[2] Die Kündigung muss auf Verlangen begründet werden.**

A. Annulabilité du congé
I. En général

**[1] Le congé est annulable lorsqu'il contrevient aux règles de la bonne foi.**
**[2] Le congé doit être motivé si l'autre partie le demande.**

A. Contestabilità della disdetta
I. In genere

**[1] La disdetta può essere contestata se contraria alle regole della buona fede.**
**[2] La parte che dà la disdetta deve motivarla a richiesta dell'altra.**

1 Materialien — Art. 271 des Entwurfes vom 27. März 1985; Amtl.Bull., SR, 1988, S. 173–175, 1989, S. 428, NR, 1989, S. 533 f.

Ausländisches Recht — Loi No 48–1360 du 1er septembre 1948, mit seitherigen Änderungen, Art. 3$^{nonies}$, décret No 53–960 du 30 septembre 1953, loi No 89–462 du 6 juillet 1989, Art. 15; BGB §§ 564b und 570; MRG § 30

2 **Literatur:** Siehe allgemeines Literaturverzeichnis sowie N 1 der Vorbem. zu den Art. 271–273c.

## Inhaltsverzeichnis

# A. Geltungsbereich, Gegenstand, systematische Stellung und Charakter der Norm

## I. Geltungsbereich und Gegenstand

3 1. Der **Geltungsbereich** der Norm entspricht dem grundsätzlich für alle Normen des Dritten Abschnittes vorgesehenen (siehe dazu N 3 und N 19 Vorbem. zu Art. 271–273c); er ist auf die Miete von Wohn- und Geschäftsräumen beschränkt. Zur Wohnraummiete in diesem Sinn vgl. N 20 ff. Vorbem. zu Art. 271–273c. Zum Begriff des Geschäftsraumes in diesem Sinn vgl. N 26 ff. Vorbem. zu Art. 271–273c.

4 Mietverhältnisse, die nicht Wohn- oder Geschäftsraum im Sinn des Dritten Abschnittes zum Gegenstand haben (dazu N 40 ff. Vorbem. zu Art. 271–273c), fallen ausserhalb des Geltungsbereiches der Norm.

5 Zu Fragen über den gemischten Gebrauch einer Mietsache sowie über gemischte Vertragsverhältnisse siehe N 36 ff. Vorbem. zu Art. 271–273c, mit Verweisen.

### 2. Gegenstand

Die Norm befasst sich *ausschliesslich mit der Kündigung von Mietverhältnissen* über Wohn- und Geschäftsräume (zum Begriff der Kündigung siehe N 31 ff. Vorbem. zu Art. 266–266o, N 54 ff. Vorbem. zu Art. 271–273c sowie nachfolgend N 22 ff.). Mietvertragsauflösungen, die nicht auf einer Kündigung basieren (dazu siehe die Übersicht in N 58 Vorbem. zu Art. 271–273c), werden von der Norm *nicht* erfasst. 6

Die Norm befasst sich ebenfalls *nicht umfassend* (vgl. dazu N. 129–131 Vorbem. zu Art. 266–266o, mit Verweisen), *sondern nur unter zwei Aspekten* mit der Kündigung eines Wohn- oder Geschäftsraummietverhältnisses: 7

a) Der **Gegenstand der Norm** ist *zum einen* in **Abs. 1** auf den Aspekt der **Treuwidrigkeit** (auch [Rechts-]Missbräuchlichkeit genannt; vgl. N 45 ff. Vorbem. zu Art. 271–273c) **einer Kündigung** beschränkt (Näheres dazu nachfolgend in N 48 ff.). 8

b) *Zum anderen* ist der **Gegenstand der Norm** in **Abs. 2** auf die Begründung bzw. «**Begründungspflicht**» bei **der Kündigung** beschränkt (Genaueres dazu nachstehend in N 128 ff.). 9

## II. Systematische Stellung

Die Norm regelt zusammen mit Art. 271a (im wesentlichen) den originären Kündigungsschutz (dazu vgl. N 8 und N 43 ff. Vorbem. zu Art. 271–273c) und ist Bestandteil des mietvertraglichen Kündigungsschutzrechtes der Art. 271–273c. Zur systematischen Einordnung des Kündigungsschutzes in das Mietrecht des OR vgl. N 3 f. Vorbem. zu Art. 271–273c. Zur Gliederung des mietvertraglichen Kündigungsschutzes vgl. N 6 ff. Vorbem. zu Art. 271–273c. 10

1. *In Abs. 1* stellt die Norm im Sinn einer **Grundregel** klar, was originärer Kündigungsschutz bedeutet, indem jede Kündigung, die gegen Treu und Glauben verstösst, für «anfechtbar» erklärt wird. Durch ihren Abs. 1 nimmt die Norm daher *die Stellung einer mietrechtlichen lex specialis zu Art. 2 ZGB ein,* deren Prämissen in Art. 2 Abs. 1 ZGB zu finden sind (vgl. N 138 ff. Vorbem. zu Art. 266–266o). Der sachliche Anwendungsbereich 11

von Abs. 1 der Norm erstreckt sich auf jede Treuwidrigkeit bzw. Rechtsmissbräuchlichkeit als zu missbilligendes Verhalten bei Kündigungen. Der Anwendungsbereich von Abs. 1 des Art. 271 ist somit im Vergleich zu Art. 2 Abs. 2 ZGB, der bloss *offenbare* Treuwidrigkeit bzw. Rechtsmissbräuchlichkeit erfasst, grösser (vgl. Botsch., S. 1458, ferner z.B. HIGI, a.a.O., S. 230 f., LACHAT/STOLL, S. 340, TERCIER, S. 255, Rz. 2078, ZIHLMANN II, S. 207, WEBER/ZIHLMANN, Basler Kommentar, N 1 zu Art. 271–271a; ähnlich schliesslich BGE 120 II 31).

12 *Lex specialis* zu Art. 2 ZGB ist Abs. 1 von Art. 271 überdies deshalb, weil er *als Rechtsfolge* bei jedem rechtsmissbräuchlichen Verhalten, wozu augenfällig ebenfalls das «offenbar» rechtsmissbräuchliche Verhalten zählt, (bloss) die «Anfechtbarkeit» vorsieht (zur Anfechtbarkeit siehe nachstehend N 28 ff.). Art. 2 ZGB hingegen lässt rechtsmissbräuchliches Verhalten solange sanktionslos zu, wie es nicht «offenbaren» Missbrauch darstellt (vgl. Art. 2 Abs. 2 ZGB; ähnlich z.B. Botsch., a.a.O.). *Die Unterscheidung des Art. 2 ZGB zwischen offenbarem und* (im Vergleich dazu) *schlichtem Rechtsmissbrauch* (siehe N 141–143 Vorbem. zu Art. 266–266o) *ist Art. 271 Abs. 1 fremd* (RONCORONI I, a.a.O., S. 130, und BGE 120 II 108 sprechen insoweit zu Recht bei Art. 271 Abs. 1 von einer «topischen» Norm des Mietrechts).

13 Als lex specialis («disposition topique» gemäss BGE 120 II 108) geht Art. 271 Abs. 1 in der Anwendung Art. 2 Abs. 2 ZGB vor. *Raum für die Anwendung von Art. 2 Abs. 2 ZGB bleibt im Rahmen des originären Kündigungsschutzes damit grundsätzlich keiner mehr* (offenbar gl.M. GUHL/KOLLER/DRUEY, S. 407, TERCIER, S. 255, Rz. 2078, in Verbindung mit S. 258, Rz. 2096, ENGEL, S. 187–190; a.A. BGE 121 II 156 ff., ohne Begründung, ferner z.B. CALAMO, S. 135, ZIHLMANN II, S. 207). Eine Begründung der a.A., die dogmatisch zu überzeugen vermag, dürfte denn auch schwer zu finden sein (vgl. N 60–68 Vorbem. zu Art. 271–273c).

14 *Abs. 2 von Art. 271* befasst sich mit der Begründungspflicht im Kündigungsfall. Die Begründungspflicht soll im wesentlichen der gekündigten Partei verhelfen, die Missbräuchlichkeit der Kündigung zu erkennen bzw. zu dokumentieren (so Ständerätin BÜHRER, in: Amtl.Bull. SR vom 8. Juni 1988, S. 174: «Wie aber soll eine Kündigung als missbräuchlich qualifiziert werden, wenn sie nicht begründet werden muss?»). Die Begründungspflicht des Abs. 2 ist deshalb als *eher formale*, aber dennoch unabdingbare *Seite der in Abs. 1 verankerten Grundregel* zu beschreiben, der dann u.U. materiell-rechtliche Auswirkungen zukommen können, wenn sie missachtet wird (vgl. BGE 120 II 109 E. 3/b/aa; GUHL/KOLLER/DRUEY, S. 410, TERCIER, S. 255, Rz. 2076, mit Verweisen auf Cahiers 1993, S. 92, und DdB 5/93 Nr. 22 [S. 26], ZIHLMANN, Basler Kommentar, N 3 und N 6 zu Art. 271).

15 2. Art. 271 Abs. 1 erfasst unterschiedslos Kündigungen sowohl des Vermieters als auch des Mieters. Art. 271a bezeichnet demgegenüber bloss beispielhaft und nicht abschliessend einige Fälle von Vermieterkündigungen als treuwidrig. Art. 271 Abs. 1 stellt **im Verhältnis zu Art. 271a** daher eine **Generalklausel** dar. Das bedeutet im übrigen, dass das Verhältnis von Art. 271a zu Art. 2 ZGB demjenigen von Art. 271 Abs. 1 entspricht.

## III. Charakter der Norm

16 *Art. 271 Abs. 1* definiert – z.T. bloss indirekt – die Anfechtbarkeit einer Kündigung; insoweit ist die Norm der Parteiautonomie entzogen und absolut zwingend (ähnlich TERCIER, S. 254, Rz. 2064; m.E. undifferenziert a.A. SVIT-Kommentar I, N 4 zu Art. 271).

17 Der Parteiautonomie entzogen ist Abs. 1 von Art. 271 auch soweit, wie er aus Art. 2 ZGB abgeleitete Grundregel ist (vorn N 11 f.) und überdies Generalklausel (vorn N 15): Analog Art. 2 ZGB ist Art. 271 Abs. 1 (auf das Kündigungsverhalten beschränkte) Sachnorm, die allerdings im Einzelfall konkretisierungsbedürftig ist (vgl. N 145 Vorbem. zu Art. 266–266o) und somit zugleich *Ermächtigungsnorm* wird (vgl. dazu MERZ, N 29–31 zu Art. 2 ZGB).

18 Ermächtigt, Treu und Glauben zu konkretisieren, werden nicht die Parteien, sondern der *Richter* (vgl. MERZ, a.a.O.) bzw. gewissermassen «prima-facie» die *Schlichtungsbehörden* (a.A. SVIT-Kommentar I, N 4 zu Art. 271, ohne nähere dogmatische Begründung, a.A. BARBEY, Protection, N 325 zu Art. 271–271a). Im Lichte der Zweiseitigkeit des Kündigungsschutzes (vgl. N 48 Vorbem. zu Art. 271–273c) liegt somit auch unter diesem Aspekt *absolut zwingendes Recht* vor (gl.M. TERCIER, a.a.O., sowie offenbar RONCORONI, in: mp 2/90, S. 85 f. und S. 91). Art. 273c kommt insoweit überhaupt nicht zum Zuge (gl.M. offenbar auch TERCIER, a.a.O.; a.A. SVIT-Kommentar I, N 4 zu Art. 271).

19 Die Auffassung, die Parteien selbst könnten z.B. durch Abreden (so etwa RONCORONI, in: mp 2/90, S. 86) die Treuwidrigkeit zusätzlich «parteibezogen» definieren, basiert m.E. auf einer mangelnden Unterscheidung zwischen zwei Grundsätzen: Erstens wird übersehen, dass «Treu und Glauben» einen objektiven Massstab darstellen und insoweit nicht von den Parteien einzelfallbezogen definiert werden können (im Gegenteil, eine solche Definition kann letztlich gar objektiv Treuwidriges hervorbringen). Zweitens wird vergessen, dass es diesen Massstab im konkreten Einzelfall im Lichte der *gesamten* vertraglichen Beziehungen – auch über die Kündigungsberechtigung (vgl. N 47 ff., N 57 f. , N 65 ff. Vorbem. zu Art. 266–266o) – *und* der gesetzlichen Wertungen zu Kündigungen (z.B. Zahlungsverzug) auf den Einzelfall bezogen

zu konkretisieren gilt (vgl. dazu N 150 ff. Vorbem. zu Art. 266–266o). Nur soweit die vertraglichen Beziehungen in die Konkretisierung einzubeziehen sind, können Abreden der Parteien überhaupt, und dann bloss indirekt, für die Bestimmung der Treuwidrigkeit massgebend sein.

20 Unbenommen bleibt es den Parteien, auf die Anfechtung der Kündigung zu verzichten. Ein gültiger Verzicht des Mieters auf die Anfechtung bereits im voraus (d.h. vor dem Erhalt einer Kündigung) ist gemäss Art. 273c jedoch ausgeschlossen. Im Verzicht auf die Anfechtung, und nur hier, findet somit der zwingende Charakter der Norm seine Grenze.

21 *Abs. 2 von Art. 271* bildet, weil er als eine eher formale Seite der Grundregel von Abs. 1 zu betrachten ist (vorn N 14) und deren Durchsetzung sichern soll, zwangsläufig aufgrund der Zweiseitigkeit des originären Kündigungsschutzes gemäss Abs. 1 ebenfalls absolut zwingendes Recht (gl. TERCIER, S. 254, Rz. 2064): Keine der Parteien kann vertraglich im voraus darauf verzichten, dass die Kündigung von der Gegenpartei nicht begründet werden muss (a.A. SVIT-Kommentar I, a.a.O.). Nach erfolgter Kündigung steht einem (tatsächlichen) Verzicht beider Parteien auf eine Begründung der Kündigung durch die jeweilige Gegenpartei hingegen nichts entgegen.

## B. Die Anfechtbarkeit der Kündigung im Sinn von Abs. 1 im einzelnen

### I. Begriffliches

#### 1. Kündigung

22 Kündigung i.S. der Bestimmung meint *eine in materieller und formeller* (dazu N 112 ff., N 129–131 Vorbem. zu Art. 266–266o, ferner Art. 266l, Art. 266m und Art. 266n) *Hinsicht grundsätzlich gültige* (statt vieler: TERCIER, S. 254, Rz. 2070) *einseitige, empfangsbedürftige* (N 37 ff. Vorbem. zu Art. 266-266o) *Willenserklärung einer Partei an die andere Partei, sie betrachte das* (gesamte; vgl. N 94 ff. Vorbem. zu Art. 266–266o) *Mietverhältnis ab sofort* (vgl. z.B. Art. 259b) *oder ab einem bestimmten Zeitpunkt für aufgelöst* (Genaueres in N 31 ff. Vorbem. zu Art. 266–266o; siehe

ferner N 36 ff. zu Art. 266a). Die Kündigung stellt die *Ausübung eines Gestaltungsrechtes dar und setzt für ihre Gültigkeit die Existenz eines solchen Rechtes voraus* (sog. Kündigungsberechtigung; dazu Näheres in N 47 ff. zu Art. 266–266o).

Eine materiell oder formell fehlerhafte Kündigung bleibt regelmässig wirkungslos und kann nicht Gegenstand der Anfechtbarkeit i.S.v. Art. 271 Abs. 1 sein (gl. BGE 121 II 156 ff.; siehe auch N 133 ff. Vorbem. zu Art. 266–266o; vgl. ferner den Wortlaut von Art. 266o). 23

*Belanglos* ist mit Blick auf Art. 271 hingegen, *welche Vertragspartei die Kündigung ausgesprochen hat* (vgl. N 48 Vorbem. zu Art. 271–273c; gl.M., statt vieler: ZIHLMANN II, S. 206). 24

Unerheblich ist überdies, ob es sich bei der ausgesprochenen *gültigen Kündigung* um eine sog. *ordentliche oder um eine* sog. *ausserordentliche* handelt (ZMP 3/92 Nr. 29, E. 2): Sowohl ordentliche als auch ausserordentliche Kündigungen können gegen Treu und Glauben verstossen (ähnlich z.B. CALAMO, S. 210, TERCIER, S. 255, Rz. 2073; weitere Verweise in N 54 Vorbem. zu Art. 271–273c), selbst wenn das in bezug auf ausserordentliche Kündigungen in der Literatur zuweilen als schwer vorstellbar beschrieben wird (vgl. dazu N 54–56 Vorbem. zu Art. 271–273c; das schliesst allerdings die Anwendung eines gesetzlichen Grundsatzes einsichtigerweise noch nicht aus). 25

Alle *Erklärungen bzw. Handlungen, die nicht Kündigung im vorhin beschriebenen Sinn sind,* aber auf die Auflösung des Mietverhältnisses abzielen oder gar diese herbeiführen, *können* demgegenüber *nicht gestützt auf Art. 271 Abs. 1 angefochten werden* (vgl. dazu die detaillierte Übersicht in N 58 Vorbem. zu Art. 271–273c). 26

Namentlich *nicht* anfechtbar sind *überdies* Zahlungsfristansetzungen i.S.v. Art. 257d (dazu vgl. N 31 ff. zu Art. 257d) oder Mahnungen i.S.v. Art. 257f (vgl. N 50 ff. zu Art. 257f). 27

## 2. Anfechtbarkeit

Art. 271 Abs. 1 (und mit ihm Art. 271a; vgl., statt vieler: BARBEY, Protection, S. 108 f., N 3–5) erklärt jede gegen Treu und Glauben verstossende Kündigung als *anfechtbar* («annulable»), *nicht hingegen als ungültig,* unwirksam (wie noch im Entwurf; vgl. Botsch., S. 1511) oder gar als nichtig (wie das bei den klar definierten Fällen des BMM der Fall gewesen war; vgl. dazu N 50 sowie einlässlich N 60 ff. Vorbem. zu Art. 271–273c). 28

*Anfechtbar meint,* im Verbund mit Art. 273 Abs. 1 (vgl. auch BGE 121 III 156 ff.), *die Überprüfbarkeit* einer konkreten (grundsätzlich gültigen) Kündigung durch die Schlichtungsbehörden bzw. den Richter auf Treuwidrigkeit (bzw. Missbräuchlichkeit, Unlauterkeit oder Unanständigkeit; dazu N 143 f. Vorbem. zu Art. 266–266o, HIGI, a.a.O., S. 228 und S. 231). 29

Zur Überprüfung kommt es aber nur dann, wenn die *gekündigte Partei das verlangt* (das bringt die italienische Fassung des Textes deutlich zum Ausdruck: «La disdetta può essere contestata...»; ähnlich z.B. SVIT-Kommentar I, N 9 zu Art. 271).

30 Im Resultat – *in der Rechtsfolge* der Anfechtung m.a.W. – führt diese Überprüfung *entweder zur Annullierung* (wie es der französische Text nahelegt; vgl. TERCIER, S. 258, Rz. 2100) oder – so man will – zur Aufhebung bzw. Ungültigerklärung *der Kündigung* durch die Schlichtungsbehörde («prima-facie»; vgl. Amtl.Bull. NR vom 16. März 1989, S. 545) oder durch den Richter (Ermächtigungsnorm; vorn N 17), wenn sie in deren Augen gegen Treu und Glauben verstösst (dazu ferner N 61 ff. Vorbem. zu Art. 271–273c), *oder zur Klageabweisung* (so auch TERCIER, S. 258).

31 *Anfechtbarkeit* i.S.v. Art. 271 Abs. 1 *bezeichnet* demnach *nicht direkt die Wirkungen eines Verstosses gegen Treu und Glauben* (wie sie etwa Art. 2 Abs. 2 ZGB in der Nichtigkeit bezeichnet oder Art. 23 in der Unverbindlichkeit; siehe auch N 60 Vorbem. zu Art. 271–273c), sondern letztlich bloss *den Weg, der eingeschlagen werden muss, damit diese Wirkungen* (Ungültigerklärung, Annullierung) überhaupt erst *eintreten können.* «Anfechtbarkeit» ist vor diesem Hintergrund – und angesichts der Konkretisierungsbedürftigkeit der Grundregel von Treu und Glauben fast zwangsläufig – nicht als materiell-rechtlicher, sondern letztlich als *von prozeduralen Überlegungen bestimmter Begriff* zu verstehen (vgl. nachstehend N 33, N 35 ff.).

32 Das Ausgeführte wird überdeutlich klar, wenn man die «Anfechtbarkeit» im Kontext von Art. 271 Abs. 1 dem Begriff der «Unanfechtbarkeit» gegenüberstellt: Eine Kündigung, die nicht gegen Treu und Glauben verstösst (was erst im Resultat der Anfechtung feststehen kann), ist nämlich nicht unanfechtbar, sondern schlicht gültig (siehe N 61 f. Vorbem. zu Art. 271–273c, mit Verweisen; ähnlich ferner SVIT-Kommentar I, N 9 zu Art. 271). Die Begrifflichkeit des Gesetzes erweist sich somit nicht als besonders glücklich.

## II. Charakter und Voraussetzungen der Anfechtbarkeit

33 1. Anfechtbarkeit i.S.v. Art. 271 Abs. 1 kennzeichnet keine unmittelbare Rechtsfolge treuwidrigen Verhaltens. Die Rechtsfolge (Annullierung, Unwirksamkeit) tritt erst und nur mit einem Entscheid ein (vorn N 29–31). Der Begriff der «Anfechtbarkeit» i.S.v. Art. 271 Abs. 1 **charakterisiert** damit im wesentlichen nichts anderes als *das Recht der gekündigten Partei, eine Gestaltungsklage* anheben zu können (gl.M. offenbar GUHL/KOLLER/DRUEY, S. 407, TERCIER, S. 258, Rz. 2101; vgl. ebenfalls GULDENER, S. 211 f.). Diese gesetzgeberische Konzeption gemahnt an einen Rückfall in aktionenrechtliches Denken.

Das für eine solche Klage erforderliche schutzwürdige Interesse (vgl. statt vieler: GULDENER, S. 213) ist im von der gekündigten Partei behaupteten Verstoss der Kündigung gegen Treu und Glauben durch das Gesetz bereits definiert (und bedarf insoweit keiner zusätzlichen Begründung der Partei; unklar, ob a.A. WEBER/ZIHLMANN, Basler Kommentar, N 4 f. zu Art. 271–271a). 34

2. Die vorstehend dargelegte «Anfechtbarkeit» i.S.v. Art. 271 Abs. 1 (und zugleich auch von Art. 271a; vgl. etwa BARBEY, Protection, S. 108 f., N 3–5) ist im konkreten Fall an die nachstehenden **Voraussetzungen** gebunden (mit der dogmatischen Einordnung der Anfechtbarkeit befassen sich nicht näher z.B. HONSELL, S. 216–218, LACHAT/STOLL, S. 338, WEBER/ZIHLMANN, Basler Kommentar, a.a.O.): 35

- Zunächst muss ein *Anfechtungsobjekt* bestehen (statt vieler: TERCIER, S. 254, Rz. 2069 f.). Das ist einzig in der *gültigen Kündigung*, und zwar einer ordentlichen oder einer ausserordentlichen eines unbefristeten oder befristeten Mietverhältnisses zu erblicken (dazu vorn N 22 ff., N 61 Vorbem. zu Art. 271–273c, mit Verweisen; ferner siehe z.B.: BARBEY, Protection, S. 108 f., N 5). 36
- Zum zweiten muss unabdingbar *eine Anfechtungshandlung der gekündigten Partei* (Art. 273 Abs. 1) gegeben sein. Ohne Anfechtungshandlung bleibt die Kündigung stets gültig (N 63 Vorbem. zu Art. 271–273c, mit Verweisen; ähnlich, und unter diesem Gesichtspunkt nach wie vor zutreffend, BGE 119 II 154 f., dazu BGE 121 III 161 f.). Der Gesichtspunkt der Treuwidrigkeit einer Kündigung kann daher von der gekündigten Partei grundsätzlich nicht bloss einredeweise in einem von der kündigenden Partei angestrengten Prozess geltend gemacht werden. 37
- Zum dritten muss die Anfechtungshandlung die *Behauptung eines Verstoss gegen Treu und Glauben* (dazu nachfolgend N 48 ff.) durch die gekündigte Partei zur Grundlage haben (vorn N 34). 38

3. **Abgrenzungen** sind zu treffen zwischen der Anfechtbarkeit i.S.v. Art. 271 Abs. 1 (und Art. 271a) und der Nichtigkeit i.S. des Art. 266o *einerseits* (vgl. auch N 11 ff. zu Art. 266o) sowie zwischen der Unwirksamkeit einer Kündigung, die ohne Kündigungsberechtigung ausgesprochen worden (vgl. N 47 ff., N 156 f. Vorbem. zu Art. 266–266o) oder formungültig ist (vgl. N 120 Vorbem. zu Art. 266–266o), *anderseits* (vgl. dazu auch BGE 122 III 95, gemäss dem die Rechtsprechung des BGer diese Unterscheidungen trifft; das gilt erst für die jüngste Rechtsprechung). 39

a) **Nichtige Kündigungen** i.S.v. Art. 266o müssen, anders als treuwidrige Kündigungen i.S.v. Art. 271 Abs. 1 (und Art. 271a), nicht angefochten werden. Ihre Nichtigkeit besteht von Anfang an. Der Einwand der Formnichtigkeit kann daher jederzeit erhoben werden, auch noch im Aus- 40 weisungsverfahren oder Rechtsmittelverfahren (vgl. BGE 115 II 361; Weiteres in N 14 ff. zu Art. 266o).

41 In einem Anfechtungsverfahren i.S.v. Art. 271 Abs. 1 und Art. 273 haben die Schlichtungsbehörden bzw. Gerichte die Formgültigkeit *von Amtes wegen vorfrageweise zu prüfen* (h.L. [statt vieler: SVIT-Kommentar I, N 21 zu Art. 266l-266o] und Praxis).

42 Erweist sich die angefochtene Kündigung als formnichtig, so ist die *Nichtigkeit festzustellen* (und es ist auf die Anfechtungsklage nicht einzutreten [analog zur Rechtsprechung bei altrechtlichen Erstreckungsklagen, denen nichtige Kündigungen zugrunde lagen; dazu: unveröff. Beschluss OGer Zürich, II. Zivilkammer, vom 8. Mai 1991, i.S. S. ca. R.]). In Verfahren, die kostenpflichtig sind, sind die Kosten gleichwohl der Partei aufzuerlegen, die die nichtige Kündigung veranlasst hat, weil im Resultat des Verfahrens – gesamthaft betrachtet geht es um die Gültigkeit einer Kündigung – diese Partei unterlegen ist (so OGer Zürich im vorhin erwähnten unveröff. Beschluss; ferner Mietgericht Zürich, unveröff. Urteil vom 18. Oktober 1990, i.S. R. ca. S., unter Hinweis auf WEGMANN, a.a.O., S. 187; nicht mit diesen Fragen befasst z.B. LACHAT/STOLL, S. 353 f., CALAMO, S. 203 ff., S. 215 f.; gl. im Resultat BGE 122 III 92 ff.).

43 Die Nichtigkeit der Kündigung kann von den Parteien auch in einem eigenen Verfahren (unabhängig von einer Anfechtungsklage) geltend gemacht werden. Alsdann liegt kein Verfahren i.S.v. Art. 273 vor, in welchem die Schlichtungsbehörde zu einem Entscheid (vgl. auch Art. 274e) befugt wäre (verwirrlich in diesem Zusammenhang BGE 122 III 92 ff.).

44 b) **Kündigungen**, bei denen der kündigenden Partei die Kündigungsberechtigung fehlt, und formungültige Kündigungen sind ex tunc **unwirksam** (vgl. N 120 und N 133 ff. Vorbem. zu Art. 266–266o). Grundsätzlich ist auch bei solchen Kündigungen die *gekündigte Partei nicht gezwungen, ein Verfahren einzuleiten, um die Unwirksamkeit feststellen zu lassen* (gl.M. WEBER/ZIHLMANN, Basler Kommentar, N 5 zu Art. 266o; offen gelassen in BGE 121 III 156 und z.B. bei LACHAT/STOLL, S. 353 f.; gl. neuerdings ausdrücklich auch BGE 122 III 92 ff., jedoch mit missverständlichem Bezug zu Art. 273: die Unwirksamkeit ist eben gerade nicht in einer Frist gemäss Art. 273 geltend zu machen; vgl. N 47).

45 Der Einwand der Unwirksamkeit kann wie die Einrede der Nichtigkeit ebenso erst im Ausweisungsverfahren oder im Rechtsmittelverfahren erhoben werden (vorn N 41). *Grenzen setzt dem Einwand der Unwirksamkeit* – unter sachlichen Aspekten betrachtet – einzig der Rechtsmissbrauch i.S.v. Art. 2 Abs. 2 ZGB (vgl. dazu MERZ, N 462 ff. [Formungültigkeit] und N 401 ff. [insbesondere zur Unvereinbarkeit von Verhaltensweisen und zur Begründung schutzwürdigen Vertrauens] zu Art. 2 ZGB).

46 In einem Anfechtungsverfahren gemäss Art. 271 Abs. 1 bzw. Art. 273 ist die Frage der Unwirksamkeit einer Kündigung stets – wie die Frage der Nichtigkeit – vorfrageweise von Amtes wegen zu prüfen (vgl. N 135 Vorbem. zu Art. 266–266o), nicht zuletzt gestützt auch auf Art. 274d Abs. 3 (im Resultat gleich WEBER/ZIHLMANN, Basler Kommentar, N 5 zu Art. 266o). Ergibt sich im Resultat der Prüfung eine Unwirksamkeit der Kündigung, ist das vorab festzustellen und auf die Anfechtungsklage selbst nicht einzutreten (vorn N 42). Denn wiederum (vorn N 42) liegt im Resultat des Verfahrens ein Unterliegen der Partei vor, die die unwirk-

same Kündigung erlassen hat, was bei allfälligen Kosten- und Entschädigungsfolgen zu berücksichtigen ist (vgl. N 42).

Es steht der unwirksam gekündigten Partei schliesslich frei, die Feststellung der Unwirksamkeit gesondert, d.h. in einem Verfahren, das *nicht* auch die Anfechtbarkeit umfasst, geltend zu machen (ähnlich, aber verwirrend, BGE 122 III 92 ff.). Es liegt dann kein Verfahren i.S.v. Art. 273 vor, in welchem die Schlichtungsbehörde zu einem Entscheid (vgl. auch Art. 274e) befugt wäre (vorn N 43). 47

## III. Verstoss gegen Treu und Glauben

### 1. Allgemeines

Mit der Anfechtung der Kündigung (Gestaltungsklage; vorn N 33) wird die Frage aufgeworfen, inwieweit ein konkretes (Kündigungs-)Verhalten gegen Treu und Glauben verstösst. Die Suche nach der Antwort auf diese Frage durch die Schlichtungsbehörde bzw. den Richter muss unter drei Gesichtspunkten erfolgen: 48

- *Erstens* ist das für die Antwort auf die Frage nach der Treuwidrigkeit massgebende Verhalten der kündigenden Partei einzugrenzen (nachfolgend N 52 ff.), 49
- *zweitens* ist Treu und Glauben als abstrakte Regel auf den Einzelfall bezogen zu konkretisieren (nachfolgend N 55 ff.) und 50
- *drittens* hat die Konkretisierung zur Bildung von Kategorien (Fallgruppenbildung) beizutragen (nachstehend N 58 ff.), die der Betrachtung des Einzelfalles sowie der Rechtssicherheit dienlich sind (zu diesen Kategorien im einzelnen vgl. N 63 ff.). 51

### 2. Das für die Beurteilung massgebende Verhalten

Zu prüfen ist nach Art. 271 Abs. 1 – folgt man dem Wortlaut der Bestimmung – die Kündigung («Die *Kündigung* ist anfechtbar, wenn *sie* gegen Treu und Glauben verstösst»). Daraus könnte man ableiten, es sei bloss die Kündigung als Handlung/Rechtsausübung im Lichte von Treu und Glauben zu betrachten. Diese Sicht der Dinge liesse allerdings ausser acht, dass jede Kündigung – wie jede andere Handlung – eine «Geschichte» hat. *Massgebend für die Betrachtung, ob eine Kündigung gegen Treu und Glauben* 52 *verstösst, sind daher nebst der Kündigung selbst ebenso die Lebensvorgänge, die Ursache der Kündigung bilden* (sinngemäss gl.M. die h.L.; vgl. auch Botsch., S. 1459, und BGE 120 II 107 f.).

53 Als massgebend bestimmt werden diese Lebensvorgänge in *erster Linie* durch die kundgegebenen *Kündigungsmotive* (dazu N 111 ff.) und durch die (bewiesenen) *Tatsachenbehauptungen der gekündigten Partei*, die die Treuwidrigkeit der Kündigung belegen sollen. In *zweiter Linie* massgebend, nämlich im Lichte der behaupteten Kündigungsgründe bzw. der die Treuwidrigkeit belegenden Tatsachenbehauptungen der gekündigten Partei, sind ebenfalls die vertraglichen Beziehungen der Parteien (vgl. aber auch N 54) und das Verhalten beider Parteien in Zusammenhang mit der Kündigung (vorher und nachher; gl.M. offenbar Botsch., a.a.O.; ähnlich zum alten Recht [Art. 18 Abs. 3 BMM] BGE 115 II 85 E. 4; diese Fragen offen gelassen hat z.B. HONSELL, S. 216 ff.).

54 *Nicht massgebend sind* alle übrigen Umstände, die in keinem erkennbaren Zusammenhang mit der Kündigungsbegründung usw. stehen, und vor allem die Tatsachen, Lebensvorgänge und Abreden der Parteien, die Fragen zur *Kündigungsberechtigung* beschlagen (wie z.B. die Frage, ob überhaupt ein Verzug vorliegt [bei Art. 257d], ob eine Vertragsverletzung begangen worden ist [bei Art. 257f] usw.). Denn die Kündigungsberechtigung ist Voraussetzung der gültigen Kündigung (dazu vorn N 22 f., N 156 f. Vorbem. zu Art. 266–266o, N 61 Vorbem. zu Art. 271–273c [mit Verweisen]).

### 3. Konkretisierung im Einzelfall und auf den Einzelfall bezogen

55 Ob eine Kündigung gegen Treu und Glauben verstösst, bedarf stets der *Konkretisierung von Treu und Glauben*, analog der Konkretisierung des offenbaren Rechtsmissbrauchs i.S.v. Art. 2 Abs. 2 ZGB (vgl. N 143–146 Vorbem. zu Art. 266–266o; ähnlich Botsch., S. 1458 f., GUHL/KOLLER/DRUEY, S. 407). Die Konkretisierung hat demnach *einerseits* mit Blick auf den *Einzelfall* zu erfolgen; *anderseits* sind jedoch zugleich *gemäss den Regeln der Normschöpfung* (N 146 Vorbem. zu Art. 266–266o) Kategorien (Fallgruppen) typischen treuwidrigen Verhaltens zu entwickeln, die bei der Bewertung konkreten Verhaltens beizuziehen sind (zu diesen Kategorien vgl. nachstehend N 63 ff.). Das ist notwendig, *weil «Treu und Glauben» einen objektiven Massstab der Verhaltenswertung beinhaltet.*

56 Im Unterschied zur Konkretisierung gemäss Art. 2 Abs. 2 ZGB hat die von Art. 271 Abs. 1 geforderte Konkretisierung *zwingend zu beachten, dass es nicht einen «offenbaren» Rechtsmissbrauch im Einzelfall zu bestimmen gilt, sondern* auch bloss «schlichten» Rechtsmissbrauch (N 143 f. Vorbem. zu Art. 266–266o, vorn N 11 ff., mit Verweisen). Zu konkretisieren ist die gewöhnliche *Treuwidrigkeit*, die *Unlauterkeit* oder der sog. *Unanstand*, wie immer man das bezeichnen will (vgl. HIGI, a.a.O., S. 228 und S. 231; BGE 120 II 108). Auf die bei der Anwendung des Art. 2 Abs. 2 ZGB gebildeten Kategorien kann deshalb dort, *wo kein offensichtlicher Verstoss* gegen Treu und Glauben vorliegt, bei der Konkretisierung des Treuwidrigen im Einzel-

fall *nicht unbesehen abgestellt werden*, wiewohl diese Kategorien grundsätzlich zur Hilfe bei der Bewertung konkreten Verhaltens beizuziehen sind (vgl. BGE 120 II 108; gl.M. BARBEY, Protection, S. 116, N 30, ferner GUHL/KOLLER/DRUEY, S. 407; unklar, ob gl.M., bei SVIT-Kommentar I, N 7 zu Art. 271, RONCORONI I, S. 130 f., WEBER/ZIHLMANN, Basler Kommentar, N 4 ff. zu Art. 271–271a).

Ein unbesehenes Abstellen auf Kategorien, die bei der Anwendung des Art. 2 Abs. 2 ZGB geschaffen wurden, verbietet sich bei der Konkretisierung der Grundregel des Art. 271 Abs. 1 im Einzelfall endlich, weil diese *Norm einzig die Kündigung* im Auge hat, d.h. eine Rechtsausübung, welche eine an sich regelhafte Berechtigung zur Voraussetzung hat (gl. BGE 120 II 108 ff.; vgl. dazu N 155, N 156 f. Vorbem. zu Art. 266–266o*), und nicht irgendein Verhalten* (missverständlich daher Botsch., S. 1459: «Würdigung aller Umstände»; dazu vorn N 52 ff.). 57

a) Die **bei der Konkretisierung des Treuwidrigen** im Einzelfall **primär zu beachtenden Grundsätze** sind in N 150 ff. Vorbem. zu Art. 266–266o umschrieben. Die Prüfung des Einzelfalles hat deshalb die Frage zu beantworten, inwiefern die Kündigung *im Lichte der* dort ausgeführten *Prinzipien und der* für die Kündigungen *massgebenden weiteren Vertragsbeziehungen* (Abreden, Vereinbarungen [z.B. Tierhaltung; vgl. BGer, in: mp 4/95, S. 223], beide nicht aber bezüglich der Kündigungsberechtigung; vgl. N 156 f. Vorbem. zu Art. 266–266o) *gegen Treu und Glauben verstösst*, wie es Art. 271 Abs. 1 ausdrücklich fordert. Wer hingegen seine Antwort nach der Frage richtet, ob die *Kündigung* im Lichte der vorgebrachten Gründe *gerechtfertigt* sei, *geht augenfällig fehl* (so z.B. aber HONSELL, S. 217, MENGE, S. 59 f., TRACHSEL, S. 218, WEBER/ZIHLMANN, Basler Kommentar, N 4 zu Art. 271–271a; richtig daher unter diesem Aspekt BGE 120 II 108 ff. und BGer, in: mp 4/95, S. 223). 58

Festzuhalten gilt es hier zudem nochmals, dass – gewissermassen *im Sinn einer Stichprobe* – im Zuge der Bewertung eines konkreten Verhaltens als treuwidrig *stets ebenso die Frage gestellt werden muss, ob sich die kündigende Partei* – im Lichte der ihr zustehenden Befugnis zur ordentlichen (vgl. N 150 f., N 153 Vorbem. zu Art. 266–266o) oder ausserordentlichen Kündigung (vgl. N 152 Vorbem. zu Art. 266–266o) – *korrekt anders hätte verhalten können*. Denn Art. 271 Abs. 1 statuiert weder eine Pflicht der Parteien zur Treue (gl. BARBEY, S. 116, N 28; ähnlich TERCIER, S. 255, Rz. 2079) noch einen Verzicht der Parteien auf ihr regelhaftes vertragliches oder gesetzliches Kündigungsrecht. Er verlangt lediglich Anstand bezüglich der Vertragsauflösung (sinngemäss gl.M. wohl auch BGE 120 II 108 ff. sowie BGer, in: mp 4/95, S. 223 f. [mit allerdings m.E. nicht ausreichender Deut- 59 lichkeit]). Kann man diese *Kontrollfrage* nicht mit einem bejahenden Beispiel beantworten, liegt *keine Treuwidrigkeit* vor (vgl. N 147 Vorbem. zu Art. 266–266o, siehe nachstehend N 82; mit diesem Aspekt befassen sich z.B. nicht HONSELL, S. 216, MENGE, S. 54, WEBER/ZIHLMANN, Basler Kommentar, N 3–7 zu Art. 271–271a).

60 Grundsätzlich *nicht treuwidrig* sind daher alle *ordentlichen* (und damit regelhaften) *Kündigungen des Vermieters* wegen Vertragsverletzungen des Mieters, weil die Ablehnung eines Vertragspartners, der den Vertrag verletzt, nicht unanständig sein kann (vgl. BGer, in: mp 4/95, S. 223 [Verstoss gegen Tierhaltungsverbot], MRA 5/95, S. 250 ff. [Streit unter Mietern als Störung des Hausfriedens]; vgl. ferner N 29 i.V.m. N 12–18 zu Art. 257f, N 39 ff. zu Art. 257f, N 60 f. zu Art. 257f), sodann Kündigungen, die z.B. den Zweck haben, dem Mieter eine andere Person als neuen Vertragspartner vorzuziehen, selbst etwa aus Gründen der Ertragsoptimierung (vgl. BGE 120 II 105 ff., ZMP 1/92 Nr. 6; kritisch zu BGE 120 II 105 ff., bei dem eine Ertragsoptimierung des Vermieters im Vordergrund stand, KOLLER/BÜHLER, in: ZBJV 131 (1995), S. 412 ff., zustimmend etwa SVIT-Kommentar I, N 17 zu Art. 271). Denn weder die Wahl eines anderen Vertragspartners noch die Ertragsoptimierung im Rahmen des gesetzlich Zulässigen sind unanständig (vgl. auch MERZ, N 347 f. zu Art. 2 ZGB [siehe zudem nachstehend N 62]; a.A. offenbar WEBER/ZIHLMANN, Basler Kommentar, N 16 zu Art. 271–271a). Eine Kündigung wegen des Wechsel in der Verwaltungspolitik der Vermieterschaft begründet daher per se ebenfalls noch keine Treuwidrigkeit (Cahiers 1992, S. 111). Anders zu beurteilen wäre eine Kündigung aus den vorgenannten Gründen hingegen dann, wenn sie gegen begründetes Vertrauen des Mieters verstossen (nachstehend N 69, N 71 f.; vgl. BGE 120 II 105 ff., E. 3b/bb) oder missbräuchliche Erträge sichern oder aufgrund weiterer Umstände unter Art. 271a Abs. 1 lit. a fallen würde.

61 Auch *moralische oder religiöse Einstellungen des Vermieters*, die (wenigstens implizit) *Eingang in das Vertragsverhältnis gefunden haben*, sind als Kündigungsgründe nicht treuwidrig: Wer nur an Familien vermieten will, kann nach einer Scheidung der Mieter ebenso ordentlich kündigen wie derjenige, der Verlobten die Wohnung im Hinblick auf die Verehelichung vermietet, nachdem diese das Verlöbnis wieder aufgelöst haben (dem stehen auch die [wohl eher lebensfremden] Ausführungen im Amtl.Bull. NR vom 28. November 1989, S. 1878, nicht entgegen). Stiftungen, Vereinigungen usw. mit moralischen (z.B. Alkoholabstinenz, Vegetarismus) oder religiösen Zielen dürfen ordentlich kündigen, wenn der Mieter gegen diese Einstellungen verstösst (ähnlich BARBEY, S. 172, N 194). Selbst Einstellungen, die keinen Eingang in das Vertragsverhältnis gefunden haben, sind nicht unbesehen treuwidrig: Wer z.B. seinem Ehegatten oder Partner einen Seitensprung nicht verzeihen kann oder will, darf auch dem daran beteiligten Mieter kündigen, namentlich bei Zimmermieten, Untermieten, und er wird das wohl ebenso dann dürfen, wenn er dem Partner zwar verziehen hat, aber den daran beteiligten Mieter schlicht nicht mehr in seiner Nähe zu sehen wünscht usw. (a.A. offenbar WEBER/ZIHLMANN, Basler Kommentar, N 4 zu Art. 271–271a i.V.m. N 9 zu Art. 256 und N 4 zu Art. 264, die ohne nähere Begründung moralische Einstellungen usw. [des Vermieters] als unbeachtlich betrachten).

62 Selbstredend gilt das Gesagte *auch im umgekehrten Fall:* Eine *ordentliche Kündigung des Mieters*, weil der Vermieter seine vertraglichen Pflichten nicht einhält, ist ebenso verständlich und nicht treuwidrig wie die Kündigung des Mieters, der dem bisherigen Objekt oder Vermieter ein anderes Objekt bzw. einen anderen Vertragspartner vorzieht oder weil er den Seitensprung seines Partners mit dem Vermieter oder dessen Partner nicht erträgt. Nicht treuwidrig ist schliesslich die Kündigung des Mieters, der zwecks Optimierung seiner Ausgaben eine günstigere Wohnung mietet (gl. BGE 120 II 109) und ordentlich kündigt. Unklar, ob auch hierin a.A., bei WEBER/ZIHLMANN, Basler Kommentar, a.a.O.

**b) Kategorien** (Fallgruppen) **von treuwidrigen Kündigungen,** die bei der Bewertung einer Kündigung auf Treuwidrigkeit hin hilfsweise beizuziehen und durch den jeweils konkreten Einzelfall zugleich zu ergänzen sind (vorn N 55), hat der *Gesetzgeber für Vermieterkündigungen in Art. 271a Abse. 1 und 2* zum grossen Teil bereits gebildet (vgl. vorn N 10, N 15). Die z.T. hinter diesen Kategorien stehenden weiteren Wertentscheidungen des Gesetzgebers, welche die von ihm vermutete Treuwidrigkeit einer Kündigung tendenziell ausschliessen (vgl. Art. 271a Abs. 3), sind ebenfalls bei der Beurteilung anderer Vermieterkündigungen auf Treuwidrigkeit hin zu beachten (ähnlich MENGE, S. 55). 63

Zu den üblichen Kategorien treuwidriger Kündigungen, die ausserhalb von Art. 271a bisher in der Lehre und Praxis bereits gebildet worden sind, siehe vorab N 155 Vorbem. zu Art. 266–266o (vgl. auch MENGE, S. 50 f.). Ergänzend dazu im einzelnen: 64

aa) Eine **zweckwidrige Verwendung der Kündigung** ist überall dort zu erblicken, wo mit der Kündigung *ausschliesslich oder überwiegend andere Ziele als die blosse Vertragsauflösung angestrebt werden,* wo die Kündigung also Mittel zu einem anderen Zweck ist (z.B. Pressionskündigungen i.w.S.; vgl. dazu auch nachstehend N 66; TERCIER, S. 256). Diese Kündigungen sind auch dann «unanständig», also treuwidrig, wenn sie gleichsam untaugliche Versuche darstellen, weil – objektiv betrachtet – Chancen dafür, dass dem Druck der Kündigung nachgegeben wird, gar nicht bestehen (was den Unterschied zwischen dem «offenbaren» Rechtsmissbrauch i.S.v. Art. 2 Abs. 2 ZGB und der Treuwidrigkeit i.S.v. Art. 271 Abs. 1 illustriert). 65

Fälle von *Pressions- oder Änderungskündigungen* sind solche (siehe ferner N 55 zu Art. 260), in denen der Vermieter – analog Art. 271a Abs. 1 lit. b und lit. c – den Mieter durch die Kündigung zwingen will, einen anderen Vertrag abzuschliessen, z.B. zur Zumiete, zum Kauf einer Sache, zur Lieferung von Waren usw., bzw. solche, in denen der Mieter den Vermieter durch die Kündigung zu einem bestimmten Verhalten zwingen will, das mit den Vertragspflichten des Vermieters nichts zu tun hat, wie z.B. bei der Kündigung im Wissen darum, dass die Vermieterin (eine juristische Person) durch den Mietzinsausfall in Solvenzschwierigkeiten gerät, verbunden mit der Absicht, die Aktien der Vermieterschaft günstig aufzukaufen, wie z.B. bei einer Kündigung auf drei Jahre (statt auf die vertraglichen drei Monate), mit der der Mieter ausschliesslich verhindern will, dass der Vermieter die Mietsache erneuern kann (vgl. dazu auch nachstehend N 81). Denn die *Treuwidrigkeit bzw. Unanständigkeit* einer solchen Pressionskündigung *wird nicht durch die blosse Zuordnung einer Person,* die sie veranlasst, *in eine bestimmte Kategorie* (Vermieter oder Mieter) *aufgehoben.* 66

Als zweckwidrige Kündigungen erscheinen ebenso *Rachekündigungen* des Mieters (analog Art. 271a Abs. 1 lit. a) sowie Rachekündigungen des Vermieters ausserhalb des Anwendungsbereiches von Art. 271a Abs. 1 lit. a (z.B. Kündigung nach Ablauf der Sperrfrist von drei Jahren; z.B. Kündigung, weil die Mieterin die amourösen Gefühle des Vermieters nicht erwidert hat [MENGE, S. 64]). Denn Rache bildet nicht nur ein unlauteres Motiv, sondern widerspricht ebenfalls dem Regelhaften der Ausübung des Kündigungsrechts. 67

68 **bb)** Einen gewichtigen Anwendungsfall der allgemein zu Art. 2 ZGB gebildeten Kategorien stellt die **Kündigung als widersprüchliches Verhalten** dar.

69 Die Kündigung als widersprüchliches Verhalten ist zunächst überall dort anzutreffen, wo Vermieter oder Mieter die *Kündigung entgegen Zusagen* an die Gegenpartei aussprechen, was auch bei ausserordentlichen Kündigungen der Fall sein kann (z.B. Stundungsvereinbarung und Kündigung wegen Zahlungsverzuges während der Stundungsdauer; Zusicherung, gewisse Immissionen zu dulden, und danach Kündigung wegen dieser Immissionen; vgl. ZMP 2/92 Nr. 12). *Kein widersprüchliches Verhalten* liegt *demgegenüber* in Fällen von Zusicherungen vor, die mit Bedingungen verknüpft sind, an die sich die gekündigte Gegenpartei halten sollte, aber nicht hält. Nicht widersprüchlich ist es endlich, bei Zahlungsverzug i.S.v. Art. 257d zu kündigen und den ausstehenden Mietzins zu verlangen (er ist ja immer noch geschuldet) oder den verspätet eingegangenen Mietzins zu behalten (vgl. BGer, in: mp 1/94, S. 18; Cahiers 1993, S. 105 ff.).

70 Widersprüchliches und damit treuwidriges Verhalten liegt *überdies* in einer (auch bloss ordentlichen) Kündigung wegen Zahlungsverzuges (vgl. dazu N 68 zu Art. 257d), wenn der Vermieter den Verzug zu vertreten hat (z.B. weil er dem Mieter eine falsche Kontonummer zur Zahlung angegeben hat), in einer Kündigung wegen Nichtleistung des Depots i.S.v. Art. 257e, wenn der Vermieter dem Mieter nicht oder falsch angezeigt hat, auf welches Sparkonto die Zahlung erfolgen soll, in einer ordentlichen oder ausserordentlichen Kündigung wegen Zahlungsverzuges, wenn der Vermieter nicht einmal in der Lage ist, vor der Kündigung den Umfang des geschuldeten Betrages klar anzugeben (vgl. BGE 120 II 31), in einer (auch gestützt auf Art. 259b fristlosen) Kündigung des Mieters, der die Mietsache selbst erheblich beschädigt hat (vgl. dazu N 7 zu Art. 259b, mit Verweisen), in der Kündigung eines Mieters wegen mangelhafter Mietsache, obwohl er den Mangel nicht gemeldet und/oder die Behebung eines Mangels behindert hat (vgl. N 12 zu Art. 259b, mit Verweisen).

71 Widersprüchliches Verhalten ist ferner überall dort zu orten, wo ein seit *längerem bekannter und geduldeter Gebrauch* der Mietsache, der sich mit dem einst vereinbarten vertraglichen nicht deckt, zum Kündigungsgrund erhoben wird (z.B. teilweise Wohnnutzung, Mitbenützung eines Gartens, gunstgewerbliche Tätigkeit; mp 3/92, S. 132 f., ZMP 2/92 Nr. 12, BGE 120 II 105, Pra. 1995 Nr. 144, CALAMO, S. 296 f.).

72 *Gründe, die dem Vertragsschluss nicht entgegenstanden, können ebensowenig zur Kündigung herbeigezogen werden,* ohne dass darin widersprüchliches Verhalten erblickt werden müsste (z.B. Kündigung zwei Jahre nach Mietbeginn, weil man den Lärm von Mietern ganz generell [und nicht bloss den der konkreten Mieter] nicht ertrage [mp 3/92, S. 130], Kündigung wegen der Hautfarbe, wegen religiöser oder politischer Einstellung; ähnlich z.B. ENGEL, S. 188, LACHAT/STOLL, S. 343, MENGE, S. 63, alle jedoch ohne den Bezug zur Kategorie des widersprüchlichen Verhaltens). Waren Gründe wie religiöse oder politische Einstellung der gekündigten Partei der kündigenden Partei beim Vertragsabschluss allerdings nicht bekannt (z.B. weil diese erst später entwickelt wurden) und stehen sie der Einstellung der kündigenden Partei (geradezu) entgegen, liegt einsichtigerweise kein widersprüchliches Verhalten vor (vgl. die Beispiele in N 52 f. zu Art. 266g, mit Verweisen); gleich muss es sich beim «Lärm der Mieter» (mp 3/92, S. 130) verhalten, wenn sich die konkreten Mieter als lärmig entpuppen und/oder der Vermieter aus gesundheitlichen Gründen besonders lärmempfindlich geworden ist (a.A. – da reichlich undifferenziert – mutmasslich mp 3/92, S. 130).

73 Widersprüchliches Verhalten ist endlich dort zu erblicken, wo zur Kündigung bewusst *falsche Gründe* angeführt oder der *wahre Kündigungsgrund* bzw. die *tatsächlichen Kündigungsmotive* durch die kündigende Partei *verschwiegen bzw. verschleiert werden,* unbeschadet darum, ob die Gründe für die Falschangabe oder Verschleierung räsonabel sind oder nicht (vgl. ZMP 3/93 Nr. 30; a.A. Botsch., S. 1459). Denn es kann nicht Sinn und Zweck einer Norm wie Art. 271 Abs. 1 sein, einerseits Treu und Glauben hochzuhalten und anderseits die

(auch bloss einfache) Lüge zu schützen (so aber sinngemäss Botsch., a.a.O., ohne stichhaltige Begründung). Wer z.B. einem Mieter wegen Drogenkonsums oder Alkoholexzessen kündigt, soll das sagen (wie z.B. in ZMP 3/92 Nr. 29), wer z.B. dem Vermieter wegen sexueller Belästigung kündigt, ebenfalls (gl.M. etwa MENGE, S. 58, WEBER/ZIHLMANN, Basler Kommentar, N 33 zu Art. 271–271a; mutmasslich a.A. SVIT-Kommentar I, N 25 zu Art. 271).

Von der Verschleierung bzw. dem Verschweigen zu unterscheiden ist teilweise das sog. «Nachschieben» von Kündigungsgründen (dazu nachfolgend N 114 ff.). 74

cc) Die **Kündigung als unnütze Rechtsausübung** dürfte in der Praxis eher selten anzutreffen sein (vgl. vorn N 65 ff. und nachstehend N 82 ff.). Von ihr ist immerhin stets dann auszugehen, wenn sie als *Ausdruck purer Laune* einer Partei erscheint (gl. MENGE, S. 63). Das ist wohl regelmässig dann als gegeben anzunehmen, wenn die kündigende Partei *überhaupt keinen Grund für die Kündigung anzugeben* vermag bzw. angibt (ähnlich MENGE, S. 60, TERCIER, S. 256). 75

Nicht für die Kündigung als unnütze Rechtsausübung spricht die Offerte der kündigenden Partei, die Kündigungswirkungen nicht eintreten zu lassen (Offerte über den sog. «Rückzug der Kündigung» [vgl. N 44 und N 46 Vorbem. zu Art. 266–266o] als Teil der Verhandlung über einen Verzicht; dazu MERZ, N 350 zu Art. 2 ZGB). 76

Anzumerken bleibt grundsätzlich an dieser Stelle hingegen, dass weder persönliche noch wirtschaftliche Anliegen (auch ohne besonderes objektives Gewicht) einer Mietvertragspartei, die sie zur Kündigung anführt und die auch existieren, im Lichte der *Regelhaftigkeit ordentlicher Kündigungen* – für sich allein genommen – solche Kündigungen treuwidrig oder unanständig machen. Das hat das BGer in BGE 120 II 105 ff. im Kern zutreffend erkannt (vgl. auch vorn N 58; a.A., aufgrund einer unzutreffenden Auffassung über die Konzeption des Kündigungsschutzes, z.B. WEBER/ZIHLMANN, Basler Kommentar, N 4 und N 7 zu Art. 271–271a). 77

dd) Die **Kündigung als Ausdruck eines erheblichen Missverhältnisses der Interessen** steht – je nach Intensität des Missverhältnisses und der Art der Kündigungsgründe – in der Nähe einer *schonungslosen* (nachstehend N 82 ff.) oder einer *unnützen* bzw. *widersprüchlichen Rechtsausübung* (N 75 ff. und N 68 ff.). Der Kategorie des Missverhältnisses der Interessen kommt schon von daher im Kündigungsschutzrecht eine eher untergeordnete Bedeutung zu (a.A. offenbar Botsch., S. 1458, WEBER/ZIHLMANN, Basler Kommentar, N 4 und N 6 zu Art. 271–271a). 78

Zusätzlich ist zu berücksichtigen, dass Art. 271 Abs. 1 *keine Treuepflicht der Parteien* verankert, namentlich kein aus dieser Treuepflicht fliessendes Recht des Mieters eines unbefristeten Mietverhältnisses auf grundsätzlichen Verbleib im Mietobjekt (ähnlich z.B. MENGE, S. 55). *Trifft die Kündigung den Mieter in ihren Folgen grundsätzlich hart,* so trägt das Gesetz dem mit dem *nachträglichen Kündigungsschutz der Art. 272 ff.* massgebend Rechnung, der die Interessenlagen der Parteien zwingend zu 79 berücksichtigen hat (ähnlich hierin z.B. WEBER/ZIHLMANN, Basler Kommentar, N 6 zu Art. 271–271a).

80 Bei der Beurteilung einer Kündigung im Lichte der Interessenlagen der Parteien sind daher *zwingend die in den Art. 272 ff. enthaltenen Wertvorstellungen des Gesetzgebers zu berücksichtigen:* Eine Interessenabwägung, wie sie Art. 272 verlangt, ist damit – konsequenterweise – unter dem Aspekt des Art. 271 Abs. 1 ausgeschlossen (ansonsten bliebe das Erstreckungsrecht reine Makulatur, was – vernünftig betrachtet – niemand als gesetzgeberische Absicht unterstellen kann). Eine Treuwidrigkeit aufgrund eines Missverhältnisses der Interessen hat sich vielmehr an anderen Gesichtspunkten als an denen des Art. 272 zu orientieren und ist – entgegen dem sonst bei Art. 271 Abs. 1 Geltenden (vorn N 56, vgl. auch N 46 f. Vorbem. zu Art. 271–273c) – wohl *nur in krassen Fällen* anzunehmen (ähnlich z.B. WEBER/ZIHLMANN, Basler Kommentar, N 6 zu Art. 271–271a, die ein «erhebliches» Missverhältnis verlangen); diese Einschränkung gilt – aufgrund der Zweiseitigkeit des Kündigungsschutzes – *auch bei Mieterkündigungen.*

81 *Beispielhaft* können dazu angefügt werden die (ordentliche) Kündigung des Vermieters, weil der Mieter erstmals bzw. ausnahmsweise und bloss um ein bis zwei Tage im Verzug war (vgl. Botsch., S. 1458; vgl. dazu aber auch N 56 zu Art. 257d), die (ordentliche) Kündigung des Vermieters, nachdem der Mieter mit seiner Zustimmung (vgl. Art. 260a Abs. 1) das Mietobjekt zustimmungsgemäss erneuert hat, weil der Vermieter das erneuerte Objekt nun deswegen für sich gebrauchen will (wenn nicht gerade darin der von beiden Parteien angestrebte Vertragszweck gelegen hat), die Kündigung des Mieters, weil sich vom Vermieter besorgte Einbauten in das Mietobjekt nach den Wünschen des Mieters etwas verzögert haben oder im Zeitpunkt der Kündigung erkennbar nicht auf den gewünschten Termin fertiggestellt sein werden (liegt die Verzögerung im Verhalten des Mieters, ist die Kündigung wohl als widersprüchliches Verhalten zu werten), die (ordentliche) Kündigung des Vermieters wegen einer kleinen Vertragsverletzung des Mieters (z.B. Wäsche wurde einmal in der Waschmaschine liegen gelassen, der Mieter hat einmal sein Fahrzeug an einem falschen Ort parkiert; MENGE, S. 64, mit Verweisen). Alle diese Fälle erfüllen regelmässig auch die Anforderungen entweder der Kategorie schonungsloser Rechtsausübung oder der Kategorie widersprüchlichen Verhaltens, was das in N 78 Ausgeführte verdeutlicht.

82 ee) Die **Kündigung als schonungslose Rechtsausübung** ist treuwidrig, weil sie dem im Grundsatz von Treu und Glauben enthaltenen Gebot der schonungsvollen Rechtsausübung widerspricht. Ob ein Recht schonungslos ausgeübt worden ist, lässt sich nur dann feststellen, wenn sich zugleich sagen lässt, wie die schonungsvolle Ausübung des Rechts (und nicht der Verzicht darauf, das Recht auszuüben) hätte aussehen müssen (vgl. MERZ, N 393 zu Art. 2 ZGB). Der Verstoss gegen das Gebot der schonenden Rechtsausübung zeigt mithin am augenfälligsten den Grundsatz an, die Feststellung der Treuwidrigkeit einer Handlung habe stets die an sich korrekte, Treu und Glauben entsprechende Handlung mitzuberücksichtigen (vorn N 59).

Eine (auch ausserordentliche) Kündigung kann folglich nur dann als schonungslose Rechtsausübung qualifiziert werden, wenn sich zugleich bestimmen lässt, wie schonungsvoll hätte (auch ausserordentlich) gekündigt werden können (gl.M. offenbar auch MENGE, S. 59 f., TRACHSEL, S. 218, ZIHLMANN I, S. 191) oder wie korrekt – im Lichte des Gesetzes – hätte vorgegangen werden müssen (nachstehend N 86). 83

«Schonungslosigkeit» ist etwa dort als gegeben anzunehmen, wo eine Partei der anderen das Mietverhältnis just in dem Zeitpunkt kündigt, von dem sie weiss, dass dann die gekündigte Partei verhindert ist, ihre allfälligen Rechte wahrzunehmen (z.B. längere Ferienabwesenheit, Krankheit). 84

Als schonungslose Rechtsausübung (oder als zweckwidrige, je nach Auffassung) erweisen sich ferner beispielsweise ordentliche Kündigungen auf einen wesentlich späteren Zeitpunkt als auf den objektiv möglichen nächsten Kündigungstermin, wenn ihr Grund darin liegt, der Gegenpartei (eine für beide Parteien gewisse) frühere und räsonabel begründete Vertragsauflösung (z.B. «Eigenbedarf» etwa des [Unter-]Vermieters) zu vereiteln, oder wenn ihr Grund nur darin liegt, der Gegenpartei die Ausübung eines ihr an sich zustehenden anderen Vertragsrechts zu verhindern (z.B. Umbau; vgl. Art. 260 Abs. 1; dazu N 46, N 51 und N 54 zu Art. 260). 85

Schonungslose Kündigung ist ebenfalls dort anzunehmen, wo ein im Lichte des Gesetzes «untergeordneter» Vorgang Anlass zur Kündigung war, statt zur an sich zunächst regelhaften Mahnung (vgl. Art. 257d, Art. 257f, Art. 259b): die ordentliche Kündigung des Vermieters, weil die Wäsche einmal in der Waschmaschine liegen gelassen wurde oder weil der Mieter einmal sein Fahrzeug an einem falschen Ort parkiert hat (MENGE, S. 64, mit Verweisen), die ordentliche Kündigung, weil der Mieter ausnahmsweise mit einer Zahlung (Nebenkostenentschädigung) in Verzug geriet. Nicht schonungslos sind solche Kündigungen zwangsläufig dann, wenn vorgängige Mahnungen bereits fruchtlos waren (unklar, ob a.A., bei MENGE, S. 64). Denn in diesen Fällen liegen regelmässig wiederholte oder andauernde Nachlässigkeiten des Vertragspartners vor, die ebenfalls nicht besonders «anständig» (vgl. vorn N 56, N 59) sind (und u.U. für die Mitmieter lästig, wie z.B. das wiederholte Liegenlassen von Wäsche, das Abstellen eines Fahrzeuges an einem dafür nicht vorgesehenen Ort). *Wer sich selbst unanständig benimmt, kann im Lichte von Treu und Glauben für sich nicht auch noch den Schutz vor den Folgen dieses Tuns reklamieren.* 86

Die Kündigung zwecks Sanierung eines Hauses stellt dann – vor dem Hintergrund der Regelung des Art. 260 Abs. 1 – keine schonungslose Rechtsausübung dar, wenn die Art der Sanierung einen Gebrauch der Sache nur eingeschränkt zulässt, die Erneuerung m.a.W. objektiv nicht oder nur beschränkt für den Mieter zumutbar ist (z.B. Erneuerung aller Leitungen, des Heizsystems, der Nasszellen, des Treppenhauses usw. zugleich; ähnlich mp 2/92, S. 68, MENGE, S. 63 f.; nicht der Fall bei blossen Aussenrenovationen oder Balkonanbauten, nicht der Fall bei Teilsanierungen z.B. im Keller usw.). Dabei ist zu berücksichtigen, dass die Gestaltung des Sanierungsprogrammes ausschliesslich Sache des Vermieters ist; dieser kann die Kündigung einer längerdauernden Renovationsphase mit Mietzinsreduktionen über Monate zugunsten der Mieter vorziehen, um die (eingreifenden) Arbeiten rasch und günstig zu erledigen. Im Licht von Treu und Glauben kann ihm eine solche Wahl nicht vorgeworfen werden (gl.M. wohl BGE 120 II 105 ff.; vgl. dazu auch vorn N 60, mit Verweisen). 87

## IV. Rechtsfolgen der Treuwidrigkeit

### 1. Allgemeines

88 a) Die Treuwidrigkeit einer gültigen (vorn N 36) Kündigung zieht nach dem Gesetzeswortlaut **keine direkte Rechtsfolge** nach sich: Art. 271 Abs. 1 (und mit ihm Art. 271a) erklärt die treuwidrige Kündigung lediglich als anfechtbar (vorn N 29, N 33 ff.). Der Eintritt einer Rechtsfolge im Falle treuwidriger Kündigung setzt folglich die Anfechtung der Kündigung durch die gekündigte Partei zwingend voraus (vorn N 37; vgl. ferner Art. 273 Abs. 1; ähnlich, statt vieler: LACHAT/STOLL, S. 354, BGE 121 III 156 ff.). Es erweist sich die *Treuwidrigkeit* daher als blosse *materiell-rechtliche Voraussetzung erfolgreicher Anfechtung*, welche insoweit nur indirekt Rechtsfolgen nach sich zieht.

89 b) Die **indirekten Rechtsfolgen** der Treuwidrigkeit *benennt das Gesetz direkt* ebenfalls *nicht*, weder in Art. 271 Abs. 1 noch in Art. 271a, noch in Art. 273. In Art. 273 Abs. 4 hält es lediglich fest, dass da, wo keine Einigung zwischen den Parteien zustande komme, *ein «Entscheid über die Ansprüche der Vertragsparteien»* zu fällen sei.

90 Als solcher Anspruch kommt vorrangig die im französischen Wortlaut des Art. 271 Abs. 1 immerhin angetönte Rechtsfolge der *Annullierung der Kündigung* (Ungültigerklärung; vorn N 30 ff.) in Frage, welche daher als *die* (im wesentlichen unausgesprochene) gesetzlich vorgesehene (indirekte) Rechtsfolge zu bezeichnen ist (vgl. BGE 120 II 34).

91 *Nachrangig* kann allenfalls auch ein Schadenersatzanspruch in Frage kommen. Das Gesetz sieht diese Rechtsfolge allerdings – anders als im Arbeitsrecht – explizit nicht vor; im Arbeitsrecht ist der Schadenersatz sodann die – ausschliessliche – gesetzlich vorgesehene Rechtsfolge treuwidriger Kündigung, deren vertragsauflösende Wirkungen bestehen bleiben (vgl. Art. 336a). Aus dieser offenkundig unterschiedlichen Behandlung missbräuchlicher (treuwidriger) Kündigungen im Mietvertrags- bzw. Arbeitsvertragsrecht kann mit guten Gründen die Auffassung hergeleitet werden, die Nichterwähnung von Schadenersatz als weitere Rechtsfolge treuwidriger Kündigung stelle ein qualifiziertes Schweigen des Gesetzgebers dar (dieser Auffassung offenbar z.B. CALAMO, S. 285 ff., ZIHLMANN II, S. 206 f., SVIT-Kommentar I, N 1 ff. zu Art. 271, WEBER/ZIHLMANN, Basler Kommentar, N 1 und N 4 ff. zu Art. 273, die diese Rechtsfolge gar nicht näher in Betracht ziehen; BARBEY, Protection, S. 206 f., schliesst einen Schadenersatzanspruch im Regelfall ebenso aus; unklar, ob a.A. BRUNNER, a.a.O., S. 44). Näheres dazu nachfolgend in N 98 ff.

## 2. Die Ungültigkeit der Kündigung als indirekte Rechtsfolge im besonderen

«Ungültigkeit» der Kündigung bedeutet im Lichte von Art. 271 Abs. 1, dass (aufgrund eines hoheitlichen Aktes; N 94) die Kündigung als Willenserklärung *nachträglich insgesamt aufgehoben* (annulliert, «vernichtet»; vgl. BGE 120 II 31 ff.) *wird.* Es werden somit nicht bloss die vertragsauflösenden Wirkungen der Kündigung aufgehoben (ähnlich z.B. LACHAT/STOLL, S. 355; bei BARBEY, Protection, S. 108, N 4, wird demgegenüber die «Vermutung» der Gültigkeit der Kündigung beseitigt [vgl. auch N 62 Vorbem. zu Art. 271–273c]). Das *Mietverhältnis zwischen den Parteien besteht* dannzumal (inhaltlich) *unverändert weiter* (gl. BARBEY, Protection, S. 205, N 307), und zwar grundsätzlich so, wie wenn von der Kündigung nie die Rede gewesen wäre (BARBEY, a.a.O., unter Hinweis auf BGE 110 II 390 [Anfechtungsprozess i.S.v. aArt. 706]; gl. auch TERCIER, S. 258, sowie LACHAT/STOLL, S. 355, wobei letztere irrtümlicherweise festhalten, das Mietverhältnis gelte auf «unbestimmte» Zeit weiter, und dabei ausser acht lassen, dass ungültig gemäss Art. 271 Abs. 1 auch befristete Mietverhältnisse gekündigt werden können [mit ausserordentlichen Kündigungen]; die Ungültigerklärung einer [ausserordentlichen] Kündigung macht aus einem befristeten Mietverhältnis indes kein unbefristetes). 92

Zusätzlich «beginnt» die «Sperrfrist» des Art. 271a Abs. 1 lit. e zu laufen. Diese «Sperrfrist» beschlägt aber *nicht den Inhalt des Mietverhältnisses,* namentlich begründet sie kein Kündigungsverbot, sondern – vorab lediglich einmal virtuell – die Vermutung treuwidriger Kündigung (siehe dazu die Ausführungen in N 266 f., N 273 ff., N 298, N 303 zu Art. 271a; ähnlich z.B. BARBEY, Protection, S. 206, N 308). 93

Die Ungültigkeit der Kündigung kann *nur durch einen Entscheid der Schlichtungsbehörde oder des Richters herbeigeführt werden* (vgl., statt vieler: BARBEY, Protection, S. 205, N 307; TERCIER, S. 258; siehe ferner vorn N 30, N 37; Art. 273). Ein solcher Entscheid liegt auch im Fall der *Klageanerkennung* bzw. des die Ungültigkeit festhaltenden *Vergleiches* vor (vgl. GULDENER, S. 397 f. und [vor dem Hintergrund des Art. 274e Abs. 1] S. 401). Beim Entscheid, der die Ungültigkeit der Kündigung festhält, handelt es sich somit um einen Gestaltungsentscheid (rechtsaufhebendes bzw. -auflösendes *Gestaltungsurteil;* dazu GULDENER, S. 211 ff., BARBEY, a.a.O., TERCIER, a.a.O.), dessen *Wirkungen* mit der rechtskräftigen Feststellung der Ungültigkeit *ex lege eintreten* (GULDENER, S. 213). 94

Erweist sich im Resultat des Verfahrens (z.B. beim die Klage abweisenden Entscheid oder beim Klagerückzug oder beim Rückzug der Klage in der Form eines Vergleiches) die Kündigung als *nicht treuwidrig,* hat es damit sein Bewenden, und es treten die vertragsauflösenden *Wirkungen mit dem Kündigungstermin ungehemmt ein* (bzw. sind u.U. bereits eingetreten [vgl. BARBEY, Protection, S. 206, N 309, und S. 204, N 304, TERCIER, S. 258]; zu den sich 95 daraus ergebenden Folgen siehe N 58 ff. zu Art. 267 sowie N 60 zu Art. 257d, je mit Verweisen). Das erlaubt es erst, im Falle der ordentlichen Vermieterkündigung die Frage einer Erstreckung – von Amtes wegen – zu prüfen (vgl. Art. 274e Abs. 3, ferner N 74 Vorbem. zu Art. 271–273c).

96 Solange die *Frage der Ungültigkeit der Kündigung in einem Verfahren noch nicht* (rechtskräftig) *geklärt ist,* bleibt die Kündigung, die ja grundsätzlich gültig ist (vorn N 36, N 88; vgl. ebenfalls N 61–65 Vorbem. zu Art. 271–273c), auch *wirksam* (ähnlich BARBEY, Protection, S. 204, N 303; die Rückgabe der Mietsache ist daher z.B. grundsätzlich vorzubereiten, allfällige Suchbemühungen für Ersatzräumlichkeiten sind grundsätzlich an die Hand zu nehmen, Art. 257h bleibt uneingeschränkt anwendbar [Besichtigungsrecht des Vermieters]). *Der Vollstreckung der Kündigungswirkungen* (Rückgabe der Mietsache, Liquidation des Mietverhältnisses) *steht* allerdings *die Hängigkeit des Anfechtungsverfahrens entgegen* (Rechtsschutz durch Verfahren, siehe dazu N 14 Vorbem. zu Art. 271–273c; vgl. ferner N 56 f. zu Art. 267; offenbar gl.M. BARBEY, Protection, S. 204 f., N 304 ff.). Die Wirkungen der Hängigkeit fallen erst dann dahin, wenn das Verfahren rechtskräftig entschieden ist (bzw. die Frist von Art. 274f Abs. 1 unbenutzt abgelaufen ist; ähnlich BARBEY, a.a.O.).

97 Die (Rechts-)*Hängigkeit eines Anfechtungsverfahrens ist in Fällen ausserordentlicher Kündigungen im Vollstreckungs- bzw. Ausweisungsverfahren von Amtes* (es handelt sich um ein bundesrechtliches Institut; vgl. BGE 114 II 186 f., N 14 zu Art. 273) *wegen zu berücksichtigen* (vgl. Art. 274g Abs. 1; dazu ebenfalls BGE 112 II 272). In den übrigen Fällen ist die Rechtshängigkeit dann von Amtes wegen zu berücksichtigen, wenn die mit einem Prozess befassten Instanzen Kenntnis von einem anderweitigen (identischen) Prozess haben (vgl. VOGEL, S. 66 f.), sonst nur auf Einrede hin (die Gerichte können nicht wissen, wann und wo die Parteien auch noch einen Prozess führen, wohl aber die Parteien selber bestens [vgl. dazu GULDENER, S. 239 und S. 386 f.]). Gemäss Art. 274d Abs. 3 sind die Parteien immerhin vom Richter dahingehend zu befragen und allenfalls anzuhalten, unverzüglich die entsprechenden Unterlagen beizubringen (vgl. dazu auch die Ausführungen zu Art. 274d und Art. 274g sowie ZMP 2/95 Nr. 21 [Entscheid des BGer vom 24. April 1995]).

### 3. Schadenersatz/Genugtuung als weitere indirekte Folgen

#### *a) Allgemeines*

98 Die Kündigung stellt die Ausübung eines vertraglichen Gestaltungsrechts dar (vgl. N 33 f. Vorbem. zu Art. 266–266o), selbst dann, wenn es sich bei ihr um eine ausserordentliche handelt, deren Voraussetzungen das Gesetz – aufgrund gesetzgeberischer Wertentscheidungen – in zwingendes Gesetzesrecht gekleidet hat (vgl. N 47 ff. und N 75 ff. Vorbem. zu Art. 266–266o). Die treuwidrige Ausübung eines Rechts hinwieder stellt eine Vertragsverlet-

zung i.w.S. dar. Treuwidrige Kündigungen *können* daher – allgemein betrachtet – grundsätzlich eine Grundlage für Schadenersatzansprüche der gekündigten Partei gemäss Art. 97 bzw. Art. 99 bilden (ähnlich BARBEY, Protection, S. 206 f., BRUNNER, a.a.O., S. 44 [Ziff. 6.1]), schliesst man den Schadenersatz als weitere indirekte Folge der Kündigung nicht schon aus anderen Gründen aus (qualifiziertes Schweigen des Gesetzgebers; vorn N 91).

Treuwidrige Kündigungen bieten nach dem Gesagten jedoch kaum eine Grundlage für einen Anspruch *aus ausservertraglicher Schädigung* (in diese Richtung zielend immerhin BARBEY, Protection, S. 206, unter Hinweis auf KELLER, Ist eine Treu und Glauben verletzende Schädigung widerrechtlich?, in: Recht 1987, S. 136, und unter Hinweis auf die [mit Blick auf BARBEY] a.A. des BGer in BGE 108 II 311); denn eine Vertragsverletzung ist nicht a priori mit einer Widerrechtlichkeit i.S.v. Art. 41 ff. gleichzusetzen (vgl. GAUCH/SCHLUEP, Bd. 2, S. 162, mit Verweisen). Das ist nur dort der Fall, wo zugleich ein absolutes Recht oder ein objektives Schutzgebot der Rechtsordnung verletzt wird (nachfolgend N 106 f.). 99

Das hinter den Art. 271 f. stehende *Konzept des Kündigungsschutzes* (vgl. dazu N 60 ff. Vorbem. zu Art. 271–273c) bestimmt alle treuwidrigen Kündigungen für grundsätzlich gültig und bloss anfechtbar. Die Anfechtung hinwieder ist an eine Verwirkungsfrist gebunden (Art. 273 Abs. 1). *Ein Verzicht auf die Anfechtung einer Kündigung muss daher im Regelfall zwangsläufig die* sinngemässe *Anerkennung der gekündigten Partei beinhalten, die Kündigung sei nicht treuwidrig. Damit entfällt im Regelfall zugleich die für einen Schadenersatz notwendige Anspruchsvoraussetzung der Vertragswidrigkeit.* In der Literatur wird aus allen diesen Gründen, mit unterschiedlichen Begründungen (sofern überhaupt zu einerBegründung angehoben wird; vgl. vorn N 91), ein *Schadenersatzanspruch als weitere Folge der treuwidrigen Kündigung nur in Ausnahmefällen* (nachträgliche Entdeckung einer krassen Treuwidrigkeit) *als gegeben erachtet* (vgl. BARBEY, Protection, S. 206 f., mit Verweisen; vgl. dazu auch N 190 zu Art. 272). 100

Bei genauerer Betrachtung scheinen denn auch, selbst wenn man den Schadenersatz als weitere mögliche Folge treuwidriger Kündigungen grundsätzlich stets als möglich erachtet (vgl. vorn N 91, N 98), die Voraussetzungen für eine Schadenersatzforderung in der Tat bloss in wenigen Fällen überhaupt gegeben: 101

– Dort, wo die *treuwidrige Kündigung angefochten und aufgehoben worden ist* (Ungültigerklärung), fällt die vertragswidrige Handlung (nachträglich mit Wirkung ex tunc; vorn N 92) dahin und mit ihr zugleich die grundlegende Ersatzanspruchsvoraussetzung; das Mietverhältnis geht unverändert weiter (vorn N 92; ähnlich z.B. BRUNNER, a.a.O.). Es tritt zudem grundsätzlich kein Schaden im Sinn des Ersatzrechts ein, der nicht bereits anderweitig unter dem Titel von Prozess- und Vertretungskosten hätte abgegolten werden können (sofern das Gesetz solche Kosten überhaupt als Ersatzansprüche anerkennt; im Schlichtungsverfahren dürfen im Regelfall keine Entschädigungen zugesprochen werden [vgl. Art. 274d Abs. 2], was Vertretungskosten im Schlichtungsverfahren insoweit als Ersatzansprüche [ohnedies] ausschliesst). Als Schaden kommen ausnahmsweise immerhin die Kosten in Frage, die dem Mieter aus der Suche nach einem Ersatzobjekt (für den Fall, dass die Kündigung nicht für ungültig erklärt würde) entstanden sind (z.B. Insertionskosten, Kosten aus der Beauftragung eines Vermittlers [nicht aber Kosten für den Ersatz des «Zeitaufwandes für Zeitungsstudium» oder für «In- 102 seratebeantwortung», wenn damit keine wirtschaftlichen Einbussen wie Verdienstausfall usw. verbunden sind]).

103 – *Verlangt ein Mieter* bei einer Vermieterkündigung bloss eine Erstreckung des Mietverhältnisses (und nicht die Ungültigerklärung), so ist ein allfälliger «Schaden» aus der («vorzeitigen») Vertragsauflösung primär Folge der Erstreckungsdauer, welche grundsätzlich vom Gericht unter Berücksichtigung der Interessen beider Parteien festzulegen ist, nicht aber direkte Folge der an sich «treuwidrigen» (vgl. N 100) Kündigung. Der Verzicht auf die Anfechtung stellt zudem – wenigstens sinngemäss – die Anerkennung der Rechtmässigkeit der Kündigung dar (N 63 und N 73 Vorbem. zu Art. 271–273c). Das hat letztlich zur Folge, dass selbst dort, wo *weder eine Anfechtung erfolgte noch Erstreckung verlangt* wurde, eine Forderung auf Schadenersatz ausgeschlossen ist. Denn das Geltendmachen einer solchen Forderung stellte letztlich selbst ein treuwidriges, da widersprüchliches Verhalten im Lichte von Art. 2 Abs. 2 ZGB dar (a.A. offenbar BRUNNER, a.a.O., ohne nähere Begründung).

104 – Es bleiben somit die Fälle, in denen entweder die *Treuwidrigkeit der Kündigung erst im nachhinein entdeckt* wird oder die kündigende Partei rechtsmissbräuchlich (dolos; arglistiges Verhalten oder absichtliche Täuschung) die *gekündigte Partei von der Anfechtung der Kündigung innert Frist abgehalten hat.* Hier muss aus Billigkeitsgründen – liegt krasses Fehlverhalten der kündigenden Partei vor (und nicht bloss ein Versuch der säumigen Partei, trotz der Säumnis noch etwas retten zu wollen), was im Lichte von Art. 2 Abs. 2 ZGB festzustellen ist – der Schadenersatzanspruch an die Stelle des (unverschuldet bzw. ungewollt) verwirkten Anspruches auf Anfechtung i.S.v. Art. 271 Abs. 1 treten. Dieser ist nach den anderweitig aufgeführten Grundsätzen zum Kündigungsschaden zu ermitteln (vgl. N 13 zu Art. 259e [Mieter], N 88 zu Art. 257f [Vermieter]).

105 Die *verspätete Anfechtung* kann m.E. ausnahmsweise (vgl. MERZ, N 407 f. zu Art. 2 Abs. 2 ZGB [Verwirkung bei der Vaterschaftsklage]) dann, wenn das Mietverhältnis nicht schon beendet ist oder die Rückgabe der Sache unmittelbar ansteht oder durchgesetzt werden soll (Ausweisungsverfahren), anstelle der Schadenersatzklage zugelassen werden. Zusätzlich ist jedoch zu fordern, dass die Anfechtungsklage unverzüglich nach der Entdeckung des krassen Fehlverhaltens bzw. nach dem Wegfall der dolosen Verhinderung angehoben wird (analog Art. 35 OG innert zehn Tagen). Denn unter diesen doch strengen Voraussetzungen ist den Interessen der Rechtssicherheit (vgl. N 66 ff. zu Art. 271–273c), die mit der Verwirkungsfrist gemäss Art. 273 Abs. 1 sichergestellt werden sollen, immer noch hinreichend Rechnung getragen und dem Rechtsmissbrauch i.e.S. der von Art. 2 Abs. 2 ZGB angestrebte Riegel vorgeschoben (a.A. mutmasslich z.B. CALAMO, S. 310, der Fristversäumnisse generell – ohne Differenzierungen hinsichtlich des Säumnisgrundes – der analogen Anwendung von Art. 139 unterstellt; unklar, ob a.A., z.B. bei WEBER/ZIHLMANN, Basler Kommentar, N 3 zu Art. 273, die generell für jede Art der Fristversäumnis Art. 35 OG für anwendbar zu halten scheinen).

### *b) Zusätzliche andere Anspruchsgrundlage*

106 Dort, wo in bzw. mit der treuwidrigen Kündigung der gekündigten Gegenpartei zugleich krasses Fehlverhalten oder Ähnliches vorgeworfen wird (wie z.B. zu Unrecht sexuelle Belästigung oder Diebstahl usw. als Kündigungsgrund), kann etwa auf der Grundlage und unter den Voraussetzungen von Art. 28 ZGB ein Anspruch der gekündigten Partei i.S.v. Art. 28a ZGB (oder i.S.v. Art. 3 und Art. 9 UWG), namentlich eine Genugtuung, nicht

von vornherein ausgeschlossen werden (was u.U. [vgl. vorn N 104] eine sog. Anspruchskonkurrenz zu begründen vermag; zur Anspruchskonkurrenz vgl. GAUCH/SCHLUEP, Bd. 2, S. 162 ff.). Denn in solchen Fällen wird mit der treuwidrigen Kündigung über die Vertragsverletzung hinaus ein besonders geschütztes Rechtsgut verletzt (vgl. auch vorn N 99). Ein solcher *Anspruch, der auf einer anderen* (weiteren) *Anspruchsgrundlage beruht*, bleibt selbstredend auch dann aufrecht, wenn die Kündigung (gerichtlich) aufgehoben worden ist. Denn die Aufhebung der Kündigung macht etwa die Persönlichkeitsverletzung selbst (z.B. den unzutreffenden Vorwurf sexueller Belästigung bzw. des Diebstahls) nicht ungeschehen. (Gleiches gilt mutatis mutandis im Fall der Unterlassung der Anfechtung; die Unterlassung beinhaltet insbesondere nüchtern besehen keine auch bloss sinngemässe Anerkennung [vorn N 103] etwa einer Persönlichkeitsverletzung; die verletzte Partei kann sich vielmehr auf den verständlichen Grund abstützen, mit der verletzenden Partei nicht mehr in Vertragsbeziehungen stehen zu wollen.)

Dergleichen weitere Ansprüche aus treuwidrigen Kündigungen (z.B. gestützt auf Art. 28a ZGB oder Art. 9 UWG) können – selbst unter dem Blickwinkel weitherzigster Auslegung von Art. 274a Abs. 1 (vgl. BGE 120 II 117: «... Differenzierung schürt die Gefahr unnützen prozessualen Leerlaufs und widerspräche damit auch dem Auslegungsgrundsatz der Praktikabilität des Rechts ...»; kritisch dazu DdB 7/95, Nr. 29) – dann nicht im mietrechtlichen Verfahren geltend gemacht werden, wenn sie separat (und nicht zusammen mit der Mietvertragsverletzung [Treuwidrigkeit]; Anspruchskonkurrenz) erhoben werden; insbesondere der nach h.L. und Praxis (allerdings unzutreffende) obligate Gang zur Schlichtungsbehörde entfällt, und es ist der vom kantonalen Recht vorgegebene Prozessweg einzuschlagen. 107

## V. Die rechtsmissbräuchliche Anfechtung der Kündigung

Die *Anfechtung einer Kündigung als treuwidrig kann selbst treuwidrig* 108 *sein*. Es liegt alsdann (wohl regelmässig) ein Fall mutwilliger Prozessführung vor, der zu Kosten- und Entschädigungsfolgen auch im Schlichtungsverfahren zu Lasten der klagenden Partei führt (vgl. Art. 274d Abs. 2).

Treuwidrig ist z.B. die Anfechtung einer Kündigung (einzig) mit dem Zweck, die kün- 109 digende Partei in ein längerdauerndes Verfahren zu ziehen. Treuwidrig ist ebenfalls die Anfechtung einer begründeten Kündigung, ohne dass konkrete Anfechtungsgründe (Treuwidrigkeiten) dagegen vorgebracht werden können. Treuwidrig ist endlich z.B. eine Kündigungsanfechtung, die der Gegenpartei bewusst fälschlicherweise Treuwidrigkeit vorwirft (z.B. es liege eine Änderungskündigung vor; vgl. ZMP 1/92 Nr. 7 E. 2c).

Von der treuwidrigen Anfechtung einer Kündigung zu unterscheiden ist 110 die *mutwillig erhobene Anfechtungsklage*, die eine (behauptete) Kündigung anficht, obwohl eine solche gar nicht besteht (z.B. beim Ablauf der vereinbarten Mietdauer, bei einem Aufhebungsvertrag; vgl. auch BGE 121 III 260 E. 4 [resolutiv bedingtes Mietverhältnis als befristetes Mietverhältnis; gemäss N 36 und N 44 zu Art. 255 ist hier – entgegen den allgemeinen Grundsätzen – allerdings von einem unbefristeten Mietverhältnis auszugehen; gl. WEBER/ZIHLMANN, Basler Kommentar, N 4 zu Art. 255]).

# C. Die Begründung der Kündigung

## I. Die Begründung der Kündigung im allgemeinen

### 1. Zweck

111 Die *Überprüfung einer Kündigung* auf Treuwidrigkeit *setzt in der Regel die Kenntnis der genauen Kündigungsgründe voraus* (vgl. BARBEY, Protection, S. 195, N 267, S. 198, N 281). Zu dieser Kenntnis kann die gekündigte Partei u.a. dadurch kommen, dass die kündigende Partei ihr die Kündigungsgründe bekanntgibt. Möglich ist immerhin, dass beide Parteien die Gründe ohnehin schon kennen; dann ist eine explizite Begründung an sich nicht erforderlich (unklar, ob a.A., bei WEBER/ZIHLMANN, Basler Kommentar, N 31 zu Art. 271–271a).

112 Auf diese *pragmatische Sicht der Dinge* stützt sich die Regelung von Abs. 2 von Art. 271 ab, gemäss der eine Kündigung *nur dann begründet werden muss, wenn die gekündigte Partei das verlangt*. Art. 271 Abs. 2 schliesst die freiwillige Begründung der Kündigung, also die Kündigung ohne Begründungsbegehren der gekündigten Partei, zudem nicht aus.

113 Die *Begründung* der Kündigung ist somit *weder* aus grundsätzlichen Überlegungen heraus *noch gemäss Art. 271 Abs. 2 unabdingbare Voraussetzung der Kündigungsanfechtung* (a.A. im Grundsätzlichen BÜHRER im Amtl.Bull. SR vom 8. Juni 1988, S. 174). Sie ist ebenso *nicht massgebend für den Fristenlauf* gemäss Art. 273 Abs. 1 (vgl. BGer, in: mp 1/93, S. 29, DdB 5/95, Nr. 22; ferner, statt vieler: BARBEY, Protection, S. 200, N 289, TERCIER, S. 255, Rz. 2075; a.A. ZWICKER, a.a.O., S. 268 [irrig, wie BARBEY, Protection, a.a.O., zutreffend moniert]). Sie ist ebenfalls *nicht*

*Gültigkeitsvoraussetzung der Kündigung* selbst (BARBEY, Protection, S. 195, N 267, MENGE, S. 56 f.; vgl. dazu ebenfalls N 121 f. Vorbem. zu Art. 266–266o) – *die unbegründete Kündigung ist* grundätzlich *gültig* (so zu Recht auch BGer, in: mp 1/93, S. 29). Endlich statuiert – nach dem Gesagten einsichtigerweise – Art. 271 Abs. 2 *keine Begründungspflicht* i.e.S. (vgl. auch nachstehend N 160; gl., statt vieler: MENGE, S. 57, WEBER/ZIHLMANN, Basler Kommentar, N 32 zu Art. 271–271a; siehe aber auch N 54 zu Art. 266g).

## 2. Inhalt der Begründung

a) Eine Kündigung, die gegen Treu und Glauben verstösst, ist anfechtbar (Art. 271 Abs. 1). Das hat Folgen auf den Inhalt der Kündigungsbegründung: Die Begründung hat – wird sie nun *freiwillig abgegeben oder erst auf Verlangen hin* – stets dem **Grundsatz der Wahrheit** zu folgen. Dieser Grundsatz zieht seinerseits *drei Konsequenzen* nach sich. 114

*Erstens* müssen die in der Begründung angegebenen (Kündigungs-) *Gründe wahr sein*, d.h., sich verwirklicht haben. Unwahre Begründungen verstossen selbst schon gegen Treu und Glauben und führen im Resultat der Anfechtung zwangsläufig zur Aufhebung der Kündigung (gl. MENGE, S. 59, RONCORONI I, S. 128; richtig ist daher die Ungültigerklärung aufgrund eines Verdachtes, der nicht bewiesen werden konnte [bei MENGE, S. 64]). 115

Der Grundsatz der Wahrheit verlangt hingegen nicht, dass sogleich bei der Kündigung (vgl. dazu ebenfalls nachstehend N 126 f.) alle Gründe (im Detail) genannt werden müssen (gl. BARBEY, Protection, S. 198, N 281; vgl. aber ebenfalls DERS., Protection, S. 199, N 283). 116

Die Praxis und die Literatur lassen es zu, dass Begründungen, die sog. «heikle» Themen zum Gegenstand haben, in «abgeschwächter» Form erfolgen können (vgl. BGer, in: mp 1/93, S. 29, DdB 5/93 Nr. 22). Der SVIT-Kommentar I (N 25 zu Art. 271) hält in solch «heiklen» Fällen gar das «Nachschieben» der Begründung für zulässig. Letzterem kann dann nicht gefolgt werden, wenn damit zum Ausdruck gebracht werden soll, man könne eine objektiv unrichtige Begründung (zur Schonung der gekündigten Partei; vgl. dazu auch vorn N 73) in einem späteren Zeitpunkt durch eine Begründung ersetzen, die die Gründe nennt, die tatsächlich den Ausschlag für die Kündigung gaben (gl. z.B. MENGE, S. 58 f.; zum «Nachschieben» siehe auch N 74, N 126 f.). 117

Zulässig ist es mithin immerhin, z.B. eine Vermieterkündigung einstweilen bloss mit der Wendung «Probleme mit den Mitbewohnern» zu begründen oder mit «Lärm», selbst etwa dann, wenn der psychisch erkrankte Mieter nachts die Trommel schlägt, auf dem Balkon feuerwerkt und damit die Hausbewohner massiv stört. Die dergleichen allgemeine Grundangaben präzisierenden Beispiele dürfen auch später noch abgegeben werden (zur «Erhärtung» der allgemeinen Grundangabe; vgl. LACHAT/STOLL, S. 341; gl.M. wohl auch BARBEY, Protection, S. 198 f.). 118

119 *Zweitens* müssen die in der Begründung angeführten *Kündigungsgründe* sich *vor der Kündigung verwirklicht* haben und nicht erst nach der Kündigung (denn in letzterem Fall können sie nicht ausschlaggebend für die Kündigung gewesen sein; gl. z.B. CALAMO, S. 227, MENGE, S. 57 f.). Werden Gründe angegeben, die sich nicht vor der Kündigung verwirklicht haben, liegt wiederum grundsätzlich eine unwahre Begründung vor (und in den Konsequenzen daher im Regelfall ebenso eine treuwidrige Kündigung).

Davon zu unterscheiden sind die Fälle, in denen sich die angegebenen Gründe zwar verwirklicht haben, aber eine Kündigungsberechtigung aus ihnen nicht entstanden ist (z.B.: Es werden ein Zahlungsverzug i.S.v. Art. 257d angerufen und mangelnde Rücksichtnahme i.S.v. Art. 257f; die gesetzlichen Voraussetzungen sind beim Zahlungsverzug allesamt erfüllt, hingegen nicht [mangels Mahnung] bei der mangelnden Rücksichtnahme [et vice versa]. Die ausserordentliche Berechtigung zur Kündigung in bloss einem Fall [Verzug oder fehlende Rücksichtnahme] erweist sich hier als ausreichend; die Annahme einer Treuwidrigkeit infolge teilweise «falscher» Begründung erwiese sich als logisch fehlerhaft).

120 *Drittens* ist die kündigende Partei an die in der *Begründung aufgeführten Kündigungsgründe in der Folge gebunden* (gl. etwa BARBEY, Protection, S. 198, N 281, MENGE, S. 57 f.). Wollte sie diese Gründe in einem späteren Zeitpunkt nicht mehr gelten lassen, so läge ein venire contra dictum proprium vor, welches für sich schon die Kündigung als treuwidrig i.S.v. Art. 271 Abs. 1 erscheinen liesse (vgl. dazu vorn N 52 f., N 68).

121 Die *Bindung* der kündigenden Partei *an die in der Begründung genannten Kündigungsgründe schliesst es aber nicht zwingend aus, dass die kündigende Partei später noch weitere Gründe anführen kann* (die allerdings nicht den anfänglich genannten widersprechen dürfen; vorn N 120). Denn weder der Grundsatz der Wahrheit noch Art. 271 Abs. 2 verlangen eine lückenlose Benennung aller Kündigungsgründe (a.A. offenbar WEBER/ZIHLMANN, Basler Kommentar, N 33 zu Art. 271–271a, ohne Begründung, ferner MENGE, S. 58, unter Hinweis auf einen unveröff. BGE, BARBEY, Protection, S. 199, N 283), zumal im Zeitpunkt der Bekanntgabe der Gründe weder für die gekündigte Partei noch für Dritte kaum feststellbar sein dürfte, ob die Begründung «lückenlos» ist. Das kann sich erst weisen, wenn die kündigende Partei später weitere Gründe anführt (vgl. dazu ebenfalls nachstehend N 126 f.). Für eine solche erst *nachträgliche Preisgabe weiterer Gründe* müssen jedoch von der kündigenden Partei *räsonable Motive angeführt werden* können (wie z.B. objektive Hinderungsgründe, Fehler einer Hilfsperson [Verwalter, Rechtsvertreter], die «Schonung» der gekündigten Partei [Botsch., S. 1459]; ZMP 1/93 Nr. 10 und Nr. 11; gl. z.B. CALAMO, S. 227; zur «Schonung» vgl. ebenfalls N 73, N 117 f. ).

**b)** Aus dem Grundsatz der Wahrheit der Begründung folgt **der Grundsatz der Klarheit** der Begründung. Die Begründung muss *derart klar sein, dass die gekündigte Partei* – in Würdigung aller weiteren (ihr bekannten) Umstände (gl. BARBEY, Protection, S. 200, N 290) – als vernünftiger und korrekter Empfänger der Kündigung wissen kann (und damit auch muss), *aus welchem Grund bzw. aus welchen Gründen* ihr gekündigt wurde (ähnlich BARBEY, Protection, S. 199, N 282). Denn nur das erlaubt es ihr u.U., die Chancen erfolgreicher Anfechtung abzuschätzen (vgl. BARBEY, Protection, S.198, N 281). 122

An die Erfüllung dieses Grundsatzes sind immerhin *keine allzu hohen Anforderungen zu stellen*. Die Begründung der Kündigung nach Ablauf der Zahlungsfrist i.S.v. Art. 257d etwa mit dem Vermerk «Mietzinsausstand» ist m.E. für den Empfänger ausreichend klar, wenn zuvor in der Zahlungsfristansetzung der ausstehende Betrag korrekt wiedergegeben worden ist, selbst wenn innert dieser Frist noch (ungenügende) Nachzahlungen vorgenommen worden sind (gl.M. offenbar auch z.B. BGE 120 II 31; BARBEY, Protection, S. 198 f.; ungenügend im Lichte des Grundsatzes der Klarheit ist eine solche Begründung nur dann, wenn der Vermieter den Mietzinsausstand nie konkret bezifferte bzw. beziffern konnte [vgl. BGE 120 II 31). Genügen muss ebenso die Kündigung gestützt auf Art. 259b, die die Begründung enthält, «Mangel ist noch da», nachdem besagter Mangel unter Fristansetzung zuvor gerügt und konkret bezeichnet worden war. Genügen muss ebenfalls z.B. eine Begründung wie «neue Arbeitsstelle» oder «Eigenbedarf für meinen Sohn Paul» oder «Rückkehr meiner Tochter»; das gilt erst recht dann, wenn die gekündigte Partei weiss (weil sie sich erkundigt hat oder es ihr einmal – beiläufig – hinterbracht worden ist), dass die Tochter z.B. im Ausland weilte oder in einem Scheidungsverfahren steht (weitere Beispiele vorn in N 60 ff., N 118). 123

## 3. Form der Begründung

Die Begründung ist *vom Gesetz an keine Form gebunden*. Das gilt auch dort, wo amtlich bewilligte Kündigungsformulare Raum für eine Begründung offen lassen. Denn solchen Formularen kommt (einsichtigerweise) nicht der Rang einer bundesrechtlichen Rechtsquelle zu (vgl. N 16 ff. zu Art. 266l; gl. etwa BARBEY, Protection, S. 198, N 279). Es genügt folglich eine mündliche Begründung (gl. BARBEY, a.a.O., z.B. in der Schlichtungsverhandlung). Mit Blick auf die Folgen, die eine nicht belegbare mündliche Begründung nach sich ziehen kann (unbegründete Kündigung; nachstehend N 146 ff.), ist die Schriftform immerhin da zu empfehlen, wo die mündlich kundgegebene Begründung nicht von Dritten gehört oder protokolliert werden kann (wie z.B. in einer Verhandlung). 124

### 4. Zeitpunkt der Begründung

125 Die Begründung kann *freiwillig* abgegeben werden (BARBEY, Protection, S. 199, N 286) und muss daher grundsätzlich nicht in einem bestimmten Zeitpunkt erfolgen (zur Begründung auf Verlangen der gekündigten Partei nachstehend N 129 ff.). Sie kann zusammen mit der Kündigung abgegeben werden (was zu empfehlen ist), nach der Kündigung oder erst später (z.B. im Schlichtungsverfahren; vgl. auch BGer in: mp 1/93, S. 29 [entspricht DdB 5/93 Nr. 22]). Sie kann auch erst abgegeben werden, wenn die Anfechtungsfrist gemäss Art. 273 Abs. 1 (unbenutzt) abgelaufen ist.

126 Zulässig ist es sogar, die Begründung *erst im gerichtlichen Verfahren abzugeben* («nachzuschieben»), wenn triftige Gründe (sog. delikate psychologische [z.B. Scheidung der Ehe der Tochter; vorn N 121] oder gar ehrenrührige Kündigungsgründe, aber auch eine fehlerhafte Vorladung zur Schlichtungsverhandlung [N 137]) das objektiv angezeigt scheinen lassen (BGer, in: mp 1/93, a.a.O., unter Hinweis auf SVIT-Kommentar I, N 25 zu Art. 271; gl. ferner z.B. BARBEY, Protection, S. 200, N 290; vgl. ebenfalls N 137 f., N 150 ff.).

127 Dabei setzen die Normen des kantonalen Prozessrechts, die regeln, bis zu welchem Stadium im erstinstanzlichen Verfahren Tatsachenbehauptungen vorgebracht werden können, die letzte Schranke in zeitlicher Hinsicht (unklar, ob a.A., bei BGer, in: mp 1/93, S. 28 ff. [DdB 5/93 Nr. 22]; gl.M. offenbar BGer, in: ZMP 2/95 Nr. 23, sowie LACHAT/STOLL, S. 341). Denn die Gründe zur Kündigung müssen im Zeitpunkt deren Aussprache bestanden haben (und sind sog. unechte Noven), und es besteht von daher wie auch im Lichte des Art. 271 Abs. 2 kein Anlass, Begründungen z.B. erst in einem Rechtsmittelverfahren entgegenzunehmen. Die Durchsetzung des Bundesrechts wird – nimmt man, wie es das BGer (in: mp 1/93, S. 30 [DdB 5/93 Nr. 22]) formuliert, Art. 271 Abs. 2 ernst – dadurch gerade nicht behindert. Im Gegenteil: Dort, wo die gekündigte Partei eine Begründung der Kündigung verlangt hat, muss im Lichte von Art. 271 Abs. 2 das einstweilige Ausbleiben der Begründung (von dem die Verweigerung zu unterscheiden ist; nachfolgend N 146, N 153 ff.) in jedem Fall befremden (dazu grundsätzlich nachstehend N 149).

## II. Die «Begründungspflicht» gemäss Abs. 2

### 1. Allgemeines

128 Abs. 2 von Art. 271 hält die kündigende Partei an, die Kündigung auf Verlangen der Gegenpartei zu begründen. Die Norm spricht sich *nicht darüber aus*, wie dieses Verlangen auszusehen hat (nachfolgend N 133 f.), wann

es gestellt werden muss (nachfolgend N 135) und in welcher Frist dem Verlangen entsprochen werden kann, soll oder muss (nachfolgend N 140 ff.).

## 2. Verlangen der gekündigten Partei

a) Das Verlangen um Begründung i.S.v. Art. 271 Abs. 2 knüpft an *drei* **Voraussetzungen** an. *Erstens* muss eine Kündigung (dazu auch nachstehend N 131) der Partei vorliegen, von der Begründung verlangt wird. *Zweitens* muss das Verlangen von der gekündigten Vertragspartei oder deren Ehegatten (im Fall der Familienwohnung) oder deren Vertreter (gewillkürter oder gesetzlicher) gestellt werden (gl. BARBEY, Protection, S. 196). *Drittens* muss das Verlangen um Begründung an die kündigende Partei oder deren Vertreter gerichtet sein (gl. BARBEY, Protection, S. 196 f.). Wer Vertreter einer der Parteien ist, bzw. als solcher betrachtet werden darf, beurteilt sich nach den Regeln der gewillkürten bzw. gesetzlichen Stellvertretung (vgl. z.B. [analog] SJZ 1994, S. 290 [DdB 7/95 Nr. 34]: wirkungslose Kündigung an Mündel [statt an Vormund]). 129

Kein Verlangen i.S.v. Art. 271 Abs. 2, welches allfällige Wirkungen zu erzeugen vermöchte, liegt demnach dann vor, wenn es nicht von der Gegenpartei, deren Ehegatten oder Vertreter ausgeht, sondern von einem Dritten, bzw. wenn es nicht an die kündigende Partei bzw. deren Vertreter gerichtet ist, sondern an einen Dritten. 130

Unerheblich ist es demgegenüber, ob die Kündigung, die zum Verlangen um Begründung Anlass gegeben hat, formgültig erfolgte, bzw. wirksam ist (vgl. dazu auch N 54 zu Art. 266g). Das Verlangen, die Gründe der Kündigung zu erfahren, ist ein *reines Auskunftsbegehren* und stellt daher nie eine Anerkennung der möglicherweise unwirksamen Kündigung (bei fehlender Kündigungsberechtigung) dar. Denn die Unwirksamkeit der Kündigung kann sich u.U. erst aus deren Begründung ergeben (z.B. bei Kündigungsberechtigungen, die im Vertrag oder in autonomem Recht umschrieben sind; vgl. N 57 f. und N 65 ff. Vorbem. zu Art. 266–266o). Auch vermag ein Auskunftsbegehren einsichtigerweise Formfehler der Kündigung nicht zu heilen (vgl. dazu N 120 Vorbem. zu Art. 266–266o). 131

Das Verlangen nach Begründung kann auch dann kundgetan werden, wenn die Kündigung bereits begründet worden ist (vgl. dazu auch N 125 f.). Es kann niemandem verwehrt sein, mehr wissen zu wollen, als ihm bis anhin mitgeteilt wurde (wie man – realistisch betrachtet – in gesitteten Verhältnissen auch niemanden zwingen kann, mehr zu sagen, als er will). Die Verweigerung weiterer Begründung auf ein derartiges Verlangen bleibt dann folgenlos, wenn später keine weiteren Gründe angerufen («nachgeschoben») werden (dazu nachstehend N 150 ff.) oder das Verlangen objektiv als schikanös erscheinen muss, weil die gekündigte Partei genau um die Gründe der Kündigung weiss (BARBEY, Protection, S. 200, N 290). 132

133 b) Das Verlangen der gekündigten Partei um Begründung der Kündigung ist vom Gesetz an keine **Form** gebunden und auch bloss mündlich möglich (statt vieler: TERCIER, S. 255, Rz. 2074, MENGE, S. 57). Unter dem Blickwinkel des Art. 271 Abs. 2 erschöpft es sich in einer *empfangsbedürftigen Erklärung* zuhanden der kündigenden Partei, des – für die kündigende Partei im Lichte des Vertrauensprinzips auch bloss sinngemäss erkennbaren – minimalen **Inhaltes,** man wünsche zu erfahren, weshalb gekündigt worden ist.

134 Wie bei jeder empfangsbedürftigen Erklärung trägt auch hier die gekündigte Partei als Erklärende das Risiko dafür, dass die Erklärung in den *Zugriffsbereich der Gegenpartei gelangt*. Ist die Erklärung im Zugriffsbereich eingetroffen (wofür die Beweislast bei der gekündigten Partei liegt), spielt es hingegen für die gekündigte Partei keine Rolle, ob das Verlangen von der Gegenpartei zur Kenntnis genommen wird. Ebensowenig hat sie Zustellungsvereitelungen zu vertreten (vgl. dazu die auch hier grundsätzlich geltenden Ausführungen zur Empfangsbedürftigkeit einer Erklärung in N 37 ff. Vorbem. zu Art. 266–266o). Eine erst *im Schlichtungsverfahren* abgegebene Erklärung um Begründung (nachstehend N 136) ist – unter dem Vorbehalt der ordnungsgemässen Vorladung der kündigenden Partei – einsichtigerweise im Zugriffsbereich des Empfängers abgegeben worden.

135 c) Die Begründung muss nicht in einem bestimmten **Zeitpunkt** verlangt werden. Sie kann – folgt man dem Zweck, den die Norm im Blick hat (dazu vorn N 111) – *frühestens* nach Aussprache der Kündigung verlangt werden (und nicht erst mit deren Empfang, da die gekündigte Partei auch anderweitig von der Kündigung Kenntnis erhalten haben kann; gl. BARBEY, Protection, S. 197, N 276). Die *Anfechtungsklage* bei der Schlichtungsbehörde gemäss Art. 273 Abs. 1 *selbst enthält stets ein (wenigstens sinngemässes) Verlangen um Begründung* (was nur dann wesentlich ist, wenn zuvor ein solches noch nicht gestellt worden ist; gl. WEBER/ZIHLMANN, Basler Kommentar, N 31 zu Art. 271–271a); es kann daher die Begründung der Kündigung auch erst mit bzw. in der Einleitung des Schlichtungsverfahrens verlangt werden. Die Frage nach einem *möglichen späteren Zeitpunkt* kann aus demselben Grund – wer anficht, verlangt damit zugleich stets auch die Begründung – an sich für den Regelfall unterbleiben.

136 Wer die Begründung erst mit der Einleitung des Schlichtungsverfahrens verlangt, nachdem ihm die Gründe von der kündigenden Partei nicht freiwillig mitgeteilt worden waren, hat das Verfahren selbst dann, wenn die (Kündigungs-)Gründe nicht treuwidrig sind, im Regelfall nicht mutwillig i.S.v. Art. 274d Abs. 2 veranlasst (vgl. ebenfalls vorn N 134 und nachfolgend N 138).

137 BARBEY (Protection, a.a.O.) lässt ein Verlangen um Begründung auch noch *im gerichtlichen Verfahren gemäss Art. 274f Abs. 1 zu,* sofern die kündigende Partei dem Schlichtungsverfahren ferngeblieben ist. Das kann nach dem bislang Ausgeführten (Verlangen um Begründung als empfangsbedürftige Erklärung, die mit dem Anfechtungsbegehren zwangsläufig abge-

geben wurde) nur dann überhaupt Sinn machen, wenn das Ausbleiben der kündigenden Partei die Folge einer nicht ordnungsgemässen Vorladung zur Schlichtungsverhandlung war (vorn N 126, N 134), das Verlangen um Begründung m.a.W. aus Gründen, die die gekündigte Partei nicht zu vertreten hat, nicht in den Empfangsbereich der kündigenden Partei gelangt ist.

Das Verlangen um Begründung kann grundsätzlich selbst *nach dem unbenützten Ablauf der Anfechtungsfrist* gestellt werden (vorn N 135). Mit Blick auf den gesetzlichen Zweck von Art. 271 Abs. 2 (vorn N 111) kann das Unterlassen der Beantwortung jedoch in diesem Fall für die kündigende Partei keine nachteiligen Folgen nach sich ziehen. 138

### 3. Die Begründung der Kündigung nach dem Verlangen der gekündigten Partei im besonderen

a) Zum **Inhalt und** zur **Form** der Begründung der Kündigung nach dem Verlangen des Mieters i.S.v. Art. 271 Abs. 2 kann auf das in N 114 ff., N 124 Ausgeführte verwiesen werden. 139

b) Was den **Zeitpunkt** betrifft, in dem die Begründung auf Verlangen hin abzugeben ist, kann grundsätzlich auf das in N 125 ff. Dargestellte verwiesen werden. Anzufügen bleibt, dass das Gesetz *keine Fristen* kennt, innert denen eine Begründung abzuliefern wäre. Das ist insoweit konsequent, weil es auch die begründungslose Kündigung als grundsätzlich gültig zulässt (gl.M. mutmasslich z.B. MENGE, S. 59, der sich mit dieser Frage jedoch nicht näher befasst). Von der gekündigten Partei der kündigenden Partei zur Begründung angesetzte Fristen zur Begründung bleiben daher ebenfalls grundsätzlich unbeachtlich, ausser sie bewegten sich im Rahmen des objektiv Zumutbaren (vgl. dazu nachstehend N 141 ff.). Art. 271 Abs. 2 statuiert immerhin, dass auf Verlangen eine Begründung geliefert werden müsse, was im Lichte des Zweckes dieser Norm (vorn N 111) zu indizieren scheint, eine Begründung sei *innert angemessener Frist nach Eingang des Verlangens abzugeben* (ähnlich BARBEY, Protection, S. 199, N 285), ansonsten sie verspätet erscheint (vgl. dazu im einzelnen nachfolgend N 146 ff.). 140

Was eine angemessene Frist ist, muss sich vorrangig nach *dem Zeitpunkt beurteilen, in dem das Verlangen um Begründung der kündigenden Partei zugegangen ist* (gl.M. offenbar auch BARBEY, Protection, a.a.O.). 141

142 – Liegt dieser *Zeitpunkt vor dem Ablauf der Anfechtungsfrist gemäss Art. 273 Abs. 1*, so sollte die Begründung auch noch vor dem Ablauf der Anfechtungsfrist erstattet werden, sofern der kündigenden Partei hierfür überhaupt noch ausreichend Zeit zur Verfügung steht. *Ausreichend für die Abfassung einer Begründung* (mit allfälliger Beratung) sind im Regelfall wohl fünf Werktage, was unter Berücksichtigung allfälliger postalischer Verzögerungen eine Frist von zehn Tagen ab Eingang des Verlangens bei der kündigenden Partei als angemessen erscheinen lässt.

143 – Steht der kündigenden Partei ab dem Zeitpunkt des Einganges des Verlangens in ihrem Zugriffsbereich *nicht mehr ausreichend Zeit zur Verfügung, das Verlangen vor Ablauf der Anfechtungsfrist zu beantworten* (vorn N 142), *oder wird das Verlangen erst mit der Anfechtung der Kündigung gestellt*, genügt die Abgabe der Begründung erst in der Schlichtungsverhandlung, denn deren Zweck liegt ja gerade darin, über die Kündigung zu befinden (unklar, ob a.A., BARBEY, Protection, S. 199, N 285). Besondere Eile von der kündigenden Partei zu verlangen (analog zu dem in N 142 Ausgeführten, was zur Abgabe der Begründung noch vor der Verhandlung führen müsste), scheint in diesen Fällen, in denen ebenfalls die gekündigte Partei Zeit verstreichen liess, nicht geboten.

144 – Geht das Begehren um Begründung erst nach der Schlichtungsverhandlung bei der kündigenden Partei ein (vgl. vorn N 133 f.; z.B. falsche Vorladung [vorn N 137] usw.), genügt gar die Begründung im gerichtlichen Verfahren (gl. BARBEY, Protection, S. 199, N 285).

145 Nicht schaden (i.S. mutwilliger Prozessführung gemäss Art. 274d Abs. 2) kann es in jedem Fall, wenn die Gründe trotz Verlangen der gekündigten Partei z.B. erst im Schlichtungsverfahren dargelegt werden (und sich erst noch als treuwidrig erweisen). Denn anders als über ein Schlichtungsverfahren kann die Ungültigerklärung der Kündigung gemäss den gesetzgeberischen Intentionen nicht bewirkt werden. Mutwillige Prozessführung kann daher höchstens dann angenommen werden, wenn die Begründung der Kündigung im Schlichtungsverfahren gerade nichts Treuwidriges ergibt. Mutwille kann aber auch in diesem Fall begründeterweise nur dann angenommen werden, wenn mit Sicherheit feststeht, dass die gekündigte Partei bei Kenntnis der Begründung auf eine Anfechtungsklage verzichtet hätte (undifferenziert a.A. z.B. LACHAT/STOLL, S. 341).

146 c) Das **Ausbleiben der Begründung** ist nach dem, was zum Zeitpunkt, in dem sie erbracht werden kann, ausgeführt worden ist (vorn N 140 ff.), differenziert zu betrachten. Zu unterscheiden ist zwischen der *verzögerten*, bzw. insoweit verspäteten, *Begründung* (dem einstweiligen Ausbleiben der Begründung also) einerseits (nachfolgend N 147 ff.), welche verschiedene Ursachen haben kann, und der *Verweigerung der Begründung* (die ein definitives Ausbleiben darstellt) anderseits (nachstehend N 155 ff.).

aa) Eine Begründung der Kündigung nach dem Verlangen der gekündigten Partei kann aus verschiedenen Gründen ausbleiben (kein Zugang des Verlangens der gekündigten Partei bei der kündigenden Partei, Krankheit, Abwesenheit usw.). Wird sie nicht innert angemessener Frist (vorn N 141 ff.) abgegeben, aber noch in dem Zeitraum, in dem Begründungen grundsätzlich abgegeben werden können (also z.B. erst in der Schlichtungsverhandlung; vgl. auch vorn N 137, N 143 f.), ist die **Begründung** nur einstweilen ausgeblieben, m.a.W. **verzögert abgegeben** worden. 147

Verzögert in diesem Sinn ist daher z.B. auch die Begründung anlässlich der Schlichtungsverhandlung oder vor Gericht, wenn auf das Verlangen der gekündigten Partei erklärt wird, man behalte sich die Begründung für das Verfahren vor. 148

Die verzögerte Abgabe der Begründung *kann* ein Indiz für die Treuwidrigkeit der Kündigung sein, belegt diese aber allein noch nicht (im Resultat gleich das BGer, in: mp 1/93, S. 30 [vgl. auch DdB 5/93 Nr. 22]; statt vieler ferner: BARBEY, Protection, S. 200, N 290, LACHAT/STOLL, S. 341, ZIHLMANN, Basler Kommentar, N 8 zu Art. 271, ZIHLMANN II, S. 207–210; vgl. auch Amtl.Bull. NR vom 16. März 1989, S. 534 [Votum GUINAND]; unklar, ob a.A., bei MENGE, S. 59 f.). Denn es können im Einzelfall durchaus Gründe bzw. Umstände vorliegen, welche sowohl die Verzögerung der Begründung erklären, als auch die Annahme einer Treuwidrigkeit der Kündigung infolge der Verzögerung ausschliessen (wie Hinderung der kündigenden Partei durch Krankheit, Abwesenheit; die Begründung wurde bereits mündlich abgegeben; die Kündigungsgründe sind sog. «heikel» oder delikat [vorn N 73, N 117]). Solche Gründe sind notfalls auf ihre Stichhaltigkeit hin abzuklären (BARBEY, Protection, S. 200, N 290 [in Zusammenhang mit delikaten Kündigungsgründen]; gl. BGer, in: mp 1/93, S. 28 ff. [DdB 5/93 Nr. 22]). Die Abklärung setzt immerhin die Behauptung von derartigen Gründen bzw. Umständen durch die kündigende Partei voraus (vgl. ZMP 1/93 Nr. 10 f.; gl.M. z.B. CALAMO, S. 227). 149

Einen *Sonderfall verzögert abgegebener Begründung bildet das sog. «Nachschieben»* von Kündigungsgründen. Das «Nachschieben» setzt voraus, dass bereits einmal eine Begründung abgegeben worden ist (vgl. vorn N 126, N 132). Sind hingegen trotz eines entsprechenden Verlangens keine Gründe offengelegt worden, kann von einem «Nachschieben» nicht mehr die Rede sein. 150

Angesichts der im allgemeinen unklaren Verwendung des *Begriffes des «Nachschiebens»* scheint es angebracht, *Differenzierungen in drei Richtungen* vorzunehmen: 151

– Soweit das «Nachschieben» in einer *Präzisierung bloss allgemein gehaltener Begründungen* liegt (z.B. «wiederholter Verstoss gegen die Hausordnung»; z.B. «Belästigung der Mitmieter»; z.B. «Eigenbedarf für mich»), ist es unbedenklich. Die Grundsätze der Wahrheit und der Klarheit (vorn N 115 ff., N 122 f.) verlangen nicht die minuziöse Dar- 152 stellungen von Vorfällen, Sachverhalten usw., die der gekündigten Partei im Regelfall ohnedies bekannt sind (und von ihr u.U. nur anders gewichtet werden) oder von ihr direkt nicht ohne weiteres überprüft werden können (z.B. «Eigenbedarf für meinen Sohn Paul»).

153 – Werden zu den bereits kundgegebenen Gründen (z.B. Zahlungsverzug) *weitere Gründe angeführt*, so gilt für sie grundsätzlich das in N 121 Ausgeführte. Das «Nachschieben» in sog. «psychologisch heiklen» Fällen erscheint insoweit u.U. noch zulässig (vgl. vorn N 117 f., mit Verweisen). Kein «Nachschieben» von Gründen ist hingegen nötig, wenn der *kundgegebene Grund nach der Kündigung dahingefallen ist* (z.B. «Eigenbedarf für meinen Sohn Paul», der nach der Kündigung tödlich verunfallt; vgl. CALAMO, S. 227). Denn wenn dieser Grund im Zeitpunkt der Kündigung bestanden hat und damals nicht treuwidrig war, kann die Kündigung nicht treuwidrig gewesen sein und folglich auch nicht nachträglich noch werden (a.A. offenbar CALAMO, a.a.O. [sic!]). Das Dahinfallen des Grundes ist hingegen bei Vermieterkündigungen im Rahmen einer Erstreckung massgebend (vgl. LACHAT/STOLL, S. 341).

154 – Grundsätzlich unzulässig ist das *«Nachschieben» von Gründen, die an die Stelle der früher angeführten Gründe treten sollen («Nachschieben» i.e.S.)*. Die sich aus dem Vertrauensprinzip ergebende Bindung an die einmal kundgegebene Begründung lässt diese Art des «Nachschiebens» im Regelfall als widersprüchliches und damit treuwidriges Kündigungsverhalten erscheinen (vgl. vorn N 120 f.). Das gilt nur dort nicht, wo die anfängliche *Begründung irrtümlich* erklärt wurde (Verwechslung usw.). Den Irrtum hat die kündigende Partei von sich aus darzulegen und notfalls zu beweisen.

155 **bb)** Bleibt die *Begründung* nicht nur einstweilen aus, sondern wird sie *ausdrücklich* (und vorbehaltlos; vorn N 115 f. und nachstehend N 159) *verweigert*, hat die Kündigung demgegenüber stets als unbegründet zu gelten, ohne dass im Streitfall noch weitere Abklärungen seitens der Schlichtungsbehörde oder des Richters erforderlich wären (unklar, ob. a.A., BGer, in: mp 1/93, S. 31 [E. 4], und in BGE 120 II 111, DdB 5/93 Nr. 22 [E. 4]; das Erfordernis der Ausdrücklichkeit erweist sich als notwendig, weil blosses Schweigen auf ein Verlangen nach dem vorhin in N 147 ff. Dargelegten nicht zwangsläufig als Verweigerung aufgefasst werden kann).

156 Wird eine solchermassen unbegründete Kündigung angefochten, kann das zu deren Aufhebung führen, weil letztlich im Verhalten der gekündigten Partei ein starkes Indiz dafür gesehen werden muss, dass es dieser Partei an einem rechtlich schützenswerten Interesse zur Ausübung des – an sich bestehenden – Kündigungsrechts fehlt (ähnlich z.B. LACHAT/STOLL, S. 341). Immerhin kann die Verweigerung der Begründung für die gekündigte Partei auch im Anfechtungsfall folgenlos bleiben, beispielsweise dann, wenn die gekündigte Partei selbst die Treuwidrigkeit der Kündigung aus einem (völlig anderen) Sachverhalt herleitet, der unbewiesen bleibt (gl.M. offenbar z.B. auch LACHAT/STOLL, S. 341 [«Verweigert der Vermieter eine Begründung, ist zumindest anzunehmen, dass kein schützenswertes Interesse einer Erstreckung des Mietverhältnisses entgegensteht»], sowie BARBEY, Protection, S. 175, N 202 [«celui-ci» – die gekündigte Partei – «doit notamment spéci-

fier les faits en vertu desquels le congé heurtait la bonne foi»], mit Verweisen).

Vor dem Hintergrund des Art. 271 Abs. 2 kann es im übrigen – trotz Art. 274d Abs. 3 – nie Sache der Schlichtungsbehörde oder des Richters sein, in solchen Fällen von sich aus nach Kündigungsgründen zu forschen (siehe auch N 132; unklar, ob a.A., z.B. bei TRACHSEL, S. 226: «Es gilt die Offizialmaxime ... den Sachverhalt von Amtes wegen feststellen»; unklar, ob a.A., BARBEY, S. 210 f. [unter Hinweis auf BGE 107 II 236]; unklar, ob a.A., endlich bei mp 1/93, S. 31 [E. 4], mp 3/95, S. 154 [= BGE 120 II 111], DdB 5/93 Nr. 22 [E. 4]). 157

Auf den *Zeitpunkt der ausdrücklichen Verweigerung* kommt es grundsätzlich nicht an. Wer sich (ausdrücklich) weigert, Gründe überhaupt darzulegen, gibt eine Erklärung ab, an die er gemäss Vertrauensprinzip insoweit gebunden ist, wie die nachträgliche Bekanntgabe von Gründen als widersprüchliches Kündigungsverhalten erscheinen muss (vgl. vorn N 73; vgl. auch N 54 zu Art. 266g). 158

Das Gesagte kann da nicht gelten, wo die Verweigerung mit einem im Lichte des Vertrauensprinzips *sachlich nachvollziehbaren Vorbehalt verknüpft ist* (vgl. vorn N 155), die Begründung in einem späteren Zeitpunkt zu liefern (z.B. in einer Woche [wegen Abwesenheit usw.], z.B. erst im Schlichtungsverfahren [weil die Parteien massiv zerstritten sind oder sog. «heikle» Gründe vorliegen]; so etwa ZMP 1/93 Nr. 10 f.; CALAMO, S. 227). 159

d) Art. 271 Abs. 2 statuiert nach den in der Literatur zu findenden Auffassungen eine Begründungs*pflicht* (z.B. LACHAT/STOLL, S. 341; ähnlich ZIHLMANN II, S. 207 [«Begründungspflicht auf Verlangen»]). Richtig betrachtet setzt die Norm allerdings *keine Pflicht i.e.S., die eigenständig klageweise durchgesetzt werden könnte* (gl. BGer, in: mp 1/93, S. 28 ff. [DdB 5/93 Nr. 22]: ohne nähere dogmatische Begründung spricht das BGer dennoch von einer Pflicht [a.a.O., S. 30]; in mp 3/95, S. 154 [Übersetzung von BGE 120 II 111], scheint das BGer sogar – irrigerweise – eine «Editionspflicht» statuieren zu wollen, deren Missachtung es allerdings in der blossen Beweislosigkeit erschöpfen lässt, was der Annahme einer Pflicht zuwiderläuft). *Die «Begründungspflicht» des Art. 271 Abs. 2 verfolgt vielmehr den Zweck, der gekündigten Partei nicht bloss die Chancen erfolgreicher Anfechtung abzuschätzen zu helfen, sondern ebenso für ein allfälliges Verfahren die massgebenden Tatsachen offen zu legen* (vgl. BARBEY, Protection, S. 198, N 281, LACHAT/STOLL, S. 341; vgl. auch N 54 zu Art. 266g) und die Beweisführung im Einzelfall zu erleichtern (vgl. auch Art. 274d Abs. 3). Wer der «Pflicht» des Art. 271 Abs. 2 nicht nachkommt, läuft denn auch regelmässig Gefahr, dass seine Kündigung als treuwidrig betrachtet werden muss (vorn N 149, N 154, N 156 ff.; gl. BGer, in: mp 3/95, S. 154 [= BGE 120 II 111]). Das alles charakterisiert die sog. «Pflicht» letztlich als schlichte **Obliegenheit** (gl. z.B. WEBER/ZIHLMANN, Basler Kommentar, N 32 zu Art. 271–271a; ähnlich ferner LACHAT/STOLL, S. 341, RONCORONI, La 160 protection contre les congés, in: 6[ème] séminaire sur le droit du bail, Neuchâtel 1990, S. 9).

# D. Beweislast

161 *Fragen zur Beweislast stellen sich in Zusammenhang mit der Anfechtung einer Kündigung i.S.v. Art. 271 Abs. 1* (und damit grundsätzlich auch von Art. 271a, vorn N 10; Genaueres zur Beweislast in den von Art. 271a geregelten Einzelfällen siehe in den entsprechenden Ausführungen zu Art. 271a) *im wesentlichen unter zwei Gesichtspunkten, die strikt voneinander zu trennen sind:*

- Einerseits ist die Beweislast für Tatsachenbehauptungen unter dem Gesichtspunkt der Rechtsfrage der *Gültigkeit der Kündigung* zu prüfen (vgl. N 162 ff.),
- anderseits für Tatsachenbehauptungen unter dem Gesichtspunkt der Rechtsfrage der *Treuwidrigkeit der Kündigung* (N 165 ff.; undifferenziert a.A. hierin etwa WEBER/ZIHLMANN, Basler Kommentar, N 30 zu Art. 271–271a).

## I. Grundsätze

162 Den *Nachweis* der Tatsachen, die die Gültigkeit der Kündigung belegen (welche Voraussetzung der Anfechtbarkeit ist; vorn N 36), hat stets die *kündigende Partei* zu erbringen (vgl. auch KUMMER, N 162 zu Art. 8 ZGB). Die kündigende Partei trägt mit m.a.W. die Beweislast für alle (strittigen oder von Amtes wegen zum Beweis verstellten) Tatsachen, deren Verwirklichung nötig ist, damit von einer gültigen Kündigung ausgegangen werden kann; insbesondere hat die kündigende Partei den Beweis dafür zu erbringen, dass die Kündigung formgültig in den Zugriffsbereich der Gegenpartei gelangt ist (vgl. dazu N 42 Vorbem. zu Art. 266–266o, N 22, N 35 zu Art. 266m–266n) und dass ihr die Kündigungsberechtigung (aus Vertrag [ordentliche Kündigungsberechtigung] oder Gesetz [z.B. im Fall des Art. 257d, des Art. 257f oder des Art. 258b]) zusteht.

Die kündigende Partei hat überdies die Verwirklichung der von ihr freiwillig oder auf Verlangen der gekündigten Partei angegebenen Kündigungsgründe zu beweisen, sofern die Verwirklichung dieser Gründe überhaupt strittig ist (gl.M. offenbar BGE 120 II 105, ferner etwa ZIHLMANN I, S. 191, WEBER/ZIHLMANN, Basler Kommentar, N 30 zu Art. 271–271a; unklar, ob a.A., z.B. bei PREROST/THANEI, S. 137). 163

Ferner hat die kündigende Partei, gründet die Kündigung auf dem Eintritt einer Bedingung (vgl. auch N 36 und N 44 zu Art. 255 sowie den Text von Art. 272a Abs. 1), den Eintritt der Bedingung nachzuweisen. A.A. zur Qualifikation bedingter Mietverhältnisse (befristete Mietverhältnisse) BGE 121 III 260 (= mp 2/96, S. 59 ff.) und die h.L. 164

Demgegenüber trägt die *gekündigte Partei* grundsätzlich die *Last des Beweises für die strittigen Tatsachen*, aus denen sich nach ihrer Sachdarstellung *die Treuwidrigkeit* der an sich gültigen Kündigung ergeben soll (h.L., z.B. BARBEY, Protection, S. 175, N 202, RONCORONI I, a.a.O., S. 132, ZWICKER, a.a.O., 268; vgl. auch KUMMER, N 177 zu Art. 8 ZGB; a.A. WEBER/ZIHLMANN, Basler Kommentar, N 30 zu Art. 271–271a [singulär]). Das setzt zudem voraus, dass die gekündigte Partei die Tatsachen, aus denen sich eine Treuwidrigkeit ergeben soll, substantiiert vorbringt (gl. BARBEY, Protection, a.a.O.). Denn eine formgerechte Kündigung, zu der die kündigende Partei aufgrund des Gesetzes bzw. Vertrages berechtigt war, ist grundsätzlich gültig, selbst wenn sie unbegründet geblieben ist (die Unterlassung der Begründung nach dem Verlangen der Gegenpartei indiziert lediglich eine treuwidrige Kündigung; vgl. vorn N 146 ff., N 160). 165

Die gekündigte Partei trägt allerdings in der Praxis die Last des Beweises regelmässig nur dann, wenn sich eine Treuwidrigkeit der Kündigung nicht bereits aus der – unbestritten gebliebenen oder bewiesenen – Sachdarstellung der kündigenden Partei selbst ergibt (ähnlich RONCORONI I, a.a.O., S. 132). Zum Fall, in dem die kündigende Partei jegliche Begründung der Kündigung verweigert, vgl. vorn N 160. 166

Die Beweislast fällt somit an die gekündigte Partei, wenn sie etwa geltend macht, der erwiesene Kündigungsgrund (z.B. Zahlungsverzug) sei bloss vorgeschoben (vgl. LACHAT/STOLL, S. 342) oder der wahre Grund der Kündigung liege in sachlichen Differenzen der Parteien, die die kündigende Partei vertragswidrig zu vertreten habe, oder er liege in «Rache» usw. Wird die Treuwidrigkeit der Kündigung z.B. aus einer verzögerten Begründung hergeleitet (vorn N 147 ff.), so liegt die Beweislast bei der gekündigten Partei z.B für die Behauptung, wann sie ein Verlangen um Begründung gestellt hat und dass und wann dieses Verlangen bei der Gegenpartei eingegangen ist (vgl. dazu auch vorn N 134). 167

A.A. im Grundsätzlichen WEBER/ZIHLMANN, Basler Kommentar, N 30 zu Art. 271–271a, die der gekündigten Partei lediglich den Gegenbeweis zum Hauptbeweis der kündigenden Partei über die Kündigungsberechtigung usw. zubilligen wollen, weil es der kündigenden Partei obliege, den «Kündigungsgrund» nachzuweisen. Diese Auffassung vermischt im Begriff 168 des «Kündigungsgrundes» den generellen Beendigungsgrund (die vertragliche oder gesetzliche Kündigungsberechtigung) mit dem konkreten Anlass der auf einem generellen Beendigungsgrund beruhenden Rechtsausübung (Kündigung[-sausssprache]). Würde sie zutreffen, müsste die kündigende Partei letztlich stets den Beweis für alle Tatsachen erbringen, aus denen herzuleiten ist, dass die Kündigung, zu der sie ja bei gegebener Kündigungsberechtigung (z.B. Zahlungsverzug, z.B. schwer mangelhafte Mietsache, z.B. vertragliche Kündigungsklausel) grundsätzlich berechtigt ist, überdies nicht treuwidrig, sondern gerechtfertigt ist. Das ist mit dem Konzept der Anfechtbarkeit der Kündigung (vgl. N 60 ff., [insbes. N 61, N 63 und N 66] Vorbem. zu Art. 271–273c) nicht vereinbar und wird daher von der h.L. und Praxis zu Recht abgelehnt.

## II. Beweislastumkehr

169 Hängt die Gültigkeit der Kündigung (die Kündigungsberechtigung) u.a. vom Nichteintritt einer Bedingung ab (siehe auch vorn N 164), so kehrt die Beweislast: Nicht die kündigende Partei hat den Nichteintritt zu beweisen, sondern die gekündigte Partei den Eintritt (vgl. KUMMER, N 200 zu Art. 8 ZGB).

170 Bei sog. negativen Tatsachen, die zu beweisen sind, wird die Beweislast nicht ohne weiteres umgekehrt (vgl. KUMMER, N 194 zu Art. 8 ZGB). Die Beweislastumkehr ist immerhin dort gerechtfertigt, wo rechtsgeschäftliche Abreden (Mietvertragsbestimmungen wie Nebenabreden) ein solches Negativum für erheblich erklären (KUMMER, N 200 f. zu Art. 8 ZGB) und/oder der nicht beweisbelasteten Partei der Beweis des klar behaupteten Gegenteiles im Lichte der allgemeinen Lebenserfahrung geradezu ein leichtes sein muss.

171 Unbestimmt *behauptete* Negativa schliessen demgegenüber eine Beweislastumkehr stets aus, ausser es kann eine bestimmte Behauptung des Negativums objektiv nicht erbracht werden. In diesem letzten Fall geht die Beweislast auf die Partei über, der es zumutbar (d.h. ein leichtes) ist, das Gegenteil zu beweisen.

## III. Beweislast und Amtsprüfung

172 Die von Art. 274d Abs. 3 im mietrechtlichen Verfahren vorgeschriebene (soziale) Untersuchungsmaxime (Amtsprüfung des erkennbar unvollständig dargelegten Sachverhaltes und nicht «Offizialmaxime»; vgl. z.B. BGer in ZMP 2/95 Nr. 23 bzw. Nr. 21 [E. 4a, mit Verweisen]) hebt die Beweislast und deren Folgen nicht auf. Sie ändert daher auch nichts an der Beweislastverteilung. Sie erlaubt lediglich dem Gericht, von sich aus Beweismittel zu erheben, d.h. auch ohne Antrag der beweisbelasteten Partei (Weiteres dazu in den Ausführungen zu Art. 274d).

# Art. 271a

II. Kündigung durch den Vermieter

[1] Die Kündigung durch den Vermieter ist insbesondere anfechtbar, wenn sie ausgesprochen wird:

a. weil der Mieter nach Treu und Glauben Ansprüche aus dem Mietverhältnis geltend macht;
b. weil der Vermieter eine einseitige Vertragsänderung zu Lasten des Mieters oder eine Mietzinsanpassung durchsetzen will;
c. allein um den Mieter zum Erwerb der gemieteten Wohnung zu veranlassen;
d. während eines mit dem Mietverhältnis zusammenhängenden Schlichtungs- oder Gerichtsverfahrens, ausser wenn der Mieter das Verfahren missbräuchlich eingeleitet hat;
e. vor Ablauf von drei Jahren nach Abschluss eines mit dem Mietverhältnis zusammenhängenden Schlichtungs- oder Gerichtsverfahrens, in dem der Vermieter:
   1. zu einem erheblichen Teil unterlegen ist;
   2. seine Forderung oder Klage zurückgezogen oder erheblich eingeschränkt hat;
   3. auf die Anrufung des Richters verzichtet hat;
   4. mit dem Mieter einen Vergleich geschlossen oder sich sonstwie geeinigt hat;
f. wegen Änderungen in der familiären Situation des Mieters, aus denen dem Vermieter keine wesentlichen Nachteile entstehen.

[2] Absatz 1 Buchstabe e ist auch anwendbar, wenn der Mieter durch Schriftstücke nachweisen kann, dass er sich mit dem Vermieter ausserhalb eines Schlichtungs- oder Gerichtsverfahrens über eine Forderung aus dem Mietverhältnis geeinigt hat.

[3] Absatz 1 Buchstaben d und e sind nicht anwendbar bei Kündigungen:

a. wegen dringenden Eigenbedarfs des Vermieters für sich, nahe Verwandte oder Verschwägerte;
b. wegen Zahlungsrückstand des Mieters (Art. 257*d*);
c. wegen schwerer Verletzung der Pflicht des Mieters zu Sorgfalt und Rücksichtnahme (Art. 257*f* Abs. 3 und 4);
d. infolge Veräusserung der Sache (Art. 261);
e. aus wichtigen Gründen (Art. 266*g*);
f. wegen Konkurs des Mieters (Art. 266*h*).

## Art. 271a

II. Congé donné par le bailleur

1 Le congé est annulable lorsqu'il est donné par le bailleur, notamment:

a. Parce que le locataire fait valoir de bonne foi des prétentions découlant du bail;
b. Dans le but d'imposer une modification unilatérale du bail défavorable au locataire ou une adaptation de loyer;
c. Seulement dans le but d'amener le locataire à acheter l'appartement loué;
d. Pendant une procédure de conciliation ou une procédure judiciaire en rapport avec le bail, à moins que le locataire ne procède au mépris des règles de la bonne foi;
e. Dans les trois ans à compter de la fin d'une procédure de conciliation ou d'une procédure judiciaire au sujet du bail et si le bailleur:
   1. A succombé dans une large mesure;
   2. A abandonné ou considérablement réduit ses prétentions ou conclusions;
   3. A renoncé à saisir le juge;
   4. A conclu une transaction ou s'est entendu de toute autre manière avec le locataire.
f. En raison de changements dans la situation familiale du locataire, sans qu'il en résulte des inconvénients majeurs pour le bailleur.

2 La lettre *e* du 1er alinéa est également applicable lorsque le locataire peut prouver par des écrits qu'il s'est entendu avec le bailleur, en dehors d'une procédure de conciliation ou d'une procédure judiciaire, sur une prétention relevant du bail.

3 Les lettres *d* et *e* du 1er alinéa ne sont pas applicables losqu'un congé est donné:

a. En raison du besoin urgent que le bailleur ou ses proches parents ou alliés peuvent avoir d'utiliser eux-mêmes les locaux;
b. En cas de demeure du locataire (art. 257*d*);
c. Pour violation grave par le locataire de son devoir de diligence ou pour de graves manques d'égards envers les voisins (art. 257*f*, 3e et 4e al.);
d. En cas d'aliénation de la chose louée (art. 261, 2e al.);
e. Pour de justes motifs (art. 266*g*);
f. En cas de faillite du locataire (art. 266*h*).

II. Disdetta da parte del locatore

1 La disdetta può essere contestata in particolare se data dal locatore:

a. poiché il conduttore fa valere in buona fede pretese derivantigli dalla locazione;
b. allo scopo di imporre una modificazione unilaterale del contratto sfavorevole al conduttore o un adeguamento della pigione;
c. esclusivamente per indurre il conduttore ad acquistare l'abitazione locata;
d. durante un procedimento di conciliazione o giudiziario in relazione con la locazione, sempreché il conduttore non l'abbia intrapreso in maniera abusiva;
e. nei tre anni susseguenti alla fine di un procedimento di conciliazione o giudiziario in relazione con la locazione e nel corso del quale il locatore;
   1. è risultato ampiamente socombente;
   2. ha ritirato o sensibilmente ridotto le sue pretese o conclusioni;
   3. ha rinunciato ad adire il giudice;
   4. ha concluso una transazione con il conduttore o si è comunque accordato con lui.
f. per mutamenti nella situazione familiare del conduttore che non comportano svantaggi essenziali per il locatore.

2 Il capoverso 1 lettera e si applica anche quando il conduttore può provare con documenti scritti di essersi accordato con il locatore, fuori di un procedimento di conciliazione o giudiziario, circa una pretesa derivante dalla locazione.

[3] Le lettere d ed e del capoverso 1 non si applicano se è stata data disdetta:
a. perché la cosa locata occorre al fabbisogno personale urgente del locatore, dei suoi stretti parenti o affini;
b. per mora del conduttore (art. 257*d*);
c. per violazione grave dell'obbligo di diligenza e di riguardo per i vicini (art. 257*f* cpv. 3 e 4);
d. in seguito all'alienazione della cosa locata (art. 261 cpv. 2);
e. per motivi gravi (art. 266*g*);
f. per fallimento del conduttore (art. 266*h*).

| | | |
|---|---|---|
| Materialien | Art. 18 Abs. 3, Art. 24, Art. 28 Abs. 3 und Art. 31 BMM, Art. 271a des Entwurfes vom 27. März 1985; Amtl.Bull., SR, 1988, S. 175 f., 1989, S. 428–431, 683 f., NR, 1989, S. 534–540, 1878 f. | 1 |
| Ausländisches Recht | Siehe N 1 zu Art. 271, ferner vgl. MHG §§ 1, 9 | |

**Literatur:** Siehe allgemeines Literaturverzeichnis sowie N 1 der Vorbem. zu den Art. 271–273c. 2

## Inhaltsverzeichnis

# A. Geltungsbereich, Gegenstand, systematische Stellung und Charakter der Norm

3 **I.** Der **Geltungsbereich** der Norm entspricht dem grundsätzlich für alle Normen des Dritten Abschnittes vorgesehenen, namentlich also auch dem des Art. 271. Die Norm erfasst demnach ausschliesslich Wohn- und Geschäftsraummietverhältnisse (Genaueres in N 19 ff. Vorbem. zu Art. 271–273c und in N 3 f. zu Art. 271).

4 **II. Gegenstand** der Norm sind ausschliesslich Vermieterkündigungen von Wohn- und Geschäftsraummietverhältnissen. Von der Norm erfasst werden jedoch nicht alle möglichen *Vermieterkündigungen*, sondern nur *bestimmte Kündigungstypen* (dazu nachstehend N 12, N 15 ff.), von denen der Gesetzgeber (meist unwiderlegbar; N 15 ff.) vermutet, sie verstiessen *gegen Treu und Glauben*. Die Norm definiert bzw. *konkretisiert* daher – anders als Art. 271 Abs. 1 – die Treuwidrigkeit. (Im Gegensatz zur Generalklausel des Art. 271 Abs. 1 stellt Art. 271a zwangläufig keine Ermächtigungsnorm dar, des Inhaltes, es sei Treu und Glauben auf den Einzelfall bezogen noch weiter zu konkretisieren; vgl. auch nachstehend N 7, N 11.)

5 *Nicht Gegenstand* der Norm ist die *Anfechtbarkeit* der Vermieterkündigung. Diese ist der Norm vielmehr als gedankliche Prämisse unterlegt (vgl. N 10, N 15 ff. zu Art. 271).

6 Nicht Gegenstand der Norm sind endlich *Mieterkündigungen, denen einer der in Art. 271a umschriebenen Tatbestände* zugrunde liegt (gl. BARBEY, Protection, S. 109, N 6). Diese Tatbestände gelten – aufgrund der gesetzlichen Systematik, die nur Vermieterkündigungen unter bestimmten Voraussetzungen als (vermutungsweise) treuwidrig erachtet – vielmehr gerade nicht als treuwidrig (gl. BARBEY, Protection, a.a.O.); es sind das Mieterkündigungen

- auf den Versuch des Vermieters hin, dem Mieter die Wohnung zu verkaufen (Art. 271a Abs. 1 lit. c),
- weil er (der Mieter) Ansprüche aus dem Mietvertrag nach Treu und Glauben geltend gemacht hat (Art. 271a Abs. 1 lit. a),
- weil der Vermieter einseitig eine Vertragsänderung zu Lasten des Mieters Lasten durchzusetzen versuchte (Art. 271a Abs. 1 lit. b),
- wegen Änderungen in der familiären Situation des Mieters (Art. 271a Abs. 1 lit. f.),
- während eines hängigen Verfahrens, welches mit dem Mietverhältnis zusammenhängt (Art. 271a Abs. 1 lit. d; Rechtsschutz durch Verfahren [vgl. N 13 f. Vorbem. zu Art. 271–273c]),
- während der Sperrfrist von Art. 271a Abs. 1 lit. e (die allein schon gewissermassen «Mieterschutz» darstellt).

Art. 271a, der treuwidrige Vermieterkündigungen definiert, darf nach dem Gesagten auch *nicht als Konkretisierungshilfe des Art. 271 Abs. 1 bei Mieterkündigungen dienen.* Das schliesst es aber nicht aus, dass Art. 271a Abs. 1 analoges Verhalten des Mieters gegenüber dem Vermieter (also Verhalten unter den umgekehrten Vorzeichen) im Einzelfall *ausschliesslich im Lichte der Grundsätze von Art. 271 Abs. 1* (dazu N 52 ff. zu Art. 271) durchaus eine treuwidrige Kündigung des Mieters begründen kann (z.B. wenn der Mieter zu Pressionen greift [vgl. N 54–57 zu Art. 271], wenn er in treuwidriger Weise Änderungen in der familiären Situation des Vermieters ausnützt [z.B. Krankheit; vgl. N 71 zu Art. 271]). 7

Die **systematische Stellung** der Norm innerhalb des Dritten Abschnittes ist durch ihren Gegenstand bestimmt: Sie *bildet zusammen mit Art. 271 den originären Kündigungsschutz* (vgl. N 8 Vorbem. zu Art. 271–273c, N 10 zu Art. 271). Art. 271 Abs. 1 stellt dabei die Grundregel (Generalklausel) dar, die unausgesprochen bzw. konkretisierungsbedürftig definiert, was eine anfechtbare (vgl. N 28 ff. zu Art. 271) bzw. treuwidrige (N 48 ff. zu Art. 271) Kündigung ist. Art. 271a enthält demgegenüber eine beispielhafte und nicht abschliessende Darstellung von Vermieterkündigungen, deren Treuwidrigkeit im wesentlichen vom Gesetzgeber bereits konkretisiert worden ist (vgl. N 68 ff. [insbes. N 72 f.] Vorbem. zu Art. 271–273c; vgl. auch nachstehend N 17). 8

Wie Art. 271 Abs. 1 stellt die Norm sowohl bezüglich der «Missbräuchlichkeit» bzw. Treuwidrigkeit als auch der Rechtsfolge (Anfechtbarkeit) eine *lex specialis zu Art. 2 ZGB* dar (vgl. N 11 ff. zu Art. 271, mit Weiterverweisungen). Sie sprengt jedoch teilweise dessen Rahmen (vgl. nachfolgend N 12 ff.). 9

**III.** **Der Charakter** der Norm entspricht im wesentlichen demjenigen von Art. 271 Abs. 1: Die Norm ist, soweit sie treuwidrige Kündigungen definiert, bzw. deren Vermutungsbasis in Konkretisierung des Grundsatzes von Art. 271 Abs. 1 umschreibt (vgl. nachstehend N 16 f.; Art. 271a Abse. 1 und 2), 10 der Parteiautonomie entzogen. Ebenso ist sie der *Parteiautonomie entzogen*, wo sie Prämissen definiert, welche die Vermutungen der Treuwidrigkeit gemäss den Abse. 1 und 2 widerlegen bzw. ausschliessen (Abs. 3, 1. Halbsatz: «... sind nicht anwendbar ...»). Die Norm ist insoweit *absolut zwingend* (statt vieler: RONCORONI, in: mp 2/90, S. 85). Hingegen steht es dem gekündigten Mieter frei, die gemäss Art. 271a treuwidrige Kündigung anzufechten oder nicht anzufechten. Auf die Anfechtung kann er im voraus (d.h., bevor er eine solche Kündigung erhalten hat) gemäss Art. 273c gültig – z.B. vertraglich – nicht verzichten.

11 *Abreden der Parteien*, was «parteibezogen» oder gar allgemein als treuwidrige Kündigung betrachtet werden könnte (so RONCORONI, a.a.O., S. 86), sind im Lichte von Art. 271a, der einzig beispielhaft treuwidrige Vermieterkündigungen umschreibt (vorn N 4, N 8, mit Verweisen), zwangsläufig *ausgeschlossen* (a.A. RONCORONI, a.a.O.). Sie könnten höchstens im Rahmen der Generalklausel des Art. 271 Abs. 1 Bedeutung erlangen, weil sich Art. 271 Abs. 1 gerade nicht wie Art. 271a mit gesetzlich im einzelnen umschriebenen (bezüglich der Treuwidrigkeit bereits konkretisierten) Vermieterkündigungen befasst, sondern – als Ermächtigungsnorm (N 17 zu Art. 271) – mit der Treuwidrigkeit einer Kündigung generell. Aber auch von Art. 271 Abs. 1 werden dergleichen Abreden nicht erfasst, da Art. 271 Abs. 1 einzig den Richter bzw. die Schlichtungsbehörde zur Konkretisierung des Grundsatzes von Treu und Glauben ermächtigt, nicht jedoch die Parteien (vgl. N 18 f. zu Art. 271).

## B. Die einzelnen Typen anfechtbarer Vermieterkündigungen in der Übersicht

### I. Allgemeines

12 Abs. 1 von Art. 271a listet Typen von treuwidrigen Vermieterkündigungen auf. Typisiert wird das Treuwidrige anhand hauptsächlicher Kündigungsmotive und/oder -ziele, die der Gesetzgeber als missbräuchlich i.w.S. erachtet: Rache (z.B. in lit. a, lit. d und lit. e), Pression (lit. b und lit. c), Änderung (lit. c und lit. f.) usw.

Die Motive bzw. Ziele, welche eine Vermieterkündigung gemäss den Intentionen des Gesetzgebers zur treuwidrigen Kündigung erheben, werden in den einzelnen Bestimmungen jedoch nicht ausdrücklich aufgeführt. Vielmehr wird in den einzelnen Normteilen lediglich Verhalten als tatbeständlich und damit letztlich als «treuwidrig» umschrieben, von dem der Gesetzgeber *vermutet*, es gründe in den verpönten Motiven bzw. verfolge die verpönten Ziele (zum Charakter dieser Vermutungen vgl. nachfolgend N 15 ff.). In den Normteilen von Art. 271a Abs. 1, die dergleichen Verhalten umschreiben, wird m.a.W. *von äusserlich erkennbarem Verhalten auf unlautere innere* (für den Vertragspartner und Dritte nicht erkennbare) *Motive des kündigenden Vermieters geschlossen* (sog. induktiver Schluss; dessen im Gesetz umschriebene Prämissen erleichtern dabei die nicht unbedingt einfache, generell geforderte Beweisführung des Mieters [vgl. dazu N 165 ff. zu Art. 271], worin der Zweck von Vermutungen gerade liegt [KUMMER, N 333 zu Art. 8 ZGB]). 13

Die tatsächlichen Grundlagen der verschiedenen gesetzlichen Vermutungen des Art. 271a Abs. 1 legen allerdings – nüchtern betrachtet – einen induktiven Schluss auf unlautere Motive des kündigenden Vermieters nicht gleichermassen zwingend nahe. Dem hat der Gesetzgeber durch eine *differenzierte Ausgestaltung der Typen vermutungsweiser treuwidriger Vermieterkündigungen* Rechnung getragen, die ebenfalls an das Schutzbedürfnis des Mieters aus gesetzgeberischer Optik anknüpfen. Leider hat er es versäumt, die sich daraus ergebenden *Kategorien des sachlichen, persönlichen und des zeitlichen Kündigungsschutzes* (Überblick dazu nachfolgend in N 15 ff.) der Übersichtlichkeit halber beispielsweise in je einem Artikel zu gruppieren (ähnlich z.B. HONSELL, S. 218: «pointillistische und zum Teil unnötig verwirrende Regelung»). 14

## II. Gesetzgeberische Unterscheidung zwischen sachlichem, persönlichem und zeitlichem Kündigungsschutz

1. Mit den drei in lit. a bis lit. c von Art. 271a Abs. 1 verankerten Sachverhalten will der Gesetzgeber – wie schon z.T. durch Art. 18 Abs. 3 BMM – den *Mieter als sozial schwächere Vertragspartei* (vgl. N 51 ff. Vorbem. zu Art. 271–273c) absolut schützen. Der Mieter soll vor Pressionen i.w.S. und Retorsionen des Vermieters als sozial stärkerer Vertragspartei geschützt werden. Vom Verhalten des Vermieters, das die entsprechenden Tatbestandsvoraussetzungen erfüllt, wird daher (in Grenzen; vgl. Anfechtbarkeit 15

[dazu N 28 ff. zu Art. 271]) *unwiderlegbar vermutet*, es sei treuwidrig (Fiktion; vgl. KUMMER N 344 f. und N 350 zu Art. 8 ZGB). Die drei in Art. 271a Abs. 1 lit. a bis lit. c verankerten treuwidrigen Kündigungstypen bilden zusammen den sog. **sachlichen Kündigungsschutz** (Einzelheiten dazu nachfolgend in N 20 ff. [Vergeltungskündigung], N 71 ff. [Änderungskündigung oder Pressionskündigung], N 96 ff. congé-vente]).

16 **2.** An das persönliche Schutzbedürfnis eines Mieters, genauer an den Schutz der familiären Sphäre des Mieters (vgl. Amtl.Bull. NR vom 16. März 1989, S. 538), knüpft der in Art. 271a Abs. 1 lit. f verankerte **persönliche Kündigungsschutz** an. Wie beim sachlichen Kündigungsschutz wird auch beim familienpolitisch motivierten (RONCORONI I, a.a.O., S. 139) persönlichen Kündigungsschutz eine (in Grenzen; vgl. Anfechtbarkeit [dazu N 28 ff. zu Art. 271]) *unwiderlegbare Vermutung* der Treuwidrigkeit einer Kündigung aufgestellt (siehe vorn N 15).

17 Die Norm gilt als Anwendungsfall der interessenlosen Rechtsausübung i.S. der Missbrauchskategorien, die zu Art. 2 Abs. 2 ZGB gebildet worden sind (vgl. RONCORONI I, a.a.O., S. 139; inwiefern das überhaupt zutrifft, vgl. nachstehend N 124 ff.). Sie umschreibt gewissermassen die «interessenlose Rechtsausübung», aus der sich grundsätzlich *die Treuwidrigkeit der Kündigung* ergibt, *in der Vermutungsbasis* abschliessend. In die tatbeständliche Vermutungsbasis von Art. 271a Abs. 1 lit. f. ist allerdings zusätzlich ein *Element eingefügt* worden («... keine wesentlichen Nachteile entstehen ...»), das die an sich zu vermutende Treuwidrigkeit aufhebt und die Kündigung dergestalt rechtfertigt. Im Einzelfall ist daher stets zusätzlich zu prüfen und (gemäss den Regeln der Normschöpfung; vgl. N 146 Vorbem zu Art. 266–266o) *zu konkretisieren*, ob nicht wesentliche Nachteile die an sich zu vermutende Treuwidrigkeit aufheben (vgl. z.B. CALAMO, S. 246); die unwiderlegbare Vermutungsbasis der Norm ist m.a.W. erst dann komplett, wenn ein rechtfertigender Grund fehlt (Genaueres dazu nachstehend in N 126, N 149 ff.). Art. 271a Abs. 1 lit. f bildet insoweit eine Ausnahme von den Grundsätzen des im Missbrauchsrecht verankerten Kündigungsschutzrechts (dazu vgl. N 55–59 zu Art. 271).

18 **3.** Art. 271a Abs. 1 lit. d und lit. e sowie die Abse. 2 und 3 von Art. 271a bilden zusammen den **zeitlichen Kündigungsschutz** unter drei Aspekten, was zu drei Typen verschiedener treuwidriger Kündigungen führt. Gemeinsam ist allen drei Typen, dass sie zur tatbeständlichen Vermutungsbasis treuwidriger Kündigung einerseits den Zeitpunkt der Kündigung erheben und anderseits eine Auseinandersetzung zwischen den Vertragsparteien. Wie grundsätzlich bereits unter dem alten Recht (vgl. Art. 24 und Art. 28

Abs. 3 BMM) wird aufgrund der Verknüpfung dieser zwei Elemente ein stichhaltiges Indiz für treuwidriges Verhalten erblickt.

Der Zusammenhang zwischen den zwei Anknüpfungspunkten der gesetzlichen Vermutung impliziert jedoch einsichtigerweise nicht zwingend die Treuwidrigkeit einer Kündigung. Die gesetzlichen Vermutungen des zeitlichen Kündigungsschutzes sind daher stets *widerlegbar, wenn auch in relativ engen Grenzen:* Die Gründe, welche die gesetzliche Vermutung zu widerlegen imstande sind, hat der Gesetzgeber abschliessend in Art. 271a Abs. 3 aufgezählt (Genaueres nachfolgend in N 182 ff.). 19

# C. Der sachliche Kündigungsschutz im besonderen

## I. Art. 271a Abs. 1 lit. a (Vergeltungskündigung)

### 1. Allgemeines

Die Norm hat die sog. Rache- oder Vergeltungskündigung zum Gegenstand, also eine – allgemein betrachtet – zweckwidrige Kündigung (vgl. dazu N 65 ff. zu Art. 271; ähnlich z.B. CALAMO, S. 229). Sie knüpft an den altrechtlichen Straftatbestand des Art. 31 Ziff. 1 Abs. 2 BMM an, der (unter dem alten Recht) die Nichtigkeit eines Teiles derartiger Kündigung gemäss Art. 20 implizierte (vgl. BGE 113 II 71 ff., 113 II 462 f.; vgl. auch mp 2/88, S. 66 ff.). Unter dem neuen Recht sind Kündigungen, die den Tatbestand der Norm erfüllen, demgegenüber – wie es der erste Halbsatz von Art. 271a Abs. 1 klarstellt – *ausschliesslich anfechtbar* (zur Anfechtbarkeit vgl. N 28 ff., N 32 ff. zu Art. 271; ferner siehe N 60 ff. Vorbem. zu Art. 271–273c; gl. z.B. ZIHLMANN II, S. 211 f.; insoweit ist die Rechtsprechung zum alten Recht obsolet geworden [gl. ZIHLMANN, Basler Kommentar, N 4 zu Art. 271a]). Die massgebende Anfechtungsfrist ist in Art. 273 Abs. 3 festgehalten. 20

Die Anfechtbarkeit und damit zugleich die Anwendbarkeit der Norm setzen eine *gültige Vermieterkündigung* vorab – gewissermassen grundlegend – voraus (vgl. N 36 zu Art. 271, mit Verweisungen).

21 Die Norm *will dem Mieter* als der sozial schwächeren Vertragspartei die *Möglichkeit verschaffen, ohne Angst* vor einer «Rache», Vergeltung bzw. Retorsion des Vermieters mittels Kündigung, *seine ihm vertraglich zustehenden Rechte geltend machen zu können* (ähnlich, statt vieler: CALAMO, S. 229; vgl. auch BGE 106 IV 71). Denn ein Mieter, der seine ihm vertraglich zustehenden Rechte wahrnimmt, muss – den Sozialschutzintentionen des Gesetzgebers (vgl. vorn N 15; siehe auch N 51 ff. Vorbem. zu Art. 271-273c) gemäss – offenbar als sozial schwächere Partei grundsätzlich (immer?) befürchten, dass die sozial stärkere Vermieterschaft ihn dafür gewissermassen bestraft. Das zu verhindern liegt letztlich ebenfalls im Sinn der *Streitvermeidung*. Durch diesen gewissermassen erzieherischen Aspekt unterscheidet sich die Norm von Art. 271a Abs. 1 lit. d und lit. e, welche zwei Normen gerade an das Faktum des «Streites» (vor Instanzen) erst anschliessen.

22 Damit die *unwiderlegbare Vermutung der Norm* (vorn N 15), ein Vermieter habe aus Rache das Mietverhältnis gekündigt, *Platz greift* (und mit ihr die «Anfechtbarkeit [vgl. dazu N 32 ff. zu Art. 271], was die Vermutung zu einer atypischen Rechtsvermutung werden lässt), *müssen – nebst einer gültigen Vermieterkündigung* (vorn N 20) – *fünf Voraussetzungen* (Tatbestandselemente) *kumulativ erfüllt sein* (statt vieler: BARBEY, Protection, S. 126, N 53), die nachstehend einzeln zu erläutern sind. Ist eines dieser Elemente *nicht* erfüllt, greift die gesetzliche Vermutung nicht. Es kann immerhin gleichwohl eine im Lichte der *Generalklausel von Art. 271 Abs. 1* treuwidrige Kündigung vorliegen (ähnlich z.B. CALAMO, S. 290 f.) oder eine Kündigung i.S.v. Art. 271a Abs. 1 lit. d bzw. lit. e (ev. i.V.m. Art. 271a Abs. 2).

## 2. Tatbestandselemente

23 a) *Erstes Element* der gesetzlichen Vermutungsbasis sind «**Ansprüche des Mieters**». Darunter können nach h.L. *alle* nur denkbaren *Ansprüche des Mieters verstanden werden,* die eine mietvertragliche und/oder gesetzliche (Art. 253 ff.) Grundlage haben (so z.B. LACHAT/STOLL, S. 344 f., MENGE, S. 67, ZIHLMANN II, S. 212). Diese Ansprüche müssen aber ein gewisses *ernst zu nehmendes Gewicht haben* und sich *nicht auf Bagatellen beschränken,* um unter die Norm zu fallen (vgl. zum verwandten Tatbestand des Art. 271a Abs. 2: Amtl.Bull. SR vom 30. November 1989, S. 683 [Votum BR KOLLER zu Art. 271a Abs. 2]; ähnlich BGer, in: mp 1/93, S. 33, und mp 4/95, S. 225; ferner siehe nachstehend N 308).

24 *«Ansprüche» im Sinn der Norm können demnach z.B. Forderungen i.e.S.* sein (auf Schadenersatz, Rückerstattung von zu hohen Akontozahlun-

gen), *aber ebenso Mängelrechte* (z.B. Herabsetzung i.S.v. Art. 259d, Hinterlegung i.S.v. Art. 259g), Rechte aus vertraglichen Nebenabreden (wie Zusicherungen; z.B. tägliche Reinigung des Vorhofes, den der Vermieter mitbenützt, z.B. Gratisparkiermöglichkeit vor dem Haus) bzw. aus gesetzlichen Nebenpflichten des Vermieters (z.B. Abrechnungspflicht und Einsichtsrechte des Mieters [vgl. N 34 ff. zu Art. 257a–257b], Pflicht zur Hinterlegung der Sicherheitsleistung [N 25, N 29 zu Art. 257e] usw.). In Frage kommen gleichfalls Ansprüche in Zusammenhang mit der Untervermietung (Art. 262) oder der Übertragung des Mietverhältnisses (Art. 263), endlich das Erheben der Verrechnungseinrede, die Berufung auf die Nichtigkeit eines Koppelungsgeschäftes, das Begehren um Herabsetzung des Mietzinses i.S.v. Art. 270a Abs. 2, das vorprozessuale Verlangen um Rücknahme einer einseitigen Vertragsänderung usw. (h.L.; ähnlich, statt vieler: CALAMO, S. 230 f., S. 233, LACHAT/STOLL, S. 344 f., MENGE, S. 67, SVIT-Kommentar I, N 6 zu Art. 271a).

In der Begründung teilweise, kaum aber im Resultat abweichend BARBEY, Protection, S. 127 ff. (vgl. dessen Auflistung von Ansprüchen in N 61–63), der «Ansprüche», ausgehend vom Begriff der Forderung i.S.v. Art. 271a Abs. 2 und von der französischen bzw. italienischen Textfassung, einzig als direkte oder (und doch immerhin) indirekte geldwerte Ansprüche («prétention de nature pécuniaire») definiert (DERS., Protection, S. 127, N 55), sowie TERCIER, S. 256 (unter Hinweis auf BARBEY). Die vorstehend angeführten Beispiele zeigen denn auch an, dass mietvertragliche Ansprüche, gründen sie nun im konkreten Vertrag oder im Gesetz (Art. 253 ff.), grundsätzlich stets – wenigstens indirekt – geldwerter Natur sind (vgl. auch nachstehend N 29 ff.). 25

*Nicht von der Norm erfasst sind hingegen subjektive «Ansprüche» des Mieters,* die weder eine gesetzliche noch – im konkreten Einzelfall – eine vertragliche Grundlage haben (dazu nachstehend N 31 ff.; z.B. Schönheitsvorstellungen des Mieters über Tapeten oder Sonnenstoren, über die Farbe von Läden oder Fenstern [ausser dem Mieter sei z.B. eine Farbwahl vertraglich zugestanden; a.A. z.B. in diesem Punkt LACHAT/STOLL, S. 345, Fn. 35, ohne nähere Begründung; ZWICKER, a.a.O., S. 268]; z.B. Vorstellungen des Mieters über ein [ihm angemessen erscheinendes] Mitbestimmungsrecht bei der Anstellung eines Hauswartes oder bei der Auswahl von Mitmietern; z.B. Vorstellungen des Mieters über die Zweckmässigkeit der Verwaltung; Vorstellungen des Mieters über sein Recht, sein Fahrrad irgendwo abstellen zu dürfen, usw.). Selbstredend nicht unter die Norm fallen ebenso «Ansprüche», die einen schlichten Ausdruck persönlicher Differenzen bzw. Animositäten zwischen den Vertragsparteien und/oder deren Hilfspersonen bzw. Dritten (Mitmietern) darstellen (gl.M. offenbar BARBEY, Protection, S. 131, N 64). 26

Von der Norm nicht erfasst sind zudem *«Ansprüche» des Mieters auf Vertragsänderung*, soweit sie im bestehenden Vertrag (z.B. in einer Optionsklausel) keine Grundlage finden (z.B. Anspruch auf neue Hundehaltung, 27 z.B. auf Mietzinsreduktion, weil dem Mieter das wirtschaftlich gerade gelegen käme; gl.M. offenbar auch BARBEY, Protection, S. 131, N 64). Wird dem Mieter deswegen gekündigt, kann u.U. jedoch ein Anwendungsfall von Art. 271 Abs. 1 vorliegen. Ebenso kann im Geltendmachen solcher Ansprüche aber auch ein Verstoss des Mieters gegen Treu und Glauben liegen (vgl. N 65 ff. zu Art. 271, ferner nachstehend N 50 ff.).

28 *Nicht von der Norm erfasst sind* (aufgrund des klaren Gesetzeswortlautes) *endlich Ansprüche, die der Vermieter* dem Mieter gegenüber *geltend macht*, sei es zu Recht oder zu Unrecht (z.B. aus Art. 257h), sowie *Reaktionen des Mieters auf dergleichen Vorstösse des Vermieters*. Reaktionen des Mieters auf Vorstösse des Vermieters sind zusammen mit den Vorstössen des Vermieters im Lichte von *Art. 271 Abs. 1* zu betrachten (gl.M. offenbar BARBEY, Protection, S. 131, N 64 f.; unklar, ob a.A., bei der h.L. [stellvertretend dafür CALAMO, S. 233]), sofern die Vorstösse des Vermieters nicht ohnedies in einer Kündigung gipfeln, zu der er nicht berechtigt ist (z.B. gestützt auf Art. 257d mangels Verzugs oder infolge Zahlungsfristwahrung).

29 **b)** Bei den Ansprüchen, die der Mieter geltend macht, muss es sich *zweitens* um solche **aus dem Mietverhältnis** handeln. Diese Voraussetzung grenzt ein, welche von all den gesetzlich oder vertraglich dem Mieter an sich zustehenden Ansprüchen nur unter die Norm fallen: Es sind das *alle Ansprüche, die mietrechtlicher Natur i.e.S. sind und/oder im Vertrag zum* gekündigten *Mietverhältnis ihre Grundlage haben* (gesetzliche Ansprüche i.S. der Art. 253 ff., mietvertragliche Ansprüche, die auch nicht rein mietrechtlicher Natur sein müssen [z.B. Besorgen der Wäsche bei der Zimmermiete; vgl. ferner vorn N 24]; so auch BARBEY, Protection, S. 131 f.; gl.M. offenbar auch Botsch., S. 1459, ZIHLMANN II, S. 212; ähnlich LACHAT/STOLL, S. 345, Fn. 36).

30 Soweit diese Ansprüche «aus dem Mietverhältnis» – fussen sie nicht direkt auf vertraglichen Abreden – auf dem Gesetz (Art. 253 ff.) gründen, spielt es keine Rolle, ob dieses zwingenden oder bloss dispositiven Charakters ist: Auf zwingendem Gesetzesrecht (Art. 253 ff.) gründende Ansprüche sind regelmässig zugleich direkt mietvertragliche Ansprüche (wenn der Vertrag nicht in zulässiger Form Zusätzliches verspricht); im dispositiven Recht der Art. 253 ff. verankerte Ansprüche sind dann ebenfalls direkte vertragliche Ansprüche, wenn der Mietvertrag nichts Abweichendes vorsieht (unklar, ob ungenau oder a.A., z.B. ZIHLMANN II, S. 212, der nur Ansprüche aus Vertrag und zwingendem Recht zulassen will).

31 *Nicht von der Vermutungsbasis der Norm erfasst* sind Ansprüche des *Mieters aus anderen Vertragsverhältnissen zwischen den Parteien* (z.B. aus Kaufverträgen zwischen den Parteien oder aus einem anderen als dem gekündigten Mietverhältnis zwischen den Parteien; ungenau diesbezüglich BGer, in: mp 4/95, S. 225 ff. [Kündigung der Miete eines separat vermieteten Tiefkühlfaches als Ausfluss von Art. 269d Abs. 3!], BGE 99 II 51; gl.M.

z.B. CALAMO, S. 233; unklar etwa WEBER/ZIHLMANN, Basler Kommentar, N 10 zu Art. 271–271a), Ansprüche aus Art. 28 ZGB (z.B. Begehren, Belästigungen zu unterlassen; vgl. dazu auch BGer, in: mp 4/95, S. 225 ff.) usw. Eine Treuwidrigkeit der Kündigung, die sich auf das Geltendmachen solcher Ansprüche abstützt, ist nur im Lichte von Art. 271 Abs. 1 denkbar (ähnlich BARBEY, Protection, S. 131 f., CALAMO, S. 233; unklar, ob a.A., z.B. bei LACHAT/STOLL, S. 345, Fn. 36). Art. 271 Abs. 1 bietet aber mangels mietrechtlichen Bezuges auch dort keine Hilfe, wo z.B. ein Mieter mit verwaltungsrechtlichen Behelfen ein Projekt des Vermieters, das ihm nicht genehm ist, zu Fall zu bringen versucht (vgl. BJM 1982, S. 313; gl.M. BARBEY, Protection, S. 132, N 67).

In der Literatur ist z.T. die Auffassung anzutreffen, das Begriffspaar «Ansprüche aus dem Mietverhältnis» sei sog. «weit» auszulegen; begründet wird diese Auffassung aber regelmässig nicht näher oder ausgehend von einer unklaren Begrifflichkeit bzw. Missverständnissen zur Auffassung anderer Autoren (vgl. etwa MENGE, S. 67; für eine enge Auslegung z.B. auch CALAMO, S. 233, und BARBEY, Protection, S. 127 ff.). Eine weite Auslegung des Begriffspaares ist aus folgenden Gründen *gerade nicht angezeigt:* Art. 271a Abs. 1 lit. a ist eine Norm mit nur beispielhaftem Charakter, die den Grundsatz von Art. 271 Abs. 1 lediglich illustriert, wobei mit der Illustration immerhin eine unwiderlegbare Vermutung treuwidrigen Verhaltens («Rache») verbunden ist, was der Norm einen Ausnahmecharakter verleiht. Dieser Ausnahmecharakter der Norm im Vergleich zur Grundregel legt an sich schon – gemäss den allgemeinen Grundsätzen der Gesetzesauslegung – eine eher enge Auslegung der einzelnen Elemente nahe. Mit Blick auf die *Rechtssicherheit* ist die enge Auslegung ebenfalls zu fordern, weil nur sie eine für die Parteien verlässliche Rechtsprechung garantiert; denn die Anwendbarkeit von Art. 271a Abs. 1 lit. a, die sich aus den Elementen der Vermutungsbasis ergibt, schliesst die Anwendung der Regel von Art. 271 Abs. 1 aus. Ist hingegen Art. 271a Abs. 1 lit. a mangels fehlender Vermutungsbasis nicht anwendbar, bleibt es immer noch bei der Anwendbarkeit der Grundregel des Art. 271 Abs. 1. Deren richtige Auslegung bzw. Anwendung (vgl. N 55–62 zu Art. 271) führt zu für die Parteien erkennbaren weiteren Kategorien missbräuchlichen Verhaltens, dient mithin derart ebenfalls der Vorhersehbarkeit und damit Rechtssicherheit. Eine weite Auslegung von Art. 271a Abs. 1 lit. a liesse demgegenüber Art. 271 Abs. 1 weitgehend unanwendbar. 32

*Nicht direkt zur Anwendung* kommt Art. 271a Abs. 1 lit. a *bei gemischten Vertragsverhältnissen.* Ansprüche aus solchen Verhältnissen sind nicht solche aus einem Mietverhältnis, sondern solche aus einem Innominatkontrakt (vgl. N 174 ff. Vorbem. zu Art. 266–266o, mit Verweisen; gl.M. z.B. wohl auch CALAMO, S. 233; undifferenziert z.B. WEBER/ZIHLMANN, Basler Kommentar, N 10 zu Art. 271–271a). Nur dort, wo das Leistungsschwergewicht des gemischten Vertrages auf der Miete von Wohn- und/oder Geschäftsraum liegt, und *Ansprüche aus diesem schwergewichtigen Vertragsteil* geltend gemacht wurden, bleibt Platz für eine – in der Regel analoge – *Anwendung des Art. 271a Abs. 1 lit. a im Rahmen der Prüfung der Treuwidrigkeit nach Art. 271 Abs. 1.* 33

Zu den gemischten *Miet-/Arbeitsverträgen im besonderen* vgl. die Vorbem. zu Art. 266–266o, dort N 200 ff. (Arbeitsleistung als Form des Entgel- 34 tes für die Gebrauchsüberlassung), N 207 f. (Gebrauchsüberlassung als Lohnbestandteil), N 216 f. (gekoppelte Verträge).

35 c) *Drittes Element* der Vermutungsbasis der Norm ist die **Geltendmachung** der Ansprüche (vorn N 23 ff.) **durch den Mieter.** Gefordert ist somit eine – gemäss Vertrauensprinzip – *erkennbare Handlung bzw. Erklärung (i.e.S.) des Mieters, die sich auf die fraglichen Ansprüche bezieht.* Eine Erklärung (i.e.S.) kann mündlich oder schriftlich abgegeben werden, auch an Hilfspersonen des Vermieters (wie Hauswart, Verwalter). Deren Wissen muss sich der Vermieter anrechnen lassen.

36 LACHAT/STOLL, S. 345, empfehlen aus Beweisgründen stets schriftliche Erklärungen mittels eingeschriebener Postsendung (MENGE, S. 68, begnügt sich mit einem Hinweis auf die Schriftform). Eine Formalisierung und Entpersönlichung der Beziehungen zwischen den Vertragsparteien ist die Folge solcher zweifelsohne gut gemeinter Ratschläge, die – entgegen Art. 2 Abs. 1 ZGB, dem eigentlich alle nachleben sollten – gleichsam zwingend voraussetzen, das Anmelden von (insbesondere berechtigt erscheinenden) Ansprüchen führe stets zu Vergeltungen (vgl. auch vorn N 15, N 21 f.).

37 *Erklärungen Dritter* wie von Nachbarn (LACHAT/STOLL, S. 345) oder Ehegatten, die nicht Mieter sind (BARBEY, Protection, S. 132, N 69) usw., genügen dem Geltendmachen i.S. der Norm nicht, ausser sie erfolgten ausdrücklich *und* im – gemäss den Regeln der Stellvertretung (Art. 32 ff.) erkennbaren – Einverständnis des Mieters (z.B. durch dessen Rechtsvertreter) oder aus gesetzlicher Vertretungsmacht (z.B. Vormund, Art. 166 Abs. 1 ZGB bei Ehegatten; gl. BARBEY, S. 132, N 68 f.).

38 Unerheblich ist demgegenüber im Regelfall, ob die Geltendmachung Folge einer Initiative (Erklärung, Handlung) des Vermieters war (zur Abgrenzung von Art. 271a Abs. 1 lit. b und c vgl. nachstehend N 69 ff.), oder ausschliesslich der Initiative des Mieters entsprang (vgl. aber auch vorn N 27 f.).

39 d) *Viertes Element* der Vermutungsbasis ist, dass der Mieter seine Ansprüche gemäss **Treu und Glauben** geltend macht. Die Norm orientiert sich mit dieser Formulierung – ähnlich Art. 271a Abs. 1 lit. d – inhaltlich an Art. 2 Abs. 1 ZGB sowie Art. 271 Abs. 1 (gl. offenbar auch BARBEY, Protection, S. 132, N 70 i.V.m. N 31 f.; a.A. BGE 114 II 81, aber noch zum hierin verschiedenen alten Recht; offen gelassen vom BGer in DdB 5/93 Nr. 22; a.A. RONCORONI I, a.a.O., S. 136 f., der treuwidriges Verhalten nur in offenbar rechtsmissbräuchlichem Verhalten zu erblicken scheint; die Norm vermutet sodann nicht einen guten Glauben i.S.v. Art. 3 Abs. 1 ZGB [z.T. a.A. BARBEY, S. 133, N 71]). Die Vermutungsbasis fällt daher nicht erst dann dahin, wenn die Geltendmachung offenbar rechtsmissbräuchlich i.S.v. Art. 2 Abs. 2 ZGB ist (so aber BGE 114 II 81, allerdings noch zum insoweit ver-

schiedenen alten Recht), sondern bereits dann, wenn schlichter Missbrauch vorliegt, m.a.W. unanständiges oder unlauteres Verhalten (vgl. zur Begrifflichkeit z.B. HIGI, a.a.O., S. 228).

Ein Geltendmachen von Ansprüchen *nach Treu und Glauben ist stets dann gegeben,* 40

- wenn die geltend gemachten *Ansprüche ein gewisses (sachlich) ernst zu nehmendes Gewicht haben* (so BGer, in: mp 1/93, S. 33; was Bagatellreklamationen wegen geringer Differenzen in Heizkostenabrechnungen, wegen Rechnungsfehlern [die auch einem Mieter unterlaufen können] auch bei Mietzinserhöhungen, Reklamationen wegen eines tropfenden Wasserhahns, Schmutz vor der Tür, klemmender Schranktüren usw. ausschliesst; vgl. auch BGer, in: mp 4/95, S. 225 ff., und vorn N 23) 41
- und (in der Tat) *vertragliche oder gesetzliche Grundlagen besitzen* (vgl. aber N 46 ff.), 42
- wenn ferner die *Art und Weise, in der der Mieter die Ansprüche vorbringt,* nach der Auffassung loyaler, d.h. vernünftiger und korrekter Leute (vgl. MERZ, N 147 zu Art. 2 ZGB), den gesamten Umständen entsprechend (noch) angebracht erscheint (namentlich ist das gegenseitige Verhalten der Parteien bis anhin zu berücksichtigen; dazu N 49, N 51 ff.) 43
- und wenn die Geltendmachung endlich legitime, d.h. *rechtmässige Ziele anstrebt* (so auch etwa BARBEY, Protection, S. 132 f. N 70; ähnlich ferner BGE 114 II 81 [zum alten Recht]; vgl. dazu ebenfalls nachstehend N 46 ff., N 50). 44

Wo sich ein Vermieter eines anständigen Tones befleissigt und korrekt verhält, darf er vom Mieter dasselbe erwarten. Verhält er sich demgegenüber unhöflich bzw. (nach Vertrauensprinzip erkennbar bewusst bzw. aus irgendwelchen Gründen wiederholt) unkorrekt, darf er nicht besonders höfliches Verhalten des Vertragspartners erwarten (wiewohl solches nie jemandem schadet), sondern muss sich nach einiger Zeit eine geharnischte Reaktion u.U. gefallen lassen; das Verhalten seiner Hilfspersonen ist ihm dabei anzurechnen (z.B. Verschleppung einer Reparatur oder unkorrekte bzw. unhöfliche Ankündigung irgendwelcher Arbeiten, den Mieter – objektiv gesehen – belästigende Durchführung von Arbeiten, z.B. Nichtanlage der Sicherheitsleistung auf dem dafür gesetzlich vorgesehenen Weg). 45

Auch dort, wo der *Mieter Ansprüche geltend macht, die weder im Vertrag noch im Gesetz eine Grundlage haben,* liegt dann kein gegen Treu und Glauben verstossendes Verhalten vor, wenn er *in guten Treuen (d.h. im Lichte der Sorgfalt, die man von ihm als korrektem und vernünftigem Partner erwarten darf)* davon ausgeht und damit davon ausgehen darf, es stehe ihm der fragliche Anspruch zu. Ob er im Resultat seiner Bemühungen auch erfolgreich ist, bleibt insoweit unerheblich (statt vieler: SVIT-Kommentar I, N 9 zu Art. 271a). 46

47 Dieser Fall ist *einmal dort gegeben*, wo sich der Mieter vorgängig bei einer an sich *kompetenten Stelle hat beraten lassen* (z.B. Schlichtungsbehörde oder Anwalt; ähnlich BARBEY, Protection, S. 133 [der hierbei jedoch Art. 3 Abs. 1 ZGB angewandt wissen will, was unnötig erscheint], DdB 1/89 Nr. 45, BGE 114 II 81), nicht aber, wenn er auf blosse «Ondits» abstellte.

48 Der Fall ist *zum zweiten dann* gegeben, wenn der Mieter auch ohne Beratung, aber nach gewissenhafter Prüfung im Rahmen seiner Möglichkeiten, gewissermassen einem «Irrtum» i.w.S. über seine Ansprüche erlegen ist, dem auch ein anderer vernünftiger und korrekter Mensch erlegen wäre, und überdies die Art und Weise, in der er seine Ansprüche (irrigerweise) geltend macht, im Verständnis vernünftiger und korrekter Leute – im Lichte aller weiteren Umstände – nicht unanständig erscheint (was es nicht ausschliesst, dass ein Mieter Ansprüche gutgläubig geltend macht, während dem sich alle anderen Mieter zufrieden geben; ZR 83 [1984] Nr. 107). Anständig nach der Auffassung loyaler Leute – und damit unter Art. 271a Abs. 1 lit. a fallend – ist demnach das (im Ton gemässigte) «irrtümliche» Geltendmachen eines Anspruches, dem nicht von vornherein, d.h. bereits ohne nähere Prüfung der Vertragsbeziehung, jegliche Berechtigung abgesprochen werden muss (unklar, ob a.A., BARBEY, S. 133, N 71; gl.M. demgegenüber wohl BGE 114 II 79 ff., CALAMO, S. 230, TERCIER, S. 256, Rz. 2083, der von «prétentions sérieuses» spricht, was im hier geschilderten Fall wohl zutrifft; schliesst man den Fall «irriger» (i.w.S.) Geltendmachung nicht von vornherein unbegründeter Ansprüche aus, verlöre die Norm – im Sinn der von ihr auch angestrebten Streitvermeidung (vgl. dazu vorn N 21) – wohl jeden tieferen Sinn).

49 *Unanständig* erscheinen muss im Verständnis loyaler Leute hingegen das wiederholte («irrige») Geltend-Machen von Ansprüchen, die weder im Vertrag noch im Gesetz eine Grundlage haben, aber auch die äussert unhöfliche Anfrage zu nicht bestehenden Rechten (gl. BARBEY, Protection, S. 134, N 73) sowie die bewusst andere Ziele verfolgende Geltendmachung zweifelhafter Ansprüche (ähnlich z.B. ebenfalls RONCORONI I, a.a.O., S. 136 f.).

50 *Gegen Treu und Glauben verstösst demnach* das Geltendmachen von Ansprüchen *stets dann*, wenn der Mieter *bösgläubig* ist (gl. CALAMO, S. 230), also wenn sein Anspruch kein (sachlich) ernst zu nehmendes Gewicht hat (e contrario BGer, in: mp 1/93, S. 33). Das trifft insbesondere da zu, wo der Anspruch von vornherein unbegründet erscheint oder in weitesten Teilen unbegründet ist, und/oder die Art und Weise des Vorbringens des Anspruches unanständig erscheint und/oder der Mieter mit der Geltendmachung nicht rechtschaffene, d.h. illegitime Ziele anstrebt (BARBEY, Protection, S. 132 f., N 70; einschränkender RONCORONI I, S. 136 f.). Ob ein Ziel «legitim» ist, beurteilt sich anhand der Vertragsbeziehung der Parteien im Lichte des Gesetzes (vgl. DdB 5/93 Nr. 22 [Ziff. 6], ähnlich, noch zum alten Recht, BGE 113 II 462, mit Verweis auf BGE 106 IV 71; ferner, statt vieler: TERCIER, S. 256, Rz. 2083). Aufgrund seines Wortlautes ist Art. 271a Abs. 1 lit. a in diesem Punkt somit mehr als bloss Ausfluss des Schikaneverbots (so aber ZIHLMANN, Basler Kommentar, N 8 zu Art. 271a).

51 *Gegen Treu und Glauben verstossen daher beispielsweise* (dazu BARBEY, Protection, S. 133 f., CALAMO, S. 230, SVIT-Kommentar I, N 9 zu Art. 271a, TERCIER, S. 256, SJ 1988, S. 364 = BGE 114 II 81 = JdT 1989 I 381, DdB 5/93 Nr. 22, mp 3/92, S. 129) *Erklärungen und Handlungen* (gemäss den üblichen Kategorien der Treuwidrigkeit; zu diesen üblichen Kategorien vergleichsweise N 155 Vorbem. zu Art. 266–266o),

- *die einer schonungslosen Rechtsausübung gleichkommen* (z.B. der Versuch, aus einstweiligem oder unbekanntem «Dulden» von mieterseitigem Verhalten durch den Vermieter neue vertragliche Ansprüche abzuleiten (unklar, ob a.A., Schlichtungsbehörde Olten/Gösgen, in: mp 3/92, S. 129 [Belegung nicht gemieteter Räume, die nur zögerlich geräumt wurden]); z.B. an das Verhalten von Hilfspersonen wie Handwerkern gegenüber dem Vermieter Massstäbe anzulegen, die mit den üblichen [u.U. durchaus ärgerlichen] Gepflogenheiten nicht in Einklang zu bringen sind und die der Mieter, hätte er die Hilfspersonen selbst engagiert, wohl oder übel hätte in Kauf nehmen müssen; z.B. das Insistieren, ein [untergeordneter] Mangel sei unverzüglich [und nicht innert angemessener Frist] zu beheben, [u.U. im Wissen darum, dass ohnehin in Bälde weitere Reparaturarbeiten vorgenommen werden oder eine unverzügliche Beseitigung objektiv unmöglich ist, weil etwa Feiertage sind]); 52
- *die widersprüchlich sind* (wie z.B. das Ansetzen von Fristen zur Mängelbehebung entgegen der Beteuerung, man könne mit dem Mangel noch einige Zeit leben und sei einverstanden, dass er zusammen mit anderen anstehenden Arbeiten behoben werde; z.B. der Verstoss gegen andere Zusicherungen des Mieters wie etwa, es störe ihn der Lärm des Hundes des Vermieters nicht, verbunden mit dem Anspruch, er wünsche, dass der Hund entfernt werde, weil ihn das Gebell im Wohngenuss beeinträchtige; z.B. das Unterlassen einer Mängelmeldung i.S.v. Art. 257g, verbunden mit einer Ersatzvornahme durch einen selbst beauftragten Dritten, und die Eintreibung der entsprechenden Forderung; z.B. die Verhinderung der Reparatur und gleichzeitige Ansetzung einer Frist zur Mängelbeseitigung; z.B. das Bestreiten von Nebenkosten, ohne zuvor Einsicht in die Belege genommen zu haben; z.B. das Verlangen von Schadenersatz aus verspäteter Übergabe der Mietsache, obwohl der Mieter selbst zuvor keine Anstalten gemacht hat, das Objekt zeitgerecht zu übernehmen; z.B. die Verweigerung der Mietzinsleistung unter Berufung auf eine formungültige Mietzinserhöhung, nachdem bereits eine weitere Mietzinserhöhung unangefochten geblieben ist [uneinheitlich beurteilt in Praxis und Literatur]); 53
- *die zweckwidrig sind* (z.B. Androhung der Hinterlegung gestützt auf Art. 259g [etwa wegen untergeordneter Mängel], mit dem Ziel, den Vermieter durch das zu erwartende Verfahren und die Mietzinsausfälle abzuschrecken und zu einer dem Mieter günstigen Vertragsänderung [wie etwa einem gemischten Gebrauch, Zusatzleistungen oder einer Verkleinerung des für den Mieter zwischenzeitlich zu gross gewordenen vertraglich bestimmten Mietobjektes mit entsprechender Preisanpassung] zu veranlassen; z.B. das Geltendmachen von unbegründeten Ansprüchen, um sich die Möglichkeit der Kündigungsanfechtung im Hinblick auf die bereits bekannte, kurz bevorstehende ordentliche Kündigung zu «sichern»; z.B. das Geltendmachen von unbegründeten Ansprüchen zwecks Sicherung der Anfechtungsmöglichkeiten, nachdem der Mieter die Mieträumlichkeiten bereits verlassen und an einer Anfechtung objektiv betrachtet kein direktes Interesse mehr haben kann). 54

e) *Fünftes* Element der Vermutungsbasis der Norm ist, dass die **Kündigung** des Vermieters **wegen der Geltendmachung** der Ansprüche erfolgte. Gefordert ist somit ein *adäquater Kausalzusammenhang* zwischen dem Geltendmachen der Ansprüche und der Vermieterkündigung. Bei der Kündigung muss es sich um eine gültige Kündigung handeln (vgl. dazu N 36, N 40 ff., N 44 ff. zu Art. 271). Nichtige bzw. unwirksame Kündigungen sind der Anfechtung gar nicht zugänglich. 55

Adäquat ist *gemäss allgemeiner bundesgerichtlicher* Praxis ein Kausalzusammenhang dann, wenn eine Ursache nach der allgemeinen Lebenserfahrung und dem gewöhnlichen Lauf der Dinge – im Lichte aller weiteren Umstände des konkreten Falles – geeignet ist, eine Wirkung der Art herbei- 56 zuführen, wie sie eingetreten ist (allgemein BGE 102 II 237; ferner 112 II 442, 116 II 524, 119 Ib 345). *Im Lichte des Art. 271a Abs. 1 lit. a* kommt ein solcher *adäquater Kausalzusammenhang im Motiv der Rache, der Vergeltung usw. zum Ausdruck* (BGer, in: mp 1/93, S. 33 f.; ähnlich CALAMO, S. 233, der die Rache jedoch dem natürlichen Kausalzusammenhang zuordnet).

57 Der adäquate Kausalzusammenhang setzt eine natürliche Kausalität voraus (TERCIER, S. 256, Rz. 2084; vgl. auch BGer, in: mp 1/93, S. 32, mit Verweisen), was heisst, dass das Geltendmachen des Anspruches Ursache der (Vergeltungs-)Kündigung sein muss (conditio sine qua non), die Kündigung ihrerseits Wirkung dieser Ursache. *Unter zeitlichen Aspekten betrachtet, kann daher eine Kündigung, die ausgesprochen wird, bevor der Anspruch geltend gemacht wurde, nie Wirkung dieser Handlung sein* (vgl. etwa ZMP 1/92 Nr. 7 [E. 2c], unklar BGE 106 IV 71 [zutreffend kritisiert von BARBEY, Protection, S. 135, N 76]; gl.M. offenbar auch BARBEY, Protection, S. 128, N 57; a.A. CALAMO, S. 234), ansonsten man gewissermassen – entgegen dem Gesetzeswortlaut – eine antizipierte «Rache» als Kündigungsmotiv einführen wollte (unklar, ob dieser Auffassung [noch zum alten Recht], BGE 111 II 384, 113 II 460, 115 II 484, mp 3/89, S. 117 ff.). Der natürliche Kausalzusammenhang ist allerdings dann nicht zu prüfen, wenn die adäquate Kausalität ohnedies zu verneinen ist (vgl. mp 1/93, S. 32; BGE 107 II 243).

58 Kündigt der Vermieter, weil er weiss (z.B. «aus vertraulicher Quelle»), dass der Mieter konkret dabei ist, Ansprüche geltend zu machen (z.B. hat er einen Brief verfasst oder gar schon abgeschickt), so liegt ein Verhalten vor, das im Lichte des Art. 271 Abs. 1 zu prüfen ist, was unter dem alten Recht noch nicht möglich war (unter Art. 271a Abs. 1 lit. a subsumieren diesen Fall hingegen z.B. BARBEY, Protection, S. 128, N 57, LACHAT/MICHELI, S. 324, unter Hinweis auf BGE 111 II 384 ff., LACHAT/STOLL, S. 344, MENGE, S. 68).

59 Ist ein Anspruch jedoch einmal geltend gemacht worden und kommt es danach zur Kündigung, *indiziert somit bereits der blosse Zeitablauf zwischen Geltendmachung und Kündigung* ein Ursache-Wirkungs-Verhältnis (vgl. BGE 111 II 384, 113 II 462, 115 II 484, ZR 77 [1978] Nr. 119, mp 3/89, S. 117 ff., mp 1/93, S. 32; mit dem blossen Indiz ist allerdings noch kein Beweis erbracht; vgl. nachfolgend N 66), und das um so eher, je weniger Zeit zwischen der Geltendmachung und der Kündigung verstrichen ist. Der längere Zeitablauf zwischen Geltendmachung und Kündigung allein schliesst es aber nicht aus, dass selbst vier bis fünf Jahre nach der Geltendmachung des Anspruches eine Kündigung aus Rache erfolgt (vgl. BARBEY, Protection, S. 135, N 77, CALAMO, S. 234; z.B. BGE 113 II 460, mp 1/93, S. 32, mit weiteren Verweisen auf die Literatur). Dem Indiz des zeitlichen Zusammenhanges kommt in diesen Fällen jedoch ein erheblich geringeres Gewicht zu als in den Fällen unmittelbarer zeitlicher Abfolge von Geltendmachung und Kündigung (gl., statt vieler: CALAMO, S. 234).

Ob ein adäquater Kausalzusammenhang, ausgedrückt im Motiv der Rache, in einem konkreten Fall gegeben ist, stellt eine (berufungsfähige) *Rechtsfrage* dar (mp 1/93, S. 32, BGE 108 II 53, 116 II 524, 113 II 56), *deren tatsächliche Grundlagen regelmässig nur aus Indizien bestehen* (vgl. etwa ZR 77 [1978] Nr. 119, BJM 1981, S. 199 f.; gl. z.B. BARBEY, Protection, S. 135, N 76, unter Hinweis auf mp 3/89, S. 116 und S. 119). *Zu diesen Indizien gehören* nebst der natürlichen Kausalität (Ursache-Wirkung; vorn N 57) auch weitere Anhaltspunkte, wie die Kündigungsbegründung (dazu auch nachstehend N 61 f.), das Verhalten der Parteien vor der Kündigung usw. Erst anhand aller dieser Indizien ist auf das Motiv der Vergeltung, Rache usw. zu schliessen, welcher Schluss die Bejahung der Adäquanz des Kausalzusammenhanges zur Folge haben kann. *Die Würdigung der Indizien und der Schluss von ihnen auf das Motiv der Rache selbst sind eine Sache der Beweiswürdigung* (BGE 115 II 484; vgl. dazu auch nachfolgend N 61 ff.) und keine Rechtsfrage. Der adäquate Kausalzusammenhang ist grundsätzlich dann zu bejahen, wenn ein unvoreingenommener Betrachter aufgrund der gesamten Umstände zum Schluss kommen muss, der Kündigung liege das Motiv der Vergeltung (bzw. Rache) zugrunde (ähnlich BGer im Urteil vom 15. 9. 1992, S. 7 [zu Art. 271a Abs. 1 lit. b]). 60

Ein adäquater Kausalzusammenhang ist nach dem Gesagten *regelmässig dann zu verneinen*, wenn der Vermieter *ein gewichtiges Kündigungsmotiv zu belegen* vermag (vgl. Art. 271a Abs. 3 und Art. 272a), welches eine Kündigung – unbeschadet um allfällig geltend gemachte Ansprüche – rechtfertigt (gl. BARBEY, Protection, S. 135, N 78; wie z.B. dringender Eigenbedarf, z.B. wiederholte Vertragsverletzungen des Mieters, z.B. belegter ausserordentlicher Kündigungsgrund [auch wenn bloss ordentlich gekündigt wird]; ähnlich CALAMO, S. 234). 61

Vermag der Vermieter *Gründe* zu belegen, die seine Kündigung im Lichte von Art. 271 Abs. 1 nicht als treuwidrig erscheinen lassen, jedoch – im Lichte der gesetzgeberischen Wertungen, wie sie in Art. 271a Abs. 3 bzw. Art. 272a dargelegt sind (vorn N 18 f.; Genaueres dazu nachfolgend in N 188 ff.) – *weniger gewichtig erscheinen*, so schliesst das die Verneinung eines adäquaten Kausalzusammenhanges ebenfalls nicht aus (zur Beweisanforderung vgl. N 66). Massgebend ist hier zunächst einmal, *inwieweit der Kündigungsgrund mit dem geltend gemachten Anspruch sachlich zusammenhängt*. Ein sachlicher Zusammenhang zwischen Kündigungsgrund und Anspruch indiziert eher das Vorliegen der Rache als Motiv, ein völlig anderer Grund zur Kündigung gerade das Gegenteil. Zum zweiten ist massgebend, inwieweit der vom Mieter geltend gemachte Anspruch – analog Art. 271a Abs. 1 lit. e Ziff. 1 – überhaupt *begründet war* und wie vertragskonform sich der Mieter (ohne gerade bösgläubig zu sein; vorn 62

N 50 ff.) selbst im Laufe des Mietverhältnisses verhalten hat. Denn auch im Mietvertragsrecht muss gelten, dass der, der Ansprüche erhebt, sich gleichfalls eines vertragskonformen Verhaltens zu befleissigen hat.

63 *Eher gegen das Motiv der Rache* sprechen im Regelfall und im Lichte der Beweisanforderungen (nachfolgend N 66) z.B. eine stets leichte und vom Vermieter gerügte Verspätung bei Zahlungen des Mietzinses und das Geltendmachen von Ansprüchen geringfügiger Art. Eher dagegen sprechen z.B. die Unverträglichkeiten unter den Mietmietern oder eine persönliche Unverträglichkeit der Parteien (vgl. aber mp 3/92, S. 130, worin der im gleichen Haus wie die Mieterschaft wohnenden Vermieterschaft der Vorwurf gemacht wird, sie hätte gewissermassen die Unverträglichkeit mit der Mieterschaft schon bei Vertragsabschluss erkennen müssen, wie wenn man dergleichen im voraus – im Lichte der allgemeinen Lebenserfahrung, wonach sich Bewerber jeglicher Art, also z.B. auch Partnersuchende und nicht nur Wohnungsbewerber, regelmässig in ein gutes Licht stellen – stets erkennen könnte; das Zusammenleben zeigt vielfach erst die Unverträglichkeit an).

64 Bringt der Vermieter *nebst den «legitimen»* (vorn N 61 f.) Gründen *auch Gründe vor, die eine Kündigung gerade nicht rechtfertigen bzw. treuwidrig erscheinen lassen, oder die nicht vor der Kündigung eingetreten sind,* oder beruft er sich lediglich allgemein auf das vertragliche allgemeine Kündigungsrecht, wird der Annahme eines adäquaten Kausalzusammenhanges hinwieder nichts entgegenstehen. Denn diese weiteren Gründe erscheinen dann, wenn die «legitimen» Gründe für sich allein kein besonderes Gewicht besitzen und wenn zwischen der Kündigung und der Geltendmachung der Ansprüche nur (relativ) kurze Zeit verflossen ist, regelmässig als gewichtiges Indiz für vorgeschobene Gründe (ähnlich BARBEY, Protection, S. 189, N 245 f.; vgl. auch BGE 99 II 51; in diesem weiteren Rahmen hinwieder wohl im Resultat zutreffend mp 3/92, S. 129 f., wiewohl dort offenbar Beweise über die Tatsachenbehauptungen der Vermieterschaft gar nicht erhoben worden sind). Das Vorschieben von Gründen hinwieder ist an sich schon treuwidrig (vgl. N 73 f. zu Art. 271 Abs. 1).

65 Fusst der *«legitime» Grund, der neben anderen,* unbelegten usw. *angeführt wird, demgegenüber auf einer gesetzlichen ausserordentlichen Befugnis zur Kündigung* (vgl. Art. 271a Abs. 3 und Art. 272a), dann ist die Annahme eines adäquaten Kausalzusammenhanges wohl stets zu verneinen (gl. BARBEY, a.a.O.; siehe auch vorn N 61 f.), selbst wenn bloss ordentlich statt ausserordentlich gekündigt wird (vgl. z.B. N 68 zu Art. 257d; siehe ebenfalls N 167 zu Art. 271).

### 3. Beweislast

66 Die Beweislast für das Vorliegen der Elemente der Vermutungsbasis von Art. 271a Abs. 1 lit. a trägt – im Einklang mit der grundsätzlichen Be-

weislastverteilung gemäss Art. 271 Abs. 1 – *grundsätzlich der Mieter* (ähnlich, statt vieler: RONCORONI I, a.a.O., S. 140). Dabei ist – mit Ausnahme des Nachweises des Kausalzusammenhanges (vorn N 60 ff.) – *strikter Beweis* zu führen. Für den *Kausalzusammenhang genügt die Beweisanforderung der grossen Wahrscheinlichkeit* (BGE 115 II 486). Dem Vermieter steht der Gegenbeweis offen (h.L. und Praxis, statt vieler: BARBEY, Protection, S. 136, N 80; ähnlich ZIHLMANN, Basler Kommentar, N 5 zu Art. 271a, RONCORONI I, a.a.O.; a.A. offenbar WEBER/ZIHLMANN, Basler Kommentar, N 30 zu Art. 271–271a [singulär, aufgrund falscher Prämissen; vgl. N 168 zu Art. 271]).

Umgekehrt verhält es sich nur dort, wo sich die Frage erhebt, ob der Mieter seine Ansprüche nach Treu und Glauben geltend gemacht hat (vorn N 39 ff.). Die Beweislast für ein *bösgläubiges Geltendmachen der Ansprüche* liegt hier – aber nur hier – *beim Vermieter* (BGE 114 II 81; gl., wiederum statt vieler: BARBEY, a.a.O., RONCORONI I, a.a.O.). 67

## 4. Verhältnis zu den übrigen Tatbeständen anfechtbarer Kündigungen

*Im Verhältnis zu Art. 271 Abs. 1* bildet die Norm einen beispielhaften Ausnahmetatbestand. Sind die Elemente ihrer (unwiderlegbaren) Vermutung nicht vollständig erfüllt, schliesst das die Anfechtung der Kündigung gestützt auf Art. 271 Abs. 1 nicht aus (vgl. vorn N 22, mit Verweisen; siehe ferner z.B.: mp 1/93, S. 31 ff.; das Gesagte verdeutlicht den Vermutungscharakter der Norm [dazu auch KUMMER, N 335 zu Art. 8 ZGB]). Hingegen fällt eine gleichzeitige Anwendbarkeit beider Normen aufgrund eines Sachverhaltes, der ausschliesslich die Vermutungsbasis von Art. 271a Abs. 1 lit. a erfüllt, zwangsläufig ausser Betracht. 68

*Die in den lit. b, lit. c und lit. f. von Art. 271a Abs. 1* geregelten Tatbestände treuwidriger Vermieterkündigung bestehen unabhängig vom Tatbestand des Art. 271a Abs. 1 lit. a. Ihre gleichzeitige Anwendbarkeit ist daher nur soweit ausgeschlossen, als das Verhalten des Vermieters vor der Kündigung nicht auch die Elemente der Vermutungsbasis dieser Normen erfüllt. 69

*Art. 271a Abs. 1 lit. d und lit. e* sind besondere Anwendungsfälle der allgemeinen Vergeltungskündigung gemäss Art. 271a Abs. 1 lit. a (statt vieler: CALAMO, S. 247). Sind die Elemente ihrer Vermutungsbasis erfüllt, fällt die Anwendung von Art. 271a Abs. 1 lit. a dahin. Das gilt auch dort, wo die Vermutungen dieser Normen im Sinn von Art. 271a Abs. 3 «widerlegt» wurden (vgl. vorn N 61, N 65 und nachstehend N 182 ff.). 70

## II. Art. 271a Abs. 1 lit. b (Änderungskündigung)

### 1. Allgemeines

71 *Zweck der Norm* ist es, den Mieter (als sozial schwächere Vertragspartei) ohne Druck mit dem Vermieter über Mietzinserhöhungen und andere Vertragsänderungen zu seinen (des Mieters) Lasten verhandeln zu lassen (statt vieler: TERCIER, S. 256, Rz. 2085, CALAMO, S. 236). Namentlich soll der Mieter sich nicht davor fürchten müssen, dass der Vermieter beim Scheitern der Verhandlungen das Mietverhältnis kündigt, um so die Änderung doch noch durchzusetzen (Änderungskündigung; BGE 115 II 83, 111 II 387, 106 IV 69; ZMP 2/91 Nr. 18, 3/91 Nr. 33, 3/93 Nr. 31–32; vgl. TERCIER, a.a.O.). *Geschützt werden soll der Mieter* m.a.W. *vor einer spezifischen Pression* des Vermieters zu seinen (des Mieters) Lasten. Die Norm verhindert damit zugleich eine Umgehung von Art. 269d (ZIHLMANN, Basler Kommentar, N 9 zu Art. 271a).

72 Die Norm *stützt sich auf die altrechtliche Bestimmung der Art. 18 Abs. 3 und Art. 20 BMM*, welche Änderungskündigungen für nichtig erklärten. Anders als im alten Recht sind Änderungskündigungen gemäss Art. 271a Abs. 1 lit. b jedoch nicht mehr nichtig, sondern *ausschliesslich anfechtbar*, was sich aus dem eindeutigen Wortlaut des ersten Halbsatzes von Art. 271a Abs. 1 ausreichend klar ergibt (vgl. ferner N 55–57 Vorbem. zu Art. 271–273c). Die Anfechtungsfrist folgt aus Art. 273 Abs. 1.

73 Wie Art. 271a Abs. 1 lit. a stellt die Norm eine *unwiderlegbare Vermutung der Treuwidrigkeit auf* (vorn N 22 und N 15), *wenn die Elemente der Vermutungsbasis insgesamt erfüllt sind* (zum Vermutungscharakter vgl. vorn N 15) *und* – grundlegende, allgemeine Voraussetzung – eine *gültige Vermieterkündigung vorliegt* (vorn N 20, mit Verweisung).

Diese Elemente sind: *zum ersten* eine Mietzinserhöhung oder eine andere einseitige Vertragsänderung des Vermieters (nachstehend N 74 ff.), die sich – *zum zweiten* – zu Lasten des Mieters auswirkt (nachstehend N 82 ff.), sowie *zum dritten* ein (adäquat kausaler) Zusammenhang zwischen der gültigen Kündigung des Vermieters (an sich *vierte Voraussetzung;* vgl. dazu N 36 zu Art. 271) und der einseitigen Vertragsänderung, der die unlautere, treuwidrige Absicht des Vermieters offenbart, mehr Mietzinse o.ä. zu erlangen (Pression; nachstehend N 86 ff.). Ist eines dieser vier Elemente (wobei es das der Kündigung nachfolgend nicht mehr näher zu erörtern gilt) nicht erfüllt, greift die gesetzliche Vermutung der Norm nicht Platz. Je nach den konkreten Umständen ist aber eine Anfechtung gestützt auf die Generalklausel des Art. 271 Abs. 1 möglich (vgl. N 15 zu Art. 271).

## 2. Tatbestandselemente

a) *Erstes Element* der Vermutungsbasis, das es hier noch näher zu betrachten gilt, ist entweder eine **einseitige Vertragsänderung oder eine Mietzinsanpassung des Vermieters.** Gemeint ist damit grundsätzlich eine *einseitig erklärte Mietzinsanpassung oder Vertragsänderung i.S.v. Art. 269d* (statt vieler, ähnlich: ZIHLMANN, Basler Kommentar, N 10 zu Art. 271a). Zum Wesen der Vertragsänderung i.S. v. Art. 269d vgl. N 75 f. 74

Im neuen Recht stellt die Mietzinserhöhung bzw. einseitige Vertragsänderung i.S.v. Art. 269d ihrem Wesen nach nicht das Resultat einer Verhandlung zwischen den Parteien (vgl. vorn N 71) dar, sondern schlicht die *Ausübung eines Gestaltungsrechts des Vermieters* (so neuerdings auch das BGer, in: MRA 5/95, S. 257 f. [= mp 3/95, S. 145 ff.]). Denn rechtsdogmatisch betrachtet (vgl. Art. 1, der auf dem Konsensprinzip basiert) gibt es keine anderweitige als diese Begründung dafür, dass ein Vertrag inhaltlich einseitig abgeändert werden kann (ähnlich ZIHLMANN, Basler Kommentar, N 14 zu Art. 269d, ZIHLMANN II, S. 141; vgl. ferner die Ausführungen in den Vorbem. zu Art. 269 ff. und zu Art. 269d). Das Gesagte gilt auch dann uneingeschränkt, wenn – wie im Fall von Art. 269d i.V.m. Art. 270b – die Vertragsänderung anfechtbar ausgestaltet ist. Denn es widerspricht das Prinzip der Anfechtbarkeit, welches im Fall der unterlassenen Anfechtung der vertragsändernden Erklärung grundsätzlich Gültigkeit zubilligt (statt vieler: LACHAT/STOLL, S. 147), dem allgemeinen, unser Vertragsrecht und auch das Mietrecht beherrschenden Konsensprinzip (vgl. BGE vom 28. März 1995 i.S. M. ca. G. [MRA 5/95, S. 256 ff., mp 3/95, S. 145 ff.], E. 2/b: «Einseitige Vertragsänderungen sind begrifflich ein Widerspruch in sich selbst, da jede Vertragsänderung der konsensualen Grundlage bedarf»; zutreffend ferner das Votum JELMINI in: Amtl.Bull. SR vom 8. Juni 1988, S. 176). 75

*Inhaltlich ist das Gestaltungsrecht des Art. 269d Abs. 3 im übrigen beschränkt,* und zwar einerseits aufgrund der systematischen Stellung der Norm im Dritten Abschnitt des Achten Titels des OR (missbräuchliche Mietzinse und andere missbräuchliche Forderungen), anderseits durch die *Abgrenzung vom Gestaltungsrecht der Kündigung* (vgl. auch Art. 269d Abs. 2 lit. c, der Ausdruck entsprechender Einsichten des Gesetzgebers zu sein scheint). Von Art. 269d Abs. 3 nicht erfasst sind daher zum einen «Forderungen» des Vermieters, die in keinem engen Zusammenhang mit dem von den Parteien mit dem Vertragsabschluss vereinbarten Gleichgewicht (vgl. N 13 f. zu Art. 253) der gegenseitig auszutauschenden Leistungen stehen (wie z.B. Parteiwechsel; grundlegende Abweichung vom bisher vertraglich Geltenden), wobei sich der Blick hinsichtlich des Austausches vorrangig am bislang geschuldeten Entgelt (Mietzins i.w.S.) zu orientieren hat. *Zum anderen werden von Art. 269d Abs. 3 Kündigungen nicht erfasst,* mithin alle einseitigen Erklärungen des Vermieters, die die (auch bloss teilweise; vgl. N 17 ff., N 94 ff., N 108 Vorbem. zu Art. 266–266o) Aufhebung des bisher geltenden einheitlichen Mietverhältnisses herbeiführen sollen (unverständlich daher BGer, in: mp 4/95, S. 225 ff., LACHAT/STOLL, S. 269 f., und die dort zitierten Entscheide, ZMP 3/92 Nr. 26); eine andere Sicht der Dinge vertreten hiesse, das Gestaltungsrecht der Kündigung zu verkennen bzw. im Rahmen der Wohn- und Geschäftsraummiete neu zu definieren (es ist bis anhin denn auch noch niemandem ernsthaft in den Sinn gekommen, etwa bei der Automiete die Kündigung des Mietverhältnisses bloss bezüglich einer Tür als zulässig zu erachten; vgl. dazu ebenfalls N 96 Vorbem. zu Art. 266–266o). 76

77 Die Norm setzt jedoch *nicht voraus* – und verlöre sonst den Zweck aus den Augen, den sie verfolgt (vorn N 71) –, dass die einseitige Mietzinsanpassung oder Vertragsänderung auch *in der von Art. 269d vorgeschriebenen Form* (bzw. innerhalb der Fristen dieser Norm) erfolgt sein muss. Es genügt unter dem Blickwinkel der Norm vielmehr *jede Erklärung* bzw. «Offerte» *des Vermieters an den Mieter, er wolle den Vertrag (einseitig) anpassen* (statt vieler: ZIHLMANN II, S. 212 f.), auch dann, wenn sie bloss mündlich erfolgt (ähnlich, statt vieler: MENGE, S. 70).

78 *Nicht vorausgesetzt ist* demnach, was sich schon aus dem ungleichen Geltungsbereich der Missbrauchsgesetzgebung und dem Kündigungsschutz ergibt (vgl. N 3 f. Vorbem. zu Art. 271–273c), dass die vom Vermieter vorgeschlagene einseitige *Mietzinsanpassung bzw. Vertragsänderung missbräuchlich i.S. der Missbrauchsgesetzgebung* (Art. 269 ff.) *sein muss*. Auch die korrekte Erklärung («Offerte») genügt (ZIHLMANN II, S. 212 f.). Vermieden werden soll durch die Norm ein «Nötigungseffekt» (ZIHLMANN II, S. 212).

79 Zwingend erforderlich ist demgegenüber, dass die Erklärung nicht nur *vom Vermieter ausgeht* und insoweit «einseitig» ist, sondern gewissermassen *dessen Initiative entspringt*. Geht die Initiative (im Sinn eines Antrages gemäss Art. 1) zur Vertragsänderung vom Mieter aus und stellt die «einseitige» Erklärung [bzw. «Offerte»] des Vermieters im Lichte von Art. 1 lediglich ein Akzept dar, fehlt es an der *erforderlichen Einseitigkeit* (gl. BGE vom 28. März 1995 i.S. M. ca. G. [MRA 5/95, S. 256 ff., mp 3/95, S. 145 ff.]; vgl. aber auch BGE 99 II 297). An der erforderlichen Einseitigkeit fehlt es ebenso dort, wo die Parteien in einer Vertragsklausel (also zweiseitig) zur Vertragsverlängerung die gegenseitige Pflicht vereinbart haben, ernsthaft u.a. über den künftigen Mietpreis zu verhandeln (sog. «unechte Optionen»; vgl. dazu N 70 ff. zu Art. 255; insoweit zutreffend ZIHLMANN, Basler Kommentar, N 10 zu Art. 271a, wonach Art. 271a Abs. 1 lit. b nur bei unbefristeten Mietverhältnissen Bedeutung erlangt; gl. im Resultat wohl auch BGE 99 II 297, der den diesbezüglich massgebenden Sachverhalt allerdings nicht wiedergibt; dazu vgl. ebenfalls N 81).

80 Die *Initiative des Vermieters muss sich sodann an den Mieter richten* (wenn auch nicht ausschliesslich; gl. CALAMO, S. 239). Kündigt der Vermieter, weil ihm ein Dritter mehr Mietzins verspricht oder er sich von einem Dritten mehr Mietzins erhofft, ohne dass er dabei ebenfalls dem Mieter eine Offerte unterbreitet, so entfällt das erste Element der Vermutungsbasis (einseitige Vertragsänderung) von Art. 271a Abs. 1 lit. b ebenfalls (vgl. BGE 120 II 105; gl. z.B. CALAMO, S. 239, ZIHLMANN II, S. 212). Ob der vom Dritten erhältlich gemachte Mietzins missbräuchlich i.S. der Art. 269 ff. ist, kann dabei – mangels «Nötigungslage» – keine Rolle spielen (sondern höchstens im Lichte von Art. 271 Abs. 1 [vgl. N 60 zu Art. 271]; unklar, ob hierin a.A., bei BGE 120 II 105; gl.M. wohl auch CALAMO, S. 239).

Vor dem Hintergrund des Zweckes, den Art. 271a Abs. 1 lit. b verfolgt (vorn N 71), erfüllen das erste Element der Vermutung immerhin auch Erklärungen des Vermieters, die eine Gegenofferte zum Antrag des Mieters auf Vertragsänderung darstellen, da sonst ein freies Verhandeln für den Mieter ausgeschlossen ist (gl. offenbar [der massgebende Sachverhalt ist in diesem Punkt unklar] BGE 99 II 297). Dasselbe muss ebenso für Erklärungen aufgrund von Vertragsverlängerungsklauseln (unechte Optionen) gelten, die dem Vermieter bloss das einseitige Recht zur Mietzinsanpassung einräumen und für den Fall des Nichtakzeptes durch den Mieter eine Kündigungsberechtigung des Vermieters vorsehen (a.A. mutmasslich ZIHLMANN, Basler Kommentar, a.a.O.). Denn damit wird der Mieter gerade vor die verpönte Situation gestellt, entweder die Anpassung zu akzeptieren oder aber auszuziehen (vgl. BGE 111 III 387, 115 II 83; vgl. auch nachfolgend N 86). Das zuletzt Ausgeführte gilt selbstredend nicht, wenn der Vertrag im Fall gescheiterter Verhandlung in bereits im voraus bestimmter Weise ohne Kündigung endet (z.B. «Dieser Vertrag beginnt mit dem 01.01.1995 und endet per 31.01.1999, wenn sich die Parteien zuvor nicht über eine Fortsetzung geeinigt haben»). 81

b) *Zweites* hier näher zu betrachtendes *Element* der Vermutungsbasis der Norm ist, dass sich die einseitige Vertragsänderung (bzw. Mietzinsanpassung) **zu Lasten des Mieters** auswirkt. Darunter ist eine *wirtschaftliche Schlechterstellung des Mieters im Vergleich zum bisherigen Vertragsregime* zwischen den Parteien zu verstehen (ähnlich z.B. Botsch., S. 1459; gl. z.B. ZIHLMANN II, S. 141 f., TERCIER, S. 256). 82

Beispiele (vgl. auch BGE 108 II 142, BGer-Urteil 4C.494/1994, mp 4/89, S. 164, DdB 1/89 Nr. 42, BARBEY, Protection, S. 140, N 91, MENGE, S. 71, TERCIER, S. 256): Einführung neuer Nebenkosten (wie z.B. für Treppenhausreinigung, die bisher im Mietzins inbegriffen oder vom Mieter selber zu besorgen war [und der Mieter weiterhin selber dafür aufkommen wollte], wie z.B. Kosten für die Benützung eines Schwimmbades, die bisher durch den Mietzins abgegolten waren); Installation eines Münzautomaten für die Waschmaschine (oder den Tumbler oder eine Lichtanlage), deren Benützung bislang durch den Mietzins abgegolten wurde (nicht aber wohl der Wechsel von der Stromabrechnung per handschriftlichem Eintrag durch die Mieter zum Münzautomaten, da die Stromkosten ja grundsätzlich gleich bleiben); Übergang von quartalsweisen oder halbjährlichen Kündigungsterminen auf monatliche usw.; Aufhebung eines Wohnteiles (siehe auch Teilkündigung; N 94 ff. Vorbem. zu Art. 266–266o); ein Wechsel im System der Nebenkostenabrechnung (von Akonto zu Pauschale oder umgekehrt); Abschaffung der Hauswartung bzw. von Portierdiensten, die bisher Vertragsbestandteil waren; Abschaffung oder Reduktion der Möblierung bei möblierten Einzelzimmern; Münzautomat für Heizung (bei Einzelzimmern etwa), deren Kosten bisher durch den Mietzins abgegolten waren usw. 83

Bleibt das aufgrund der Erklärung an sich beabsichtigte (oder gar eintretende) *neue Vertragsregime unter dem wirtschaftlichen Aspekt im Vergleich mit dem vorherigen Regime in etwa gleich* (z.B. Umbau des Objektes durch den Vermieter nach den Wünschen des Mieters und Anpassung des Vertrages durch den Vermieter in bezug auf den Mietzins; Ausbau des Portierdienstes oder der Hauswartungsleistungen auf Wunsch des Mieters) oder hat es sich gar grundlegend geändert (z.B. infolge gleichzeitiger Vergrösserung des Mietobjektes oder Verkleinerung des Mietobjektes samt Mietzinsreduktion), so liegt *keine einseitige Vertragsänderung zu Lasten des Mieters vor*, sondern regelmässig ein (zweiseitiger) Abänderungsvertrag (vgl. unveröff. Urteil des BGer vom 12. Dezember 1991 [gemäss Hinweis in ZMP 2/92 Nr. 24, S. 37]; vgl. ferner ZMP 3/94 84

Nr. 33 und BGE vom 28. März 1995 i.S. M. ca. G. [MRA 5/95, S. 256 ff., mp 3/95, S. 145 ff.]; zum Abänderungsvertrag vgl. ferner N 17 ff. Vorbem. zu Art. 266–266o sowie die Ausführungen zu Art. 269d).

85 Ist die Folge der offerierten Vertragsänderung gar eine *Mehrleistung des Vermieters, die für den Mieter keine Lasten mit sich zieht* (z.B. durch Nebenkosten abgedeckte nebenamtliche Hauswartung wird ohne Erhöhung der Nebenkosten von einem vollamtlichen Hauswart besorgt, es werden Kabelfernsehanschlüsse angebracht oder ausgebaut, ohne dass sich das im Mietzins oder in den Nebenkosten niederschlägt, der Portierdienst wird ausgebaut), so ist das Element der Vertragsänderung zu Lasten des Mieters einsichtigerweise nicht erfüllt.

86 c) *Drittes* hier noch näher zu erörterndes *Element* der gesetzlichen Vermutung ist, dass die **Kündigung** des Vermieters (vorn N 73) *Teil oder Folge* eines (ev. gescheiterten; vgl. Art. 269d Abs. 2 lit. c) **Durchsetzungsversuches** des Vermieters ist. (Die blosse Drohung der Kündigung erfüllt den Tatbestand von Art. 271a Abs. 1 lit. b mangels Kündigung gerade nicht [CALAMO, S. 239, unter Hinweis auf PKG 1984, S. 170]; die «Erhöhung» beurteilt sich in diesen Fällen nach Art. 269 ff., vgl. dazu z.B. BGE 99 II 297). Zwischen der Kündigung und der einseitigen Vertragsänderung muss mithin eine Ursache-Wirkung-Beziehung bestehen (natürlicher Kausalzusammenhang), die dann unter die Norm fällt, wenn sich die verpönte Drucksituation (Verlassen des Mietlokals oder Nachgeben des Mieters; vorn N 71, N 80, mit Verweisen) nach der allgemeinen Lebenserfahrung einstellt (adäquate Kausalität; statt vieler: CALAMO, S. 238, TERCIER, S. 256, Rz. 2086). Das offenbart die entsprechenden (verpönten) Absichten des Vermieters. Im Bestreitungsfall muss dieser Zusammenhang sich aus den Indizien ergeben (Cahiers 1993, S. 72; Botsch., S. 1459, CALAMO, S. 238, TERCIER, S. 256 f.; vgl. ebenfalls BGE 115 II 487 [E. 3c: Absicht als Tatfrage]).

87 *Gewichtige Indizien, die die Drucksituation und damit die unlautere Absicht des Vermieters offen legen,* sind namentlich das *zeitliche Zusammenfallen von Kündigung und Änderungsvorschlag* bzw. die Kündigung nach einem abgelehnten Änderungsvorschlag bzw. die Kündigung, der unmittelbar eine Offerte zur «Weiterführung» auf neuer Basis folgt (ähnlich unveröff. Urteil des Mietgerichtes Zürich vom 18. Oktober 1990 i.S. R. ca. S. [bestätigt vom OGer Zürich mit Beschluss vom 8. Mai 1991], dem eine Kündigung eines auf unbefristete Zeit fortgesetzten, bislang befristeten Mietverhältnisses wegen gescheiterter «vertraglicher Neugestaltungen» des Vermieters zugrunde liegt; vgl. ferner BGE 99 II 297 [in diesem Fall unterblieb die Kündigung allerdings und war die Sache nach der Missbrauchsgesetzgebung – heutige Art. 269 ff. – zu beurteilen]).

88 Es spielt hingegen hier (anders als im Fall von Art. 271a Abs. 1 lit. a; dazu vorn N 57 ff.), weil an unlautere Absichten angeknüpft wird, *keine Rolle, ob die Kündigung* des Vermieters *vor, mit oder nach der Geltendmachung*

*der Vertragsänderung ausgesprochen wurde* (BGE 115 II 83, Pra. 78, S. 725 ff., SJ 1989, S. 282; ferner, statt vieler: BARBEY, Protection, S. 141, N 95). Ebenso ist es im Regelfall grundsätzlich unerheblich, dass allenfalls noch andere Gründe für die Kündigung ausschlaggebend waren, wenn sich aus den Indizien ergibt (oder zugestanden ist [unveröff. Urteil des Mietgerichtes Zürich vom 18. Oktober 1990 i.S. R. ca. S.; bestätigt vom OGer Zürich mit Beschluss vom 8. Mai 1991]), dass es dem Vermieter *zur Hauptsache* um die Durchsetzung der Änderung ging. Liegen jedoch solche andere *Gründe* vor, die den Vermieter zur *ausserordentlichen Kündigung berechtigen*, kann diese Auffassung zum Regelfall von Art. 271a Abs. 1 lit. b (Pression als Kündigungshauptursache) allerdings vernünftigerweise nicht ohne weiteres angenommen werden (vgl. auch N 65).

Kein adäquater Kausalzusammenhang ist dann gegeben, wenn der Mieter das Mietverhältnis selbst kündigt und danach den Vermieter um eine Weiterführung des Mietverhältnisses angeht, weil er es sich anders überlegt hat (es fehlt zudem am Element der Vermieterkündigung. Am ädaquaten Kausalzusammenhang gebricht es zudem dann, wenn das befristete Mietverhältnis endet und der Mieter dem Vermieter et vice versa eine «Fortsetzung» des Verhältnisses vorschlägt (CALAMO, S. 238 f.), oder wenn der Vermieter das Mietverhältnis kündigt und im Erstreckungsverfahren eine Anpassung gemäss Art. 272c Abs. 1 verlangt oder vergleichsweise fordert (ZMP 3/91 Nr. 33). 89

### 3. Beweislast

Wie im Fall des Tatbestandes von Art. 271a Abs. 1 lit. a (vgl. vorn N 66 f.) trifft auch beim Tatbestand von Art. 271a Abs. 1 lit. b den *Mieter* gemäss den Beweislastgrundsätzen des Art. 8 ZGB als gekündigte Partei (vgl. dazu N 165 ff. zu Art. 271) die *Beweislast für das Vorliegen der Elemente der gesetzlichen Vermutung* (vgl. auch BGE 115 II 487, E. 3c). Gefordert ist – ausgenommen bei den tatsächlichen Voraussetzungen des Elementes des adäquaten Kausalzusammenhanges, weil dieser regelmässig nur über Indizien nachweisbar ist (vgl. vorn N 86 f.) – stets der *strikte Beweis* (ähnlich z.B. BARBEY, Protection, S. 143, N 99, BRUNNER, S. 42, CALAMO, S. 238, LACHAT/STOLL, S. 346 [unter Hinweis auf die in SJ 1989, S. 282 ff., zum alten Recht publizierte Literatur]; a.A. offenbar WEBER/ZIHLMANN, Basler Kommentar, N 30 zu Art. 271–271a [singulär, aufgrund falscher Prämissen; vgl. N 168 zu Art. 271]). 90

Der *Vermieter* trägt demgegenüber als kündigende Partei die Last des Beweises dafür, dass die Kündigung gültig ausgesprochen wurde (Formfragen, Kündigungsberechtigung; vgl. dazu N 162 ff. zu Art. 271, mit Verweisen). 91

### 4. Verhältnis zu den übrigen Tatbeständen anfechtbarer Kündigungen

92 *Im Verhältnis zu Art. 271 Abs. 1* bildet die Norm wie die Regelung von Art. 271a Abs. 1 lit. a einen beispielhaften Ausnahmetatbestand: Sind die Elemente ihrer (unwiderlegbaren) Vermutung nicht vollständig erfüllt, schliesst das die Anfechtung der Kündigung gestützt auf Art. 271 Abs. 1 nicht aus (vgl. vorn N 68, mit Verweisen; siehe ferner beispielhaft: mp 1/93, S. 31 ff.; das Gesagte verdeutlicht den Vermutungscharakter der Norm [dazu auch KUMMER, N 335 zu Art. 8 ZGB]). Hingegen fällt eine gleichzeitige Anwendbarkeit beider Normen aufgrund eines Sachverhaltes, der ausschliesslich die Vermutungsbasis von Art. 271a Abs. 1 lit. b erfüllt, zwangsläufig ausser Betracht.

93 *Die in den lit. a und lit. f. von Art. 271a Abs. 1* geregelten Tatbestände treuwidriger Vermieterkündigung bestehen unabhängig vom Tatbestand des Art. 271a Abs. 1 lit. b. Ihre gleichzeitige Anwendbarkeit ist daher nur soweit ausgeschlossen, als das Verhalten des Vermieters vor der Kündigung nicht auch die Elemente der Vermutungsbasis dieser Normen erfüllt.

94 Sinngemäss dasselbe gilt in bezug auf die Tatbestände des *Art. 271a Abs. 1 lit. d und lit. e*, wobei namentlich die Widerlegung der Vermutung dieser zwei Normen keinen Ausschluss des Art. 271a Abs. 1 lit. b impliziert, da das verpönte Kündigungsmotiv dieser Norm vom verpönten Motiv der lit. d und e («Rache»; vgl. vorn N 69 und nachstehend N 180) verschieden ist und gleichwohl erfüllt sein kann.

95 Zum Verhältnis zu Art. 271a Abs. 1 lit. c vgl. nachstehend N 98 und N 121.

## III. Art. 271a Abs. 1 lit. c (congé-vente)

### 1. Allgemeines

96 *Die Norm* wurde erst im Laufe der parlamentarischen Beratungen geschaffen. Sie gab noch im Differenzbereinigungsverfahren Anlass zur Diskussion (vgl. Amtl.Bull. NR vom 16. März 1989, S. 534 f. [lit. $b^{bis}$], S. 537; Amtl.Bull. SR vom 19. September 1989, S. 428 ff., Amtl.Bull. NR vom

28. November 1989, S. 1878). Zur Diskussion kam es, weil der ursprüngliche Textvorschlag, der in der nationalrätlichen Debatte aufgegriffen worden war, sehr weit gefasst («im Hinblick auf den Verkauf oder infolge des Verkaufes einer bereits vermieteten Wohnung erfolgen»; vgl. Amtl.Bull. NR vom 16. März 1989, S. 534) und mit Art. 261 nur schwer vereinbar war (zutreffend Votum KOLLER, in: Amtl.Bull. SR vom 19. September 1989, S. 430).

Wie Art. 271 Abs. 1 lit. b *will* die Norm *verhindern, dass der Mieter vom Vermieter gewissermassen unter Druck gesetzt und in eine «Nötigungslage» gebracht wird, in der ihm nur die Wahl bleibt, entweder dem Erwerb der Wohnung zuzustimmen oder die Wohnung zu verlassen* (vgl. Voten PILLER und KOLLER, in: Amtl.Bull. SR vom 19. September 1989, S. 429 f.). Unter dem alten Recht wurde diese Form der Unterdrucksetzung des Mieters als – im Vergleich zur Mietzinserhöhung – «andere missbräuchliche Forderung» i.S.v. Art. 16 BMM i.V.m. Art. 12 VMM behandelt (vgl. BGE 115 II 78 [E. 3c] und DdB 1/89 Nr. 39, Pra. 78, S. 722 ff., SJ 1985, S. 632, Mit. 23, Nr. 8; siehe sodann BARBEY, Protection, S. 161, N 160, CALAMO, S. 241, GMÜR/PREROST/TRÜMPY, S. 131, LACHAT/STOLL, S. 347, RAISSIG/SCHWANDER, S. 113). 97

Die Norm umschreibt, wie das Vorstehende erhellt, im wesentlichen nichts anderes als einen *besonderen Anwendungsfall des Art. 271a Abs. 1 lit. b* («andere einseitige Vetragsänderung zu Lasten des Mieters»; gl. z.B. CALAMO, S. 241). *Die allgemeinen Voraussetzungen* für ihre Anwendbarkeit entsprechen daher in den Grundzügen jenen von Art. 271a Abs. 1 lit. b. Ihre Stellung als Anwendungsfall des Art. 271a Abs. 1 lit. b erklärt es im übrigen hinreichend, weshalb sie im Entwurf nicht vorgesehen war. Der Gesetzgeber fand es dennoch gewissermassen als schier «unverzichtbar», den Missbrauch «einer an sich guten Sache» (Votum PILLER in: Amtl.Bull. SR vom 19. September 1989, S. 429) – wie die Vermehrung von Wohneigentümern – mit einer zusätzlichen eigenen Norm ausdrücklich bekämpfen zu müssen (Votum PILLER, a.a.O.; ähnlich Votum KOLLER, nach dem Votum PILLER, a.a.O.; gl.M. MENGE, S. 73, der es ob all dem immer noch erstaunlich findet, dass der Bundesrat diese Norm nicht von sich aus vorgeschlagen hat). Zu den sich aus der Schaffung dieser zusätzlichen Norm ergebenden Konsequenzen vgl. nachstehend N 121 ff. 98

Die Norm ist wie die Tatbestände von lit. a und lit. b des Art. 271a Abs. 1 nur dann anwendbar (und es ist die Kündigung des Vermieters nur dann unwiderlegbar vermutet [vorn N 15] treuwidrig), wenn *alle ihre tatbestandsmässigen Elemente erfüllt sind* (ähnlich z.B. LACHAT/STOLL, S. 347): Es sind das im wesentlichen (abweichend von Art. 271a Abs. 1 lit. b) *einerseits* das Vorliegen eines Mietverhältnisses über eine Wohnung (nachfolgend N 100 ff.) und *anderseits* ein adäquater Kausalzusammenhang (nachstehend 99

N 110 ff.) zwischen der gültigen Kündigung des Vermieters (vorn N 73, N 36 zu Art. 271) und der Veranlassung des Mieters zum Erwerb der Wohnung (siehe N 111 ff.). In diesem Zusammenhang manifestiert sich die erwähnte Drucksituation (vorn N 97: «Nötigungslage») ebenso wie eine unlautere Gesinnung des Vermieters (vgl. Votum PILLER, in: Amtl.Bull. SR vom 19. September 1989, S. 429: «Aussenseiter haben diese Möglichkeit» [der an sich begrüssten Veräusserung einer Wohnung an den Mieter; vgl. vorn N 98] «aber» [mittels des Kündigungsdruckes] «ausgenutzt, um möglichst rasch viel Geld zu verdienen. Als äusserst stossend musste in vielen Fällen die enorme Differenz zwischen Miet- und Verkaufswert nach der Umwandlung in Stockwerkeigentum empfunden werden»).

### 2. Tatbestandselemente

100 a) *Erstes tatbeständliches Element* des Art. 271a Abs. 1 lit. c ist das Vorliegen eines **Mietverhältnisses über eine Wohnung.** Die Norm spricht – in Abweichung vom üblichen gesetzgeberischen Sprachgebrauch, der den Begriff des «Wohnraums» verwendet (vgl. etwa Art. 253a Abs. 1 oder Art. 256 Abs. 2 lit. b sowie den Titel zum Dritten Abschnitt) – in der deutschen Fassung nicht vom Erwerb des gemieteten «Wohnraums», sondern vom Erwerb «der gemieteten *Wohnung*»; ähnlich ist in der französischen Fassung die Rede vom «appartement loué».

101 Der Begriff «Wohnung» im Wortlaut von Art. 271a Abs. 1 lit. c. *schliesst augenfällig die Anwendung der Norm im Bereich der Geschäftsraummiete a priori aus* (sinngemäss gl., statt vieler: CALAMO, S. 242). Für die Qualifikation einer Miete als Wohn- oder Geschäftsraummiete ist vom von den Parteien vereinbarten Gebrauchszweck auszugehen (vgl. N 18 f. zu Art. 253a–253b; unzutreffend daher die Verweise von WEBER/ZIHLMANN, N 4 zu Art. 253a–253b, auf eine a.M. des Verf., die aus Überlegungen des Verf. zum Begriff des «Wohnens» in N 13 ff. zu Art. 253a–253b vom Kontext losgelöste Schlüsse ziehen, ohne sich selbst damit zu befassen, was «Wohnen» überhaupt bedeutet). Aus dem Anwendungsbereich der Norm fällt daher jeder Wohnraum, der zum Zweck des Betriebes eines Geschäftes gemietet bzw. vermietet wird.

102 *Beim gemischten Gebrauch* (Wohn- und Geschäftszweck) ist auf den primären bzw. überwiegenden vereinbarten Vertragszweck «Wohnen» oder «Geschäftsbetrieb» abzustellen; vgl. N 36 ff. Vorbem. zu Art. 271–273c, mit Weiterverweisungen.

103 Die Verwendung des *Begriffes «Wohnung»* in Art. 271a Abs. 1 lit. c *statt des Begriffs «Wohnraum»* wirft die weiteren *Fragen* auf, was genau nun unter «Wohnung» zu verstehen ist, namentlich, ob dieser Begriff eingeschränkter zu

verstehen ist als der sonst vom Gesetz sprachlich gepflegte «Wohnraum» (dazu N 20 ff. Vorbem. zu Art. 271–273c) und ob sich eine einschränkendere Auslegung der Norm analog dem Verständnis von Art. 253a Abs. 2 und vor allem von Art. 253b Abs. 2 aufdrängt, der von der allgemeinen Wohnraumdefinition i.S.v. Art. 253a Abs. 1 «luxuriöse Wohnungen» usw. teilweise ausnimmt (vgl. N 43 ff., N 63 ff. zu Art. 253a–253b, mit Weiterverweisungen).

*Für ein eingeschränkteres Verständnis des Begriffes «Wohnung» als des Begriffes «Wohnraum» sprechen* an sich der – im Vergleich zum übrigen Sprachgebrauch des Gesetzes – doch eher unikale Wortlaut der deutschen und französischen Fassung (so BARBEY, Protection, S. 163, N 165; vgl. aber nachstehend N 108 f.), wiewohl in der italienischen Fassung die vom deutschen und französischen Text abweichende Variante «abitazione» zu finden ist. Ferner sprechen dafür die eindeutigen Ausführungen im Parlament zum Zweck der Norm, die sich ausschliesslich an den Missbräuchen mit Wohnungen i.e.S. und nicht mit Geschäftsräumen und nicht mit ganzen Wohnhäusern bzw. Einfamilienhäusern orientierten (vgl. dazu vorn N 96 ff., mit Verweisen). Es scheint in diesen Ausführungen m.a.W. der explizite Wille des historischen Gesetzgebers auf, eine bestimmte Form des Missbrauches bei bestimmten Mietsachen *ausdrücklich und abweichend vom übrigen zu regeln.* 104

Geht man aus diesen Gründen von einer eingeschränkten Auslegung des Begriffes «Wohnung» aus (welche Auffassung hier vertreten wird), so kann man darunter nur eine Wohnung i.e.S. verstehen, also eine bauliche Einheit in einem Gebäude (welches mehr als bloss diese Einheit umfasst), die vom Mieter zu Wohnzwecken gemietet wird und die man aufgrund ihrer baulichen Beschaffenheit (mit Kochgelegenheit, Bad oder Dusche usw.) gemeinhin als Wohnung bezeichnet (h.L.; gl.M. etwa BARBEY, Protection, S. 163, N 165, MENGE, S. 73, ZIHLMANN, Basler Kommentar, N 12 zu Art. 271a). 105

*Nicht Wohnung sind* in diesem Verständnis daher (siehe auch vorn N 101, N 103) möblierte Einzelzimmer (wohl aber Einzimmerwohnungen), Einfamilienhäuser (BARBEY, Protection, a.a.O., MENGE, a.a.O., TERCIER, S. 257, Rz. 2087; sinngemäss gl.M. auch ZIHLMANN II, S. 213, MACHER/TRÜMPY, S. 135 f., RONCORONI I, S. 138 f.; ausdrücklich offen gelassen von LACHAT/STOLL, S. 347, Fn. 49; a.A. CALAMO, S. 242 f., vgl. dazu nachstehend N 108) und ganze Mehrfamilienhäuser (die vom Mieter zum Zweck der Untervermietung z.B. als «Betriebswohnungen» usw. gemietet oder sog. «geleast» [vgl. N 188 ff. Vorbem. zu Art. 253–274g] werden). 106

Unerheblich ist demgegenüber, ob es sich bei der Wohnung des Mieters um eine «Erst-» oder «Zweitwohnung» handelt (so auch BARBEY, Protection, a.a.O.), ausgenommen Ferienwohnungen i.S.v. Art. 253a Abs. 2, die grundsätzlich vom Kündigungsschutz ausgenommen sind (vgl. N 41 Vorbem. 107

zu Art. 271–273c). *Abzustellen ist somit einzig auf die Qualität der Mietsache als «Wohnung» im üblichen Sinn und einen Mietvertrag über diese Wohnung, der das Wohnen zum vereinbarten Gebrauchszweck erhebt* (und nicht z.B. den Betrieb eines Geschäftes in der Wohnung).

108 Der Begriff «Wohnung» (bzw. «appartement») wird immerhin in Art. 253a Abs. 2 (Ferienwohnung) und Art. 253b Abs. 2 (luxuriöse Wohnung) vom Gesetz ebenfalls verwendet. Das kann es gemäss dem Grundsatz der einheitlichen Auslegung von Gesetzesbegriffen, die in mehreren Normen aufscheinen, in gewisser Hinsicht nahelegen, den Begriff der Wohnung nicht ausschliesslich auf Wohnungen i.e.S. zu beschränken (so z.B. CALAMO, S. 242 f.). Der Beizug von Art. 253b Abs. 2 zur Auslegung von Art. 271a Abs. 1 lit. c erweist sich zudem offenbar als zutreffend, weil sich die erste Norm – anders als Art. 253a – nur mit der Missbrauchsgesetzgebung i.S.v. Art. 269 ff. befasst (vgl. Marginale II/2: «Bestimmungen über den Schutz vor missbräuchlichen Mietzinsen») und Art. 271a Abs. 1 lit. c als Sonderfall zu Art. 271a Abs. 1 lit. b insoweit als Ergänzung zur Missbrauchsgesetzgebung im Kündigungsschutzrecht aufgefasst werden kann. Im Resultat dieser Betrachtung, die zur Gleichsetzung von Wohnung und Wohnraum führen könnte, würden konsequenterweise auch Einzelzimmer und Einfamilienhäuser unter Art. 271a Abs. 1 lit. c fallen (teilweise dieser Ansicht offenbar CALAMO, a.a.O., der davon ausgeht, auch ein Einfamilienhaus diene dem Wohnzweck, Einzelzimmer jedoch auslässt; dass Einfamilienhäuser dem Wohnzweck dienen, ist allerdings ebenso evident wie, dass Art. 271a Abs. 1 lit. c in seinem Wortlaut nicht einfach auf den Wohnzweck abstellt, sondern auf die «Wohnung»).

109 Der weiten Betrachtungsweise des Begriffes «Wohnung» als Synonym für «Wohnraum» steht immerhin entgegen, dass Art. 253b in seinem Abs. 3 von der Missbrauchsgesetzgebung i.S.v. Art. 269 ff. Wohnungen ausklammert, die unter den Kündigungsschutz fallen, was den Beizug von Art. 253b Abs. 2 zur Auslegung von Art. 271a Abs. 1 lit. a ebenso fragwürdig machen muss wie die undifferenzierte Annahme, Art. 271a Abs. 1 lit. b ergänze ausschliesslich die Missbrauchsgesetzgebung i.S.v. Art. 269 ff. Wie in N 3 f. Vorbem. zu Art. 271–273c dargelegt worden ist, erfasst der originäre Kündigungsschutz ebenfalls Wohnraum, der gemäss Art. 253b nicht oder nur beschränkt unter die Art. 269 ff. fällt. Diese *Inkongruenz von Missbrauchsrecht i.e.S. und Kündigungsschutz muss konsequenterweise zu einer autonomen Auslegung von Art. 271a Abs. 1 lit. c führen*, die den vorhin angesprochenen Grundsätzen folgt und den eingeschränkten Anwendungsbereich der Norm bejaht.

110 b) Zweites tatbeständliches Element der Norm ist die **ausschliessliche Veranlassung** des Mieters **zum Erwerb durch die Kündigung.** Die Norm greift m.a.W. nur dann, wenn zwischen der Kündigung des Vermieters und der Veranlassung zum Erwerb der Wohnung ein **Kausalzusammenhang** besteht. Dieser Kausalzusammenhang hinwieder ist nach dem klaren Willen des Gesetzgebers nur dann **adäquat** (und von der Norm erfasst; N 114 ff.), wenn die Kündigung *einzig* deshalb ausgesprochen wurde, *um den Mieter zum Erwerb* der Wohnung anzuhalten. Das Gesetz bringt das mit der Formulierung «... *allein* um den Mieter ... zu veranlassen» («*Seulement* dans le but ...») hinreichend zum Ausdruck (gl., statt vieler: ZIHLMANN, Basler Kommentar, N 13 zu Art. 271a).

111 Wie der Grundtatbestand von Art. 271a Abs. 1 lit. b setzt die Norm somit zunächst einen *natürlichen Kausalzusammenhang* voraus, und zwar zwischen der Kündigung einerseits und der mit der Kündigung beabsichtigten weiteren

(nicht dem Kündigungsrecht entsprechenden) Wirkung, die vom Gesetz als «Veranlassung zum Erwerb» umschrieben wird (Verkaufsangebot; gl. CALAMO, S. 243), womit eine Drucksituation auf den Mieter umschrieben sein will (Kauf oder Auszug; TERCIER, S. 257, Rz. 2087). Die Norm *verlangt hingegen nicht, dass es zum (rechtsgültigen) Erwerb der Wohnung* nach der Kündigung kommt. Die natürliche Kausalität ist daher schon dann gegeben, wenn eine Kündigung erfolgt, die eine Veranlassung zum Erwerb geben kann.

Unter dem *Erwerb der Wohnung*, der durch die Kündigung veranlasst werden soll, ist im übrigen *nicht bloss der Kauf der Wohnung* gegen Erstattung eines Kaufpreises in Geld zu verstehen, sondern ebenso die Übernahme einer Hypothek anstelle der Zahlung von Geld oder der Erwerb von Aktien einer Immobiliengesellschaft, der die fragliche Liegenschaft gehört usw. (MENGE, S. 73, TERCIER, S. 257, Rz. 2087, unter Hinweis auf «DdB 5/93, 22 s.»). Immerhin muss der beabsichtigten «Erwerb» stets auch zum Übergang von Eigentum oder eines dem Eigentum an der Wohnung vergleichbaren Rechts (etwa i.S. des Eigentums an einem Stockwerkeigentumsanteil oder an einem Miteigentumsanteil usw.) führen (vgl. auch nachstehend N 116). 112

Die vom Gesetz geforderte Drucksituation (Einschränkung der Entscheidungsfreiheit des Mieters infolge Pression des Vermieters; vorn N 97) setzt nicht zwingend voraus, dass die Kündigung zusammen (zeitgleich) mit dem «Angebot» des Vermieters zum Kauf/Erwerb erfolgen muss. Das Angebot kann bereits zuvor gemacht worden sein, unter Hinweis auf eine Kündigung im Ablehnungsfall, oder danach. Wesentlich ist einzig, dass aufgrund aller Umstände, die der Vermieter zu vertreten hat, eine Drucksituation entstehen kann, die den Mieter zum Erwerb der Wohnung veranlassen soll, *und* dass zudem eine Kündigung vom Vermieter ausgesprochen worden ist (CALAMO, S. 244, MENGE, S. 73; a.A. BARBEY, Protection, S. 164, der Gleichzeitigkeit von Kündigung und Verkaufsangebot voraussetzt). 113

Zur *Annahme des adäquaten Kausalzusammenhanges* (Rechtsfrage) ist zusätzlich zum natürlichen Kausalzusammenhang (vorn N 111 ff.) gefordert, dass die Kündigung den erkennbaren Ausdruck eines insoweit unlauteren Motives des Vermieters darstellt, das *nur* («allein»; «esclusivamente») *den* Mieter zum Erwerb der Wohnung veranlassen will («Kauf *du* oder geh»; statt vieler: CALAMO, S. 243). Auf dieses Motiv, welches meist nicht klar auf der Hand liegt, ist anhand aller Umstände in Zusammenhang mit der Kündigung zu schliessen (vgl. vorn N 113); es wird z.B. offenbar durch das Angebot zu einem (objektiv) überhöhten Preis, durch fehlende ernsthafte Angebote an Dritte usw. 114

*Kein* im Lichte der Norm *adäquater Kausalzusammenhang* zwischen Kündigung und Veranlassung zum Erwerb liegt somit dann vor, wenn das 115

Kündigungsmotiv des Vermieters *nicht einzig darin liegt*, den Mieter zum Erwerb zu veranlassen, sondern in der Veräusserung der Sache an irgendwen. Dieser Fall ist namentlich dort gegeben, wo der Vermieter die Sache ausschliesslich Dritten anbietet (bzw. angeboten hat) oder dem Mieter *und* anderen zum gleichen Preis zum Erwerb anbietet, dem Mieter jedoch eine Bevorzugung einräumt, ev. verbunden mit einem Vorzugspreis, welcher aber nicht erforderlich ist (ähnlich BARBEY, Protection, S. 163 f., N 168, RONCORONI I, a.a.O., S. 139, SVIT-Kommentar I, N 16 zu Art. 271a, TERCIER, S. 257, Rz. 2087; a.A. MENGE, S. 74). An der geforderten Adäquanz fehlt es ebenso dort, wo der Vermieter einem Angebot eines Dritten nachgibt (der z.B. die Wohnung nur übernehmen will [z.B. als Personalwohnung], wenn das Mietverhältnis bereits gekündigt ist) oder wo der Vermieter nur dann einen angemessenen Verkaufspreis von einem Dritten erzielt, wenn das Mietverhältnis bereits gekündigt ist (z.B. weil Erwerber die Kosten von Prozessen scheuen; ähnlich CALAMO, S. 243; a.A. MENGE, a.a.O., ohne jedoch zu erläutern, inwiefern mit Blick auf die Norm und die Kündigungsberechtigung des Vermieters dergleichen Kündigungen treuwidrig sein sollen).

116 Kein ausschliessliches (und damit unlauteres) Motiv des Vermieters zum Erwerb (zu diesem teilweise weit gefassten Begriff vgl. vorn N 112) ist dort auszumachen, wo eine Genossenschaft, die den Genossenschaftern in den Statuten ein Gebrauchsrecht auf eine Wohnung garantiert, die Genossenschafter durch Beschluss zu weiteren Leistungen verpflichtet (Art. 867), weil sie Gelder z.B. zum Unterhalt oder zu einer Renovation usw. bedarf, und den Mietern/Genossenschaftern kündigt (und sie zugleich aus der Genossenschaft ausschliesst), die sich dem Beschluss nicht unterziehen wollen. Die Kündigungs- bzw. Ausschlussgründe liegen hier im Verstoss des Mieters gegen genossenschaftliche Pflichten.

117 Kein adäquater Kausalzusammenhang ist ferner gegeben, wenn die Kündigung Folge einer vom Vermieter abgelehnten Offerte des Mieters ist, die Wohnung erwerben zu wollen (BARBEY, Protection, S. 164, N 168).

118 An der Adäquanz fehlt es schliesslich, wenn die Kündigung auch aus Gründen erfolgte, die zur ausserordentlichen Kündigung berechtigen (wie Zahlungsverzug, Beschädigung der Mietsache, Störung des Hausfriedens). Sind diese Gründe hingegen nur vorgeschoben, so liegt ebenfalls eine nach Art. 271 Abs. 1 treuwidrige Kündigung vor.

### 3. Beweislast

119 Den Mieter trifft bezüglich einer Kündigung i.S. der Norm – wie im Fall des Art. 271a Abs. 1 lit. b, aus dem die Norm abgeleitet ist (vorn N 98) – die Beweislast für das Vorliegen aller Elemente der Vermutungsbasis der Norm (vorn N 99, N 100, N 110), wobei bezüglich der tatsächlichen Grundlagen

zur Rechtsfrage der Adäquanz des Kausalzusammenhanges kein strikter Beweis möglich und vonnöten ist (vgl. vorn N 90 mit Verweisen), wohl hingegen für den natürlichen (N 111 ff.) Kausalzusammenhang (vgl. BARBEY, Protection, S. 165).

Den Vermieter trifft die Last des Beweises für die formell korrekte Kündigung (vorn N 91, mit Verweisen). 120

## 4. Verhältnis zu den übrigen Tatbeständen anfechtbarer Kündigungen

Die Norm ist lex specialis *zu Art. 271a Abs. 1 lit. b* und schliesst daher dessen Anwendung insoweit aus (gl.M. BARBEY, Protection, S. 165, N 172; vgl. vorn N 98). Die engen Voraussetzungen, unter denen die Norm gemäss dem ausdrücklichen Willen des Gesetzgebers überhaupt zur Anwendung kommt (vgl. vorn N 96 ff.) und demnach Kündigungen in Zusammenhang mit dem Erwerb der Mietsache (Wohnung; vgl. N 105 f.) erst treuwidrig machen, schliesst konsequenterweise eine Anwendung von Art. 271a Abs. 1 lit. b auch auf Sachverhalte aus, die von Art. 271a Abs. 1 lit. c gerade nicht erfasst sind (z.B. Kündigung bei Geschäftsräumen, Einfamilienhäusern usw.). Die anderweitige Auffassung vertreten hiesse, den ausdrücklichen Willen des Gesetzgebers, der hinter Art. 271a Abs. 1 lit. c steht, zu missachten und Art. 271a Abs. 1 lit. c als völlig unnötige Norm zu betrachten. 121

Nicht ausgeschlossen ist die Anwendbarkeit von *Art. 271 Abs. 1 sowie der übrigen Tatbestände von Art. 271a Abs. 1*, sofern deren jeweilige Voraussetzungen erfüllt sind und der konkrete Sachverhalt nicht ausschliesslich unter die Vermutungsbasis (bzw. den davon ausdrücklich ausgeschlossenen Bereich; Geschäftsräume, Einfamilienhäuser usw.) von Art. 271a Abs. 1 lit. c fällt (ähnlich BARBEY, Protection, a.a.O., mit Verweisen). 122

Kündigungen i.S.v. Art. 271a Abs. 1 lit. c sind anfechtbar (zum Begriff vgl. N 61 ff. Vorbem. zu Art. 271–273c) und fallen schon von daher nicht unter Art. 254, welcher die Nichtigkeit von Koppelungsgeschäften vorsieht (a.A. offenbar TERCIER, S. 257). Wird dem Mieter vom Vermieter gekündigt, weil er sich dem Vollzug eines nichtigen Koppelungsgeschäftes entzieht (z.B. Erwerb von Aktien, Anteilscheinen), kommt m.E. nur eine Anfechtung gestützt auf Art. 271 Abs. 1 in Frage (Treuwidrigkeit der Kündigung, weil deren Grund in einer verpönten, nichtigen Vereinbarung liegt; LACHAT/STOLL, S. 347, erachten demgegenüber Art. 271a Abs. 1 lit. a und lit. b als zutreffende Grundlage; diese zwei Normen setzen jedoch eine Berufung auf eine an sich [wenn auch u.U. inhaltlich verschieden aufgefasste] bestehende Vereinbarung voraus). 123

# D. Der persönliche Kündigungsschutz (Art. 271a Abs. 1 lit. f) im besonderen

## I. Allgemeines

124 Art. 271a Abs. 1 lit. f wurde gleich wie lit. c von Art. 271a Abs. 1 erst durch das Parlament geschaffen, und zwar aus Überlegungen zur Familienpolitik (so RONCORONI I, a.a.O., S. 139; vgl. Amtl.Bull. NR vom 16. März 1989, S. 537 f., Amtl.Bull. SR vom 19. September 1989, S. 428 ff.). Im Gegensatz zum sachlichen Kündigungsschutz, der an treuwidriges Verhalten des Vermieters i.w.S. direkt anknüpft (zum Begriff der Treuwidrigkeit im allgemeinen vgl. N 48 ff. zu Art. 271), wird mit dem *Zweck des Familienschutzes i.w.S.* (der Familienpolitik, vgl. Amtl.Bull. NR vom 16. März 1989, S. 538, Votum PACCOLAT) *der von Art. 2 ZGB gesteckte Rahmen* (so auch die Kritik im Parlament; vgl. Amtl.Bull. NR vom 16. März 1989, S. 537 f.; ZIHLMANN II, S. 214), *der im Bereich des Vertragsrechts die Beziehungen zwischen den Vertragspartnern im Auge hat,* zugunsten sog. «allgemeinerer» Interessen *verlassen* (statt vieler: GUHL/KOLLER/DRUEY, S. 409; unklar WEBER/ZIHLMANN, Basler Kommentar, N 21 zu Art. 271–271a).

125 Ähnlich wie bei der Schaffung von Art. 271a Abs. 1 lit. c (lex specialis zu Art. 271a Abs. 1 lit. b; vgl. vorn N 121) liess sich das Parlament auch hier verleiten, einen Tatbestand zu schaffen, der ihm – z.T. mit sehr emotionaler Begründung (vgl. Votum DORMANN, in: Amtl.Bull. NR vom 16. März 1989, S. 538: «zu unwürdigen Mietern degradiert») – besonders erwähnenswert schien. Im Auge hatte man Fälle, die durchaus von Art. 271 Abs. 1 abgedeckt gewesen wären. Im Gegensatz zur Schöpfung des Art. 271a Abs. 1 lit. c hat das Parlament jedoch bei lit. f von Art. 271a Abs. 1 nicht einer in begrifflicher Hinsicht engen Formulierung den Vorzug gegeben, sondern mit eher unbestimmten Begriffen operiert. Die in den Debatten aufgegriffenen Beispiele (z.B. «Verwitwete oder geschiedene Ehegatten»; Amtl.Bull. NR, a.a.O.) zeigen sodann nicht an, inwieweit man sich Rechenschaft darüber gegeben hat, wer denn überhaupt der Mieter ist, dessen familiäre Verhältnisse der Änderung unterliegen.

Illustrativ für die *rechtsdogmatische Unbekümmertheit,* mit der der Gesetzgeber hier zu Werk ging (und die nicht unbedingt der Vereinfachung der Gesetze bzw. des Rechtslebens dient), ist das Votum des Kommissionssprechers HUBACHER (im Amtl.Bull. NR vom 16. März 1989, S. 538; Hervorhebungen durch den Verf.): «Es ist ... *zugegeben* worden, dass vielleicht die Formulierung, wie sie jetzt auf der Fahne steht» (und die dann in der Differenzbereinigung vom Ständerat korrigiert wurde), «*nicht gerade sehr präzise* ist, aber die Kommissionsmehrheit ist der Auffassung, die Antragstellerin habe die richtige Stossrichtung gefunden. Der Grundsatz ist richtig, dass ‹Änderungen in der familiären Situation› nicht Anlass für eine Strafaktion werden dürfen – eine Strafaktion, die gegen Treu und Glauben, gegen die Sittlichkeit *oder gegen was weiss ich was* verstösst.»

Einen direkten Bezug zu Art. 2 ZGB behält die Norm allerdings immerhin durch ihren Aufbau, der sich von dem der Art. 271a Abs. 1 lit. a–c unterscheidet: Anders als die letztgenannten Normen stellt Art. 271a Abs. 1 lit. f *keine a priori «unwiderlegbare» Vermutung* (Fiktion) auf (dazu vgl. vorn N 15 sowie N 16 f.), *sondern verknüpft einen Teil der Elemente der Vermutungsbasis mit einer Art «Rechtfertigungs- bzw. Abwesenheitsgrund»* (wesentlicher Nachteil), bei dessen Vorliegen die sich aus den übrigen Elementen an sich ergebende Vermutung der Treuwidrigkeit der Kündigung dahinfällt (vgl. N 150 ff.). Insoweit «konkretisiert» die Norm den allgemeinen Grundsatz der treuwidrigen Rechtsausübung bezüglich krasser Interessenmissverhältnisse bzw. nutzloser Rechtsausübung (so RONCORONI I, S. 139, für den die Norm im übrigen jedoch systemkonformer Ausfluss von Art. 2 ZGB darstellt, was unzutreffend ist [GUHL/KOLLER/DRUEY, S. 409, CALAMO, S. 244 f.]). *Entgegen dem Kündigungsschutzkonzept und dem Modell des Art. 2 ZGB* (vgl. N 58 f. zu Art. 271) verankert die Norm damit in den Konsequenzen den Grundsatz, in von ihr erfassten Fällen setze die Kündigung des Vermieters ein über das Regelhafte des Kündigungsrechts hinausgehendes weiteres und dazu rechtfertigendes, legitimes Interesse voraus. 126

## II. Tatbestandselemente

Die *Vermutungsbasis des Art. 271a Abs. 1 lit. f*, welche – wie alle Tatbestände von Art. 271a Abs. 1 – grundlegend an eine gültige Vermieterkündigung anknüpft (vorn N 20, N 73), umfasst im wesentlichen *vier Elemente, die allesamt erfüllt sein müssen, damit die gesetzliche Vermutung der Treuwidrigkeit Platz greift: Erstens* eine familiäre Situation des Mieters (nachfolgend N 129 ff.), die sich – *zweitens* – ändert (nachstehend N 138 ff.) *drittens* einen adäquaten Kausalzusammenhang zwischen Vermieterkündigung und Änderung in der familiären Situation (nachstehend N 146 ff.) sowie *viertens* das Fehlen «wesentlicher Nachteile» für den Vermieter (N 149 ff.) infolge Änderung der familiären Situation des Mieters (ähnlich, statt vieler: BARBEY, Protection, S. 166, CALAMO, S. 245 f.). 127

Art. 271a Abs. 1 lit. f kommt selbstredend dann nicht zum Zuge, wenn der Mieter wegen einer Änderung in der persönlichen Situation selbst kündigt, auch wenn das einen Familienangehörigen hart treffen mag (Illustrationen hierzu ergeben sich aus den Beispielen in N 143; zum Auszug und zur dabei vorgenommenen Kündigung des ungeschiedenen mietenden Ehegatten vgl. auch HASENBÖHLER, in: MRA 5/95, S. 244 f. [keine Aufhebung der Familienwohnung und Zustimmungserfordernis] sowie N 15 zu Art. 266m–266n mit Hinweisen auf die von HASENBÖHLER abweichende [m.E. zutreffenden] a.A.). 128

### 1. Familiäre Situation des Mieters

129 Die Norm knüpft an die familiäre Situation des Mieters an. Was unter dieser *allgemein gefassten Umschreibung* genau zu verstehen ist, gilt es mit Blick auf die Beratungen im Parlament (siehe vorn N 124 f., mit Verweisen) in zweierlei Hinsicht zu verdeutlichen (diese Allgemeinheit der Umschreibung widerlegt im übrigen die von RONCORONI I, a.a.O., angesprochene «Konkretisierung» von Art. 2 ZGB durch die Norm).

130 a) Der Begriff «**familiäre Situation**» ist angesichts der allgemeinen familienpolitischen Stossrichtung der Norm weiter auszulegen als der Begriff der Familie in Zusammenhang mit der Familienwohnung, der sich an Art. 169 orientiert. «Familie» im Sinn der Norm, die die «familiäre Situation» des Mieters begrifflich bestimmt, hat sich vielmehr am Begriff der Familiengemeinschaft (vgl. Neunten Titel des ZGB) zu orientieren, und meint eine *Familiengemeinschaft, die in einem gemeinsamen Haushalt wohnt* (Art. 331 ZGB; gl. z.B., statt vieler: CALAMO, S. 245, WEBER/ZIHLMANN, Basler Kommentar, N 22 zu Art. 271–271a), in dem dem Mieter die Hausgewalt (mit)zukommt.

131 Die familiäre Situation des Mieters i.S.v. Art. 271a Abs. 1 lit. f wird daher in *jedem Fall bestimmt durch alle Personen,* die in einem gemeinsamem Haushalt mit dem Mieter in der Mietsache leben, sei es als *Verwandte oder Verschwägerte oder als Pflegekinder* (gl. z.B. BARBEY, Protection, S. 167, CALAMO, S. 245). Im Lichte von Art. 331 ZGB wird die familiäre Situation des Mieters *ebenfalls bestimmt durch Personen,* die aufgrund eines Arbeitsverhältnisses als Arbeitnehmer (Hausangestellte, Au-pair, Pflegepersonal) oder in ähnlicher Stellung in seinem Haushalt wohnen (gl. CALAMO, a.a.O.; zweifelnd, ob auch Abs. 2 von Art. 331 ZGB zur Auslegung in Betracht fällt, BARBEY, Protection, S. 167, N 177; siehe dazu nachfolgend N 137).

132 *Strittig* ist, ob ebenfalls der *Konkubinatspartner des Mieters* (siehe auch N 134 und N 143) unter den Begriff der «Familie» fällt, die die familiäre Situation des Mieters ausmacht. Dieser Ansicht sind z.B. LACHAT/STOLL, S. 351 (ohne Begründung); eher ablehnend ist demgegenüber BARBEY, Protection, S. 167, eingestellt, ablehnend eingestellt sind ferner BGE 105 II 197 ff. [zu aArt. 267a Abs. 1 OR], ZR 78 (1979) Nr. 31; offen lässt die Frage z.B. CALAMO, a.a.O. EGGER (S. 78) sowie BARBEY (Protection, a.a.O.) nehmen eine Familiengemeinschaft von Konkubinatspartnern immerhin dann an, wenn die Partner ein gemeinsames Kind haben, weil hier eine Hausgewalt i.S.v. Art. 331 ZGB mehr oder minder angenommen werden könne (beim Inhaber der elterlichen Gewalt, selbst wenn dieser nicht Mieter ist?). Richtig erscheint es, den Konkubinatspartner *grundsätzlich* im Lichte von Art. 331 ZGB *nicht zur Familiengemeinschaft zu zählen.* Die Verweigerung der Aufnahme eines Konkubinatspartners kann jedoch den Tatbestand von Art. 271 Abs. 1 erfüllen (vgl. dazu N 68 ff. zu Art. 271). Ebenso kann der Wegzug eines Konkubinatspartners eine sich an Art. 271a Abs. 1 lit. f orientierende

Anwendung des Art. 271 Abs. 1 im Einzelfall nach sich ziehen (gl. z.B. WEBER/ZIHLMANN, Basler Kommentar, N 22 zu Art. 271–271a; vgl. aber auch N 60 f. zu Art. 271).

*Keine Familiengemeinschaft*, die die familiäre Situation des Mieters bestimmt, bilden im Regelfall (vgl. Art. 331 ZGB) sodann Wohngemeinschaften i.e.S. 133

**b)** Massgebend für die Anwendung der Norm ist die familiäre Situation des **Mieters.** *Wer Mieter ist, bestimmt sich nach dem Mietvertrag.* Mieter, die von Änderungen in der familiären Situation betroffen sein können (dazu nachstehend N 138 ff.), sind folglich Einzelpersonen ebenso wie mehrere Personen (z.B. Ehegatten oder Geschwister als gemeinsame Mieter, Konkubinatspaar als gemeinsamer Mieter). 134

Nicht jeder Mieter wird von Art. 271a Abs. 1 lit. f. allerdings geschützt. Mieter i.S. der Norm ist – was deren familienpolitische Ausrichtung zeigt (vgl. vorn N 124 f.) – grundsätzlich *der Wohnraummieter* (wobei Wohnraum hier i.S.v. Art. 253a Abs. 1 zu verstehen ist; gl. MENGE, S. 85 f.). Wohnraum bilden nicht nur Wohnungen i.e.S., sondern ebenso Einzelzimmer und Einfamilienhäuser (gl. MENGE, a.a.O.; gl.M. wohl auch z.B. CALAMO, S. 245, sowie LACHAT/STOLL, S. 351, die zwar stets von «Wohnung» sprechen). 135

Ausgeschlossen bleibt als Mieter i.S. der Norm nach einem Teil der Literatur grundsätzlich der *Mieter von Geschäftsraum* (so MENGE, S. 86; gl.M. mutmasslich auch z.B. LACHAT/STOLL, a.a.O., und CALAMO, a.a.O., die stets nur den Fall der «Wohnung», mithin des Wohnungsmieters, im Auge haben; die Frage überhaupt nicht angesprochen wird z.B. im SVIT-Kommentar I, N 32 zu Art. 271a, und bei WEBER/ZIHLMANN, Basler Kommentar, N 21–23 zu Art. 271–271a). 136

Mit BARBEY (Protection, S. 166, N 175) ist immerhin festzuhalten, dass der Gesetzgeber die Geschäftsraummiete *in der Norm nicht explizit* (wie etwa im Fall des Art. 271a Abs. 1 lit. c) *ausgeschlossen hat.* Die gesetzeskonforme Auslegung des Begriffes «familiäre Situation» – mit Blick auf den familienpolitischen Hintergrund der Norm – anhand von Art. 331 ZGB (namentlich dessen Abs. 2; hierin a.A. BARBEY, Protection, a.a.O.) lässt sodann auch die Annahme nicht stichhaltig zu, es liege ein geradezu qualifiziertes Schweigen des Gesetzgebers vor, welches die Geschäftsraummiete a priori bei Art. 271a Abs. 1 lit. f ausschliesse. Vielmehr ist davon auszugehen, der Gesetzgeber habe diesen Fall nicht ausdrücklich beredet bzw. bedacht. Das, weil er die Vermutungsbasis des Art. 271a Abs. 1 lit. f ohnehin ausschliesslich an die familiäre Situation des Mieters anknüpfte und sich das Problem daher für ihn nicht augenfällig stellte (es liegt demnach, wenn überhaupt [so auch BARBEY, Protection, S. 166, N 175], höchstens eine sog. unbewusste Lücke bzw. Fahrlässigkeitslücke vor; vgl. dazu MEIER-HAYOZ, N 283 f. zu Art. 1 ZGB). *Die familiäre Situation* hinwieder *kann die Geschäftsraummiete durchaus mitbestimmen, und zwar dort, wo es um die* 137

*Miete eines Geschäftslokals zur Führung eines (reinen) Familienbetriebes geht, sowie beim gemischten Gebrauch* (zum Geschäftslokal gehört auch Wohnraum et vice versa). In diesen *engen Schranken* ist folglich – getreu dem gesetzlichen Anknüpfungspunkt der «familiären Situation» – *ebenfalls der Mieter von Geschäftsraum als Mieter i.S. der Norm* zu betrachten.

## 2. Änderungen

138 Art. 271a Abs. 1 lit. f kommt zum Zuge bei Kündigungen wegen Änderungen der familiären Situation des Mieters. Entgegen dem gesetzlichen Plural «Änderungen» genügt *eine* Änderung der familiären Situation (statt vieler: BARBEY, Protection, S. 167, N 177, CALAMO, S. 245, Fn. 288).

139 Als Änderung i.S. der Norm gilt *jede Veränderung im Personenbestand der Hausgemeinschaft des Mieters* (bzw. der gemeinsamen Mieter) im Vergleich zum bisherigen Bestand, der die vertraglichen Beziehungen mitbestimmt hat (sei es beim Vertragsabschluss [«für drei Personen» oder «für die Familie, bestehend aus zwei Erwachsenen und zwei Kindern»], beim Mietantritt oder später im Verlauf des Mietverhältnisses; ähnlich BARBEY, Protection, S. 167, N 179). Unter Personenbestand ist sodann nicht bloss die Anzahl der Personen der Hausgemeinschaft zu verstehen, sondern sind ebenso die Personen *an sich* zu subsumieren (Änderungen liegen m.a.W. auch dann vor, wenn sich der Mieter scheiden lässt, danach neu verehelicht und der neue Ehegatte in die Wohnung einzieht).

140 Auf den *Grund* (die Ursache) *der Änderung des Personenbestandes* der Hausgemeinschaft kommt es hingegen nicht an. Solche Gründe sind (BARBEY, Protection, S. 167, CALAMO, S. 245 f., GUHL/KOLLER/DRUEY, S. 409, MENGE, S. 86, LACHAT/STOLL, S. 351, SVIT-Kommentar I, N 32 zu Art. 271a, TERCIER, S. 257): Verheiratung, Geburt oder Adoption eines Kindes, Aufnahme eines Pflegekindes, Scheidung oder Trennung, Auszug eines Kindes, Aufnahme eines betagten und/oder pflegebedürftigen Verwandten, Tod des Ehegatten des Mieters (ist der Verstorbene Mitmieter gewesen, treten an seine Stelle die Erben de lege neben den überlebenden Mieter in den Vertrag ein [vgl. N 14 ff. zu Art. 266i]; eine Änderung im Personenbestand der Hausgemeinschaft liegt nichtdestotrotz vor), Tod einer zur Hausgemeinschaft gehörenden Person, Einzug oder Auszug von (Haus-)Angestellten oder Lehrlingen (vgl. Art. 331 Abs. 2 ZGB; a.A. im letzten Punkt mutmasslich BARBEY, Protection, S. 167, N 177, a.A. MENGE, S. 86).

141 *Keine Änderung i.S. der Norm* stellen Erkrankungen oder Unfälle (mit Kur- und Spitalaufenthalten usw.) oder das Alter einer der Hausgemein-

schaft angehörenden Person dar (sofern sie nicht mit dem Auszug der Person zusammenfallen), ferner auch Schwangerschaften usw. Denn diese alle diese Umstände vermögen u.U. eine künftige Änderung anzuzeigen, Verändern aber den Bestand der Hausgemeinschaft im Augenblick noch nicht (mit Gewissheit) definitiv (ähnlich BARBEY, Protection, S. 167, N 180; vgl. dazu aber auch nachstehend N 145, N 147). Kündigungen, die deswegen ausgesprochen werden, fallen daher unter Art. 271 Abs. 1 und sind insoweit nicht unwiderlegbar vermutet treuwidrig (gl. BARBEY, Protection, a.a.O., der allerdings die Schwangerschaft ausnimmt und damit voraussetzt, jede Schwangerschaft führe zwangsläufig zur Vermehrung einer Hausgemeinschaft).

Die Beurteilung von Kündigungen aufgrund von Umständen gemäss N 141 vorstehend im Lichte von Art. 271 Abs. 1 hat sich m.E. immerhin an Art. 271 Abs. 1 lit. f anzulehnen und darf insbesondere die Nachteile für den Vermieter, wie sie Art. 271a Abs. 1 lit. f rechtfertigend berücksichtigt, nicht ausser acht lassen. Eine Kündigung wegen «geistiger Erkrankung» usw. eines Familienmitgliedes oder Mitbewohners des Mieters, aber auch des Mieters oder eines Mitmieters selbst (z.B. beim Auszug der den Mieter betreuenden Person) ist daher m.E. dann stets nicht treuwidrig, wenn sich diese Erkrankung usw. gefährdend auf die Mietsache und/oder die Mitbewohner (objektiv betrachtet) auswirken könnte oder gar schon ausgewirkt hat: z.B. Vergesslichkeit beim Abstellen von Gasherd oder Heizung (eine Explosion oder ein Brand sind hingegen nicht erforderlich), «Feuerwerken» in der Wohnung zur «Therapie», Vernachlässigung an Sache und Person usw. 142

Eine Änderung i.S.v. Art. 271a Abs. 1 lit. f liegt auch dann vor, wenn die Änderung den *Mieter allein betrifft* (z.B. Tod des Mieters, der mit seinem Geschwister in der Wohnung lebte [an seine Stelle treten jedoch de lege die Erben in den Mietvertrag ein; bei verheirateten Mietern gehört in der Regel zu den Erben ebenfalls der Ehegatte, weshalb Art. 271a Abs. 1 lit. f schon insoweit anwendbar bleibt]; Auszug des Mieters, der mit seinem Kind und dem Konkubinatspartner in der Wohnung lebte und nun den (nicht mietenden) Konkubinatspartner mit dem Kind zurücklässt [nimmt er hingegen das Kind mit, ändert sich an der familiären Situation nichts; vorn N 132, N 134, N 140; ist der in der Wohnung verbleibende Partner Mitmieter, liegt stets eine Änderung vor]; Auszug des mietenden Ehegatten infolge Scheidung oder Trennung (dazu N 144) aus der ehelichen Wohnung [solange keine Rückgabe der Mietsache stattfindet, bleibt der ausziehende Mieter allerdings in allen diesen Fällen weiterhin Vertragspartner des Vermieters, da keine Gebrauchspflicht des Mieters besteht]. Vom Auszug des allein mietenden Ehegatten zu unterscheiden ist – bezüglich der Rechtsfolgen [gemeinsame Miete] – der Fall, in dem der in der Wohnung verbleibende Ehegatte Mitmieter ist und als solcher zudem selbst eine Änderung i.S. des Gesetzes anrufen kann). 143

Unklar, ob teilweise a.A. bezüglich des ausziehenden allein mietenden Ehegatten, MENGE (S. 86), der unter Berufung auf ein Votum von NR HUBACHER (Amtl.Bull. NR vom 28. November 1989, S. 1878) festhält, die blosse Trennung (nicht aber die Scheidung) dürfe nicht zu einer Vermieterkündigung führen. Diese Auffassung hält vor Art. 271a Abs. 1 lit. f dann nicht stand, wenn sich aus der Trennung, die im Auszug des mietenden Ehegatten besteht, für den Vermieter wesentliche 144

Nachteile ergeben (z.B. Wegzug des mietenden [solventen] Ehegatten ins Ausland oder «nach unbekannt»; Erklärung des mietenden Ehegatten, er wolle nichts mehr mit der Wohnung zu tun haben, usw.; gl.M. BARBEY, Protection, S. 168, und entgegen dem gerade Ausgeführten doch auch MENGE, S. 87, sowie mutmasslich das Votum HUBACHER im Amtl.Bull. NR, a.a.O.).

145 Von einer Änderung der familiären Situation des Mieters i.S. der Norm ist im übrigen (wie die vorhin angeführten Gründe, die eine Änderung bewirken; vgl. N 140 f.), das sei zur Klarstellung noch angefügt, erst dann auszugehen, wenn sie sich *vorhersehbar auf unbestimmte Zeit auswirken wird*, wenn m.a.W. bereits im Zeitpunkt ihres Eintrittes oder im Zeitpunkt der Kündigung nach der allgemeinen Lebenserfahrung davon ausgegangen werden darf, dass sie (in absehbarer Zeit) nicht wieder rückgängig gemacht wird bzw. werden kann. Keine Änderung stellt daher die Aufnahme von Verwandten auf Besuch dar (vgl. dazu auch N 26 zu Art. 257f), der Wegzug eines Kindes für einen befristeten Auslandaufenthalt, aber ebenso (vorübergehende) Hospitalisierungen (z.B. Operation), Kuraufenthalte usw. (siehe dazu auch vorn N 141, mit Verweis).

### 3. Adäquater Kausalzusammenhang zwischen Änderung und Kündigung

146 Zwischen der Änderung der familiären Situation des Mieters und der Vermieterkündigung muss ein *natürlicher Kausalzusammenhang* (ein Ursache-Wirkungs-Verhältnis) bestehen. Die Kündigung muss dabei Folge («wegen») der Änderung in der familiären Situation sein (gl. BARBEY, Protection, S. 169, N 184, CALAMO, S. 247). *Die Änderung muss demnach grundsätzlich vor der Kündigung eingetreten* sein (siehe dazu N 141, N 147). Ist die Änderung im Zeitpunkt der Kündigung noch nicht eingetreten, aber absehbar, bleibt immerhin Art. 271 Abs. 1 anwendbar (mit einer Art. 271a Abs. 1 lit. f entsprechenden Betrachtung des Sachverhaltes).

147 Ein natürlicher Kausalzusammenhang zwischen Kündigung und Änderung ist m.E. ausnahmsweise – aus Praktikabilitätsgründen – auch dann anzunehmen (ansonsten Art. 271a Abs. 1 lit. f kaum anwendbar wird), wenn die Kündigung auf die Mitteilung des Mieters oder die Kenntnisnahme des Vermieters zu einer *unmittelbar bevorstehenden Änderung* hin erfolgt (z.B. Heiratsanzeige; die Ehefrau des Mieters ist erkennbar hochschwanger; der Vermieter erfährt durch den Hauswart, dass die mündige Tochter der Mieterin zu ihrem Freund ziehen wird usw.).

148 *Adäquat ist der Kausalzusammenhang zwischen der Änderung und der Kündigung* dann (und macht damit die Kündigung grundsätzlich zur treu-

widrigen; vgl. N 126, N 149), wenn die Änderung einziger oder wenigstens ausschlaggebender Kündigungsgrund war (ZMP 3/92 Nr. 31 [namentlich E. 5], BARBEY, Protection, S. 169, N 184; vgl. ferner Amtl.Bull. NR vom 16. März 1989, S. 538, Votum DORMANN [«*allein* aufgrund eines familiären Schicksals»], Votum HUBACHER [«*nicht Anlass* für eine Strafaktion werden dürfe»]; offen gelassen z.B. bei CALAMO, S. 246 f.). Ob dies in einem konkreten Fall zutrifft, hat sich aufgrund der gesamten Umstände des Falles zu ergeben (beispielhaft ZMP 3/92 Nr. 31 [Hauswartung als ausschlaggebender Grund]). Ausgeschlossen erscheint die Annahme eines adäquaten Kausalzusammenhanges stets dann, wenn (weitere) Gründe vorliegen, die zur ausserordentlichen Kündigung berechtigen (z.B. i.S.v. Art. 257d oder 257f).

### 4. Wesentlicher Nachteil für den Vermieter als «Rechtfertigungsgrund»

Unwiderlegbar treuwidrig ist die Vermieterkündigung wegen einer Änderung in der familiären Situation des Mieters allerdings dann nicht, wenn dem Vermieter durch diese Änderung wesentliche Nachteile entstehen, wobei auch hier (vgl. vorn N 138) der Plural in der Gesetzessprache nicht darüber hinwegtäuschen darf, dass *ein* wesentlicher Nachteil genügt. 149

Der wesentliche Nachteil, der dem Vermieter als Folge der veränderten familiären Situation des Mieters entsteht, *«rechtfertigt» m.a.W. für den Gesetzgeber* (im Sinn einer von ihm vorgezeichneten Güterabwägung) *gewissermassen die ansonsten grundsätzlich verpönte Kündigung* («Strafaktion», die «gegen Treu und Glauben, die Sittlichkeit oder gegen was weiss ich was verstösst»; Votum HUBACHER, in: Amtl.Bull. NR vom 16. März 1989, S. 538). Was solche rechtfertigenden wesentlichen Nachteile jedoch sind, sagt der Gesetzgeber nicht. 150

Der Begriff «wesentliche Nachteile» bildet einen Bestandteil einer gesetzlichen Vermutungsbasis (die wesentlichen Nachteile sind als sog. Abwesenheitsgrund für das Eintreten der unwiderlegbaren Vermutung erforderlich); zugleich ist er – allerdings unkonkreter – *Ausdruck der gesetzgeberischen Güterabwägung* (Rechtfertigung ansonsten verpönten Verhaltens) *zu dem, was einem «legitimen», d.h. gerechtfertigten Kündigungsinteresse entspricht.* Es kann dem Begriff des «wesentlichen Nachteils» daher keine bloss subjektive, einzelfallbezogene Bedeutung zukommen (im Sinn von Interessen nur eines konkreten Vermieters, die es allenfalls zu berücksichtigen gilt), sondern einzig *eine objektive* (es spielen eben bloss «wesentliche Nachteile» eine Rolle), *gewissermassen kategorielle* Bedeutung, die ebenfalls die Rechtssicherheit (Vorhersehbarkeit) fördert. Die Konkretisierung dessen, was 151 «wesentliche Nachteile» sind, stellt das Gesetz daher nicht Billigkeitsentscheiden i.S.v. Art. 4 ZGB anheim (so aber z.B. GUHL/KOLLER/DRUEY, S. 409, WEBER/ZIHLMANN, Basler Kommentar, N 23 zu Art. 271–271a), sondern der Ermittlung (Konkretisierung) nach den Regeln der Normenauslegung bzw. -schöpfung (vgl. dazu auch N 146–149 Vorbem. zu Art. 266–266o).

152 Gegen die Annahme, Art. 271a Abs. 1 lit. f überlasse die Konkretisierung der «wesentlichen Nachteile» richterlicher Billigkeitsentscheidung spricht im übrigen schon der Wortlaut der Norm (vgl. dazu MEIER-HAYOZ, N 60–73 zu Art. 4 ZGB); zum Unterschied zwischen der Billigkeitsentscheidung und der Anwendung einer vorgegebenen Norm, die es u.U. durch Auslegung oder als Bestandteil einer Güterabwägung i.S.v. Treu und Glauben zu konkretisieren gilt, vgl. ferner MERZ, N 83 zu Art. 2 ZGB, MEIER-HAYOZ, N 16 ff. zu Art. 4 ZGB, DERS., N 137 ff. zu Art. 1 ZGB.

153 Mit der Formulierung «keine wesentlichen Nachteile» knüpft der Gesetzgeber sprachlich an Art. 262 Abs. 2 lit. c (Untermiete) an (so auch BARBEY, Protection, S. 168, CALAMO, S. 246, Fn. 293, MENGE, S. 85). Bei der Bestimmung des Sinngehaltes des Begriffes «wesentliche Nachteile» kann daher streckenweise auf diese Norm und deren Sinngehalt zurückgegriffen werden. Der insoweit identische Wortlaut von Art. 262 Abs. 2 lit. c und Art. 271a Abs. 1 lit. f darf jedoch nicht als Ausdruck inhaltlicher Identität verstanden werden – Untermiete und Änderungen in der familiären Situation des Mieters unterscheiden sich in der Sache und in den Auswirkungen einsichtigerweise u.U. erheblich (gl. BARBEY, Protection, S. 168, N 182, und wohl auch sinngemäss MENGE, S. 85 ff.).

154 a) Als **Nachteil** i.S. der Norm ist *jede Veränderung des Umfanges bzw. des Inhaltes* der entgeltlichen, *vereinbarten* (gelebten) *Gebrauchsüberlassung* (Gebrauchsmodalitäten und Gebrauchszweck; dazu vgl. N 10 ff. zu Art. 256) *zu Lasten des Vermieters zu betrachten* (vgl. N 45 und N 47 zu Art. 262), die Folge der Änderung der familiären Situation des Mieters ist. Als Nachteil kommen daher nicht bloss *direkt sich finanziell auswirkende Änderungen* in Frage (so z.B. auch MENGE, S. 86; vgl. dazu nachstehend N 158 ff.), sondern gleichfalls *Änderungen mit (einstweilen) bloss indirekten finanziellen Auswirkungen* für den Vermieter (nachstehend N 161 ff.) sowie *alle übrigen Änderungen*, die im Lichte des vertraglich Vereinbarten *objektiv* (d.h. im Verständnis vernünftiger und korrekter Menschen) *als Nachteil* des Vermieters *gewichtet* werden müssen (nachfolgend N 168 ff.; ähnlich wiederum MENGE, a.a.O., sowie BARBEY, Protection, S. 168).

155 b) Ein blosser Nachteil genügt jedoch für die Annahme des «rechtfertigenden» Grundes i.S.v. Art 271a Abs. 1 lit. f nicht. Gefordert ist dessen **Wesentlichkeit**, was heissen soll, eine gewisse *objektive Schwere*. Diese kann nicht erst dann gegeben sein, wenn dem Vermieter die Fortsetzung des

Mietverhältnisses in Berücksichtigung aller Umstände nicht mehr zumutbar wäre (ansonsten man in die gerade ausgeschlossene Billigkeitssphäre vorstiesse; vorn N 151 f.; vgl. auch Art. 266g). Die Wesentlichkeit des Nachteils ist vielmehr bereits dann gegeben, wenn der Nachteil (mit Blick auf das generelle Recht des Vermieters zur ordentlichen Kündigung und auf das vertraglich Vereinbarte) es nach der Auffassung vernünftiger Leute erlaubt, die *Kündigung noch als gerechtfertigt zu betrachten* (das muss erst recht dann gelten, wenn man [wie etwa RONCORONI I, a.a.O., S. 139] Art. 271a Abs. 1 lit. f als Konkretisierung des Missbrauchsfalls des krassen Interessenmissverhältnisses oder der völligen Nutzlosigkeit betrachtet).

Im Sinn einer *Faustregel* formuliert, ist daher eine *Kündigung* infolge wesentlichen Nachteils immer dann *«gerechtfertigt»*, wenn *die Ausübung des an sich regelhaften Kündigungsrechts durch den Vermieter für einen vernünftigen Menschen unter den gegebenen Umständen* (den Folgen der Änderung der familiären Situation für den Vermieter im Lichte des vertraglich Vereinbarten) *verständlich erscheint*. 156

Nicht darauf ankommen kann es hingegen, auch die Interessen des Mieters an der Aufrechterhaltung des Vertrages zu berücksichtigen. Dergleichen Güterabwägungen schliesst zum einen der klare Gesetzeswortlaut aus und sind zum anderen dem Erstreckungsrecht i.S. der Art. 272 ff. vorbehalten (vgl. N 77 ff. Vorbem. zu Art. 271–273c; siehe ferner die Ausführungen zu Art. 272). 157

Wesentliche Nachteile sind demnach zum ersten Folgen der *Änderung der familiären Situation, die sich direkt finanziell zu Lasten des Mieters auswirken*. Darunter fallen insbesondere der Verlust von Unterstützungen durch die öffentliche Hand oder Stiftungen und Fonds, wenn die Belegung der Wohnung infolge Änderung der familiären Situation nicht mehr den Zielvorgaben der Unterstützenden entspricht (Familienwohnung, Alterswohnung) *und* diese Vorgaben Eingang in die Vertragsbeziehung der Parteien gefunden haben (nicht notwendig ist es, dass in einem schriftlichen Vertrag dergleichen festgehalten ist; es genügt das beidseitige Wissen der Parteien darum). 158

*Beispiele* (vgl. auch MENGE, S. 86 f., allerdings insoweit undifferenziert): Verlust von Beiträgen infolge Unterbelegung einer unterstützten Familienwohnung (für den Mieter und seine Kinder) nach dem Auszug der Kinder; Verlust von Beiträgen infolge Belegung einer gleichen Familienwohnung nach dem Auszug der Kinder durch den Zuzug der gebrechlichen Eltern des Mieters; Zuzug eines Kindes des Mieters in die günstige Alterswohnung und Verlust von Beiträgen (hierin liegt zugleich ein Verstoss gegen den vereinbarten Gebrauchszweck, mithin vertragswidriges Verhalten). 159

*Bei Genossenschaftswohnungen* ist im übrigen stets auch der genossenschaftsrechtliche Hintergrund (Mitgliedschaftsrechte und -pflichten) mitzuberücksichtigen, der eine an sich mietrechtlich zulässige Kündigung gar nie wirksam werden lässt, weil die statutarischen Vorschriften der Genossenschaft keine Kündigungsberechtigung zugestehen (vgl. dazu BGE 101 II 125, ZR 78 [1979] Nr. 65; TRUOG, in: mp 1/92, S. 34 ff). 160

161 Wesentliche Nachteile, die Folge von *Änderungen* sind, *die sich (einstweilen) bloss indirekt finanziell zu Lasten des Mieters auswirken*, sind vor allem in der *Überbelegung der Räumlichkeiten* durch den personellen Zuwachs der Hausgemeinschaft zu sehen (weil damit verbunden eine erhöhte Abnützung der Sache auch im Fall ordnungsgemässen Gebrauchs einhergeht und insoweit die Mietzinskalkulationen, die von einer bestimmten Belegungszahl ausgehen, mit Blick auf Art. 269a in der Regel unkorrigierbare Makulatur werden lassen). Unter die gleiche Kategorie wesentlicher Nachteile fällt die Verringerung der Solvenz(basis) der Mieterschaft (nachstehend N 167).

162 Der Zuwachs der Hausgemeinschaft, der zur *Überbelegung* führen kann, ist nicht auf den Zuzug des Ehegatten oder die Geburt bzw. Adoption von Kindern beschränkt (siehe dazu vorn N 139 f.). Ob eine Überbelegung vorliegt, bemisst sich im übrigen nicht allein an allfälligen vertraglichen Vereinbarungen (wie z.B. «für 2 Personen»), sondern ebenso an der Beschaffenheit der Mietsache, als da sind die Grösse und die Raumaufteilung (z.B. die Belegung eines Geschäftslokals mit Hinterzimmer und angeschlossener Dreizimmerwohnung ist anders zu beurteilen wie die einer gewöhnlichen Dreizimmerwohnung; vgl. auch BARBEY, Protection, S. 168, N 181, MENGE, S. 86, CALAMO, S. 246, GUHL/KOLLER/DRUEY, S. 409; zur Persönlichkeit allfälliger Zuzüger vgl. nachfolgend N 170 f.). Im einzelnen dazu beispielhaft:

163 – Wo eine *Zweizimmerwohnung* für eine Person gemietet worden ist, stellt die Bildung einer Hausgemeinschaft mit 4–5 Personen in jedem Fall eine krasse Überbelegung dar. Wer die Zweizimmerwohnung hingegen z.B. an ein Ehepaar vermietet, muss damit rechnen, dass im Laufe der Zeit auch ein Kind hinzukommen kann, weshalb die Belegung durch drei Personen (Eltern mit Kind) in der Regel – Raumgrössen – noch keine Überbelegung darstellt, auch wenn im Vertrag ausdrücklich bloss die Vermietung an zwei Personen vorgesehen ist.

164 – Analoges hat bei *Einzimmerwohnungen* zu gelten, bei denen immerhin schon der Zuzug einer weiteren Person (Ehegatte, Kind) als Überbelegung aufzufassen ist, wenn die Wohnung sehr klein ist.

165 – Bei an eine Person vermieteten *Einzelzimmern* stellt der Zuzug schon einer Person wohl regelmässig eine Überbelegung dar (nicht hingegen, wenn das Zimmer für zwei Personen vermietet wurde).

166 – Bei allen *übrigen Wohnungen* (ab drei und mehr Zimmern) ist von einer Überbelegung – im Sinn einer *Faustregel* – dann auszugehen, wenn die Formel «Zimmerzahl plus zwei Personen» überschritten wird, wobei die Grenze im Einzelfall nach oben variieren kann, wenn grosszügige Raumverhältnisse gegeben sind. Zu unterscheiden ist hierbei allerdings auch stets, ob es sich bei den «Zuzügern» um Kinder handelt oder um Erwachsene (Geschwister, Elternteil, Hausangestellte, Lehrling usw.; vgl. dazu auch N 137, N 140). Bei einer Dreizimmerwohnung, in der zu den Ehegatten und zwei Kindern noch ein Geschwister oder ein Elternteil eines der Gatten zuzieht, ist eine Überbelegung wohl gegeben.

167 Die *Solvenz* der Mieterschaft kann im Vergleich zum Zustand vor der Änderung *vermindert* werden z.B. durch den Auszug des Mieters, der im Gegensatz zum in der Wohnung verbleibenden Familienmitglied solvent war, bzw. durch den Auszug des solventeren gemeinsamen Mieters (vgl.

auch vorn N 144). Vom Vermieter kann in solchen Fällen, sofern zugleich offensichtlich ist, dass die Mietzinszahlungen nicht mehr korrekt erfolgen werden (z.B. Wegzug ins Ausland; Mitteilung, dass man sich für die Sache nicht mehr interessiere), nicht unbesehen erwartet werden, er habe zunächst den Verzug des Mieters und u.U. Verluste (z.B. weil er auf Sicherheiten verzichtet hat, da ihm die Solvenz des ausziehenden Mieters an sich Garantie genug war) abzuwarten.

Stellt sich überdies auch noch sogleich ein Zahlungsverzug ein, der die Voraussetzungen von Art. 257d erfüllt, fehlt es ohnehin an der Voraussetzung des Kausalzusammenhanges i.S. von Art. 271a Abs. 1 lit. f (vorn N 148).

Als wesentlicher Nachteil des Vermieters gewichtet werden auch *Änderungen, die sich nicht finanziell zu Lasten des Vermieters auswirken*, aber gegen wesentliche Elemente des vereinbarten Gebrauches verstossen, bzw. diesen gerade ins Gegenteil verkehren und/oder mit der Person des Zuzügers oder des in der Wohnung verbleibenden Mieters (vorn N 142) zusammenhängen usw. (vgl. etwa BARBEY, Protection, S. 168, CALAMO, S. 245 f., LACHAT/STOLL, S. 351 f., MENGE, S. 86 f., SVIT-Kommentar I, N 32 zu Art. 271a). Es sind das (beispielhaft): 168

- Eine *erhebliche Unterbelegung* der Wohnung, wenn diese ausdrücklich oder konkludent (beim Einzug hatte die Mieterschaft eine Familie) als Familienwohnung vermietet worden ist (es wohnt z.B. nur noch eine Person in einer Vierzimmerwohnung; es wäre wohl heuchlerisch, wenn man eine Kündigung aus diesen Gründen mit Hinweis auf Art. 271a Abs. 1 lit. f als treuwidrig erachten würde, nachdem diese Norm gerade aus familienpolitischen Gründen geschaffen wurde [vorn N 124 f.], und damit gewissermassen an die soziale Verantwortung des Eigentums appelliert). Nicht von einer Unterbelegung auszugehen ist demgegenüber, wenn die in der Wohnung verbliebene Person (etwa im Gegenzug zu einem Auszug einer Person) einen Verwandten (dauerhaft; vorn N 145) aufnimmt (z.B. betagten Elternteil, pflegebedürftiges eigenes Kind oder pflegebedürftigen anderen Verwandten, den Mieter pflegenden bzw. betreuenden Verwandten). 169
- Der Zuzug oder Weggang einer Person *verstösst gegen achtenswerte* (religiöse, moralische, sittliche) *Auffassungen des Vermieters, sofern diese Eingang in die Vertragsbeziehung der Parteien gefunden haben* (ausdrücklich [z.B. durch Verweis auf Statuten oder auf den Stiftungszweck] oder konkludent); z.B. Vermietung nur an verheiratete Paare (was den Fall der Trennung oder Scheidung ausschliesst), Vermietung nur an alleinstehende Mütter mit Kind (was den Wegzug des Kindes oder den Zuzug eines Gatten ausschliesst), Vermietung nur an alleinstehende Lehrlinge oder Studenten (was den Zuzug von Ehegatten ausschliesst) usw. 170

171 – Die zugezogene Person bzw. die zugezogenen Personen bzw. der Wegzug von Personen verursacht voraussehbar *Beschädigungen der Mietsache oder Störungen i.S.v. Art. 257f im Haus* (blosser Kinderlärm im üblichen Rahmen genügt dazu beispielsweise nicht; Barbey; Protection, S. 168, N 181, Calamo, S. 246; vgl. zu den Störungen usw. allgemein N 36, N 38 ff. zu Art. 257f); z.B. der Zuzüger hat sich etwa als Besucher bereits unflätig gegenüber den Mitbewohnern benommen, er geht dem Unzuchtsgewerbe am bisherigen Wohnort nach usw.). Sind die Beschädigungen oder Störungen bereits erfolgt, kann Art. 271a Abs.1 lit. f wohl mangels adäquaten Kausalzusammenhanges ohnehin nicht mehr zur Anwendung kommen (vgl. vorn N 148).

172 – Der Zuzug oder Wegzug führt (nach dem Willen des Mieters) zu *baulichen Veränderungen an der Mietsache* (und nicht bloss zu Umstellungen des Mobiliars; z.B. Wanddurchbruch, Wandeinbau, Einbau fester Einrichtungen usw.). Nimmt der Mieter diese Änderungen ungefragt vor, kann Art. 271a Abs. 1 lit. f ohnehin nicht mehr zum Zuge kommen (vgl. vorn N 148 und N 29 ff. zu Art. 260a).

## III. Beweislast

173 *Den Mieter* trifft die Beweislast – den diesbezüglichen Grundsätzen im Bereich des Kündigungsschutzrechts folgend (vgl. vorn N 165 ff. zu Art. 271) – *für alle Elemente der Vermutungsbasis*, aus denen sich die Treuwidrigkeit der Kündigung unwiderlegbar vermutet ergibt, *ausgenommen* die negative Voraussetzung (Abwesenheitsgrund) der wesentlichen Nachteile des Vermieters. Für die Kausalität genügt der Indizienbeweis (statt vieler: Barbey, Protection, S. 169, N 186, Calamo, S. 247).

174 *Den Vermieter* trifft die Last des Beweises zunächst für die formell korrekte Kündigung (vgl. N 162 ff. zu Art. 271, mit Verweisen). Ferner hat er zu beweisen, dass die *Änderung der familiären Situation des Mieters für ihn wesentliche Nachteile zur Folge hat* (wiederum statt vieler: Barbey, Protection, a.a.O., Calamo, a.a.O.; Beweislastumkehr, weil dem Vermieter dieser Beweis leichter fällt als dem Mieter der Beweis des Gegenteils [vgl. N 170 zu Art. 271]).

### IV. Verhältnis zu den übrigen Tatbeständen anfechtbarer Kündigungen

Die Anwendung von Art. 271 Abs. 1 sowie der übrigen Tatbestände i.S.v. Art. 271a Abs. 1 ist in der Regel dann ausgeschlossen, wenn die Voraussetzungen von Art. 271a Abs. 1 lit. f, namentlich die Änderung in der familiären Situation, erfüllt sind (ähnlich BARBEY, Protection, S. 169, N 185). Hingegen kommen diese Normen u.U. dann zum Zuge, wenn es an der grundlegenden Voraussetzung der Änderung der familiären Situation fehlt (vgl. vorn N 127) und/oder die Kündigung nicht überwiegend aus diesem Grund erfolgte (vgl. vorn N 69, N 93). 175

## E. Der zeitliche Kündigungsschutz im besonderen

### I. Zweck des zeitlichen Kündigungsschutzes

Der zeitliche Kündigungsschutz *soll garantieren, dass der Mieter* (als sozial schwächere Vertragspartei; dazu N 50 ff. Vorbem. zu Art. 271–273c) – ohne grössere Befürchtungen hegen zu müssen – *die Rechte aus dem Mietverhältnis* (dazu grundlegend vorn N 23 ff.) *wahrnehmen kann*, die ihm das Gesetz zwingend gewährt (vgl. RONCORONI I, a.a.O., S. 141). Der Mieter soll m.a.W. vor der «Rache» (Vergeltung) des Vermieters geschützt sein (vgl. Amtl.Bull. NR vom 16. März 1989, S. 537), vor «Strafaktionen» des Vermieters, die darin gründen, dass der Mieter letztlich bloss auf Vertragserfüllung beharrt oder Rechte im Sinn der Missbrauchsgesetzgebung wahrgenommen hat (vgl. auch BARBEY, Protection, S. 144). Es soll überdies – so das Bundesgericht noch zum alten Recht – verhindert werden, dass der Mieter «um die Früchte seiner Bemühungen gebracht wird» (BGE 110 II 313; sinngemäss und zutreffend kritisch zu dieser doch seltsamen Art der Argumentation in einem höchstrichterlichen Entscheid BARBEY, S. 154, N 137 f.). 176

Die geltende Regelung lehnt sich an die altrechtlichen Bestimmungen des BMM an (Art. 24 und Art. 28 Abs. 3 BMM). Diese schützten allerdings den Mieter nur vor «Rachekündigungen» des Vermieters in Zusammenhang mit 177 der Wahrnehmung von Rechten im Sinn der Missbrauchsgesetzgebung (vgl. BGE 109 II 153 ff.; vgl. auch BARBEY, Protection, S. 144). Im neuen Recht ist diese Einschränkung in bezug auf die «Natur» der Streitigkeit dahingefallen (vgl. vorn N 176: «Rechte aus dem Mietverhältnis» ganz allgemein) und auch in zeitlicher Hinsicht («Sperrfrist» von drei Jahren; Art. 271a Abs. 1 lit. e) ausgedehnt worden (ähnlich, statt vieler: GUHL/KOLLER/DRUEY, S. 409).

## II. Ausgestaltung des zeitlichen Kündigungsschutzes

### 1. Anwendungsfälle des Art. 271a Abs. 1 lit. a

178 Die vom zeitlichen Kündigungsschutz gesondert erfassten Kündigungen stellen *zwei besondere Anwendungsfälle* der grundlegend in Art. 271a Abs. 1 lit. a geregelten «Rache- bzw. Vergeltungskündigung» (dazu vorn N 20 ff.) dar. Das hat sich in einer – im wesentlichen – *gleichartigen gedanklichen Grundstruktur der lit. d und lit. e von Art. 271a Abs. 1 sowie Abs. 2 von Art. 271a niedergeschlagen*, die wie Art. 271a Abs. 1 lit. a aufgrund einer genau vorgezeichneten Vermutungsbasis auf die Treuwidrigkeit einer Kündigung schliessen (es liegt eine Rechtsvermutung vor [vgl. KUMMER, N 325 zu Art. 8 ZGB], da die Anfechtbarkeit [vgl. N 28 ff., N 32 ff. zu Art. 271] der Kündigung zwangsläufige Folge der vermuteten Treuwidrigkeit darstellt).

179 Die im wesentlichen gleichartige gedankliche Grundstruktur des Art. 271a Abs. 1 lit. d und lit. e sowie von Abs. 2 des Art. 271a legt es nahe, nachfolgend zunächst das allen Normen des zeitlichen Kündigungsschutzes Gemeinsame noch etwas genauer zu betrachten. Erst hernach ist auf die Besonderheiten der jeweiligen Normen noch einzeln einzugehen.

### 2. Zeitlicher Zusammenhang als wesentlichstes Merkmal der gesetzlichen Vermutungsbasis

180 Die *Struktur der Vermutungsbasis* des zeitlichen Kündigungsschutzes ist *im Vergleich zu der des Grundtatbestandes* von Art. 271a Abs. 1 lit. a (dazu vorn N 22) *vereinfacht* (ähnlich BARBEY, Protection, S. 144, N 101): An das Faktum einer Streitigkeit zwischen den Parteien *(erstes Element* der Basis),

deren tatsächliche Grundlagen im Mietverhältnis zu finden sind *(zweites Element* der Basis), und an das Faktum einer Vermieterkündigung während oder (mehr oder weniger unmittelbar) nach diesem Streit *(drittes Element* der Basis) wird im wesentlichen (vgl. aber auch N 19 sowie N 182 ff.) bereits auf das treuwidrige Motiv der Rache bzw. Vergeltung des Vermieters mehr oder weniger «zwingend» (induktiv; vgl. vorn N 59), wenn auch bloss vermutungsweise geschlossen (vgl. statt vieler: CALAMO, S. 248, S. 252, BARBEY, Protection, a.a.O.). Der Nachweis der Kausalität (vorn N 55 ff.) zwischen der Kündigung und dem Rachemotiv als Ursache der Kündigung entfällt demgegenüber (statt vieler: CALAMO, S. 248; vgl. MRA 5/95, S. 250 ff.; zum alten Recht: BJM 1981, S. 200, Mit. 21, Nr. 10) und erleichtert die Beweisführung des Mieters nochmals (vgl. vorn N 13, N 177 [Sperrfrist]).

Die gesetzliche *Vermutung des zeitlichen Kündigungsschutzes entfällt immerhin* wie bei 181 Art. 271a Abs. 1 lit. a dann, wenn zwischen den Parteien eine andere Streitigkeit besteht oder bestand als eine, die ihre Ursachen im Mietverhältnis (über Wohn- oder Geschäftsraum) hat. Diesfalls kann einzig (allenfalls) Art. 271 Abs. 1 zum Zug kommen (vgl. vorn N 22). Eine Treuwidrigkeit muss dannzumal nicht a priori bestehen (z.B. Kündigung eines Mietverhältnisses mit einem Darlehensgeber, der Mieter ist und dem Vermieter das Darlehen absprachewidrig zur Rückzahlung fällig stellt, in der Hoffnung, er könne so leicht den Erwerb der gemieteten Liegenschaft erreichen oder höhere Darlehenszinsen erzielen usw.).

## 3. Grundlegende Widerlegbarkeit der gesetzlichen Vermutungen (Art. 271a Abs. 3)

### *a) Sinn von Art. 271a Abs. 3*

Der blosse zeitliche Zusammenhang zwischen Streitigkeit und Kündigung 182 kann – nüchtern besehen – höchstens ein gewichtiges Indiz für das Kündigungsmotiv der «Rache» bzw. Vergeltung sein (so wohl auch MRA 5/95, S. 252 f.). *Die Annahme, Vermieterkündigungen folgten Streitigkeiten aus Gründen der Rache gleichsam bei Fuss*, erweist sich sodann – wiederum nüchtern betrachtet und an der Realität gemessen – *als stark vereinfacht*. Das war auch dem Gesetzgeber bewusst, weshalb er die *Vermutung der Normen des zeitlichen Kündigungsschutzes* im Gegensatz zu denen des sachlichen (vorn N 15) und persönlichen Kündigungsschutzes (vorn N 16 f.) über Art. 271a Abs. 3 als *grundsätzlich widerlegbar ausgestaltet* hat, wenn auch vordergründig in zwei engen Schranken: in den Schranken des Abs. 3 von Art. 271a (gl. BARBEY, Protection, S. 144, N 101) und in der Anfechtbarkeit (vgl. dazu N 60 ff. Vorbem. zu Art. 271–273c, N 32 ff. zu Art. 271). Allerletze Schranke bildet jedoch die rechtsmissbräuchliche Inanspruchnahme des zeitlichen Kündigungsschutzes (Rechtsmissbrauch i.S.v. Art. 2

Abs. 2 ZGB bzw. 271a Abs. 1 lit. d]; vgl. dazu allgemein N 67 ff., N 82 ff. zu Art. 271 sowie nachfolgend N 260 f.; ähnlich RONCORONI I, a.a.O., S. 150).

183 In der Literatur wird demgegenüber die Annahme der Widerlegbarkeit der gesetzlichen Vermutungen der Normen des zeitlichen Kündigungsschutzes teilweise entweder gar nicht erwogen oder abgelehnt und lieber von «Ausnahmen» gesprochen, die der zeitliche Kündigungsschutz erfahre (vgl. etwa CALAMO, S. 252 [unter Hinweis auf SVIT-Kommentar I, N 19 ff. zu Art. 271a], S. 260, LACHAT/STOLL, S. 352 [«Einschränkungen des Kündigungsschutzes»], MENGE, S. 75 ff. und S. 87 [«Ausschluss der Kündigungssperre»], SVIT-Kommentar I, N 19 ff. und N 35 ff. zu Art. 271a), wofür der Wortlaut der Norm spricht («sind nicht anwendbar»). Diese Darstellungen vermögen aber weder unter gesetzessystematischen (vgl. vorn N 15 ff., 178 ff., N 60 ff. Vorbem. zu Art. 271–273c) noch unter logischen Gesichtspunkten zu befriedigen. Die Annahme von «Ausnahmen» oder «Einschränkungen» gestützt auf den blossen Wortlaut der Norm besagt zudem noch nichts über die systematische Einordnung der Ausnahmen selbst und verbietet es gerade nicht, sondern legt es im Blick auf den gesamten Art. 271a vielmehr nahe, von widerlegbaren gesetzlichen Vermutungen auszugehen.

### *b) Art. 271a Abs. 3 als «Verweisungsnorm»*

184 *Art. 271a Abs. 3 bezeichnet (grundsätzlich) abschliessend* (vgl. aber auch die «Anfechtbarkeit» [dazu N 32 ff. zu Art. 271 und N 60 ff. Vorbem. zu Art. 271–273c sowie nachstehend N 260 ff.]; den abschliessenden Charakter heben hervor: ZMP 2/93 Nr. 22 und die h.L.; a.A. z.B. ZIHLMANN II, S. 220, SVIT-Kommentar I, N 19 ff. zu Art. 271a) *Tatbestände, bei deren Vorliegen die gesetzlichen Vermutungen des zeitlichen Kündigungsschutzes* (Art. 271a Abs. 1 lit. d, Art. 271 Abs. 1 lit. e und Art. 271a Abs. 2) *widerlegt bzw. unheilbar zerstört werden* (vgl. etwa CALAMO, S. 260, LACHAT/STOLL, S. 352, Fn. 73, MENGE, S. 87, TERCIER, S. 257, Rz. 2095, ZIHLMANN II, S. 218).

185 Ähnlich wie die «wesentlichen Nachteile» des Art. 271a Abs. 1 lit. f (dazu vorn N 149 ff.) «rechtfertigen» gewissermassen die den Tatbeständen zugrunde liegenden Sachverhalte, auf die Abs. 3 gleichsam *stichwortartig verweist* (vgl. aber ebenso nachfolgend N 187), in der Optik des Gesetzgebers jederzeit eine Kündigung. Denn in allen diesen Fällen kann dem Vermieter die Fortsetzung des Mietverhältnisses – vereinfacht dargestellt (vgl. aber auch Art. 266g) – in guten Treuen nicht mehr zugemutet werden (vgl. auch BGE 118 II 50 E. 3c [zu lit. a von Abs. 3]).

186 In dieser *Wertung des Unzumutbaren durch den Gesetzgeber* erschöpfen sich die wesentlichen Gemeinsamkeiten aller in Abs. 3 aufgelisteten Tatbestände allerdings, was z.B. dadurch verdeutlicht wird, dass der Tatbestand von lit. a des Abs. 3 oft als systemwidrig bezeichnet wird (so etwa ZIHLMANN II, S. 218). RONCORONI (I, a.a.O., S. 147 f.) zeichnet nicht weniger als vier Gruppen von Gründen auf, die in unterschiedlicher Weise zur gleichen Bewertung verschiedener Tatbestände durch den Gesetzgeber geführt haben.

Gesetzes- bzw. normsystematische und rechtsdogmatische Überlegtheit findet sich in diesem gesetzlichen Konzept – wie insgesamt bei der Schöpfung von Art. 271 und 271a (vgl. z.B vorn N 14, N 125) – jedenfalls nicht im Übermass.

Abs. 3 beschreibt die Tatbestände, welche die Vermutungen der lit. d und lit. e von Abs. 1 (sowie von Abs. 2) zerstören, nicht durchgehend selbst (wenigstens in Stichworten). Ebenso erfolgt in der Regel zusätzlich eine Beschreibung durch einen *Verweis* auf eine andere Norm (vgl. z.B. Abs. 3 lit. b bis lit. f). Abs. 3 von Art 271a gewinnt damit eher den Charakter einer «Verweisungsnorm» denn einer Sachnorm. Der Umfang dieser Verweisungen ist im einzelnen auf den ersten Blick meist kaum in seiner vollen Tragweite erfassbar, sondern gewissermassen «offen» und entsprechend auslegungsbedürftig, und es scheiden sich über ihn die Geister (vgl. z.B. RONCORONI I, a.a.O., S. 147 [«restriktive Auslegung» von lit. e], BARBEY, Protection, S. 154, N 138 [«interpréter avec une relative souplesse»], CALAMO, S. 261 [«weder generell weit noch einschränkend ausgelegt»]). Der Umfang der Verweisung ist daher nachstehend bei jedem Normteil im einzelnen genauer zu prüfen. 187

### *c) Die Widerlegungsgründe im einzelnen*

#### aa) Dringender Eigenbedarf (Art. 271a Abs. 3 lit. a)

Die Formulierung dieses Grundes, der die *Vermutung des zeitlichen Kündigungsschutzes zerstört* (vorn N 182; CALAMO, S. 263), entspricht im wesentlichen denjenigen des Art. 261 Abs. 2 lit. b (dazu N 42 zu Art. 261–261a) sowie des Art. 272 Abs. 2 lit. d (gl. BGE 118 II 53). Das erfordert eine einheitliche, normenübergreifende Auslegung dieser Formulierung (BGE 118 II 53; gl. z.B. auch SVIT-Kommentar I, N 37 zu Art. 271a). Eine unbesehene Anlehnung an den altrechtlichen Begriff, der einen Erstreckungsausschlussgrund bezeichnete (vgl. aArt. 267c lit. c), verbietet sich demgegenüber mit Blick auf das neugestaltete Recht grundsätzlich (gl.M. GIGER, S. 111, ferner offenbar auch BARBEY, Protection, S. 179 f.; eher a.A. CALAMO, S. 263). 188

Unter «dringendem Eigenbedarf» in diesem normenübergreifenden Sinn ist ein *ausgewiesener, ernsthafter und aktueller Bedarf des Vermieters für sich oder einen nahen Verwandten zu verstehen.* Der Bedarf ist m.a.W. dort gegeben, wo es dem Vermieter im Verständnis vernünftiger Leute nicht zugemutet werden kann, unter den gegebenen (und bewiesenen) Umständen auf die Benutzung des vermieteten Objektes auf längere Zeit zu verzichten (vgl. BGE 118 II 54 f., ferner vgl. DdB 5/93 Nr. 23 und Nr. 24, Cahiers 1992, S. 52; h.L.). Eine (eigentliche) Notlage muss folglich bei weitem nicht 189 vorliegen (BGE 118 II 57; vgl. dazu auch N 42 f. zu Art. 261–261a, mit Beispielen; weitere Beispiele ergeben sich aus den nachstehenden Ausführungen). Das gilt es hier noch unter fünf Gesichtspunkten (Bedarfsbegriff [N 190 ff.], Begriff des Vermieters [N 193 ff.], Dringlichkeit/Bedarfsinteresse [N 196 ff.], nahe Verwandtschaft bzw. Schwägerschaft [N 199 ff.], Beweis/Entscheid [N 205 f.]) etwas genauer zu präzisieren.

190 *Erstens* ist anzufügen, dass sich der *Bedarf auf den direkten Gebrauch der Sache* durch den Vermieter oder den nahen Verwandten usw. beziehen muss (das Wortteil «Eigen» im Begriff «Eigenbedarf» zeigt das an). Unterschiede hierin zwischen der Geschäfts- und der Wohnraummiete sind nicht zu treffen; bei der Geschäftsraummiete ist insbesondere kein strengerer Massstab anzulegen (BGE 98 II 108, Pra. 61, S. 455; beispielhaft DdB 5/93 Nr. 23).

191 Ein auf den direkten Gebrauch abzielender Bedarf ist dort nicht gegeben, wo eine *juristische Person oder eine Gesellschaft* «Eigenbedarf» für einen ihrer Teilhaber bzw. Gesellschafter geltend macht (z.B. [Haupt-]Aktionär, Kommanditär, Genossenschafter) oder für dessen Sohn usw.; hingegen kann sich der Komplementär einer Kommanditgesellschaft oder der Gesellschafter einer Kollektivgesellschaft auf Eigenbedarf für die Gesellschaft berufen, wenn er Vermieter ist (vgl. BGE 115 II 185, BJM 1985, S. 94, mp 3/91, S. 148 f., ZR 82 [1983] Nr. 26, SJ 1979, S. 577, GVP 1990 Nr. 46, ZMP 1/95 Nr. 7; SCHMID, N 18 zu aArt. 267c; weitergehend, namentlich bezüglich der Genossenschaften [Durchgriff zugunsten Dritter], in Zusammenhang mit Art. 272, GIGER, S. 116 f., m.E. allerdings unter Missachtung des normenübergreifenden Gehalts des Begriffes des Eigenbedarfes). Direkter Bedarf einer juristischen Person oder Gesellschaft liegt hingegen z.B. in der Benützung von Lokalitäten als Betriebsstätte, als Werkstätte, als Fabrikationsraum, als Lagerraum, als Büro für den eigenen Betrieb.

192 Eigenbedarf im umschriebenen Sinn («direkter Gebrauch») liegt auch dann nicht vor, wenn der Vermieter seine Angestellten im Objekt unterbringen will, weil er dazu aus wirtschaftlichen (er findet sonst keine Angestellten) oder aus betrieblichen Gründen gezwungen ist (BARBEY, Protection, S. 156, N 145 [mit Verweisen], CALAMO, S. 269).

193 Unter dem Vermieter i.S. der Norm ist – *zweitens – nicht bloss der Eigentümer* als Vermieter der Mietsache zu verstehen, der die Sache selbst vermietet, *sondern jeder Vermieter*, unbeschadet um das Recht (z.B. Nutzniessung; vgl. auch N 8 zu Art. 257f und N 7, N 17 zu Art. 261–261a), welches ihn in die Lage versetzt hat, vertragsweise anderen Gebrauchsrechte an der Sache einzuräumen (namentlich etwa der Untervermieter). Darin unterscheidet sich die Norm von Art. 261 Abs. 2 im Wortlaut ausdrücklich und augenfällig (gl.M. h.L.; unklar demgegenüber die Begrifflichkeit in BGE

118 II 50 ff., worauf z.B. CALAMO [S. 265, Fn. 356] richtigerweise hinweist). Die Ausdehnung der Auslegung des Begriffes «Vermieter» über den vermietenden Eigentümer hinweg auf jeden Vermieter ist auch sachlich zutreffend (es wäre grotesk, wenn man einem Untervermieter oder Nutzniessungsberechtigten, der beruflich für unbestimmte Zeit ins Ausland zieht, im Wissen um die Rückkehr, gestützt auf lit. e von Art. 271a Abs. 1 [bzw. Abs. 2], die Rückkehr in die Wohnung oder das Haus gewissermassen auf drei Jahre versperren würde, weil es z.B. kurz nach der Wohnungsübergabe an den Mieter zu Streitigkeiten über Mängel kommt, die vergleichsweise erledigt werden; anders noch unter dem alten Recht z.B. SJZ 1972, S. 76 f. [OGer Zürich]).

Da das Gesetz hinsichtlich der Beurteilung des Eigenbedarfes den *Vermieter* als massgebende Person bezeichnet und *nicht* den *Eigentümer*, ist ein Eigenbedarf des Eigentümers (anders als des Erwerbers; vgl. Art. 261 Abs. 1) dort ausgeschlossen, wo dieser nicht zugleich Vermieter ist (sondern z.B. eine Verwaltungsgesellschaft [juristische Person; dazu ebenfalls vorn N 191 und nachfolgend N 203], die Mietverträge im eigenen Namen abschliesst). Ist der nicht Eigentum haltende Vermieter (Verwalter, Mieter usw.) hingegen eine natürliche Person und der Eigentümer sein naher Verwandter, steht dem Eigenbedarf des Eigentümers (als Verwandtem) die Regelung in lit. a von Abs. 3 nicht entgegen (vgl. nachfolgend N 199 f.). 194

Eine andere Auffassung vertreten hiesse nicht nur, sich über den unmissverständlichen Wortlaut der Norm hinwegzusetzen, sondern ebenso sachenrechtliche Gesichtspunkte (Eigentumsrechte) mit vertragsrechtlichen Gesichtspunkten (Verwaltung als einziger Vertragspartner des Mieters) zu vermischen bzw. (vertraglich betrachtet) Drittinteressen (keine Verwandtschaft) zu berücksichtigen, die Art. 271a Abs. 2 lit. a gerade ausschliesst (dazu nachstehend N 199 ff.). Ein Eigentümer hat es überdies selbst in der Hand zu vermeiden, dass nicht er, sondern sein Verwalter Vermieter ist. *Das Eigentum und die aus ihm fliessenden* Rechte, namentlich die sich daraus ergebenden *Benutzungsrechte*, sind denn auch regelmässig soweit *eingeschränkt*, wie der Eigentümer sich ihrer (auch vertraglich bzw. rechtsgeschäftlich) begeben hat (oder sie ihm entzogen worden sind; vgl. dazu [allgemein] MEIER-HAYOZ, N 339 ff. des systematischen Teils vor Art. 641 ZGB, sowie DERS., N 46 ff. [da insbesondere N 53] zu Art. 641 ZGB). 195

*Drittens* ist zu präzisieren, was das «Dringliche» am Bedarf ist. *Dringlich* ist eine Bedarf dann, wenn er im Zeitpunkt der Kündigung *aktuell* und nicht bloss virtuell (als blosse künftige Möglichkeit; BGE 99 II 166 [fehlende Baubewilligung], mp 2/89, S. 77 f.) besteht. «Aktuell» bezeichnet damit gewissermassen das *zeitliche Element* der «Dringlichkeit» des Bedarfes. Nicht aktuell ist ein Bedarf, der bereits im Zeitpunkt der Vermietung gleichermassen bestanden hat (vgl. [zutreffend] BGE 118 II 56 f.; gl. BARBEY, Protection, S. 158, N 152 [«l'urgence suppose une situation imprévisible au moment de la conclusion du bail»]; weitergehend CALAMO, S. 265). 196

Dem Begriff der Dringlichkeit wohnt ferner ein *sachliches Element* inne (CALAMO, S. 264), womit die (für vernünftige Menschen offenbare) *Ernst-* 197 *haftigkeit der Interessen* des Vermieters am eigenen Bedarf gemeint ist (Zumutbarkeit; vorn N 186). Als Interessen kommen nicht nur finanzielle bzw. wirtschaftliche oder betriebliche in Frage, sondern ebenso persönliche (familiäre, berufliche, gesundheitliche). Die blosse Erhöhung der persönlichen Annehmlichkeit oder des Komforts genügt aber noch nicht (vgl. BGE 118 II 55; statt vieler: BARBEY, Protection, S. 157, N 150, mit weiteren Beispielen); ebensowenig erweisen sich Gründe als ernsthaft, die unverändert bereits im Zeitpunkt der Vermietung bestanden haben [siehe vorn N 196]).

198 *Beispiele für dergleichen ernsthafte Interessen an eigenem Bedarf* (siehe auch vorn N 191; vgl. BGE 99 II 164 ff., 118 II 50, mp 3/91, S. 146 ff., mp 1/93, S. 35 ff., ZMP 1/91 Nr. 5, Nr. 6, Nr. 7, ZMP 1/92 Nr. 8, ZMP 1/95 Nr. 7, DdB 4/92 Nr. 25, DdB 5/93 Nr. 23, BARBEY, Protection, S. 155 f., CALAMO, S. 264, GIGER, S. 112 f., MENGE, S. 90 f., LACHAT/STOLL, S. 365 f.): Rückkehr des Vermieters aus dem Ausland, sofern er nicht ohnehin über eine andere Unterkunft verfügt (z.B. leerstehende Zweitwohnung oder leerstehendes eigenes Haus am gleichen Ort [z.B. Luzern] oder in dessen näherer Umgebung, nicht aber in Zürich, wenn er in Luzern arbeiten muss); dass der Vermieter auch einem anderen Mieter kündigen könnte usw., ist demgegenüber grundsätzlich unmassgebend. – Dem Vermieter selbst ist die Wohnung gekündigt worden (und es läuft die allenfalls gewährte Erstreckungsdauer bald ab). – Scheidung der Ehe des Vermieters, der dadurch auf ein neues Quartier angewiesen ist (gilt aber nicht bezüglich eines Bedarfes des geschiedenen Ehegatten). – Die Wohnung des Vermieters ist untergegangen. – Zuwachs der Familie und damit verbundener Bedarf nach einer grösseren Wohnung (sofern es nicht um eine blosse Verbesserung der Annehmlichkeiten handelt, was vom Umfang der Familie und des Zuwachses abhängen kann; BARBEY, Protection, S. 157 f., N 150) et vice versa (Verkleinerung der Familie; letzteres verbunden mit dem Alter des Vermieters oder einer Krankheit usw.). – Gesundheitszustand des Vermieters (alters-, krankheits- oder unfallbedingt) verlangt einen Wohnungswechsel. – Eintritt der Kinder in die Schulpflicht und damit verbundener sehr langer Schulweg. – Aufnahme eines schwer erkrankten oder eines invaliden Angehörigen, wofür die bisherige Wohnung nicht ausreichend Platz bietet (nicht jedoch der anderweitig begründete Zuzug eines Verwandten [dieser begründet lediglich ein «legitimes» Kündigungsinteresse i.S.v. Art. 271 Abs. 1]). – Neue Stelle an einem vom bisherigen Wohnort (bzw. im Verhältnis vom bisherigen Arbeitsort) entfernteren Ort, ev. verbunden mit einer Wohnsitzpflicht; es ist gleichgültig, warum der Stellenwechsel erfolgt (Versetzung, Bewerbung, Berufung, Entlassung aus welchen Gründen auch immer usw.). – Umbau- oder Renovation, für die die Bewilligungen bereits (rechtskräftig) erteilt sind. – Ausweitung oder Verlagerung der geschäftlichen Aktivitäten, die in Bälde in neuen Lokalitäten abgewickelt werden müssen (Kundenkreis des Vermieters liegt gerade in diesem Quartier, in dem auch das Lokal liegt; existenzgefährdender Umsatzeinbruch am bisherigen Standort; gesundheitspolizeiliche usw. Auflagen oder Sicherheitsvorschriften bzw. -erfordernisse [auch innerbetriebliche, die z.B. im Interesse der Kunden stehen] verlangen eine Verlegung oder Ausweitung des Betriebes [vgl. neben BGE 99 II 52 auch BGE 74 I 7, ZR 71, 1972, Nr. 73]; die Ausweitung des Filialnetzes, die blosse Verbesserungen von Arbeitsabläufen allein genügen demgegenüber nicht [vgl. auch BGE 73 I 185]). – Verlust der Geschäftsräumlichkeiten (z.B. durch Kündigung oder nach einem Konkurs), zu denen u.U. auch eine Wohnung gehörte (und deren Verlust den Vermieter zwingt, seine familiäre und/oder wirtschaftliche Neuorientierung von einem neuen Ort aus in Angriff zu nehmen).

199 Die *Interessen des nahen Verwandten oder Verschwägerten*, für den der (direkte; vorn N 190) Bedarf angemeldet wird, sind – *vierte Präzisierung* der allgemeinen Definition – stets als solche des Vermieters zu gewichten

(gl., statt vieler: CALAMO, S. 268), wiewohl sie eigentlich *Drittinteressen* darstellen, die grundsätzlich unbeachtlich zu bleiben haben (vgl. Art. 272 und vorn N 195). Mit der namentlichen Auflistung der Dritten, deren Interessen nichtsdestotrotz als solche des Vermieters massgebend sind, hat das Gesetz diesen Grundsatz insoweit klar umschrieben (und die Annahme von weiteren Ausnahmen ebenso begrenzt).

*Nahe Verwandte sind* – mit Blick auf Art. 20 ZGB, der die Verwandtschaft umschreibt – wenigstens Eltern, Grosseltern, Geschwister, Kinder und Enkel sowie deren Ehegatten. *Nahe Verschwägerte sind* – mit Blick auf Art. 21 ZGB, der die Schwägerschaft definiert – zumindest die Schwiegereltern, die Schwägerin und der Schwager (BARBEY, Protection, S. 156, N 147, CALAMO, S. 269, GIGER, S. 114, LACHAT/STOLL, S. 365). 200

Der Begriff des nahen Verwandten bzw. Verschwägerten ist jedoch *nicht ausschliesslich herkunftsmässig* (bzw. unter den damit verbundenen weiteren Gesichtspunkten, die in ehelichen Beziehungen gründen) zu betrachten, sondern *ebenso unter persönlichen bzw. sozialen Aspekten* (gl. BARBEY, Protection, S. 156, N 147, CALAMO, S. 269, GIGER, S. 115, MENGE, S. 92, SCHMID, N 19 zu aArt. 267c; vgl. z.B. auch LGVE 1986 I 15). Daher kann eine nahe Verwandtschaft u.U. aufgrund einer *besonderen persönlichen oder sozialen Nähe unter weiter entfernten Verwandten bejaht werden,* (z.B. Onkel, Tante, Nichte, Neffe), wo in der Tat eine solche besteht und/oder der (entferntere) Verwandte auf die Hilfe des Vermieters (Krankheit, Gebrechlichkeit) angewiesen ist (z.B. weil alle übrigen – näheren – Verwandten weit weg oder überhaupt nicht im Lande leben). 201

Von den nahen Verwandten bzw. Verschwägerten in diesem weiteren Sinn *zu unterscheiden sind nahe Bekannte, Freunde, Lebenspartner*. Bei diesen fehlt es an der im Gesetz klar geforderten verwandtschaftlichen Bindung bzw. Schwägerschaft (vgl. vorn N 200), die durch eine «Nähe» zum Vermieter, wie gross diese auch sein mag, nicht ersetzt werden kann (vgl. auch DdB 2/90 Nr. 20, BJM 1989, S. 253 und S. 392; gl. z.B. BARBEY, Protection S. 157, N 148, CALAMO, S. 269; a.A. in bezug auf Konkubinatspartner MENGE, S. 92, mit der Begründung, in solchen Fällen bestehe oft eine grössere Nähe [intensivere Bindung] als bei [blossen] Verwandten, was weder etwas am klaren anderslautenden Wortlaut des Gesetzes ändert noch am Umstand, dass der Gesetzgeber – dem die Existenz einer Vielzahl enger Lebenspartnerschaften ohne eheliches Band im Zeitpunkt der Schöpfung der Norm ja doch bekannt war – diese besonderen anderen «nahen» Beziehungen gerade nicht in den Wortlaut der Norm aufgenommen hat). 202

*Keine nahen Verwandten sind* aus verständlichen Gründen (der Begriff der Verwandtschaft bezieht sich ausschliesslich auf natürliche Personen; siehe Art. 20 f. ZGB) «Tochtergesellschaften» *juristischer Personen* bzw. «Muttergesellschaften». Deren Bedarf ist nur massgebend, wenn sie selbst Vermieter sind (dazu ebenfalls vorn N 191 f.). 203

*Fünftens* ist anzumerken, dass der *Vermieter den dringenden Eigenbedarf zu behaupten* und (indizienmässig, anhand der geltend gemachten Umstände, die strikt zu beweisen sind, namentlich die Verwandtschaft) *zu bele-* 204 *gen* hat (statt vieler: MENGE, S. 91, S. 92; vgl. auch N 229 ff.). Bei der (richterlichen) *Prüfung*, ob ein dringender Eigenbedarf i.S. des Gesetzes vorliegt (Rechtsfrage; BGE 98 II 108), sind alle Umstände des Einzelfalles zu prüfen (so z.B. ebenfalls MENGE, S. 90), was den Entscheid zum Ermessens- bzw. Billigkeitsentscheid i.S.v. Art. 4 ZGB erhebt (vgl. BGE 118 II 55, u.a. unter Hinweis auf KOLLER, in: ZBGR 1991, S. 208).

205 *Nicht zu prüfen* ist im Rahmen der Untersuchung des dringlichen Eigenbedarfes als Kündigungsgrund hingegen, ob es dem Vermieter oder dem nahen Verwandten zumutbarer als dem Mieter ist, auf die Benutzung des Objektes zu verzichten (vgl. BGE 99 Ia 314 f., 99 II 108); die Prüfung der (sich widerstrebenden) Interessenlagen ist dem Art. 272 Abs. 2 vorbehalten (so auch sinngemäss BGE 118 II 58; vgl. zudem [beispielhaft] DdB 5/93 Nr. 23; gl. [z.T. sinngemäss] z.B. GIGER, S. 110 f., S. 116, ZIHLMANN II, S. 219; vgl. auch allgemein N 55 ff., N 80 zu Art. 271 sowie N 186 zu Art. 272).

bb) Zahlungsrückstand des Mieters (Art. 271a Abs. 3 lit. b)

206 Art. 271a Abs. 3 lit. b verweist – wie Art. 272a Abs. 1 lit. a – auf den Widerlegungsgrund (vorn N 184) des Zahlungsrückstandes «des Mieters (Art. 257d)». Von einem Teil der Literatur wird das als ausschliesslicher Verweis auf ausserordentliche Kündigungen i.S.v. Art. 257d Abs. 2 aufgefasst (vgl. z.B. CALAMO, S. 269–271, LACHAT/STOLL, S. 352 i.V.m. S. 133 ff., MENGE, S. 92, ZIHLMANN II, S. 219; a.A. [sinngemäss] z.B. TERCIER, S. 257, Rz. 2095 [«le congé n'est pas annulable, s'il est donné pour l'un des ... motifs suivants»], GIGER, S. 64, und wohl ebenso BGE 117 II 417 [Erstreckung]). Die vermutete Treuwidrigkeit einer Kündigung im Sinn des zeitlichen Kündigungsschutzes wäre demnach gemäss dieser Auffassung stets bloss dann widerlegt, wenn es sich bei der angefochtenen Kündigung um eine ausserordentliche Kündigung (vgl. dazu N 6 und N 19 zu Art. 257d sowie allgemein N 80 Vorbem. zu Art. 266–266o) gestützt auf Art. 257d (Abs. 2) handelt (statt vieler: MENGE, S. 92). Ob das stichhaltig ist, gilt es vorab gemäss dem in N 185 und N 187 Ausgeführten zu ergründen.

207 *Art. 257d regelt dreierlei*, nämlich *erstens* die Voraussetzungen, die erfüllt sein müssen (Zahlungsfristansetzung/Kündigungsandrohung [N 31 ff. zu Art. 257d], Fristenlauf [N 37 ff. zu Art. 257d], Ausbleiben der Zahlung [N 44 f. zu Art. 257d; vgl. dazu auch BGE 119 II 232, 119 II 241]), damit überhaupt von einem Zahlungsrückstand i.S. der Norm gesprochen werden kann (was es grundsätzlich ausschliesst, einen Zahlungsrückstand unter Art. 271a Abs. 3 lit. b zu subsumieren, der nicht ebenso von Art. 257d erfasst ist; vgl. dazu N 19 ff. zu Art. 257d). *Zweitens* begründet Art. 257d ei-

nen an den von ihm definierten Zahlungsrückstand anschliessende ausserordentliche Kündigungsberechtigung des Vermieters (dazu auch allgemein N 79–81 Vorbem. zu Art. 266–266o). *Drittens* regelt die Norm – ausschliesslich in ihrem Abs. 2 – die Modalitäten (Form/Frist) der ausserordentlichen Kündigung als (mögliche) Ausübung der von ihr definierten ausserordentlichen Kündigungsberechtigung (vgl. N 80 Vorbem. zu Art. 266–266o).

*Art. 257d verpflichtet jedoch den Vermieter, dem die ausserordentliche Kündigungsberechtigung des Zahlungsverzuges des Mieters gemäss Art. 257d zukommt, nicht, diese Berechtigung ausschliesslich in Form der ausserordentlichen Kündigung auszuschöpfen* (vgl. N 68 zu Art. 257d, N 81 Vorbem. zu Art. 266–266o). Vielmehr steht es dem Vermieter *frei,* dann, wenn ihm die ausserordentliche Kündigungsberechtigung des Zahlungsverzuges i.S.v. Art. 257d zukommt, *auch bloss in der ordentlichen Form zu kündigen,* mithin seine ausserordentliche Berechtigung in der üblichen Form der Kündigung auszuschöpfen, sofern ihm die Möglichkeit der ordentlichen Beendigung ebenfalls offen steht (N 68 zu Art. 257d; gl.M. BGE 117 II 417 [Erstreckung; dieser zutreffende Entscheid ist z.B. bei MENGE, S. 92, unberücksichtigt geblieben). 208

Die Möglichkeit der ordentlichen Vertragsauflösung im Fall des Zahlungsrückstandes i.S.v. Art. 257d drängt zwangsläufig zur *Frage, ob denn einzig die ausserordentliche Kündigung infolge Zahlungsrückstandes des Mieters geeignet sein kann und sein soll, die vom zeitlichen Kündigungsschutz aufgestellte Vermutung der Treuwidrigkeit zu widerlegen* (so z.B. offenbar MENGE, a.a.O.), *oder ob nicht die ausserordentliche Kündigungsberechtigung des Vermieters i.S.v. Art. 257d an sich schon dazu genügt.* Mit Blick auf den Grundsatz von Treu und Glauben, den Art. 271a konkretisiert, mit Blick auf die gesetzgeberischen Güterabwägungen, die hinter Abs. 3 von Art. 271a (vgl. vorn N 186) und hinter dem fast gleichlautenden Art. 272a Abs. 1 lit. a stehen (was eine normübergreifende einheitliche Auslegung erfordert; vgl. auch BGE 117 II 415 ff.), sowie mit Blick auf den Wortlaut der Norm, die den Zahlungsrückstand i.S.v. Art. 257d hervorhebt (und nicht eine Kündigung wegen Zahlungsrückstandes gestützt auf Art. 257d Abs. 2), lässt sich ersteres mit vernünftigen Gründen kaum bejahen. Denn der vermutete treuwidrige Kündigungsgrund der blossen «Rache» (vorn N 176) lässt sich dann schlüssig kaum mehr aufrechterhalten, wenn der Mieter seiner vertraglichen Hauptpflicht nicht ordnungsgemäss nachgekommen ist (vgl. RONCORONI I, a.a.O., S. 147: «...dadurch gerechtfertigt, dass es sich um Gründe handelt, die in der Person des Mieters liegen und eine Vertragsverletzung seinerseits darstellen ...»). Es ist somit vielmehr davon auszugehen, dass es der *Zahlungsrückstand des Mieters i.S.v. Art. 257d als solcher sein muss, der als ausserordentlicher Beendigungsgrund die Vermutung der* 209

*Treuwidrigkeit zerstören kann* (ähnlich BGE 117 II 415 ff. [zu Art. 272a] und [zu Art. 257f allerdings] ZMP 3/92 Nr. 29; vgl. ferner GIGER, S. 64).

210 Demnach sind vom Verweis des Art. 271a Abs. 3 lit. b auf Art. 257d *alle Kündigungen erfasst, die* (im Sinn eines ausschlaggebenden Motivs; vgl. TERCIER, S. 257, Rz. 2095) *auf dem ausserordentlichen Kündigungsgrund des Zahlungsrückstandes basieren,* unbeschadet darum, ob bei der Ausübung der entsprechenden Kündigungsberechtigung die Kündigungsfristen und -termine gemäss Abs. 2 von Art. 257d zur Anwendung gelangten oder die ordentlichen vertraglichen Fristen und Termine (vgl. BGE 117 II 417 [zu Art. 272a]; gl.M. GIGER, a.a.O., TERCIER, a.a.O.; a.A. vorn in N 206).

211 *Nicht geeignet, die Vermutung der Treuwidrigkeit des zeitlichen Kündigungsschutzes zu widerlegen,* sind hingegen aufgrund des klaren Wortlautes von Art. 271a Abs. 3 lit. b (vorn N 209) Kündigungen, die deshalb erfolgen, weil der Mieter zwar im Zahlungsverzug war bzw. ist, aber nicht im Zahlungsrückstand gemäss Art. 257d (z.B. weil er innert der 30-tägigen Frist die Zahlung[en] erbracht [zur Zahlung mittels Postanweisung vgl. BGE 119 II 232] oder die begründete Verrechnung [vgl. dazu BGE 119 II 241] erklärt hat). Das muss dann stossend erscheinen, wenn sich der Mieter – gewissermassen im Vertrauen auf den zeitlichen Kündigungsschutz – «anschickt», den Mietzins grundsätzlich schleppend bzw. verspätet zu leisten, jedoch immer (wieder) innert der Zahlungsfristen gemäss Art. 257d Abs. 1. Da es nicht im Zweck des zeitlichen Kündigungsschutzes liegt bzw. liegen kann, Vertragsverletzungen des Mieters gewissermassen zu fördern, muss dem Vermieter in solchen Fällen die Möglichkeit offen stehen, sich auf den wichtigen Grund i.S.v. Art. 266g berufen zu können (vgl. N 51 zu Art. 266g; so auch CALAMO, S. 279 f., SVIT-Kommentar I, N 18 zu Art. 266g); oder es darf ihm wenigstens der Einwand der rechtsmissbräuchlichen (i.e.S. des Art. 2 Abs. 2 ZGB) Anfechtung der Kündigung gestützt auf die Vorschriften zum zeitlichen Kündigungsschutz nicht verwehrt sein (vgl. dazu N 108 f. zu Art. 271).

cc) Schwere Pflichtverletzung des Mieters (Art. 271a Abs. 3 lit. c)

212 *Wie im Fall des Zahlungsrückstandes* (vorn N 206 ff.) *verweist das Gesetz auch hier bei sachgerechter Betrachtung* (welche die Güterabwägungen berücksichtigt, die hinter dem Abs. 3 von Art. 271a stecken, sowie die fast gleichlautende Bestimmung in Art. 272a Abs. 1 lit. b; vgl. – analog – vorn N 209) *auf die ausserordentliche Kündigungsberechtigung i.S. von Art. 257f Abse. 3 und 4, nicht jedoch ebenfalls auf die Kündigungsart* (ausserordentliche Kündigung [vgl. N 80 f. Vorbem. zu Art. 266–266o]; gl. ZMP 3/92

Nr. 29, GIGER, S. 64; a.A. offenbar LACHAT/STOLL, S. 352, MENGE, S. 94 und S. 96; unklar, ob hierin ebenfalls a.A., bei ZIHLMANN II, S. 219).

Die vom zeitlichen Kündigungsschutz *vermutete Treuwidrigkeit* einer Vermieterkündigung ist deshalb stets dann *widerlegt*, wenn *eine ausserordentliche Kündigungsberechtigung i.S.v. Art. 257f als (ausschlaggebender) Kündigungsgrund gegeben ist* (dazu im einzelnen N 48 ff. zu Art. 257f; Beispiele ebenfalls bei MENGE, S. 95), *unbeschadet darum, ob der Vermieter aufgrund dieser Berechtigung zur ausserordentlichen oder zur ordentlichen Kündigung geschritten ist* (so auch GIGER, S. 64; ähnlich ferner z.B. TERCIER, S. 257, Rz. 2095; vgl. auch N 86 zu Art. 257f). Denn auf den vermuteten unlauteren Kündigungsgrund der blossen «Rache» (vorn N 176) lässt sich dann nicht mehr zwingend schliessen, wenn der Mieter selbst erhebliche Vertragverletzungen begangen hat (vgl. auch RONCORONI I, a.a.O., S. 147). 213

dd) Der wichtige Grund (Art. 271a Abs. 3 lit. e)

Die Vermutung der Treuwidrigkeit des zeitlichen Kündigungsschutzes wird ebenfalls dann widerlegt, wenn ein «wichtiger Grund» den Vermieter zur Kündigung i.S.v. Art. 266g berechtigt. Liegt ein solcher «wichtiger Grund» vor, der dem Vermieter die Fortsetzung des Mietverhältnisses objektiv betrachtet nicht mehr zumutbar erscheinen lässt (vgl. Art. 266g), erweist sich der vermutete Kündigungsgrund der «Rache» (vorn N 176) wiederum nicht als stichhaltig: *Der «wichtige Grund»* als ausschlaggebender Kündigungsgrund (vgl. TERCIER, S. 257, Rz. 2095) *begründet gleichsam die Lauterkeit der Kündigungsmotive des Vermieters, sofern der Vermieter ebenfalls ausserordentlich im Sinn von Art. 266g kündigt* (vgl. N 72 zu Art. 266g und nachstehend N 217; ähnlich TERCIER, S. 257, Rz. 2095; gl.M. ferner offenbar ZIHLMANN II, S. 220, CALAMO, S. 279 f.). 214

Worin die von Art. 266g geforderte Unzumutbarkeit der Fortsetzung des Mietverhältnisses für den Vermieter im konkreten Fall besteht bzw. ihre Ursache hat (z.B. bezüglich Verschulden), die den «wichtigen Grund» i.S.v. Art. 266g begründet, spielt hingegen keine Rolle (vgl. etwa ZIHLMANN II, S. 220; a.A. RONCORONI I, a.a.O., S. 147, der den «wichtigen Grund» i.S.v. Art. 266g im Anwendungsfall des Art. 271a Abs. 3 anders [restriktiver] ausgelegt haben will als im Fall des Art. 266g selbst; das ist unzutreffend, denn das Gesetz unterscheidet in Art. 271a Abs. 3 zu Recht nicht zwischen unwichtigen «wichtigen Gründen», die die Vermutung des zeitlichen Kündigungsschutzes nicht widerlegen, und wichtigen «wichtigen Gründen», die das gerade vermögen [dazu auch nachstehend N 217]). 215

Zu den Voraussetzungen, die erfüllt sein müssen, damit ein «wichtiger Grund» i.S.v. Art. 266g vorliegt, der zur ausserordentlichen Kündigung 216 i.S.v. Art. 266g berechtigt, siehe N 29 ff. zu Art. 266g; zur ausserordentlichen Kündigung i.S.v. Art. 266g vgl. ferner N 54 ff. zu Art. 266g; Beispiele in N 45, N 50 und N 51 f. zu Art. 266g.

217 Art. 266g knüpft an die Unzumutbarkeit der Fortsetzung des Mietverhältnisses an. Der Verweis in Art. 271a Abs. 3 lit. e auf den «wichtigen Grund» i.S.v. Art. 266g macht damit die hinter Art. 271a Abs. 3 stehenden Güterabwägungen des Gesetzgebers (vorn N 186) für den Fall dieser ausserordentlichen Kündigungsberechtigung besonders augenfällig. Da beim «wichtigen Grund» i.S.v. Art. 266g die Kündigungsberechtigung mit dem Grund selbst zusammenfällt, kann dieser Grund zwangsläufig nie treuwidrig sein; die Treuwidrigkeit kann im Fall des Art. 266g konsequenterweise nur in der Ausübung der Kündigungsberechtigung (also in der Kündigung als Rechtsausübung), etwa unter zeitlichen Aspekten, liegen (vgl. N 72 zu Art. 266g): Die Widerlegung der Vermutung des zeitlichen Kündigungsschutzes erfordert daher beim «wichtigen Grund» – anders als im Fall von Art. 271a Abs. 3 lit. b bzw. lit. c – *nicht nur den «wichtigen Grund» als ausschlaggebenden Grund der Kündigung, sondern ebenso die Ausübung der Kündigungsberechtigung in der Form der ausserordentlichen Kündigung (die insoweit der Unzumutbarkeit der Fortsetzung des Mietverhältnisses einen weiteren Ausdruck verleiht).*

218 Allfällige *Interessen des Mieters daran, über den Kündigungstermin hinaus in der Mietsache verbleiben zu können*, sind nicht in Zusammenhang mit dem «wichtigen Grund» zu prüfen, sondern im Rahmen einer *Interessenabwägung gemäss Art. 272* (vgl. auch ZIHLMANN II, S. 220; ferner siehe N 78 ff. zu Art. 271). Eine allfällige Erstreckung ist zudem bei den vermögensrechtlichen Folgen gemäss Art. 266g Abs. 2 zu berücksichtigen (vgl. Art. 266g Abs. 2: «... unter Würdigung aller Umstände»).

ee) Konkurs des Mieters (Art. 271a Abs. 3 lit. f)

219 Der *Konkurs des Mieters* (vgl. N 28 und N 43 ff. zu Art. 266h) begründet dann, wenn innert Frist (dazu N 46 ff. zu Art. 266h) keine Sicherstellung i.S.v. Art. 266h geleistet wird (dazu N 63 ff. zu Art. 266h), die *Unzumutbarkeit der Fortsetzung des Mietverhältnisses für den Vermieter* (vgl. auch vorn N 186) wegen vom Mieter verschuldeter massiver Leistungsstörung. Er berechtigt somit den Vermieter zur ausserordentlichen (fristlosen) Kündigung (vgl. dazu N 68 ff. zu Art. 266h). Die dem zeitlichen Kündigungsschutz innewohnende Vermutung der «Rachekündigung» (vorn N 176) entfällt daher auch in diesem Fall, in dem ebenfalls die Erstreckung des Mietverhältnisses ausgeschlossen bleibt (vgl. Art. 272a Abs. 1 lit. c; statt vieler: ZIHLMANN II, S. 220).

220 Der Vermieter ist im Fall des Konkurses des Mieters jedoch nicht verpflichtet, den Weg der fristlosen Kündigung zu wählen. Wie bei den Kündigungen infolge Zahlungsrückstandes (vorn N 208 f.) kann er eine schonendere Auflösungsmodalität wählen (vgl. N 74 zu Art. 266h). *Massgebend für die Widerlegung der Vermutung des zeitlichen Kündigungsschutzes ist somit hier ebenso nur die Kündigungsberechtigung des Vermieters* (der «Kündi-

gungsgrund»; ZIHLMANN II, S. 220) i.S.v. Art. 266h, *nicht jedoch die gewählte Kündigungsart* (Fristlosigkeit, freiwillige kurze Befristung oder Befristung i.S. der ordentlichen Kündigung; gl.M. ferner GIGER, S. 64).

Wählt der Vermieter trotz Konkurses des Mieters eine Vertragsauflösung 221 i.S.v. Art. 257d (Zahlungsrückstand; vgl. N 27 zu Art. 266h), so ist die Widerlegung der Vermutung des zeitlichen Kündigungsschutzes im Lichte von Art. 271a Abs. 3 lit. b zu prüfen.

Bei Zahlungsunfähigkeit des Mieters aus anderen Gründen bzw. bei der 222 Zahlungsunfähigkeit eines Mitmieters usw., die sich auf die Vertragserfüllung auswirken können, ist – je nach den Umständen des Einzelfalles – u.U. eine Kündigungsberechtigung entweder i.S.v. Art. 257d oder Art. 266g gegeben (vgl. N 28 zu Art. 266h, mit Weiterverweisungen), welche gemäss dem vorhin Dargelegten (N 209 f., N 214 und N 217) die Vermutung der Treuwidrigkeit einer Kündigung ebenfalls widerlegen.

ff) Veräusserung der Mietsache (Art. 271a Abs. 3 lit. d)

Der Vermieter kann die Vermutung des zeitlichen Kündigungsschutzes 223 dann widerlegen, wenn ausschlaggebender Kündigungsgrund ein sog. «dringender Eigenbedarf» ist (vorn N 188 ff.; Art. 271a Abs. 3 lit. a). Denn es erwiese sich gewissermassen als haltlos, dann eine Kündigung bloss aufgrund zeitlicher Anhaltspunkte als Ausdruck einer «Rache» aufzufassen (vorn N 176), wenn der Zweck der Kündigung einzig darin besteht, ernsthafte Bedürfnisse des Vermieters sicherzustellen (vgl. vorn N 190 ff. und N 196 ff.).

*Räumlichkeiten werden auch wegen dringenden Eigenbedarfes erworben* (vgl. etwa BGE 118 II 51). Das Gesetz räumt deshalb *dem Erwerber einer Mietsache* in Art. 261 Abs. 2 lit. a für den Fall des Erwerbes der Sache wegen dringenden Eigenbedarfes eine ausserordentliche Kündigungsberechtigung ein (vgl. N 30, N 34 und N 41 zu Art. 261–261a). Diese Kündigungsberechtigung kann der Erwerber, gegen den infolge Vertragsübernahme beim Erwerb (vgl. N 22 und N 50 zu Art. 261–261a) der Mietsache auch ein vom Veräusserer gesetzter zeitlicher Kündigungsschutz wirkt (BGE 110 II 311, JT 1985 I 15; statt vieler: RONCORONI I, a.a.O., S. 148; vgl. auch DdB 5/93 Nr. 24 [= BGE 118 II 50 ff.] und DdB 5/93 Nr. 23), nur dann erfolgreich ausüben, wenn *die Vermutungen des zeitlichen Kündigungsschutzes wie im Fall des bisherigen Vermieters widerlegt werden können.* Eine Schlechterstellung des Erwerbers (zur Rechtsstellung des Erwerbers vgl. N 21 ff., N 31 f., N 34 ff. zu Art. 261–261a) im Vergleich zum bisherigen Vermieter würde eine gleichsam qualifizierte Unzumutbarkeit im Sinn der 224

Güterabwägungen mit sich bringen, die hinter Art. 271a Abs. 3 stecken (vgl. dazu vorn N 186; ähnlich z.B. CALAMO, S. 276).

225 Lit. d von Abs. 3 des Art. 271a schliesst somit einerseits an Art. 261 Abs. 2 lit. a und anderseits an Art. 271a Abs. 3 lit. a an (ähnlich, statt vieler: RONCORONI I, a.a.O., S. 147 f., MENGE, S. 97). Diese systematische Stellung der Norm führt dazu, dass es *zu einer Widerlegung der Vermutungen des zeitlichen Kündigungsschutzes nur dann kommen kann*, wenn die Voraussetzungen beider Normen zugleich erfüllt sind, d.h. eine ausserordentliche Kündigungsberechtigung (vgl. N 30, N 34 und N 46 zu Art. 261-261a) des Erwerbers i.S.v. Art. 261 Abs. 2 lit. a infolge Eigenbedarfes (vgl. auch BGE 118 II 50 ff.): Erforderlich ist also zunächst *eine Veräusserung bzw. ein Erwerb i.S.v. Art. 261 f.* (vgl. dazu N 6 ff. und N 11 ff. zu Art. 261–261a); weiter vonnöten sind ein *dringender Eigenbedarf* (vgl. dazu im einzelnen vorn N 188 ff.; statt vieler, ZIHLMANN II, S. 220) und endlich *die Ausübung der ausserordentlichen Kündigungsberechtigung in der Gestalt der von Art. 261 Abs. 2 lit. a vorgesehenen ausserordentlichen Kündigung* (vgl. dazu N 32, N 34 ff. und N 46 zu Art. 261–261a).

226 Eine Kündigungsberechtigung i.S.v. Art. 261 Abs. 2 lit. a ist insbesondere dann nicht gegeben, wenn *vertragliche oder gesetzliche Kündigungsbeschränkungen* der an sich vom Gesetz vorgesehenen ausserordentlichen Vertragsauflösung entgegenstehen; das ist etwa da der Fall, wo die Miete im Grundbuch vorgemerkt ist (Art. 261b Abs. 2) oder der Veräusserer dem Erwerber im Kaufvertrag die «Übernahme des Mietverhältnisses» (welche an sich de lege erfolgt) in dem Sinn überbürdet, dass der Erwerber zugunsten des Mieters auf sein ausserordentliches Kündigungsrecht verzichtet (echter Vertrag zugunsten Dritter; vgl. PFÄFFLI, zit. in N 2 zu Art. 261b, S. 45, CALAMO, S. 276 f., RONCORONI I, a.a.O., S. 149). Eine Berufung auf Art. 271a Abs. 3 lit. d ist in diesen Fällen, erfolgt dennoch eine Kündigung infolge Erwerbes wegen dringenden Eigenbedarfes, schon deshalb ausgeschlossen, weil diese Kündigung gar nicht wirksam (und damit auch nicht anfechtbar) sein kann (vgl. N 46 zu Art. 261–261a, N 132 ff. Vorbem. zu Art. 266–266o, N 36, N 44 ff. zu Art. 271).

227 Liegt keine Veräusserung i.S. von Art. 261 f. vor (siehe N 6 ff. zu Art. 261–261a), so ist eine Berufung auf Art. 271a Abs. 3 lit. d ebenfalls mangels ausserordentlicher Kündigungsberechtigung und damit mangels wirksamer Kündigung des «Erwerbers» ausgeschlossen. Möglich sind hingegen hier, wie auch in all den Fällen, in denen das Mietverhältnis unauflösbar bzw. unaufgelöst auf den Erwerber übergeht, andere ausserordentliche Kündigungsberechtigungen *des Vermieters* (bzw. Erwerbers; dazu vorn N 206 ff., N 212 f., N 214 und N 217, N 219 ff.), deren Grundlagen die Vermutung des zeitlichen Kündigungsschutzes widerlegen (ähnlich z.B. LACHAT/STOLL, S. 352 f.; vgl. dazu auch N 35 ff. zu Art. 261–261a). Bei einer *Gesamtrechtsnachfolge* (vgl. aber auch N 11 zu Art. 261–261a und MENGE, S. 97 [Erbteilung]) kann insbesondere eine ordentliche Kündigung sodann im Lichte von Art. 271a Abs. 3 lit. a die Vermutung des zeitlichen Kündigungsschutzes widerlegen.

228 Die Interessen des Mieters an einem Verbleib in der Mietsache über den Kündigungstermin hinaus sind ausschliesslich erstreckungsrechtlich zu würdigen, nicht hingegen im Lichte von Art. 271a Abs. 3 lit. d näher in Betracht zu ziehen (vgl. BGE 118 II 58; ferner, statt vieler: ZIHLMANN II, S. 220).

### 4. Beweislast/Abgrenzungen

Die Behauptungs- und Beweislast für das Vorliegen eines Kündigungsgrundes (Kündigungsberechtigung) i.S.v. Abs. 3 (vorn N 188 ff., N 209 f., N 213, N 220 und N 227) bzw. einer ausserordentlichen Kündigung i.S.v. Abs. 3 (vorn N 214 und N 217, N 225), der bzw. die die Vermutung der Rachekündigung widerlegt, liegt *ausschliesslich beim Vermieter* (statt vieler: RONCORONI I, S. 149 f., BARBEY, Protection, S. 159, N 154). Dem Mieter steht der Gegenbeweis offen (siehe auch N 231). 229

Die Beweislast trifft den Vermieter allerdings erst dann, wenn dem *Mieter der Beweis der Vermutungsbasis* des zeitlichen Kündigungsschutzes (i.S.v. Art. 271a Abs. 1 lit. d bzw. lit. e oder Art. 271a Abs. 2) gelungen ist (dazu nachstehend N 263 und N 299). 230

*Wird vom Mieter nebst dem zeitlichen Kündigungsschutz auch ein weiterer Schutzgrund i.S.v. Art. 271a Abs. 1 angerufen,* hat er diesen einsichtigerweise gemäss den dafür massgebenden Grundsätzen zu beweisen (Beweis der jeweiligen Vermutungsbasis), nicht hingegen im Rahmen der Gegenbeweisführung zu Abs. 3. 231

## III. Art. 271a Abs. 1 lit. d (Verfahrenskündigung)

Die Norm gewährt dem Mieter – zwecks Wahrung seiner Rechte (vorn N 176) – Schutz vor Kündigungen, die während eines Verfahrens erfolgen. Sie schliesst – unter zeitlichen Aspekten betrachtet – unmittelbar an die allgemeine Rache- bzw. Vergeltungskündigung des Art. 271a Abs. 1 lit. a an (vgl. dazu vorn N 21). 232

### 1. Tatbestandselemente

Die Norm *vermutet* das unlautere *Kündigungsmotiv der «Rache» (widerlegbar;* vgl. vorn N 182, nachstehend N 259 ff.; kritisch und weitergehend, aber unzutreffend [vgl. ZMP 2/93 Nr. 22, E. 2c], SVIT-Kommentar I, N 19 ff. zu Art. 271a; zutreffend kritisch demgegenüber GUHL/KOLLER/DRUEY, S. 409) *bei einer Vermieterkündigung, die während eines hängigen Verfahrens ausgesprochen wird.* Sie verlangt daher im Sinn einer allgemei- 233 nen Grundvoraussetzung *zunächst eine formgerechte, grundsätzlich wirksame Vermieterkündigung* (vgl. allgemein N 132 ff. Vorbem. zu Art. 266–266o, N 36 zu Art. 271).

234 Des weitern setzt die von ihr postulierte Anfechtbarkeit im besonderen *erstens* ein Verfahren voraus (dazu nachstehend N 236 f.), das – *zweitens* – seine Ursache im Mietverhältnis der Parteien hat (nachstehend N 238 ff.) und *drittens* im Zeitpunkt der Kündigungsaussprache (siehe N 246, N 253) hängig ist (nachfolgend N 246 ff.). *Viertens* darf dieses Verfahren vom Mieter nicht missbräuchlich eingeleitet worden sein (nachstehend N 254 ff.).

235 *Fehlt es* an der grundlegenden Voraussetzung der an sich *gültigen Vermieterkündigung* und sind nicht zudem alle weiteren vier *Tatbestandselemente der Norm* zugleich erfüllt, entfällt die vermutete Treuwidrigkeit i.S. der Norm (ähnlich, statt vieler: CALAMO, S. 251). Diese kann zudem widerlegt werden (N 259 ff.).

236 a) Das Verfahren, welches das erste Element der Vermutungsbasis der Norm bildet, wird im Gesetz als **Schlichtungs- oder Gerichtsverfahren** bezeichnet. Unter *Schlichtungsverfahren sind* alle Verfahren vor den Schlichtungsbehörden i.S. des Art. 274a zu verstehen, in denen es aufgrund eines Begehrens einer Partei wenigstens zu einem Streitschlichtungsversuch der Schlichtungsbehörde kommen soll (vgl. Art. 271a Abs. 1 lit. b – lit. e; ähnlich BARBEY, Protection, S. 145, N 102). Es muss sich beim Schlichtungsverfahren somit wenigstens um ein Zweiparteienverfahren handeln, zu dem förmlich vorgeladen wird. *Ausgeschlossen* vom Begriff des Schlichtungsverfahrens sind demgegenüber blosse *Beratungen* einer Partei oder beider Parteien *durch die Schlichtungsbehörde* (vgl. Art. 274a Abs. 1 lit. a).

237 Unter *Gerichtsverfahren* sind alle Verfahren vor einem staatlichen Gericht i.e.S. oder vor einem Schiedsgericht (vgl. Art. 274c) zu verstehen, namentlich auch Rechtsmittelverfahren (vgl. auch CALAMO, S. 248). Mit Blick auf Art. 274g stellt ebenfalls das Verfahren vor der «Ausweisungsbehörde» ein Gerichtsverfahren dar (vgl. ferner N 243 ff.).

238 b) Die blosse Existenz eines Schlichtungs- oder Gerichtsverfahrens erfüllt die Vermutungsbasis der Norm allerdings noch nicht. Das Verfahren muss, um Art. 271a Abs. 1 lit. d zu genügen, einen **Zusammenhang mit dem Mietverhältnis** aufweisen. Damit scheiden (vordergründig) Verfahren aus, die keinen Zusammenhang mit einem Mietverhältnis aufweisen, womit an Erkenntnis jedoch noch nicht viel gewonnen ist. Denn es bleibt weiterhin in hohem Masse auslegungsbedürftig, worin ein solcher «Zusammenhang» zu erblicken ist und was unter dem Begriff des Mietverhältnisses verstanden werden darf.

Nach der bisherigen Praxis des Bundesgerichtes ist eine «weite» *Auslegung des Begriffes «Mietverhältnis»*, der auch in Art. 265 und in Art. 274b verwendet wird und in der Gesetzessprache als Synonym zum Begriff der «Miete» verstanden wird (vgl. z.B. Art. 274a Abs. 1, Art. 274c, Art. 274d Abs. 1), angezeigt. So hat das Bundesgericht in BGE 119 II 141 – gewissermassen ohne Federlesen schon in der Sachverhaltsdarstellung! – einen Innominatkontrakt mit wesentlichen mietrechtlichen Komponenten als Miete qualifiziert, und in BGE 120 II 112 ausservertragliche Entschädigungsansprüche eines Hauseigentümers einem Untermieter gegenüber als mietvertragsrechtlichen Anspruch aufgefasst, weil das der Auslegungsgrundsatz der Praktikabilität nahelege (kritisch dazu DdB 7/95 Nr. 29: «Si ce résultat pourra sembler opportun, certaines des motifs avancés laissent toutefois perplexe»). 239

Immerhin kommt nicht jedes Mietverhältnis in diesem weiten Sinn als beachtenswert in Frage, sondern nach dem Gesetzeswortlaut («... während eines mit *dem* Mietverhältnis zusammenhängenden ....»; «... en rapport avec *le* bail ...») nur *das* Mietverhältnis, *welches gekündigt wird*, also m.a.W. das Vertragsverhältnis, an dem die gekündigte Partei als Mieter (i.w.S.) sowie die kündigende Partei als Vermieter (i.w.S.) beteiligt sind. *Im Verfahren*, das mit diesem Mietverhältnis *zusammenhängen muss*, soll die Vermutung von Art. 271a Abs. 1 lit. d greifen, müssen dementsprechend auch *dieselben zwei Parteien* als Prozessparteien beteiligt sein (bzw. deren Rechtsnachfolger wie der Erbe [vgl. N 14 ff. zu Art. 266i sowie BGE 115 II 259 f., N 8 zu Art. 261–261a] oder der Erwerber i.S.v. Art. 261 [siehe dazu auch N 38 ff. zu Art. 261–261a]; ferner vgl. ebenfalls BGE 110 II 313 f.). Auf die Parteirolle hingegen kann es nicht ankommen – das nur schon deshalb, weil Schlichtungsverfahren zu einem Parteirollentausch führen können und sollen (vgl. Amtl.Bull. NR vom 16. März 1989, S. 545 [Votum KOLLER]; gl.M. WEBER/ZIHLMANN, Basler Kommentar, N 24 zu Art. 271–271a). 240

Die vage Umschreibung des Gesetzgebers in Art. 271a Abs. 1 lit. d, zwischen dem Mietverhältnis und dem Schlichtungs- oder Gerichtsverfahren habe ein *Zusammenhang* zu bestehen, ist schliesslich *im Sinn einer Präzisierung vor dem Hintergrund der Entstehung der Norm zu sehen bzw. zu verstehen.* Art. 271a Abs. 1 lit. d lehnt sich an die altrechtliche Bestimmung von Art. 24 BMM an (vgl. Botsch., S. 1460). Art. 24 BMM hinwieder erklärte alle Vermieterkündigungen für nichtig, die «während der Dauer des Schlichtungs- und gerichtlichen Verfahrens» ausgesprochen wurden. Gemeint waren damit lediglich Verfahren, in denen über Ansprüche der Parteien i.S. des BMM entschieden wurde (vgl. Botsch., S. 1460; ferner siehe z.B. RAISSIG/SCHWANDER, S. 175, mit dem beispielhaften Hinweis auf An- 241 sprüche i.S.v. Art. 17–20 BMM), nicht aber Verfahren, die mietrechtliche Ansprüche zum Gegenstand hatten, deren Rechtsgrundlage im OR zu suchen waren (RAISSIG/SCHWANDER, a.a.O. [unter Hinweis auf BGE 109 II 153 ff. = Pra. 72, Nr. 204]).

242 Diese Einschränkung des Verfahrensbegriffes auf Verfahren, die Ansprüche i.S. der Missbrauchsgesetzgebung zum Gegenstand hatten, ist mit dem neuen Recht, das gemäss Bundesgericht eine allgemeine Schlichtung gestützt auf Art. 274a Abs. 1 lit. b vorsieht, grundsätzlich dahingefallen und hat auch hinfällig werden sollen (Botsch., S. 1460; zur allgemeinen Schlichtung vgl. BGE 118 II 307 ff. [dazu vgl. auch ZR 94, 1995, Nr. 35, DdB 6/94 Nr. 23], 120 II 112 ff. [dazu auch DdB 7/95 Nr. 29]; zur nicht ungeteilten Bejahung der sog. «allgemeinen» Schlichtung vgl. ferner die Ausführungen zu Art. 274 und Art 274a). *Nicht nur Ansprüche im Sinn der Missbrauchsgesetzgebung i.e.S., sondern ebenso andere Ansprüche namentlich rein mietvertraglicher Natur i.w.S. (Mängelrechte usw.) sollen daher im neuen Recht Gegenstand der Verfahren sein, die vom zeitlichen Kündigungsschutz erfasst werden* (Leistungsbegehren über Forderungen usw., Feststellungsbegehren, Gestaltungsbegehren; gl.M. offenbar SVIT-Kommentar I, N 17 zu Art. 271a, LACHAT/STOLL, S. 348 f., RONCORONI I, a.a.O., S. 142, MENGE, S. 75 f.). Damit schränkt der geforderte «Zusammenhang» zwischen dem Mietverhältnis und dem Verfahren letztlich auch die Art der Verfahren ein, die unter die Norm fallen: Von Art. 271a Abs. 1 lit. d erfasst sind *einzig Verfahren, die zivilrechtliche Ansprüche i.e.S. einer der Parteien zum Gegenstand haben, m.a.W. Zivilprozesse* (dazu allgemein: GULDENER, S. 50, VOGEL, S. 29, Rz. 2–4; gl.M. BARBEY, Protection, S. 146 f., N 107 f., unter Hinweis auf BGE 111 II 387 = JdT 1986 I 94). Das verdeutlicht ebenfalls die Gleichstellung von Schlichtungs- und Gerichtsverfahren in der Norm.

243 *Nicht von der Norm erfasst sind* folglich gerichtliche Verfahren, die keine zivilrechtlichen Ansprüche aus dem Mietverhältnis i.w.S. (vorn N 240) zum Gegenstand haben, sondern nur vollstreckungsrechtliche Gesichtspunkte zu prüfen haben (z.B. Rechtsöffnungsverfahren i.S.v. Art. 80–82 SchKG.). Das ergibt sich – e contrario – ebenfalls aus Art. 274g (als bundesrechtlich besonders geregelte Ausnahme von diesem Grundsatz).

244 Nicht von der Norm erfasste Verfahren sind ferner Strafuntersuchungen (vgl. Art. $64^{bis}$ Abs. 2 BV; gl.M. BARBEY, Protection, S. 147, N 108, unter Hinweis auf BGE 111 II 387, verbunden mit der zutreffenden Bemerkung, dass hier Art. 271 Abs. 1 Schutz gewährt; a.A. CALAMO, S. 251 [ebenfalls unter Hinweis auf BGE 111 II 387; dazu vgl. auch N 64 f. Vorbem. zu Art. 271–273c]) und Strafprozesse i.e.S., es sei denn, in diesen Verfahren stünden auch adhäsionsweise geltend gemachte zivilrechtliche Ansprüche zur Entscheidung an (vgl. GULDENER, S. 59; offen gelassen bei BARBEY, Protection, a.a.O.).

245 Mit Blick auf den von der Norm verfolgten Zweck (vorn N 176, N 232) sind demgegenüber Verfahren vor Verwaltungsbehörden, bei denen es um zivilrechtliche Ansprüche aus dem Mietverhältnis geht (z.B. Mietzinsstreitigkeiten unter den Voraussetzungen des Art. 253b), den Schlichtungs- bzw. Gerichtsverfahren gleichzustellen, nicht hingegen verwaltungsrechtliche Verfahren, in denen der Mieter Rechte in Anspruch nimmt, die auch einem Nichtmieter zustehen würden (Rekurse gegen Baubewilligungen usw.; a.A. hierin BARBEY, Protection, S. 147, N 109).

c) Die Vermutung von Art. 271a Abs. 1 lit. d setzt endlich die **Hängigkeit des Verfahrens** *in dem Zeitpunkt voraus, in dem die Kündigung ausgesprochen worden ist* (dazu auch N 253). Wann ein Schlichtungs- oder Gerichtsverfahren im Sinn der Norm hängig ist, bestimmt diese selbst und ist daher aus ihr selbst zu ermitteln. Die *Hängigkeit im Sinn der Norm ist* m.a.W. *ein bundeszivilrechtlicher Begriff* (a.A. offenbar CALAMO, S. 249 f., LACHAT/STOLL, S. 348, und etwa ZMP 1/93 Nr. 34; gl.M. offenbar WEBER/ZIHLMANN, Basler Kommentar, N 24 zu Art. 271–271a). Bei der Auslegung dieses Begriffs kann allerdings nicht unbesehen auf die Grundsätze abgestellt werden, die in Zusammenhang mit der Klageanhebung (als Begriff des Bundesrechts, vgl. BGE 74 II 15) entwickelt worden sind (vgl. dazu auch N 248). Denn die Kündigung des Vermieters während eines hängigen Verfahrens indiziert (vorn N 233), sie sei aus Gründen der «Rache» erfolgt (dazu auch N 57). Diese *Vermutung des Gesetzes verlangt, soll sie auch nur einigermassen plausibel erscheinen* (ähnlich BARBEY, Protection, S. 151 f., N 128; zur Plausibilität der Vermutung vgl. auch GUHL/KOLLER/DRUEY, S. 409), *dass der Vermieter im Zeitpunkt der Kündigungsaussprache* (dazu nachstehend N 253) *ebenfalls Kenntnis von der Hängigkeit des Verfahrens* hat oder als vernünftiger und korrekter Mensch haben könnte (mutmasslich a.A. z.B. WEBER/ZIHLMANN, Basler Kommentar, N 24 zu Art. 271–271a). 246

Ein Schlichtungs- oder Gerichtsverfahren erscheint daher erst *von dem Augenblick an hängig* (vgl. dazu allgemein, statt vieler: VOGEL, S. 290 [Klageanhebung]) *im Sinn der Norm,* in dem der Kläger zum ersten Mal in bestimmter Form für den von ihm erhobenen Anspruch die Schlichtungsbehörde oder das Gericht (wo ein Verfahren vor der Schlichtungsbehörde entfällt) anruft (z.B. Ausweisung) *und* der Vermieter davon *Kenntnis hat* (dazu N 249) *oder gemäss den Grundsätzen von Treu und Glauben haben könnte* (so auch BARBEY, Protection, S. 151 f., N 128; a.A. z.B. CALAMO, S. 249, mit der m.E. zweifelhaften Begründung, es gelte jede Möglichkeit der Vergeltungskündigung mittels Art. 271a Abs. 1 lit. d auszuschliessen, womit er gewissermassen der Existenz einer vorauseilenden Rache das Wort redet; a.A. ferner LACHAT/STOLL, S. 348, und [zum alten Recht] RAISSIG/SCHWANDER, S. 174). 247

*Angehoben ist die Klage* in dem Augenblick, in dem ein Klagebegehren der Schlichtungsbehörde oder dem Gericht überbracht (im Fall der unmittelbaren, auch mündlichen Klageanhebung; gl., schon zum alten Recht, RAISSIG/SCHWANDER, a.a.O.) oder der schweizerischen Post übergeben worden ist (und danach bei der Behörde oder dem Gericht eingeht; vgl. auch N 252). 248

*Kenntnis* hat der Vermieter vom Verfahren dann, wenn er die Klage selbst angehoben hat, wenn ihm vom Gericht oder von der Behörde unmittelbar oder mittelbar (schriftlich durch eine Vorladung oder Verfahrensanzeige) Kenntnis vom Klageeingang verschafft worden ist (bei der mittelbaren Kenntnisgabe gemäss den Grundsätzen der uneingeschränkten Emp- 249 fangstheorie) oder wenn er sonstwie von der Klageanhebung oder dem Verfahren Kenntnis erlangt hat (z.B. durch die Hinterlegungsstelle i.S.v. Art. 259g, durch den Mieter oder durch einen Dritten, der den Mieter etwa bei der Übergabe der Klage an die Behörde oder die Post gesehen hat).

250 Die *Hängigkeit eines Verfahrens endet* grundsätzlich mit dessen rechtskräftigem Abschluss (vgl., statt vieler: CALAMO, S. 249), was regelmässig aufgrund des (kantonalen) Prozessrechts ermittelt werden müsste. Mit Blick auf den bundeszivilrechtlichen Charakter von Art. 271a Abs. 1 lit. d (der eine gesamtschweizerische einheitliche Lösung verlangt) sowie mit Blick auf Art. 271a Abs. 1 lit. e ist jedoch ebenfalls bei dieser Frage einer *vom Bundesrecht selbst inspirierten Lösung der Vorzug zu geben* (übersehen m.E. z.B. bei WEBER/ZIHLMANN, Basler Kommentar, N 24 zu Art. 271–271a, CALAMO, S. 249, S. 255).

251 Als solche bietet sich aus Gründen der Rechtssicherheit folgende differenzierende Betrachtungsweise an, die die verschiedenen Verfahren (Schlichtungsverfahren und gerichtliche Verfahren) und Erledigungsmöglichkeiten mitberücksichtigt, jedoch nicht allgemeine Zustimmung findet (ähnlich [differenzierend] BARBEY, Protection, S. 152, N 130 ff.; undifferenzierend z.T. a.A. CALAMO, S. 249, S. 255, CLASS, S. 74, LACHAT/STOLL, S. 350, MENGE, S. 75):

- *Im Fall eines Entscheides der Schlichtungsbehörde i.S.v. Art. 274e Abs. 2* (dazu vgl. auch die Ausführungen zu Art. 274e) endet das Verfahren mit dem Tag, an dem der Entscheid ergangen ist, sofern das Gericht nicht innert der Frist von Art. 274f Abs. 1 angerufen wird und dadurch das Verfahren in ein Gerichtsverfahren mündet (a.A. z.B. ZMP 2/93 Nr. 22, wo auf den Eintritt der Rechtskraft abgestellt wird; vgl. aber ebenfalls ZMP 3/92 Nr. 35 [S. 39]). Wird innert der Frist von Art. 274f Abs. 1 eine Kündigung ausgesprochen, und ist das Gericht noch nicht angerufen worden, so fällt diese Kündigung unter den Tatbestand von Art. 271a Abs. 1 lit. d, wenn das Gericht in der Folge noch angerufen wird, ansonsten unter Art. 271a Abs. 1 lit. e.
- Bei *Nichteinigungen* usw. (vgl. Art. 274e Abs. 2 sowie die Ausführungen zu Art. 274e) und bei *Einigungen* (vgl. Art. 274e Abs. 1 sowie die Ausführungen zu Art. 274e) *im Verfahren der Schlichtungsbehörde* ist auf den Tag abzustellen, an dem die Schlichtungsbehörde Einigung bzw. Nichteinigung festgestellt hat (vgl. mp 4/91, S. 203 ff., ZMP 3/92 Nr. 35 [S. 39]; bezüglich Nichteinigungen wohl a.A. z.B. CALAMO, S. 249, der auf den Eintritt der Rechtskraft abstellt). Im Fall der Nichteinigung gilt für die dadurch ausgelöste Frist gemäss Art. 274f Abs. 1 das für den Entscheidfall vorstehend Ausgeführte (vgl. dazu auch nachstehend N 252).

- Bei der *Erledigungen des Verfahrens durch das Gericht bzw. eine Rechtsmittelinstanz* ist einzig massgebend der Tag, an dem die Rechtskraft des Entscheides eintritt, der das Verfahren erledigt hat (was bei Rechtsmitteln, denen keine aufschiebende Wirkung zukommt, nicht der Tag sein muss, mit dem das Rechtsmittelverfahren erledigt wurde). Unmassgebend ist demgegenüber die Art der Erledigung (Urteil, Vergleich, Rückzug oder Anerkennung). Der Eintritt der Rechtskraft ist, mangels bundesrechtlicher Lösung sowie mit Blick auf Art. 274 nach dem für das Gerichtsverfahren massgebenden (kantonalen; Art. 274) Prozessrecht zu bestimmen.

Vor dem Zweck, den Art. 271a Abs. 1 lit. d verfolgt (vgl. vorn N 232; 252
ferner siehe etwa RONCORONI I, a.a.O., S. 142), spielt es unter dem hier interessierenden Aspekt der Hängigkeit des Verfahrens (wohl aber unter dem Aspekt missbräuchlicher Klageeinleitung; nachstehend N 254 ff.) hingegen *keine Rolle, ob die angerufene Schlichtungsbehörde bzw. das angerufene Gericht zur Behandlung der Streitigkeit auch* (örtlich, sachlich oder funktional) *zuständig ist* (ähnlich z.B. CALAMO, S. 248 f.). Ebensowenig kommt es auf den Ausgang des Verfahrens an (vgl. [zum alten Recht] BGE 103 II 261). Sich unzuständig erachtende Behörden oder Gerichte haben der klagenden Partei die Möglichkeit einzuräumen, die zutreffende Instanz anzurufen. *Art. 139* kommt hierbei zum Zuge (vgl. BARBEY, Protection, S. 145, N 102 f.; ähnlich CALAMO, S. 248 f.).

Abschliessend zu präzisieren ist hier noch kurz, was unter der 253
*«Aussprache der Kündigung»* zu verstehen ist, die während des Verfahrens zu erfolgen hat. Aufgrund der in Art. 271a Abs. 1 lit. d enthaltenen Vermutung des «Rachemotivs» wäre grundsätzlich auf den Tag abzustellen, an dem die Kündigung (die stets schriftlich zu sein hat usw.; vgl. Art. 266l) verfasst worden ist. Da eine Kündigung eine empfangsbedürftige Willenserklärung darstellt, die so lange als «unerklärte» Erklärung wirkungslos bleibt, wie sie dem Empfänger nicht zugeht (vgl. HIGI, a.a.O., S. 227), ist statt dessen und mit Blick auf die Problematik der Beweisführung *auf den Tag des Zuganges der Kündigung beim Mieter abzustellen* (vgl. dazu N 38 ff. Vorbem. zu Art. 266–266o; ähnlich TERCIER, S. 257, mit Verweis). Mit. 8, Nr. 12 (S. 18), sowie z.B. CALAMO (S. 255) stellen demgegenüber auf den Tag ab, an dem die Kündigung abgeschickt wurde (was im Lichte der Möglichkeiten der Beweisführung nicht einfach ist und übersieht, dass Kündigungen nicht versandt werden müssen, sondern auch übergeben werden können).

254 d) Viertes Element der Vermutungsbasis von Art. 271a Abs. 1 lit. d ist die **Absenz missbräuchlicher Klageeinleitung** durch den Mieter. Dieses Element soll ausschliessen, dass sich ein Mieter in missbräuchlicher Art (Art. 2 ZGB) auf die vom zeitlichen Kündigungsschutz vermutete Treuwidrigkeit einer Vermieterkündigung berufen kann, indem er z.B. einer legitimen Kündigung des Vermieters durch eine haltlose Klageanhebung oder eine Rechtsmittelerklärung in einem aussichtslosen Prozess zuvorzukommen versucht (vgl. z.B. Botsch., S. 1460, LACHAT/STOLL, S. 348; siehe auch BGE 114 II 79, 94 II 42, 93 II 17). Damit ist zugleich dargetan, dass die Norm entgegen ihrem Wortlaut *nicht bloss eine mutwillige Klageeinleitung im Auge hat, sondern ebenso eine mutwillige (trölerische) Prozess(weiter)führung* (darin inbegriffen die Rechtsmittelerhebung und das Verhalten im Rechtsmittelverfahren) seitens des Mieters (statt vieler: BARBEY, Protection, S. 147 f., N 112 f.).

255 *Was unter «Missbräuchlichkeit» im Sinn der Norm genau zu verstehen ist,* kann aus dem Wortlaut der Norm und dem gesetzlichen Sprachgebrauch (vgl. N 137–145 Vorbem. zu Art. 266–266o; vgl. ferner N 28 ff., N 39 ff. zu Art. 271) allein nicht abgeleitet werden; zu diffus bzw. unterschiedlich wird der Begriff der Missbräuchlichkeit verwendet. Unter *systematischen Gesichtspunkten* ragt die «Verwandtschaft» der Norm mit Art. 271a Abs. 1 lit. e (vorn N 18, N 178 ff.) hervor. Ebenso finden sich in Art. 274d Abs. 2 vom Gesetzgeber vorgesehene Sanktionen für missbräuchliches Prozessverhalten, was es nahelegt, den Inhalt des Begriffes «Missbräuchlichkeit» im Sinn der Norm anhand dieser Bezüge zu erfassen, nicht aber im Kontext mit Art. 271 Abs. 1 (z.T. a.A. BARBEY, Protection, S. 147, N 111).

256 Missbräuchlich muss demnach eine Klageanhebung bzw. ein Prozessverhalten des Mieters sein, die bzw. das man als mutwillig, als trölerisch, mithin als rechtsmissbräuchlich i.e.S. (Art. 2 Abs. 2 ZGB) bezeichnen kann. Ein solcher Rechtsmissbrauch liegt in einem qualifiziert treuwidrigen Verhalten, in einem Verhalten, dessen Unanständigkeit gewissermassen ins «Auge springt» und also offenbar ist (vgl. TUOR/SCHNYDER/SCHMID, S. 54, ZELLER, in: ZSR (NF) 1990 I, S. 264, MERZ, N 40 zu Art. 20 ZGB). Das schliesst es aus, analog Art. 271a Abs. 1 lit. e Ziff. 1 im nachhinein einfach auf das Resultat des Verfahrens zu schauen («erheblichen Teil unterlegen») und die üblichen Prozessrisiken (namentlich bei der Beweisführung), so wie sie sich bei der Klageanhebung zeigten, ausser acht zu lassen.

257 Eine Klageanhebung usw. ist demnach stets bloss dann *missbräuchlich i.S. der Norm* (BARBEY, Protection, S. 147 f. [mit Verweisen], CALAMO, S. 251, MENGE, S. 76, SVIT-Kommentar I, N 18 zu Art. 271a), wenn ein Mieter Ansprüche geltend macht, von denen jeder vernünftige Mensch weiss, dass sie ihm nicht zustehen (was sich z.B. aus der Klagebegründung

ergeben kann), wenn mit der Klageanhebung (oder der Rechtsmittelerhebung) erkennbar andere Ziele als die Wiederherstellung des Rechtsfriedens angestrebt werden (z.B. Verhinderung von legitimen Vorhaben des Vermieters), wenn Ansprüche wider besseres Wissen geltend gemacht (z.B. ist darüber schon entschieden worden) oder im Quantitativ aufgebläht werden (um Bedeutung der Klage zu suggerieren), wenn in der Klageanhebung oder im nachfolgenden Prozessverhalten ein venire contra dictum oder factum proprium erblickt werden muss usw., wenn Rechtsmittel ergriffen werden, die einzig den Zweck der Verfahrensverlängerung zum Ziel haben. *Nicht missbräuchlich ist es* hingegen, wenn der Mieter den Klageweg ohne vorgängigen Versuch der Konfliktbeilegung mit dem Vermieter beschritten hat, denn dazu besteht auch im Lichte von Art. 2 ZGB keine Veranlassung (a.A. SVIT-Kommentar I, N 18 zu Art. 271a).

Die Unstatthaftigkeit missbräuchlicher Prozessführung folgt bereits aus Art. 2 Abs. 2 ZGB, weshalb man sich mit Fug nach dem tieferen Sinn dieses Elementes von Art. 271a Abs. 1 lit. d fragen kann (vgl. RONCORONI I, a.a.O., S. 142). Hinzu kommt, dass es durchaus – u.U. gerade wegen der Mutwilligkeit in der Prozessführung – seine Zeit dauert, bis eine Schlichtungsbehörde und/oder ein Gericht festgestellt hat bzw. haben, ob eine mutwillige Prozessführung vorliegt. Solange das hinwieder nicht feststeht (nachstehend N 263), greift die Vermutung von Art. 271a Abs. 1 lit. d, und es bleibt dieses Element der Norm insofern toter Buchstabe (ähnlich RONCORONI I, a.a.O., S. 142). 258

e) Die der Norm innewohnende Vermutung einer Retorsions- oder Rachekündigung ist grundsätzlich dann gegeben, wenn die vorstehend behandelten *Elemente der Vermutungsbasis insgesamt erfüllt sind.* Es handelt sich bei dieser Vermutung allerdings um eine widerlegbare. Die Anfechtbarkeit der Kündigung setzt demzufolge weiter **die unwiderlegte Vermutung der Retorsion (Rache)** voraus (vgl. auch N 182 f.). 259

*Widerlegbar* ist die Vermutung der Retorsion bzw. Rache grundsätzlich *im Rahmen von Art. 271a Abs. 3* (h.L. und Praxis; dazu im einzelnen vorn N 182 ff.; weitergehend SVIT-Kommentar I, N 19 ff. zu Art. 271a). Die in jener Norm enthaltenen Widerlegungsgründe gelten als abschliessende Auflistung von Widerlegungsmöglichkeiten (vorn N 184). Die Literatur und Praxis lassen trotzdem *die Vermutung von Art. 271 Abs. 1 lit. d in zwei weiteren Fällen nicht zu, nämlich erstens* dann, wenn der Vermieter eine (form)nichtige Kündigung während eines Verfahrens in gültiger Form «wiederholt» (nachstehend N 262), und *zweitens* dann, wenn der Kündigung ein Verhalten des Mieters zugrunde liegt, das selbst rechtsmissbräuchlich ist (nachstehend N 260).

Der Qualifikation der Aufzählung von Widerlegungsgründen in Art. 271a Abs. 3 als «abschliessend» (vgl. z.B. ZIHLMANN II, S. 215 f.; vorn N 259) steht angesichts der doch eher problematischen Vermutung von Art. 271a Abs. 1 lit. d (vorn N 180 und N 182) die *allgemeine Schranke von Art. 2 Abs. 2 ZGB* entgegen (so wohl auch RONCORONI I, a.a.O., S. 142 [«überflüssige ... Präzisierung»]), was 260 gleichfalls dem Gesetzgeber bewusst sein musste, wie das vierte Element der Vermutungsbasis der Norm (missbräuchliches Verfahren; vorn N 254 ff.) belegt (vgl. RONCORONI I, a.a.O.; unklar, ob a.A., etwa bei ZMP 2/93 Nr. 22).

261 *Gemäss Art. 2 Abs. 2 ZGB findet der offenbare Missbrauch eines Rechts keinen Schutz.* Zu Recht muss daher dem Vermieter gestützt auf Art. 2 Abs. 2 ZGB *ebenfalls die Widerlegung des Motivs der Rache dann* zugestanden werden, *wenn nicht nur die Verfahrenseinleitung usw. des Mieters missbräuchlich erscheint, sondern bereits das kündigungsbegründende Verhalten des Mieters selbst rechtsmissbräuchlich i.S.v. Art. 2 Abs. 2 ZGB ist* (und das nicht in jedem Fall einen der in Art. 271a Abs. 3 geregelten Tatbestand erfüllen muss; vgl. dazu auch SVIT-Kommentar I, N 20 zu Art. 271a, ZIHLMANN II, S. 215 [zur ratio legis des zeitlichen Kündigungsschutzes]; a.A. z.B. offenbar CALAMO, S. 252 f., der unter Hinweis auf Art. 34$^{septies}$ BV davon auszugehen scheint, Art. 2 Abs. 2 ZGB habe bezüglich des Verhaltens des Mieters im Rahmen des zeitlichen Kündigungsschutzes keine Bedeutung; in Zusammenhang mit Art. 271a Abs. 1 lit. d kontrastiert diese Auffassung mit den gesetzgeberischen Intentionen, die man mit der Formulierung umschreiben kann, der Mieter dürfe nicht ungerechtfertigt in den Genuss des zeitlichen Kündigungsschutzes gelangen [vgl. vorn N 254 f.], sie kontrastiert aber ebenso mit der «Ausnahme», die in bezug auf nichtige Kündigungen allgemein gemacht wird [nachstehend N 262]).

262 *(Form-)Nichtige und unwirksame Kündigungen* (vgl. N 135 Vorbem. zu Art. 266–266o) vermögen keine Rechtswirkungen zu entfalten, da sie gewissermassen ein «Nichts» sind. Es erschiene von daher im Lichte des Art. 2 Abs. 2 ZGB befremdend, wenn man den Standpunkt schützen wollte, gewissermassen aus «Nichts» folge das Motiv der Rache, welches in der erstmaligen Ausübung eines vertraglichen oder gesetzlichen Kündigungsrechts manifest werde. Die «Wiederholung» einer nichtigen bzw. unwirksamen Kündigung, deren Motive (Kündigungsentschluss) bereits vor dem Verfahren bestanden haben, durch eine Kündigung, die gültiger Ausdruck dieser vorbestandenen Motive ist (und die erst eine Voraussetzung der Anfechtbarkeit bildet; vgl. N 60 ff. Vorbem. zu Art. 271–273c, N 36 ff. zu Art. 271), während eines Verfahrens wird daher ebenfalls zu Recht für zulässig erachtet (vgl. BGE 119 II 155; BARBEY, Protection, S. 145 f., N 106, BRUNNER, a.a.O., S. 43, CALAMO, S. 250, LACHAT/STOLL, S. 348, MENGE, S. 75, SVIT-Kommentar I, N 22 zu Art. 266l–266o, N 31 zu Art. 271a, ZIHLMANN II, S. 220). Die Berufung des Mieters auf den zeitlichen Kündigungsschutz in diesen Fällen erweist sich somit als Sonderfall des Rechtsmissbrauchs. (Von diesen Fällen zu unterscheiden ist eine Kündigung, die für treuwidrig erklärt wurde und mit anderer Begründung aufgrund desselben Sachverhaltes wiederholt wird; vgl. ZMP 2/95 Nr. 25.)

### 2. Beweislast

263 Den *Mieter* trifft die Beweislast für alle Elemente der Vermutungsbasis, ausser für das vierte Element der missbräuchlichen Klageanhebung usw. (vgl. N 254 ff.); bezüglich dieses Elementes sowie für die Widerlegungsgründe trifft den *Vermieter* die Beweislast (statt vieler: BARBEY, Protection, S. 159, N 154, CALAMO, S. 251 f., MENGE, S. 76).

Gefordert ist dort, wo den Mieter die Beweislast trifft, der strikte Beweis. Zu den Beweisanforderungen hinsichtlich der Widerlegungsgründe i.S.v. Art. 271a Abs. 3 siehe vorn N 182 ff. Wo der Vermieter (rechts)-missbräuchliches Verhalten zu beweisen hat (vorn N 254 ff., N 260 f.), muss (zwangsläufig) der Indizienbeweis genügen.

### 3. Abgrenzungen

264 *Art. 271a Abs. 1 lit. e* anstatt Art. 271a Abs. 1 lit. d kann nur dann angerufen werden, wenn die Kündigung *nach* dem (rechtskräftigen) Abschluss eines Verfahrens ausgesprochen wird. Die Anwendbarkeit von *Art. 271a Abs. 2* setzt – im Gegensatz zu Art. 271a Abs. 1 lit. d – gerade voraus, dass es zu *keinem* Verfahren gekommen ist.

265 Zum Verhältnis der Norm *zu den übrigen Tatbeständen des Art. 271a Abs. 1* siehe die Ausführungen zu den jeweiligen Tatbeständen.

## IV. Art. 271a Abs. 1 lit. e (nachträgliche Verfahrenskündigung)

266 Die lit. d und e von Art. 271a Abs. 1 bilden zusammen mit Abs. 2 von Art. 271a den zeitlichen Kündigungsschutz, der aufgrund äusserlicher Gegebenheiten (in Grenzen widerlegbar) die Vermutung einer Rachekündigung aufstellt (vgl. dazu sowie zum Zweck des zeitlichen Kündigungsschutzes vorn N 176 f., N 182 f.; siehe ferner z.B. ZMP 1/95 Nr. 6 [S. 17 f.]). Die von lit. e aufgestellte Vermutung schliesst in sachverhaltsmässiger Hinsicht (Vermutungsbasis) nahtlos an die Vermutungsbasis von lit. d an (statt vieler: CALAMO, S. 254), indem jede gültige Vermieterkündigung, die nach dem

Abschluss eines Verfahrens während eines bestimmten Zeitraums (während der sog. «Sperrfrist») ausgesprochen wird, unter bestimmten weiteren Voraussetzungen vermutungsweise als «Rache»-Kündigung behandelt wird.

### 1. Tatbestandselemente

267 Wie alle übrigen Tatbestände von Art. 271a Abs. 1 setzt ebenfalls lit. e vorab einmal eine gültige Vermieterkündigung voraus (vgl. vorn N 24, N 233).

In ihrer weiteren Struktur ist lit. e im übrigen lit. d nachgebildet und umfasst vier Tatbestandselemente: Das *erste Element* der Vermutungsbasis bildet der Verfahrensabschluss (nachstehend N 268 f.), an das das *zweite Element* (Kündigungsaussprache innert der «Sperrfrist»; nachstehend N 270 ff.) anschliesst. Mit diesen zwei Elementen wird bereits die Vermutung der «Rache» begründet (durch die gedankliche Konstruktion einer entsprechenden Kausalität; vgl. auch vorn N 56 f., N 180). Wie lit. d «nimmt» die Norm gewissermassen die von ihr aufgestellte – und nicht zwingend wirkende – Vermutung in einigen Fällen jedoch als nicht plausibel zurück (vgl. vorn N 254 ff. und nachstehend N 273); sie verlangt daher insbesondere in einem *dritten* Tatbestandselement gewissermassen zusätzlich die Rachevermutung belegende, qualifizierende Indizien (dazu nachstehend N 274 ff.) und unterscheidet sich dadurch erheblich von den übrigen Tatbeständen der Rachekündigung in Art. 271a Abs. 1 lit. a und lit. d (BARBEY, Protection, S. 148, N 114). Durch Art. 271a Abs. 3 und Art. 2 Abs. 2 ZGB wird die Norm schliesslich implizit um ein *viertes* Tatbestandselement bereichert, durch die Abwesenheit eines die Vermutung ausschaltenden Widerlegungsgrundes (N 298). Der zeitliche Kündigungsschutz im Sinn der Norm vermag daher nur zu greifen, wenn *alle diese Elemente zugleich erfüllt* sind (ähnlich, statt vieler, z.B. LACHAT/STOLL, S. 349 f., MENGE, S. 77; vgl. dazu auch ZMP 3/92 Nr. 35).

268 a) Das erste Element der Vermutungsbasis besteht im **Abschluss** eines Verfahrens, und zwar – wie dem Wortlaut unschwer entnommen werden kann – **eines Verfahrens im Sinn von Art. 271a Abs. 1 lit. d** (vgl. z.B. ZMP 3/92 Nr. 35). Welches solche Verfahren sind bzw. nicht sind, kann den Ausführungen in N 238 ff. vorstehend entnommen werden. Wann ein Verfahren i.S.v Art. 271a Abs. 1 lit. d abgeschlossen ist, kann den Ausführungen in N 250 f. vorstehend entnommen werden. An diesen Verfahrensabschluss schliesst die bereits erwähnte (vorn N 266, N 267) «Sperrfrist» an.

Die Sperrfrist der Norm (die im Vergleich zum altrechtlichen Art. 28 Abs. 3 BMM um ein Jahr verlängert worden ist) *hat auch der Rechtsnachfolger des Vermieters gegen sich gelten zu lassen*, also namentlich der Erwerber der Mietsache i.S.v. Art. 261 (BGE 110 II 313 f.) und der Erbe des Vermieters. Der Erbe des Mieters als Gesamtrechtsnachfolger kann sich ebenfalls auf die Sperrfrist berufen (vgl. BGE 115 II 259 f. [mit der Einschränkung, dass der Erbe mit dem Mieter im Zeitpunkt des Verfahrensabschlusses zusammengewohnt haben muss, was m.E. im Lichte der Gesamtrechtsnachfolge völlig unerheblich erscheinen muss]). 269

**b)** Zweites Element, das erfüllt sein muss, soll die Vermutung der Norm greifen, ist die **Aussprache der Kündigung innert der Dreijahresfrist** («Sperrfrist»; vorn N 266, N 267) durch den Vermieter. 270

**aa)** Zum Begriff der **Aussprache der Kündigung** siehe vorstehend N 246, N 253). *Massgebend dafür, dass die Kündigung unter Art. 271a Abs. 1 lit. e fällt, ist der Zeitpunkt ihrer Aussprache* durch den Vermieter (Zugang beim Mieter; vgl. vorn N 253; a.A. [ohne tiefere Begründung] z.B. MENGE, S. 77) und nicht der Zeitpunkt, in dem sie ihre vertragsauflösenden Wirkungen entfaltet (Kündigungstermin) – einzig der erst genannte Zeitpunkt *muss innerhalb der Sperrfrist zu liegen kommen* (statt vieler: MENGE, S. 77). Wird eine Kündigung *vor Beginn der Sperrfrist* ausgesprochen, so fällt sie unter den Tatbestand von lit. d. Wird sie *nach dem Ablauf der Sperrfrist* ausgesprochen, ist lit. e nicht mehr anwendbar; möglich bleibt weiterhin die Anfechtung gestützt auf Art. 271 Abs. 1 (vgl. BGE 113 II 460, Pra. 1990, S. 694 [Nr. 198]; statt vieler: CALAMO, S. 255, RONCORONI I, a.a.O., S. 143). Die Aussprache unmittelbar nach Ablauf der Sperrfrist ist dabei als gewichtiges Indiz zu werten – als ein Indiz, und nicht als mehr. 271

**bb)** Die **Dreijahresfrist** *beginnt* mit dem Tag, der dem Tag des Verfahrensabschlusses (vorn N 250 ff.) folgt (statt vieler: CALAMO, S. 255, mit Verweisen; ungenau diesbezüglich ZMP 3/92 Nr. 35 [S. 39]). Sie endet drei Jahre später. Die *Berechnung des Beendigungstages* folgt der Regel von Art. 77 Abs. 1 Ziff. 3 (vgl. SCHRANER, N 2 zu Art. 77, mit Weiterverweisungen). 272

Für den Beginn des Fristenlaufs sind durch die das Verfahren erledigende Instanz keine expliziten Anordnungen zu treffen; der Fristbeginn kann durch diese Instanz auch nicht aufgeschoben werden: Die Frist beginnt ex lege (vgl. ZMP 3/92 Nr. 35).

**c)** Ähnlich wie beim Tatbestandselement der missbräuchlichen Verfahrenseinleitung des Art. 271a Abs. 1 lit. d (vorn N 254 ff.) soll es auch im Fall der nachträglichen Verfahrenskündigung i.S. von lit. e ausgeschlossen sein, das Rachemotiv unbesehen gelten zu lassen. Deshalb hat der Gesetzgeber abschliessend vier Tatbestände umschrieben, bei denen **keine aufgrund des Verfahrensausgangs** nach seinem – des Gesetzgebers – Erachten **ungerecht-** 273

**fertigte Vermutung** auf Rachemotive besteht. Nur wenn eines dieser vier Tatbestandselemente *(alternativ)* erfüllt ist, bleibt die von Art. 271a Abs. 1 lit. e indizierte Vermutung haltbar (ähnlich, statt vieler: CALAMO, S. 255, RONCORONI I, S. 143, MENGE, S. 78).

Der Gesetzgeber hat damit zugleich sinngemäss darauf hingewiesen, dass auch der Mieter in seinem Verhalten nicht gegen Art. 2 Abs. 2 ZGB (offenbarer Rechtsmissbrauch) verstossen darf (vgl. dazu ebenfalls vorn N 260 f.; gl.M. mutmasslich ebenso BARBEY, Protection, S. 150, N 121), wiewohl einzuräumen ist, dass der Kündigungsschutz andere Zwecke verfolgt (vgl. CALAMO, S. 257 f.). Einem *krass* treuwidrigen Verhalten des Mieters (z.B. reine Schikanen unter Ausnützung der Möglichkeit, sich auf die «Sperrfrist» berufen zu können) kann und soll jedenfalls die Vermutung von lit. e nicht entgegenstehen. Denn Sinn und Zweck der Vermutung des zeitlichen Kündigungsschutzes ist es nicht, dem Vermieter selbst dort die Kündigung zu versagen, wo sie jedermann aufgrund des Verhaltens des Mieters geradezu verständlich bzw. angemessen erscheinen muss.

274 **aa) Gemäss Ziff.** 1 wird die Vermutung von lit. e gestützt, wenn der Vermieter in einem Schlichtungs- oder Gerichtsverfahren zu einem erheblichen Teil unterlegen ist. Ziff. 1 setzt (mit Blick auf die übrigen drei Fälle) voraus, dass im fraglichen Schlichtungs- oder Gerichts*verfahren aufgrund dessen formeller Erledigung ein Unterliegen bzw. Obsiegen quantifizierbar ist.* Das ist vor allem dort der Fall, wo im Verlauf des Verfahrens ein Entscheid bzw. ein *Urteil in der Sache gefällt worden ist,* unbeschadet darum, wer geklagt hat. Das ist ferner dort der Fall, wo auf die Klage des Vermieters nicht eingetreten worden ist (dazu vgl. auch N 276). Nichteinigungen im Schlichtungsverfahren werden von Ziff. 3 erfasst (vgl. N 288 ff.).

275 Die *Feststellung des Umfanges von Obsiegen und Unterliegen ist in erster Linie anhand des Rechtsbegehrens sowie des Entscheiddispositives zu ermitteln* (ähnlich CALAMO, S. 255, SVIT-Kommentar I, N 23 f. zu Art. 271a). In *zweiter Linie* (siehe ferner nachstehend N 277) sind die Parteianträge mitzuberücksichtigen, welche den Streitgegenstand mitbestimmen (z.B. *Verrechnungseinreden;* vgl. LACHAT/STOLL, S. 350, Fn. 63). Massgebende Parteianträge sind dabei nicht einfach die zuletzt gestellten (so aber z.B. BARBEY, Protection, S. 149, N 116, unter Hinweis auf LACHAT/MICHELI, S. 328), sondern im Fall des *Schlichtungsverfahrens* das Begehren und die Anträge, welche bei der Verfahrenseinleitung bzw. im Rahmen der Verhandlung die Streitsache definierten, im Fall des *gerichtlichen Verfahrens* die Rechtsbegehren und die zuletzt vorgebrachten Anträge, die gemäss (kantonalem) Prozessrecht (vgl. Art. 274) noch massgebend für die Definition der Streitsache sind.

276 Kein Problem, das Unterliegen bzw. Obsiegen festzustellen, bieten unter quantitativen Aspekten der Fall der *Abweisung der Klage des Vermieters sowie der Fall der* (vollständigen) *Gutheissung der Klage des Mieters.* Ein

*Nichteintreten* auf die Klage des Vermieters stellt grundsätzlich ein analoges Unterliegen dar, wie das Nichteintreten auf eine Klage des Mieters analog ein vollständiges Obsiegen darstellt, wobei das alles uneingeschränkt nur dann gelten kann, wenn das Nichteintreten ein mangelndes Rechtsschutzinteresse der klagenden Partei zur Grundlage hat (vgl. z.B. ZMP 2/95 Nr. 25 [Kündigung aufgrund eines identischen Sachverhaltes]) und nicht mit «einstweiliger» Wirkung (vgl. Art. 139) aus formalen Gründen wie etwa der Unzuständigkeit erfolgte (ein Unterliegen bzw. Obsiegen ist im zweiten Fall nur dann anzunehmen, wenn die Weiterverfolgung der Sache vor der zuständigen Instanz unterbleibt [vgl. auch vorn N 252 und nachstehend N 284]; ähnlich BARBEY, Protection, S. 149, N 120).

Das Gesagte zeigt im übrigen an, dass (drittens; vorn N 275) *auch die Erwägungen (Entscheidmotive) eines Entscheides massgebend sein können für die Frage, ob ein Unterliegen bzw. Obsiegen vorliegt*, und dass das *Bundesrecht* insoweit über Art. 271a Abs. 1 lit. e Ziff. 1 zumindest implizit die Forderung aufstellt, *Entscheide über Streitigkeiten* aus der Miete von Wohn- bzw. Geschäftsräumen hätten begründet zu sein (das gilt vor allem auch mit Blick auf Art. 274e Abs. 2). Denn unbegründete Entscheide verhindern u.U. die Durchsetzung materiellen Bundesrechts (in diese Richtung weisend auch BGE 119 II 478 ff.). 277

*In allen übrigen Fällen* (in denen kein vollständiges Obsiegen bzw. Unterliegen gegeben ist) ist eine differenziertere Betrachtung angezeigt, die sich *nicht unbesehen auf Prozentzahlen abstützen* darf (so aber die h.L., die erheblich differierende Prozentangaben anführt; 20–30% [ZIHLMANN I, S. 197, ZIHLMANN II, S. 216], 35-40% [BARBEY, Protection, S. 149, N 115], 50%-Unterliegen des Mieters [CALAMO, S. 256]). Mit Blick auf die üblichen Prozessrisiken und die Intention des Gesetzgebers, Bagatellstreitigkeiten vermeiden zu wollen (vgl. ZIHLMANN II, S. 216), sind vielmehr auch der *Gegenstand des Streites* (Mietzinsfragen, Nebenkostenberechnungen, Mängelbeseitigung, Ersatzforderungen usw.; Klagen, die nicht bezifferbar sind [BARBEY, Protection, S. 149, N 120]), die *quantitative und qualitative Erheblichkeit der Streitsache sowie die «Parteirollen»* (wer «fordert» von wem; Verrechnungseinreden) *mitzuberücksichtigen*. Endlich kann u.U. das *vorprozessuale Verhalten der Parteien* nicht völlig unberücksichtigt bleiben. 278

Die Prüfung dieser weiteren Umstände rechtfertigt sich nur schon deshalb, weil die *Partei, welche den strittigen Anspruch erhebt* (was nicht stets der Kläger sein muss), es im Regelfall selbst in der Hand hat, die Begründetheit ihrer Ansprüche in rechtlicher und quantitativer Hinsicht relativ genau abzuschätzen; das legt es vernünftigerweise nahe, an *ihr Unterliegen strengere Anforderungen* zu stellen als der Gegenpartei gegenüber. Namentlich bei *Streitigkeiten über die Mietzinshöhe und die Festlegung bzw. Abrechnung von Nebenkosten* hat es der Vermieter regelmässig in der Hand, seine Ansprüche genauer zu eruieren als der Mieter. Ein Unterliegen des Vermieters in solchen Fällen zu 20% und mehr im Quantitativ (immerhin 1/5) kann daher bereits als erhebliches Unterliegen im Sinn der Norm betrachtet werden (dieser Ansicht offenbar auch CALAMO, S. 256, ZIHLMANN II, S. 216). Bei *Forderungen und anderen Ansprüchen* ist demgegenüber – je nach dem konkreten Gehalt der Streitsache (u.U. 279

steht auch eine «Grundsatzfrage» zur Debatte) – von einem erheblichen Unterliegen erst ab ca. 35%–50% auszugehen (ähnlich BARBEY, Protection, a.a.O.). Geht es um eine nicht direkt quantifizierbare Grundsatzfrage (z.B. steht dem Mieter eine Mietzinsreduktion wegen Mängeln überhaupt zu; MENGE, S. 80), kann selbst z.B. das Obsiegen des Mieters im Quantitativ zu bloss ca. 20% nicht allein ausschlaggebend für die Annahme sein, der Vermieter sei gerade nicht erheblich unterlegen (gl.M. BARBEY, Protection, S. 149, N 119; vgl. auch MENGE, S. 80, mit Hinweis auf ein unveröffentlichtes Urteil des Zivildreiergerichtes Basel-Stadt vom 22. 10. 1991).

280 Ein genaues Abwägen der genannten Umstände drängt sich ferner dort auf, wo *Haupt- und Widerklagen* erhoben worden sind, *Eventualbegehren* (oder gar Eventualklagen) gestellt wurden usw. Als erheblich unterlegen gelten muss dabei z.B. ein Beklagter, dessen Widerklage abgewiesen wird und der auch bezüglich der Hauptklage zu mehr als ca. 25–30% unterliegt. Obsiegt er hingegen beispielsweise mit der Widerklage, auch wenn er mit der Hauptklage überwiegend unterliegt (zu 50% und mehr, was denkbar und möglich ist), dann sind die Gegenstände von Haupt- und Widerklage nach ihrem objektiven Gewicht einander gegenüberzustellen (ähnlich RONCORONI I, a.a.O., S. 144). Unterliegt ein Kläger mit dem Hauptbegehren und obsiegt er mit dem Eventualbegehren ganz oder teilweise, so ist auch hier eine Gewichtung der Begehren vorzunehmen, wiewohl das Unterliegen im Hauptstandpunkt ein erhebliches Unterliegen bereits indizieren kann.

281 **bb)** Zur Bestätigung der Richtigkeit der Vermutung von lit. e führt **gemäss Ziff. 2** der Ausgang eines Schlichtungs- oder Gerichtsverfahrens, in dem der Vermieter seine Klage zurückgezogen oder erheblich eingeschränkt hat. Ziff. 2 setzt m.a.W. eine *Klage des Vermieters als alleinige Verfahrensursache* voraus und zudem eine *Verfahrenserledigung mit Sachentscheidcharakter* (Sachurteil; vgl., statt vieler: VOGEL, S. 196 f., Rz. 95, 97 und 100a).

282 Ist in einem Verfahren *nebst der Klage des Vermieters auch eine Widerklage des Mieters zu beurteilen,* so entfällt die Anwendung von Ziff. 2 zugunsten derjenigen von Ziff. 1.

283 *Ziff. 1 und Ziff. 2 sind gemeinsam anwendbar,* wenn neben der Reduktion der Vermieterklage über den noch offen bleibenden Teil ein Sachurteil ergeht. Der Rückzug (u.U. in unerheblichem Umfang) und das Unterliegen/Obsiegen im Urteil sind gesamthaft zu betrachten (BARBEY, Protection, S. 149, N 118, MENGE, S. 81).

284 Bei der Erledigung des Verfahrens durch ein *Prozessurteil* (vgl. VOGEL, S. 196 f.) wie – erstens – beim Nichteintreten oder – zweitens – beim *Rückzug der Klage unter dem Vorbehalt der Wiedereinbringung* entfällt die Anwendbarkeit von Ziff. 2 ebenfalls. Im ersten Fall liegt u.U. ein von Ziff. 1 erfasster Sachverhalt vor (vorn N 276) oder eine noch nicht entschiedene Streitigkeit (vorn N 252, N 276), die unter Art. 271a Abs. 1 lit. d zu subsumieren wäre. Im zweiten Fall liegt dann überhaupt kein Sachverhalt vor, der geeignet wäre, die Vermutung der «Rache» im Sinn von Art. 271a Abs. 1 lit. e zu indizieren, wenn der Vermieter die Klage auch wieder einbringt (es

liegt eine noch nicht entschiedene Streitigkeit vor, die unter Art. 271a Abs. 1 lit. d zu subsumieren ist), wohl aber dann, wenn er die Wiedereinbringung unterlässt.

Auf die *Gründe des Rückzuges der Klage kommt es demgegenüber grundsätzlich* (siehe aber vorn N 284, nachstehend N 294 f.: Klagerückzug infolge Vergleiches) *ebensowenig an wie auf die Gründe der Klagereduktion des Vermieters.* Ob eine Klage erheblich reduziert worden ist, beurteilt sich in quantitativer Hinsicht nach den gleichen Grundsätzen, die das erhebliche Unterliegen gemäss Ziff. 1 bestimmen (gl. BARBEY, Protection, S. 149, N 117; ähnlich ferner z.B. RONCORONI I, S. 144). 285

Massgebend müssen die Gründe hingegen dann sein, wenn die Reduktion usw. sachlich nicht angebracht gewesen wären *und* ihre Gründe auf einer Täuschung oder Drohung des Mieters basieren (vgl. Art. 28 ff.) oder ihnen ein anderer wesentlicher Irrtum des Vermieters zugrunde liegt (Art. 24). Dergleichen ist allerdings in den dazu vorgesehenen Formen des Prozessrechts geltend zu machen (vgl. dazu bezüglich des Schlichtungsverfahrens BGE 117 II 423 f. und ZMP 3/92 Nr. 36). 286

Vom Rückzug der Klage bzw. von der Klagereduktion (Reduktion des eingeklagten Anspruches) zu unterscheiden ist der «Rückzug» bzw. die Reduktion der «Forderung» (eines Anspruches m.a.W.) ausserhalb eines (Schlichtungs-)Verfahrens (vgl. dazu auch RONCORONI I, a.a.O., S. 143 f.). Ist das Schlichtungsverfahren bereits durchgeführt, fällt dieser Sachverhalt unter Ziff. 3 (Nichtanrufung des Richters). Bei teilweiser (in bezug auf den im Schlichtungsverfahren geltend gemachten Anspruch) Anrufung des Richters hinwieder kommt es dafür, welche Ziffer zur Anwendung kommen soll, auf den Ausgang des gerichtlichen Verfahrens an. Zieht der Vermieter seine Forderung «zurück», bevor es zu einem Schlichtungsverfahren kam (wobei unklar ist, was «Rückzug der Forderung» heissen kann), kommt Abs. 2 von Art. 271a allenfalls zum Zuge oder die Berufung auf lit. a und lit. b von Art. 271a (BARBEY, Protection, S. 149, N 117). 287

cc) Die Vermutung der Rache von lit. e wird **gemäss Ziff. 3** genügend gestützt, wenn der Vermieter auf die Anrufung des Richters verzichtet hat. *Vorausgesetzt* ist hier zum einen eine *Streitigkeit, die vor der Schlichtungsbehörde ausgetragen wurde,* zum andern *die Nichtverfolgung des Rechtsweges i.S.v. Art. 274f Abs. 1* (gl. z.B. RONCORONI I, a.a.O., S. 144). Wie bei den Ziff. 1 und 2 wird darin ein erhebliches (nämlich vollständiges) Unterliegen des Vermieters erblickt, das die Vermutung der «Rache» bestärkt. Ein Gerichtsverfahren erfüllt die Voraussetzungen von Ziff. 3 demgegenüber – entgegen dem Wortlaut der Norm – einsichtigerweise gerade nicht. Bei Gerichtsverfahren kommen zwangsläufig nur die Ziffern 1, 2 und 4 von Art. 271a Abs. 1 lit. e zum Zuge. 288

289 Als Streitigkeit vor der Schlichtungsbehörde kann nur eine solche fallen, die *durch Nichteinigung erledigt* werden muss (vgl. Art. 274e). Ist die Schlichtungsbehörde gehalten, einen Entscheid in der Sache zu fällen, so kommt Ziff. 1 zur Anwendung, bei der Einigung (beim Vergleich) hingegen Ziff. 4 (siehe, statt vieler: RONCORONI I, a.a.O., S. 144).

290 Ziff. 3 erfasst sodann *nicht jeden Verzicht auf die Anrufung des Richters* durch den Vermieter nach der gescheiterten Nichteinigung. Wie Art. 274f Abs. 1 zeigt («Partei, auf ihrem Begehren beharrt»), kann es sich auch hier nur um den Verzicht des Vermieters handeln, der durch die Folgen der Nichteinigung beschwert ist, weil er seinen Anspruch (nicht seine «Forderung»; so aber RONCORONI I, a.a.O., S. 144) nicht hat durchsetzen können. Das hinwieder setzt die *Klägerrolle des Vermieters im Schlichtungsverfahren* voraus (gl. RONCORONI I, a.a.O.). Aufgrund des Gesetzeswortlautes muss dazu auch die Nichtverfolgung einer im Schlichtungsverfahren erhobenen Widerklage genügen, da deren Erhebung als selbständige Klage im gerichtlichen Verfahren von Bundesrechts wegen (ein Schlichtungsverfahren ist kein Gerichtsverfahren; statt vieler: BGE 117 II 423 ff., ZMP 2/91 Nr. 20 [S. 25 f., S. 29]) nichts entgegenstehen kann und vom kantonalen Prozessrecht daher nichts entgegenstehen darf (vgl. dazu BGE 120 II 28 ff.; ein Abwägen gemäss dem zu Ziff. 1 Ausgeführten [vorn N 280] entfällt daher).

291 Ziff. 3 ist demnach dann unanwendbar, wenn im Schlichtungsverfahren keine Ansprüche zur Vermittlung anstanden, die der Vermieter im Verlauf des Verfahrens erhoben hat (wobei die Einrede der Verrechnung aufgrund ihrer Natur [kein selbständiges Geltendmachen eines Anspruches] nicht zählen kann), sondern nur solche, die der Mieter geltend machte (z.B. Herabsetzung des Mietzinses, Schadenersatz wegen Mängeln usw.).

292 Ziff. 3 ist überdies dann *nicht anwendbar*, wenn im Nachgang zum Verfahren der Mieter den Anspruch des Vermieters vollumfänglich (ZR 86 [1987] Nr. 48) oder teilweise anerkannt hat (z.B. in einem Vergleich; hier ist wohl Abs. 2 von Art. 271a zur Anwendung zu bringen). Im übrigen spielen die *Gründe der Nichtanrufung des Richters durch den Vermieter* keine Rolle (gl. BARBEY, Protection, S. 150, N 123). Das muss selbst dann gelten, wenn der Mieter die Unterlassung der Anrufung arglistig oder durch Drohung bewirkt hat (anders als im in N 286 angesprochenen Fall). Resultiert dem Vermieter daraus ein Nachteil, so kann er dies in einem neuen Verfahren geltend machen, welches den beeinträchtigten Anspruch zum Gegenstand hat (gl.M. wohl auch BARBEY, a.a.O.).

**dd) Gemäss Ziff.** 4 greift die Vermutung von Art. 271a Abs. 1 lit. e schliesslich, wenn der Vermieter mit dem Mieter sich im Rahmen eines Schlichtungs- oder Gerichtsverfahrens geeinigt hat. *Vorausgesetzt* sind einerseits (wiederum) *ein Schlichtungs- oder Gerichtsverfahren und* anderseits *eine Einigung* (bzw. ein Vergleich), die (bzw. der) zur Beendigung des Verfahrens geführt hat. 293

Ob die Einigung in der Form eines (gerichtlichen, aussergerichtlichen) Vergleiches i.e.S. erfolgte oder aufgrund eines *Klagerückzuges oder einer Klageanerkennung infolge* (gerichtlichen oder aussergerichtlichen) *Vergleiches,* spielt an sich keine Rolle; massgebend ist grundsätzlich (vgl. aber N 295) einzig, dass der *Verfahrenserledigungsgrund* seine Ursache in einem dem Wesen eines Vergleiches entsprechenden Konsens der Parteien hat (vgl. den Gesetzestext: «oder sich sonstwie geeinigt hat»; gl. MENGE, S. 82 f.). Nicht notwendig ist deshalb auch, dass die Einigung während des durch sie erledigten Verfahrens erzielt wurde. Keine Rolle spielt endlich, inwieweit der Vermieter in diesem «Vergleich» bezüglich seines Standpunktes nachgegeben hat, d.h. «unterlegen» ist (Botsch., S. 1460; ferner, statt vieler: BRUNNER, a.a.O., S. 43). Keine Einigung, die von Ziff. 4 erfasst wird, liegt immerhin da vor, wo sie sich auf *Bagatellen* bezieht. Bagatellstreitigkeiten fallen aus dem Kündigungsschutzrecht (vgl. N 23 und N 308). 294

Das bezüglich des «Unterliegens» in nicht bagatellhaften Fällen Gesagte kann m.E. jedoch *da nicht gelten,* und zwar entgegen dem klaren Wortlaut von Ziff. 4, wo der *Vergleich inhaltlich einer vollumfänglichen Anerkennung des Anspruches des Vermieters gleichkommt,* hingegen bezüglich der Nebenfolgen wie Verzugszinsen, Verfahrenskosten, Parteientschädigungen usw. eine «vergleichsweise» Regelung trifft (gl.M. CALAMO, S. 259, SVIT-Kommentar I, N 29 zu Art. 271a, MENGE, S. 83 [der aber festhält, diesfalls dürfe keine Verfahrenserledigung infolge Vergleiches erfolgen, ohne zu begründen, warum dem so sein soll]; a.A. z.B. ZIHLMANN II, S. 216 f., BARBEY, Protection, S. 150 f.). Die Rechtfertigung dieser Ausnahme ergibt sich m.E. nicht nur aus den Vergleichsintentionen des Gesetzgebers (vgl. Art. 274a Abs. 1 lit. b und Art. 274e; warum soll ein Vermieter sich bei der Verfahrenserledigung sonst überhaupt noch kulant erweisen und z.B. auf eine Prozessentschädigung verzichten?), sondern auch in Zusammenhang mit den hinter den Ziff. 1–3 steckenden Intentionen, die überdies in Abs. 2 von Art. 271a offenkundig werden. 295

Der Vergleich muss überdies in *formaler* (sofern entsprechende prozessrechtliche Vorschriften bestehen; ungenau diesbezüglich BARBEY, Protection, S. 151, N 127) und *materieller Hinsicht* (irrtumsfrei) gültig zustande gekommen sein, was ebenfalls bedingt, dass er *nicht unter Vorbehalten oder Bedingungen geschlossen wurde,* die gegen zwingendes Recht verstossen (wie z.B. Verzicht auf die Anfechtung einer Kündigung gestützt auf Art. 271a Abs. 1 296 lit. e oder Einräumung eines solchen Rechts; ähnlich z.T. BARBEY, Protection, S. 151, N 126; gl.M. CALAMO, S. 259). *Willensmängel* hinsichtlich des Vergleiches oder der auf dem Vergleich basierenden Parteierklärung, die zur Verfahrenserledigung geführt hat, sind im übrigen in der dafür prozedural vorgesehenen Form geltend zu machen (und nicht analog Art. 31 der Gegenpartei gegenüber; vgl. GULDENER, S. 403 f.).

297 *Teilvergleiche* in Verfahren fallen nicht unter Ziff. 4. Sie sind vielmehr in Zusammenhang mit dem übrigen Verfahrensausgang zu betrachten, was je nachdem zur (zusätzlichen) Anwendung von Ziff. 1–3 führen kann. *Vergleiche ausserhalb eines Verfahrens*, d.h. solche, die nicht zur Erledigung eines Verfahrens der Schlichtungsbehörde oder des Gerichtes führen (vorn N 293), fallen unter Abs. 2 von Art. 271a.

298 d) Damit die Vermutung der Rache des Art. 271a Abs. 1 lit. e greift, bedarf es endlich – wie bei lit. d (siehe vorn N 259 ff.) – der **Absenz von Widerlegungsgründen,** als da sind: die Gründe gemäss Abs. 3 von Art. 271a (siehe vorn N 182 ff.), die «Wiederholung» einer formungültigen bzw. (ursprünglich) unwirksamen Kündigung nach Abschluss des Verfahrens, welches dieses Resultat bezüglich der «ersten» Kündigung ergeben hat (vorn N 262) sowie die rechtsmissbräuchliche Innanspruchnahme von lit. e durch den Mieter (vorn N 260).

### 3. Beweislast

299 Den *Mieter* trifft die Beweislast für alle Elemente der Vermutungsbasis, ausser für das vierte Element der Widerlegungsgründe. Hier trifft den *Vermieter* die Beweislast (statt vieler: BARBEY, Protection, S. 159, N 154, MENGE, S. 78, S. 80, S. 81, S. 82, S. 83 f.). Gefordert ist dort, wo den Mieter die Beweislast trifft, der strikte Beweis. Zu den Beweisanforderungen hinsichtlich der Widerlegungsgründe i.S.v. Art. 271a Abs. 3 siehe die N 182 ff. Wo der Vermieter (rechts)missbräuchliches Verhalten zu beweisen hat (vorn N 260 f.), muss (zwangsläufig) der Indizienbeweis genügen.

### 4. Abgrenzungen

300 *Art. 271a Abs. 1 lit. d* kann nur dann angerufen werden, wenn die Kündigung während eines Verfahrens ausgesprochen wird. Die Anwendbarkeit von *Art. 271a Abs. 2* setzt gerade voraus, dass es zu keinem Verfahren gekommen ist. Zum Verhältnis der Norm zu den *übrigen Tatbeständen des Art. 271a Abs. 1* siehe die Ausführungen zu den jeweiligen Tatbeständen.

## V. Art. 271a Abs. 2 (Streitkündigung)

### 1. Verweis auf Art. 271a Abs. 1 lit. e

Die Norm erklärt im ersten Halbsatz die Vermutung der «Rachekündigung» von lit. e des Abs. 1 von Art. 271a für zutreffend, und zwar i.S. einer Grundvoraussetzung (siehe dazu ebenfalls nachstehend N 303). Diese Vermutung ist jedoch nur dann zutreffend, wenn fünf weitere besondere Voraussetzungen erfüllt sind: wenn *der Mieter* (erste besondere Voraussetzung) *durch Schriftstücke* nachweisen kann (zweite besondere Voraussetzung; siehe N 310 f.), dass er sich über eine *Forderung aus dem Mietverhältnis* (dritte besondere Voraussetzung; siehe N 307 f.) *mit dem Vermieter geeinigt* hat (vierte besondere Voraussetzung; nachstehend 306), und zwar *ausserhalb eines Schlichtungs- oder Gerichtsverfahrens* (fünfte besondere Voraussetzung; vgl. nachfolgend N 305). 301

*Sind nicht alle diese Voraussetzungen (zugleich) erfüllt*, so bleibt für die Anwendung der Norm kein Platz.

Der *Zweck der Norm* – die erst von den Räten in den Gesetzestext eingefügt worden ist und noch im Differenzbereinigungsverfahren viel zu reden gab (vgl. Amtl.Bull. NR vom 16. März 1989, S. 534 ff., vom 28. November 1989, S. 1878 f., Amtl.Bull. SR vom 19. September 1989, S. 430 f., vom 30. November 1989, S. 683 f.) – *ist es, die Parteien gewissermassen zu ermuntern, nicht in jedem Fall Behörden und/oder Gerichte aufzusuchen*, sondern im Einvernehmen selbst zu einer Einigung zu gelangen (vgl., statt vieler: ZIHLMANN II, S. 217). Damit das Ziel dieser löblichen Absicht nicht verfehlt wird, indem die Frage, ob ohne Behörden usw. eine Einigung erzielt worden sei, zu (anderen) Prozessen führt (sog. «Missbräuche»; RONCORONI I, a.a.O., S. 146), wurden in Abs. 2 von Art. 271a *Beweisregeln* aufgenommen (vgl. RONCORONI I, a.a.O.; siehe nachfolgend N 310 f.). 302

Mit dem Verweis auf lit. e von Art. 271a Abs. 1 übernimmt der Abs. 2 von Art. 271a zunächst die Grundvoraussetzungen dieser Bestimmung: Die *gültige Vermieterkündigung innert der dreijährigen Sperrfrist* (zu deren Aussprache siehe vorn N 270 f.) sowie die *Vermutung der Rache* als entscheidenden, nicht anders als durch die besonderen, einzeln dargelegten Voraussetzungen nachweisbaren Grund dieser Vermieterkündigung. Abs. 2 von Art 271a übernimmt jedoch dadurch ebenfalls in gleicher Weise die *Widerlegungsmöglichkeiten der Vermutung* der «Rache» (so auch z.B. BARBEY, Protection S. 160, N 158) und die grundlegende *Beweislastvertei-* 303 *lung* von Art. 271a Abs. 1 lit. e. Es kann daher an dieser Stelle vorab auf die entsprechenden Ausführungen zu Art. 271a Abs. 1 lit. e verwiesen werden (vorn N 267 [Vermieterkündigung; gedankliche «Konstruktion» des Kausalzusammenhanges], N 298 [Widerlegungsmöglichkeiten], N 299 [Beweislastverteilung; Beweislast liegt beim Mieter, ausser für die Widerlegungsgründe, bei denen sie beim Vermieter liegt]).

304 Abs. 2 von Art. 271a *verweist aber* nicht auf den gesamten Tatbestand von Art. 271a Abs. 1 lit. e, sondern *lediglich auf denjenigen von Ziff. 4* (Einigung/Vergleich; vgl. RONCORONI I, a.a.O., S. 145 f.). Er bleibt daher ebenfalls *nicht anwendbar für* «Rückzüge» des Vermieters oder «Anerkennungen» des Mieters ausserhalb von Verfahren usw. Kündigungen, die an dergleichen Sachverhalte anschliessen, können nur unter Art. 271 Abs. 1 oder u.U. Art. 271a Abs. 1 lit. a bzw. lit. b oder lit. c fallen (ähnlich BARBEY, Protection, S. 160, N 159, RONCORONI I, a.a.O., S. 145).

## 2. Besonderheiten

### *a) Bei den Tatbestandselementen*

305 aa) Die Norm verlangt eine **Einigung ausserhalb eines Verfahrens.** Darunter sind – in Abgrenzung zu lit. e von Abs. 1 – nicht «aussergerichtliche» usw. Vergleiche zu verstehen, die zu einem Abschluss eines Schlichtungs- oder Gerichtsverfahrens geführt haben, sondern nur *Einigungen* bzw. Vergleiche, die *keinen Verfahrensabschluss bewirkt haben,* weil ein Verfahren nie eingeleitet worden war (gl., statt vieler: BARBEY, Protection, S. 160: «en dehors de toute procédure»).

306 Unter Einigung im Sinn der Norm ist ausschliesslich ein (aussergerichtlicher bzw. «ausserbehördlicher») *Vergleichsvertrag* (Innominatkontrakt) zu verstehen (dazu SCHLUEP, in: SPR, Bd. VII/1, S. 943 ff.), der üblicherweise durch gegenseitiges «Nachgeben» der Parteien charakterisiert ist, d.h. durch das Bemühen beider Parteien, eine für sie (und nicht allfällige Dritte etwa im nachhinein) unsichere Rechtssituation zu bereinigen (vgl. BGE 100 II 144; CALAMO, S. 283, ZIHLMANN II, S. 218). Auf den Umfang des «Nachgebens» des Mieters usw. kann es daher im Grundsatz nicht ankommen (a.A. GUHL/KOLLER/DRUEY, S. 409 f.), ausser im Vergleich liege eine vollumfängliche Anerkennung der Forderung des Vermieters (vgl. vorn N 295; weitergehend etwa ZIHLMANN II, S. 218, CALAMO, S. 283, beide jedoch unter anderen Gesichtspunkten [Forderung als «weit» ausgelegter Begriff, andere dogmatische Einordnung von Bagatellen]). Unerheblich sind in je-

dem Fall die möglichen Aussichten des Vermieters, in einem allfälligen Verfahren zu obsiegen; dieser Gesichtspunkt wird durch den Vergleichszweck (Bereinigung einer unsicheren Situation) geradezu obsolet (a.A. SVIT-Kommentar, N 34 zu Art. 271a).

**bb)** Gegenstand des von Art. 271a Abs. 2 erfassten Vergleiches haben **Forderungen aus dem Mietverhältnis** zu sein. Forderungen meint *Geldforderungen oder geldwerte Ansprüche* (Mietzinsforderungen, Schadenersatzforderungen, Herabsetzungsanspruch wegen mangelhafter Mietsache usw.; vgl. dazu auch vorn N 23 ff., N 29 ff.), *nicht jedoch Ansprüche,* die geltend gemacht werden in Streitigkeiten über die Untervermietung, über die Haltung von Hunden und Katzen, über die Benützung gemeinsamer Einrichtungen, übers Klavierspiel usw. Das ergibt sich aus der *Erklärung von BR KOLLER zuhanden der Materialien,* die er im Differenzbereinigungsverfahren abgegeben hat, um die *Räte zur Zustimmung zur Norm zu veranlassen* bzw. deren Bedenken zu zerstreuen (vgl. Amtl.Bull. NR vom 28. November 1989, S. 1879, und Amtl.Bull. SR vom 30. November 1989, S. 684). Diese vor beiden Räten abgegebene Erklärung zu übergehen, die letztlich zur Zustimmung dieser Räte zur Norm führte, hiesse, den (doch einmal klar) erkennbaren Willen des Gesetzgebers ohne Not zu missachten (gl.M. z.B. BARBEY, Protection, S. 160, N 156, SVIT-Kommentar I, N 34 zu Art. 271a, TERCIER, S. 257, Rz. 2094 [mit Verweis auf BARBEY], ZIHLMANN II, S. 217 f.; a.A. z.B. GUHL/KOLLER/DRUEY, S. 410 [mit der Begründung, das erschiene wenig sinnvoll], CALAMO, S. 284 [«vermag ... nicht zu überzeugen»], RONCORONI I, a.a.O., S. 146 [«scheint mir unrichtig, weil der Gesetzestext keine Einschränkung ... enthält»; das stellt letztlich ein Scheinargument dar, denn die fehlende Einschränkung im Text hat gerade Anlass zur Erklärung gegeben, um die Zustimmung der Räte zu erhalten]). 307

Die Forderung, über die ein Vergleich abgeschlossen worden ist, muss sodann ein *gewisses objektives Gewicht* haben. Einigungen über Ansprüche mit – in den Augen vernünftiger Leute – *Bagatellcharakter* (dazu auch vorn N 23, N 278, N 306; siehe ferner vorn N 52; vgl. schliesslich z.B. ZIHLMANN II, S. 217 f.) *sind ausgeschlossen* (bei Geldforderungen ist die Grenze etwa bei Fr. 50.– anzusetzen; bei Mietzinserhöhungen bzw. -herabsetzungen allerdings kann nicht allein auf den strittigen Betrag abgestellt werden, sondern muss ebenso berücksichtigt werden, ob dem Vorgehen des Vermieters z.B. ein erkennbarer Fehler unterliegt [Rechnungsfehler, der für den Bagatellcharakter spricht], da ein strittiger Betrag von z.B. nur schon Fr. 5.– pro Monat im Verlauf von z.B. 10 Jahren zu einer strittigen Differenz von immerhin Fr. 600.– führt; weitergehend bezüglich des Ausschlusses etwa GUHL/KOLLER/DRUEY, S. 409 f., jedoch unter anderem dogmatischen An- 308 satz), *wenn die Berufung auf eine Einigung über sie in Zusammenhang mit einer Vermieterkündigung im Lichte von Art. 2 Abs. 2 ZGB nicht standhält* (vgl. vorn N 52 ff.; ähnlich z.B. CALAMO, S. 284, in Analogie zur missbräuchlichen Verfahrenseinleitung gemäss Art. 271a Abs. 1 lit. d; dazu vorn N 260 f., N 298).

309 b) Bei der **Fristberechnung** weicht die Norm von Art. 271a Abs. 1 lit. e nur insoweit ab (dazu vgl. vorn N 271 f.), als die Dreijahresfrist mit dem Zustandekommen des Vergleichsvertrages beginnt, und nicht mit dem Abschluss eines Verfahrens (statt vieler: GUHL/KOLLER/DRUEY, S. 409).

310 c) Die Einigung ausserhalb jeglichen Verfahrens vermag jedoch nur dann unter die Norm zu fallen, wenn der *Mieter* sie durch Schriftstücke nachzuweisen vermag. Die Norm stellt damit eine *unumstössliche* **Beweisregel als Tatbestandselement** auf (ähnlich z.B. MENGE, S. 85 [Beweisvorschrift]), die an der grundlegenden Beweislast nichts ändert und sich nur auf den vom Mieter geforderten (insoweit strikten) Beweis bezieht (vgl. auch BARBEY, Protection, S. 160, N 157).

311 Die *Beweisführung des Mieters ist durch diese Vorschrift nicht auf die Vorlage eines schriftlichen Vergleichsvertrages beschränkt.* Der Beweis kann ebenfalls durch mehrere, inhaltlich zusammenhängende Schriftstücke erbracht werden (so z.B. ZIHLMANN II, S. 217), aus denen sich schlüssig (zweifelsfrei, alle essentialia negotii umfassend) der Abschluss eines Vergleichsvertrages (vgl. vorn N 306, mit Verweis) zwischen den Parteien ergibt (genügen kann z.B. eine Schriftstück mit der Unterschrift des Vermieters, aus dem sich ergibt, dass er in bezug auf eine bestimmte Forderung des Mieters oder seiner selbst nachgegeben hat; gl. z.B. ZIHLMANN II, S. 217). Da das Gesetz *Schrift*stücke als Beweismittel verlangt, haben diese *in ihrer beweisbildenden Gesamtheit den Anforderungen der Art. 13–15 zu genügen* (blosse Kopien oder Fax-Mitteilungen genügen daher wenigstens dann nicht, wenn deren Echtheit bestritten wird).

312 Abs. 2 kommt der Charakter einer Beweisregel (vgl. dazu etwa VOGEL, S. 251 f.) zu. Es können daher *Lücken in der Beweisführung nicht durch Zeugen und andere Beweismittel geschlossen werden.* Die Norm bricht hierin mit dem Grundsatz der freien Beweiswürdigung gemäss Art. 274d Abs. 3.

# Art. 272

[1] Der Mieter kann die Erstreckung eines befristeten oder unbefristeten Mietverhältnisses verlangen, wenn die Beendigung der Miete für ihn oder seine Familie eine Härte zur Folge hätte, die durch die Interessen des Vermieters nicht zu rechtfertigen wäre.

B. Erstreckung des Mietverhältnisses
I. Anspruch des Mieters

[2] Bei der Interessenabwägung berücksichtigt die zuständige Behörde insbesondere:

a. die Umstände des Vertragsabschlusses und den Inhalt des Vertrags;
b. die Dauer des Mietverhältnisses;
c. die persönlichen, familiären und wirtschaftlichen Verhältnisse der Parteien und deren Verhalten;
d. einen allfälligen Eigenbedarf des Vermieters für sich, nahe Verwandte oder Verschwägerte sowie die Dringlichkeit dieses Bedarfs;
e. die Verhältnisse auf dem örtlichen Markt für Wohn- und Geschäftsräume.

[3] Verlangt der Mieter eine zweite Erstreckung, so berücksichtigt die zuständige Behörde auch, ob er zur Abwendung der Härte alles unternommen hat, was ihm zuzumuten war.

[1] Le locataire peut demander la prolongation d'un bail de durée déterminée ou indéterminée lorsque la fin du contrat aurait pour lui ou sa famille des conséquences pénibles sans que les intérêts du bailleur le justifient.

B. Prolongation du bail
I. Droit du locataire

[2] Dans la pesée des intérêts, l'autorité compétente se fondera notamment sur:

a. Les circonstances de la conclusion du bail et le contenu du contrat;
b. La durée du bail;
c. La situation personnelle, familiale et financière des parties ainsi que leur comportement;
d. Le besoin que le bailleur ou ses proches parents ou alliés peuvent avoir d'utiliser eux-mêmes les locaux ainsi que l'urgence de ce besoin;
e. La situation sur le marché local du logement et des locaux commerciaux.

[3] Lorsque le locataire demande une deuxième prolongation, l'autorité compétente examine en outre si le locataire a entrepris toutes les démarches qui pouvaient raisonnablement être exigées de lui afin de remédier aux conséquences pénibles du congé.

[1] Il conduttore può esigere la protrazione della locazione se la fine della medesima produce per lui o per la sua famiglia effetti gravosi che nemmeno si giustificano tenendo conto degli interessi del locatore.

B. Protrazione della locazione
I. Diritto del conduttore

[2] L'autorità competente pondera gli interessi delle parti tenendo segnatamente conto:

a. delle circostanze che hanno determinato la conclusione del contratto e del contenuto del contratto;
b. della durata della locazione;

**c. della situazione personale, familiare ed economica delle parti e del loro comportamento;**
**d. dell'eventuale fabbisogno del locatore o dei suoi stretti parenti od affini, come pure dell'urgenza di siffatto fabbisogno;**
**e. della situazione sul mercato locale degli alloggi e dei locali commerciali.**

**[3] Se è chiesta una seconda protrazione, l'autorità competente considera anche se il conduttore ha intrapreso quanto si poteva ragionevolmente pretendere da lui per porre rimedio agli effetti gravosi.**

1 Materialien — aArt. 267a OR, aArt. 267b OR, Art. 272 des Entwurfes vom 27. März 1985; Amtl.Bull., SR, 1988, S. 176 f., NR, 1989, S. 540

Ausländisches Recht (zu den Art. 272–272d) — Loi No 48–1360 du 1er septembre 1948, mit seitherigen Änderungen, Art. 4–17; BGB §§ 556a–556c, 564c; MRG §§ 34–35

2 **Literatur:** Siehe allgemeines Literaturverzeichnis sowie N 1 der Vorbem. zu den Art. 271–273c.

## Inhaltsverzeichnis

# A. Geltungsbereich, systematische Stellung und Charakter der Bestimmung

## I. Geltungsbereich

Der Geltungsbereich der Norm *entspricht dem grundsätzlich für alle Normen des Dritten Abschnittes* vorgesehenen (siehe dazu N 3 und N 19 Vorbem. zu Art. 271–273c). Er ist somit auf die Miete von Wohn- und Geschäftsräumen beschränkt (statt vieler: GIGER, S. 43 ff., ZIHLMANN, Basler Kommentar, N 4 f. zu Art. 272). Zur Wohnraummiete in diesem Sinn vgl. N 20 ff. Vorbem. zu Art. 271–273c. Zum Begriff des Geschäftsraums in diesem Sinn vgl. N 26 ff. Vorbem. zu Art. 271–273c. 3

Mietverhältnisse, die *nicht Wohn- oder Geschäftsraum im Sinn des Dritten Abschnittes zum Gegenstand haben* (dazu N 40 ff. Vorbem. zu Art. 271–273c), fallen ausserhalb des Geltungsbereichs der Norm (vgl. z.B. ZIHLMANN, Basler Kommentar, N 5 zu Art. 272). 4

Zu Fragen über den gemischten Gebrauch einer Mietsache sowie über gemischte Vertragsverhältnisse siehe N 36 ff. Vorbem. zu Art. 271–273c, mit Verweisen. 5

## II. Systematische Stellung

1. Die Norm befindet sich im Dritten Abschnitt des Achten Titels und ist insoweit Teil des Kündigungsschutzrechts. **Innerhalb des Kündigungsschutzrechts** (dazu auch nachstehend N 9) zählt sie zur Gruppe der Normen, die das *Erstreckungsrecht* bilden; das Erstreckungsrecht umfasst zur Hauptsache die Art. 272–272d (vgl. Marginale B des Dritten Abschnittes des Achten Titels), aber ebenfalls die Art. 273–273b (TERCIER, S. 258). Das Erstreckungsrecht hat im wesentlichen den sog. *nachträglichen Kündigungsschutz* zum Gegenstand (zum Begriff des nachträglichen Kündigungsschutzes vgl. N 10 und N 74 f. Vorbem. zu Art. 271–273c). 6

Der *nachträgliche Kündigungsschutz greift dann,* wenn der originäre Kündigungsschutz dem gekündigten Mieter gegenüber versagt wird (er- 7 folglose oder verspätete Anfechtung; vgl. Art. 273 Abse. 2 und 3, siehe auch Art. 274e Abs. 3 und nachfolgend N 20 ff.) oder der gekündigte Mieter auf den originären Kündigungsschutz verzichtet hat (vgl. N 74 Vorbem. zu Art. 271–273c, mit Verweisen). Die Norm setzt daher – anders als Art. 271 – als Kündigungsschutznorm (wie der gesamte nachträgliche Kündigungsschutz) *ausschliesslich* eine gültige *Vermieterkündigung voraus* (vgl. z.B. THANEI, S. 8 f.).

8 Ferner knüpft das Erstreckungsrecht, und mit ihm die Norm, an den *ordnungsgemässen Vertragsablauf bei befristeten Mietverhältnissen* an (vgl. N 75 Vorbem. zu Art. 271–273c); dieser erfordert gerade keine Vermieterkündigung (vgl. N 27 und N 37 f. zu Art. 255). Insoweit verlassen die Norm und damit das Erstreckungsrecht insgesamt den Kündigungsschutz i.e.S. zugunsten eines *weitergehenden Sozialschutzes* des Mieters (vgl. N 78 f. Vorbem. zu Art. 271–273c, mit Verweisen).

9 **2. Innerhalb des Erstreckungsrechts (Art. 272–272d)** kommt der Norm die Stellung einer *«Grundnorm»* zu: Sie «definiert» – im wesentlichen bloss indirekt –, was die «Erstreckung» ist (vgl. nachfolgend N 16 ff.), umschreibt ferner einen Anspruch des Mieters auf Erstreckung («... kann ... verlangen ...») und regelt die materiell-rechtlichen Voraussetzungen dieses Anspruches (vgl. nachstehend N 74–114). *Ergänzt* wird die Norm in ihrer Eigenschaft als «Grundnorm» *durch Art. 272a*, der – analog zu Art. 271a Abs. 3 – den Ausschluss der Erstreckung regelt (d.h. Gründe auflistet, die den Erstreckungsanspruch an sich erst gar nicht entstehen lassen; vgl. nachstehend N 74 f. und N 77 ff.), *und durch Art. 272b*, der die mögliche Erstreckungsdauer und deren Ausgestaltung zum Gegenstand hat.

10 Die *formellen Voraussetzungen des Erstreckungsanspruches* werden durch Art. 273 Abse. 2 und 3 geregelt. Art. 273 bildet den grundlegenden Teil des formellen Kündigungsschutzrechts (vgl. N 12 Vorbem. zu Art. 271–273c).

11 Die *Art. 272c und Art. 272d* haben demgegenüber Regelungen zu den Folgen der Erstreckung zum Gegenstand (Ausgestaltung des erstreckten Mietverhältnisses) und schliessen an Art. 272 an, den sie insoweit gewissermassen voraussetzen.

## III. Charakter

Die Norm ist – entgegen dem Wortlaut von Art. 273c – *in Abs. 1* dort der *Parteiautonomie entzogen,* wo sie – auch bloss implizit – *Definitionen* enthält (zur «Erstreckung», zum «Erstreckungsanspruch» usw.; ungenau diesbezüglich SVIT-Kommentar I, N 1 zu Art. 272; vgl. auch RONCORONI, in: mp 2/90, S. 80 und S. 85). 12

Abs. 1 regelt sodann Rechte des Mieters (Erstreckungsanspruch), auf die dieser im voraus gemäss Art. 273c nicht verzichten kann; insoweit kann die Norm von den Parteien nicht vertraglich wegbedungen werden und kommt ihr *absolut zwingender* Charakter zu (zutreffend daher RONCORONI, in: mp 2/90, S. 86; ähnlich TERCIER, S. 259; a.A. offenbar SVIT-Kommentar I, N 1 zu Art. 272). 13

Mit den in Abs. 1 geregelten Rechten des Mieters korrelieren entsprechende Pflichten des Vermieters (Duldung der Erstreckung), die dieser vertraglich nicht wegbedingen kann. Die Norm besitzt deshalb ebenso unter diesem Aspekt *absolut zwingenden* Charakter (gl. im Resultat RONCORONI, a.a.O., TERCIER, a.a.O., sowie GIGER, S. 25 f. [unter blosser Übernahme der Argumentation von RONCORONI]). 14

Die *Abse. 2 und 3* der Norm sind der *Parteiautonomie entzogen,* weil sie Anweisungen an Behörden enthalten, wie diese ihr Ermessen auszuüben haben (ähnlich z.B. GIGER, S. 26, RONCORONI, in: mp 2/90, S. 80, SVIT-Kommentar I, N 1 zu Art. 272 [der allerdings Abs. 3 der Norm nicht erwähnt]). 15

# B. Die Erstreckung des Mietverhältnisses im allgemeinen

## I. Grundsätzliches

### 1. Begriff der Erstreckung

16 Das Gesetz definiert nicht direkt, sondern bloss indirekt, in dem es seinen Regelungen das Wissen um das, was eine Erstreckung ist, als Prämisse voraussetzt, worin eine «Erstreckung» («prolongation», «protrazione») des Mietverhältnisses besteht. Auch die Literatur schweigt sich in der Regel gleichartig zum Begriff der «Erstreckung» aus (vgl. z.B. GIGER, S. 27 f., S. 162 ff., GUHL/KOLLER/DRUEY, S. 412 f., HONSELL, S. 216, S. 218, LACHAT/STOLL, S. 358, MENGE, S. 101 ff., SCHMID, N 3 zu aArt. 267a, THANEI, S. 3 ff., ZIHLMANN, Basler Kommentar, N 1–4 zu Art. 272, WEBER/ZIHLMANN, Basler Kommentar, N 1–4 zu Art. 272).

17 Unter «Erstreckung» ist grundsätzlich das *Herausschieben des Zeitpunktes der Rückgabe der Mietsache über den von den Parteien* (vertraglich oder durch Kündigung) *gesetzten Beendigungstag hinaus* zu verstehen, *ohne* dass dazu ein *Konsens der Parteien* vonnöten wäre. Der Mieter wird dadurch während der Erstreckungsdauer grundsätzlich in seinen einst vertraglich begründeten Gebrauchsrechten an der Sache ungeschmälert belassen und schuldet dem Vermieter dafür weiterhin grundsätzlich das bis zum Zeitpunkt der Vertragsauflösung vertragsgemäss zukommende Entgelt ungeschmälert (vgl. ebenfalls MOSER, S. 192 f.).

18 Die Erstreckung stellt somit *weder den Abschluss eines neuen Mietvertrages* zwischen den Parteien und eines dadurch begründeten neuen Mietverhältnisses (MOSER, S. 192) *noch die Fortführung* des bisherigen Mietverhältnisses i.S.v. Art. 266 Abs. 2 dar (was. u.U. zu Abgrenzungsproblemen führt; vgl. DdB 6/94 Nr. 21 [unveröff. BGE vom 14. 7. 1992], ZR 81 [1982] Nr. 27). Die Erstreckung ist vielmehr eine *gesetzlich geregelte* (vgl. Art. 272c und Art. 272d) *und zeitlich beschränkte* (siehe Art. 272b Abs. 1) *Fortsetzung* eines bestehenden Mietverhältnisses *eigener Art* (ähnlich z.B. MOSER, S. 192 f.).

## 2. Zweck der Erstreckung

Mit der Erstreckung des Mietverhältnisses, die bereits dem alten Recht bekannt war (vgl. SCHMID, N 2 ff. zu aArt. 267a), wird angestrebt, die *Folgen rechtmässiger Vertragsauflösung durch den Vermieter oder durch den Ablauf der Vertragsdauer für den Mieter zu mildern*, aber alles nur dann, wenn diese Folgen den Mieter hart treffen *und* durch den Zeitablauf gemildert werden können (grundlegend: BGE 102 II 255 f., 105 II 198, 116 II 448 f., JdT 1991 I 63, DdB 6/94 Nr. 21; ferner, statt vieler: ENGEL, S. 195, GIGER, S. 29, TERCIER, S. 259, THANEI, S. 19 f.; Genaueres dazu nachfolgend in N 82 ff.). Wo die harten Folgen der Vertragsauflösung auch durch die Zeit nicht gemildert oder gar geheilt werden können, bleibt für eine Erstreckung daher konsequenterweise ebensowenig Raum (vgl. ZIHLMANN, Basler Kommentar, N 2 zu Art. 272, THANEI, S. 19; vgl. nachfolgend N 85, N 86 ff.) wie dort, wo es dem Mieter nur darum geht, möglichst lange von dem zu profitieren, was er hat (TERCIER, S. 259; vgl. auch BGE 105 II 197, 116 II 448, JdT 1991 I 63). Denn der «Profit» des Mieters verdient keinen Sozialschutz. 19

## 3. Wesen der Erstreckung

Die Erstreckung des Mietverhältnisses stellt ein eigenständiges *Institut des Mietrechts* dar (vgl. SCHMID, N 3 zu aArt. 267a), welches im wesentlichen einen *gesetzlich* näher umschriebenen *Eingriff in die Vertragsbeziehung der Parteien* zugunsten einer Partei (des Mieters) zum Inhalt hat (vgl. Art. 272b ff.; ähnlich z.B. TERCIER, S. 263, Rz. 2152). Die Ausgestaltung des Institutes der Erstreckung erfolgt im Gesetz ohne ausdrückliche Legaldefinition der Erstreckung (diese wird stillschweigend als bekannt vorausgesetzt; vorn N 16). Die Ausgestaltung erfolgt dabei unter formellen (Art. 273 Abse. 2 und 3) und materiell-rechtlichen Aspekten (Art. 272 f.). Die *formellen Aspekte* der gesetzlichen Regelung (dazu auch nachfolgend N 71 ff.) lassen dabei die Erstreckung im wesentlichen als (generelles) *Recht des Mieters auf eine Gestaltungsklage* erscheinen (vgl. MOSER, S. 196; sinngemäss gl.M. ferner etwa TERCIER, S. 259 f. [«La qualité pour agir appartient au locataire»; «La qualité pour défendre appartient au bailleur»]). *Die materiell rechtlichen Aspekte* der gesetzlichen Regelung knüpfen dieses «generelle Recht» (auf Klage) demgegenüber vor allem an *individuelle Voraussetzungen* (vgl. N 74–76, mit Verweisen) und schränken es entsprechend ein – in den Genuss der Erstreckung gelangt grundsätzlich nur der Mieter, der auch diese individuellen Voraussetzungen erfüllt (vgl. dazu N 78 Vorbem. zu Art. 271–273c [besondere 20

Schutzbedürftigkeit]). Der Anspruch des Mieters auf Erstreckung wird damit zu einem personenbezogenen Recht (d.h. zu einem *persönlichen Recht).*

21 a) Art. 272 Abs. 1 räumt dem Mieter das Recht auf die Erstreckung des Mietverhältnisses ein («Der Mieter kann die Erstreckung ... verlangen») und gestaltet dadurch die Erstreckung des Mietverhältnisses zu einem **gesetzlichen Anspruch des Mieters** aus (vgl. auch Botsch., S. 1461).

22 Dieser *Anspruch ist* grundsätzlich nur *klageweise geltend zu machen* (vgl. Art. 273 Abse. 2 und 3; Gestaltungsklagerecht [vorn N 20]). Er *entsteht* (als Klagerecht generell; siehe nachstehend N 25, N 71–73 ) *entweder* aufgrund einer gültigen Kündigung des Mietverhältnisses durch den Vermieter (so etwa THANEI, S. 8 f.; vgl. aber auch N 26 f.) *oder* durch die Vereinbarung eines befristeten Mietverhältnisses und dessen Ablauf (vgl. N 65 ff.) *oder* durch eine erstmalige Erstreckung (vgl. N 228 ff.). Er *geht* – als Klagerecht – im ersten Fall durch das ungenutzte Verstreichen der Klagefrist gemäss Art. 273 Abs. 2 lit. a *de lege unter* (vgl. BGE 101 II 88, 114 II 166; siehe ferner etwa SCHMID, N 11 zu aArt. 267a, sowie nachfolgend N 72, mit weiteren Verweisen); im zweiten Fall (sowie im Fall bereits gewährter erstmaliger Erstreckung) geht er – de lege – mit dem Eintritt eines bestimmten Tages unter (der in der konkreten Berechnung vom Zeitpunkt der Vertragsbeendigung abhängig ist; vgl. Art. 273 Abs. 2 lit. b und Abs. 3, siehe ferner z.B. SCHMID, N 11 zu aArt. 267a und N 3 zu aArt. 267b).

23 *Inhaltlich* umfasst der Anspruch des Mieters die «Erstreckung» («prolongation», «protrazione») des Mietverhältnisses (vorn N 18), also eine – letztlich – *konsensunabhängige Fortsetzung der bisherigen Vertragsbeziehungen* (vgl. aber auch Art. 272c Abs. 1 und Art. 272d; Genaueres dazu in den Ausführungen zu diesen Bestimmungen) über den Tag der Vertragsbeendigung hinaus, sofern insbesondere die materiell-rechtlichen weiteren Voraussetzungen der Art. 272 f. in der Person des Mieters erfüllt sind (vgl. aber auch N 75). Der Erstreckungsanspruch des Mieters beschneidet damit die Vertragsfreiheit des Vermieters (statt vieler: TERCIER, S. 263, Rz. 2152).

24 b) Zur **Verwirklichung** gelangt der Anspruch des Mieters auf Erstrekkung durch die Gewährung derselben, was auf *zwei verschiedene Arten* geschehen kann:

25 aa) Die Erstreckung des Mietverhältnisses kann **durch einen Entscheid (Art. 272 Abs. 2)** der Schlichtungsbehörde oder eines Gerichtes herbeigeführt werden. Dieser Entscheid stellt ein *Gestaltungsurteil* dar, welches nicht nur *den Anspruch auf Erstreckung verwirklicht*, sondern ebenso *zu-*

*gleich in zeitlicher Hinsicht beschränken muss* (vgl. z.B., statt vieler: SVIT-Kommentar I, N 13 zu Art. 272b) *und endlich unmittelbar die Rechtsbeziehungen der Parteien für die Dauer der Erstreckung regelt* (vgl. Art. 272c und 272d). Die Anspruchsverwirklichung durch *Entscheid* (i.w.S.; der auch einen Vergleich im Rahmen eines Verfahrens oder eine Klageanerkennung des Vermieters umfassen kann) entspricht dem gesetzlichen Grundsatz bzw. der *gesetzlichen Idealvorstellung* und verdeutlicht den Charakter des Institutes der Erstreckung als Gestaltungsklagerecht.

**bb)** Im Sinn einer Ausnahme vom gesetzlichen Grundsatz kann der Anspruch des Mieters aber ebenso **durch die Parteien (Art. 272b Abs. 2)** selbst verwirklicht werden. Die Parteien haben hierfür eine entsprechende Vereinbarung abzuschliessen. Diese Vereinbarung muss, anders als es im bundesrätlichen Entwurf vorgesehen war (vgl. Botsch., S. 1513), weder von einer Behörde noch von einem Gericht genehmigt werden (gl. GIGER, S. 131). Genaueres dazu in den Ausführungen zu Art. 272b. 26

*Die von Art. 272b Abs. 2 getroffene Ausnahme ändert am Charakter des Erstreckungsanspruches als gesetzlichen Anspruches nichts* (vgl. vorn N 20, N 22): Der Anspruch auf Erstreckung entsteht – grundsätzlich als Klagerecht ausgestaltet – erst durch die Kündigung oder den Ablauf der vereinbarten Dauer; er geht mit dem Ablauf der Fristen gemäss Art. 273 Abse. 2 und 3 ebenso de lege unter (gl.M. offenbar LACHAT/STOLL, S. 372; ähnlich, wenn auch unklar, ZIHLMANN, Basler Kommentar, N 5 zu Art. 272b; a.A. offenbar GIGER, S. 131, ohne dogmatisch stichhaltige bzw. rational nachvollziehbare Begründung). 27

### 4. Arten der Erstreckung

Zu unterscheiden ist zunächst grundlegend zwischen der Erstreckung i.e.S und der Erstreckung i.w.S.: Unter *Erstreckung i.e.S.* ist die in den Art. 272 ff. gesetzlich geregelte Erstreckung des Mietverhältnisses zu verstehen, die durch Entscheid oder Vergleich (i.S.v. Art. 272b Abs. 2) gewährt (verwirklicht) wird (vorn N 24 ff.). 28

Die Erstreckung i.e.S. kann innerhalb der gesetzlich begrenzten Erstreckungsdauer (Art. 272b Abs. 1) einmalig oder zweimal gewährt werden. Im ersten Fall spricht man von einer *endgültigen Erstreckung* («letztmalige» Erstreckung); im zweiten Fall folgt der *Ersterstreckung* (der «erstmaligen» Erstreckung oder der «vorläufigen» Erstreckung; vgl. GIGER, S. 125) ein Anspruch auf *Zweiterstreckung*, sofern die individuellen Voraussetzungen für die Erstreckung beim Mieter mit Ablauf der bisherigen 29

Erstreckungsdauer weiterhin erfüllt sind (vgl., statt vieler: TERCIER, S. 259, Rz. 2105, THANEI, S. 35). Genaueres dazu nachstehend in N 228 ff. und in den Ausführungen zu Art. 272b.

30 Unter *Erstreckung i.w.S.* versteht man die Milderungen allfälliger Härten (welche die Kündigung schaffen kann) durch den Zeitablauf, ohne dass ein Entscheid oder eine Vereinbarung der Parteien vorliegen würden. Der mildernde Zeitablauf ist jedoch bei einem allfälligen Entscheid oder Vergleich i.S.v. Art. 272b Abs. 2 zu berücksichtigen (vgl. BGE 102 II 253, 256, 109 II 155). Es handelt sich dabei einerseits um die sog. «faktische» bzw. «kalte Erstreckung» und anderseits um die sog. freiwillige «Erstreckung».

31 Von *«faktischer Erstreckung»* (bzw. «kalter Erstreckung») spricht man dann, wenn dem Mieter aufgrund der Dauer eines Kündigungsschutzverfahrens mehr Zeit für die Suche nach einem neuen Mietlokal eingeräumt wird, als ihm durch die Kündigungsfristen bzw. gesetzlichen Fristen zur Zweiterstreckung eingeräumt würde (vgl. BGE 104 II 312 f., 109 II 155; vgl. auch GVP 1992, Nr. 34). *«Kalte» Erstreckungen* sind im Lichte der Verfahrensregelungen in den Art. 273 und Art. 274 f. (je dreissigtägige Klagefristen; sechzigtägige Fristen für die Klage auf Zweiterstreckung bzw. Erstrekkung des befristeten Mietverhältnisses) gesetzlich für den «Konfliktfall» bei der Wohnraummiete dort sozusagen fast vorprogrammiert (vgl. zu den Verfahrensdauern z.B. HIGI, Schlichtungsstellen, S. 30 [dort auch Fn. 30], S. 82 [Fn. 115]), wo unter Einhaltung bloss der gesetzlichen Fristen gekündigt wird oder wo es um eine Zweiterstreckung geht, und stellen daher gewissermassen ein Element des Grundsatzes des «Rechtsschutzes durch Verfahren» dar (vgl. N 13 f. Vorbem. zu Art. 271–273c, mit Verweis).

32 Eine *«freiwillige Erstreckung»* liegt dann vor, wenn der Vermieter die Kündigung längere Zeit vor dem Kündigungstag (vgl. zu diesem Begriff N 128 Vorbem. zu Art. 266–2660) ausgesprochen hat und damit dem Mieter von sich aus mehr Zeit zur Suche nach einem Ersatz ermöglicht (vgl. BGE 102 II 256; siehe auch N 217 ff.). Eine freiwillige Erstreckung liegt ebenfalls dort vor, wo der Vermieter dem Mieter «Erstreckung» gewährte, obwohl dessen Erstreckungsanspruch bereits untergegangen war («Quasi-Erstrekkung»; vgl. dazu N 34 zu Art. 272b [mit Verweisen]). Eine weitere – in einem Verfahren durchsetzbare – Erstreckung ist hier ausgeschlossen (vgl. auch DdB 6/94 Nr. 21).

## II. Zu den erstreckbaren Mietverhältnissen

1. Erstreckbar sind, was sich aus dem Geltungsbereich der Norm ergibt (vorn N 3 ff.), grundsätzlich einzig **Mietverhältnisse über Wohn- und Geschäftsraum** (statt vieler: TERCIER, S. 259, Rz. 2107 ff.). Zu den Begriffen des Wohn- bzw. Geschäftsraumes vgl. N 20 ff., N 26 ff. Vorbem. zu Art. 271–273c. *Beim gemischten Gebrauch einer Mietsache* (vereinbarte Wohn- und Geschäftsraumbenutzung) ist *von der vereinbarten* (und nicht von der vom Mieter ohne Wissen des Vermieters vertragswidrig praktizierten) *schwergewichtigen Nutzungsart* auszugehen (SCHMID, N 6 zu aArt. 267a); liegt diese bei der Geschäftsraummiete, so ist namentlich die sechsjährige maximale Erstreckungsdauer massgebend. Der gemischte Gebrauch *setzt* im übrigen *ein einheitliches Mietverhältnis* voraus (SCHMID, a.a.O.). Weiteres siehe in N 36 ff. Vorbem. zu Art. 271–273c. 33

*Unerheblich* ist demgegenüber grundsätzlich (vgl. Art. 273b Abs. 1), ob es sich beim Mietverhältnis über den Wohn- oder Geschäftsraum um ein *Hauptmietverhältnis* handelt *oder* um ein *Untermietverhältnis*. Die Erstreckung des letzteren ist lediglich durch die Dauer des Hauptmietverhältnisses in zeitlicher Hinsicht begrenzt (vgl. Art. 273b Abs. 1). 34

Liegt ein *Mietverhältnis über anderes als über Wohn- bzw. Geschäftsraum vor, so ist dieses nicht erstreckbar* (wiederum statt vieler: TERCIER, S. 259, Rz. 2113; Beispiele dazu in N 40 ff. Vorbem. zu Art. 271–273c). 35

A.A. teilweise GIGER, S. 41 (vgl. dort auch Fn. 74, und – gewissermassen entgegengesetzt – S. 36 f.) sowie THANEI, S. 4 (unter Hinweis auf mp 2/87, S. 66), die sich für eine *freiwillige «Unterstellung» von Mietverhältnissen bzw. anderen Vertragsverhältnissen* (wie etwa Gebrauchsleihe) *unter das Erstreckungsrecht* aussprechen; diese freiwillige Unterstellung sei durch Abrede der Parteien erzielbar. Sachlich näher begründet wird diese Auffassung jedoch nicht (vgl. zum Gegenteil vielmehr GIGER, S. 36 f.). 36

Die freiwillige «Unterstellung» führt nach GIGER und THANEI immerhin nicht zu einer direkten Anwendung der Normen selbst, sondern *lediglich zu einer analogen Anwendung* der Art. 272 ff., womit sich zwangsläufig die *Frage erhebt, ob überhaupt von einer «Unterstellung» noch die Rede sein kann.* Die im Falle einer «Unterstellung» bloss analoge Anwendbarkeit der Art. 272 ff. ergibt sich im übrigen daraus, dass der Geltungsbereich der Kündigungsschutznormen, zu denen auch Verfahrensnormen wie Art. 273 gehören, der Parteiautonomie ebenso entzogen ist wie die Anwendbarkeit der Verfahrensnormen, die mit Art. 273 verbunden sind (vgl. etwa Art. 274a, 274d–274f). Die Art. 272 ff. räumen überdies dem Mieter einen in Sozialschutzgedanken gründenden gesetzlichen Anspruch auf Erstreckung ein, der im Fall «freiwilliger Unterstellung» nicht durch einen vertraglichen Anspruch ersetzt werden kann. Bereits das alles spricht für sich geradezu gegen eine auch bloss analoge Anwendung der Art. 272 ff. z.B. auf die Miete eines Autos, eines Bootssteges, eines Gartens usw. und erst recht gegen die analoge Anwendung auf Gebrauchsleiheverhältnisse. 37

38 *Gegen eine auch bloss analoge Anwendung der Art. 272 ff. spricht vor allem, dass der Gesetzgeber die erstreckbaren Vertragsverhältnisse ausdrücklich einzeln geregelt hat* (nebst den erwähnten Mietverhältnissen sind das gewöhnliche Pachtverhältnisse [Art. 300] sowie landwirtschaftliche Pachtverhältnisse [Art. 26 f. LPG]). Der Schluss, dass er damit alle anderen Miet- bzw. Gebrauchsüberlassungsverhältnisse in diesem Punkt bewusst ungeregelt gelassen und daher auch von der Erstreckbarkeit ausgeschlossen hat, liegt folglich um einiges näher als die nicht weiter begründete gegenteilige Auffassung. *Abreden von Parteien zur «Erstreckung»* (Verlängerung) an sich *gesetzlich nicht erstreckbarer Vertragsverhältnisse sind daher m.E. ausschliesslich im Lichte des Vertragsrechts* und der in ihm enthaltenen Verlängerungsmöglichkeiten (z.B. Abänderungsvertrag usw.) zu betrachten.

39 2. Erstreckbar sind u.U. auch **gemischte Verträge.** Inwieweit diese vom Geltungsbereich des mietrechtlichen Kündigungsschutzes erfasst werden, ist in jedem einzelnen Fall gesondert zu prüfen (gl.M. z.B. MOSER, S. 46 ff., GIGER, S. 39 ff., TERCIER, S. 259, Rz. 2113). Das *Bundesgericht schliesst* bei gemischten Verträgen eine *Erstreckbarkeit stets dann aus,* wenn das *Schwergewicht des Vertrages nicht auf der entgeltlichen Gebrauchsüberlassung liegt* (BGE 115 II 454 f. [Praxisraum eines Belegarztes]). Ob das im konkreten Fall zutrifft, muss anhand der Vertragsbeziehung der Parteien ermittelt werden (Ermittlung des Parteiwillens, Auslegung des Vertrages gemäss Vertrauensprinzip; Beispiele in BJM 1973, S. 101 [Arbeitsleistung als Entgelt für die Gebrauchsüberlassung], Pra. 79 Nr. 63 = BGE 115 II 454 f.). Allgemein zur Erstreckbarkeit gemischter Verträge siehe ferner N 168 ff. der Vorbem. zu Art. 266–266o (insbesondere N 188); zu den gemischten Miet-/Arbeitsverträgen im besonderen siehe N 189 ff. Vorbem. zu Art. 266–266o.

40 Weitergehend als die h.L. und das BGer fasst THANEI, S. 4 (unter Hinweis auf SCHMID, N 5 zu aArt. 267a, in Fn. 7), die Erstreckbarkeit unter diesem Aspekt auf. Jedes Vertragsverhältnis mit wohn- oder geschäftsraummietrechtlicher Komponente wird von ihr als erstreckbar erachtet. Begründet wird diese Auffassung allerdings nicht näher; bei SCHMID, N 5 zu aArt. 267a, findet sich sodann gerade keine Aussage, welche die Auffassung von THANEI zu stützen vermöchte.

41 3. Ein Mietverhältnis kann, was vor dem Zweck und dem Wesen der Erstreckung grundsätzlich keiner weiteren Erklärung bedarf (vgl. vorn N 17 f.), an sich *nur gesamthaft* erstreckt werden (so auch SCHMID, N 22 zu aArt. 267a; vgl. auch Art. 272c Abs. 2). Die Tendenz in der Praxis und in der Literatur (vgl. etwa GIGER, S. 42, THANEI, S. 7 f.) geht allerdings z.T. dahin, auch eine *(sachliche)* **Teilerstreckung** zuzulassen (z.B. die Erstreckung des Mietverhältnisses über eine Wohnung, unter Ausklammerung weiterer Räume, die mit ihr vermietet wurden; z.B. die Erstreckung eines Mietverhältnisses über drei Räume statt über die total vermieteten vier; zur – ebenfalls unzulässigen – *persönlichen* Teilerstreckung [bei mehreren Mietern] vgl. N 73 und N 97). Unklar ist dabei allerdings – wie in Zusammenhang mit

der Teilkündigung (vgl. N 97 Vorbem. zu Art. 266–266o) –, ob unter «Teilerstreckung» stets dasselbe verstanden wird (vgl. etwa THANEI, S. 7 f., und SVIT-Kommentar I, N 5 zu Art. 272). Das in der Literatur dazu zitierte Beispiel des OG Luzern (ZBJV 1974, S. 527 ff.), welches Geschäftsraum und zwei separate Kellerräumlichkeiten betraf (vgl. auch THANEI, S. 7), lässt immerhin die Annahme zu, es werde z.T. ein einheitliches Mietverhältnis mit mehreren Mietverhältnissen über verschiedene Gegenstände zwischen identischen Parteien verwechselt und als Teilerstreckung die Erstreckung eines erstreckbaren Mietverhältnisses unter Ausschluss der Erstreckung eines weiteren Mietverhältnisses, das zugleich gekündigt worden ist, verstanden.

Das Bundesgericht hat die Frage der Teilerstreckung einst angesprochen, aber offen gelassen (vgl. BGE 98 II 298 f.). *Gegen die Zulässigkeit einer* (sachlichen) *Teilerstreckung sprechen* vorab dogmatische Überlegungen erstreckungsrechtlicher Natur (vgl. Begriff und Wesen der Erstreckung, vorn N 17 ff.). Dagegen sprechen aber ebenso *kündigungsschutzrechtliche und vertragsrechtliche Aspekte* (die im neuen Erstreckungsrecht [Art. 272c] entsprechenden Niederschlag gefunden haben). 42

- *Zum vertragsrechtlichen Aspekt:* Ein echte Teilerstreckung (vgl. GIGER, S. 42) stellt eine grundlegende Vertragsänderung dar, die eines entsprechenden Konsenses der Parteien bedarf (vgl. dazu N 17 ff. Vorbem. zu Art. 266–266o) und daher keiner Partei richterlich gegen ihren Willen aufgezwungen werden kann (die z.T. weitergehende Auffassung von SCHMID, N 24 f. zu aArt. 267a, ist unter dem neuen Recht obsolet geworden). 43
- *Zum kündigungsschutzrechtlichen Aspekt:* Befürwortete man aus Praktikabilitätsgründen trotz der ihr entgegenstehenden vertragsrechtlichen Überlegung eine Teilerstreckung (so z.B. GIGER, S. 42), so hiesse man erstreckungsrechtlich im Resultat das gut, was der Gesetzgeber kündigungsschutzrechtlich ausdrücklich in den Art. 271 f. als missbräuchlich verpönt – eine Änderungskündigung (vgl. dazu auch illustrierend ZMP 3/93 Nr. 31 und Nr. 32). 44

*Art. 272c Abs. 1* trägt im übrigen diesen beiden Aspekten dadurch Rechnung, dass er eine *Vertragsanpassung* – soweit sie das Gesetz bezüglich der Auflösung des erstreckten Mietverhältnisses nicht ausdrücklich vorsieht (vgl. Art. 272d) – auf den Antrag einer Partei *nur im Rahmen der Missbrauchsgesetzgebung zulässt* (vgl. Art. 272c Abs. 2), d.h. in dem Umfang, in dem ein Vermieter gestützt auf Art. 269 Abs. 3 einseitig den Vertrag anpassen könnte, wenn das Mietverhältnis nicht gekündigt worden wäre, bzw. der Mieter eine Herabsetzung des Mietzinses oder eine Anpassung der Nebenkostenentschädigung verlangen könnte (vgl. Botsch., S. 1463; Cahiers 1993, S. 69, ZMP 1/92 Nr. 8 [S. 32]; ferner z.B. GIGER, S. 133 [dort auch 45

Fn. 82], GUHL/KOLLER/DRUEY, S. 413 f., MENGE, S. 157; mutmasslich z.T. weitergehend etwa TERCIER, S. 263 f.).

46 Wird eine geringfügige Schmälerung der vermieteten Mietsache als von Art. 269d Abs. 3 miterfasst betrachtet (z.B. einseitig erklärbare Wegnahme einer Mansarde oder eines Parkplatzes durch den Vermieter), was allerdings m.E. unzutreffend ist (vgl. dazu N 17 ff. und N 108 Vorbem. zu Art. 266–266o), so wird ebenfalls eine derartige Änderung von Art. 272c erfasst (insoweit konsequent: THANEI, S. 37 f.).

47 Eine *Teilerstreckung ist aus allen diesen Gründen nur dort möglich, wo ein entsprechender Konsens der Parteien zur Vertragsabänderung gegeben ist,* m.a.W. *vergleichsweise* im Rahmen eines Verfahrens (z.B. bezüglich der unverzüglichen Rückgabe einer Mansarde usw.). Einer Anpassung des Vertrages im übrigen steht dann auch Art. 272c Abs. 1 nicht entgegen.

48 *Keine Teilerstreckung* liegt dort vor, wo die Parteien einen *Abänderungsvertrag* abschliessen (dazu vgl. N 17 ff. Vorbem. zu Art. 266–266o). Die Abgrenzung zwischen Abänderungsvertrag und vereinbarter «Teilerstreckung» erweist sich im Lichte des Art. 272b u.U. nicht leicht. Von einem solchen Vertrag – statt von einer Erstreckung – ist einsichtigerweise stets dann auszugehen, wenn keine Befristung der Vertragsdauer verabredet wurde; ist hingegen eine Befristung vorgesehen, rechtfertigt es sich mit Blick auf den gesetzlichen Grundsatz (vorn N 21–25) und im Lichte der Rechtssicherheit, jeden Vertrag, der ausserhalb eines Verfahrens abgeschlossen wurde, als Abänderungsvertrag und nicht als «Teilerstreckungsvereinbarung» zu qualifizieren.

# C. Voraussetzungen des Erstreckungsanspruches

49 Der Erstreckungsanspruch des Mieters (vgl. dazu vorn N 21 f.) ist an unterschiedliche Voraussetzungen geknüpft, die man der Übersichtlichkeit halber in *allgemeine* (dazu nachfolgend N 50 ff.), *formelle* (vorn N 20, nachfolgend N 71 ff.) und *materiell-rechtliche* (bzw. individuelle; vorn N 20 und nachfolgend N 74 ff.) Voraussetzungen unterteilen kann.

## I. Allgemeine Voraussetzungen

50 1. Erste allgemeine Voraussetzung des Erstreckungsanspruches des Mieters ist das Vorliegen eines **erstreckbaren Mietverhältnisses.** Welche Mietverhältnisse erstreckbar sind, ist vorn in N 33 ff. dargelegt (mit Weiterverweisungen).

*Liegt kein erstreckbares Mietverhältnis vor, kann eine Erstreckung nicht in Frage kommen;* ein dennoch klageweise erhobenes Erstreckungsbegehren eines Mieters ist abzuweisen (es wird dabei nicht über eine Prozessvoraussetzung entschieden, sondern über eine Anspruchsvoraussetzung [vgl. allgemein N 21 ff.], mithin über eine materiell-rechtliche Frage). 51

2. Zweite grundlegende, d.h. allgemeine Voraussetzung des Erstreckungsanspruches ist die **gültige Beendigung des Mietverhältnisses (Art. 272 Abs. 1)**. Aufgrund der gesetzlichen Anordnung in Art. 272 Abs. 1 und Art. 273 Abse. 2 und 3 stellt allerdings *nicht jede gültige Beendigung des Mietverhältnisses* oder der mietvertraglichen Beziehungen der Parteien Erstreckungsvoraussetzung dar (zu den verschiedenen Auflösungsmöglichkeiten vgl. die Übersicht in N 57 f. Vorbem. zu Art. 271–273c, mit Weiterverweisungen). 52

*Nur zwei Formen* der Vertragsauflösung, welche beide grundsätzlich von einem Mietantritt ausgehen (vgl. dazu ebenfalls N 6 Vorbem. zu Art. 266–266o, ferner [zur Begrifflichkeit] N 9 zu Art. 253) und zudem einen gültig zustande gekommenen Mietvertrag voraussetzen (ZR 81 [1982] Nr. 27), *erfüllen die gesetzlichen Voraussetzungen des Anspruches* (statt vieler: THANEI, S. 8 ff.): 53

- die *gültige Kündigung* (nachfolgend N 54 ff.) sowie
- die Vertragsauflösung durch den *Zeitablauf* (nachfolgend N 65 ff.; dazu zählt ebenfalls der Ablauf der erstmalig gewährten Erstreckungsdauer [vgl. dazu N 228 ff.]).

a) Die Voraussetzung der Vertragsauflösung **durch eine gültige Kündigung** ist in *dreierlei Hinsicht* noch etwas näher zu betrachten. 54

«Kündigung» meint hier *zum ersten* ausschliesslich eine *Vermieterkündigung* (vgl. BGer, in: DdB 6/94 Nr. 21 [Ziff. 2 und Ziff. 5]; ferner siehe z.B. GIGER, S. 50, LACHAT/STOLL, S. 358, SCHMID, N 8 zu aArt. 267a, SVIT-Kommentar I, N 9 zu Art. 272, TERCIER, S. 260, Rz. 2121, THANEI, S. 8 f., WEBER/ZIHLMANN, Basler Kommentar, N 1 zu Art. 272, ZIHLMANN II, S. 225; ähnlich ferner GUHL/KOLLER/DRUEY, S. 412, MENGE, S. 110; a.A. MOSER, S. 55; unklar ENGEL, S. 195, HONSELL, S. 218). Das ergibt sich zwar nicht direkt aus dem Gesetzeswortlaut, wohl aber indirekt aus Art. 272 Abs. 1, der aus Sozialschutzgründen nur dem Mieter (zu Lasten der Vertragsfreiheit des Vermieters) einen *Erstreckungsanspruch* einräumt (vgl. vorn N 21 ff.), um die Härten abzuwenden, die für ihn Folge der Kündigung sind (vgl. auch N 78 ff. Vorbem. zu Art. 271–273c). Das ergibt sich ferner aus dem klaren Wortlaut von Art. 273 Abs. 2 lit. a, welche Bestimmung den Mieter anhält, das Begehren um Erstreckung innert dreissig Tagen *nach dem Empfang der Kündigung* einzureichen; da der Mieter seine eigene Kündigung des Mietverhältnisses nicht empfangen kann, sondern vernünfti- 55 gerweise nur diejenige des Vermieters, ist die Unmöglichkeit einer Erstreckung im Fall einer Mieterkündigung sprachlich im Gesetz wohl hinreichend klar dargelegt (gl. z.B. GIGER, S. 50, der überdies ein Erstreckungsbegehren des Mieters nach eigener Kündigung als Verstoss gegen Treu und Glauben i.S.v. Art. 2 Abs. 2 ZGB betrachtet [wozu etwa auch TERCIER, S. 260, Rz. 2121, neigt bzw. der SVIT-Kommentar I, N 11 zu Art. 272]; vgl. ebenfalls Botsch., S. 1464, die in Zusammenhang mit Art. 273 auf den Zweck des nur vom Vermieter zu verwendenden Kündigungsformulars hinweist und damit implizit zum Ausdruck bringt, dass Mieterkündigungen keinen Erstreckungsanspruch begründen; siehe ferner, zum in diesem Punkt im wesentlichen gleichlautenden alten Recht, die gl.M. von SCHMID, N 8 zu aArt. 267a).

56 *Erstreckungsbegehren eines Mieters nach eigener Kündigung des Mietverhältnisses* sind daher mangels Anspruchsgrundlage abzuweisen, ohne dass allfällige Härten usw. noch näher zu beachten wären (ähnlich z.B. GIGER, S. 50, GUHL/KOLLER/DRUEY, S. 412, TERCIER, a.a.O.). Abzuweisen sind ferner *Erstreckungsbegehren* eines Vermieters, da der Erstreckungsanspruch einzig dem Mieter zusteht (vgl. Art. 272 Abs. 1; vorn N 21 ff.; ähnlich z.B. GIGER, S. 50).

57 *Zum zweiten* erlaubt eine Erstreckung nur jene Vermieterkündigung, die *formell* (vgl. N 114 ff. Vorbem. zu Art. 266–266o, N 16 ff. und N 25 f. zu Art. 266l) *und materiell* (Kündigungsberechtigung, vgl. N 132 ff. Vorbem. zu Art. 266–266o, mit Weiterverweisen; keine Ungültigerklärung i.S. der Art. 271 f., vgl. N 63 Vorbem. zu Art. 271–273c, N 30 sowie N 90 und N 92 ff. zu Art. 271) *gültig ist* und daher wirksam das Mietverhältnis aufzulösen vermag (statt vieler: TERCIER, S. 260, Rz. 2118).

58 Ob das im Einzelfall zutrifft, ist in einem Erstreckungsverfahren grundsätzlich *von Amtes wegen* (u.U. vorfrageweise; vgl. auch ZR 81 [1982] Nr. 27 [Auszugsfrist nach gültiger Vertragsauflösung]) zu überprüfen, und zwar bezüglich *der Formnichtigkeit einschränkungslos* (vgl. dazu ebenfalls die Ausführungen in N 6 ff. zu Art. 266o), *bezüglich der anderen Ungültigkeitsgründe bzw. Nichtigkeitsgründe i.w.S. im Rahmen der Untersuchungsmaxime des Art. 274d Abs. 3* (vgl. dazu N 134 Vorbem. zu Art. 266–266o, N 94 zu Art. 271; zum Umfang der Untersuchungsmaxime siehe N 248 sowie die Ausführungen zu Art. 274d; ähnlich etwa LGVE 1991 I Nr. 14; ferner gl.M. offenbar z.B. GIGER, S. 58–61, ZIHLMANN II, S. 225; mangels Differenzierung unklar, ob a.A., z.B. bei MENGE, S. 109, THANEI, S. 8 f.).

59 Erweist sich *im Rahmen eines Erstreckungsverfahrens* (das nicht zugleich eine Anfechtung der Kündigung i.S.v. Art. 271 f. zum Gegenstand hat oder eine Klage auf Feststellung der Nichtigkeit [gestützt auf Art. 266o] bzw. Unwirksamkeit einer Kündigung [mangels Kündigungsberechtigung; vgl. N 132 ff. Vorbem. zu Art. 266–266o]; verwirrlich BGE 122 III 92 ff.)

*die Kündigung des Mietverhältnisses, welches erstreckt werden soll, als nichtig, unwirksam* (nichtig i.w.S.; vgl. N 134 Vorbem. zu Art. 266–266o) *oder ungültig* (vgl. N 92 ff. zu Art. 271), so liegt wiederum kein Erstreckungsanspruch des Mieters vor; sein allfälliges Erstreckungsbegehren ist deshalb abzuweisen (gl.M. [noch zum alten Recht] unveröff. Urteile des Mietgerichtes Zürich vom 1. Dezember 1988, i.S. 1. S. ca. 1. D., vom 18. Oktober 1990, i.S. R. ca. S.; a.A. [noch zum alten Recht] unveröff. Beschluss des OGer Zürich vom 8. Mai 1991, i.S. S. ca. R., welcher auf ein Nichteintreten mangels rechtlichen Interesses an einer Erstreckung erkannte; gl. wie das OGer Zürich MENGE, S. 109, der ebenfalls das Nichteintreten als die richtige Form der Erledigung erachtet).

*In gerichtlichen Verfahren* sind die Verfahrenskosten – wird nun auf die Klage nicht eingetreten oder die Klage abgewiesen – jedoch grundsätzlich dem Vermieter als Verursacher einer nichtigen bzw. ungültigen Kündigung aufzuerlegen, wenn der Mieter gestützt auf Art. 274f Abs. 1 das Gericht als unterlegene Partei hat anrufen müssen. Denn es war der Vermieter, der mit seiner Kündigung das Verfahren letztlich verursacht hat; der Mieter seinerseits hat überdies im Resultat des Verfahrens – er darf im Mietobjekt verbleiben – letztlich obsiegt (vgl. [noch zum alten Recht] WEGMANN, a.a.O., S. 187, ferner z.B. unveröff. Urteile des Mietgerichtes Zürich vom 1. Dezember 1988, i.S. 1. S. ca. 1. D., vom 18. Oktober 1990, i.S. R. ca. S., unveröff. Beschluss des OGer Zürich vom 8. Mai 1991, i.S. S. ca. R.). Gleichermassen ist der Vermieter dem Mieter gegenüber für die Aufwendungen im Verfahren entschädigungspflichtig. Dieses Problem stellt sich dann nicht, wenn es der Vermieter war, der gestützt auf Art. 274f Abs. 1 den Richter angerufen hat (er unterliegt diesfalls). 60

*Zum dritten* führt nicht jede gültige Vermieterkündigung zwingend zu einem Erstreckungsanspruch des Mieters. *Art. 272a* schliesst vielmehr *in seinem Abs. 1* bei vier Kündigungstypen, geordnet nach dem Kündigungsgrund bzw. nach der sog. Kündigungsbefugnis (und nicht nach der Kündigungsart; gl. z.B. TERCIER, S. 261), eine Erstreckung von vornherein aus (TERCIER, S. 260, Rz. 2121), und *lässt* damit zugleich gar *keinen Erstreckungsanspruch entstehen*. Genaueres zu diesen erstreckungsausschliessenden Kündigungen vgl. in N 6 ff., N 16 ff., N 20 ff., N 25 ff., N 60 ff. zu Art. 272a. 61

Ein Erstreckungsanspruch besteht überdies im Regelfall dann nicht, wenn ein von *Art. 272a Abs. 2* erfasster Sachverhalt gegeben ist. Zu den Einzelheiten dieses Falles vgl. die Ausführungen in N 13 f., N 66 ff. zu Art. 272a. 62

*Liegt hingegen kein von Art. 272a erfasster Sachverhalt vor,* so spielt es *keine Rolle, auf welche Kündigungsberechtigung sich die gültige Vermieterkündigung abstützt.* Es kann sich die Kündigungsbefugnis m.a.W. auf vertragliches (vgl. N 57 f. Vorbem. zu Art. 266–266o) oder autonomes Recht (vgl. N 65 ff. Vorbem. zu Art. 266–266o) abstützen (so auch GIGER, S. 52); sie kann sich in der ordentlichen gesetzlichen Kündigungsbefugnis erschöpfen (vgl. Art. 266c, Art. 266d, Art. 266e [möblierte Zimmer]) oder endlich in einer (gesetzlichen) ausserordentlichen Kündigungsbefugnis bestehen 63

(Art. 261, Art. 266g; Irrtumsanfechtung nach Mietantritt [vgl. N 8 Vorbem. zu Art. 266–266o]). *Denn Art. 272 Abs. 1 differenziert hierin nicht* (ähnlich z.B. THANEI, S. 9, GUHL/KOLLER/DRUEY, S. 412, ZIHLMANN II, S. 225; gl.M. schon zum alten Recht SCHMID, N 9 zu aArt. 267a).

64 Wo die *Kündigung* auf einer ausnahmsweisen ordentlichen (vgl. N 69; vereinbarte Höchstdauer) oder ausserordentlichen Kündigungsbefugnis gründet (z.B. aus wichtigem Grund gemäss Art. 266g), ist ebenso die gültige Auflösung *eines befristeten Vertragsverhältnisses* erstreckungsanspruchsbegründend; ausgenommen sind hier wiederum die Kündigungen aufgrund der in Art. 272a Abs. 1 angeführten Gründe (vgl. vorn N 61).

65 **b)** Die ebenfalls einen Anspruch des Mieters auf Erstreckung begründende Vertragsauflösung **durch Zeitablauf** erfasst ausschliesslich *die ordentliche Vertragsbeendigung eines befristeten Mietverhältnisses* (vgl. zum befristeten Mietverhältnis N 26 ff., N 40 und N 43 ff. zu Art. 255), nie hingegen eine allfällige ausserordentliche Beendigungen durch Kündigung des Vermieters oder Mieters, durch Vertragsaufhebung usw. (gl. GIGER, S. 52, ZIHLMANN II, S. 224, und wohl auch MENGE, S. 111 f.).

66 Die Regelung lehnt sich an den altrechtlichen Art. 267b an. Sie hat jedoch das altrechtlich geforderte vorgängige, vom Vermieter abgelehnte Ersuchen des Mieters um Erstreckung nicht übernommen (gl. ZIHLMANN II, S. 224). Ebenso weicht die Norm vom alten Recht insoweit erheblich ab, als sie *alle befristeten Mietverhältnisse erfasst*, worunter nach h.L. und BGE 121 III 260 ebenfalls resolutiv bedingte Mietverhältnisse fallen (a.A. siehe in N 44 zu Art. 255; a.A. ferner WEBER/ZIHLMANN, Basler Kommentar, N 4 zu Art. 255; unklar, ob ebenfalls a.A., bei MENGE, S. 111 f.). Die resolutiv bedingten Mietverhältnisse waren unter dem alten Recht, das in der analogen Regelung nur Verträge mit «bestimmter» Vertragsdauer erfasste, von der Erstreckung noch ausgeschlossen (vgl. SCHMID, N 1 f. zu aArt. 267b, mit Verweisen; MOSER [S. 65 ff.] sprach sich unter dem alten Recht deshalb für eine analoge Anwendung des Art. 267a bei der Beendigung von resolutiv bedingten Mietverhältnissen durch den Eintritt der Bedingung aus [ausgeblendet ist diese bereits unter dem alten Recht geführte Diskussion in BGE 121 II 260]).

67 Das Entstehen eines Erstreckungsanspruches infolge ordentlicher Beendigung des befristeten Mietverhältnisses (wozu nach h.L. und BGE 121 III 260 ebenfalls der Eintritt der resolutiven Bedingung zählt, was mit Blick auf Art. 272a Abs. 1 und Art. 273 Abs. 2 kaum stichhaltig zutreffen kann) wird deshalb als gerechtfertigt betrachtet, weil der Mieter grundsätzlich zwar weiss, wann das Mietverhältnis enden wird, sich aber Änderungen im Umfeld oder in seiner Person ergeben können, die im Zeitpunkt der Vereinbarung der Befri-

stung noch nicht abzusehen waren und eine – insoweit nicht absehbare – Härte der Vertragsauflösung zu begründen vermögen (vgl. etwa MENGE, S. 112).

Die Deutung resolutiv bedingter Mietverhältnisse als befristeter Mietverhältnisse, die ordentlich durch den Eintritt der Bedingung aufgelöst werden (so BGE 121 III 260 und die h.L.), vermag – im Vergleich mit der Auflösung des unbefristeten Mietverhältnisses durch Kündigung – auch unter diesem Aspekt wohl nicht ganz zu befriedigen. Namentlich unbefriedigend erscheinen muss diese Lösung da, wo es der Mieter in der Hand hat, die Bedingung eintreten zu lassen. 68

Ein Erstreckungsanspruch entsteht hingegen – um das vorhin Angeführte (vorn N 65) punktuell noch zu verdeutlichen – da nicht, wo trotz Ablaufes der vereinbarten Frist das Mietverhältnis *nicht beendigt* worden ist, sei es, weil dieses bereits zuvor gekündigt worden war (bei vereinbarter Höchstdauer), sei es, weil ein Verlängerungsrecht gültig ausgeübt worden ist (Option; vgl. N 57, N 60 ff. und N 70 ff. zu Art. 255). 69

Ein Erstreckungsanspruch entsteht überdies nie da, wo die Vertragsauflösung auf einem *Aufhebungsvertrag* beruht (vgl. dazu N 12 ff. Vorbem. zu Art. 266–266o). 70

## II. Das Erstreckungsgesuch des Mieters als formelle Voraussetzung (Art. 273 Abse. 2 und 3)

Das Erstreckungsgesuch des Mieters i.S.v. Art. 273 bildete eine formelle Voraussetzung des Erstreckungsanspruches (i.S. eines Klagerechts). *Wo ein entsprechendes Gesuch fehlt* (oder nicht innert Frist gestellt wurde), *bleibt grundsätzlich* (vgl. aber Art. 274e Abs. 3) *kein Raum für eine behördlich oder gerichtlich zu gewährende Erstreckung* (vgl. vorn N 20, N 22, N 25; vgl. ebenfalls nachstehend N 72). 71

Die Verknüpfung von materiellem Recht i.S.v. Art. 272 f. und Klagerecht i.S.v. Art. 273 (vgl. auch TERCIER, S. 258, Rz. 2103) führt dazu, dass infolge *unterlassenen Erstreckungsgesuches innert Frist gemäss Art. 273 Abse. 2 und 3* das Klagerecht *und* der Erstreckungsanspruch untergegangen sind. Die *verspätete Erstreckungsklage* ist daher stets abzuweisen (bundesrechtliche Verwirkungsfrist [allgemein dazu GAUCH/SCHLUEP, Bd. 2, S. 278 f.]; vgl. etwa LACHAT/STOLL, S. 354, TERCIER, S. 262, Rz. 2141, RONCORONI I, a.a.O., S. 162, SCHMID, N 11 zu aArt. 267a [Verwirkungsfrist]; siehe ferner ZMP 2/93 Nr. 26 und [e contrario] BGE 121 III 156 = DdB 7/95 Nr. 26 [alles Entscheide zu Art. 273 Abs. 1]). 72

Beim Anspruch des Mieters auf Erstreckung (vgl. vorn N 21) handelt es sich *grundsätzlich um einen persönlichen* Anspruch, den nur der Mieter geltend machen kann (vgl. aber auch Art. 273a Abs. 1 für die Familienwohnung). Sind *mehrere Mieter* an einem Mietverhältnis beteiligt, so sind sie grundsätzlich gemeinsame Träger dieses Anspruches (diesen Anspruch kann immerhin [einstweilen zur Fristwahrung] als Vertreter aller auch nur einer von ihnen, aber mit Wirkung für alle geltend machen). Die mehreren Mieter bilden daher in einem allfälligen Verfahren eine notwendige Streitgenossenschaft (vgl. WEBER, S. 191 f.). Der 73

Anspruch auf Erstreckung ist sodann ebenso grundsätzlich nur dem Vermieter gegenüber geltend zu machen (statt vieler: MENGE, S. 106 f., TERCIER, S. 259 f.). Dort, wo *mehrere Vermieter* an einem Vertragsverhältnis beteiligt sind, bilden diese im Rahmen eines Verfahrens wiederum eine notwendige Streitgenossenschaft. Dass der Erstreckungsanspruch nur dem Vermieter gegenüber geltend gemacht werden kann, ergibt sich nicht bloss aus Art. 272 Abs. 1 (namentlich aus dem Hinweis über die zu berücksichtigenden Interessen), sondern bezüglich des dem Anspruch entsprechenden Klagerechts ebenfalls aus Art. 273 und Art. 273a. Weitere Einzelheiten zur Aktiv- bzw. Passivlegitimation sind den Ausführungen zu Art. 273 und 273a zu entnehmen; vgl. ferner nachstehend N 82 ff.

## III. Materielle bzw. individuelle Voraussetzungen

74 Das Gesetz knüpft den Bestand eines Erstreckungsanspruches in materieller Hinsicht an *drei Voraussetzungen*, die in Art. 272 Abs. 1 *und* Art. 272a aufgezählt sind. Diese Voraussetzungen lassen sich zum einen in sog. *«positive»*, also anspruchsbegründende, und in sog. *«negative»*, also anspruchsausschliessende bzw. -vernichtende, Voraussetzungen *unterteilen*. Zum andern können sie unterschieden werden als *generelle*, d.h. in jedem Fall Geltung erheischende, Voraussetzungen und als *individuelle* Voraussetzungen, die nur unter den Aspekten des konkreten Einzelfalls zur Geltung gelangen und mit der Person bzw. dem Verhalten entweder des Mieters oder des Vermieters verknüpft sind.

75 *Erste, und zwar positive* (TERCIER, S. 261) sowie *individuelle Voraussetzung* im geschilderten Sinn ist die «Härte» gemäss Art. 272 Abs. 1 (nachfolgend N 82 ff.; ähnlich etwa THANEI, S. 18 f.). *Zweite, generelle* und *negative Voraussetzung* bildet das Vorliegen eines Erstreckungsausschlussgrundes i.S.v. Art. 272a Abs. 1 (gl. TERCIER, S. 260 f.; vgl. dazu nachstehend N 77 ff.). *Dritte, wiederum individuelle, aber negative Voraussetzung* stellt endlich das Vorliegen eines die Erstreckung nicht rechtfertigenden Vermieterinteresses dar (Art. 272 Abs. 1 und Art. 272a Abs. 2; dazu nachstehend N 107 ff.; TERCIER, S. 262, bezeichnet diese dritte Voraussetzung demgegenüber als «positive»).

76 Ist die positive *Voraussetzung der «Härte» erfüllt* und *fehlt es zugleich* an den *zwei* weiteren *negativen Voraussetzungen, so besteht ein Erstrekkungsanspruch* in materieller Hinsicht. Dessen *Ausgestaltung*, namentlich unter zeitlichem Aspekt, hängt von der Intensität der Härte und von den Vermieterinteressen im Einzelfall ab, die nicht derart gewichtig erscheinen, dass eine Erstreckung ausser Betracht fallen müsste (vgl. ZIHLMANN, Basler Kommentar, N 2 zu Art. 272; siehe ferner nachfolgend N 133). Ob – und in

welchem Umfang – Erstreckung zu gewähren ist, erfordert m.a.W. in der Regel (siehe aber N 90 und N 112) einen Ermessensentscheid i.S.v. Art. 4 ZGB, der die Interessenlagen beider Parteien berücksichtigt (dazu nachstehend N 120 ff.).

### 1. Kein Ausschlussgrund im Sinn von Art. 272a

a) In **Art. 272a Abs. 1** listet das Gesetz abschliessend **Gründe** auf, die eine Erstreckung grundsätzlich ausschliessen (statt vieler: RONCORONI I, S. 153 f., THANEI, S. 10). *Liegt einer dieser Gründe im konkreten Einzelfall vor*, besteht folglich *kein Anspruch* des Mieters *auf Erstreckung*, und es haben weder die Schlichtungsbehörde noch der Richter sich mit diesem fehlenden Anspruch mit Blick auf Art. 272 zu befassen (BGE 117 II 415, JdT 1992 I 596, ferner [wenn auch mit m.E. dogmatisch nicht ganz befriedigender Begründung] BGer, in: mp 1/92 S. 44 ff. [E. 5a – d]). Man kann diese Ausschlussgründe daher als sog. *absolute Ausschlussgründe* definieren (vgl. N 9 ff. zu Art. 272a). 77

Zu den in Art. 272a Abs. 1 umschriebenen Gründen im einzelnen sowie zum Verhältnis von Art. 272a zu Art. 272 Abs. 1 siehe die Ausführungen zu Art. 272a sowie nachstehend N 113 f. und N 180 ff. 78

b) In **Art. 272a Abs. 2** bezeichnet das Gesetz einen Ausschlussgrund, der bloss «in der Regel» zum Ausschluss der Erstreckung führt. *Anders als im Fall der stets Geltung erheischenden absoluten Ausschlussgründe* gemäss Art. 272a Abs. 1 (vorn N 77) verlangt das Gesetz hier mit der Formulierung «in der Regel» eine besondere Prüfung der Umstände des individuellen Falles. Ergibt diese Prüfung, dass der konkrete Einzelfall nicht dem Regelhaften entspricht, das der Norm zugrunde liegt, darf von einem Ausschluss der Erstreckung abgesehen werden (vgl. ZMP 1/95 Nr. 8; ähnlich z.B. TERCIER, S. 261, Rz. 2131, THANEI, S. 16 f.). 79

Art. 272a Abs. 2 erscheint daher im Vergleich zu den Gründen des Art. 272a Abs. 1 als gewissermassen bloss «relativer» Ausschlussgrund. 80

Einzelheiten zu Art. 272a Abs. 2 finden sich in den Ausführungen zu Art. 272a, dort in N 13 f. und N 66 ff. 81

## 2. «Härte» für den Mieter oder seine Familie (Art. 272 Abs. 1)

### *a) «Härte» als individuelle positive Voraussetzung des Erstreckungsanspruches*

82 Als positive, individuelle Voraussetzung (vorn N 82) verlangt das Gesetz, dass der Mieter durch die Vertragsbeendigung (dazu vorn N 52 f.) hart betroffen ist (vgl. auch N 19, mit Verweisen). *Was darunter konkret zu verstehen ist, hat der Gesetzgeber der Bestimmung durch die Praxis überlassen* (vgl. HASENBÖHLER, a.a.O., S. 10, MOSER, S. 96 f. [unter Hinweis auf ZR 70, 1971, Nr. 124]). Er hat das nicht zuletzt wohl deshalb getan, weil sich die gesellschaftlichen Auffassungen darüber – mit Blick vor allem auf die ökonomischen Gegebenheiten – relativ schnell wandeln können. In Art. 272 Abs. 2 hat er der Praxis immerhin (und darin abweichend vom alten Recht) einige Anhaltspunkte geliefert, die der Schlichtungsbehörde bzw. dem Richter bei der Annahme einer «Härte» im konkreten Einzelfall dienen sollen (gl.M. GIGER, S. 80; dazu nachstehend im einzelnen N 137 ff.).

#### aa) Begriff der Härte

83 Der Begriff der *Härte* bezeichnet im Lichte der angesprochenen Praxis im wesentlichen *alle Umstände* des konkreten Einzelfalles (objektiver und subjektiver Natur), *die sich für den Mieter insoweit nachteilig auswirken, als sie ihn bei der erfolgreichen Suche nach einem Ersatzobjekt bzw. einer Ersatzlösung* (so auch GIGER, S. 80, Fn. 46, THANEI, S. 19 f.; dazu nachstehend N 100 ff.) *innert der ihm noch bis zur vertraglich vorgesehenen oder durch die Kündigung herbeigeführten Vertragsauflösung zur Verfügung stehenden Zeit behindern oder ihm die Suche erschweren oder die erfolgreiche Suche mit einer gewissen Sicherheit gar zu verhindern vermögen* (vgl. BGE 102 II 255 f., 105 II 197 f., 116 II 448; vgl. ferner etwa ZMP 1/92 Nr. 8, 2/94 Nr. 14 und Nr. 15; ähnlich, statt vieler: GIGER, S. 79, ZIHLMANN, Basler Kommentar, N 1 zu Art. 272).

#### bb) Intensität der Härte

84 Von einer *besonderen Intensität müssen diese Umstände* im Lichte des von der Norm verfolgten Schutzzweckes hingegen *nicht sein* (gl.M., statt vieler: THANEI, S. 19 f.), *damit die positive Voraussetzung des Erstrekkungsanspruches* (vorn N 75 f.) *erfüllt ist.* Es genügt an sich ein – objektiv

nachvollziehbares – «Betroffensein» des Mieters, das das übliche Mass der Unannehmlichkeiten übersteigt, welche ein Lokalwechsel (vgl. N 87), namentlich infolge Kündigung, stets mit sich bringt (ähnlich BGE 105 II 198; vgl. ferner WEGMANN, a.a.O., S. 183, JEANPRÊTRE, Kündigungsbeschränkungen, a.a.O., S. 26; a.A. in dem Sinn, dass minimal eine «erhebliche» Härte als Anspruchsvoraussetzung gefordert wird, z.B. ZIHLMANN II, S. 230 [unter Hinweis auf HASENBÖHLER, a.a.O., S. 10]).

*Nicht jedes «Betroffensein» (nicht jede «Härte» m.a.W.) führt allerdings zwangsläufig zu einer Erstreckung des Mietverhältnisses.* Die Erstreckung muss das «Betroffensein» (die «Härte») zum einen mildern können (vgl. vorn N 19, nachstehend N 86). Zum anderen können dem «Betroffensein» (der «Härte») erhebliche Vermieterinteressen entgegenstehen, die die dritte (negative) Voraussetzung des Erstreckunsganspruches bilden (vorn N 75). 85

cc) Fehlende Härte

Da der Zweck der Erstreckung des Mietverhältnisses darin liegt, dem Mieter mehr Zeit für die Suche nach einem Ersatzobjekt bzw. einer Ersatzlösung (dazu nachstehend N 100 ff.) einzuräumen (vgl. BGE 102 II 255 f., 105 II 197 f.; vorn N 83), *fallen als Härtegründe* im Regelfall *all jene Umstände* des konkreten Einzelfalles *ausser Betracht, deren Auswirkungen die Suche nach einem Ersatzobjekt zwar behindern, aber durch den Zeitablauf nicht gemildert werden können* (z.B. Pensionierung in zehn Jahren; geplanter Umzug ins noch zu erstellende Eigenheim in sieben Jahren [vgl. unveröff. BGE 4C.377/1994 vom 7. Dezember 1994, der es als Härte betrachtet, wenn binnen bloss eines Jahres zweimal ein Umzug anstehen würde, nicht aber binnen 19 Monaten]; Verlustschein aus Privatkonkurs [ZMP 3/92 Nr. 32]). Das erfordert in jedem Einzelfall das Anstellen einer *Prognose* darüber, ob der Auszug des Mieters zu einem späteren Zeitpunkt für diesen weniger nachteilige Folgen mit sich bringen wird als im an sich vorgesehenen Zeitpunkt (vgl. BGE 105 II 198, 116 II 448; ähnlich GIGER, S. 80, ZIHLMANN II, S. 230). 86

Grundsätzlich *keine Härte* im Sinn des Gesetzes zu begründen vermögen des weitern *die üblichen Folgen und Begleiterscheinungen eines Lokalwechsels* (Instandstellung, Reinigung, Umzugskosten, Adressänderungsanzeigen, Einrichtungsanschaffungen usw.). Denn diese werden zum einen durch die Erstreckung ja bloss aufgeschoben und nicht aufgehoben (vgl. BGE 105 II 197 f., 102 II 255, BJM 1975, S. 76 f., BJM 1987, S. 91, Cahiers 1992, S. 61; statt vieler ferner: SCHMID, N 17 zu aArt. 267a, THANEI, S. 19). Zum andern nimmt sie der Mieter im Falle seiner Kündigung ohne weiteres auf sich – die mit der Vermieterkündigung verbundene Unfreiwilligkeit allein kann daher noch keine Härte begründen (wohl aber zusammen mit anderen Umständen; ähnlich TERCIER, S. 262, Rz. 2135, mit Verweisen). 87

88 *Keine Härte* zu begründen vermag schliesslich der blosse Wunsch des Mieters, länger oder gar für «immer» im (u.U. noch besonders günstigen; BGE 116 II 448, E. 3b) Mietobjekt zu verbleiben (vgl. ENGEL, S. 195: «le but de la prolongation n'est pas d'assurer au locataire le maintien indéfini d'une situation acquise»), weil ihm das gewissermassen kommoder (bzw. wirtschaftlich vorteilhaft) erscheint oder weil er mit dem Verbleib im Mietobjekt (besonders) angenehme Erinnerungen verbindet (z.B. an den verstorbenen lieben Gatten, Sohn usw.). Denn der Miete als Dauerschuldverhältnis (Überlassung einer Sache gegen Entgelt auf *Zeit;* N 1 Vorbem. zu Art. 253–274g) ist wesensgemäss das Ende ebenso eigen wie der Anfang.

### dd) Verbot der Annahme eines allgemeinen Härtegrundes

89 Die gesetzgeberisch *gewollte Konkretisierung* des Begriffes der «Härte» durch die Praxis im Lichte der Umstände des konkreten Einzelfalles (vorn N 82) schliesst es aus, «Härte» allgemein (noch näher) zu definieren (gl.M. GIGER, S. 81); namentlich verbietet die gesetzliche Konzeption *eine Definition von* sog. *«allgemeinen» Härtegründen* (vgl. ZMP 2/94 Nr. 14). Das darf allerdings ebenfalls nicht darüber hinwegtäuschen, dass der Erstreckungsanspruch eine «Härte», also ein Mindestmass an individueller «Betroffenheit» beim Mieter im Lichte der konkreten Umstände zwingend voraussetzt (vorn N 84; GIGER, S. 78 f.).

90 *Ein Anspruch auf Erstreckung kann folglich dort nicht entstehen, wo es an einer Härte* – mithin an der (Mindest)Betroffenheit des Mieters, die über die Unannehmlichkeiten hinausgeht, die stets mit einer Kündigung verbunden sind (vorn N 86 ff.) – im Lichte aller Umstände des Einzelfalles *schlicht fehlt* (so auch BGE 105 II 200 und davon [richtig betrachtet] wohl auch nicht abweichend BGer, in: mp 1/92 S. 46 [die Frage nach einer Härte wurde gar nicht erst gestellt]; vgl. ferner HASENBÖHLER, a.a.O., S. 1 f. [allerdings m.E. fälschlicherweise weitergehend, eine «erhebliche» Härte verlangend]). In solchen (klaren) Fällen bedarf es folgerichtig mangels erfüllter Anspruchsvoraussetzung (vorn N 76) keiner Abwägung der Interessen des Mieters und derjenigen des Vermieters (gl. hierin BGE 105 II 200 und e contrario [mit vertauschten Rollen] BGE 116 II 450; ferner SVIT-Kommentar I, N 17 zu Art. 272, EGLI, S. 44; a.A. MOSER, S. 96, MENGE, S. 113 ff., GIGER, S. 79, Fn. 36, ZIHLMANN II, S. 229 [der die Interessenabwägung in jedem Fall als Pflicht der Entscheidungsinstanz erachtet], TERCIER, S. 261, Rz. 2133).

91 Der Teil der Literatur, der abweichend vom hier Dargelegten in jedem Fall eine Interessenabwägung – als gewissermassen gesetzlich vorgegeben (so z.B. ZIHLMANN II, a.a.O., aber auch ENGEL, S. 195, und wohl ebenso TERCIER, a.a.O.) – fordert, übersieht m.E. nicht, dass die «Härte» eine positive individuelle Anspruchsvoraussetzung bildet (so aber SVIT-Kommentar I, N 17 zu Art. 272), sondern vielmehr, dass es dort, wo es an Gründen, die eine Härte begründen können, schlicht fehlt, eine Interessenabwägung gar nicht möglich ist: Es können ohne Härte gar keine Interessen des Mieters überhaupt irgendwelchen Vermieterinteressen abwägend gegenübergestellt werden, wie es das Gesetz in Art. 272 Abs. 1 (für den Regelfall) verlangt (vgl. ebenso BGE 116 II 446 ff., dem genau der umgekehrte Fall zugrunde liegt).

92 Damit ist zugleich dargelegt, dass die Anspruchsvoraussetzung der «Härte» i.S. des Art. 272 Abs. 1 u.U. auch ohne eine nähere Prüfung allfälliger Vermieterinteressen festgestellt werden kann (a.A. z.B. MOSER, S. 96 f., unter Hinweis auf ZR 70 [1971] Nr. 124; vgl. auch nachstehend N 124, N 126 ff.).

*b) Der Mieter und seine Familie*

Eine Härte, die den persönlichen Anspruch des Mieters auf Erstreckung begründet (vgl. N 20), kann ausnahmsweise nicht nur in Umständen liegen, die dem Mieter direkt annzurechen sind (bei mehreren Mietern genügen übrigens Härtegründe in der Person eines dieser Mieter; ähnlich WEBER, S. 192). Auch Umstände, die bloss der *Familie des Mieters* zugerechnet werden können (z.B. Krankheit des Ehegatten, Schulpflicht der Kinder) *oder dem Mieter und der Familie zugleich*, fallen von Gesetzes wegen als härtebegründend ins Gewicht (vgl. Art. 272 Abs. 1), und zwar als *gesetzlich abschliessend aufgezählte «Drittinteressen»* (vgl. dazu auch N 98 f., N 151 ff.), die den Mieter immerhin mehr oder weniger unmittelbar in seiner Person treffen. 93

aa) Die Familie

Der Begriff der *Familie* im Sinn der Norm entspricht demjenigen, der dem Art. 271a Abs. 1 lit. f. zugrunde liegt (vgl. N 130–133 zu Art. 271a). Er meint *die Familiengemeinschaft i.S.v. Art. 331 ZGB, die im gemeinsamen Haushalt wohnt* (BGE 105 II 199; statt vieler: GIGER, S. 73, MOSER, S. 72; weitergehend z.B. MENGE, S. 116 [der auch noch den Pfründner dazu zählt], LACHAT/STOLL, S. 361 [die auch Konkubinatspartner als Teil der Familie zählen], LACHAT/MICHELI, S. 340 f. [die entgegen dem klaren Wortlaut in einem weiten Sinn – unter Hinweis auf EGGER, a.a.O., S. 78 – auch die Angehörigen irgendeiner mietenden Gemeinschaft dazu zählen]; zu eng EGLI, S. 43 [der unter Familie nur die Gemeinschaft von Eltern und Kindern subsumiert]). 94

Nach h.L. und Praxis *nicht vom Begriff der Familie erfasst sind* Konkubinatspartner, Wohngemeinschaften (BGE 105 II 199, BJM 1984, S. 257) sowie Arbeitnehmer, die nicht i.S.v. Art. 331 Abs. 2 ZGB im Haushalt des Arbeitgebers/Mieters wohnen (ausser deren Existenz hänge wesentlich vom Geschäftsbetrieb des Mieters ab; vgl. THANEI, S. 33). Genaueres zum Begriff der Familie in N 130–133 und N 136 f. zu Art. 271a. 95

Die Beschränkung des Begriffs der Familie auf den Sinngehalt, wie ihn Art. 331 ZGB zum Ausdruck bringt, entspricht wohl auch der Auffassung des Gesetzgebers; denn dieser hätte es in der Hand gehabt, den geänderten gesellschaftlichen Anschauungen, die z.B. LACHAT/STOLL (a.a.O.) oder GIGER (S. 73 f.) anrufen, durch eine andere Formulierung des Gesetzestextes Rechnung zu tragen. 96

Dem Schutz der Familie ohne Trauschein, dessen Fehlen namentlich GIGER (a.a.O.) beklagt, kann im übrigen auch im Lichte der Auslegung der Norm durch die h.L. ausreichend Rechnung getragen werden: Die Gefahr des «Auseinanderreissens der Gemeinschaft» ist durchaus als Härte für den Mieter oder dessen Kind zu berücksichtigen, sofern der Konkubinatspartner nicht Mitmieter ist; dort, wo eine gemeinsame Miete vorliegt, fallen die Interessen 97 der mietenden (Konkubinats-)Partner ohnedies als gewöhnliche Mieterinteressen mit ins Gewicht (vgl. vorn N 77).

### bb) Unmassgebende Drittinteresssen

98 Nicht als härtebegründende Umstände fallen demgegenüber Interessen allfälliger *Dritter* ins Gewicht, *die weder Familienangehörige i.S.v. Art. 331 ZGB noch (Mit-)Mieter sind* (z.B. die Interessen eines Möbelverkäufers, Darlehensgebers usw.; vgl. ZIHLMANN II, S. 233). Denn Drittinteressen stehen grundsätzlich ausserhalb einer (Miet-)Vertragsbeziehung, die von den Interessen der Parteien geprägt ist (vgl. etwa BGE 117 II 71 f. [Vermietung trotz der Möglichkeit der Erstreckung: Die Interessen des neuen Mieters am Bezug des Wohnraumes werden nicht zu den Interessen des unklug handelnden Vermieters, der mit einer Erstreckung nicht rechnete]) und können daher dem Vertragspartner nicht entgegengehalten werden (vgl. dazu auch die – analog ebenfalls hier geltenden – Überlegungen zum «dringenden Eigenbedarf» i.S.v. Art. 271a Abs. 3 lit. a und Art. 272 Abs. 2 lit. d in N 191 und N 203 zu Art. 271a). *Namentlich nicht* entgegengehalten werden können dem Vermieter *die Interessen des Untermieters*, gegen den der Vermieter keine begründeten Einwendungen i.S.v. Art. 262 erheben kann, da die Untermiete keinen Parteiwechsel begründet und nicht in einen Kontraktionszwang münden darf (gl. ZIHLMANN II, a.a.O.; es kann nicht Zweck des Untermietrechts sein, auf den Vermieter auch noch allfällige wirtschaftliche Risiken des Untervermieters aus dem Untermietvertrag zu überwälzen).

99 *«Drittinteressen»* kommen immerhin ausnahmsweise dort als härtebegründende Umstände über den durch Art. 272 Abs. 1 und Art 331 ZGB gesteckten familiären Rahmen hinaus zum Zuge, wo sie die Interessen des Mieters mit Blick auf die bisherigen Vertragsbeziehungen zwischen den Parteien derart beeinflussen, dass sie *gewissermassen zu Interessen des Mieters selbst werden* (z.B. bei der Miete eines Lokals durch eine Gemeinde für die Deckung von Bedürfnissen der Bevölkerung im Quartier, in dem sich das Lokal befindet [vgl. auch BGE 113 II 414]; z.B. Desinteresse von qualifizierten Arbeitnehmern, an einem weiter weg gelegenen Ort für den Mieter tätig zu sein, und ein entsprechendes Interesse des Mieters, diese Arbeitnehmer infolge Umzuges an einen weiter entfernten Ort nicht zu verlieren [vgl. THANEI, S. 29]).

## *c) Die «Härte» und die Ersatzlösung des Mieters*

### aa) Ersatzlösung im allgemeinen

100 Eine allfällige «Härte» der Vertragsbeendigung für den Mieter ist stets mit Blick darauf zu prüfen, ob die härtebegründenden Umstände durch den Zeitablauf beseitigt oder in den Auswirkungen gemildert werden können (vgl. vorn N 86 f.). Zur Annahme einer «Härte» im konkreten Einzelfall (als

Prognose; vorn N 86) gehört daher stets ebenso die *Kenntnis der Ersatzlösung des Mieters.* Diese besteht im Regelfall im Erlangen eines *angemessenen, d.h. gleichwertigen* (vgl. N 102) *und insoweit zumutbaren Ersatzobjekts,* nicht aber eines absolut «gleichwertigen» (welches ist das schon [vgl. BGE 116 II 449, ZR 82, 1983, Nr. 27, E. 3c; ZMP 2/94 Nr. 14 E. 2b, ZMP 2/94 Nr. 15 E. 5b]). Die Ersatzlösung des Mieters *kann aber auch anderes zum Inhalt haben,* wie z.B. die Geschäftsaufgabe oder den Umzug in ein völlig anders geartetes Wohnumfeld (Eigenheim, Altersheim, Pflegeheim; gl. z.B. THANEI, S. 19 f.). Denn *verhindert* werden *soll in jedem Fall* mit dem Erstreckungsrecht, welches Anspruch auf eine angemessene Ersatzlösung einräumt, dass der *Mieter* – gleichsam *unverschuldet – obdachlos wird* (vgl. GUHL/KOLLER/DRUEY, S. 413); dadurch ist mitbeschrieben, worin die durch die Erstreckung abzuwendende «Härte» letztlich besteht.

Die *Behauptungslast* (und die Beweislast; nachstehend N 249, N 251) für die Härte und die von ihm konkret gewählte Ersatzlösung liegt *beim Mieter.* Behauptet der Mieter nichts, so kann die zuständige Entscheidinstanz ohne weiteres – im Einklang mit Art. 274d Abs. 3 – davon ausgehen, der Mieter verhalte sich dem Regelfall entsprechend und suche ein angemessenes Ersatzobjekt. Es ist nicht Sache der Schlichtungsbehörde oder des Richters, von sich aus Härtegründe zu suchen, die der Mieter nicht vorbringt (zum Umfang der Untersuchungsmaxime i.S.v. Art. 274d Abs. 3 siehe die Ausführungen zu jener Bestimmung). 101

### bb) Das angemessene Ersatzobjekt im besonderen

Was ein *angemessenes Ersatzobjekt* ist, *hängt von den konkreten Bedürfnissen des Mieters ab,* namentlich von solchen, die Eingang in das Vertragsverhältnis gefunden haben (vgl. Art. 272 Abs. 2 lit. a). Ebenso gehören aber die persönlichen und wirtschaftlichen Verhältnisse in die genaue Betrachtung der massgebenden Bedürfnisse (vgl. Art. 272 Abs. 2 lit. c). Die im konkreten Einzelfall stets im Auge zu behaltende Ersatzlösung kann sich für den Mieter m.a.W. beim Ersatzobjekt *nicht nach dem idealen Ersatzobjekt ausrichten* (dieses gibt es ohnehin nüchtern betrachtet nie), sondern hat sich auf *ein Ersatzobjekt zu konzentrieren, das für ihn objektiv* – im Lichte aller im Verständnis vernünftiger und korrekter Leute zu berücksichtigenden Bedürfnisse – ohne weiteres als *tragbar «gleichwertig»* erscheint (vgl. BGE 116 II 449 [«local ... équivalent à celui qu'il quitte, ou en tout cas ne présent pas avec ce dernier une difference telle qu'on ne saurait raisonnablement contraindre le locataire à l'accepter»], BGE 110 II 254 E. 4, ZR 82 [1993] Nr. 27, ZMP 2/94 Nr. 14 E. 2b, ZMP 2/94 Nr. 15 E. 5b). Das kann u.U. auch ein kleineres Lokal als das bisherige sein (z.B. bei einem alleinstehenden Mieter, der bislang eine Vierzimmerwohnung bewohnte), ein ungünstiger gelegenes Geschäftslokal, ein weniger preiswertes Objekt (vgl. BGE 116 II 448 E. 3b) usw. 102

103 Weiteres dazu nachstehend in N 205, N 206 ff. (Marktsituation), N 217 (Suchfrist) und N 242 f. (Zweiterstreckung).

cc) Andere angemessene Ersatzlösungen

104 Andere Ersatzlösungen des Mieters (vorn N 100 f.), die bei der Annahme einer Härte im Auge zu behalten sind, da der Zeitablauf namentlich erhebliche persönliche Inkonvenienzen und/oder übermässige und somit unübliche finanzielle Belastungen durch zweifachen Umzug in relativ kurzer Zeit zu verhindern mag, gelten beispielsweise in folgenden Fällen als angemessen (GIGER, S. 81, THANEI, S. 20, MOSER, S. 100 f.):

105 – Ein Mieter steht kurz vor der Pensionierung und will danach sein Ferienhaus zum Domizil erheben; der Mieter hat bereits begonnen, ein eigenes Lokal zu erstellen, in das er nach dessen Fertigstellung binnen etwa eines Jahres umziehen wird (vgl. unveröff. BGE 4C.377/1994 vom 7. Dezember 1994);
– der betagte Mieter hat sich für ein Altersheim oder eine Alterswohnung angemeldet und hat gemäss Warteliste noch einige Zeit zuzuwarten, bis er dorthin ziehen kann.

106 Weitere andere Ersatzlösungen können sich durch die Vertragsbeendigung selbst ergeben. Das ist z.B. dort der Fall, wo der Mieter beabsichtigt, sein Geschäft in Bälde (ohnedies) zu liquidieren, was jedoch noch etwas Zeit erfordert, damit unnötige wirtschaftliche Verluste usw. vermieden werden können. Einem (betagten) Geschäftsmieter ist sodann beispielsweise etwas Bedenkzeit für den Entscheid einzräumen, ob er überhaupt nochmals an einem andern Ort einen geschäftlichen Neustart wagen soll.

## 3. Keine Rechtfertigung der Härte durch höher einzuschätzende Vermieterinteressen (Art. 272 Abs. 1)

### *a) Vermieterinteressen im allgemeinen*

107 *Dritte (und zwar negative) Voraussetzung des Erstreckungsanspruches* (vorn N 75) ist das Fehlen von Vermieterinteressen, die derart hoch einzuschätzen sind, dass eine allfällige Härte auf der Mieterseite in den Hintergrund zu treten hat.

108 *Wer der Vermieter ist*, dessen Interessen zu berücksichtigen sind, ergibt sich regelmässig aus dem Vertrag (vgl. vorn N 73). *Nicht Vermieter* – und seine Interessen bleiben als *Drittinteressen unberücksichtigt* – ist der wirtschaftliche Beherrscher einer juristischen Person oder

ein Organ einer juristischen Person (BGE 77 I 20 f., ZR 70 [1971] Nr. 119, GVP 1990 Nr. 46, ZMP 1/95 Nr. 7; MOSER, S. 94 f.), die Mutter- oder Tochtergesellschaft der Mieterin, der Komplementär oder dessen Sohn bei der Kommanditgesellschaft (GVP 1990 Nr. 46; ausnahmsweise Berücksichtigung finden Drittinteressen beim dringenden Eigenbedarf [Art. 272 Abs. 2 lit. d]). Im Fall des Vermieterwechsels i.S.v. Art. 261 (der auch während eines Verfahrens eintreten kann; zu eng daher GUHL/KOLLER/DRUEY, S. 413) ist der Erwerber erst dann als Vermieter zu betrachten, wenn der Eigentumsübergang im Grundbuch (Tagebuch) verzeichnet ist (vgl. BGE 118 II 120 ff., ZR 81 [1982] Nr. 32; vgl. ferner N 25 zu Art. 261–261a); alsdann sind von Bundesrechts wegen ausschliesslich seine Interessen massgebend (vgl. BGE 98 II 297 f., ZR 72 [1973] Nr. 51; ferner, statt vieler: SCHMID, N 10 zu aArt. 267a); dasselbe trifft bei einer Universalsukzession zu: massgebend sind die Interessen der Erben. Das kann u.U. zu einer völlig neuen Interessenlage führen. Bei mehreren Vermietern sind die Interessen auch bloss eines Vermieters zu berücksichtigen (vgl. dazu [analog] vorn N 73 und N 97).

### *b) Grundsatz der Abwägung der Härte und der Interessen des Vermieters*

Das Gesetz postuliert in Art. 272 Abs. 1 nicht bloss eine Berücksichtigung überwiegender Vermieterverhältnisse, sondern ganz grundsätzlich eine **Abwägung der Härtegründe und der Interessen des Vermieters** an einer Rückgabe der Mietsache möglichst auf den Beendigungstag hin (statt vieler: TERCIER, S. 261 f., ZIHLMANN II, S. 229). Ein *Erstreckungsanspruch besteht demnach stets dann, wenn die Härtegründe die Interessen des Vermieters an der termingerechten Rückgabe* (vgl. etwa ZMP 3/92 Nr. 32, S. 32) überwiegen (zur Abwägung vgl. Genaueres nachstehend N 120 ff. und N 137 ff.). 109

Wie den Mieter für die Härtegründe trifft den Vermieter dabei für seine Interessen die *Behauptungslast* (und die Beweislast; nachstehend N 253 ff.) – es ist m.a.W. auch im Lichte von Art. 274d Abs. 3 nicht Sache der Schlichtungsbehörde oder des Richters, von sich aus nach solchen Interessen zu forschen (N 248).

*Überwiegen* hingegen *die Interessen des Vermieters,* so entsteht ein *Anspruch auf Erstreckung nicht* (gl. SCHMID, N 17 zu aArt. 267a). Kein Erstreckungsanspruch besteht etwa dann, wenn ein Vermieter (z.B. als Hauptmieter) seine Wohnung dem Mieter (z.B. als Untervermieter) für die Dauer eines Auslandaufenthaltes überlässt und den Parteien von Anfang an klar ist, dass der Vermieter (Hauptmieter) nach seiner Rückkehr wieder in die Wohnung einziehen will bzw. wird. 110

Dass dies einem Vermieter (mutwillig) für einige Zeit in tatsächlicher Hinsicht aufgrund der bundesrechtlichen Fristen zum «raschen» Verfahren verwehrt werden kann (die 60–tägige Frist i.S.v. Art. 273 Abs. 2 lit. b kann am letzten Tag gewahrt werden, der Entscheid einer Schlichtungsbehörde lässt [nach TRÜMPY, zit. in N 2 zu Art. 274, S. 65 f.] im Schnitt etwa zwei bis drei Monate auf sich warten, danach beginnt die 30–tägige Frist gemäss Art. 273 Abs. 5, die erst am letzten Tag gewahrt werden muss), erweist sich als gesetzgeberisch gewollter bedauernswerter Fall, der auch nicht durch ein Ausweisungsverfahren verhindert werden 111 kann (die Kompetenzattraktion des Art. 274g betrifft nur den Fall der Anfechtung einer ausserordentlichen Kündigung).

112 Auf eine *Interessenabwägung* kann immerhin *da verzichtet werden*, wo Härtegründe vorliegen, der Vermieter hingegen keine Interessen vorbringt (vgl. BGE 116 II 450). Denn auch hier (vorn N 90) fehlt es wiederum an Interessen, die einander überhaupt gegenübergestellt werden könnten.

### *c) Vermieterinteressen im Sinn von Art. 272 Abs. 1 und Ausschlussgründe im Sinn vorn Art. 272a*

113 Die *Vermieterinteressen im Sinn von Art. 272 Abs. 1* sind im Lichte der gesetzgeberischen Hinweise in Art. 272 Abs. 2 zu betrachten. Sie können, müssen aber nicht den Interessen gleichkommen, die zu den Wertentscheidungen des Gesetzgebers geführt haben, Ausschlussgründe im Sinn von Art. 272a zu statuieren (vgl. etwa BGer, in: mp 1/92, S. 42 ff.). Wie bei den anspruchsbegründenden Härtegründen (vorn N 84) sind ebenso bei den Vermieterinteressen *grundsätzlich alle Interessen, unbeschadet um ihre Intensität* (gl. GIGER, S. 88), zu beachten (denn die Zubilligung etwa bloss geringer Intensität eines Interesses stellt bereits eine Wertung im Sinn der Interessenabwägung dar).

114 Die *Ausschlussgründe i.S.v. Art. 272a* erlauben es immerhin per Analogie – gewissermassen im Sinn einer Obergrenze – abzuschätzen, welches Mass nach Auffassung des Gesetzgebers erreicht sein muss, damit von Vermieterinteressen gesprochen werden kann, die eine Erstreckung nicht mehr rechtfertigen (ähnlich THANEI, S. 34; unklar, ob a.A., bei BGer, in: mp 1/92, S. 42 ff.): Es ist diese Grenze dort erreicht, wo *die Fortsetzung des Mietverhältnisses dem Vermieter objektiv* – nach der Auffassung vernünftiger und korrekter Leute – *kaum mehr zugemutet werden kann* (vgl. dazu N 185 f. zu Art. 271a, mit Verweisen; siehe ferner nachstehend N 180).

Einen besonderen Anwendungsfall des letzterwähnten Grundsatzes stellt die Vermieterkündigung gestützt auf Art. 266g dar, die nicht a priori einer Erstreckung entgegensteht, aber im konkreten Einzelfall sehr wohl entgegenstehen kann (irrig hierin THANEI, S. 34, für die offenbar eine Erstreckung überhaupt nur dann nicht in Frage kommt, wenn ein Ausschlussgrund vorliegt; der klare Wortlaut von Art. 272 Abs. 1 legt mit Blick auf die Interessenabwägung geradezu zwingend anderes nahe).

# D. Die Erstreckung durch Entscheid als gesetzgeberisch gedachter Regelfall

## I. Einleitende Bemerkungen

Die Erstreckung durch Entscheid ist der gesetzgeberisch gedachte Regelfall (vorn N 25). Die ausserhalb eines Verfahrens von den Parteien getroffene Erstreckungsregelung i.S.v. Art. 272b Abs. 2 erscheint demgegenüber als Ausnahme (vorn N 26 f.). 115

Abs. 2 von Art. 272 fordert eine *Interessenabwägung* durch die «zuständige Behörde», mithin letztlich *einen Billigkeitsentscheid* (auch Ermessensentscheid genannt) *i.S.v. Art. 4 ZGB* (statt vieler: LACHAT/STOLL, S. 362, SCHMID, N 15 zu aArt. 267a, THANEI, S. 18; zum Begriff des Billigkeitsentscheides siehe allgemein MEIER-HAYOZ, N 11 ff. zu Art. 4 ZGB). Einen solchen Entscheid in Erstreckungssachen fällen kann gemäss dem nicht ganz glücklichen Wortlaut der Norm nur «die zuständige Behörde»; mit Blick auf Art. 273 Abse. 4 und 5 sind angesprochene zuständige Entscheidinstanzen die Schlichtungsbehörde *und* der Richter (dazu auch nachfolgend N 118). 116

Mit der von der *Norm geforderten Interessenabwägung wird das Gebiet der materiellen Anspruchsvoraussetzungen verlassen* (dazu vorn N 74 ff.) – die Abwägung von Interessen setzt gerade voraus, dass Interessen grundsätzlich gegeben sind (unbeschadet um deren «Gewicht»; vorn N 84 f. und N 113); wo solche fehlen, ist auch eine Interessenabwägung nicht erforderlich (vorn N 90 und N 112). 117

*Die Norm richtet sich hingegen ausdrücklich* (sie erwähnt nur die «Behörde») *nicht an die Parteien selbst, die* (z.B. auch ausserhalb eines Verfahrens) *eine Erstreckungsvereinbarung treffen* (obwohl Billigkeitsentscheidungen auch von Parteien getroffen werden können; vgl. MEIER-HAYOZ, N 15 zu Art. 4 ZGB). Das ist insoweit konsequent, als der Vergleichsvertrag – auch über eine Erstreckung – den Parteien dazu dient, die Verfahrensrisiken (zu denen der Entscheid sowie die Verfahrensdauer und -kosten gehören) zu umgehen und Vertrauen für die Fortdauer der Vertragsbeziehungen zu sichern (vgl. SCHLUEP, in: SPR VII/1, S. 945); der Vergleichsvertrag umfasst daher ebenfalls implizit einen gemeinsamen Verzicht der Parteien auf den Entscheid, sei es der Schlichtungsbehörde oder des Richters. 118

Eine allfällige Prüfung des Vergleichs durch die Schlichtungsbehörde oder den Richter hat sich folglich beim (aussergerichtlichen i.e.S.) Vergleich im Rahmen des Schlichtungsverfahrens bzw. beim gerichtlichen Vergleich ausschliesslich am allenfalls die Prüfungsbefugnis regelnden (kantonalen) Verfahrensrecht (vgl. Art. 274) zu orientieren (Zulässigkeit, Klarheit; vgl. GULDENER, S. 396) und eine inhaltliche Prüfung im Sinn von Art. 272 Abs. 2 ebenso ausser acht zu lassen (ansonsten die Behörde bzw. der Richter ihr bzw. sein Ermessen 119 über den gemeinsamen Willen der Parteien stellen würde). Dadurch kann die Gefahr entstehen, dass namentlich im Schlichtungsverfahren der Vergleich nicht nach Recht und Billigkeit, sondern vor allem als Kompromisslösung ge- oder missbraucht wird (ZIHLMANN II, S. 231). Das ist allerdings in Kauf zu nehmen, weil der Gesetzgeber mit der neuen Verfahrensordnung der paritätischen Schlichtung Priorität vor der richterlichen Beurteilung eingeräumt hat (siehe N 13 f. Vorbem. zu Art. 271–273c; vgl. dazu auch HIGI, Schlichtungsstellen, S. 21, S. 29).

## II. Die Interessenabwägung durch die Entscheidinstanz im besonderen (Art. 272 Abse. 1 und 2)

### 1. Allgemeines

#### *a) Interessenabwägung/Billigkeitsentscheid*

120 Art. 272 Abs. 2 enthält gemäss klarem Wortlaut (vgl. «insbesondere») bloss eine *beispielhafte Aufstellung von Kriterien*, an denen sich die im Entscheidfall geforderte *Interessenabwägung zu orientieren hat* (gl. etwa GIGER, S. 88, MENGE, S. 117, TERCIER, S. 261, THANEI, S. 18, ZIHLMANN II, S. 231). Diese Auflistung orientiert sich an den wesentlichsten Kriterien, die die Praxis zum alten Recht entwickelt hat (vgl. etwa GIGER, S. 88, THANEI, a.a.O.; ähnlich ferner z.B. ZIHLMANN II, S. 231). Sie schliesst die Berücksichtigung weiterer Kriterien (Interessen) im Rahmen des den Entscheidinstanzen in Art. 272 Abse. 1 und 2 zugestandenen Ermessens nicht aus.

aa) Ermessensspielraum

121 Der Ermessensspielraum der Entscheidinstanz erweist sich im neuen Recht grundsätzlich gleich gross wie im alten Recht (ähnlich, wenn auch z.T. weitergehend: THANEI, S. 18). Dieser Spielraum erlaubt eine angemessene Weiterbildung der Praxis im Lichte sich wandelnder Verhältnisse nach objektiven Kriterien: D.h., *die Entscheidinstanz hat* nach wie vor *gemäss der kasuistischen Methode, mit pflichtgemässer, sachlich begründeter Abwägung eine zweckmässige und im Lichte des massgebenden positiven Rechts richtige* (also angemessene) *Lösung* für den konkreten Einzelfall *zu finden* (vgl. MEIER-HAYOZ, N 14 und N 48 ff. zu Art. 4 ZGB). Darin liegt

gerade der Zweck des auf Billigkeitsentscheide verweisenden Rechts (vgl. MEIER-HAYOZ, N 18 zu Art. 4 ZGB).

Die Antwort auf die Frage, ob ein Mietverhältnis zu erstrecken sei, kann 122
sich im übrigen nicht auf die reine Interessenabwägung beschränken. Sie hat darüber hinaus die Art (erstmalige oder letztmalige; vorn N 29) und die Dauer der allenfalls möglichen Erstreckung (Art. 272b) mit zu berücksichtigen, ferner die Möglichkeiten der Auflösung des allenfalls erstreckten Mietverhältnisses (vgl. Art. 272c) sowie allfällige Vertragsanpassungen (vgl. Art. 272d). Alle diese Aspekte gehören als positives Recht (vorn N 121) zu den Kriterien, die der Billigkeitsentscheid zu beachten hat. Sie bestimmen insoweit den Ermessensspielraum der Entscheidinstanz mit.

bb) Ermessensgrenzen

Die beispielhafte Aufstellung von Interessen in Art. 272 Abs. 2 *grenzt* 123
*das Ermessen der Entscheidinstanz überdies ein:* Sie hält die Instanz an, die «insbesondere» in der Norm aufgeführten, also für den Gesetzgeber besonders erwähnenswerten Kriterien (die positives Recht darstellen) dann zu beachten, wenn sie im konkreten Fall Anwendung erheischen (vgl. allgemein MEIER-HAYOZ, N 46–49 zu Art. 4 ZGB; weitere Grenzen ergeben sich aus Art. 272 Abs. 1, Art. 272a, Art. 272 Abs. 3 usw.; vgl. dazu auch N 122 [am Ende], N 125 und N 216 f.). Art. 272 Abs. 2 *dient zugleich der richterlichen Ermessensüberprüfung* (vgl. GULDENER, S. 480, S. 483). Die Auflistung des Art. 272 Abs. 2 erlaubt schliesslich ein grobes Abschätzen der Richtigkeit schlichtungsbehördlicher Entscheide, die insoweit als Prima-facie-Entscheid begründet zu sein haben (vgl. auch N 277 zu Art. 271a), *durch die Parteien selbst* im Hinblick auf eine richterliche Überprüfung des Erstreckungsanspruches (vgl. Art. 273 Abs. 5).

*b) Gewichtung der Interessen*

aa) Keine ausdrücklichen gesetzlichen Regeln

Art. 272 Abs. 2 stellt ebensowenig wie Art. 272 Abs. 1 eine direkte Regel 124
darüber auf, *wie die einzelnen Interessen bzw. Kriterien im Verhältnis zueinander zu gewichten sind* (gl., statt vieler: TERCIER, S. 261, Rz. 2133, GIGER, S. 88). Demgemäss gibt es im Lichte von Art. 272 Abs. 2 *keine a priori vorrangigen Interessen* (ähnlich LACHAT/STOLL, S. 362), *und es kann letztlich für den Entscheid nur massgebend sein, welche Interessen inwieweit überwiegen* (gl.M. SCHMID, N 17 zu aArt. 267a, TERCIER, S. 262, Rz.

2139; undifferenziert, mutmasslich a.A., THANEI, S. 18 f.). Das *erfordert* regelmässig eine *richterliche* (bzw. schlichtungsbehördliche) *Gewichtung der Interessenlagen* im Einzelfall (vgl. aber vorn N 90, N 112).

bb) Implizite gesetzliche Grundsätze

125 Die Aussage, das Gesetz stelle keine Regel auf, gilt es in *viererlei Hinsicht* zu *präzisieren. Erstens* stellt Art. 272 Abs. 1 die Härten des Mieters den Interessen des Vermieters gegenüber, was methodisch zwingend verlangt, dass *zweitens* vorab die Interessenlage jeder Partei einzeln zu prüfen ist (dazu N 126 ff.; es muss ja nicht nur ein Aspekt die Interessen einer Partei bestimmen, vielmehr können verschiedene Aspekte in Kombination deren Interessenlage bilden; gl. GIGER, S. 88). Erst *drittens* sind die sich widerstrebenden *Interessenlagen beider Parteien* einander gegenüberzustellen (nachstehend N 129 ff.; a.A. z.B. HASENBÖHLER, a.a.O., der zunächst bloss die Härte prüfen und danach erst allfällige Vermieterinteressen dieser gegenüberstellen will [zu Recht ablehnend zu diesem Vorschlag von HASENBÖHLER, dem häufig auch die Praxis folgt, etwa SCHMID, N 16 zu aArt. 267a, MENGE, S. 114, Fn. 311, MOSER, S. 96, ZIHLMANN II, S. 229, Fn. 81). *Viertens* sind bei diesen Gewichtungen im einzelnen und in der Gegenüberstellung stets die positivrechtlichen Wertungen zu beachten (vorn N 122 [am Ende], N 123).

cc) Mehrere interessenbegründende Aspekte auf der Seite einer Partei

126 Liegen mehrere (verschiedenartige) Interessen auf der Seite einer Partei (oder beider Parteien) vor, so ist eine *vorrangige Behandlung bloss eines dieser mehreren Interessen* bzw. Kriterien *vom Gesetz ausgeschlossen* (vorn N 124). Eine vorrangige Behandlung eines der Interessen kann sich *nur aus der (richterlichen) Gewichtung aller Interessen* im einzelnen und im Vergleich zu den anderen Interessen ergeben; dabei dürfen die anderen Interessen jedoch nicht unbeachtet gelassen werden (unbeachtet zu bleiben haben nur, aber dafür stets, jene Interessen, die für den Billigkeitsentscheid nicht massgebend sein können; vgl. MEIER-HAYOZ, N 46 zu Art. 4 ZGB; vgl. dazu etwa ZMP 3/92 Nr. 32).

127 Bei den *Mieterinteressen* erfolgt die *Gewichtung der einzelnen* Interessen bzw. Aspekte im übrigen mit Blick auf die angestrebte bzw. anzustrebende Ersatzlösung (vorn N 100 ff.), deren Beachtung positivrechtlich durch den Begriff der «Härte» ebenso vorgezeichnet ist wie die (insoweit objektive) Zumutbarkeit der Ersatzlösung für den Mieter (vgl. N 102 f.).

Bei den *Vermieterinteressen erfolgt die Gewichtung* der verschiedenen Interessen mit Blick auf die baldmöglichst freie Verfügbarkeit über das Mietobjekt als positivrechtlich vorgegebene Richtschnur (die aus dem vertraglichen Auflösungsrecht des Vermieters folgt) sowie mit Blick auf die Zumutbarkeit (im Verständnis vernünftiger und korrekter Leute) eines einstweiligen Verzichts auf diese Verfügbarkeit (der Gesetzgeber hat diese Wertung etwa beim Erfordernis des «dringenden» am Eigenbedarf in Art. 272 Abs. 2 lit. d z.T. schon vorweggenommen). 128

dd) Die Interessenlagen der Parteien

Sind die Interessenlagen der Parteien je einzeln untersucht und in sich gewichtet worden, so sind sie in einem nächsten Schritt einander *gesamthaft* (beispielhaft dazu ZMP 3/92 Nr. 32, S. 30 f., S. 32) *gegenüberzustellen und in ihrer Gesamtheit* (richterlich) *zu gewichten*, mit Blick auf die Angemessenheit, Zweckmässigkeit und Zumutbarkeit der Lösung und im Lichte der positivrechtlichen Wertungen (vorn N 121, N 123). Erst dieses methodische Vorgehen erlaubt es notabene, die «Härte», der relative Momente innewohnen, genauer zu fassen (das Vorgehen erübrigt sich nur dann, wenn sich nicht zwei Interessenlagen gegenüberstehen; vgl. vorn N 90 und N 112; a.A. im Methodischen HASENBÖHLER, a.a.O.). 129

Das vorgezeichnete methodische Vorgehen verhindert schliesslich eine sich bloss an quantitativen Momenten orientierende und somit gesetzlich unerwünschte Gewichtung der Interessenlagen (die höhere Zahl interessebegründender Aspekte «indiziert» allein kein Überwiegen; eine Mehrzahl eher leichtgewichtiger Interessen kann *einem* einzigen erheblichen Interesse durchaus nachgehen; ähnlich z.B. ZIHLMANN II, S. 229, Fn. 81, oder MENGE, S. 118 f.). 130

*Überwiegen im Ergebnis der gesamthaften Gewichtung die Härtegründe*, ist eine Erstreckung *zwingend zu gewähren* (vgl. vorn N 109; deren konkrete Ausgestaltung hängt wiederum von den Interessenlagen ab und ist insoweit in die Gewichtung der Interessen miteinzubeziehen). 131

Dergleichen *überwiegende Härtegründe* wurden (ohne Hinweis auf die zu berücksichtigenden Vermieterinteressen allerdings) z.B. erblickt bei einem Mieter mit geringem Einkommen, bei einer kinderreichen Familie, bei einer Wittwe, die seit 22 Jahren im Objekt wohnte und bei bescheidenem Einkommen auch noch für das 13–jährige Kind sorgen musste, bei nachteiligen Auswirkungen eines Lokalwechsels (Wohnung und Geschäft im selben Lokal) auf den Geschäftsbetrieb. *Keine überwiegende Härte* wurde z.B. angenommen bei einem alleinstehenden Mieter, der eine grosse Wohnung bewohnte, für deren Mietpreis er leicht eine kleinere, ihm zumutbare hätte finden können, bei einem Mieter, der sich um eine Ersatzlösung nicht richtig bemühte (vgl. etwa BJM 1974, S. 103 f., BJM 1975, S. 78 f., BJM 1987, S. 91, PKG 1971 Nr. 58, SJZ 1972, S. 10, ZR 78 [1979] Nr. 131, ZMP 2/94 Nr. 14 und Nr. 15 [Zweiterstreckung]; weitere Beispiele zu Härtegründen in den Ausführungen ab N 137). 132

133 *Überwiegen hingegen die Vermieterinteressen, ist die Erstreckung* regelmässig *ausgeschlossen* (so schon zum alten Recht SCHMID, N 17 zu aArt. 267a).

134 Überwiegende Vermieterinteressen wurden (ohne Hinweis auf die zu berücksichtigende Härte allerdings) z.B. erblickt bei steter verzögerter Mietzinszahlung, bei vertragwidriger Tierhaltung (ZR 87 [1988] Nr. 24 [dazu auch BGer, in: mp 1/92, S. 46 f.], vgl. mp 4/95, S. 223 f. [allerdings bloss unter dem Aspekt der Anfechtung der Kündigung behandelt]; weitere Beispiele für Vermieterinteressen in den Ausführungen ab N 137).

135 *Erweisen sich die Interessenlagen* schliesslich *in etwa als gleichgewichtig*, so ist hingegen – mit Blick auf die von den Art. 272 ff. verfolgten *Schutzgedanken* (vgl. N 78 ff. Vorbem. zu Art. 271–273c) – *der Interessenlage des Mieters der Vorrang einzuräumen* (gl., schon zum alten Recht: SCHMID, N 17 zu aArt. 267a; ähnlich ferner z.B. THANEI, S. 18 f., die den Vorrang in «Zweifelsfällen» gegeben sieht [dazu nachstehend N 136]; offen gelassen bei TERCIER, S. 262, Rz. 2139). Aber auch hierbei darf der *Rahmen der Billigkeit bzw. Angemessenheit nicht verlassen werden*. Eine nur geringe Härte auf Seiten des Mieters rechtfertigt z.B. keine Maximalerstrekkung von vier oder sechs Jahren Dauer, bloss weil des Vermieters Interessen nachträglich dahingefallen sind (z.B. durch den Eintritt des «interessenlosen» Erwerbers in das Mietverhältnis; vgl. auch ZR 82 [1983] Nr. 27).

136 Die rechtliche Beurteilung eines Sachverhaltes ist zu trennen von der Feststellung des rechtlich zu beurteilenden Sachverhaltes; erstere setzt einen bereits festgestellten Sachverhalt voraus. Die *Billigkeitsentscheidung als Anwendungsfall rechtlicher Beurteilung eines Sachverhaltes ist daher strikte zu trennen von der freien richterlichen Beweiswürdigung, die der Sachverhaltsermittlung dient* (vgl. MEIER-HAYOZ, N 28 zu Art. 4 ZGB, VOGEL, S. 363, Rz. 163 f. [Abgrenzung von Tat- und Rechtsfrage]). Die von Art. 272 geforderte Abwägung der Interessen darf daher nur behauptete und rechtsgenügend nachgewiesene Interessen (als zu beurteilenden Sachverhalt) berücksichtigen. Raum für «Zweifelsfälle» (so aber fälschlicherweise LACHAT/STOLL, S. 362, THANEI, S. 18 f., und SCHMID, N 17 zu aArt. 267a [am Ende]) bleibt daher im Rahmen einer Billigkeitsentscheidung keiner – Zweifel am Bestehen von Interessen sind im Rahmen der Beweiswürdigung zwecks Sachverhaltsermittlung (die Sache des Prozessrechts ist; vgl. VOGEL, S. 249 f.) vor der Abwägung der Interessen auszuräumen.

### 2. Die bei der Interessenabwägung insbesondere zu berücksichtigenden Umstände (Art. 272 Abs. 2)

137 Die in der Norm aufgeführten, «insbesondere» zu berücksichtigenden Umstände bzw. interessenbegründenden *Kriterien gelten* – mangels anderslautender gesetzlicher Regelung – *für die Wohn- und Geschäftsraummiete gleichermassen* (statt vieler: GIGER, S. 89). Sie gelten ebenfalls weitgehend unterscheidungslos als Hinweise für die Ermittlung von «Härten» bzw. Ver-

mieterinteressen. Einzig Art. 272 Abs. 2 lit. e hat ausschliesslich Vermieterinteressen im Blick (ähnlich GIGER, S. 88).

*Die* bei der Interessenabwägung nach Art. 272 Abs. 1 *gemäss Art. 272 Abs. 2 besonders zu berücksichtigenden Umstände* (vorn N 123; vgl. auch TRACHSEL, S. 229) *sind überdies derart allgemein formuliert* (gl. etwa ZIHLMANN II, S. 231), *dass sich unter sie wohl alle denkbaren Interessenaspekte subsumieren lassen.* ZIHLMANN (II, a.a.O.) nimmt daher wohl zu Recht an, die Norm vermöge der Praxis kaum neue (d.h. neuartige) Impulse zu vermitteln. Nachfolgend wird daher auf die *besondere Auflistung «weiterer» Kriterien verzichtet*, und es werden diese in den Beispielen zu den gesetzlich besonders erwähnten Kriterien angeführt. 138

*a) Besondere vertragliche Umstände (Art. 272 Abs. 2 lit. a)*

Die Interessenlage der Parteien im Fall der Vertragsauflösung kann durch *besondere Umstände beim Vertragsabschluss*, die nicht direkt den Vertragsinhalt beschlagen (Motive), ebenso mitbestimmt werden wie durch die *gelebte vertragliche Beziehung* (z.B. Änderung oder Erneuerung der Mietsache im Verlauf des Verhältnisses) und/oder *besondere vertragliche Abreden* (z.B. Zusicherung bestimmter Eigenschaften, Befristung des Verhältnisses). Die zwei letztgenannten Aspekte fasst das Gesetz unter dem Wort «Vertragsinhalt» zusammen, welches zudem z.B. gleichfalls auf den vereinbarten Gebrauchszweck (vgl. dazu N 17–22 zu Art. 256) verweist usw. 139

aa) **Als Härtegründe** kommen vorab alle vertraglichen Abreden usw. in Frage, welche eine angemessene Ersatzlösung (vorn N 100 ff.) innert nützlicher Frist (vor Vertragsablauf [bei der befristeten Miete] bzw. innert der nach der Kündigung bis zum Beendigungstag konkret noch zur Verfügung stehenden Zeit) objektiv betrachtet erschweren. Ferner kommen Umstände in Frage, die beim Mieter das begründete Vertrauen erwecken durften (aber nicht mussten), er könne für längere Zeit im Mietobjekt verweilen (vgl. auch mp 2/89, S. 69). 140

*Es können das beispielsweise sein* (vgl. etwa LACHAT/STOLL, S. 362, THANEI, S. 22 f., MENGE, S. 97, S. 117 ff., GIGER, S. 89 f., SVIT-Kommentar I, N 18 zu Art. 272): *erhebliche, mit Zustimmung des Vermieters getätigte Investitionen des Mieters*, die infolge Kündigung nicht amortisiert werden können (z.B. bei der unbefristeten Rohbaumiete [bei der befristeten Miete bzw. der Miete mit vereinbarter Mindestdauer hat der Mieter grundsätzlich die Investitionen so zu planen, dass er sie während der vereinbarten Dauer zu amortisieren vermag; vgl. dazu den insoweit durchaus vergleichbaren Sachverhalt in BGE 105 II 198]); – *objektangepasste Investitionen in die persönliche Einrichtung* (z.B. Vorhänge, Teppiche usw.), die der Mieter jüngst vorgenommen hat, weil er aufgrund aller ihm bekannten Umstände, bzw. aller Umstände, die ihm hätten bekannt sein können, nicht mit einer baldigen Vertragsauflösung 141 rechnen musste, so dass er durch den Auszug eine nicht unerhebliche finanzielle Einbusse erleidet (a.M. PKG 1982 Nr. 52); – *besondere Eigenschaften der Mietsache*, die für deren Miete (auch für den Vermieter nach dem Vertrauensprinzip) erkennbar ausschlaggebend waren und nicht ohne weiteres bei einem anderen Objekt gefunden werden können (wie gehobene Passantenlage für nobles Verkaufsgeschäft, Repräsentativität des Lokals, Tragfähigkeit der Decken und Böden, Rollstuhlgängigkeit bei behinderter Person, [Waren-]Lift, besondere Infrastrukturanschlüsse oder mit der Liegenschaft verbundene behördliche Bewilligungen, die den Betrieb eines bestimmten Gewerbes erst ermöglichen [z.B. wegen Emissionen; Bauzonenkonformität] usw.); – *die Vereinbarung unechter Option* (vgl. dazu N 70 ff. zu Art. 255), deren erstmalige «Ausübung» problemlos zu einer Vertragsverlängerung geführt hat; – *die Nichteinhaltung mündlicher Zusagen längeren Verbleibs durch den Vermieter*, die zwar gegen Art. 271 Abs. 1 verstösst, wenn es der Mieter unterlassen hat, die Kündigung anzufechten; – die bereits *beim Vertragsabschluss bestandene Orts- oder Quartiergebundenheit des Mieters*, sofern sie diesen zum Vertragsabschluss (mit)veranlasste.

142 **bb) Als Vermieterinteressen**, die einer Erstreckung tendenziell entgegenstehen, kommen vor allem Abreden und Umstände in Frage, die beim Mieter gerade *kein* begründetes Vertrauen darin erwecken konnten, er könne ohne weiteres mit einer längeren Vertragsdauer rechnen oder nach der Vertragsbeendigung allenfalls (mit Blick auf Art. 266 Abs. 2) weiter im Mietobjekt verbleiben (vor allem bei längerdauernden *befristeten* Mietverträgen ohne Option oder Vormietrecht kann letzteres nicht leichthin angenommen werden, da dem Mieter grundsätzlich nicht nur genügend Zeit für eine Ersatzregelung zur Verfügung steht, sondern der Mieter auch darum wissen muss, Ersatz zu suchen [ähnlich GIGER, S. 80]).

143 *Als Beispiele können angeführt werden* (siehe etwa LACHAT/STOLL, S. 362, THANEI, S. 31, MENGE, S. 117 ff., GIGER, S. 89 f., SVIT-Kommentar I, N 18, N 58 f. zu Art. 272): die Vermietung der Sache nur für die Dauer eines Auslandaufenthaltes (vgl. vorn N 111); – die Vermietung der Wohnung als *«Dienstwohnung»*, d.h. einer Wohnung des Vermieters, die erkennbar wegen der beruflichen Tätigkeit des jeweiligen Mieters für den Vermieter vermietet wurde, und wenn zwischen dieser beruflichen Tätigkeit und der Wohnung ein sachlicher Zusammenhang gegeben ist; dabei müssen an sich selbständige Verträge vorliegen (vgl. dazu SCHMID, N 9 f. zu aArt. 267c [unter dem alten Recht lag in diesem Fall gar ein Erstreckungsausschlussgrund vor]; vgl. ferner ZMP 3/91 Nr. 35 [zu Fragen der Kündigung]; liegen nicht zwei selbständige Verträge vor, besteht entweder ein gemischtes Vertragsverhältnis [dazu N 189 ff. Vorbem. zu Art. 266–266o] oder es liegen gekoppelte Verträge vor [dazu N 209 ff. Vorbem. zu Art. 266–266o]); auch eine Hauswartwohnung kann eine Dienstwohnung sein, namentlich bei Grossüberbauungen oder Bauten mit komplexer Haustechnik, die bestimmte Anwesenheiten erfordern (a.A. offenbar MENGE, S. 119, in der generalisierenden und insoweit irrigen Annahme, Hauswartung beschränke sich in jedem Fall auf simple Reinigungen usw., die auch auswärts vergeben werden können; a.A. unter den gleichen generalisierenden irrigen Annahmen THANEI, S. 32, mit Hinweis auf einen unveröffentlichten Entscheid des Mietgerichtes Zürich vom 27. 7. 1980); die Interessen des Vermieters sind im Fall der Kündigung der «Dienstwohnung» namentlich dann als besonders erheblich zu gewichten, wenn der Mieter das Arbeitsverhältnis selbst gekündigt hat oder es ihm wegen mangelnder Arbeitsleistung hat gekündigt werden müssen (vgl. dazu auch ZMP 3/92 Nr. 32, insbes. S. 32); – die Vermietung einer Wohnung als *«Personalwohnung»*, d.h. einer Wohnung (oder eines Zimmers), die der Vermieter dem Mieter in einem separaten Mietvertrag (sonst liegt wiederum ein gemischtes Vertragsverhältnis vor) nur deshalb zur Verfügung gestellt hat, weil er ihn zu-

gleich auch beschäftigt (u.U. hat der Mieter das gar zur Bedingung dafür gemacht, im Betrieb des Vermieters eine Stellung anzunehmen), und die er erkennbar nur an in seinem Betrieb Beschäftigte zu vermieten gedenkt (etwa bei einem Spital oder [Kranken-]Heim an das jeweilige [Kranken-]Pflegepersonal; bei einem Hotel an das Servicepersonal; bei einem [Garten-] Bauunternehmen an die [Garten-]Bauarbeiter usw.); bei solchen Personalwohnungen ist in der Regel dann von einem erheblichen Vermieterinteresse auszugehen, wenn der Mieter das Arbeitsverhältnis selbst gekündigt hat (unklar, ob noch weitergehend, bei unveröff. BGE 4C.399/1995 vom 31. 1. 1996); – die Wohnung wurde nur als *Zweitwohnung* vermietet; – ein *Umbauvorhaben oder Bauvorhaben*, sofern wenigstens eine rechtskräftige Baubewilligung dafür vorliegt (vgl. ZMP 1/91 Nr. 6, BJM 1990, S. 311 ff.; ein solches Vorhaben ist um so stärker als Interesse zu gewichten, je länger vor der Kündigung es dem Mieter schon konkret bekanntgemacht worden ist und je dringlicher es sich erweist [z.B. unumgängliche Sanierung, Einhaltung u.U. neuer behördlicher Vorschriften]); unerheblich ist hingegen, ob der Mieter dieses Vorhaben billigt oder missbilligt (weil es für ihn zu luxuriös ist oder weil er es für unnötig hält usw.).

### *b) Dauer des Mietverhältnisses (Art. 272 Abs. 2 lit. b)*

**aa) Als Härtegrund** wirkt die Vertragsdauer im wesentlichen *bei sehr kurzen und bei sehr langen Mietverhältnissen* (statt vieler: THANEI, S. 23). 144

Im ersten Fall *(Kündigung nach einigen Monaten oder nach einem halben Jahr*, so dass das Mietverhältnis – alles in allem – kaum über ein Jahr gedauert hat) hat der Mieter innert kurzer Frist nicht nur Umzugs-, sondern auch (an sich insoweit u.U. vermeidbare) Einrichtungskosten zu gewärtigen; eine Erstreckung mildert demnach die (bei Geschäftsraummieten manchmal gar erheblichen) wirtschaftlichen Einbussen aus noch nicht amortisierten Einrichtungsinvestitionen usw. (gl. z.B. GIGER, S. 91, THANEI, S. 29 [unter Hinweis auf einen unveröff. Entscheid]; a.A. etwa SVIT-Kommentar I, N 19 zu Art. 272, für den solches «kaum ... denkbar» ist). Die kurze Vertragsdauer als Härtegrund steht folglich insoweit in engerem Zusammenhang namentlich mit dem Härtegrund von lit. c des Art. 272 Abs. 2 (ähnlich GIGER, a.a.O.; bei Geschäftsraummietern kann der zweimalige Umzug des Geschäftes innert kurzer Frist auch den Anschein mangelnder Kreditwürdigkeit erwecken). Erfolgt die Kündigung gar entgegen erwecktem Vertrauen auf eine längere Mietdauer (und ist die damit an sich anfechtbar gewordene Kündigung vom Mieter nicht angefochten worden), so liegt in jedem Fall ein erhebliches Mieterinteresse i.S. der gesetzlich geforderten Härte vor. 145

Bei *langdauernden Mietverhältnissen* (zehn Jahre und mehr) liegt eine Härte im drohenden Verlust der Orts- bzw. Quartierbezogenheit, sofern eine solche in den vergangenen Jahren für den Mieter entstanden ist (SVIT-Kommentar I, N 19 zu Art. 272; undifferenziert Botsch., S. 1461, LACHAT/STOLL, S. 363; die lange Dauer der Miete einer Zweitwohnung z.B. indiziert nicht unbedingt eine derartige Härte). Für den *Geschäftsraummieter* droht – je nach Geschäftsart – namentlich der Verlust der Stammklientel (THANEI, S. 29, unter Verweis auf EGGER, S. 93, und GMÜR/PREROST/TRÜMPY, S. 180). 146

Besteht aufgrund des langdauernden Mietverhältnisses gewissermassen eine (Stand-) Ort(s)gebundenheit, so mildert die Erstreckung die u.U. schwierige Suche nach einem Ersatz im gleichen Ort bzw. Quartier (dasselbe gilt im übrigen auch dann, wenn die Standortgebundenheit in beruflichen oder geschäftlichen Verhältnissen [also «persönlichen» Verhältnissen] begründet ist, auch wenn das Mietverhältnis weder lang noch besonders kurz war). Das Härtemoment der langen Vertragsdauer steht somit in engerem Zusammenhang mit weiteren Härtegründen (wie den wirtschaftlichen und persönlichen Verhältnissen, dem Marktangebot an Ersatzlokalen usw.; gl. GIGER, S. 91, und – pointierter – SVIT-Kommentar I, N 19 zu 147

Art. 272). Bei betagten Mietern sind sodann die weiteren Ersatzmöglichkeiten u.U. härtebegründend mitzuberücksichtigen (vgl. vorn N 104 ff.; dazu das weitere Beispiel des betagten Mieters, dessen Ehegatte pflegebedürftig ist und der auf den Erhalt einer Alterswohnung mit Pflegehilfsmöglichkeiten im Quartier wartet, in der er zusammen mit dem pflegebedürftigen Ehegatten wohnen kann).

148 **bb) Als Vermieterinteresse** kann vor allem die lange Vertragsdauer ins Gewicht fallen, etwa da, wo sie – infolge moderater Mietzinspolitik – zu ungenügenden Erträgen führt (vgl. BGE 120 II 105 ff. [zur Frage der Treuwidrigkeit der Kündigung allerdings]; a.A. mutmasslich MENGE, S. 118, der dergleichen wirtschaftliche Interessen des Vermieters offenbar grundsätzlich als zweitrangig erachtet, ferner offenbar auch generell – und damit entgegen Art. 4 ZGB – BGE 110 II 254 [das wirtschaftliche Interesse des Vermieters überwiegt nicht das berechtigte Interesse des Mieters an einer Erstreckung]). Die lange Vertragsdauer kann aber auch da ins Gewicht fallen, wo zur Schonung des mittlerweile betagteren oder wirtschaftlich stark belasteten Mieters nur der notwendige Unterhalt vorgenommen wurde, so dass eine tiefergreifendere Sanierung unumgänglich wird (deren Auswirkungen den Mietern nicht zugemutet werden können oder die die wirtschaftlichen Möglichkeiten der bisher von günstigen Zinsen profitierenden Mieter – unter Anwendung der Grundsätze der Missbrauchsgesetzgebung – übersteigen werden).

### *c) Besondere Verhältnisse und Verhalten der Parteien (Art. 272 Abs. 2 lit. c)*

149 Die in Art. 272 Abs. 2 lit. c zusammengefassten Kriterien bilden – oft in Verbindung mit weiteren Kriterien – die am häufigsten angerufenen interessenbegründenden Aspekte, die es im Rahmen der Billigkeitsentscheidung zu berücksichtigen gilt. Das hängt nicht zuletzt damit zusammen, dass sie ein weites Feld von Gründen abdecken.

#### aa) Die persönlichen und familiären Verhältnisse des Mieters

150 *Härtebegründende persönliche Verhältnisse* sind all jene Umstände, die den Mieter in der Suche nach einem angemessenen Ersatz direkt oder indirekt behindern (weil sie z.B. seine Chancen auf dem Mietmarkt beeinträchtigen). In Frage kommen endlich weitere Umstände, die einen Wohnungswechsel im vorgesehenen Zeitpunkt als unzumutbar erscheinen lassen (bei befristeten Mietverhältnissen ist in der Annahme solcher Gründe wiederum Zurückhaltung zu üben [vgl. vorn N 142], vor allem da, wo der Mieter im

Wissen um das Vertragsende selbst dergleichen Umstände in Kauf genommen oder gar herbeigeführt hat).

*Welche Verhältnisse als «familiär» zu bezeichnen sind,* die als Härte- 151
grund ins Gewicht fallen können, beurteilt sich grundsätzlich im Lichte von Art. 331 ZGB (vgl. vorn N 94 ff.; vgl. dazu auch N 130 ff. und N 201–203 zu Art. 271a). Ein Mieter, der einen kranken Freund bei sich aufgenommen hat oder dessen Lebenspartner an einer Krankheit oder Behinderung leidet, die der Hilfe des Mieters bedarf, kann sich demnach nicht auf «familiäre Verhältnisse» berufen, wohl aber auf persönliche (zu apodiktisch a.A. daher SVIT-Kommentar I, N 24 f. zu Art. 272, unter Hinweis auf BGE 105 II 199). Zur *Änderung in den familiären Verhältnissen des Mieters,* die gar ein *Vermieterinteresse* i.S.v. Art. 272 Abs. 1 begründen können, vgl. N 154 ff. zu Art. 271a.

*Persönliche Umstände, die den Mieter direkt bei der Suche nach Ersatzlösungen behin-* 152
*dern* (vgl., statt vieler: GIGER, S. 92), sind vor allem körperliche Behinderungen und der Gesundheitszustand (Spitalaufenthalt wegen Unfalls oder Krankheit; längerer Rehabilitations- oder Kuraufenthalt).

*Als persönliche und/oder familiäre Umstände, die indirekt den Mieter bei der Suche nach* 153
*angemessenen Ersatzlösungen behindern,* gelten beispielsweise (vgl. etwa GIGER, S. 92 ff., MENGE, S. 123 ff., SVIT-Kommentar I, N 21 ff., ZIHLMANN, Basler Kommentar, N 14 f. zu Art. 272):

- die in N 152 aufgeführten *direkten Behinderungen* (besondere Raumbedürfnisse: Roll- 154
  stuhlgängige Objekte sind ebensowenig leicht zu finden wie für Sehbehinderte angemessene Objekte [bei Behinderten z.B. kann auch noch eine Orts- oder Quartierverbundenheit indiziert sein]; vgl. auch ZMP 1/95 Nr. 6, E. III/B/4c [Parterrewohnung oder Wohnung mit Lift wegen Gehbehinderung im Alter]);
- die *Betagtheit des Mieters* und die sich u.U. daraus ergebende Problematik der Ersatzlö- 155
  sung, namentlich auch bei einer Orts- oder Quartiergebundenheit;
- *eine vorübergehende Ungewissheit in den persönlichen Verhältnissen* wie ein hängiges 156
  Scheidungs- oder Trennungsverfahren, ein Auszug oder Zuzug eines Familienmitgliedes (vgl. dazu N 140 zu Art. 271a) oder in den Auswirkungen noch unklare Unfallfolgen (wie bleibende Behinderung) usw., mithin alles Umstände, welche vorübergehend ungewiss erscheinen lassen, welche Ersatzlösung überhaupt zweckmässig ist (nicht Härten begründen demgegenüber allgemeine Ungewissheiten über den künftigen Verlauf der Lebensplanung [vgl. ZMP 2/94 Nr. 14, E. 2e], da diese stets und unabhängig von Mietverhältnissen bestehen und insoweit lebensimmanent sind);
- *ein objektiv* (im Verständnis vernünftiger Leute) *ungünstiger Kündigungstermin* wegen 157
  bevorstehender Veränderungen in den Raumbedürfnissen (vgl. BJM 1990, S. 312 f. [Geschäftsraum]), wegen bevorstehender Geburt, bevorstehender Pensionierung, bevorstehenden Stellenwechsels oder drohender Arbeitslosigkeit, bevorstehender Prüfung oder wegen Krankheit oder Unfalls (EGLI, S. 40; ferner unveröff. BGE vom 27. 9. 1989 i.S. B. ca. M.; ist die Krankheit [auch etwa des Ehegatten oder eines Kindes] nicht bloss vorübergehend, so kommt der Härtegrund des ungünstigen Kündigungstermins nicht in Frage [BJM 1987, S. 92]); ein Kündigungstermin erscheint zudem etwa dann ungünstig, wenn er zu einem Klassen- oder Schulwechsel der Kinder mitten im Schuljahr führen soll; für den Geschäftsraummieter ungünstig ist der Kündigungstermin mitten in der Saison;

158 – *Kinderreichtum* (ein solcher ist heute wohl bereits ab drei Kindern anzunehmen) des Mieters, wie überhaupt *die schulische, persönliche oder berufliche Situation der beim Mieter lebenden* (unmündigen oder noch in Ausbildung stehenden mündigen) *Kinder* eine härtebegründende Rolle spielen kann (Lehrstellenort, Schulort, besondere Schutzbedürftigkeit des Kindes usw.);

159 – als härtebegründend kann sich auch auswirken, dass der Mieter *alleinerziehend* ist (und daher u.U. auf «Haushaltshilfe» i.w.S. angewiesen ist (Hortplatz, Tagesmutter, Tagesschule, Au-pair usw.);

160 – die vom Vermieter zugestandene *Haustierhaltung* (bei der unbewilligten Haustierhaltung liegt eine Vertragsverletzung des Mieters vor, die ein nicht unerhebliches Interesse des Vermieters begründet [vgl. BGer, in: mp 4/95, S. 223 f.]), namentlich wenn es sich dabei um Haustiere handelt, die der intensiveren Betreuung bedürfen, auf Dritte eher befremdend wirken (Exoten, Schlangen, Ratten usw.) oder störend auffallen können (Hundegebell); findet der Mieter deswegen während längerer Zeit keinen Ersatz, so hat er sich – im Sinn einer Güterabwägung (obdachlos oder Tier) – von den Tieren wohl zu trennen (a.A. THANEI, S. 22);

161 – *andere besondere Verhältnisse*, die u.U. zugleich eine Orts- bzw. Quartiergebundenheit indizieren können, wie beruflicher Pikettdienst, und/oder die in Zusammenhang mit den wirtschaftlichen Verhältnissen stehen (Studenten, Lehrlinge) oder die *Zugehörigkeit zu einer religiösen Gruppe* beinhalten (z.B. strenggläubiger jüdischer Mieter, der in der Nähe der Synagoge wohnen sollte; unveröff. Beschluss des OGer Zürich vom 9. 3. 1990 i.S. P. ca. G.) oder in der *Nationalitätszugehörigkeit usw.* liegen (z.B. schwarze Hautfarbe als Hindernis bei der Wohnungssuche; unveröff. Urteil Mietgericht Zürich vom 18. 12. 1989 i.S. K. ca. R.).

162 **bb) Die persönlichen und familiären Verhältnisse des Vermieters** werden im wesentlichen von Art. 272 Abs. 2 lit. d erfasst (ähnlich GIGER, S. 104 f.). Vorab kann daher auf die Ausführungen dazu verwiesen werden (nachstehend N 189 ff., mit Verweisen).

163 Ergänzend sei angefügt, dass es dem Vermieter nicht verwehrt sein kann, sich z.B. unter dem Titel der *persönlichen Verhältnisse* darauf zu berufen, einem Freund oder entfernteren Verwandten einen Dienst erweisen zu wollen, der etwa deshalb darauf angewiesen ist, weil ihm andernorts als Mieter gekündigt worden ist (der ernsthafte Wunsch, den Freund oder einen neuen Partner bei sich selbst aufzunehmen usw., wozu ein grösseres als das bisher bewohnte Objekt oder ein besonderes Objekt [mit besonderen räumlichen Eigenschaften], notwendig ist, fällt demgegenüber unter Art. 272 Abs. 2 lit. d). Wie dieses persönliche Interesse, das in einer persönlichen Beziehung des Vermieters gründet (und damit durchaus ein persönliches «Verhältnis» darstellt), im Einzelfall zu gewichten ist, hängt massgebend von der Härte ab, die den Mieter trifft (je geringer diese ist, desto gewichtiger muss das Interesse des Vermieters erscheinen, und umgekehrt).

164 Unter dem Titel der persönlichen Verhältnisse kann sich der Vermieter auch auf *persönliche, moralische, religiöse, politische usw. Einstellungen* berufen, die namentlich dann nicht als leicht zu gewichten sind, wenn sie bereits in Zusammenhang mit dem Vertragsschluss offenbart wurden oder sonstwie Eingang in die Vertragsbeziehung der Parteien gefunden haben (womit ein Zusammenhang mit diesem gesetzlich verankerten Aspekt der Interessenbegründung hergestellt ist; z.B. Vermietung nur an Mieter mit Kindern aus sozialen Motiven [THANEI, S. 32, erachtet dergleichen hingegen ohne weiteres als Interessen, die es nicht zu berücksichtigen gelte]) und/oder im (geänderten) Verhalten des Mieters während des Mietverhältnisses (z.B. die Bankangestellte wird nebenberuflich Prostituierte; weitere Beispiele hierzu ergeben sich aus N 61 zu Art. 271). *Nicht auf solche Gründe berufen* kann sich der

Vermieter, der die von seinen Einstellungen abweichenden Einstellungen des Mieters beim Mietantritt kannte (oder hätte kennen können) oder danach billigte (z.B. sog. «unseriöser» Lebenswandel, Prostitution [vgl. mp 3/92, S. 132 = ZMP 2/92 Nr. 12; dazu ferner ZMP 2/92 Nr. 13] usw.; vgl. dazu ebenfalls N 71 f. zu Art. 271).

Endlich fallen unter persönliche oder familiäre Verhältnisse z.B. die *Krankheit* des im gleichen Haus wohnenden Vermieters, die im Verständnis vernünftiger Leute durchaus eine gewisse Rücksicht erfordert, an der es der Mieter jedoch fehlen lässt (vgl. dazu auch nachstehend N 171 [Verhalten]), ferner die *Störung der Beziehung zwischen dem Mieter* (und seiner Familie) *und dem Vermieter* und/oder dessen Familienangehörigen, vor allem, wenn diese im gleichen Haus wohnen (z.B. die Kinder des Mieters «schikanieren» die Kinder des Vermieters oder die betagte Mutter des Vermieters; der psychisch erkrankte Ehegatte des Mieters verbreitet [unwahre bzw. «unerträgliche»] Gerüchte über den Vermieter in der Nachbarschaft; z.B. aus verschiedenen Gründen gespanntes Verhältnis, welches das physische oder psychische Wohlbefinden des Ehegatten des Vermieters erheblich beeinträchtigt; vgl. mp 2/87, S. 63, ähnlich ferner z.B. SVIT-Kommentar I, N 55 zu Art. 272; a.A. offenbar mp 3/92, S. 129 ff. [auch Vertragsverletzungen des Mieters fallen bei diesem Entscheid einer Schlichtungsbehörde begründungslos nicht besonders ins Gewicht!]). 165

**cc) Die wirtschaftlichen Verhältnisse des Mieters** bestimmen in hohem Masse das Marktsegement, in dem nach einem (angemessenen) Ersatzobjekt zu suchen ist (ähnlich, statt vieler: SVIT-Kommentar I, N 26 zu Art. 272). Das Gesagte betrifft nach landläufiger Ansicht in erster Linie den Wohnungsmieter. Es trifft aber ebenso den Geschäftsraummieter, der wegen der Art seines Betriebes auf «unproduktive» Mietfläche (wie Lagerraum, Lagerfläche) angewiesen ist (z.B. Schreiner, Spengler, Sanitärinstallateur, Schlosser, Bootsbauer, anderer Handwerksbetrieb) und dafür nicht denselben Preis wie ein Geschäftsraummieter bezahlen kann, der die Mietfläche fast ausschliesslich oder doch überwiegend produktiv zu nutzen vermag (Büro, Verkaufsgeschäft). 166

*Unter wirtschaftlichen Verhältnissen ist bei Wohnungsmietern nicht bloss die Einkommenslage* des Mieters zu verstehen. Ins Gewicht zu fallen hat ebenfalls, *wie dieses Einkommen erzielt wird* (z.B. Doppelverdiener oder Renteneinkommen; ein Teil des Einkommens wird aus der Untermiete oder aus der Unterpacht erzielt und fällt mit dem Auszug weg [LACHAT/STOLL, S. 364]) *und wofür es erzielt wird* (Unterhaltsverpflichtungen; alleinstehender Mieter oder mehrköpfige Familie mit und ohne mitverdienende Familienangehörige usw. [vgl. ZMP z.B. 3/92 Nr. 32, E. 2]; berufliche Qualifikation des Mieters, die sein wirtschaftliches Fortkommen erschwert und ihm nur ein geringes Einkommen zu sichern vermag [ZIHLMANN II, S. 232]). Die wirtschaftlichen Verhältnisse werden schliesslich durch die Vermögenslage des Mieters mitbestimmt (z.B. Mieter, der z.T. von den Erträgnissen lebt). «Wirtschaftliche Verhältnisse» meint damit letztlich die für die Ersatzlösungssuche massgebende *wirtschaftliche Kraft* des Mieters (ähnlich z.B. GIGER, S. 95, SVIT-Kommentar I, N 26 ff. zu Art. 272, THANEI, S. 23; vgl. dazu auch N 173). 167

168 Lebte der Mieter bis anhin mit einem *Lebenspartner oder Angehörigen* (wie Kindern, Elternteil usw.) zusammen, so darf er sich auch ein diesen persönlichen Verhältnissen angemessenes Ersatzobjekt suchen. Die wirtschaftliche Kraft (insbesondere das Einkommen oder hohe Vermögen) des Lebenspartners bzw. der Angehörigen (Kinder usw.; ev. erhebliches Kindsvermögen) ist ihm dannzumal voll anzurechnen (ähnlich z.B. MENGE, S. 128 f., GIGER, S. 95, SVIT-Kommentar I, N 24, N 26 zu Art. 272). Zusammenzurechnen sind ohnedies immer die wirtschaftlichen Kräfte *gemeinsamer Mieter* (das war u.U. gerade auch für die Vermietung massgebend).

169 Für die *Beurteilung der Härte massgebend sind grundsätzlich die wirtschaftlichen Verhältnisse im Zeitpunkt der Entscheidfindung* (ähnlich SVIT-Kommentar I, N 26 zu Art. 272, der jedoch auf den Zeitpunkt abstellt, in dem um Erstreckung ersucht wird). In diesem Zeitpunkt bereits *voraussehbare Veränderungen in der näheren Zukunft sind jedoch mitzuberücksichtigen* (ähnlich etwa GIGER, S. 95, SVIT-Kommentar, N 26 zu Art. 272, ZIHLMANN II, S. 232; z.B. etwa der Auszug eines erwerbstätigen Familienmitgliedes, das bisher Beiträge an den Haushalt leisten konnte [unbeschadet darum, ob es das effektiv auch tat], weil es selbst eine Wohnung gefunden hat oder sich bald verheiraten wird; bevorstehende Pensionierung; drohende Arbeitslosigkeit; aufgrund eines Scheidungsurteils bald reduzierte oder gar entfallende Unterhaltsbeiträge; vgl. auch ZMP 1/95 Nr. 6, E. III/B/4c [analoge Betrachtungsweise bei persönlichen Verhältnissen]; vermindert der Mieter mit Blick auf die Ersatzlösung sein Einkommen, so bleibt ihm die Berufung auf ein ungenügendes Einkommen insoweit verwehrt [MENGE, S. 128]; zeigen sich baldige Verbesserungen an [neue Stelle mit besserem Verdienst usw.], so ist auf diese besseren Verhältnisse abzustellen, wenn einigermassen gewiss ist, dass sie auch eintreten werden]).

170 Mit zu berücksichtigen sind endlich – gemessen an der aktuellen Leistungsfähigkeit des Mieters – erhebliche *Unkosten*, die dem Mieter bei der Rückgabe der Mietsache *aus der Wiederherstellung* des vertraglichen Zustandes sicher anfallen werden (vgl. Art. 260a Abs. 2); bei Geschäftsraummietern und bei Mietern, deren Mietverhältnis befristet war, darf allerdings erwartet werden, dass (entsprechende) Rückstellungen getätigt wurden.

171 Bei der *Wohnraummiete* hat sich in der Praxis die *Faustregel* entwickelt, nicht mehr als ein Drittel (so WEGMANN, a.a.O., S. 184, MENGE, S. 128, SVIT-Kommentar I, N 26 zu Art. 272) bis ein Viertel des monatlichen Nettoeinkommens werde im Regelfall für den Mietzins aufgewendet und bestimme daher massgebend die Höhe des Mietzinses, der für ein Ersatzobjekt aufzuwenden sei (bei höheren Einkommen ist dabei eher auf ein Drittel abzustellen, bei tieferen eher auf ein Viertel). Die Faustregel darf aber *nicht dazu verleiten, weitere* (besondere) *Umstände ausser acht zu lassen*, wie sie sich etwa bei anderen Ersatzlösungen (vorn N 104 ff.; z.B. Altersheim) ergeben können oder wie sie im Fall kinderreicher Familien oder sozialer Bedürftigkeit bestehen.

Nicht ausser acht zu lassen sind endlich *die bisherigen Aufwendungen des Mieters für den Mietzins*, sofern sie höher liegen als der mit der Faustregel ermittelte Wert, weil sich dieser Mieter bislang dergleichen erlauben konnte und damit auch wollte (z.B. hohes Einkommen und gehobene Wohnansprüche im Rahmen gehobener Ansprüche an den Lebensstandard); hat der Mieter – gemessen an seiner wirtschaftlichen Kraft – bislang von Mietzinsen profitiert, die unter dem liegen, was ihm gemäss Faustregel zuzumuten wäre, so bleibt der bisher geleistete (tiefere) Mietzins hingegen unbeachtlich (vgl. dazu – sinngemäss – BGE 121 III 265, 105 II 198). 172

Die (positive) *Vermögenslage des Wohnraummieters* (vgl. vorn N 167) ist namentlich neben dem Einkommen gemäss Faustregel dort zu berücksichtigen, wo sie ihm Erträgnisse sichert (GIGER, S. 95). Eine Vermögenseinbusse wegen einer teuren Ersatzlösung ist ihm nur dann zuzumuten, wenn er sich selbst dazu entschlossen hat (beispielsweise, weil er in einem Alter steht, in dem er das Vermögen ohnedies anzehren will, oder weil er den Bezug einer Altersresidenz oder eines Platzes in einem Altersheim anstrebt) oder das Vermögen sehr hoch ist und/oder er bisher schon so verfahren hat (ähnlich GIGER, S. 95, THANEI, S. 23). 173

*Schulden des Wohnraummieters* können diesem hingegen kaum als härtebegründend zugerechnet werden. Zwar behindern sie ihn in der Suche, doch kann die Erstreckung daran meist nichts ändern, vor allem dort nicht, wo Verlustscheine bestehen oder schlechte betreibungsrechtliche Auskünfte vorliegen (Vielzahl von Betreibungen, Pfändungen usw.; gl.M. GIGER, S. 95 f., vgl. ferner ZMP 3/92 Nr. 32; a.A. THANEI, S. 23, ohne allerdings darzulegen, wie die Erstreckung diesem Zustand abhelfen könnte). Verschuldungen sind in jedem Fall dort nicht härtebegründend zu gewichten, wo sie sich auch gegenüber dem Vermieter auswirken (z.B. stete schleppende Zahlung, aber stets so rechtzeitig, dass noch kein Ausschlussgrund i.S.v. Art. 272a Abs. 1 lit. a gesetzt wird). 174

*Bei Geschäftsraummietern* ist vordringlich die Ertragssituation massgebend (z.B. belegt durch Geschäftsabschlüsse). Eine Rolle zu spielen haben unter dem Titel «wirtschaftliche» Verhältnisse aber ebenso die Unternehmensperspektiven und die Positionierung des Geschäftes auf dem Markt. Endlich fällt ins Gewicht die *Unternehmensgrösse:* Wird ein Filialnetz betrieben, so fällt der Umzug einer Filiale weniger ins Gewicht (vgl. GIGER, S. 96) als der Umzug eines einzelnen Geschäftes, der je nach dem (z.B. ortsgebundene Dienstleistungen; Quartiergeschäft mit Stammkundschaft) für den Mieter existenzbedrohend werden kann (vgl. etwa BGE 116 II 446 ff.). Im übrigen muss dort, wo das im Mietobjekt betriebene *Geschäft die Existenzgrundlage des Mieters* und seiner Familie oder seiner wenigen Angestellten bildet, unter wirtschaftlichen Gesichtspunkten eine unvergleichbar andere Härte angenommen werden als dort, wo der Mieter nebenbei als «Geschäftsmann» auch noch – gewissermassen hobbymässig – an Autos bastelt (wohl insoweit kaum a.A. BGer, trotz bzw. in BGE 118 II 42), mit Altwaren handelt usw.; dient die Nebenbeschäftigung des Mieters im Geschäftsraum hinwieder nicht unerheblich seiner Existenzsicherung, so haben die Gewichte wiederum anders zu liegen. 175

War der Mieter aus gesundheitlichen Gründen gezwungen, sein Geschäft zu verpachten, und bildet das Einkommen aus der Verpachtung seine Existenzgrundlage, so liegt ebenfalls eine erhebliche Härte vor (SJ 1984, S. 97 ff.; ähnlich etwa THANEI, S. 34). 176

**dd) Die wirtschaftlichen Verhältnisse des Vermieters** werden in der Praxis und Literatur regelmässig als eher leichtgewichtig eingestuft (vgl. BGE 110 II 254 [kein erhebliches Interesse, einen höheren Mietzins und eine längerfristige Vermietung sicherzustellen]; THANEI, S. 32 [contra legem: bleibt «unberücksichtigt»]; zutreffenderweise a.A. hingegen wohl BGE 118 II 50 ff. und BGE 120 II 105 ff.). Das kann derart absolut nicht zutreffen (gl.M. etwa LACHAT/STOLL, S. 364, GIGER, S. 105). Denn wie bei jeder 177 anderen Interessenabwägung nach den *Gesichtspunkten der Billigkeit* kann ebenfalls der wirtschaftlichen Interessenlage des Vermieters aufgrund des Gesetzes *nicht von vornherein* jedes Gewicht abgesprochen werden. Die finanziellen Interessen des (u.U. geschäftsunerfahrenen) *Kleinvermieters* (Stockwerkeigentümer, Zimmervermieter, Vermieter weiterer Wohnungen im gleichen Haus usw.) und seine wirtschaftlichen Möglichkeiten können gegenüber einem Mieter (der anderswo Eigentümer sein kann und u.U. über eine erhebliche Wirtschaftskraft verfügt) je nach den konkreten Umständen sehr wohl erheblich ins Gewicht fallen (Beispiele in N 179; vgl. auch N 87 zu Art. 271), zumal sich diese nicht immer durch eine einseitige Vertragsänderung i.S.v. Art. 269d ausgleichen lassen (so aber BGE 110 II 254). *Belanglos* sind allerdings finanzielle *Einbussen*, die ein Vermieter nur deshalb erleidet, weil er einen *neuen Mietvertrag abschloss, bevor über die allfällige Erstreckung des Verhältnisses mit dem bisherigen Mieter einigermassen Klarheit bestand* (ähnlich GIGER, S. 105; vgl. ferner mp 2/87, S. 63, mp 2/89, S. 69, BGE 117 II 71 f.).

178 *Beispiele:* Nicht von vornherein unerheblich können etwa Verluste aus einer Vermietung zu tiefen Mietpreisen sein, die dem Stockwerkeigentümer nicht einmal die Unkosten decken. Erheblich muss auch das wirtschaftliche Interesse des Mieters sein, der eine Liegenschaft bzw. Wohnung mit dem Ersparten (und unter Inkaufnahme von Schulden) gekauft hat, um darin selbst zu wohnen oder sein eigenes Geschäft zu betreiben (vgl. BGE 120 II 105 ff.). Nicht unerheblich können die wirtschaftlichen Interessen etwa eines Vermieters einer Ferienwohnung (Zweitwohnung) des Mieters sein (der z.B. Eigentümer der Erstwohnung ist), weil er dadurch (auch) einen besseren – zulässigen – Mietpreis erzielt (er kann aber ebenso zusätzlich eine Dauerbelegung der Wohnung als wünschenswert erachten, weil er nicht mehr häufig allein in einem Zweifamilienhaus wohnen will [z.B. nach dem Tod des Ehegatten oder nach dem Auszug der erwachsen gewordenen Kinder]; alsdann liegen nebst wirtschaftlichen ebenfalls nicht unwichtige persönliche Interessen vor). Nicht ohne weiteres geringfügig zu gewichten sind endlich die finanziellen Belastungen, die ein Kleinvermieter auf sich nehmen muss, wenn er die (z.B. in schlechtem Zustand geerbte) Liegenschaft zu sanieren hat.

179 Im Vergleich zum Kleinvermieter anders zu gewichten sind demgegenüber die *rein* wirtschaftlichen Interessen von sog. *Grossvermietern* (die mehrere Mietliegenschaften oder gar Überbauungen besitzen bzw. «verwalten»; gl. LACHAT/STOLL, S. 364; vgl. ferner SVIT-Kommentar I, N 55 zu Art. 272, GIGER, S. 105). Aber auch deren Interessen sind dann nicht a priori belanglos (a.A. THANEI, a.a.O.), wenn auf der Mieterseite kaum eine oder gar keine Härte auszumachen ist (vgl. zudem N 185).

180 ee) **Das Verhalten des Mieters** vermag dann vor allem nicht unwesentliche *Vermieterinteressen* zu begründen, wenn es *vertragswidrig* (pflichtwidrig) ist, aber nicht die Voraussetzungen eines Ausschlussgrundes i.S.v. Art. 272a Abs. 1 erfüllt (vorn N 114; statt vieler: LACHAT/STOLL, S. 364 f., THANEI, S. 30), sei es, weil dieses Verhalten nicht derart intensiv ist, sei es, weil der Vermieter ordentlich kündigte, ohne vorgängig die Formalien zu

beachten, die ihn zur ausserordentlichen Kündigung berechtigt hätten (z.B. keine Zahlungsfristansetzung i.S.v. Art. 257d Abs. 1 [vgl. BGer, in: mp 1/92, S. 42 ff.; drohen dem Vermieter Verluste, kann gar von einer Erstrekkung abgesehen werden; ZR 87, 1988, Nr. 24]; z.B. Zahlungsfristansetzung ohne Kündigungsandrohung i.S.v. Art. 257d; z.B. keine schriftliche Abmahnung i.S.v. Art. 257f Abs. 3 [vgl. BGE in: mp 4/95, S. 223 f.]; es fehlt in allen diesen Fällen die ausserordentliche Kündigungsberechtigung: vgl. N 132 ff. Vorbem. zu Art. 266–266o, N 55 zu Art. 257f. [mit Weiterverweisen], N 72 zu Art. 257f. [mit Weiterverweisen], BGE 121 III 156 ff.; dazu auch DdB 7/95 Nr. 26 [Note 6 ff.]). Kein Interesse begründen – «einmalige» – Bagatellverstösse (h.L.; für Beispiele vgl. N 86 zu Art. 271).

Ausser direkt vertragswidrigem Verhalten des Mieters kommen (als Interessen des Vermieters begründendes Verhalten) in Frage etwa *Treuwidrigkeiten, Unanstand* (der Mieter lässt z.B. dem Vermieter und/oder den Mitmietern gegenüber in seinem Verhalten den Respekt vermissen, den eigentlich jeder von einem anderen Mitmenschen erwarten darf; vgl. auch ENGEL, S. 197: «le locataire n'a pas d'égards pour ses voisins et se montre grossier envers le bailleur qui les lui rappelle»; dazu beispielhaft MRA 5/95, S. 250 ff.). 181

*Beispielhaft zu N 180 f. erwähnt werden können ferner* (vgl. auch GIGER, S. 97 f., MENGE, S. 129 f., ZIHLMANN II, S. 233): steter Rückstand bei den Zahlungen; – Nichterbringen der Sicherheitsleistung; – Schikanen gegenüber Nachbarn; – ständige Nörgelei wegen Kleinigkeiten gegenüber anderen Hausbewohnern, die zur «Vergiftung» der Atmosphäre führen (MRA 5/95, S. 250 ff.); – wiederholte Anpöbelungen; – weitere Beispiele ergeben sich aus N 12 f., N 23, N 40–42, N 61 zu Art. 257f. 182

*Keine Treuwidrigkeit des Mieters* (vgl. N 181) liegt im Regelfall dann vor, wenn er dem Vermieter beim Vertragsabschluss seine finanziellen Verhältnisse (oder deren bevorstehende Änderung) nicht (ausreichend klar) dargelegt hat, da keine entsprechende Auskunftspflicht besteht (vgl. ZMP 1/95 Nr. 1 f.); gleiches muss grundsätzlich bezüglich allfälliger Änderungen in den persönlichen Verhältnissen gelten, ausser diese Änderungen verstossen gegen Gründe für den Vertragsabschluss seitens des Vermieters (vgl. vorn N 143; siehe ferner N 61 zu Art. 271, N 170 zu Art. 271a). 183

Das *Verhalten* des Mieters kann schliesslich dann zu einem (nicht unerheblichen) Vermieterinteresse führen, wenn es in einem Umstand gründet, der an sich auch einen Härtegrund bildet, wie *Krankheit oder Betagtheit des Mieters*. 184

*Beispiele:* Der psychisch erkrankte Mieter schreckt bzw. ängstigt die Nachbarn durch Anfälle bzw. Ausfälligkeiten (etwa durch wiederholtes Poltern in der Nacht und Sturmläuten an der Wohnungsglocke zu allen Tages- und Nachtzeiten sowie Anfluchen eines jeden, den er im Treppenhaus sieht; vgl. auch N 142 zu Art. 271a); – Exhibitionismus usw. gegenüber Nachbarinnen und Kindern; – der erkrankte Mieter lebt in der Wahnvorstellung, er werde durch die Nachbarn vergiftet, und verhält sich entsprechend «misstrauisch» bzw. vorsichtig gegenüber den Nachbarn, in dem er «Abwehrmassnahmen» ergreift; – der betagte, vergessliche Mieter lässt den Gasherd wiederholt angestellt, das Wasser aus der Badewanne laufen usw. (N 142 zu Art. 271a). Dergleichen Vorkommnisse können schliesslich nicht als gering zu gewich- 185 tende wirtschaftliche Interessen des Vermieters (auch des Grossvermieters) begründen, wenn er dadurch Mieter verliert.

186 Unter das Verhalten des Mieters, das ein Interesse des Vermieters begründen kann, fällt schliesslich das *Verhalten nach der Kündigung* (ZIHLMANN II, S. 233; unklar, ob a.A., bei MENGE, S. 130), wie «Rachehandlungen», Schikanen usw., aber u.U. auch die fehlende Bemühung, nach einer Ersatzlösung zu suchen (vgl. BGE 102 II 256, 116 II 448 E. 3a, BJM 1990, S. 311 ff.) oder die ungerechtfertigte Ablehnung ihm angebotener (angemessener) Ersatzobjekte (vgl. ZMP 1/95 Nr. 8 f., BJM 1990, S. 314).

187 **ff) Das Verhalten des Vermieters** bewirkt regelmässig dort eine *Härte für den Mieter*, wo die *Kündigung treuwidrig war, aber unangefochten blieb* (sinngemäss gl.M. etwa LACHAT/STOLL, S. 365 [dort auch Fn. 37]; vgl. Beispiele vorn in N 145 und N 164; weitere Beispiele ergeben sich aus N 66, N 69 ff., N 84 ff. zu Art. 271).

188 *Krankhaftes, unanständiges oder kleinliches Verhalten des Vermieters* usw. begründet für sich allein genommen kaum eine Härte (und schon gar kein Vermieterinteresse), sondern wohl vielmehr den gegenteiligen Wunsch des Mieters, von sich aus nach Ersatz suchen zu wollen, was aus anderen Gründen – die für sich als Härtegründe genügen – erschwert sein kann (vgl. ENGEL, S. 197: «Ou encore le bailleur est un Monsieur Vautour à tendances paranoïdes. Dans ces cas-là, la séparation, c'est-à-dire la fin du bail est la meilleure thérapie»).

### *d) Eigenbedarf des Vermieters (Art. 272 Abs. 2 lit. d)*

#### aa) Allgemeines

189 Art. 272 Abs. 2 lit. d beschreibt als namentlich in der Interessenabwägung zu berücksichtigendes Element (vorn N 123) *ausschliesslich ein Vermieterinteresse.* Dieses Interesse des Vermieters, die Mietsache für sich selbst oder für seine Familie zu gebrauchen, stellt gewissermassen ein natürliches Interesse vor allem des Kleinvermieters und Erwerbers einer Wohnung oder eines Hauses dar. Unter dem alten Recht bildete der Eigenbedarf einen Kündigungsgrund, der eine Erstreckung des Mietverhältnisses ausschloss (vgl. aArt. 267c). Diese Regelung wurde vielfach – zu Recht – als zu starr empfunden, da sie keine Handhabe zu flexiblen Lösungen bot, wo mieterseits eine erhebliche Härte vorhanden war. Sie ist deshalb im neuen Recht zugunsten flexiblerer Lösungsmöglichkeiten unter dem Aspekt der Billigkeit fallengelassen worden (vgl. Botsch., S. 1461 f.).

190 Ferner soll die neue Regelung auch Missbräuchen vorbeugen. Es soll einem Vermieter verwehrt sein, sich auf einen Eigenbedarf zu berufen, der nicht besteht (Botsch., S. 1462). Nüchtern besehen hätte allein dieser «Missbrauch» die neue Regelung allerdings nicht erfor-

derlich gemacht – denn das alte Recht schützte nur einen tatsächlichen, ernsthaften und insoweit «dringlichen» Eigenbedarf (vgl. SCHMID, N 16 zu aArt. 267c, unter Hinweis auf BGE 99 II 50 ff., 99 Ia 312 ff.). Kam in der Praxis trotzdem anderes vor (vgl. etwa MENGE, S. 131), so lag das demnach nicht am alten Recht, sondern an seiner unsorgfältigen Anwendung, wie etwa der ungenügenden Abklärung der Ernsthaftigkeit. Dabei bot sich schon unter dem alten Recht die «Nagelprobe» der Ernsthaftigkeit in einem einfachen gerichtlichen Vergleichsvorschlag an, der den Vermieter verpflichtet hätte, dem Mieter – Unglücksfälle und andere unvorhersehbare Ereignisse ausgeschlossen – eine hohe Konventionalstrafe zu bezahlen (z.B. im Umfang von 6–8 Monatsmietzinsen), wenn der Eigenbedarf nicht verwirklicht worden wäre.

*Der Begriff des Eigenbedarfes* wird im neuen Recht zur Verwirklichung des geschilderten natürlichen Interesses in verschiedenen Zusammenhängen erwähnt (vgl. Art. 261 Abs. 2 lit. a, Art. 271a Abs. 3 lit. a) und ist daher einheitlich auszulegen und anzuwenden (vgl. BGE 118 II 53). Es kann deshalb an dieser Stelle im wesentlichen auf die *Ausführungen zu Art. 271a Abs. 3 lit. a verwiesen werden* (N 188–205 zu Art. 271a; Beispiele in N 198). 191

Ergänzend ist anzufügen, dass sich *auf den Eigenbedarf* nicht nur der Eigentum haltende Vermieter *berufen kann*, sondern *jeder Vermieter*, also ebenso der Nutzniessungsberechtigte, der Baurechtsnehmer, der Untervermieter usw. (vgl. N 193 f. zu Art. 271a, mit Verweisen; unklar, ob a.A., bei BGE 118 II 50 ff. [infolge verwirrlicher Begrifflichkeit]). Darin unterscheidet sich das neue Recht vom alten wesentlich. 192

Bei *gemeinsamen Vermietern* (insbesondere z.B. Erbengemeinschaften) kann sich jeder auf dieses Interesse berufen, bei dem die Voraussetzungen erfüllt sind (Rep. 1974, S. 130 ff., S. 396 ff., SJ 1979, S. 577; SVIT-Kommentar I, N 51 zu Art. 272, WEBER, S. 183). 193

Der geltend gemachte Bedarf ist nicht auf die Person des Vermieters – wozu auch *juristische Personen* gehören (vgl. N 190 zu Art. 271a) – beschränkt, sondern gilt gleichfalls *für nahe Verwandte und Verschwägerte* (vgl. dazu N 200 ff. zu Art. 271a, mit Beispielen): Eine «Hilfe» zugunsten dieser Personen entspricht ja ebenfalls einem persönlichen bzw. familiären Interesse des Mieters – das rückt lit. d von Art. 272 Abs. 2 gewissermassen in das Licht einer lex specialis von lit. c derselben Norm. *Interessen weiterer Dritter bleiben hingegen ausgeschlossen* (h.L.; ZMP 1/92 Nr. 8, 1/95 Nr. 7; vgl. etwa N 191 zu Art. 271a [z.B. Aktionär: z.T. hierin a.A. LACHAT/STOLL, S. 366, ENGEL, S. 197, ohne m.E. stichhaltige Begründung], N 192 zu Art. 271a [Angestellter], N 203 zu Art. 271a [z.B. «Muttergesellschaften»]). 194

bb) Dringlichkeit

Mit dem Element der «Dringlichkeit» wird – wie unter dem alten Recht (vgl. SCHMID, N 16 zu aArt. 267c) – ein *ernsthaftes, also konkretes und aktuelles* 195 (und insoweit eben dringliches) Bedürfnis verlangt, und zwar am direkten Gebrauch der Sache, über die das gekündigte Mietverhältnis besteht, durch die Person, deren Bedürfnis angerufen wurde (vgl. BGE 118 II 50 ff., ferner etwa ZMP 1/91 Nr. 7; siehe des weitern N 190 und N 196 f. zu Art. 271a).

196 Stirbt diese Person, oder fällt ihr Bedürfnis aus (objektiv) unvorhersehbaren Gründen weg, so entfällt grundsätzlich auch das Interesse des Vermieters, was bei der Gewichtung der Interessenlagen zu berücksichtigen ist (die zuvor ausgesprochene Kündigung bleibt selbstredend gültig; dazu N 59, N 119, N 153 zu Art. 271).

cc) Gewichtung

197 Der Eigenbedarf des Vermieters im Sinn der Norm ist wie jedes andere Element der Interessenabwägung zu gewichten (dazu allgemein vorn N 124 ff.), u.a. in Kombination mit weiteren Interessen wie Umbauvorhaben (vgl. vorn N 143 [am Ende]; ferner siehe BGE 118 II 54 [Relativierung des Ausschlussgrundes]; ähnlich z.B. LACHAT/STOLL, S. 365) und/oder weiteren persönlichen Verhältnissen usw. (z.B. Familienzuwachs beim Vermieter oder beim Verwandten). Immerhin *gebietet es die gesetzlich geforderte «Dringlichkeit», den Bedarf grundsätzlich nie leicht zu nehmen* (so auch LACHAT/STOLL, S. 365), insbesondere dort nicht, wo der Mieter keine besondere Veranlassung hatte, mit einem längerdauernden Verbleib in der Mietsache rechnen zu können (vgl. etwa vorn N 142; kann dem Vermieter grundsätzlich zugemutet werden, innert eines Jahres zweimal umzuziehen, kann das angesichts eines ausgewiesenen, unvorhergesehenen dringlichen Bedarfs dem Mieter auch; vgl. ferner BGer, in: NZZ vom 25. Januar 1995, Nr. 20, S. 15 [keine Härte bei einem zweimaligen Umzug innert 19 Monaten]; vgl. ferner 205 zu Art. 271a).

198 An die «Dringlichkeit» selbst hinwieder sollte man im Interesse billiger Lösungen nicht besonders strenge bzw. hohe Anforderungen stellen (so aber MENGE, S. 131 f.), sondern vielmehr im von BGE 118 II 150 ff. vorgezeichneten Rahmen verharren (der den Beweis des Bedarfes nicht ausschliesst; vgl. N 204 zu Art. 271a). In diesem Rahmen muss es u.a. einem Vermieter ohne Nachteil erlaubt sein, den Mieter frühzeitig auf den sich einstellenden Bedarf – auch ohne Kündigung etwa – hinzuweisen (z.B. weil die Pensionierung absehbar ist; weil der Vermieter in absehbarer Zeit sein derzeitiges Domizil verlassen muss [z.B. befristeter Vertrag, baurechtliche Vorschriften bzw. Entscheide]). Sinn und Zweck der neurechtlichen flexibleren Lösung kann es kaum sein, durch eine rigorose Praxis den Fall herbeizuführen, den es gerade zu vermeiden gilt, nämlich dass in jedem Fall eine der beiden «Parteien» obdachlos wird (der Vermieter ist z.B. selbst Mieter, dem gekündigt wurde, und es wurde ihm – u.a. unter Hinweis auf seine finanziellen Verhältnisse und eine eigene Wohnung – nur geringe oder gar keine Erstreckung gewährt [was in der unpublizierten Praxis zum alten Recht durchaus vorgekommen ist]).

199 *Keine abweichende Gewichtung* des Eigenbedarfes ist *bei der Geschäftsraummiete* angezeigt, da das Gesetz dergleichen nicht vorsieht (h.L.; so

schon zum alten Recht: SCHMID, N 17 zu aArt. 267c; vgl. dazu N 191, N 194, N 198, N 203 zu Art. 271a).

*e) Verhältnisse auf dem örtlichen Markt (Art. 272 Abs. 2 lit. e)*

Die örtlichen (Miet-)Marktverhältnisse spielen im wesentlichen die Rolle eines *härtebegründenden Aspektes* (statt vieler: LACHAT/STOLL, S. 366). Je nachdem, wie sie sich präsentieren, behindern oder erleichtern sie eine Ersatzlösung innert der Frist, die dem Mieter hierfür zur Verfügung steht (dazu nachstehend N 212 ff.). *Im Regelfall genügen sie allein zur Annahme einer Härte* jedoch *nicht* (vgl. nachstehend N 201 ff.; immerhin genügen sie dann für sich, wenn keine wesentlichen Vermieterinteressen auszumachen sind [etwa da, wo diese nachträglich wegfielen], und/oder wenn die Marktverhältnisse durchgehend prekär sind; gl.M. wohl auch LACHAT/STOLL, S. 366; weitergehend THANEI, S. 25 f., unter dem nicht ganz nachvollziehbaren Verweis auf die «Wohnungsnot» [vgl. nachstehend N 202 ff.], sowie MENGE, S. 135 f., unter Hinweis auf LACHAT/STOLL, S. 366). Denn auch diese Marktverhältnisse sind stets *nur ein* Element, welches es in der Interessenabwägung besonders zu gewichten gilt (vgl. dazu vorn N 123, nachstehend N 226 f. [Zweiterstreckung]). 200

Die Beurteilung des Einflusses der Marktverhältnisse auf die Suchbemühungen eines Mieters – und damit im *Resultat die Gewichtung dieser Verhältnisse* als härtebegründender Faktor im Sinn einer Prognose (vgl. auch ZIHLMANN II, S. 230) – hat *im wesentlichen drei Gesichtspunkten zu folgen:* 201

- Es sind nur die Verhältnisse des örtlichen Marktes zu berücksichtigen, der für den konkreten Mieter im Rahmen einer zumutbaren, d.h. «gleichwertigen» Lösung in Frage kommt (dazu N 206 f.). 202
- Es ist nur das Marktsegment des örtlich massgebenden Marktes zu berücksichtigen, das für den konkreten Mieter im Rahmen einer zumutbaren Lösung in Frage kommt (dazu N 208 ff.). 203
- Mit Blick auf die Billigkeit der Lösung ist mitzuberücksichtigen, welche Suchzeit dem Mieter für die Suche eines Ersatzobjektes bereits zur Verfügung stand (dazu N 212 ff.). 204

Keinen Sinn macht die Berufung auf die Marktverhältnisse dann, wenn die vom Mieter angestrebte angemessene Ersatzlösung nicht in der Suche eines Ersatzobjektes besteht (z.B. weil er über ein solches in Bälde verfügt [z.B. innert einiger Monate, längstens ca. innert eines Jahres; vgl. auch unveröff. BGer 4C.377/1994 vom 7. Dezember 1994] oder eine andere Lösung zweckmässiger ist; vgl. vorn N 104 ff.). 205

**aa)** Das Gesetz bezeichnet als massgebenden Markt die örtlichen Marktverhältnisse, also den **örtlichen Markt**. Dadurch zeichnet es vor, worin im Regel- 206 fall (zu den Ausnahmen vorn N 205, nachstehend N 207) *unter örtlichen Aspekten die angemessene Lösung zu erblicken ist:* in erster Linie in einem Ersatzobjekt *am bisherigen Wohn- bzw. Geschäftsort,* wobei «Ort» – je nach der sich aus den (bisherigen) persönlichen usw. Verhältnissen ergebenden Flexibilität des Mieters – auch die nähere Umgebung bzw. Region meinen kann (vgl. dazu beispielhaft: ZMP 2/94 Nr. 14, E. 2c) oder bloss ein bestimmtes Quartier bzw. einige bestimmte Quartiere in der fraglichen Ortschaft (gl. z.B. GIGER, S. 98 f.).

207 *Sucht der Mieter von sich aus* – weil er sich dadurch beispielsweise bessere Ersatzchancen erhofft oder weil ein beruflicher Ortswechsel ohnedies ansteht – *(auch) an einem andern Ort nach Ersatz,* so sind (auch) die Marktverhältnisse jenes Ortes, jener Umgebung bzw. jener Region massgebend. Solche anderen Märkte dürfen ungeprüft bleiben (und es ist auf den primär massgebenden Markt am Ort der bisherigen Mietsache abzustellen), wenn der Mieter für die Wahl eines anderen Ortes keine stichhaltigen Gründe vorzubringen vermag *und/oder* diesen Ort bloss als Ersatzort vorbrachte, um die dort schwierigeren Verhältnisse anführen und das Härtemoment erhöhen zu können).

208 **bb)** Zu berücksichtigen sind sodann nicht alle **Marktsegmente** des massgebenden örtlichen Marktes, sondern nur solche, in denen der Mieter eine zumutbare, «gleichwertige» Ersatzlösung finden kann. Diese Zumutbarkeit («Gleichwertigkeit») – und damit das zu berücksichtigende Marktsegment – wird wesentlich *bestimmt durch die wirtschaftliche Kraft des Mieters,* aber gleichermassen ebenfalls durch seine den Umständen angemessenen (oder gar besonderen) *Raumbedürfnisse, die sich ihrerseits aus den übrigen sog. Härtegründen ergeben* (vgl. GIGER, S. 100, TRACHSEL, S. 230; z.B. vereinbarter Gebrauch [wozu auch die Grösse des bisherigen Objektes zu zählen ist, soweit dieses den persönlichen Verhältnissen des Mieters objektiv angemessen war, was z.B. bei einer Vierzimmerwohnung für eine alleinstehende Person regelmässig nicht der Fall ist], besondere vertragliche Bestimmungen [vgl. vorn N 141, N 143], persönliche oder familiäre Verhältnisse [vgl. vorn N 152 f., N 158, N 161).

209 *Zu unterscheiden ist dabei* – kraft Gesetzes (vgl. Art. 272 Abs. 2 lit. e) – zwischen Marktsegmenten für Wohnraum einerseits und für Geschäftsraum anderseits. Beim *Geschäftsraum* werden die Segmente bestimmt durch die Art des Geschäftes (z.B. Verkaufslokal, Büro bzw. Dienstleistungsbetrieb, Fabrikationsbetrieb, Gewerbebetrieb, Atelier usw.; vgl. ebenfalls N 141), weil ein Überangebot an Büroräumen etwa einem Metzgereibetrieb oder einer Apotheke nicht hilft (gl. z.B. LACHAT/STOLL, S. 367). Beim *Wohnraum* fällt in erster Linie der Mietpreis im Lichte der wirtschaftlichen Kraft des Mieters ins Gewicht (GIGER, S. 100; die Faustregel [vgl. vorn N 171 f.] bestimmt die Obergrenze des Preissegmentes, in dem der Mieter suchen muss), ferner wiederum das Raumbedürfnis im Lichte der persönlichen Verhältnisse usw. (N 153 ff.). Erweist sich in diesem Segment das *Auffinden einer Ersatzlösung im Zeitpunkt des Entscheides als sozusagen ausgeschlossen,*

steht das einer Erstreckung – die ja bloss auf einer provisorischen Abschätzung der Verhältnisse in einem bestimmten Zeitpunkt beruht (Prognose; N 86) – nicht entgegen (vgl. BGE 116 II 448).

Beim *gemischten Gebrauch* (zum Begriff vgl. N 36–38 zu Art. 253a–253b) sind sowohl entsprechende Möglichkeiten auf dem Wohn- als auch auf dem Geschäftsraummarkt zu berücksichtigen. 210

Die vorstehenden Ausführungen belegen übrigens zum einen eine *enge Verbundenheit* des (Härte-)Kriteriums der *Marktverhältnisse mit den übrigen Verhältnissen, die es zu berücksichtigen gilt*, und zum andern, dass der blosse Rekurs auf einen allgemeinen Wohnungsmangel und diesen «belegende» Statistiken, die ohnedies regelmässig unzuverlässig und wenig aussagekräftig sind (einlässlich GIGER, S. 99 f.), im Regelfall gerade nicht ausreicht, um begründet eine Härte anzunehmen (vgl. vorn N 200; z.T. abweichend etwa THANEI, S. 26 f.). 211

cc) Die gemäss Art. 272 Abs. 1 anzustrebende Billigkeitslösung verlangt endlich die Berücksichtigung der dem Mieter zur Verfügung stehenden angemessenen **Suchfrist** im Lichte des Marktes (vgl. etwa GIGER, S. 100 f., THANEI, S. 26 f.). Differenzierungen aufgrund dieses weiteren Aspektes drängen sich im wesentlichen in zwei Richtungen auf: 212

*Erstens* ist zu unterscheiden zwischen einer *befristeten Miete* und einer unbefristeten, die vom Vermieter ordentlicherweise (jederzeit) gekündigt werden kann. Bei ersterer weiss der Mieter in der Regel geraume Zeit vor dem Vertragsende, dass er nach Ersatz suchen muss; er hat folglich – vernünftig betrachtet – mit entsprechenden Bemühungen um Ersatz schon aus eigenem Interesse ernsthaft und rechtzeitig zu beginnen. Vermag er eine erfolglose Suche darzutun, belegt er schwierige Marktverhältnisse (gl.M., wenn auch allgemeiner gehalten, THANEI, S. 28, unter Hinweis auf einen unveröff. Entscheid des BGer vom 27. 9. 1989). 213

Eine ähnliche Betrachtung ist bei den unecht befristeten Mietverhältnisse, bei denen eine vertragliche Mindestdauer besteht, hingegen nicht angezeigt, da deren Ende ja nicht gleichermassen gewiss erscheinen kann wie in der Regel bei den echt befristeten Mietverhältnissen. Nicht angezeigt ist diese Betrachtungsweise auch dort, wo die Befristung mit dem *Eintritt einer Bedingung* verbunden ist und dort, wo die Befristung in einer Höchstdauer besteht, die es dem Vermieter erlaubt, schon zuvor zu kündigen (dazu nachstehend N 215). 214

*Bei kündbaren* Mietverhältnissen (bei unbefristeten bzw. atypisch befristeten Mietverhältnissen mit vereinbarter Höchstdauer) ist in der Regel von einem «Tatbeweis» der Härte (vgl. ZIHLMANN II, S. 230 f.) durch Suchbemühungen im näheren Gefolge der Kündigung abzusehen (vgl. Botsch., S. 1462), wiewohl er nicht gänzlich ausser acht gelassen werden soll: *Wer geltend macht, er sei in seinen Suchbemühungen durch die Marktverhältnisse behindert*, muss eine solche *Behinderung wenigstens ansatzweise* durch 215 ernsthafte Suchbemühungen, die nach dem Erhalt der Kündigung beginnen, *belegen* (zu den Suchbemühungen vgl. ferner nachstehend N 237 ff.); insoweit gilt die unter dem alten Recht begründete Praxis weiter (vgl. BGE 116 II 448, 110 II 254, 102 II 256; a.A. Rep. 1977, S. 104 ff., SJ 1979, S. 582). *Von Suchbemühungen gänzlich absehen kann* – ohne Nachteile befürchten zu müssen – demnach nur, wer genau weiss, dass die Kündigung des Mieters nichtig oder ex tunc unwirksam ist (einen allfälligen Irrtum in diesem Punkt hat er sich allerdings als Selbstverschulden anrechnen zu lassen).

216 *Zweitens* ist der *Zeitpunkt beachtlich, in dem der Härtegrund der Marktverhältnisse geltend gemacht wird.* Bei einer *Ersterstreckung* (zu diesem Begriff vorn N 29 und nachfolgend N 218 ff.) sind – unter Berücksichtigung des vorhin Angeführten – grundsätzlich keine allzu hohen Anforderungen an die Suchbemühungen des Mieters zu stellen (gl., statt vieler: THANEI, S. 26 f.; vgl. auch BGE 116 II 448). Im Fall der *Zweiterstreckung* (dazu vorn N 29 und nachstehend N 218 ff.) verlangt das Gesetz durch Art. 272 Abs. 3, dass der Mieter «alles» Zumutbare unternommen hat, um die Härte abzuwenden (zum alten Recht bereits MOSER, S. 123), was u.U. auch Abstriche bei den Anforderungen verlangt, die der Mieter an das «gleichwertige» Ersatzobjekt stellen darf (vgl. BGE 116 II 449, ZR 78 [1979] Nr. 131). Das ist mit Blick auf die Marktsegmente, welche als massgebende Verhältnisse in Frage kommen, aber auch mit Blick auf den Ort selbst, der massgebend sein muss, nicht unerheblich (erfolglose ernsthafte Suchbemühungen erlauben demgegenüber eine zweite Erstreckung auch dann, wenn unklar ist, ob überhaupt ein passendes Objekt gefunden werden kann; BGE 116 II 448).

217 Hat der Vermieter durch *frühzeitige Kündigung dem Mieter bereits wesentlich mehr Zeit zur Suche eingeräumt, als es das Gesetz verlangt* (ab ca. drei Monaten mehr bei Wohn- und Geschäftsräumen, ausgenommen möblierte Zimmer), so ist das ebenfalls zu berücksichtigen (in der Praxis erfolgt das regelmässig durch eine angemessene Anrechnung an die Erstreckungsdauer bei der Bemessung der Erstreckungsdauer [vgl. BGE 102 II 256, 99 II 171, BJM 1982, S. 135 f.]; je nach den gegebenen örtlichen Verhältnissen und dem Gewicht der Vermieterinteressen kann das Unterlassen von ernsthaften Suchbemühungen – z.B. aus Bequemlichkeitsgründen oder aus Unvernunft – aber auch zur Verneinung einer Härte unter dem Aspekt der Marktverhältnisse führen).

218 Eine *frühzeitige Kündigung* kann den Mieter allerdings in der Suche unter gewissen Umständen auch behindern, bzw. eine wirtschaftliche *Härte* dadurch begründen, dass er u.U. an zwei Orten Mietzins bezahlen muss (ähnlich THANEI, S. 25; vgl. SJZ 1976, S. 265). Gewährt der Vermieter dem Mieter allerdings *das vorzeitige Auszugsrecht* (d.h. die vorzeitige Rückgabe unter Entlassung aus der Mietzinszahlungspflicht; vgl. auch THANEI, a.a.O., unter Hinweis auf einen unveröff. Entscheid des BGer), so kann das je weniger gelten, desto flexibler das Auszugsrecht für den Mieter ausgestaltet ist (z.B. auf Ende eines Quartals, auf Ende eines jeden Monats).

Von der frühzeitigen Kündigung zu unterscheiden ist die *frühzeitige Ankündigung der Kündigung*. Sie ist dort analog der frühzeitigen Kündigung zu berücksichtigen, wo der Mieter im Lichte des Vertrauensprinzips keinen Anlass daran haben konnte davon auszugehen, dass der Vermieter die Ankündigung aus den damals erwähnten Gründen wahrmachen werde und wahrgemacht hat (a.A. THANEI, a.a.O., unter Hinweis auf einen unveröff. Entscheid des BGer). 219

# E. Die Erst- und die Zweiterstreckung (Art. 272 Abs. 3)

## I. Allgemeines

### 1. Die Wahl der Erstreckungsart als Teil des Billigkeitsentscheides

Der von Art. 272 Abs. 1 geforderte Billigkeitsentscheid hat die Interessenlagen der Parteien unter allen massgebenden Aspekten zu berücksichtigen (vorn N 120 ff.), sofern ein Erstreckungsanspruch des Mieters besteht. Die Interessenlagen der Parteien werden nicht allein durch die konkreten einzelnen Härtegründe und Vermieterinteressen bestimmt. Die gesetzlich geforderte *Billigkeitsentscheidung* kann sich daher *nicht in der* richterlichen *Feststellung* einer überwiegenden Härtesituation usw. *erschöpfen*, sondern hat *die Beziehungen der Parteien* über den (einst) vorgesehenen Beendigungstag hinaus *für die Erstreckungsdauer zu gestalten* (vorn N 122; vgl. Art. 272c und Art. 272d). 220

Aus der *Pflicht* zur (richterlichen) *Gestaltung der Vertragsbeziehung* der Parteien im Rahmen des *Billigkeitsentscheides* folgt, dass der Entscheid im Sinn einer *Prognose* zur künftigen Entwicklung (ZIHLMANN II, S. 230; vgl. auch GIGER, S. 125, MRA 1/95, S. 42), stets neben der Interessenlage der Parteien ebenso die folgenden Aspekte grundlegend zu berücksichtigen hat (vgl. ebenfalls vorn N 122): 221

- die vom Mieter gewählte konkrete Ersatzlösung und deren Angemessenheit (vgl. N 100 f. und N 104 f.) mit Blick auf deren Realisierung in der (näheren) Zukunft; 222
- die konkreten Pläne bzw. Vorstellungen des Vermieters zur Verwendung der Mietsache nach der Vertragsbeendigung und deren Angemessenheit mit Blick auf die Realisierung in der (näheren) Zukunft. 223

224 Diesen Aspekten hat der Richter (bzw. die Schlichtungsbehörde) *zum einen durch die Bestimmung der Erstreckungsdauer* (vgl. Art. 272b Abs. 1) Rechnung zu tragen.

225 Zum andern hat der Richter (bzw. die Schlichtungsbehörde) die *Art der Erstreckung zu wählen* (vgl. Art. 272b Abs. 1; vgl., statt vieler: LACHAT/STOLL, S. 368 f., THANEI, S. 35) und dabei *entweder* gemäss der Prognose eine *definitive* Lösung anzustreben («letztmalige» Erstreckung; vgl. vorn N 29) *oder* eine *provisorische* (Ersterstreckung; vgl. vorn N 29, nachfolgend N 228 ff.), die eine Überprüfung der Interessenlagen zu einem späteren Zeitpunkt nochmals erlaubt (Zweiterstreckung). Zu den Kriterien, an denen sich diese Wahl der Erstreckungsart in der Praxis orientiert, vgl. die Ausführungen zu Art. 272b.

## 2. Grundsatz der gleichen Interessenabwägung bei Erst- und Zweiterstreckungen

226 *Art. 272b Abse. 1 und 2 steckt den Rahmen ab, innerhalb dessen die Interessenabwägung zu erfolgen hat*, die Grundlage des Billigkeitsentscheides der Schlichtungsbehörde bzw. des Richters zur Erstreckung sein soll (vorn N 120 ff.). Unterscheidungen zwischen der Prüfung der Interessenlagen bei Erst- oder Zweiterstreckungen werden dabei keine getroffen. Es hat daher die Abwägung der *Interessen bei der Prüfung von Zweiterstreckungen grundsätzlich* nach denselben Kriterien zu folgen (statt vieler: THANEI, S. 39, ZIHLMANN, Basler Kommentar, N 22 zu Art. 272; vgl. beispielhaft BGE 116 II 446 ff. sowie unveröff. BGE 4C.399/1995 vom 31. 1. 96). Die Schlichtungsbehörde bzw. der Richter hat daher im Fall einer Zweiterstreckung wiederum einen Billigkeitsentscheid zu fällen, allerdings *im Lichte der Umstände, die im Zeitpunkt dieser zweiten Entscheidung bestehen* (und nicht im Lichte jener, die die erstmalige Erstreckung bestimmten; gl. z.B. SCHMID, N 27 zu aArt. 267a, GIGER, S. 128).

227 *Abweichend* von der grundsätzlich gleichen Interessenabwägung wie bei Ersterstreckungen hat die Prüfung einer Zweiterstreckung sodann *drei zusätzliche Gesichtspunkte mitzuberücksichtigen,* die direkt (nachstehend N 228 ff.) bzw. indirekt (nachstehend N 237 ff.) eine Folge davon sind, dass bereits einmal die Erstreckungsfrage aufgeworfen bzw. geprüft worden ist (ungenau diesbezüglich SVIT-Kommentar I, N 60 zu Art. 272). Die drei Voraussetzungen ergeben sich im wesentlichen aus dem Gesetz (Art. 272 Abs. 3 und Art. 273 Abs. 3), wobei die *ersten zwei* Voraussetzungen vor allem formale Aspekte beschlagen *(schon gewährte Ersterstreckung; Gesuch* des Mieters) und nur die *dritte* «Voraussetzung» zusätzliche materielle Aspekte beschlägt

*(Anstrengungen zur Abwendung der Härte*; vgl. ENGEL, S. 198: «facteur supplémentaite»; unklar, ob a.A., beim SVIT-Kommentar I, N 60 f. zu Art. 272, der nur letzteres zu den «Voraussetzungen» der Zweiterstreckung zu zählen scheint).

## II. Besondere Voraussetzungen der Zweiterstreckung

### 1. Bereits gewährte Ersterstreckung

Die Zweiterstreckung *setzt* (nur schon rein begrifflich) *zwingend voraus, dass* nach der vertraglichen oder durch Kündigung herbeigeführten Vertragsauflösung dem Mieter bereits eine (erstmalige) Erstreckung des Mietverhältnisses (vgl. dazu auch N 29) gewährt worden ist (gl. z.B. ZIHLMANN, Basler Kommentar, N 21 zu Art. 272). Ob diese (Erst-)Erstreckung auf dem Weg der Vereinbarung im Rahmen eines Verfahrens oder ausserhalb eines Verfahrens (vgl. Art. 272b Abs. 2) eingetreten ist oder aufgrund eines Entscheides, spielt demgegenüber keine Rolle (gl. M. schon zum alten Recht SCHMID, N 3 zu aArt. 267e, mit Verweisen; a.A. zum alten Recht MOSER, S. 120, S. 128 [singulär, durch den neurechtlichen Art. 272b Abs. 2 überholt]). 228

*Eine erstmalige Erstreckung setzt* folglich eine Vertragsbeendigung durch Zeitablauf oder Kündigung *voraus* sowie überdies eine Vereinbarung der Parteien oder einen Entscheid der Schlichtungsbehörde oder des Richters, des Inhaltes, dass das Mietverhältnis über den Zeitpunkt des Vertragsendes hinaus provisorisch für eine bestimmte Zeit weitergeführt wird (vgl. vorn N 23 und N 84 f. Vorbem. zu Art. 271–273c). 229

*Keine erstmalige Erstreckung* liegt demnach dann vor, wenn der Vermieter das Mietverhältnis um einige Zeit vor dem Kündigungstag kündigt, um so dem Mieter mehr Zeit für die Suche nach einem Ersatz einzuräumen (vgl. vorn N 218), wenn die Parteien – stillschweigend oder gar ausdrücklich – das Mietverhältnis fortgesetzt haben (vgl. Art. 266 Abs. 2; dazu N 37 ff. zu Art. 266) und wenn der Mieter unberechtigt über das Vertragsende hinaus im Mietobjekt verbleibt (vgl. dazu N 47 f. zu Art. 266, mit Verweisen). Keine erstmalige Erstrekkung liegt überdies dann vor, wenn bereits eine zweite Erstreckung gewährt bzw. vereinbart worden ist. Das Gesetz sieht keinen Anspruch auf eine dritte Erstreckung vor (vgl. Art. 272b Abs. 1; GIGER, S. 124 f. [jedoch z.T. weitergehend]); der Erstreckungsanspruch ist ausschliesslich gesetzlicher Natur (vgl. N 21–23, N 27). 230

Bei der von der Zweiterstreckung vorausgesetzten *erstmaligen Erstreckung* muss es sich sodann um eine solche handeln, *welche* aufgrund des sie ermöglichenden Rechtsaktes (Vereinbarung oder Entscheid) *die Möglichkeit einer Zweiterstreckung* gewährt. Das ist stets dann der Fall ist, wenn der Rechtsakt eine Zweiterstreckung nicht ausgeschlossen hat (gl. ZIHLMANN, Basler Kommen- 231 tar, N 21 zu Art. 272); letzteres scheint auf in Formulierungen wie «einmalig» oder «letztmals».

232 Ist der Rechtsakt in dieser Frage aufgrund des Wortlautes und/oder seines Sinngehaltes im Verständnis eines vernünftigen Lesers unklar, und ist zwischen den Parteien strittig, ob durch ihn eine Zweiterstreckung ausgeschlossen worden ist, so muss er ausgelegt werden, und zwar in unterschiedlicher Weise:

- Handelt es sich bei ihm um eine *Vereinbarung der Parteien, die ausserhalb eines Verfahrens abgeschlossen wurde*, gelten dafür die Grundsätze der Vertragsauslegung.
- Handelt es sich beim fraglichen Rechtsakt hingegen um einen *Entscheid*, so ist in erster Linie von der Instanz, die sich mit der Frage der Zweiterstreckung zu befassen hat, zu versuchen, den entsprechenden Sinn aus den Erwägungen zu gewinnen (vgl. HAUSER/HAUSER, S. 586); in zweiter Linie – also dann, wenn die Auslegung des Entscheides aufgrund der Erwägungen nicht zum Ziel geführt hat – ist die Instanz, welche den Entscheid gefällt hat, zur Beseitigung der Unklarheit gehalten, und zwar durch eine Erläuterung (vgl. HAUSER/HAUSER, S. 586 f., VOGEL, S. 353, S. 373, STAEHELIN/SUTTER, S. 280 f.; das Gesagte gilt selbstredend auch bei Entscheiden, denen eine Parteivereinbarung bzw. -erklärung zugrunde liegt, da diese Entscheide Sachurteile darstellen [vgl. VOGEL, S. 196; siehe ferner BGE 115 II 191, 116 II 745] und die Instanz, welche den Entscheid gefällt hat, die Parteivereinbarung bzw. -erklärung auf Klarheit und Zulässigkeit zu überprüfen hatte [vgl. VOGEL, S. 224 ff.]).

## 2. Erstreckungsgesuch gemäss Art. 273 Abs. 3

233 Eine Zweiterstreckung kann endlich – grundsätzlich wie jede andere Erstreckung (vgl. aber Art. 274e Abs. 3) – *nur dann* durch die Schlichtungsbehörde oder den Richter *geprüft und bewilligt werden, wenn ein* (erneutes) *fristgerechtes Erstreckungsgesuch des Mieters vorliegt, welches wenigstens sinngemäss eine Zweiterstreckung verlangt* (Art. 273 Abs. 3; vgl. allgemein dazu auch vorn N 22, N 27; gl. z.B. GIGER, S. 126).

234 Besteht oder bestand zwischen den Parteien ein erstrecktes Mietverhältnis und begründet der Mieter ein (erneutes) Gesuch um Erstreckung nicht mit dem Ablauf der Erstreckungsdauer, sondern mit dem Ablauf einer vereinbarten Vertragsdauer oder mit der Kündigung eines zwischen den Parteien inzwischen abgeschlossenen Mietvertrages, so kommt grundsätzlich ebenfalls keine Zweiterstreckung in Frage. Als (sinngemässes) Gesuch um Zweiterstreckung sind derartige Begehren m.E. nur dann entgegenzunehmen, wenn sie auf einer erkennbar irrigen rechtlichen Qualifikation der klarerweise erstmals gewährten Erstreckung basieren (was z.B. bei rechtskundig vertretenen Parteien nicht angenommen werden kann).

235 *Unzulässig* ist es nach dem Gesagten überdies, dass eine Behörde oder ein Richter die Frage der Zweiterstreckung von Amtes wegen prüft (etwa weil die Behörde in ihrem Entscheid über eine erstmalige Erstreckung die Möglichkeit der Zweiterstreckung eingeräumt hat, das gerichtliche Verfahren hierzu aber in dem Augenblick, in dem die Frist für eine Zweiterstreckung gemäss behördlichem Entscheid abläuft, über diese erstmalige Erstreckung noch nicht rechtskräftig erledigt ist).

236 Sind die zwei dargelegten *Voraussetzungen* (erstmalig gewährte Erstrekkung sowie ein fristgerechtes sinngemässes Gesuch um Zweiterstreckung des Mieters) *nicht erfüllt, so besteht kein Anspruch auf die Gewährung einer Zweiterstreckung* (ähnlich, statt vieler: GIGER, S. 125 f., MENGE, S. 138).

## III. Erhebliche Bemühungen des Mieters, die Härte abzuwenden, als zusätzliches Kriterium

Wie das alte Recht fordert das neue für den Fall der Zweiterstreckung, dass der Mieter alles ihm Zumutbare unternommen hat, um die Härte abzuwenden (Art. 272 Abs. 3; vgl. etwa ZR 78 [1979] Nr. 131, ZMP 2/94 Nr. 16, MRA 1/95, S. 42). *Was* dem Mieter zur Abwendung der Härte *zumutbar ist,* hängt von den individuellen Verhältnissen des Falles ab (so z.B. SVIT-Kommentar I, N 61 zu Art. 272, und THANEI, S. 40; gl. unveröff. BGE 4C.399/1995 vom 31. 1. 1996). Diese gesetzlich geforderte Zumutbarkeit erfasst allerdings *nicht das subjektive Empfinden* des Mieters zu dem, was er als zumutbar betrachtet (oder des Vermieters zu dem, was er als für den Mieter zumutbar erachtet), sondern beinhaltet einen *objektiveren Massstab:* Alles Zumutbare hat der Mieter unternommen, der das zur Abwendung der Härte getan hat, was von ihm *unter den gegebenen Umständen vernünftigerweise verlangt werden konnte* (vgl. z.B. MRA 1/95, S. 42; ähnlich, schon zum alten Recht: SCHMID, N 27 zu aArt. 267a). Das gilt es noch in *fünf Punkten* zu präzisieren. 237

**Erstens:** Die *Bemühungen* des Mieters haben sich *auf die Abwendung der Härte zu beziehen,* d. h. ausschliesslich auf das Finden einer angemessenen (an sich «gleichwertigen») Ersatzlösung. Im Billigkeitsentscheid unberücksichtigt zu bleiben haben daher grundsätzlich andere Umstände, die eine Ersatzlösung auch mitbeeinflussen könnten, wie ein möglicher Stellenwechsel an einen Ort, an dem sich leichter eine Ersatzlösung finden lassen könnte, oder ein möglicher, aber sich konkret nicht abzeichnender Stellenwechsel zur Erzielung höheren Einkommens usw. Dergleichen ist dem Mieter zur Abwendung der Härte aufgrund des Gesetzes nicht zuzumuten (vgl. GIGER, S. 126, Fn. 43, MOSER, S. 122, THANEI, S. 39 f.), ausser im Fall der «Dienstwohnung» (vgl. N 143). 238

Andere Gründe wie z.B. Stellenwechsel usw. können jedoch dann nicht ohne weiteres unberücksichtigt bleiben, wenn der Mieter diese im Rahmen der Ersatzlösung vorgebracht hat, die für die Ersterstreckung massgebend war, sofern diese Ersatzlösung scheiterte. Alsdann ist unter dem Aspekt von Art. 272 Abs. 2 lit. c (Verhalten der Parteien) gegebenenfalls ein Verschulden des Mieters am Scheitern der einst von ihm ins Auge gefassten Ersatzlösung – je nach den Gründen des Scheiterns – mit in die Gewichtung einzubeziehen. 239

**Zweitens:** Der Mieter hat das *für ihn Zumutbare* zu unternehmen. Der Mieter hat m.a.W. all das zu tun, was ihm aufgrund *seiner persönlichen Fähigkeiten* (wozu ebenso seine beruflichen Fähigkeiten gehören) möglich 240 ist (MRA 1/95, S. 42). An einen jungen, gut ausgebildeten Mieter beispielsweise können und müssen andere Anforderungen an die Art und Intensität der Suche nach Ersatzlösungen gestellt werden als an einen kranken Rentner oder einen körperlich behinderten Mieter (vgl. THANEI, S. 40). Von letzteren kann aber erwartet werden, dass sie Dritte (Verwandte, Freunde, Bekannte usw.) für die Suche nach Ersatzlösungen beiziehen, wie von einem Mieter, der sich z.B. in der gängigen Landessprache nicht ausreichend (schriftlich) auszudrücken vermag; dabei kann der späte Zuzug von Hilfe gerade Ausdruck eingeschränkter persönlicher Fähigkeiten sein (ähnlich ebenfalls unveröff. BGE 4C.399/1995 vom 31. 1. 1996).

241 **Drittens:** Die Bemühungen des Mieters zur Abwendung der Härte sind mit Blick darauf, ob sie die Anforderungen der gesetzlich vorgegebenen Zumutbarkeit erreicht haben, nicht ausschliesslich unter dem in N 240 erwähnten Aspekt der persönlichen Fähigkeiten des Mieter zu beurteilen. Mit zu berücksichtigen sind überdies *alle weiteren konkret gegebenen Umstände, die den Mieter vernünftig besehen in seinen Bemühungen fördern oder behindern konnten* (vgl. dazu auch vorn N 153, N 156, N 161). Hat der berufstätige, alleinstehende Mieter einen Einpersonenhaushalt zu führen, so ist er dadurch wesentlich weniger belastet wie ein alleinerziehender Mieter, der Kinderbetreuung, Haushaltführung und Beruf neben der Suche zu bewältigen hat (vgl. etwa ZMP 2/94 Nr. 14, E. 3a; ähnlich unveröff. BGE 4C.399/1995 vom 31. 1. 1996 [Mieterin war eine vom Ehegatten verlassene Mutter von vier Kindern, die Sozialhilfe beziehen musste und in der Ortschaft, in der sie nach Ersatz zu suchen berechtigt war, objektiv keinen Ersatz finden konnte]). Unterschiedlich zu gewichten sind ferner z.B. zeitweise unterlassene Suchbemühungen von Mietern: Sind diese auf beruflich bedingte Abwesenheiten eines Mieters zurückzuführen, so kommt dem zwangsläufig ein anderes Gewicht zu wie dort, wo der Mieter Urlaub für sich beanspruchte.

242 **Viertens:** Der Mieter hat *nicht irgend etwas zur Abwendung der Härte vorzunehmen, sondern «alles»*, was ihm zugemutet werden kann. Blosse *Suchbemühungen* für ein Ersatzobjekt erfüllen diese strenge Auflage des Gesetzgebers u.U. nicht. Drängen sich z.B. *andere Ersatzlösungen* (vgl. vorn N 104 ff.) für den Mieter vernünftigerweise auf (selbst wenn er sie für sich zunächst nicht erwogen hat), so hat er ebenfalls diese zu berücksichtigen (vgl. GIGER, S. 126), obwohl er sie früher nicht in Betracht gezogen hat (vgl. – e contrario – BGE 116 II 448 f.). Hat der Mieter solche Ersatzlösungen, die für ihn in Frage gekommen wären, nicht einmal geprüft oder ohne stichhaltigen Grund zu prüfen unterlassen bzw. abgelehnt, so hat er eben gerade nicht alles Zumutbare unternommen.

Ferner hat mit Blick auf das gesetzlich geforderte «Alles» der Grundsatz zu gelten, der Mieter habe seine Ansprüchen an die angemessene Ersatzlösung um so eher herabzusetzen, je mehr Zeit ihm für deren Auffinden bis anhin zur Verfügung gestanden hat und/oder je schwieriger es ist, die an sich gewünschte «gleichwertige» Ersatzlösung zu finden (vgl. dazu auch vorn N 208, N 217 f., N 222). 243

Was die für eine Zweiterstreckung erforderlichen Suchbemühungen im einzelnen betrifft, so haben diese nicht nur ernsthaft gewesen zu sein, sondern müssen sie – unter angemessener Beobachtung der vorerwähnten individuellen Verhältnisse – *als seit dem Erhalt der Kündigung ununterbrochen* (bzw. in regelmässigen Abständen; GIGER, S. 127) *und intensiv* (d.h. beharrlich [THANEI, S. 40] bzw. «systematisch» [GIGER, S. 40]) *vorgenommen erscheinen* (BGE 102 II 256, 116 II 448 f., BJM 1990, S. 314, ZMP 2/94 Nr. 14 E. 3, ZMP 2/94 Nr. 15; GIGER, S. 127). Dies ist regelmässig dann der Fall, wenn der Mieter eine – im Lichte der zur Verfügung stehenden Zeit sowie der die Ersatzlösung mitbestimmenden Härtegründe, die u.U. gerade in der Hinderung des Mieters liegen können, sinnreich bzw. intensiv zu suchen – hinreichende Anzahl konkreter Bemühungen um konkrete Objekte bzw. Ersatzlösungen belegen kann (z.B. durch Bewerbungsschreiben, Notizen mit Angaben über Besichtigungen oder Absageschreiben, Bewerbungen bei Vermittlungsbüros, ev. eigene Inserate [die allerdings erfahrungsgemäss bei Wohnungen eher selten zum Ziel führen; gl.M. ZIHLMANN, Basler Kommentar, N 23 zu Art. 272; vgl. ebenfalls BJM 1990, S. 314 [Geschäftsraum]) und ebenso benennen bzw. belegen kann, warum er dabei nicht zum Ziel gelangte. 244

Von vornherein ungenügend ist hingegen das blosse Sammeln von Zeitungsinseraten bzw. das Erstellen von solchen Sammlungen entsprechenden «Suchdokumentationen» in Ordnern (vgl. beispielhaft ZMP 2/94 Nr. 15, E. 3b). 245

**Fünftens:** Hat der Mieter mit seinen Suchbemühungen *nicht alles unternommen, was ihm hätte zugemutet werden können,* so *schliesst das eine Zweiterstreckung noch nicht de lege aus* (dieser Ansicht jedoch SVIT-Kommentar I, N 63 zu Art. 272). Denn die Prüfung ausreichender Bemühungen ist gemäss dem klaren Wortlaut des Gesetzes weniger Erstreckungsvoraussetzung i.e.S. (so aber SVIT-Kommentar I, N 61 zu Art. 272) als *ein weiteres Kriterium,* welches im Billigkeitsentscheid besonders zu gewichten ist («... so berücksichtigt die zuständige Behörde *auch*, ob er zur Abwendung ...»; vgl. ZMP 2/94 Nr. 15; gl.M. LACHAT/MICHELI, S. 345, LACHAT/STOLL, S. 368 und S. 371, GIGER, S. 127 [und dort Fn. 44]; so auch unveröff. BGE 4C.399/1995 vom 31. 1. 1996; a.A. SVIT-Kommentar I, N 60 f. zu Art. 272). Ungenügende Bemühungen sind vielmehr bei der Bemessung der Zweiterstreckungsdauer zu berücksichtigen (vgl. beispielhaft ZMP 2/94 Nr. 15). 246

Hat der Mieter hingegen *überhaupt nichts oder kaum Ernsthaftes,* ihm vernünftigerweise Zumutbares unternommen, um die Härte abzuwenden, so ist die Zweiterstreckung grundsätzlich wohl stets ausgeschlossen (vgl. MRA 1/95, S. 42; siehe GIGER, S. 127, LACHAT/MICHELI, S. 345, LACHAT/STOLL, S. 371; gl.M. hierin wohl auch SVIT-Kommentar I, N 63 zu Art. 272). 247

# F. Fragen zur Beweislast

## I. Amtsprüfung

248 Art. 274 Abs. 3 statuiert eine ebenfalls im Erstreckungsverfahren zu beachtende (soziale) *Untersuchungsmaxime* und hält daher die Schlichtungsbehörde und den Richter an, den Sachverhalt von Amtes wegen «zu prüfen». Diese Prüfung vom Amtes wegen *ersetzt jedoch weder die Behauptungs- noch die Beweislast einer Partei* (vgl. BGE 120 II 111). Sie zielt einzig darauf ab, die (für die Schlichtungsbehörde bzw. den Richter erkennbar) unvollständig vorgebrachten Sachverhaltsdarstellungen durch die Behörde bzw. den Richter ergänzen zu lassen, namentlich durch eine entsprechende Befragung der Parteien zur Sache. Ferner kann die Abnahme von (erkennbar tauglich erscheinenden) Beweismitteln auch ohne einen entsprechenden Antrag der Parteien von Amtes wegen vorgenommen werden (vgl. z.B. VOGEL, S. 306 und S. 315 [Rz. 148x], GIGER, S. 158; Genaueres dazu in den Ausführungen zu Art. 274d, mit Verweisen). Von Amtes wegen zu prüfen ist in jedem Fall die Frage des rechtzeitigen Erstreckungsgesuches (Verwirkungsfrist; vgl. Art 273 Abse. 2 und 3).

## II. Beweislast des Mieters

249 Den Mieter trifft gemäss den sich aus Art. 8 ZGB ergebenden Grundsätzen die (Haupt-)Beweislast (wobei grundsätzlich dort, wo dies objektiv möglich ist [nicht etwa bezüglich ausreichender Suchbemühungen; MENGE, S. 190], stets der strikte Beweis zu verlangen ist) für (vgl. z.B. GIGER, S. 85, MENGE, S. 190, RONCORONI I, a.a.O., S. 155):

250 – alle allgemeinen Voraussetzungen seines geltend gemachten Erstreckungsanspruches (vorn N 50 ff. [erstreckbares Mietverhältnis], N 52 ff. [gültige Beendigung des Mietverhältnisses], N 71 ff. und N 233, N 236 [rechtzeitiges Gesuch], N 228 ff. [gewährte erstmalige Erstreckung]);

251 – die erstreckungsbegründenden (vorn N 83 ff.) bzw. -bestimmenden Härtegründe, die er behauptet hat (vorn N 140 f., N 144 ff., N 149 ff. N 166 ff.,

N 200 ff.), darunter namentlich auch für die ausreichenden Suchbemühungen (vgl. vorn N 215 f., N 237 f. und N 242 ff.).

Es steht ihm dort der *Gegenbeweis* zu (bzw. der Beweis der gegenteiligen Sachdarstellung), wo der Vermieter hauptbeweisbelastet ist (nachstehend N 254 f.). 252

## III. Beweislast des Vermieters

Die *Hauptbeweislast* trifft den Vermieter (und zwar dort, wo ein strikter Beweis objektiv möglich ist, unter diesen Beweisanforderungen) gemäss den sich aus Art. 8 ZGB ergebenden Grundsätzen für (vgl. etwa GIGER, S. 85, MENGE, S. 190 f., RONCORONI I, a.a.O., S. 155): 253

– alle von ihm aufgestellten Behauptungen, die einen Erstreckungsanspruch des Mieters a priori ausschliessen (vorn N 77 ff. [Erstreckungsausschlussgründe]); 254
– alle von ihm geltend gemachten Vermieterinteressen (vorn N 142 f., N 148, N 162 ff. , N 177 ff., N 189 ff.). 255

Es steht ihm der Gegenbeweis dort zu (bzw. der Beweis der gegenteiligen Sachdarstellung), wo der Mieter die Last des Hauptbeweises trägt (vorn N 250 f.). 256

# Art. 272a

II. Ausschluss der Erstreckung

[1] Die Erstreckung ist ausgeschlossen bei Kündigungen:

a. wegen Zahlungsrückstand des Mieters (Art. 257*d*);
b. wegen schwerer Verletzung der Pflicht des Mieters zu Sorgfalt und Rücksichtnahme (Art. 257*f* Abs. 3 und 4);
c. wegen Konkurs des Mieters (Art. 266*h*).
d. eines Mietvertrages, welcher im Hinblick auf ein bevorstehendes Umbau- oder Abbruchvorhaben ausdrücklich nur für die beschränkte Zeit bis zum Baubeginn oder bis zum Erhalt der erforderlichen Bewilligung abgeschlossen wurde.

[2] Die Erstreckung ist in der Regel ausgeschlossen, wenn der Vermieter dem Mieter einen gleichwertigen Ersatz für die Wohn- oder Geschäftsräume anbietet.

II. Exclusion de la prolongation

[1] Aucune prolongation n'est accordée lorsqu'un congé est donné:

a. En cas de demeure du locataire (art. 257*d*);
b. Pour violation grave par le locataire de son devoir de diligence ou pour de graves manques d'égards envers les voisins (art. 257*f*, 3[e] et 4[e] al.);
c. En cas de faillite du locataire (art. 266*h*);
d. Si, en prévision d'une transformation ou d'une démolition, le contrat de bail a expressément été conclu pour une période expirant au début des travaux ou à la réception de l'autorisation requise.

[2] En règle générale, aucune prolongation n'est accordée lorsque le bailleur offre au locataire des locaux d'habitation ou des locaux commerciaux équivalents.

II. Esclusione della protrazione

[1] La protrazione è esclusa se è stata data disdetta:

a. per mora del conduttore (art. 257*d*);
b. per violazione grave dell'obbligo di diligenza e di riguardo per i vicini (art. 257*f* cpv. 3 e 4);
c. per fallimento del conduttore (art. 266*h*);
d. di un contratto di locazione che, in vista di imminenti lavori di trasformazione od emolizione, è stato espressamente concluso soltanto per il tempo intercorrente fino all'inizio della costruzione o fino all'ottenimento della relativa licenza.

[2] Di regola, la protrazione è esclusa se il locatore offre al conduttore altri locali d'abitazione o commerciali equivalenti.

Materialien — aArt. 267c OR, Art. 272a des Entwurfes vom 27. März 1985; Amtl.Bull., SR, 1988, S. 177, 1989, S. 431, NR, 1989, S. 540 1

Ausländisches Recht — Siehe N 1 zu Art. 272, ferner vgl. BGB § 556a Abse. 1 und 4, § 564c Abs. 2; MRG § 32

**Literatur:** Siehe allgemeines Literaturverzeichnis sowie N 1 der Vorbem. zu den Art. 271–273c. 2

## Inhaltsverzeichnis

## I. Geltungsbereich und Charakter der Norm

3 Die Norm bestimmt zusammen mit Art. 272 die Voraussetzungen des Erstreckungsanspruchs des Mieters (vgl. N 9 zu Art. 272). Ihr *Geltungsbereich* entspricht daher logischerweise dem von Art. 272 (siehe N 3–5 zu Art. 272).

4 Wie Art. 272 ist die Norm, soweit sie implizit (z.B. den Erstreckungsanspruch vernichtende Gründe) oder explizit (vgl. z.B. Abs. 1 lit. d) Definitionen umfasst, der Parteiautonomie entzogen (und ist damit insoweit auch absolut zwingend). Im übrigen besitzt sie – mit gewissen Einschränkungen (nachstehend N 41) – absolut zwingenden *Charakter* (vgl. RONCORONI, in: mp 2/90, S. 85; gl.M. offenbar auch SVIT-Kommentar I, N 4 zu Art. 272a).

## II. Der Ausschluss der Erstreckung

### 1. Die Erstreckung als gesetzlicher Anspruch

5 Die Erstreckung des Mietverhältnisses ist (auch im neuen Recht) als gesetzlicher Anspruch des Mieters (vgl. N 21 f., N 49 zu Art. 272 [mit Weiterverweisungen]) ausgestaltet worden, und zwar als persönlicher Anspruch (vgl. N 20 zu Art. 272), der grundsätzlich klageweise durchzusetzen ist (vgl. N 22 und N 24 ff. zu Art. 272) und dessen Verwirklichung grundsätzlich durch ein Gestaltungsurteil erfolgt (vgl. N 25 zu Art. 272).

### 2. Die Stellung der Ausschlussgründe im Erstreckungsrecht

#### *a) Den Erstreckungsanspruch vernichtende Gründe*

6 Die in Art. 272a aufgeführten Ausschlussgründe stellen in der Konzeption des Erstreckungsrechts im einzelnen geregelte *anspruchsvernichtende Gründe* dar (siehe etwa TERCIER, S. 260; vgl. N 75 f., N 77 ff. zu Art. 272, mit weiteren Verweisen). Sie lassen den Erstreckungsanspruch des Mieters im Gefolge der Vertragsbeendigung m.a.W. entweder gar nicht entstehen oder untergehen (letzteres bei der Kündigung des bereits erstreckten Miet-

verhältnisses aus einem dieser Gründe; vgl. ZMP 3/92 Nr. 29 [zu Art. 272a Abs. 1 lit. b]; siehe ferner nachstehend N 69, N 78).

Ist einer der Ausschlussgründe in einem konkreten Fall gegeben, so hat sich die Schlichtungsbehörde (bzw. der Richter) infolgedessen mit der Frage einer möglichen Erstreckung des Mietverhältnisses gar nicht zu befassen, mag die Vertragsauflösung für den Mieter noch so hart sein (vgl. BGE 98 II 107 f., 99 Ia 312 ff., 117 II 415, 121 III 265, mp 1/92, S. 42 ff. [e contrario], ZMP 2/91 Nr. 19, ZMP 3/92 Nr. 29; vgl., statt vieler: SCHMID, N 1 zu aArt. 267c, TERCIER, S. 260, Rz. 2123). 7

Die von Art. 272a detailliert vorgenommene *Auflistung der Gründe, die eine Erstreckung ausschliessen* (vgl. Wortlaut von Art. 272a Abs. 1, erster Halbsatz), bzw. den Erstreckungsanspruch des Mieters vernichten (vorn N 6), *ist abschliessend* (statt vieler: GIGER, S. 63, SVIT-Kommentar I, N 2 zu Art. 272a). Sowohl dem Richter als auch den Parteien wird es damit verwehrt, den Katalog der Ausschlussgründe nach eigenem Gutdünken zu erweitern. Ebensowenig (absolut zwingendes Recht; vorn N 4) können sie diesen Katalog verkürzen. 8

*b) Arten der gesetzlichen Ausschlussgründe*

Anders als das alte Recht, welches in aArt. 267c bloss beispielhaft Erstreckungsausschlussgründe aufgeführt hatte, die unterschiedslos einen Erstreckungsanspruch von vornherein ausschlossen, *differenziert das neue Recht nach dem Gewicht des Grundes.* 9

In *Abs. 1* von Art. 272a führt es *Gründe* auf, die es *nach Auffassung des Gesetzgebers* auch im Lichte des sozialen Mietrechts als dem Vermieter *unzumutbar erscheinen lassen,* den Mieter noch länger im Gebrauch der Mietsache zu belassen. Unzumutbar ist die weitere Gebrauchsüberlassung für den Vermieter dann, wenn sich der Mieter erheblich vertragswidrig verhalten hat (lit. a und lit. b), wenn der Mieter keine Gewähr mehr dafür bietet, dass er seine vertraglichen Hauptpflichten in der Zukunft erfüllen wird (lit. c; Konkurs), und wenn ein erstreckungsweise bedingtes längeres Verweilen des Mieters in der Mietsache dem von den Parteien vereinbarten Vertragszweck gerade widersprechen würde, was vor Art. 2 Abs. 2 ZGB nicht standhalten könnte (lit. d). 10

Alle diese Gründe, denen eine nicht durch die Schlichtungsbehörde bzw. den Richter umstossbare *gesetzgeberische Wertentscheidung* zugrunde liegt, kann man gewissermassen *als «absolute» Ausschlussgründe* bezeichnen (vgl. auch GIGER, S. 70). 11

12 Die dem alten Recht noch bekannten (absoluten) Ausschlussgründe des Eigenbedarfes (aArt. 267c lit. c) sowie der Kündigung der betriebseigenen Wohnung (aArt. 267c lit. b; sog. «Dienstwohnung»; vgl. dazu auch N 143 zu Art. 272) kennt das neue Recht demgegenüber nicht mehr. In diesen beiden Fällen ist neurechtlich eine Interessenabwägung i.S.v. Art. 272 Abs. 1 angesagt, und es sind diese Gründe dort als (erhebliche) Vermieterinteressen zu gewichten (vgl. dazu vor allem Art. 272 Abs. 2 lit. d; siehe ferner N 189 ff. zu Art. 272).

13 In *Abs. 2 von Art. 272a* wird ein Ausschlussgrund formuliert, dem ebenfalls die gesetzgeberische Wertentscheidung der *Unzumutbarkeit einer Erstreckung* des Mietverhältnisses zugrunde liegt. Die Unzumutbarkeit gilt jedoch nur *unter den Bedingungen des Regelfalles* (vgl. den Gesetzestext: «... in der Regel ausgeschlossen ...»). Liegen in einem konkreten Fall Umstände vor, die vom Regelfall abweichen, kann das nicht zum Ausschluss der Erstreckung führen (vgl. ZMP 1/95 Nr. 8 und Nr. 9). Im Vergleich zu den in Abs. 1 von Art. 272a aufgeführten Ausschlussgründen ist daher dieser weitere *Ausschlussgrund* bloss als *«relativer»* zu bezeichnen (vgl. auch GIGER, S. 70).

14 Die Kennzeichnung des Ausschlussgrundes von Art. 272a Abs. 2 als «relativ» darf allerdings *nicht* dazu verführen, in Abs. 2 von Art. 272a *eine Durchbrechung des* vorhin geschilderten *Prinzips der Wirkungen von Ausschlussgründen* (vgl. N 6 f.) zu orten. Denn entweder *liegt* in einem konkreten Einzelfall *der von der Norm ins Auge gefasste Regelfall vor*, und es *greift die anspruchsvernichtende Wirkung des Ausschlussgrundes uneingeschränkt*, oder es liegen eben gerade Umstände vor, die (erheblich) vom gesetzlich gedachten Regelfall abweichen und diesen nicht zum Zuge kommen lassen (vgl. nachstehend N 82 ff.). Alsdann liegt überhaupt kein Ausschlussgrund vor, der irgendwelche Wirkungen zeitigen könnte (unklar, ob a.A., z.B. bei ENGEL, S. 199, TERCIER, S. 261, Rz. 2130).

## III. Die absoluten Ausschlussgründe

15 Zum Begriff des «absoluten» Ausschlussgrundes vgl. vorn N 10 f.

### 1. Der Zahlungsrückstand des Mieters (Art. 272a Abs. 1 lit. a)

16 Dieser Ausschlussgrund fusst ausschliesslich auf der *ausserordentlichen Kündigungsberechtigung des Vermieters i.S.v. Art. 257d* (vgl. BGE 117 II 416 f.) und ist identisch mit dem Ausnahmetatbestand des zeitlichen Kündi-

gungsschutzes i.S.v. Art. 271a Abs. 3 lit. b. Es kann daher auf das dort Ausgeführte verwiesen werden (N 206–210 zu Art. 271a, mit Verweisen; vgl. ferner SJ 1992, S. 308, mp 1/92, S. 42, mp 1/94, S. 16 ff., Cahiers 1993, S. 105 ff.) bzw. auf die Ausführungen zu Art. 257d (ergänzend dazu: BGE 119 II 232 [Rechtzeitigkeit einer Zahlung mittels Postanweisung]; BGE 119 II 241 [Zeitpunkt einer den Zahlungsrückstand aufhebenden Verrechnungserklärung]).

Ist die aus Art. 257d fliessende *ausserordentliche Kündigungsberechtigung des Vermieters* im konkreten Fall gegeben, spielt es keine Rolle, ob er sie auch in Form einer ausserordentlichen Kündigung ausnützt oder bloss in der Form einer ordentlichen (BGE 117 II 417; ferner z.B. GIGER, S. 64, ZIHLMANN, Basler Kommentar, N 2 zu Art. 272a, RONCORONI I, a.a.O., S. 154; vgl. dazu ebenfalls N 64 f. und N 68 zu Art. 257d). 17

*Nicht von der Norm erfasst sind* (und daher keinen Ausschlussgrund zu begründen vermögen) alle anderen Fälle, in denen zwar ein Zahlungs- bzw. Leistungsrückstand des Mieters gegeben (der erstreckungsrechtlich relevant ist; vgl. N 113 f. und N 180 zu Art. 272), nicht aber die ausserordentliche Kündigungsberechtigung des Vermieters entstanden ist. Das ist etwa da anzutreffen, wo der Vermieter die vorgeschriebenen Frist- und Formerfordernisse fälschlicherweise nicht eingehalten hat (es fehlt hier u.U. überhaupt an einer gültigen Kündigung, vgl. N 47 und N 57 zu Art. 257d, N 133 ff. Vorbem. zu Art. 266–266o; BGE 121 III 156 ff.). Das ist ferner etwa da der Fall, wo der Vermieter vorgeschriebene Formalien im Rahmen einer ordentlichen Kündigungsaussprache gar nicht einhalten wollte und musste (vgl. dazu etwa N 22 ff., N 26 ff. zu Art. 257d, N 13 ff. zu Art. 257e [Gefahr von Mietzinsverlusten; dazu auch ZR 87, 1988, Nr. 24]; ferner siehe etwa BGer, in: mp 1/92, S. 42 ff.). 18

Bei *mehreren Mietern* (gemeinsame Miete) ist es unter dem hier interessierenden Aspekt des Ausschlussgrundes *gleichgültig, wer von ihnen den Zahlungsrückstand so verursacht hat*, dass die ausserordentliche Kündigungsberechtigung entstanden ist. Denn wie immer die Antwort auf diese Frage ausfällt, ändert sich weder etwas am Faktum des Rückstandes noch etwas an der Entstehung der ausserordentlichen Kündigungsberechtigung i.S.v. Art. 257d für den Vermieter gegenüber den gemeinsamen Mietern (als einheitlicher Partei; vgl. N 103–105 Vorbem. zu Art. 253–274g). Der Ausschluss der Erstreckung wirkt daher gegenüber allen gemeinsamen Mietern (gl., statt vieler: WEBER, S. 175 f.). 19

## 2. Schwere Pflichtverletzung des Mieters (Art. 272a Abs. 1 lit. b)

Beim Tatbestand von lit. b des Art. 272a Abs. 1 stellt das Gesetz zur genaueren Umschreibung des Ausschlussgrundes wiederum (siehe vorn N 16) 20 auf eine *ausserordentliche Kündigungsberechtigung* des Vermieters ab (zu dieser siehe N 50 ff. und N 73 ff. zu Art. 257f). Diese ausserordentliche Kündigungsberechtigung führt gleichfalls zu einem Ausnahmetatbestand beim zeitlichen Kündigungsschutz (Art. 271a Abs. 3 lit. c). Es kann hier somit aus diesen Gründen auf das zum zeitlichen Kündigungsschutz Ausgeführte (vgl. N 212 f. zu Art. 271a), vor allem aber auf die Ausführungen zu Art. 257f verwiesen werden (N 48 ff., N 73 ff. zu Art. 257f; vgl. ferner etwa ZMP 3/92 Nr. 29, mp 4/95, S. 223 f., Cahiers 1992, S. 103, Cahiers 1993, S. 92; Beispiele ergeben sich etwa aus N 160, N 180 f. zu Art. 272 [mit Weiterverweisungen] sowie aus N 72 zu Art. 257f [mit Weiterverweisungen]).

21 Ist die aus Art. 257f Abs. 3 oder Abs. 4 fliessende ausserordentliche Kündigungsberechtigung des Vermieters im konkreten Fall gegeben, spielt es keine Rolle, ob er sie auch *in Form einer ausserordentlichen Kündigung* ausnützt *oder* bloss *in der Form einer ordentlichen* (N 86 zu Art. 257f; vgl. auch BGer, in: mp 4/95, S. 223 f.). Am Recht des Vermieters, wegen erheblich vertragswidrigen Verhaltens des Mieters ausserordentlich kündigen zu können, ändert die gesetzeskonforme unterschiedliche Art der Ausübung dieses Rechts ebensowenig wie am Sachverhalt des erheblichen vertragswidrigen Verhaltens des Mieters (vgl. z.B. GIGER, S. 64; gl. ferner RONCORONI I, a.a.O., S. 154, ZIHLMANN, Basler Kommentar, N 2 zu Art. 272a).

22 *Nicht unter die Norm fallen* mangelhafte ausserordentliche Kündigungen des Vermieters gestützt auf Art. 257f Abse. 3 und 4 (es liegt keine gültige Kündigung vor; vgl. N 133 ff. Vorbem. zu Art. 266–266o), ordentliche Kündigungen wegen Sorgfalts- oder Rücksichtnahmeverletzungen, denen keine ausserordentliche Kündigungsberechtigung zugrunde liegt (weil die Verletzungen nicht derart gravierend sind oder weil der Vermieter auf ein entsprechendes förmliches Vorgehen verzichtet hat [vgl. mp 1/92, S. 42 ff. [zum Zahlungsrückstand allerdings], mp 4/95, S. 223 f. [zu Art. 271]), oder weil die Kündigung wegen anderer Vertragsverletzungen erfolgte (vgl. z.B. N 34 zu Art. 257g, N 43 f. zu Art. 257h, N 27 und N 29 ff. zu Art. 260a). Erstreckungsrechtlich sind solche Verletzungen allerdings von Relevanz (vgl. N 113 f. und N 180 zu Art. 272).

23 Ebenfalls nicht unter Art. 272a Abs. 1 lit. b. fallen *Kündigungen des Vermieters aus wichtigem Grund i.S.v. Art. 266g*. Der wichtige Grund, der dem Vermieter die Fortsetzung des Mietverhältnisses an sich gemäss Gesetz unzumutbar macht (vgl. Art. 266g), durchbricht zwar die Schranken des zeitlichen Kündigungsschutzes (vgl. Art. 271a Abs. 3 lit. e), ist aber im Erstreckungsrecht einzig als – *immerhin sehr gewichtiges* (die Unzumutbarkeit der Fortsetzung des Mietverhältnisses wird als Kündigungsberechtigung vorausgesetzt; vgl. N 31 ff. zu Art. 266g) – *Vermieterinteresse im Rahmen von Art. 272 Abs. 1 zu gewichten* (vgl. dazu auch N 214 ff. zu Art. 271a, mit Verweisen).

Bei der *gemeinsamen Miete* (zum Begriff vgl. N 103–105 Vorbem. zu Art. 253–274g) ist das *pflichtwidrige Verhalten auch bloss eines gemeinsamen Mieters*, welches die ausserordentliche Kündigungsberechtigung entstehen lässt, den gemeinsamen Mietern als Partei gesamthaft anzurechnen (wie gestützt auf Art. 101 das Verhalten von Hilfspersonen auch dem einzelnen Mieter anzurechnen ist). Der auf der ausserordentlichen Kündigungsberechtigung des Art. 257f gründende Ausschluss der Erstreckung wirkt somit gegenüber allen gemeinsamen Mietern (gl. z.B. WEBER, S. 176). 24

## 3. Der Konkurs des Mieters (Art. 272a Abs. 1 lit. c)

Der Ausschlussgrund von lit. c des Art. 272a Abs. 1 stützt sich auf die in Art. 266h geregelte ausserordentliche Kündigungsberechtigung des Vermieters ab, die ausschliesslich den *Konkurs des Mieters nach dem Mietantritt* vor Augen hat (vgl. N 5 zu Art. 266h; vor dem Mietantritt bedarf es keiner Kündigung des Mietvertrages [vgl. N 13 ff. zu Art. 266h]). Es kann daher auf die Ausführungen zu jener Norm, insbesondere auf N 41 ff. zu Art. 266h, verwiesen werden. Wie bei den Tatbeständen von lit. a und lit. b des Art. 272a begründet die ausserordentliche Kündigungsberechtigung des Vermieters (wegen der Unzumutbarkeit der Vertragsfortsetzung für den Vermieter; vorn N 10, vgl. ferner N 184–186 zu Art. 271a) bei der Vermieterkündigung i.S.v. Art. 266h eine Ausnahme beim zeitlichen Kündigungsschutz. 25

Bei *gemeinsamen Mietern* (zum Begriff vgl. N 103–105 Vorbem. zu Art. 253–274g) müssen alle gemeinsamen Mieter in Konkurs gefallen sein, damit die Kündigungsberechtigung des Art. 266h entsteht (vgl. etwa THANEI, S. 15, WEBER, S. 180; zum Konkurs bloss eines gemeinsamen Mieters vgl. N 89 Vorbem. zu Art. 266–266o). 26

*Nicht unter den Ausschlussgrund von Art. 272a Abs. 1 lit. c fallen* anderweitig als im Konkurs sich manifestierende Zahlungsunfähigkeiten des Mieters (vgl. dazu N 8 ff. und N 25 ff. zu Art. 266h). Entweder begründen sie einen Zahlungsrückstand i.S.v. Art. 257d und berechtigen zur Kündigung gestützt auf diese Norm, oder sie berechtigen zur ordentlichen Kündigung und begründen dannzumal gewichtige Vermieterinteressen i.S.v. Art. 272 Abs. 1 (vgl. dazu N 113 f. und N 180 zu Art. 272; siehe ferner ZR 87 [1988] Nr. 24 [Gefährdung künftiger Zahlungen]). 27

## 4. Aus besonderen Gründen ausdrücklich «befristeter» Mietvertrag (Art. 272a Abs. 1 lit. d)

### *a) Sinn und Zweck der Regelung*

28 Das Begehren eines Mieters, es sei ein «befristetes» Mietverhältnis zu erstrecken, kann u.U. rechtsmissbräuchlich i.S.v. Art. 2 Abs. 2 ZGB sein. Von *Rechtsmissbrauch* ist namentlich dann auszugehen, wenn der Mieter bereits beim Vertragsabschluss weiss, dass der Vermieter nach Ablauf der Vertragsdauer aus den Parteien bekannten Gründen das Mietobjekt uneingeschränkt zur Verfügung haben will, so dass dem «befristeten» Mietverhältnis gewissermassen von Anfang an fast ein «provisorischer» Charakter anhaftet (vgl. BGE 105 II 197 ff., ZR 78 [1979] Nr. 129; siehe dazu ferner N 111 zu Art. 272).

29 Der *Zweck von lit. d des Art. 272a Abs. 1* besteht darin, einem solchen Missbrauch mit der Hilfe einer klaren gesetzlichen Regel *vorzubeugen* (vgl. auch RONCORONI I, a.a.O., S. 154, TERCIER, S. 261). Die Bestimmung ist erst vom Nationalrat in den Gesetzestext aufgenommen worden (vgl. Botsch., S. 1512, Amtl.Bull. NR vom 16. März 1989, S. 540). Sie ist auf Mietverhältnisse beschränkt, deren «Befristung» ihre Ursache in einem Umbau- oder Abbruchvorhaben des Vermieters hat. Der Grund für diese eingeschränkte Regelung liegt darin, dass die Erstreckung solcher Mietverhältnisse im Resultat nicht nur rechtsmissbräuchlich wäre, sondern ebenso die Bauvorhaben scheitern lassen könnte.

Ferner soll mit der Norm verhindert werden, dass Objekte, an denen solche Bauvorhaben durchgeführt werden, vor der Inangriffnahme der Arbeiten u.U. für längere Zeit ganz oder teilweise leer stehen (weil der Vermieter zur Vermeidung von Bauverzögerungen sonst gezwungen ist, so frühzeitig Mietverhältnisse zu kündigen, dass dem Baubeginn keine Erstreckungen entgegenstehen. Es sollen schliesslich insbesondere auch sog. «Notmietverträge» ermöglicht werden (vgl. GIGER, S. 68, dort Fn. 32).#

30 Die Norm regelt nur einen von mehreren möglichen Fällen, in denen ein rechtsmissbräuchliches Erstreckungsbegehren gestellt werden kann, allerdings nicht (ausschliesslich) unter dem Aspekt des Rechtsmissbrauchs (vgl. vorn N 29). Ein *Erstreckungsgesuch* wegen offensichtlich *rechtsmissbräuchlichen Vorgehens des Mieters i.S.v. Art. 2 Abs. 2 ZGB* ist daher dann, wenn ein anderer als der von Art. 272a Abs. 1 lit. d besonders erwähnte «Befristungsgrund» vorliegt (vgl. dazu z.B. N 111 zu Art. 272), selbstredend weiterhin nicht zu schützen, d.h. abzuweisen.

### *b) Die einzelnen Elemente der Norm*

#### aa) Besondere Umstände des Vertragsabschlusses

Vom Erstreckungsausschluss betroffen sind nur Mietverhältnisse, die *«im Hinblick auf»* ein Umbau- oder Abbruchvorhaben abgeschlossen worden sind. 31

Das *setzt einerseits voraus*, dass der *Vermieter im Zeitpunkt des Vertragsabschlusses* sich nicht bloss *ernsthaft* mit einem Bau- oder Abbruchvorhaben befasst. Dieses Vorhaben soll er zusätzlich bereits zu einer solchen Planungsreife gebracht haben (GIGER, S. 69), die das *Vorhaben als konkret* erscheinen lässt. Eine Abbruch- oder Baubewilligung für das Vorhaben ist im Zeitpunkt des Vertragsabschlusses allerdings nicht notwendig (GIGER, a.a.O., SVIT-Kommentar I, N 14 zu Art. 272a). Das ergibt sich aus dem Wortlaut der Norm zur Befristung (nachstehend N 38 ff.) selbst. 32

*Anderseits setzt* die Norm *voraus, dass der Mieter* um dieses konkrete Vorhaben des Vermieters im Zeitpunkt des Vertragsabschlusses *weiss*. Es obliegt deshalb dem Vermieter, den Mieter spätestens *im Zeitpunkt des Vertragsabschlusses* wenigstens über den ungefähren Zeitplan der Vorhabensverwirklichung in Kenntnis zu setzen (er ist dazu aber nicht verpflichtet; vgl. SVIT-Kommentar I, N 14 zu Art. 272a). Dadurch kann der Mieter nicht nur abschätzen, wie konkret das Vorhaben des Vermieters ist; ebenso wird er dadurch in den Stand gesetzt, allenfalls wegen des sich abzeichnenden zeitlichen Horizontes vom Vertragsschluss Abstand zu nehmen. 33

Da die von Art. 272a Abs. 1 lit. d erfassten Verträge im Hinblick auf ein Bauvorhaben abgeschlossen worden sein müssen, scheint die Norm sich nur auf erstmals zwischen den Parteien abgeschlossene Mietverträge zu beziehen (offenbar dieser Meinung z.B. ZIHLMANN, Basler Kommentar, N 6 zu Art. 272a, der «nachträgliche» Klauseln ausschliesst). Vor der ratio legis (vorn N 29) und dem Wortlaut der Norm halten allerdings m.E. auch Verträge stand, die erst bei der Beendigung eines bisher zwischen den Parteien bestanden habenden Mietverhältnisses abgeschlossen werden. Dem Abschluss solcher (Nachfolge-)Verträge kann auch Art. 273c nicht entgegenstehen, weil sie im Ergebnis einer Erstreckungsvereinbarung i.S.v. Art. 272b Abs. 2 nahekommen. Bei gekündigten Mietverhältnissen, denen als (Nachfolge-)Vertrag ein i.S.v. Art. 272a Abs. 1 lit. d «befristeter» Vertrag folgt, stehen dem Mieter überdies vorab die Möglichkeiten der Anfechtungsklage i.S.v. Art. 271 f. zur Verfügung. 34

Als gegen Art. 273c verstossend erscheinen daher auf den ersten Blick schliesslich nur noch *Abänderungsverträge*, die ein bestehendes Mietverhältnis durch eine «Befristung» i.S.v. Art. 272a Abs. 1 lit. d zu verkürzen vermögen. Gegen diese Sicht der Dinge spricht, dass keine Partei gezwungen werden kann, einer solchen Änderung zuzustimmen, und es den Parteien ohnehin unbenommen bleibt, ein Mietverhältnis jederzeit vertraglich aufzuheben, was letztlich ebenfalls solche Abänderungsverträge zulässig macht. 35

bb) Umbau- oder Abbruchvorhaben

36 Welcher Art das Umbau- bzw. Abbruchvorhaben des Vermieters im konkreten Einzelfall ist (z.B. für eigene Bedürfnisse; z.B. wertvermehrende Renovation mit Balkonanbauten oder Garageneinbau oder Lifteinbau; z.B. Totalsanierung mit Grundrissänderungen; z.B. Abbruch und Neubau eines anderen Gebäudes; z.B. Abbruch zur Erstellung von Parkplätzen oder Spielplätzen usw.), spielt für die Anwendung der Norm ebensowenig eine Rolle wie die Auffassung des Mieters über die Nützlichkeit des Vorhabens usw. *Wesentlich ist* hingegen, dass es sich *um ein Bauvorhaben i.w.S. handelt, dessen Verwirklichung* – wie die Norm selbst darlegt – *eine baurechtliche Bewilligung voraussetzt*. Schönheitsinstandstellungen bzw. Pinselrenovationen usw. sind damit ausgeschlossen (gl.M. GIGER, S. 69, Fn. 39). Überdies muss sich das *Vorhaben auf die Mietsache selbst oder das Objekt beziehen, in dem sich die Sache befindet.*

37 Nach THANEI, S. 16, sollte zusätzlich verlangt werden, dass absehbar sei (wann?), es werde dem Vorhaben des Vermieters nicht von vornherein die Bewilligung verweigert (sofern eine solche Bewilligung noch nicht vorliegt). Ferner sollen dem Vorhaben auch keine tatsächlichen Hindernisse entgegenstehen dürfen. Wie noch darzulegen sein wird (siehe N 42, N 46, N 51 ff.), kann es darauf allerdings nicht ankommen.

cc) «Befristung» des Vertrages mittels «Bedingung»

38 Der Vertrag muss von den Parteien mit Blick auf das Bauvorhaben *gewollt «befristet» sein* (zur Befristung i.e.S. im allgemein vgl. N 26 ff. zu Art. 255). Das bringt das Gesetz mit der Wendung «... *nur für die beschränkte Zeit* bis zum Baubeginn oder bis zum Erhalt der erforderlichen Bewilligung ...» zum Ausdruck. Die «Befristung» im Hinblick auf das Bauvorhaben erweist sich somit als vertragswesentlicher Punkt (gl.M. z.B. ZIHLMANN, Basler Kommentar, N 6 zu Art. 272a, MENGE, S. 146, unter Hinweis auf SJ 1979, S. 575; ähnlich wie MENGE z.B. auch SVIT-Kommentar I, N 13 und N 16 zu Art. 272a, THANEI, S. 16).

39 Die «Befristung» des Vertrages durch das Bauvorhaben ist nach dem Gesetzeswortlaut (vgl. Ingress zu Abs. 1: «Bei Kündigungen») *nur* dadurch möglich, dass der Eintritt der Bedingung (Baubeginn oder Bewilligung) dem Vermieter einen gleichsam «unanfechtbaren» (vgl. N 43) *Grund* verschafft, das Mietverhältnis durch eine *Kündigung* aufzulösen (Eintritt der Bedingung als Entstehung einer vertraglichen Kündigungsberechtigung; vgl. N 36, N 44 zu Art. 255). Diese sich aus dem Gesetz ergebende Auffassung (gl. M. WEBER/ZIHLMANN, Basler Kommentar, N 4 zu Art. 255) gebietet es, Art. 272a Abs. 1 lit. d einzig als ausdrücklich geregelten Anwendungsfall des allgemein im Mietvertragsrecht geltenden Grundsatzes zu betrachten, gemäss dem der Eintritt

einer (resolutiven) Bedingung eine Kündigungsberechtigung schafft, aber nie ein Mietverhältnis ex nunc aufzulösen vermag (vgl. auch N 91 ff. zu Art. 273). (A.A. die h.L. und, ganz allgemein, BGE 121 III 260 [= mp 2/96, S. 59 ff.]. Die Kündigung als neben dem gemäss a.A. ex nunc vertragsauflösenden Eintritt der Bedingung weitere Auflösungsmöglichkeit des Vertrages schliesst immerhin z.B. MENGE, S. 146, im Fall des Art. 272a Abs. 1 lit. d nicht aus. Führt der Eintritt einer Bedingung zur Entstehung der Kündigungsberechtigung, bleibt allerdings kein sinnvoller Raum für die Vertragsbeendigung ex nunc aus dem gleichen Grund [et vice versa].)

Das BGer vertritt in BGE 121 III 260 die Ansicht, der Eintritt einer Resolutivbedingung führe gemäss den allgemeinen Grundsätzen des Vertragsrechts stets zur direkten Vertragsauflösung. Das kann in dieser sehr allgemeinen Formulierung mit Blick auf Art. 273c kaum dem Wesen der Mietverträge entsprechen *und* widerspricht ebenso dem klaren Wortlaut von Art. 272a Abs. 1 (Ingress); diese Bestimmung, die den Eintritt einer Bedingung zum Gegenstand hat (wenigstens indirekt), legt die der allgemeinen Aussage von BGE 121 III 260 entgegenstehende – hier vertretene – Auffassung fast unübersehbar nahe. Das BGer hat im erwähnten Entscheid auf den Wortlaut des Gesetzes (Art. 272a Abs. 1: «Kündigungen») im übrigen gerade keinen näheren Bezug genommen. In BGE 121 III 265 E. b wird zwar der Wortlaut der Norm streckenweise wiedergegeben, allerdings unter Ausklammerung des gesetzlichen Hinweises auf Kündigungen (disdetta). 40

Da die «Befristung» wesentlicher Vertragspunkt ist (vorn N 38), der vom Konsens der Parteien übereinstimmend erfasst sein muss, ist eine *einseitige «Befristung» des Vertrages durch den Vermieter gestützt auf Art. 269d mittels Formular ausgeschlossen.* 41

Die *konkrete weitere Ausgestaltung der «Befristung»* (vgl. auch N 45, N 51 ff.) überlässt das Gesetz *innert Schranken dem Belieben der Parteien* (ähnlich SVIT-Kommentar I, N 15 f. zu Art. 272a). Die Schranken gibt Art. 272a Abs. 1 lit. d durch eine *abschliessende* Aufzählung (vgl. das Wort «nur» im Gesetzestext) von zwei Befristungselementen selbst vor (es sind das der «Baubeginn» [N 44 ff.] oder die «Baubewilligung» [N 47 ff.]). 42

Die zwei gesetzlich vorgegebenen «Befristungselemente» stellen tatsächliche Begebenheiten dar, die nach dem Willen beider Parteien zur Beendigung des Mietverhältnisses führen sollen. Ihr tatsächliches Eintreten schliesst deshalb eine erfolgreiche Anfechtung der Kündigung i.S.v. Art 271 Abs. 1 (Treuwidrigkeit) aus. Eine dennoch erhobene Anfechtungsklage des Mieters erwiese sich folglich als rechtsmissbräuchlich (vgl. auch vorn N 30). Sind die «Befristungselemente» hingegen nicht eingetreten, so fehlt es an einer entsprechenden Kündigungsberechtigung, und es bleibt eine dennoch ausgesprochene Kündigung des Vermieters unwirksam. Raum für eine treuwidrige Kündigung i.S.v. Art. 271 Abs. 1 bleibt somit in diesen Fällen kaum. 43

### dd) Baubeginn

Der «befristende» Terminus «Baubeginn» meint den *tatsächlichen Beginn von Bauarbeiten* (vgl. GIGER, S. 68, LACHAT/STOLL, S. 359) und setzt konsequenterweise (vorn N 36) das Vorliegen einer (rechtskräftigen) Bau- 44 bewilligung voraus. Ab wann genau von einem tatsächlichen Beginn der Bauarbeiten im Einzelfall die Rede sein kann, lässt das Gesetz offen.

45 Vernünftigerweise ist davon auszugehen, dass die Bedingung des Baubeginns *frühestens dann eingetreten ist*, wenn mit den notwendigen (Vorbereitungs-)Arbeiten für den Bau begonnen wird, die gemäss Bauplanung nahtlos zur eigentlichen Abbruch- oder Bautätigkeit überführen, sobald der Mieter das Objekt verlassen hat (z.B. Eingerüstung, Aufstellen der Infrastruktur der Baustelle wie das Anbringen von Abschrankungen und das Aufstellen von Baustellencontainern). *Spätestens* ist die Bedingung des Baubeginns jedenfalls dann *eingetreten*, wenn im Objekt oder um das Objekt herum, in dem sich die Mietsache befindet, mit eigentlichen Bauarbeiten begonnen wird (z.B. Aushub, Abbruch von Trennwänden oder Gartenmauern bzw. -zäunen usw.).

46 Die Unschärfe des gesetzlichen Begriffs lässt es im Belieben der Parteien, *vertraglich genau zu bezeichnen*, welche Arbeiten dem vertragsbefristenden *Baubeginn* genau entsprechen sollen (GIGER, S. 68). Dort, wo das Bauvorhaben nebst der Baubewilligung auch eine Abbruchbewilligung erfordert, kann als Baubeginn m.E. auch der Erhalt der Abbruchbewilligung vereinbart werden (a.A. mutmasslich LACHAT/STOLL, a.a.O., THANEI, S. 16). Die gesetzlichen Mindestkündigungsvorschriften (vgl. Art 266c und Art. 266d) lassen letzteres gerade tunlich erscheinen. Wann eine Abbruchbewilligung erhalten worden ist, folgt den Grundsätzen zum Erhalt der Baubewilligung (N 50 ff.).

ee) Erhalt der Baubewilligung

47 Der gesetzliche Terminus *«Baubewilligung»* bezeichnet den von der zuständigen Bewilligungsbehörde (GIGER, S. 69, LACHAT/STOLL, S. 359) oder Rechtsmittelinstanz verabschiedeten baurechtlichen Erlass, der das Bauvorhaben im Lichte der massgebenden Baurechtsordnung für zulässig erklärt (ob damit Auflagen usw. verbunden sind, spielt keine Rolle).

48 Die Baubewilligung ist nicht zu verwechseln mit einer ev. ebenfalls noch erforderlichen Abbruchbewilligung (vorn N 46). Die Abbruchbewilligung setzt eine bereits rechtskräftig erlassene Baubewilligung gerade voraus.

49 Die *Baubewilligung*, welche das Mietverhältnis «befristet», *muss rechtskräftig sein*, weil nur eine rechtskräftige Bewilligung Gewähr dafür bietet, dass das Bauvorhaben innert nützlicher Frist begonnen werden kann (vgl. GIGER, S. 69, LACHAT/STOLL, S. 359 f., THANEI, S. 16; a.A. SVIT-Kommentar I, N 15 zu Art. 272a, ohne nähere Begründung).

50 Massgebend für die Befristung ist sodann nicht der Zeitpunkt des Erlasses der Bewilligung, sondern deren *Eingang beim Vermieter* (das Gesetz verwen-

det dafür den Begriff des «Erhaltes»). Da der Mieter hiervon keine genaue Kenntnis haben kann, obliegt es grundsätzlich dem Vermieter, den Mieter über den Eingang der Bewilligung in Kenntnis zu setzen (dazu nachstehend N 52 ff.). Der gesetzlich geforderte *«Erhalt»* der Bewilligung beschränkt sich in diesem Kontext folglich konsequenterweise nicht auf den blossen Eingang der Bewilligung im Zugriffsbereich des Vermieters, sondern umfasst ebenso den Zugang einer entsprechenden Mitteilung beim Mieter (vgl. N 52). Nicht erforderlich ist aber – gemäss den Grundsätzen über die Wirksamkeit empfangsbedürftiger Erklärungen – Kenntnisnahme der Mitteilung durch den Mieter.

Der «Erhalt» der Bewilligung bewirkt nach richtiger Auffassung nicht das Erlöschen des Mietverhältnisses per se (vgl. vorn N 39). Ob der Vermieter in der Folge das Bauvorhaben auch (unverzüglich) in Angriff nimmt (so aber THANEI, S. 16), ist daher schlicht unmassgebend: Die Vertragsauflösung erfordert vielmehr zusätzlich eine formgültige Kündigung, weil der «Erhalt» der Bewilligung nur die Kündigungsberechtigung schafft (a.A., ganz allgemein, BGer, in: BGE 121 III 260, und mutmasslich die h.L.). Die Kündigung, welche die Formvorschriften der Art. 266l ff. zu beachten hat, kann dem Mieter zusammen mit der Mitteilung zugesandt werden, es sei die Bewilligung eingetroffen. 51

Die Parteien können *präzisierend* vereinbaren, wie der Vermieter den Mieter vom Erhalt der Baubewilligung in Kenntnis zu setzen hat (z.B. «schriftlich», «mittels eingeschriebenem Brief», «unter Beilage einer Kopie der Bewilligung» usw.). Dadurch wird die Mitteilungsform selbst Teil der Form, die (insgesamt) erfüllt sein muss, damit das Mietverhältnis infolge Erhaltes der Bewilligung gültig gekündigt werden kann, weil zuvor die Kündigungsberechtigung noch nicht entstanden ist. Aus einsichtigen Gründen entfällt die Anwendbarkeit der gesetzlichen Formvorschriften der Art. 266l ff. bei solchen Mitteilungen (vgl. N 115 ff., N 120 Vorbem. zu Art. 266–266o). Davon unberührt bleiben die für die Kündigung selbst zu beachtenden Formvorschriften (vorn N 51). 52

*Vereinbart werden kann* gleichfalls, dass der Mieter Kenntnis von der Bewilligung *direkt durch die Bewilligungsbehörde erhält*, sofern diese Hand dafür bietet oder weil der Mieter am Bewilligungsverfahren beteiligt war. Alsdann erfasst der für die Entstehung der Kündungsberechtigung zu beachtende gewillkürte Formzwang auch die Mitteilung der Behörde (vertritt man die Auffassung, der Erhalt bzw. die Mitteilung der Baubewilligung stelle Teil der Resolutivbedingung dar, deren Eintritt das Mietverhältnis ex nunc auflöse, so ist das Mietverhältnis mit dem Zugang der Mitteilung aufgelöst). 53

Geht man davon aus, unter «Kündigungen» i.S.v. Art. 272a Abs. 1 sei der Eintritt der Resolutivbedingung der «Baubewilligung» zu verstehen, die zur sofortigen Auflösung des Mietverhältnisses führt (diese Auffassung wird hier nicht vertreten; vorn N 39), so können die Parteien etwa *vereinbaren* (und das Mietverhältnis erlischt erst unter diesen zusätzlichen Bedingungen), 54

– dass mit dem Erhalt der Baubewilligung dem Mieter eine *Auszugsfrist zu laufen beginnt*, mit deren Beendigung spätestens das Mietverhältnis erlischt (z.B. Frist von drei Monaten oder einem halben Jahr mit dem Recht des Mieters, auf das Ende eines jeden Monats die Mietsache vorzeitig zurückgeben zu dürfen, unter Verzicht des Vermieters auf Mietzinsleistungen usw. ab dem Zeitpunkt der Rückgabe); 55
– dass der Mieter innert einer Woche oder eines Monates nach dem Empfang der Mitteilung des Vermieters (vorn N 52) oder der Behörde (vorn N 53) die *Mietsache zurückzugeben hat.* 56

### ff) Ausdrücklichkeit der Vereinbarung

57 Die Vereinbarung der Parteien, das Mietverhältnis sei «befristet», hat von Gesetzes wegen *ausdrücklich* zu erfolgen. Sie kann also nie stillschweigend (durch konkludentes Verhalten) zustande kommen, wohl aber mündlich. Die gesetzlich geforderte Ausdrücklichkeit verlangt *keine Beachtung einer Schriftform* (vgl. allgemein GAUCH/SCHLUEP, Bd. 1, S. 30; vgl. z.B. SVIT-Kommentar I, N 13 zu Art. 272a, MENGE, S. 147). Das ist der Rechtssicherheit, die Art. 272a Abs. 1 lit. d anstrebt, insoweit nicht förderlich, als sich bei bloss mündlicher Vereinbarung erhebliche Beweisprobleme ergeben können. Die Parteien haben der Schriftlichkeit in ihrem eigenen Interesse folglich den Vorzug zu geben.

58 Die gesetzlich geforderte Ausdrücklichkeit muss sich auf alle gemäss Art. 272a Abs. 1 lit. d erforderlichen Elemente der Befristung im Zeitpunkt des Vertragsabschlusses beziehen. Sie ist *ebenso bei* (späteren) *Änderungsverträgen* zur Befristung nötig (z.B. Änderung von Rückgabemodalitäten, die Bestandteil der Befristungsvereinbarung sind [vgl. vorn N 52, N 54 ff.]; a.A. offenbar ZIHLMANN, Basler Kommentar, N 6 zu Art. 272a, der nachträgliche Änderungen der «Befristungsvereinbarung» generell ausschliesst, ohne Begründung allerdings [dazu vgl. vorn N 34 f.]).

59 Vor dem Zweck, den Art. 272a Abs. 1 lit. d verfolgt (vorn N 29), kommt der gesetzlich geforderten Ausdrücklichkeit darüber hinaus *der Rang einer Auslegungsregel* zu (vgl. dazu allgemein GAUCH/SCHLUEP, Bd. 1, S. 99, Rz. 574): Gefordert ist daher eine im Wortlaut bzw. Sinn «eindeutige» Vereinbarung darüber, dass die «Befristung» *nur* im Hinblick auf das Bauvorhaben erfolgte. Bei hinsichtlich der «Befristung» und/oder des «Befristungsgrundes» unklaren bzw. mehrdeutigen Abreden ist die Annahme, es sei eine unter die Norm fallende Vereinbarung abgeschlossen worden, zu verneinen.

### *c) Die Voraussetzungen des Erstreckungsausschlusses*

60 Auf den Ausschlussgrund des Art. 272a Abs. 1 lit. d kann sich erfolgreich der Vermieter nur dann berufen, *wenn die «Befristungsabrede» alle gesetzlich geforderten Elemente* umfasst bzw. erfüllt (Abschluss im Hinblick auf ein Bauvorhaben [vorn N 36 f. und nachstehend N 64], ausdrückliche [N 57 ff.] «Befristung» [vorn N 38 ff.] aus bloss diesem Grund [vgl. auch nachstehend N 64]).

61 *Zusätzlich ist erforderlich, dass die Bedingung*, mit der die «Befristung» verknüpft ist (Baubeginn [vorn N 43 ff.] oder Erhalt der Baubewilligung [N 47 ff.]) *eingetreten ist* und zudem das *Mietverhältnis durch eine entsprechende Kündigung dem Ende* zugeführt wurde. A.A. im letzten Punkt die h.L. sowie das BGer (vgl. vorn N 39 f. und BGE 121 III 260 [= mp 2/96, S. 59 ff.]).

Fehlt es dem Vertrag an einem der geforderten Elemente und/oder ist die «befristende» Bedingung nicht eingetreten und/oder die Kündigung unterlassen worden (a.A. in diesem Punkt BGE 121 III 260 und z.T. die h.L.; ähnlich immerhin MENGE, S. 146), so sind die *Voraussetzungen des Erstrekkungsausschlusses i.S. der Norm nicht gegeben* (ähnlich, statt vieler: GIGER, S. 67 ff.). 62

*Nicht den Anforderungen von Art. 272a Abs. 1 lit. d genügen insbesondere* (vgl. ebenfalls GIGER, S. 67 ff., LACHAT/STOLL, S. 359 f., MENGE, S. 145 ff., THANEI, S. 16, ZIHLMANN, Basler Kommentar, N 6 zu Art. 272a): 63

- (echte) befristete Verträge, die einen *anderen Befristungsgrund als ein Bauvorhaben* aufweisen (vgl. z.B. N 111 zu Art. 272; dazu gleichfalls vorn N 30); 64
- (echte) befristete Verträge, die zwar ein *«Bauvorhaben»* zum Gegenstand haben, *aber kein von Art. 272a Abs. 1 lit. d erfasstes* (sondern z.B. eine nicht bewilligungspflichtige Renovation [vgl. vorn N 36], z.B. Umbau der Nachbarliegenschaft);
- Verträge, die zwar *im Hinblick auf ein Bauvorhaben* abgeschlossen worden sind, aber als *Bedingung, die die Kündigungsberechtigung setzt, anderes als die Baubewilligung oder den Baubeginn* (der allenfalls im Erhalt der Abbruchbewilligung gesehen werden kann; vorn N 45) zum Gegenstand haben;
- (echte) befristete Verträge, die *bloss allgemein auf ein künftiges Bauvorhaben verweisen* (also ohne das Bauvorhaben als Kündigungsberechtigung aufzuführen);
- befristete Verträge, die die «Befristung» *(noch) an andere Bedingungen* als das Bauvorhaben (bzw. dessen Verwirklichung; vgl. N 52 ff.) knüpfen, *insbesondere an Eventualbedingungen* (z.B. «entweder bis zum Erhalt der Baubewilligung oder bis zum Abschluss eines neuen Vertrages», z.B. «entweder bis zur Rückkehr des Vermieters in die Schweiz oder bis zum Erhalt der Baubewilligung»; es fehlt dann an der gesetzlich geforderten Ausschliesslichkeit bzw. Eindeutigkeit; vgl. ferner vorn N 29, N 31, N 59).

### *d) Beweislast*

Den *Vermieter* trifft die Beweislast für das Vorliegen aller gesetzlich geforderten Elemente des Mietvertrages, die den Ausschluss begründen sollen (vgl. vorn N 60). Zusätzlich trifft ihn die Beweislast dafür, dass die Bedingung, welche die Kündigungsberechtigung setzt, bzw. nach a.A. zur Vertragsauflösung ex nunc führt (Baubeginn, Erhalt der [rechtskräftigen] Baubewilligung), eingetreten ist (vgl. z.B. MENGE, S. 147; siehe ferner N 254 zu Art. 272). 65

## IV. Das Angebot gleichwertigen Ersatzes als relativer Ausschlussgrund (Art. 272a Abs. 2)

### 1. Allgemeines

66 Der Norm, die einen relativen Ausschlussgrund (dazu vorn N 13) aufstellt, liegt die schon dem alten Recht bekannte (vgl. z.B. SJ 1979, S. 582 f.) Idee zugrunde, den Mieter treffe keine Härte, wenn ihm der Vermieter gleichwertigen Ersatz anbiete (so auch z.B. THANEI, S. 17). Da diese Überlegung nicht in jedem Fall derart absolut zutreffen kann, hat der Gesetzgeber den Ausschluss der Erstreckung auf den Regelfall beschränkt (vgl. den Wortlaut «... in der Regel ...»). Aus dieser ratio legis folgt zweierlei, das es noch näher zu betrachten gilt.

67 *Erstens:* Die gesetzgeberische Konzeption von Art. 272a Abs. 2 setzt bei der Rechtsanwendung die Kenntnis dessen voraus, was nach der Auffassung des Gesetzgebers unter den Regelfall fällt (nachfolgend N 70 ff.). Erst dann lassen sich die Ausnahmen festhalten, welche ein Abweichen von der Regel zulassen (nachfolgend N 82 ff.).

68 Da das Angebot gleichwertigen Ersatzes «in der Regel» den Ausschluss der Erstreckung mangels Härte gebietet, ist bereits *im Angebot gleichwertigen Ersatzes der gesetzliche Regelfall zu erblicken*, von dem ausnahmsweise abgewichen werden kann. Damit ist *zugleich klargestellt, dass ungenügende Angebote von vornherein nicht unter die gesetzgeberisch gedachte Regel fallen* und zwangsläufig keine Ausnahme bilden können (ähnlich z.B. GIGER, S. 71, LACHAT/STOLL, S. 360; unklar SVIT-Kommentar I, N 18 zu Art. 272a; ungenau ZMP 1/95 Nr. 7).

69 *Zweitens:* Die ratio legis (vorn N 66; Abwendung der Härte durch Hilfestellung des Vermieters [gl. z.B. ZIHLMANN II, S. 226]) verlangt sodann, dass der Ausschlussgrund des Art. 272 Abs. 2 auch im Fall einer strittigen *Zweiterstreckung* angerufen werden kann (offen gelassen etwa bei THANEI, S. 16, ZIHLMANN II, S. 226, SVIT-Kommentar I, N 18 f. zu Art. 272a).

## 2. Das Angebot gleichwertigen Ersatzes als Regelfall

### *a) Gleichwertigkeit des Ersatzes*

Welcher Ersatz, der dem Mieter *vom Vermieter* angeboten wird, im konkreten Einzelfall *gleichwertig ist,* beurteilt sich grundsätzlich, aber bei weitem nicht ausschliesslich *nach dem bisherigen Mietobjekt* (Lage, Grösse, Ausstattung, ev. Zustand [vgl. beispielhaft, allerdings nicht zu Art. 272a Abs. 2, ZMP 2/93 Nr. 19, S. 17 ff.; gl.M. ZIHLMANN II, S. 226, SVIT-Kommentar I, N 18 zu Art. 272a). Namentlich hat ein *Ersatzobjekt all jene* (zusätzlichen) *Eigenschaften aufzuweisen,* die das bisher vom Mieter benutzte Objekt hat, sofern diese Eigenschaften *für den vereinbarten Gebrauch der Sache abredegemäss notwendig* waren (vgl. GIGER, S. 70 f., LACHAT/STOLL, S. 360; siehe ferner N 17–20, N 27 zu Art. 256; Beispiele dazu ergeben sich etwa aus N 141 zu Art. 272). 70

*Gleichwertigkeit bedeutet* demnach *nicht Identität* (identische Ersatzobjekte sind ohnehin kaum zu finden). Da der Gesetzgeber überdies nicht dem Entwurf des Bundesrates folgte, der die Gleichwertigkeit durch die Umschreibung von Einzelkriterien fixieren wollte (keine wesentlichen Nachteile im Vergleich zum bisherigen Mietzins, zur bisherigen Ausstattung und zur bisherigen Lage; Botsch., S. 1512), kann Gleichwertigkeit im wesentlichen bloss noch *Vergleichbarkeit* meinen (vgl. ZMP 1/95 Nr. 6 [S. 24: «ähnliche Eigenschaften»]; gl.M. wohl auch z.B. ZIHLMANN II, S. 226). Auch das ist noch vage und zu konkretisieren (nachfolgend N 72 ff.); dabei ist die ratio legis *zu berücksichtigen, wonach das gleichwertige Ersatzangebot des Vermieters in erster Linie dazu dient, eine sich durch die (gültige) Vertragsauflösung einstellende Härte abzuwenden,* weil sich nur deshalb ein Ausschluss der Erstreckung rechtfertigt (vgl. vorn N 66 und N 69). 71

aa) Aus den vorhin angestellten Überlegungen ergibt sich, dass die **massgebenden Kriterien zur Ermittlung der Gleichwertigkeit** an sich denen entsprechen, die ein zumutbares Ersatzobjekt bestimmen, nach dem der Mieter nach der Vertragsauflösung zu suchen hat (vgl. dazu N 100, N 102 f. N 206, N 208–210 zu Art. 272). Die Gleichwertigkeit, die den Regelfall des Ausschlusses begründet, *bestimmt sich* daher *weder an den Vorstellungen des Vermieters* über die Gleichwertigkeit (gl.M. MENGE, S. 148), noch *an besonderen Vorstellungen des Mieters* über die Gleichwertigkeit (unklar, ob a.A., bei GIGER, S. 70), *sondern* (insoweit objektiviert; ähnlich MENGE, a.a.O.) 72

73 – an dem, was der Mieter aufgrund des bisher *geltenden vereinbarten Gebrauchszweckes* (vgl. dazu N 17–20, N 27 zu Art. 256) und den für diesen Gebrauchszweck *notwendigen Eigenschaften* der bisherigen Sache (vgl. vorn N 70, mit Verweisen; siehe auch N 23 ff., N 27–37 zu Art. 256) auch vom neuen Objekt erwarten darf bzw. muss (vorn N 71; vgl. dazu den Wortlaut des bundesrätlichen Entwurfes, in: Botsch., S. 1512; gl. THANEI, S. 16);
– nach dem *Ort, in dem der Mieter suchen darf* bzw. muss, wenn er selbst suchen müsste (vgl. dazu N 206 zu Art. 272; ähnlich z.B. GIGER, S. 70; Beispiele ergeben sich aus N 141, N 146, N 154 f., N 158 und N 161 zu Art. 272);
– nach dem *Marktsegment, in dem der Mieter suchen darf* bzw. muss, wenn er selbst suchen müsste (vgl. N 208 ff. zu Art. 272; vgl. z.B. SVIT-Kommentar I, N 18 zu Art. 272a);
– nach den *vertraglichen Konditionen bezüglich Dauer* (es darf nicht nur ein kurzfristiger Verbleib möglich sein [LACHAT/STOLL, S. 360, THANEI, S. 17; vgl. auch SJ 1979, S. 583, ZMP 1/95 Nr. 6, S. 24], ausser das sei schon vorher Vertragszweck gewesen).

74 Ob ein konkretes Ersatzobjekt in diesem Sinn gleichwertig ist, entscheidet im Streitfall der Richter bzw. die Schlichtungsbehörde. Bei dessen bzw. deren Entscheid handelt sich um einen *Billigkeits- bzw. Ermessensentscheid i.S.v. Art. 4 ZGB* (vgl. GIGER, S. 70; siehe dazu ferner N 121 zu Art. 272), *der in Würdigung all der vorstehenden massgebenden Umstände zu erfolgen hat, die sich aus der ratio legis der abzuwendenden Härte ergeben.*

75 Gleichwertig *kann daher im Einzelfall* z.B. auch ein teureres oder kleineres Mietobjekt als das bisherige sein, sofern es bezüglich Preis noch im massgebenden Marktsegment liegt (vorn N 73; a.A. MENGE, S. 148) und bezüglich Grösse den Bedürfnissen des Mieters entspricht (unklar, ob auch hierin a.A., bei MENGE, a.a.O.). Von Gleichwertigkeit kann immerhin dann bei weitem nicht mehr die Rede sein, wenn die Annahme des Ersatzobjektes für den Mieter zu «Opfern» führte (so aber SVIT-Kommentar I, N 18 zu Art. 272a). Wiewohl sich die Gleichwertigkeit eines Objektes grundsätzlich an dem zu richten hat, was der Mieter selbst suchen darf und muss (vorn N 72 f.), können ihm *unter dem Titel der Gleichwertigkeit keine wesentlichen Nachteile aufgezwungen werden* (gl. GIGER, S. 70). Einsichtigerweise ist in diesem Zusammenhang zu unterscheiden zwischen Ersatzangeboten, die zum Ausschluss einer Erstreckung führen sollen (ohne dass etwa die Vermieterinteressen geprüft worden wären; vgl. vorn N 14), und Nachteilen, die ein Mieter wegen ungenügender oder falscher Suchbemühungen sich selbst zuzuschreiben hat.

**bb)** Ein Ersatzangebot, welches nicht wenigstens der Gleichwertigkeit des gesetzgeberischen Regelfalles entspricht, stellt ein **untaugliches Ersatzangebot** dar. Der Ausschlussgrund des Art. 272a Abs. 2 gelangt diesfalls gar nicht zur Anwendung (vorn N 14): Wo es an der Regelhaftigkeit fehlt, ist auch nicht nach Ausnahmen zu forschen, die ein Abweichen von der Regel erlaubten (gl.M. mutmasslich z.B. ZMP 1/95 Nr. 6). Keine Probleme bieten demgegenüber *höherwertige* Ersatzobjekte – sie fallen unter die ausschlussbegründende Regel, weil es jedem vernünftigen und korrekten Partner zugemutet werden kann, ein solches Angebot anzunehmen (bei dem er ja keinen Nachteil im Vergleich zu dem, was er an einem Ersatzangebot erwarten darf [vorn N 71 f.] erleidet). 76

*b) Weiterer Inhalt des Angebotes*

Inhaltlich kann sich das Ersatzangebot des Vermieters nicht in der Bekanntgabe irgendwelcher möglicher oder denkbarer Ersatzobjekte (etwa durch Hinweise auf Zeitungsinserate; THANEI, S. 16) usw. erschöpfen. *Das Ersatzobjekt,* das dank seiner Gleichwertigkeit eine Härte abwenden und einen Erstreckungsausschluss begründen soll (vorn N 66, N 69), *muss dem Mieter konkret bezeichnet werden,* damit er es auf Gleichwertigkeit bzw. seine objektiven Bedürfnisse (vgl. vorn N 72 f.) überprüfen kann. Lehnt der Mieter dieses Objekt ab, obwohl es gleichwertig war (und ihm rechtzeitig angeboten worden ist), so greift die Regel (vgl. e contrario – ZMP 1/95 Nr. 6), weil der Mieter die Abwendung der Härte (vorn N 66, N 69) damit selbst vereitelt hat (was nicht zuletzt vor Art. 2 ZGB keinen Schutz finden kann). 77

Das Ersatzobjekt muss sodann auf den Zeitpunkt der Vertragsauflösung (bzw. des Ablaufes der Ersterstreckung bei fraglichen Zweiterstreckungen) gewiss *verfügbar* (MENGE, S. 149, ZIHLMANN II, S. 226), d.h. bezugsbereit sein wie ein vom Mieter selbst ohne (zweite) Erstreckung gefundenes Ersatzobjekt (dazu ebenfalls N 86 ff.). 78

Erfolgt das Angebot erst danach im Rahmen eines Verfahrens (vgl. ZMP 1/95 Nr. 6 S. 24 f.), so hat es dannzumal so verfügbar zu sein, dass dem Mieter *ausreichend Zeit für eine Prüfung* des Angebotes bzw. Objektes verbleibt (vgl. dazu auch N 88). 79

*Bei Wohnungen* kann als *ausreichende Frist* hierfür da, wo keine besonderen Verhältnisse bestehen, die die Prüfung erschweren (z.B. Krankheit des Mieters, Behinderung des Mieters, [dem Vermieter bekannte] Ferienabwesenheit des Mieters usw.), ein halber Monat gelten, *bei Geschäftsräumen* je nach den Umständen (es müssen etwa besondere Einrichtungen vorhanden sein, es müssen behördliche Bewilligungen geprüft werden usw.) sogar ein Monat und mehr (dazu ferner nachstehend N 85 ff.). 80

81 *Nicht erforderlich* ist hingegen, dass das Ersatzobjekt im Zeitpunkt des Angebotes im Besitz oder Eigentum des Vermieters steht. Es kann sich beim Ersatzobjekt auch um ein Objekt handeln, das einem Dritten gehört (mp 4/91, S. 156; MENGE, S. 149, SVIT-Kommentar I, N 19 zu Art. 272a, ZIHLMANN, Basler Kommentar, N 8 zu Art. 272a). Dieser muss es jedoch für den Vermieter dem Mieter zur Verfügung halten wie der Vermieter selbst, d.h., ob es innert vernünftiger Frist (vgl. vorn N 78 ff., nachfolgend N 85 ff.) zum Vertragsabschluss mit dem Dritten kommt, darf nur vom Willen des Mieters abhängen, nicht aber auch vom Willen des Dritten (MENGE, a.a.O., SVIT-Kommentar I, a.a.O.).

### 3. Die Ausnahmen von der Regel

82 Ist der Regelfall des gleichwertigen Ersatzes gegeben, so *rechtfertigen* im wesentlichen zwei Gruppen von Gründen ausnahmsweise ein Absehen von den Ausschlusswirkungen. Eine solche Ausnahme ist jedoch nicht leichthin anzunehmen, zum einen, weil die *Ausnahme nicht zum Regelfall werden darf*, und zum andern, weil der Regelfall gerade dazu dient, die (stets individuelle) Härte der Vertragsauflösung zu beseitigen (vorn N 66, N 69). Ausnahmen können deshalb nur dort erblickt werden, wo die üblicherweise genügende Abwendung einer Härte durch ein an sich gleichwertiges Ersatzobjekt versagt.

83 **a)** Eine Erstreckung muss zum einen dann zulässig sein, wenn **besondere Gründe** auf seiten des Mieters vorliegen, die die Verweigerung der Annahme des Ersatzes objektiv (im Verständnis vernünftiger und korrekter Menschen) nahelegen (gl. z.B. LACHAT/STOLL, S. 360, ähnlich etwa GIGER, S. 71).

84 Als Beispiele hierfür können angeführt werden: der unzeitige Bezug des Ersatzobjektes (z.B. der Umzug könnte nur innert der Hochsaison des Geschäftsmieters erfolgen und bringt diesem erhebliche Einbussen; LACHAT/STOLL, S. 360, Fn. 13); – ernsthafte Krankheit des Mieters, die einen Umzug auf den Zeitpunkt des Vertragsendes als unzumutbar erscheinen lässt (LACHAT/STOLL, a.a.O.); – das Alter oder der Gesundheitszustand des Mieters lassen einen Umzug als unzumutbar erscheinen, weil sich eine andere dauerhafte Ersatzlösung (vgl. N 104 ff. zu Art. 272) geradezu aufdrängt; – es ist im Zeitpunkt des Ersatzangebotes bereits sicher, dass in naher Zukunft dem Mieter das an sich gleichwertige Objekt nicht mehr dienen kann, so dass für ihn ein zweimaliger Umzug innert kürzerer Zeit anstehen würde, was ihm in Würdigung aller Umstände vernünftigerweise nicht zugemutet werden kann (vgl. ZMP 1/95 Nr. 6 [Krankheit]; der Mieter wird in einigen Monaten pensioniert und hat auf diesen Zeitpunkt hin bereits eine Ersatzlösung geschaffen).

**b)** Eine Erstreckung muss ebenfalls zulässig sein, wenn es sich beim Angebot des Vermieters um ein **unzeitiges Angebot** handelt. Ob das der Fall ist, beurteilt sich im wesentlichen anhand von zwei Gesichtspunkten, die sich aus dem bisher Dargelegten (vorn N 78) zwangsläufig ergeben. 85

Das Ersatzangebot, welches die Erstreckung ausschliessen soll, muss *so rechtzeitig erfolgen,* dass der Mieter – im Lichte der besonderen Umstände des jeweiligen Einzelfalls (N 87) – *ausreichend Zeit hat,* das Angebot zu prüfen, und vor oder an dem Tag, an dem das bisherige Mietverhältnis endet (also *ohne Erstreckung*), *beziehen kann* (vorn N 78, N 80). Für die Prüfung usw. dürfen vom Mieter nicht mehr «Eile» und Entscheidfreude erwartet werden, als bei der Ersatzsuche allgemein beobachtet werden können (vorn N 80). Angebote, die dem Mieter nicht diese Zeit einräumen, sind *unzeitig und rechtfertigen die Erstreckung.* 86

Die im konkreten Einzelfall besonders zu beachtenden Umstände liegen einerseits in persönlichen Fähigkeiten des Mieters, die diesem eine rasche Prüfung des Angebotes objektiv gesehen erschweren (z.B. körperliche Behinderung, Krankheit, unumgängliche Abwesenheit infolge Militärdienstpflicht oder Berufspflicht, Alter usw.). Ferner sind massgebend besondere weitere Umstände wie für den Gebrauchszweck notwendige besondere Eigenschaften des Objekts, die insbesondere bei Geschäftsräumen eingehenderer Prüfung bedürfen (vorn N 80). 87

Wird dem Mieter ein Ersatzangebot vom Vermieter *erst während des Erstreckungsverfahrens unterbreitet* (vgl. ZMP 1/95 Nr. 6), so ist dieses grundsätzlich *unzeitig,* denn es kann nur noch dazu dienen, die bereits eingetretene faktische Erstreckung (N 31 zu Art. 272) zu verkürzen. Eine Erstreckung auszuschliessen rechtfertigt sich hier nur dann, wenn dem Mieter vor dem Entscheid über die Erstreckbarkeit des Mietverhältnisses *wenigstens* soviel Zeit zur Verfügung steht wie beim rechtzeitigen Angebot (vorn N 86). Die Ablehnung eines solchen Angebotes hinwieder schliesst die Erstreckung aus (vorn N 77; vgl. auch ZMP 1/95 Nr. 6). 88

Wird ein *gerichtliches* Verfahren wegen eines solchen an sich verspäteten Ersatzangebotes und dessen Annahme durch den Mieter gegenstandslos, so rechtfertigt es sich, dem Vermieter als Verursacher der Gegenstandslosigkeit die Verfahrenskosten aufzuerlegen.

Bei *Zweiterstreckungen* gelten die vorstehend dargelegten Grundsätze zur Unzeitigkeit des Ersatzangebotes sinngemäss uneingeschränkt. 89

### 4. Beweislast

Den *Vermieter* trifft die Last des Beweises für alle Voraussetzungen des Ausschlussgrundes (insbesondere für die Gleichwertigkeit des Ersatzobjektes und die Rechtzeitigkeit des Angebotes; ähnlich LACHAT/STOLL, S. 360, 90

MENGE, S. 149). Der *Mieter* ist beweisbelastet dafür, dass er aus besonderen Gründen (vorn N 83 f.) berechtigt war, das gleichwertige Ersatzobjekt auszuschlagen (a.A. LACHAT/STOLL, S. 360, die vom Vermieter auch den Beweis dafür verlangen, dass der Mieter nicht berechtigt war, das Angebot abzulehnen; diese Auffassung hält vor den Grundsätzen des Art. 8 ZGB nicht stand, weil sie einerseits übersieht, dass die Behauptung und der Nachweis besonderer Gründe einen Erstreckungsanspruch begründen und – will man das nicht gelten lassen – anderseits nach den Regeln der Beweislastumkehr der Nachweis solcher Gründe für den Mieter, der sie ja behaupten muss, einfacher wäre als für den Vermieter, der sie nicht kennt, bevor sie vorgebracht werden (vgl. N 169 ff. zu Art. 271).

# Art. 272b

**[1] Das Mietverhältnis kann für Wohnräume um höchstens vier, für Geschäftsräume um höchstens sechs Jahre erstreckt werden. Im Rahmen der Höchstdauer können eine oder zwei Erstreckungen gewährt werden.** III. Dauer der Erstreckung

**[2] Vereinbaren die Parteien eine Erstreckung des Mietverhältnisses, so sind sie an keine Höchstdauer gebunden, und der Mieter kann auf eine zweite Erstreckung verzichten.**

**[1] Le bail d'habitations peut être prolongé de quatre ans au maximum, celui de locaux commerciaux de six ans. Dans ces limites, une ou deux prolongations peuvent être accordées.** III. Durée de la prolongation

**[2] Lorsque les parties conviennent d'une prolongation du bail, elles ne sont liées à aucune durée maximale et le locataire peut renoncer à une deuxième prolongation.**

**[1] La locazione di abitazioni può essere protratta per quattro anni al massimo, quella di locali commerciali per sei anni. Entro questi limiti possono essere accordate una o due protrazioni.** III. Durata della protrazione

**[2] Se la protrazione è pattuita dalle parti, questi limiti non valgono e il conduttore può rinunciare a una seconda protrazione.**

| | | |
|---|---|---|
| Materialien | aArt. 267a Abse. 1 und 2, aArt. 267e OR, Art. 272b des Entwurfes vom 27. März 1985; Amtl.Bull., SR, 1988, S. 178, 1989, S. 431, NR, 1989, S. 540 | 1 |
| Ausländisches Recht | Siehe N 1 zu Art. 272 | |

**Literatur:** Siehe allgemeines Literaturverzeichnis sowie N 1 der Vorbem. zu den Art. 271–273c. 2

## Inhaltsverzeichnis

# I. Geltungsbereich, Charakter und Gegenstand der Bestimmung

## 1. Geltungsbereich und Charakter

3 Die Norm ist Teil des Erstreckungsrechts, welches seinerseits ein Teil des Kündigungsschutzrechts bildet. Ihr *Geltungsbereich* entspricht daher demjenigen des Erstreckungsrechts bzw. des Kündigungsschutzrechts (vgl. N 3–5 zu Art. 271 [mit Weiterverweisungen], N 3 f. zu Art. 272 [mit Weiterverweisungen]).

In ihrem *Abs. 1* räumt die Norm den Entscheidinstanzen (Schlichtungsbehörde und Richter) bezüglich der Art und Dauer einer Erstreckung für den konkreten Einzelfall einen Ermessensspielraum ein. Die von der Norm gesetzten *Grenzen zur Ausübung des Ermessens* (Höchstdauer der Erstrekkung) dürfen die Entscheidinstanzen nicht verlassen. *Insoweit hat die Norm absolut zwingenden Charakter* (ähnlich RONCORONI, in: mp 2/90, S. 86, SVIT-Kommentar I, N 6 zu Art. 272b). 4

Kriterien, nach denen die Entscheidinstanzen ihr Ermessen innerhalb des von Abs. 1 gesetzten Rahmens auszurichten haben (vgl. dazu nachstehend N 35 ff.), enthält die Norm im Sinn direkter Anweisungen nicht. Soweit sich aus ihr sinngemässe Kriterien zur Ermessensausübung ergeben, sind diese von den Entscheidinstanzen als positivrechtliche Wertungen zu berücksichtigen (vgl. MEIER-HAYOZ, N 14 und N 48 ff. zu Art. 4 ZGB). 5

In *Abs. 2* räumt die Norm den Parteien die Befugnis ein, nach eigenem Gutdünken ausserhalb der von Abs. 1 gesetzten zeitlichen Schranken (Höchstdauer) eine Erstreckung zu vereinbaren. Diese «Dispositionsbefugnis» der Parteien (so SVIT-Kommentar I, N 6 zu Art. 272b) wird auch durch Art. 273c nicht beschränkt (siehe aber immerhin N 73 ff., N 81 ff.). Die Norm *gewinnt* dadurch *im Verein mit den Art. 272c f.* (dazu nachstehend N 26, N 69 und N 70 ff.) bezüglich der Parteivereinbarung *den Charakter dispositiven Rechts* und ist nur *soweit zwingend bzw. der Parteiautonomie entzogen, wie sie die Dispositionsbefugnis der Parteien beschränkt* (etwa durch die Definition dessen, was eine Erstreckung bzw. eine Erstreckungsvereinbarung ist usw. [vgl. dazu auch N 26, N 61–63, N 81 ff.]; ähnlich wiederum SVIT-Kommentar I, N 6 zu Art. 272b; abweichend RONCORONI, in: mp 2/90, a.a.O., der der Norm generell absolut zwingenden Charakter zuschreibt). 6

## 2. Gegenstand der Bestimmung

Entgegen dem Randtitel «Dauer der Erstreckung» befasst sich die Norm nicht ausschliesslich *mit der gesetzlich vorgesehenen Erstreckungsdauer* bzw. deren Grenzen. Sie regelt vielmehr – und insofern *abschliessend* (es gibt keine weiteren Möglichkeiten) – *die grundlegenden Möglichkeiten zur Gestaltung des erstreckten Mietverhältnisses* einerseits durch die Entscheidinstanzen (Schlichtungsbehörde, Richter; vgl. N 27 ff.) und anderseits durch die Parteien (vgl. N 14, N 26) *unter zeitlichem Aspekt.* 7

*Implizit* (in Zusammenhang mit Art. 272 Abs. 3) *definiert* die Norm überdies in Abs. 1 generell die Erst- und Zweiterstreckung (vgl. dazu N 29 und N 228 ff. zu Art. 272) bzw. die letztmalige Erstreckung (siehe N 29 und N 225 zu Art. 272). Ferner definiert sie indirekt und generell die *Erstreckungsvereinbarung* (vgl. dazu N 50 ff.) in ihrem Abs. 2, indem sie diesen Begriff unausge- 8 sprochen als Prämisse, d.h. als bereits bekannt (und damit definiert), ihrer Regelung unterlegt (gl.M. [sinngemäss] wohl ebenfalls GIGER, S. 121 f.).

## II. Die Erstreckungsdauer

9 Die Erstreckung des Mietverhältnisses verlängert *ab dem vertraglich oder durch Kündigung bestimmten Vertragsende* das entgeltliche Gebrauchsrecht des Mieters an der Mietsache (vgl. N 16 ff. zu Art. 272). Erstreckung des Mietverhältnisses kann jedoch *nur für einen bestimmten Zeitraum gewährt werden* und nicht auf unbestimmte Zeit (gl. z.B. MENGE, S. 150 f., ähnlich ferner, statt vieler: GIGER, S. 123; dazu siehe auch N 17 ff.). Das ergibt sich zwangsläufig aus dem Wesen und dem Zweck der Erstrekkung (vgl. dazu N 16 ff., N 19, N 20 zu Art. 272).

10 Diesen Zeitraum, m.a.W. die *Erstreckungsdauer*, gibt einerseits das *Gesetz generell* in Art. 272b Abs. 1 vor (dazu nachstehend N 11 ff.). Anderseits wird er *individuell* durch den *Erstreckungsentscheid bzw. die Erstrekkungsvereinbarung bestimmt* (dazu nachstehend N 16 ff.), die der Verwirklichung des Erstreckungsanspruches dienen (vgl. N 24 ff. zu Art. 272).

### 1. Generelle, gesetzliche Bestimmung

11 Das *Gesetz bestimmt in Art. 272b Abs. 1 keine Mindestdauer* der Erstreckung, sondern einzig die Höchstdauer (dazu N 12 f.). Zulässig ist demnach – mit Blick auf die vom Erstreckungsrecht angestrebte, dem Einzelfall angemessene Billigkeitslösung (nachstehend N 16 ff.) – *grundsätzlich* jede Erstreckung des Mietverhältnisses von einem Tag und mehr ab dem Tag der Vertragsbeendigung (vgl. vorn N 9; gl. z.B. GIGER, S. 123). Im Fall einer *Erst*erstreckung (vgl. nachstehend N 30, N 34) ist abweichend von diesem Grundsatz eine *Mindesterstreckung* von mehr als zwei Monaten (60 Tagen) durch die Frist des Art. 273 Abs. 3 zwingend vorgegeben (ähnlich MENGE, S. 151).

12 **a) Für den Fall eines Erstreckungsentscheides** durch die Schlichtungsbehörde bzw. den Richter beschränkt das Gesetz die Erstreckungsdauer bei Mietverhältnissen über *Wohnräume* auf *maximal vier Jahre*, bei Mietverhältnissen über *Geschäftsräume* auf *maximal sechs Jahre* (Art. 272b

Abs. 1). Beim *gemischten Gebrauch* ist zur Ermittlung der massgebenden Höchstdauer auf die überwiegende Nutzung abzustellen; wo diese nicht feststellbar ist, muss mit Blick auf den zeitlich weitergehenden Schutz der Geschäftsräume die sechsjährige Höchstdauer zur Anwendung kommen (im alten Recht war das vorgesehen: vgl. aArt. 267a Abs. 1; ähnlich GIGER, S. 124).

Diese *gesetzliche Höchstdauer berechnet sich* nach den Grundsätzen von Art. 77 Abs. 1 Ziff. 3. Bei der Berechnung ist von dem Tag auszugehen, an dem das Mietverhältnis gemäss Vertrag oder Kündigung ordnungsgemäss ein Ende hätte nehmen sollen. 13

**b) Bei Erstreckungsvereinbarungen** hat der Gesetzgeber in Abs. 2 von Art. 272b darauf *verzichtet, eine Höchstdauer festzulegen.* Die Parteien können daher das Mietverhältnis für mehr als bloss vier bzw. sechs Jahre durch Abrede erstrecken (dazu vgl. N 26). In der Praxis wird das allerdings wohl regelmässig an den Vermieterinteressen scheitern, die tendenziell Ausdruck des Wunsches nach rascher, freier Verfügbarkeit der Mietsache sind. 14

Vor dem Zweck der Erstreckung (vgl. N 18, N 19 zu Art. 272) sowie mit Blick auf den Charakter des Erstreckungsanspruches (vgl. N 27 zu Art. 272) schliesst aber auch die bezüglich der Erstreckungsdauer unbegrenzte Regelung eine Erstreckung auf unbestimmte Dauer aus (vorn N 9, nachstehend N 59). Über den *tieferen Sinn der Regelung*, die u.U. bei unpräzisen Vereinbarungen zu *erheblichen Abgrenzungsproblemen zwischen einer Erstreckung* auf Jahre hinaus *und einem befristeten Mietverhältnis* führen wird, kann man nur mutmassen. Die Regelung wirft überdies die weitere, grundsätzliche Frage nach dem tieferen Sinn von mehr als vier oder sechs Jahre dauernden Erstreckungen auf. Die Vereinbarung von dergleichen kann nämlich im Resultat dazu führen, dass der vom Erstreckungsrecht angestrebte Schutz des Mieters bzw. die Vermeidung von Härten (vgl. N 77 f. Vorbem. zu Art. 271–273c) gerade unterlaufen wird (etwa da, wo anstelle einer weiteren Befristung des bislang befristeten Mietverhältnisses sogleich zur – grosszügigen, aber definitiven – Erstreckung geschritten wird; der Annahme einer rechtsmissbräuchlichen, die Umgehung des Mieterschutzes bezweckenden Verabredung ist mit Abs. 2 von Art. 272b bei langfristig erstreckten Mietverhältnissen jedenfalls – vernünftig betrachtet – der Riegel geschoben). 15

### 2. Konkrete, individuelle Bestimmung

a) Die Erstreckungsdauer im konkreten Einzelfall ist **durch die Entscheidinstanzen** (Schlichtungsbehörde, Richter) im Rahmen des Billigkeitsentscheides gemäss Art. 272 Abse. 1 und 2 (vgl. dazu N 120 ff., N 220–225 zu Art. 272; statt vieler: LACHAT/STOLL, S. 369 f., TERCIER, S. 263) aufgrund der Interessenabwägung (Härte mieterseits, Vermieterinteressen) festzulegen. Dabei ist vorab eine *Prognose darüber zu stellen*, wie und wann es dem Mieter gelingen kann, eine angemessene Ersatzlösung (vgl. dazu N 100 ff. 16

zu Art. 272) zu verwirklichen (N 86, N 100, N 201 ff., N 209, N 221, N 225 zu Art. 272 [jeweils mit Verweisen]; vgl. beispielhaft ZMP 1/92 Nr. 8). Diese *Prognose setzt* wiederum *einen Entscheid über die Art der Erstreckung voraus* (dazu nachstehend N 27 ff. und N 35, N 42 f.), dem erst die Bestimmung der genauen Erstreckungsdauer folgen kann (ZMP 1/92 Nr. 8, E. 6).

17 Die Bestimmung der Erstreckungsdauer im Entscheid hat überdies entweder das *Ende der Erstreckung genau festzulegen* (z.B. «bis zum 31. Oktober 2000») *oder genau berechenbar darzulegen* (z.B. «für die Dauer von fünf Monaten», «für eineinhalb Jahre»; gl. z.B. MENGE, S. 150 f., SVIT-Kommentar I, N 13 zu Art. 272b). Im zweiten Fall folgt die Berechnung des Endtermins der Erstreckung den Grundsätzen von Art. 77 Abs. 1 Ziff. 2 und Ziff. 3 bzw. Art. 77 Abs. 2. Auszugehen ist vom Tag, mit dem das Mietverhältnis ordnungsgemäss hätte beendet sein sollen (vorn N 9).

18 Die *Pflicht der Entscheidinstanz zur zeitlichen Begrenzung der Erstreckungsdauer im Einzelfall* (ähnlich MENGE, S. 150 f., SVIT-Kommentar I, N 13 zu Art. 272b; bereits zum alten Recht MOSER, S. 106 f.) ergibt sich einerseits daraus, dass das Gesetz nur einen zeitlichen Rahmen zur Verfügung stellt, innerhalb dessen die konkret massgebende Erstreckungsdauer, zusammen mit der Erstreckungsart, festzulegen ist (vgl. vorn N 16). Anderseits ergibt sie sich aus Art. 273 Abs. 3, welcher für die Berechnung der Frist, innert der eine Zweiterstreckung verlangt werden kann, eine Bestimmung des Endes der Erstreckungsdauer verlangt.

19 *Fehlt es an der Bestimmbarkeit der konkreten Erstreckungsdauer im Entscheid,* so liegt dann ein bloss fehlerhafter Entscheid vor, der durch Erläuterungen der Entscheidinstanz korrigiert werden kann (und mit deren Erlass [Rechtsmittel-]Fristen [vgl. Art. 273 Abs. 5] erst zu laufen beginnen, da erst dann klar ist, wer unterlag), wenn die Erwägungen sich über die Erstreckungsart und -dauer wenigstens sinngemäss auslassen (vgl. GULDENER, S. 505, S. 535–537, HAUSER/HAUSER, S. 586–588, STAEHLIN/SUTTER, S. 280 f., VOGEL, S. 353 [Rz. 103]). Ist letzteres nicht der Fall, liegt überhaupt kein Entscheid vor (Rechtsmittel- oder Klagefristen beginnen damit auch nicht zu laufen), und es ist ein solcher von der Entscheidinstanz «nachzuholen» bzw. erst noch zu fällen; in einem derartigen Nichtentscheid liegt zudem eine Rechtsverweigerung (GULDENER, S. 538).

20 **b) Bei Erstreckungsvereinbarungen** bestimmt der Konsens der Parteien, d.h. theoretisch, ihre übereinstimmende Einschätzung der Chancen zur Realisierung der Ersatzlösung, die Art (dazu nachstehend N 35 ff.) und die Dauer der Erstreckung im Einzelfall (Genaueres zur Vereinbarung siehe nachstehend in N 45 f., N 50 ff.).

21 *In der Praxis* bestimmen aber ebenfalls in einem nicht unbedeutenden Mass verfahrensrechtliche Überlegungen der Parteien, das Verhalten der Parteien im Verfahren (sog. «Prozesstaktik») sowie die durch das Verfahrensrecht und die paritätische Schlichtung gesetzten weiteren Rahmenbedingungen («Rechtsschutz durch Verfahren»; vgl. N 13 f. Vorbem. zu Art. 271–273c), die je nachdem einer der beiden Parteien ein Gefühl der Überlegen-

heit vermitteln können, Erstreckungsdauer und Erstreckungsart mit (vgl. dazu z.B. HIGI, Schlichtungsstellen, S. 26 [dort auch Fn. 19], S. 29 f. [dort auch Fn. 28], S. 42 ff.).

## III. Die Erstreckungsarten

### 1. Allgemeines

a) In **Abs. 1**, welcher sich an die Entscheidinstanzen (Schlichtungsbehörde, Richter) wendet, *bestimmt* **Art. 272b**, wie viele Male eine Erstreckung durch die Entscheidinstanzen überhaupt gewährt werden darf. Damit umschreibt die Norm – zusammen mit Art. 272 Abs. 3 – zugleich *die den Entscheidinstanzen zur Verfügung stehenden Erstreckungsarten* (Erstreckungsarten i.e.S.; vgl. dazu ebenfalls N 28 f. zu Art. 272). 22

*Der Grundsatz des Abs. 1 von Art. 272b lautet*, dass unter Berücksichtigung der gesetzlichen Höchstdauer an Erstreckung (dazu vorn N 12) *eine oder zwei Erstreckungen* des Mietverhältnisses gewährt werden dürfen. Es sind demnach im Entscheidfall *maximal zwei Erstreckungen möglich und zulässig*, und das *unabhängig davon*, ob durch sie gleichfalls das *gesetzlich vorgesehene Höchstmass an Erstreckungsdauer* tatsächlich *ausgeschöpft wird* oder nicht (vgl. Botsch., S. 1462 f., GIGER, S. 122 f., MENGE, S. 149, TERCIER, S. 263, ZIHLMANN, Basler Kommentar, N 1 zu Art. 272b, SVIT-Kommentar I, N 2 zu Art. 272b). 23

Mit Blick auf Art. 272 Abs. 3 erweist sich die *Einschränkung* der maximalen Zahl von möglichen Erstreckungen *auf zwei* gewissermassen als *systemimmanent* (vgl. auch TERCIER, S. 263). Eine *dritte Erstreckung ist ausgeschlossen* (gl. etwa GIGER, S. 124 f.). 24

Mit der Möglichkeit, bloss eine einzige Erstreckung gewähren zu können (je nach Härte und Vermieterinteressen gar unter Ausschöpfung der gesetzlichen Höchstdauer; Botsch., a.a.O., LACHAT/STOLL, S. 369, THANEI, S. 35), *weicht das neue vom alten Recht ab*, welches grundsätzlich (für erhebliche Härtefälle) stets bloss die Möglichkeit der Zweiterstreckung vorsah (vgl. aArt. 267a Abs. 2 und aArt. 267b Abs. 2; dazu ferner SCHMID, N 27 zu aArt. 267a, N 5 zu aArt. 267b). 25

b) **Abs. 2 von Art. 272b**, der sich an die Parteien richtet, die eine Erstreckung vereinbaren wollen, *weicht bezüglich der Erstreckungshöchstdauer* von den Grundsätzen des Art. 272b Abs. 1 ab (vorn N 14; vgl. ferner N 118 zu Art. 272). Er *durchbricht hingegen das übrige* von Abs. 1 zusammen mit Art. 272 Abs. 3 *aufgestellte System* (vorn N 24) *nicht*. Er lässt es dem 26

Mieter lediglich frei – analog Art. 272b Abs. 1 der Entscheidinstanz –, zugunsten einer einmaligen Erstreckung (die sich bezüglich ihrer Dauer nicht nach der gesetzlichen Höchstdauer richten muss; vorn N 14) auf eine zweite Erstreckung zu verzichten (diese Formulierung im Gesetz war mit Blick auf Art. 273c Abs. 1 notwendig; vgl. vorn N 6; siehe ebenfalls DdB 6/94 Nr. 21, Ziff. 2 [BGer]). *Die Zahl der im Rahmen einer Vereinbarung zulässigen Erstreckungen ist* m.a.W. *vom Gesetz* – implizit – *ebenfalls auf höchstens zwei beschränkt* (gl.M. offenbar ebenso GUHL/KOLLER/DRUEY, S. 413, TERCIER, S. 263, Rz. 2149 [unter Hinweis auf Cahiers, 1993, S. 47]; gl.M. ferner offenbar auch ZIHLMANN, Basler Kommentar, N 8 zu Art. 272b, unter Hinweis auf Mit. Nr. 23, Fall 10, gemäss dem ein weiterer rechtlich durchsetzbarer Kündigungsschutz nach versäumtem Begehren um Zweiterstreckung ausgeschlossen ist [vgl. dazu ebenfalls N 228 und N 230 zu Art. 272]; a.A. hierin GIGER, S. 125, der im Rahmen von Vereinbarungen auch Dritterstreckungen für zulässig erachtet, entgegen dem Wortlaut der Norm und ohne Begründung, weshalb).

27 c) In einer zusammenfassenden **Übersicht** lässt sich das den Entscheidinstanzen und den Parteien von Art. 272b in Verbindung mit Art. 272 Abs. 3 *an Erstreckungsarten* (Erstreckungsarten i.e.S.; vgl. N 28 zu Art. 272) *zur Verfügung gestellte System* wie folgt darstellen:

28 – *Bei einer Erstreckung in* (unmittelbarem) *Zusammenhang mit der Vertragsbeendigung* (vgl. dazu N 21 f., N 25 und N 27 zu Art. 272) *besteht die Wahl* zwischen

29 – – der *einmaligen* (auch sog. «letztmaligen» oder «definitiven») *Erstreckung* (zum Begriff vgl. N 29 und N 231 f. zu Art. 272; dazu auch nachstehend N 32, N 42 ff.) und

30 – – der *erstmaligen Erstreckung* (zum Begriff vgl. N 29 und N 228–231 zu Art. 272; dazu nachstehend N 35 ff.), die allerdings im Entscheidfall – mit Blick auf Art. 272b Abs. 1 – die gesetzliche Höchstdauer nicht schon ausschöpfen darf (es wird sonst die Möglichkeit der Zweiterstreckung ausgeschlossen), wohl aber bei der Erstreckungsvereinbarung.

31 – Bei der Frage nach einer weiteren Erstreckung anlässlich *des Ablaufes der bisherigen Erstreckungsdauer* gilt demgegenüber, dass

32 – – *nach bisher gewährter einmaliger bzw. letztmaliger Erstreckung* (vorn N 29) eine weitere Erstreckung zwingend ausgeschlossen ist (vgl. N 231 f. zu Art. 272; ferner, statt vieler: THANEI, S. 35);

33 – – *nach gewährter erstmaliger Erstreckung* (vorn N 30), unter den Voraussetzungen des Art. 272 Abs. 3 in Verbindung mit Art. 273 Abs. 3, *eine zweite Erstreckung möglich bleibt* (vgl. dazu aber vorn N 30), die

dann endgültig ist (vorn N 24, N 26; zur Zweiterstreckung siehe Weiteres in N 220 ff. zu Art. 272).

Ob die *erstmalige Erstreckung aufgrund eines Entscheides* gewährt *oder durch die Parteien vereinbart* worden war, spielt hingegen keine Rolle (vgl. N 228 zu Art. 272; gl.M., schon zum alten Recht, SCHMID, N 3 zu aArt. 267e [mit Verweis auf einen unveröff. BGE, BJM 1973, S. 153 ff, SJZ 1973, S. 169]; singulär a.A. [zum alten Recht] MOSER, S. 120, S. 128 [durch das neue Recht überholt]). Wesentlich ist bezüglich der vereinbarten Ersterstreckung einzig, dass sie aufgrund eines bestehenden Erstreckungsanspruches des Mieters (vgl. N 26 f. zu Art. 272) vereinbart worden war (vgl. dazu N 61, N 63 und N 81 ff. Ist das nicht der Fall, liegt zwar eine Vereinbarung der Parteien vor, die jedoch bloss *eine gerichtlich nicht weiter durchsetzbare Quasi-Erstreckung* zum Gegenstand hat (freiwillige Erstreckung [N 32 zu Art. 272]; ähnlich DdB 6/94 Nr. 21 [BGer]; vgl. ferner Cahiers, 1993, S. 47; unklar, ob a.A., bei WEBER/ZIHLMANN, Basler Kommentar, N 7 zu Art. 272b [Zweiterstreckung nach untergegangenem Erstreckungsanspruch]). 34

## 2. Wahl der Entscheidinstanz zwischen Ersterstreckung und letztmaliger Erstreckung

a) Die **Wahl der Ersterstreckung** durch die Entscheidinstanz ist immer dann angezeigt, wenn sich *keine sichere Prognose* über die Entwicklung der Interessenlagen der Parteien aufstellen lässt, namentlich über die Aussicht des Mieters, eine angemessene Ersatzlösung (vgl. dazu N 100 ff. zu Art. 272) zu finden (vgl. ZMP 1/92 Nr. 8, E. 6; ferner z.B. LACHAT/STOLL, S. 369, SVIT-Kommentar I, N 10 zu Art. 272b, GIGER, S. 125, THANEI, S. 36). 35

Da Prognosen stets mit gewissen Unsicherheiten behaftet sind, hat die *Gewährung der Ersterstreckung als Regelfall* zu gelten (gl.M. wohl auch z.B. THANEI, S. 36; vgl. dazu auch nachstehend N 43; beispielhaft: BGE 118 II 50 ff.; in die gleiche Richtung zielend unveröff. BGE 4C.399/1995 vom 31. 1. 1996; vgl. aber auch MRA 1/95, S. 39 ff. [BGer]). Unter dem Gesichtspunkt der Erst- oder Einmaligkeit unklare Erstreckungsentscheide (vgl. aber auch vorn N 19) bzw. Vereinbarungen (vgl. N 59, N 68, N 88 f.) gelten daher zwangsläufig stets als Ersterstreckungen (vgl. N 231 f. zu Art. 272, mit Verweisen) 36

Die *Bemessung der Ersterstreckungsdauer im Einzelfall* (vorn N 16) richtet sich im wesentlichen nach folgenden Gesichtspunkten: 37

- Zunächst *nach der Interessenabwägung gemäss Art. 272* (vgl. N 120 ff. zu Art. 272; so auch z.B. LACHAT/STOLL, S. 369 f.; zum alten Recht gl. bereits ZR 78 [1979] Nr. 130). Dieser vorrangige Gesichtspunkt darf jedoch nicht dazu führen, die Bemessung der Erstreckungsdauer bloss nach der einfachen Faustregel auszurichten, «je grösser die Härte und je geringfügiger die Vermieterinteressen, desto länger die Erstreckung», et vice versa (so aber LACHAT/STOLL, a.a.O.; einen solchen Schematismus lehnen ferner z.B. ab: 38

MENGE, S. 151, ZIHLMANN, Basler Kommentar, N 3 zu Art. 272b, WEBER/ZIHLMANN, Basler Kommentar, N 3 zu Art. 272b).

39 – Die Bemessung hat zum zweiten nämlich im Rahmen der (unsicheren) Prognose (vorn N 35 f.) die gesetzliche Höchsterstreckungsdauer mit zu berücksichtigen und damit zugleich *die vernünftigen Möglichkeiten einer Zweiterstreckung* (darin weicht das neue vom alten Recht ab; unzutreffend daher neuerdings insoweit ZR 78 [1979] Nr. 130). Das wiederum kann nicht heissen, es dürfe generell nur eine kurze erste Erstreckung gewährt werden (so aber SVIT-Kommentar I, N 11 zu Art. 272b); es ist eben gerade der Härtesituation und den Vermieterinteressen in erster Linie Rechnung zu tragen (ähnlich MENGE, S. 150, S. 151).

40 – An die Erstreckungsdauer *anzurechnen* ist überdies die Zeit, die der Vermieter dem Mieter durch *frühzeitige Kündigung* zusätzlich für die Suche nach einem Ersatz verschafft hat (vgl. N 217 zu Art. 272; BGE 102 II 256, 99 II 171, BJM 1982, S. 135 f., mp 1/87, S. 17, mp 2/89, S. 68, S. 71 ff.; ähnlich z.B. LACHAT/STOLL, S. 369, THANEI, S. 36)

41 – Die Ersterstreckung darf schliesslich *in keinem Fall die Frist von wenigstens zwei Monaten* (60 Tagen) ab dem Zeitpunkt des ordentlichen Vertragsendes *unterschreiten*, da sonst die Rechte des Mieters auf eine zweite Erstreckung beschnitten würden (vgl. vorn N 11). Unmassgebend ist in diesem Zusammenhang hingegen der Zeitpunkt, in dem der Erstreckungsentscheid erlassen wird. Ist im Zeitpunkt des ordnungsgemäss vorgesehenen Vertragsendes die Frage der Erstreckung noch nicht entschieden, hat der Mieter zur Sicherung seiner Rechte auf eine allfällige Zweiterstreckung bereits ein Zweiterstreckungsgesuch vorsorglich zu stellen [wie es unter dem alten Recht bereits erforderlich war; vgl. BGE 101 II 89, 102 II 254; SCHMID, N 11 zu aArt. 267a, MOSER, S. 140 f., S. 143, ZIHLMANN II, S. 244]).

42 **b) Die Wahl der letztmaligen** (einmaligen) **Erstreckung** ist demgegenüber da angezeigt, wo sich in der Regel eine (relativ) *sichere Prognose über eine Ersatzlösung* des Mieters im Entscheidzeitpunkt ergeben hat (ZMP 1/92 Nr. 8, E. 6; ähnlich z.B. WEBER/ZIHLMANN, Basler Kommentar, N 2 zu Art. 272b). Diese «sichere» Prognose kann – wohl eher ausnahmsweise – in sehr grossen Chancen des Mieters begründet sein, innert nützlicher Frist ein angemessenes Ersatzobjekt zu erhalten (so im Fall von ZMP 1/92 Nr. 8, E. 6 [als für den Regelfall gedacht, wäre die Auffassung des Mietgerichtes Zürich unzutreffend]). Die «sichere» Prognose ergibt sich aber vor allem aus einer bereits feststehenden «anderen» Ersatzlösung des Mieters (vgl. N 104 ff. zu Art. 272; ähnlich etwa GIGER, S. 125). Endlich kann die letztmalige Erstreckung (wiederum eher ausnahmsweise) dort angezeigt sein, wo zwar eine erhebliche Härte auf der Mieterseite vorliegt, deren Abwendung durch eine bloss erstmalige Erstreckung jedoch gewichtige Vermieterinteressen entgegenstehen (MRA 1/95, S. 39 ff. [BGer]).

43 *Die letztmalige Erstreckung* (auch «einmalige» oder «definitive» genannt) erscheint nach dem Gesagten somit eher *als* – immerhin gewichtige – *Ausnahme* von der Regel der bloss erstmaligen Erstreckung (vgl. vorn N 36). A.A. hierin etwa THANEI, S. 36, die zwei Regelfälle annimmt, nämlich entweder die erstmalige Erstreckung oder die letztmalige Erstreckung, diese aber stets im Umfang der gesetzlichen Erstreckungshöchstdauer von vier oder sechs Jahren. Diese Ansicht von THANEI kann vor dem Hintergrund

des Zwecks des Erstreckungsrechts (Abwendung von Härte) und des dem Zweck adäquaten Mittels zur Erstreckungsentscheidung (gleichfalls Berücksichtigung der Vermieterinteressen unter dem Gesichtspunkt der Billigkeit) wohl nur als abwegig bezeichnet werden (gl.M. etwa WEBER/ZIHLMANN, Basler Kommentar, N 1 und N 3 zu Art. 272b).

Die *Dauer der letztmaligen Erstreckung* richtet sich nach den vorn in N 12 f., N 16 dargelegten Gesichtspunkten sowie unter Berücksichtigung des Zeitpunktes, in dem die Ersatzlösung des Mieters mit hoher Wahrscheinlichkeit realisierbar ist (vgl. LACHAT/STOLL, S. 369). 44

### 3. Wahl bei der Erstreckung durch Vereinbarung

Die Wahl der Erstreckungsart bei Parteivereinbarungen wird ausschliesslich von den Interessen der Parteien bestimmt (vgl. dazu N 118 zu Art. 272), soweit sie zu einem Konsens hierüber gelangen (vgl. vorn N 20 und nachstehend N 65 f.). 45

In der Praxis geht die Tendenz dahin, eher letztmalige Erstreckungsvereinbarungen zu treffen, die – mit Blick auf die konkret geltend gemachten Mieterinteressen – meist «grosszügig» ausfallen (nach der Faustregel: Die mutmassliche Erstreckungsdauer im Entscheidfall plus ein «Risikozuschlag» im Interesse der definitiven Lösung ergeben die vereinbarte Erstreckungsdauer). 46

### 4. Zweiterstreckung

Zur Zweiterstreckung im allgemeinen, deren Voraussetzungen und Entscheidkriterien vgl. N 226 f., N 228 ff., N 237 ff. zu Art. 272. 47

Die Zweiterstreckung hat sich *im Entscheidfall* (nicht aber im Vereinbarungsfall i.S.v. Art. 272b Abs. 2) im Rahmen der gesetzlichen Höchsterstreckungsdauer zu halten (vgl. vorn N 12). Ist in einem ausdrücklich als Ersterstreckung bezeichneten Entscheid das gesetzliche Höchstmass bereits ausgeschöpft, bleibt folglich kein Raum für eine Zweiterstreckung (vgl. auch vorn N 30). 48

Die *Bindung an die gesetzliche Höchstdauer im Entscheidfall* gemäss Art. 272b Abs. 1 gilt grundsätzlich auch dann, wenn die *Zweiterstreckung Folge einer Ersterstreckungsvereinbarung der Parteien* über die Ersterstreckung ist (gl. GIGER, S. 131, SVIT-Kommentar I, N 17 zu Art. 272b). Dieser Grundsatz kann nur *dann nicht gelten*, wenn die Ersterstreckungsvereinbarung ein Abweichen von der Höchstdauer für den Fall der Zweiterstreckung bereits selbst vorgesehen hat (vgl. den Wortlaut von Art. 272b Abs. 2; unklar, ob a.A., bei GIGER, S. 131). 49

## IV. Die Erstreckungsvereinbarung

### 1. Allgemeines

50 **a)** Die von Art. 272b Abs. 2 erwähnte Vereinbarung der Parteien über die Erstreckung des Mietverhältnisses ist in ihrem **Wesen** nichts anderes als ein *Vergleichsvertrag* (sinngemäss gl., satt vieler, LACHAT/STOLL, S. 371 f.; siehe ebenfalls N 118 zu Art. 272). Ihm liegen – wie jedem Vergleichsvertrag (vgl. SCHLUEP, in: SPR VII/1, S. 944 f.) – *Ansprüche der Vertragsparteien* zugrunde. Im wesentlichen sind das zum einen der Anspruch des Mieters auf Erstreckung (Erstreckungsanspruch; vgl. N 21 ff. zu Art. 272), dem eine Verpflichtung des Vermieters gegenübersteht (weitere Gewährung der Gebrauchsüberlassung); zum andern sind das Ansprüche des Vermieters (auf Mietzins), die aus dem primären Anspruch des Mieters (auf Erstrekkung) folgen und entsprechende Verpflichtungen des Mieters begründen.

51 Zum *Wesen des Vergleichsvertrages* siehe beispielsweise SCHLUEP, in SPR VII/1, a.a.O., HIGI, Schlichtungsstellen, S. 43 ff., VOGEL, S. 224 f. Eine auf den Verzicht bzw. Kompromiss verkürzte Sicht des Vergleiches geben wieder z.B. LACHAT/STOLL, S. 371 f., GIGER, S. 129.

52 **b)** Die von Art. 272b Abs. 2 erfasste Erstreckungsvereinbarung hat im wesentlichen *drei* **Erscheinungsformen** (vgl. dazu auch HIGI, Schlichtungsstellen, S. 44–46).

53 **aa)** Den Vertragsgedanken des Vergleichsvertrages verwirklicht am reinsten die **private** Erstreckungsvereinbarung (gemeinhin wird diese Erscheinungsform als «ausserbehördlich» bzw. «aussergerichtlich» bezeichnet [z.B. GIGER, S. 131, LACHAT/STOLL, S. 372, MENGE, S. 154]; vgl. dazu nachfolgend N 54 f., vgl. auch N 63, N 82). Von ihr spricht man dann, wenn sie von den Parteien abgeschlossen wird, *ohne dass es zu irgendeinem Verfahren gekommen ist,* das der Verwirklichung des aktuellen Erstreckungsanspruchs des Mieters (vgl. N 24 ff. zu Art. 272) dienen könnte (vgl. GIGER, S. 131, MENGE, S. 154, SVIT-Kommentar I, N 15 zu Art. 272b).

54 **bb)** Die Parteien können sodann, *nachdem bereits ein Verfahren zur Verwirklichung des Erstreckungsanspruchs* (vgl. N 25 zu Art. 272) eingeleitet worden ist, *ohne Mitwirkung der Schlichtungsbehörde oder des danach angerufenen Richters* eine Vereinbarung treffen. Es liegt dann eine sog. **ausserbehördliche** bzw. **aussergerichtliche** Erstreckungsvereinbarung i.e.S.

vor, die sich von der privaten insoweit unterscheidet (die private als ausserbehördliche bzw. aussergerichtliche Vereinbarung bezeichnen hingegen ohne Differenzierungen z.B. GIGER, S. 131, LACHAT/STOLL, S. 372, MENGE, S. 154, ZIHLMANN, Basler Kommentar, N 4 zu Art. 272).

Im Gegensatz zu den privaten Vereinbarungen, die keiner Behörde bzw. keinem Richter vorgelegt werden müssen und können, bilden die ausserbehördlichen bzw. aussergerichtlichen im hier verstandenen Sinn *stets eine Grundlage für die Erledigung des bereits angehobenen Verfahrens* (das Verfahren muss dabei nicht zwingend aufgrund der Vereinbarung erledigt werden; die Vereinbarung kann ebenso Grundlage für einen Klagerückzug oder eine Klageanerkennung bieten und muss dannzumal weder der Behörde noch dem Richter vorgelegt werden). 55

cc) Die dritte Erscheinungsform von Erstreckungsvereinbarungen bilden die Vereinbarungen, die unter **behördlicher** oder **gerichtlicher** Mitwirkung im Rahmen eines Verfahrens zustandegekommen sind (statt vieler: GIGER, S. 130; nicht erwähnt in diesem Zusammenhang bei MENGE, S. 154). 56

c) **Abgrenzungen** sind zwischen den Erstreckungsvereinbarungen und Vereinbarungen über die Fortsetzung des Mietverhältnisses einerseits (nachfolgend N 58 ff.) sowie anderseits zwischen Erstreckungsvereinbarungen und freiwilligen Erstreckungen (Quasi-Erstreckungen) vorzunehmen (nachfolgend N 63). 57

*Die Fortsetzung des Mietverhältnisses* (z.B. infolge eines Abänderungsvertrages) stellt eine vertragsgemässe, übliche «Weiterführung» des Mietverhältnisses zu gleichen oder veränderten Bedingungen dar (vgl. z.B. auch Art. 266 Abs. 2; siehe auch BGer, in: ZMP 2/92, vor Nr. 24). 58

Von einer *Fortsetzung und keiner Erstreckung* ist gemäss dem bisher zum Wesen und zur Dauer der Erstreckung Ausgeführten (vorn N 9, mit Weiterverweisen) folglich stets dort auszugehen, wo bereits ein *Mietverhältnis* vorbestanden hat *und* 59

- die Parteien das neu verabredete Mietverhältnis *nicht* befristet haben (dazu vgl. N 26 ff., N 43 ff. zu Art. 255; siehe ferner vorn N 9, N 17–19)
- oder zwar befristet haben (z.B. durch Verabredung einer Höchstdauer [vgl. N 40 zu Art. 255], ev. verbunden mit einer Option), ohne jedoch zugleich einen Verzicht auf Erstreckung zu verabreden (ähnlich LACHAT/STOLL, S. 372, GIGER, S. 130).

Der genaue Inhalt der Abreden, die im Einzelfall für die Fortsetzung und gegen eine Erstreckung des Mietverhältnisses sprechen (und umgekehrt), ist im Streitfall durch die Abklärung des Parteiwillens bzw. durch Vertragsauslegung zu ermitteln (vgl. auch N 76). Der – anderweitig – ermittelte Parteiwillen setzt dabei der Vertragsauslegung Schranken (vgl. JÄGGI/GAUCH, N 297 f., N 301, N 304 f., N 310–312 zu Art. 18). 60

61 Eine Fortsetzung des Mietverhältnisses ist überdies bei *Erstreckungsvereinbarungen* zu erblicken, die abgeschlossen wurden, *bevor der Erstrekkungsanspruch des Mieters überhaupt entstanden ist* (vor der Kündigung, einige Zeit vor dem Ablauf der Frist gemäss Art. 273 Abs. 2 lit. b beim befristeten Mietverhältnis [vgl. N 22 zu Art. 272]). Denn in solchen Fällen liegt ein im Lichte von Art. 273c Abs. 1 unzulässiger Vorausverzicht des Mieters auf den Erstreckungsanspruch, der zudem den von Art. 271a Abs. 1 lit. b verpönten Situationen Raum lässt. Die Erstreckungsabrede ist daher nichtig gemäss Art. 273c Abs. 2 bzw. Art. 20 (gl. z.B. MENGE, S. 155; vgl. auch Botsch., S. 1463; ähnlich bereits SCHMID, N 1–3 zu aArt. 267e). Dieses Ergebnis kann u.U. den Interessen und dem Willen beider Parteien entgegenstehen. Die Folgen der Nichtigkeit (vollständige oder bloss teilweise Nichtigkeit) sind deshalb einzelfallbezogen zu prüfen.

62 Je nach dem weiteren Inhalt der Vereinbarung kann diese gesamthaft hinfällig werden (vollständige Nichtigkeit); das im Zeitpunkt der Entscheidung hierüber an sich bereits beendete befristete Mietverhältnis gilt dann als fortgesetzt i.S.v. Art. 266 Abs. 2. Bei blosser Teilnichtigkeit gilt es demgegenüber als befristet fortgesetzt.

63 Erstreckungsvereinbarungen, die *nach dem Untergang des Erstrekkungsanspruchs des Mieters* (vgl. dazu N 22 zu Art. 272; ebenso zu denken ist an eine Erstreckungsvereinbarung nach einem Klagerückzug des Mieters) *abgeschlossen werden*, stellen ausschliesslich «freiwillige Erstreckungen» bzw. Quasi-Erstreckungen dar (dazu vgl. N 32 zu Art. 272), *nicht* aber *Erstreckungsvereinbarungen i.S.v. Art. 272b Abs. 2.* Sie sind von den Parteien einzuhalten, begründen jedoch keinen Anspruch auf weitere, gerichtlich durchsetzbare Erstreckung (vorn N 34, mit Verweisen; gl.M. wohl auch SCHMID, N 3 zu aArt. 267e).

## 2. Zustandekommen

64 Erstreckungsvereinbarungen kommen, wie alle Vergleichsverträge (siehe vorn N 50), durch den gegenseitigen Austausch übereinstimmender Willenserklärungen zustande (Art. 1 Abs. 1).

65 Auszutauschen haben die Willenserklärungen *die bisherigen Mietvertragsparteien* (vgl. auch GIGER, S. 133), die zwangsläufig (vgl. N 17 f., N 19 f. zu Art. 272) zugleich Parteien der Erstreckungsvereinbarung sein müssen (vgl. auch WEBER, S. 191).

66 Der Einbezug weiterer Personen auf einer Parteiseite oder die Ausklammerung einer bisher am Mietverhältnis auf einer Parteiseite beteiligten Person (gemeinsame Miete) im Vergleich zum bisherigen Mietverhältnis muss daher in der Regel als neuer Vertragsabschluss gewertet werden (vgl. dazu auch BGer, in: ZMP 2/92 vor Nr. 24). Dieser Abschluss ist entwe-

der im Lichte von Art. 273c zu beurteilen, wenn ein neuer gemeinsamer Mieter hinzugenommen wird (vgl. vorn N 58, N 61), oder als erstreckungsrechtlich wirkungslose Vereinbarung (die unter anderen Aspekten durchaus wirksam sein kann), wenn ein neuer «Vermieter» anstelle des alten als Vertragspartner aufscheint, oder endlich als widerrechtliche Erstreckungsvereinbarung i.S.v. Art. 20 (wenn auf beiden Seiten neue Parteien [d.h auch bloss neu zusammengesetzte] aufscheinen). *Ausgenommen* vom hier Erörterten bleiben die Fälle der Vereinbarung mit Ehegatten (Art. 273a Abs. 2; vgl. N 67) und die Fälle, in denen es vor dem Abschluss der Vereinbarung zu einer Gesamtrechtsnachfolge bzw. einer Vertragsnachfolge i.S.v. Art. 261 Abs. 1 (so auch GIGER, S. 133), i.S.v. Art. 263 oder i.S.v. Art. 264 gekommen ist.

*Bei Familienwohnungen* (zum Begriff vgl. N 125 ff. Vorbem. zu Art. 253–274g, N 12 ff. zu Art. 266m–266n) muss überdies der Ehegatte der Vereinbarung nicht nur zustimmen (so aber LACHAT/STOLL, S. 372 f.), sondern als Partei mit einbezogen werden (vgl. den Wortlaut von Art. 273a Abs. 2: «mit beiden Ehegatten abgeschlossen» [vgl. auch frz.: «conclues»; ital. «concluse»]; ähnlich SVIT-Kommentar I, N 3 zu Art. 273a, GIGER, S. 132, WEBER/ZIHLMANN, Basler Kommentar, N 2 zu Art. 273a). Die Erstreckungsvereinbarung führt somit für die Erstreckungsdauer *dann von Gesetzes wegen zu einem Parteienwechsel auf der Mieterseite,* wenn am bisherigen Mietverhältnis noch nicht beide Ehegatten als Mieter beteiligt waren (vgl. ferner N 53 zu Art. 272d). 67

Warum der Gesetzgeber sich nicht mit der blossen Zustimmung des Ehegatten zur Vereinbarung zufriedengeben wollte, wie es von Art. 169 ZGB nahegelegt wird, bleibt unerfindlich (vgl. den Wortlaut von Art. 169 ZGB, dazu Botsch., S. 1465 f., S. 1514, Amtl.Bull. SR vom 8. Juni 1988, S. 178, NR vom 16. März 1989, S. 540).

a) Der **notwendige Inhalt** einer Erstreckungsvereinbarung wird vom Gesetz explizit nicht aufgeführt. Er beschränkt sich implizit jedoch bezüglich der auszutauschenden Willenserklärungen auf die *Bezeichnung der daran beteiligten Parteien* (vgl. vorn N 65 f., N 67), die (klare) *Bezeichnung des* zu erstreckenden *Mietverhältnisses* sowie auf die *genaue Dauer der Erstrekkung* (vgl. vorn N 9, N 17). Sind *nicht wenigstens diese drei Elemente erfüllt,* kann *keine* Erstreckungsvereinbarung gegeben sein. 68

Weitere inhaltliche Elemente sind für das Zustandekommen der Erstrekkungsvereinbarung hingegen nicht nötig. Art. 272c wirkt als ergänzendes Vertragsrecht implizit (vgl. Art. 272c Abs. 2), Art. 272d stellt explizit ergänzendes Vertragsrecht dar. Ein Verzicht auf eine Zweiterstreckung i.S.v. Art. 272b Abs. 2 ist sodann möglich, aber einsichtigerweise nicht notwendig (vgl dazu ebenfalls vorn N 27 ff., nachstehend N 72 sowie N 232 zu Art. 272). 69

b) Unbenommen ist es den Parteien, ihre Vereinbarung mit **weiterem Inhalt** zu bereichern, indem sie beispielsweise von Art. 272d abweichende Kündigungsfristen vereinbaren, u.U. verbunden mit Modalitäten (z.B. 70

«mittels eingeschriebenen Briefes»). Ebenso können sie ausserordentliche Kündigungsberechtigungen des Mieters definieren (z.B. durch Verknüpfung mit Bedingungen wie «stirbt des Mieters Tante Berta und erbt er deren Geschäft ...») oder die Mietsache für die Dauer der Erstreckung – im Vergleich zum bisherigen Vertragsgegenstand – einschränken (z.B. «ohne Mansarde links», «ohne Kellerraum», «ohne Garage» usw.; vgl. N 47 zu Art. 272; ähnlich SVIT-Kommentar I, N 16 zu Art. 272b, gl.M. ferner etwa LACHAT/STOLL, S. 372).

71 Zulässig sind ferner *Vertragsanpassungen bezüglich der Mietzinse*, jedoch nur im Rahmen der Missbrauchsgesetzgebung (vgl. N 24, N 26 ff. zu Art. 272c; gl. z.B. SVIT-Kommentar I, N 16 zu Art. 272b, der von einer analogen Anwendung des Art. 272c spricht).

72 Zulässig ist überdies der *Verzicht des Mieters auf eine Zweiterstreckung* (Art. 272b Abs. 2). Damit verbunden werden kann überdies eine *Entschädigung des Vermieters in Geldform* (vgl. etwa LACHAT/STOLL, S. 372, WEBER/ZIHLMANN, Basler Kommentar, N 6 zu Art. 272b) oder in Form des Erlasses von Verpflichtungen, die dem Mieter bei der Rückgabe ansonsten entstehen würden (z.B. Wiederinstandstellung; vgl. dazu Art. 260a Abs. 2, N 41 ff. zu Art. 260a, ferner allgemein N 85–87 zu Art. 267 [mit Weiterverweisen]; bei der Familienwohnung ist die Vereinbarung auch mit dem nicht mietenden Ehegatten abzuschliessen [vgl. vorn N 67]; gl.M. wohl auch ZIHLMANN II, S. 239 f.).

73 Zulässig ist endlich eine Vereinbarung, in der der Mieter freiwillig überhaupt auf eine *Erstreckung verzichtet* (vgl. aber N 81 ff.), etwa weil ihm der Vermieter im Gegenzug Ersatz verspricht, sei es in natura oder in Geldform usw. (gl. WEBER/ZIHLMANN, Basler Kommentar, N 6 zu Art. 272b; gl.M. wohl auch SCHMID, N 3 f. zu aArt. 267e). Die abweichende Auffassung (LACHAT/STOLL, S. 372, GIGER, S. 131 f., MENGE, S. 155 f.), welche diesfalls gestützt auf Art. 273c eine Nichtigkeit der Vereinbarung annimmt, übersieht dabei, dass der Mieter vom Gesetz nicht gezwungen wird, Erstreckung zu verlangen; also darf er darauf auch – in den Grenzen von Art. 273c (N 74 f., N 81 ff.) – ausdrücklich verzichten (gl. SCHMID, N 4 zu aArt. 267e). Ebenso kann der Mieter eine Erstreckungsklage ohne weiteres nach seinem Belieben zurückziehen (so immerhin auch MENGE, S. 156, der eine Abgeltung in diesem Zusammenhang als zulässig erachtet), was wiederum für die Zulässigkeit des Verzichts spricht.

74 *Unzulässig* im Lichte von Art. 273c können daher *nur* Vereinbarungen sein, die bereits vor der Entstehung des Erstreckungsanspruches abgeschlossen worden sind (nachstehend

N 81 ff.), was bei kündbaren Mietverhältnissen einfach festzustellen ist, bei befristeten jedoch Probleme ergeben kann (vgl. dazu nachstehend N 83 ff.).

Zulässig sind Verzichtsvereinbarungen im übrigen selbstredend stets dann, wenn der Erstreckungsanspruch des Mieters infolge Fristversäumnisses ohnedies untergegangen ist.

*Zu in inhaltlicher Hinsicht unzulässigen Vorausverzichten i.S.v. Art. 273c* im Rahmen von Vereinbarungen vgl. auch N 18 zu Art. 273c. 75

*Unzulässig sind* hingegen in jedem Fall Abreden, die dem Vermieter für die Dauer der Erstreckung eine ordentliche oder eine vertraglich umschriebene ausserordentliche Kündigungsbefugnis einräumen. Denn solche Abreden widersprechen dem Wesen der Erstreckung und vereiteln geradezu den Zweck, der mit der Erstreckung angestrebt wird (vgl. dazu N 19 f. zu Art. 272 sowie die Ausführungen zu Art. 272d). Diese Abreden sind entweder nichtig i.S.v. Art. 20 (widerrechtlich; sie verstossen gegen den Sinn und Zweck von Art. 272d), und es bleibt die Erstreckungsvereinbarung im übrigen aufrecht, oder sie bilden Teil einer Vereinbarung, die eine Fortsetzung des Mietverhältnisses (vorn N 58 ff.) und keine Erstreckung begründet. 76

c) Ob die Erstreckungsvereinbarung eine **Form** zu beachten hat, hängt davon ab, welcher Art sie ist (verwirrlich hierin GIGER, S. 132): 77

*Die private Erstreckungsvereinbarung* ist von Gesetzes wegen an keine Form gebunden und daher – wie jeder Innominatkontrakt – formfrei (vgl. SCHLUEP, in: SPR VII/1, S. 947). 78

*Die ausserbehördliche bzw. aussergerichtliche Vereinbarung* hat allfällige prozessuale Formvorschriften zu beachten, wenn sie der Behörde bzw. dem Richter zur Prozesserledigung vorgelegt wird. Regelmässig entspricht diese Form der einfachen Schriftlichkeit (Art. 13–15) und verlangt die handschriftliche Unterzeichnung der Vereinbarung durch die Parteien oder deren Vertreter (wie beim Rückzug oder bei der Anerkennung der Klage). Je nach Prozessrecht können auch FAX-Erklärungen zulässig sein (u.U. unter dem Vorbehalt des nachgereichten Originals; vgl. allgemein dazu etwa AJP 9/92 [Entscheid 6.2]). 79

Für die im Verfahren geschlossene *gerichtliche Vereinbarung* gelten die massgebenden Formvorschriften des jeweiligen Verfahrensrechts (z.B. mündliche Erklärung zu Protokoll, ev. verbunden mit einer handschriftlichen Unterzeichnung des Protokolls durch die Parteien, oder schriftliche Erklärung gemäss N 79 vorstehend, oder Erklärung zu Protokoll und Verlesen desselben durch die Urkundsperson). Zur Form der im Schlichtungsverfahren abgeschlossenen *behördlichen* Vereinbarung siehe N 50 f. zu Art. 274e. 80

81 d) Der massgebende **Zeitpunkt** für den *Abschluss einer Erstreckungsvereinbarung, die unter Art. 272b Abs. 2 fällt und vor Art. 273c standhalten kann*, bestimmt sich nach der Entstehung bzw. dem Untergang des Erstreckungsanspruches (ähnlich z.B. SCHMID, N 2 ff. zu aArt. 267e; vgl. N 21 ff. zu Art. 272; siehe ferner vorn N 61–63, N 73, N 76).

82 Bei *kündbaren Mietverhältnissen* sind die Vereinbarungen demnach jederzeit möglich innerhalb der Klagefrist des Art. 273 Abs. 2 lit. a, und wenn diese vom Mieter benutzt wird, bis zum Abschluss des Schlichtungs- bzw. anschliessenden Gerichtsverfahrens. Zuvor abgeschlossene Vereinbarungen sind soweit nichtig, wie sie einen unzulässigen Verzicht des Mieters auf Rechte i.S.v. Art. 273c Abs. 1 enthalten (dazu vgl. N 61 f.). Im Fall des unbenutzen Ablaufs der Klagefrist sind sie bis zum Beendigungstag des Mietverhältnisses möglich, begründen aber dann lediglich eine «freiwillige» bzw. Quasi-Erstreckung (vgl. dazu vorn N 63; unklar, ob a.A., bei GIGER, S. 131; nicht erwogen bei SCHMID, N 3 f. zu aArt. 267e).

83 Bei *befristeten Mietverhältnissen* bzw. bei Zweiterstreckungen sind die Vereinbarungen vor Ablauf der Fristen von Art. 273 Abs. 2 lit. b bzw. Abs. 3 möglich, danach nur noch als «freiwillige» Erstreckungen (vorn N 82), weil der Erstreckungsanspruch untergegangen ist (statt vieler: GIGER, S. 154 f.; unklar, ob a.A., bei MOSER, S. 120).

84 Schwieriger ist es hingegen, auf die Frage, wann eine vor dem Ablauf dieser Fristen abgeschlossene Vereinbarung unter Art. 273c fällt, eine präzise Antwort zu finden (unklar hierin etwa die h.L., die von einer zulässigen Erstreckung «im Endstadium» des Vertrages ausgeht, was auch immer das heissen mag; so etwa LACHAT/STOLL, S. 371, ZIHLMANN, Basler Kommentar, N 5 zu Art. 272b; unklar überdies SCHMID, N 3 zu aArt. 267e [wobei aArt. 267b noch eine andere Regelung als das neue Recht vorsah]). Die Antwort auf die Frage nach der Zulässigkeit muss sich *aus den Umständen des jeweiligen Einzelfalles* ergeben. Von diesen Umständen zu berücksichtigen sind die Dauer des bisherigen Mietverhältnisses bzw. der Ersterstreckung und das Verhalten der Parteien: Je länger das Mietverhältnis bzw. die Ersterstreckung dauerten, desto klarer muss dem Mieter als korrektem Partner deren an sich (verabredetes und insoweit) «unwiderrufliches» Ende vor Augen stehen, desto früher kann und darf dann wohl eine Vereinbarung im Interesse beider Parteien getroffen werden. *Im Regelfall* (besondere Umstände wie eine feststehende Ersatzlösung des Mieters können auch noch frühere Zeitpunkte nahelegen) dürften daher etwa *bei über dreijährigen* bisherigen (befristeten oder ersterstreckten) Mietverhältnissen Vereinbarungen, die innerhalb von drei Monaten vor dem Fristablauf abgeschlossen

wurden, kaum unter Art. 273c fallen; bei *höchstens einjährigen* befristeten Mietverhältnissen bzw. Ersterstreckungen müssen demgegenüber Vereinbarungen, die innerhalb eines Monats vor Ablauf der Klagefrist gemäss Art. 273 Abs. 2 lit. b bzw. Abs. 3 abgeschlossen werden, wohl stets als zulässig erachtet werden; *länger als ein Jahr, aber nicht drei und mehr Jahre* dauernde befristete oder ersterstreckte Mietverhältnisse lassen demgegenüber eine Vereinbarung, die innert zwei Monaten vor dem Fristablauf abgeschlossen wurde, noch stets als im Lichte von Art. 273c zulässig erscheinen.

Früher ansetzen darf man den Zeitpunkt des zulässigen Vereinbarungstermins bei län- 85
gerdauernden befristeten Mietverhältnissen, deren Fortsetzung *an unechte Optionen* (vgl. dazu N 70 ff. zu Art. 255) geknüpft sind. Hier müssen Vereinbarungen ab dem Zeitpunkt wohl zulässig sein, in dem der Mieter als vernünftiger und korrekter Partner das Scheitern der Verhandlungen über die Fortsetzung erkennen konnte (denn dann hat er ja dringend nach Ersatz zu suchen).

### 3. Wirkungen der gültig zustande gekommenen Erstreckungsvereinbarung

Die von den Parteien gültig vereinbarte Erstreckung i.S.v. Art. 272b 86
Abs. 2 entfaltet, unabhängig davon, in welcher Gestalt (privat, ausserbehördlich usw.) sie getroffen worden ist, die gleichen Wirkungen wie ein Entscheid der Schlichtungsbehörde oder des Richters.

Zu den nichtigen Vereinbarungen bzw. zu den Wirkungen von «Quasi- 87
Erstreckungen» («freiwillige» Erstreckungen) vgl. vorn N 34, N 61 f., N 63, N 68, N 76, N 81 sowie überdies N 70 ff. zu Art. 272).

### 4. Mangelhafte Erstreckungsvereinbarung

Mangelhafte *private Erstreckungsvereinbarungen* stellen mangelhafte 88
Vergleichsverträge dar, also mangelhafte Innominatkontrakte. Bei *Willensmängeln* usw. kommen daher nur die vertragsrechtlichen Rechtsbehelfe zum Zuge (Art. 23 ff.). *Inhaltliche Unklarheiten* sind nach den Grundsätzen der Vertragsauslegung zu beseitigen (allgemein dazu JÄGGI/GAUCH, N 297 ff. zu Art. 18), Lücken sind – soweit es an ergänzendem Gesetzesrecht (vorn N 69) fehlt – nach den vertragsrechtlichen Grundsätzen zu füllen (allgemein dazu JÄGGI/GAUCH, N 486 ff. zu Art. 18).

Die *ausserbehördlichen bzw. aussergerichtlichen* Vereinbarungen sind 89
wie die privaten zu behandeln, soweit sie nicht Eingang in den Erledigungs-

entscheid (Dispositiv) der Schlichtungsbehörde bzw. des Richters gefunden haben (zu diesem Fall vgl. N 19 und nachstehend N 90 [mit Weiterverweisung]). Für Parteierklärungen, die ihren Grund in der mangelhaften Vereinbarung hatten und statt dieser Anlass zur Verfahrenserledigung gaben (Anerkennung, Rückzug), sind mit den prozessrechtlichen Hilfsmitteln anzufechten (meist kommt infolge des Ablaufs von Rechtsmittelfristen nur noch die Revision in Frage; vgl. GULDENER, S. 532, VOGEL, S. 227 f.), sofern sie selbst durch den Mangel der Vereinbarung als Willenserklärung mangelhaft geworden sind. Dasselbe gilt bei Willensmängeln von Vereinbarungen, die Eingang in den Erledigungsentscheid (Dispositiv) gefunden haben.

90 Zu den mangelhaften *behördlichen bzw. gerichtlichen Vereinbarungen* vgl. N 118 f. zu Art. 272 und vorn N 19.

# Art. 272c

**[1] Jede Partei kann verlangen, dass der Vertrag im Erstreckungsentscheid veränderten Verhältnissen angepasst wird.** IV. Weitergeltung des Mietvertrags

**[2] Ist der Vertrag im Erstreckungsentscheid nicht geändert worden, so gilt er während der Erstreckung unverändert weiter; vorbehalten bleiben die gesetzlichen Anpassungsmöglichkeiten.**

**[1] Une partie peut demander que la décision de prolongation modifie le contrat en l'adaptant à la nouvelle situation.** IV. Validité du bail

**[2] Si la décision de prolongation n'a pas modifié la contrat, celui-ci reste en vigueur sans changements pendant la prolongation; sont réservées les possibilités d'adaptation légales.**

**[1] Ciascuna parte può chiedere che, nella decisione di protrazione, il contratto venga adeguato alla nuova situazione.** IV. Validità ulteriore della locazione

**[2] Se non è stato modificato nella decisione di protrazione, il contratto permane valido senza alcun cambiamento durante la protrazione; sono salve le possibilità legali d'adeguamento.**

| | | |
|---|---|---|
| Materialien | aArt. 267a Abs. 4 OR, Art. 272c des Entwurfes vom 27. März 1985; Amtl. Bull., SR, 1988, S. 178, NR, 1989, S. 540 | 1 |
| Ausländisches Recht | Siehe N 1 zu Art. 272 | |

**Literatur:** Siehe allgemeines Literaturverzeichnis sowie N 1 der Vorbem. zu den Art. 271–273c. 2

## Inhaltsverzeichnis

# A. Geltungsbereich, Gegenstand und Charakter der Bestimmung

## I. Geltungsbereich der Bestimmung

3 Der Geltungsbereich der Norm entspricht demjenigen, der grundsätzlich für alle Bestimmungen des des Dritten Abschnittes vorgesehen ist (Art. 271–273c; vgl. dazu N 19 ff. Vorbem. zu Art. 271–273c, N 3–5 zu Art. 271, N 3–5 zu Art. 272).

## II. Gegenstand und Charakter der Bestimmung

4 Die Norm hat gemäss Marginale die «Weitergeltung des Mietvertrages» zum *Gegenstand.* Dabei stellt sie den Grundsatz der Weitergeltung der bisherigen vertraglichen Beziehung auf (statt vieler: GUHL/KOLLER/DRUEY, S. 413; nachstehend N 17 ff.). Ferner zählt sie die Möglichkeiten einer Vertragsanpassung für die Dauer der Erstreckung des Mietverhältnisses auf.

Sie befasst sich mit diesen Aspekten vordergründig allerdings nur unter dem eingeschränkten Blickwinkel des Falles, in dem ein *Erstreckungsentscheid* ergeht. Sie scheint den Fall der Erstreckungsvereinbarung i.S.v. Art. 272b Abs. 2 nicht zu berühren. Art. 272c verlangt jedoch ebenfalls Geltung im Fall der Erstreckungsvereinbarung (vgl. N 69 zu Art. 272b): Abs. 2 der Norm behält für alle Fälle, in denen es nicht zu einem Entscheid kommt, eine Vertragsanpassung nur im Rahmen der gesetzlichen Möglichkeiten vor (dazu nachstehend N 7, N 47 ff.).

Was ein Erstreckungsentscheid ist, setzt die Norm überdies undefiniert als Prämisse voraus (dazu nachstehend N 10 ff.). 5

Die Norm zählt die Möglichkeiten der Vertragsanpassung für die Dauer der Erstreckung *für den Entscheidfall* als Ausnahmen vom Grundsatz der unveränderten Weitergeltung des bisherigen Vertragsregimes abschliessend auf. Es kommt ihr daher *zwingender Charakter* zu. Gemäss RONCORONI, in: mp 2/90, S. 85, ist der zwingende Charakter der Norm absolut. Demgegenüber hält der SVIT-Kommentar I, N 3 zu Art. 272c, mit Blick auf Art. 273c den zwingenden Charakter für relativ zugunsten des Mieters. Beides trifft in dieser vereinfachten Aussage nicht zu. Die *Norm ist* vielmehr *im Gesamtzusammenhang mit den übrigen Normen zu betrachten, die sich mit den Vertragsbeziehungen der Parteien während der Erstreckungsdauer befassen,* also mit Art. 272b Abs. 2 und Art. 272d (ähnlich SVIT-Kommentar I, N 5 zu Art. 272c). Zudem ist zu differenzieren zwischen Abs. 1 und Abs. 2 von Art. 272c. 6

Mit Art. 272d statuiert das Gesetz direkt eine Ausnahme vom Grundsatz der unveränderten Weitergeltung gemäss *Art. 272c Abs. 2*, deren konkrete Ausgestaltung dem richterlichen Ermessen bzw. dem Belieben der Parteien überlassen ist (gl. SVIT-Kommentar I, N 5 zu Art. 272c). Vereinbarungsweise sind Vertragsänderungen den Parteien gemäss Art. 272b Abs. 2 überdies möglich (vgl. dazu N 70 ff. zu Art. 272b). *Den Gestaltungsmöglichkeiten der Parteien* sind dabei allerdings durch Art. 272c Abs. 2, 2. Satz (Missbrauchsgesetzgebung i.S.v. Art. 269 ff.), *sinngemäss zwingende Grenzen gesetzt* (vgl. dazu auch nachstehend N 25 ff., N 48). 7

Im vorgezeichneten beschränkten Rahmen kommt dem *in Art. 272c Abs. 2* aufgestellten Grundsatz der Weitergeltung des bisherigen Vertragsregimes folglich *nur dispositiver Charakter* zu (vgl. N 6 zu Art. 272b). Ausserhalb dieses Rahmens, namentlich bezüglich der Möglichkeiten der Entscheidinstanz zur Vertragsanpassung, setzt Art. 272c hingegen *Schranken*, die *absolut zwingenden Charakter* besitzen. 8

*Art. 272c Abs. 1* räumt beiden Parteien das Recht ein, eine Anpassung des Vertrages aufgrund veränderter Verhältnisse im Erstreckungsentscheid 9 zu verlangen. Sie gewährt m.a.W. beiden Parteien (und nicht bloss dem Mieter) ein Recht. Art. 273c bleibt hier insoweit nicht anwendbar; dieses Recht können die Parteien zudem erst im Prozess geltend machen, und sie können daran weder von der Entscheidinstanz noch von der Gegenpartei gehindert werden. Die Norm erweist sich daher *insoweit als absolut zwingend.* Hingegen kann jede Partei von sich aus auf die Geltendmachung des Rechts verzichten.

# B. Der Erstreckungsentscheid i.S. der Norm

## I. Begriff/Abgrenzung

### 1. Begriff

10 Der Begriff des Erstreckungsentscheids verweist in seinem Wortlaut zum einen auf den Begriff des Entscheids i.S.v. Art. 272d, Art. 273 Abs. 4, Art. 274e Abs. 2 und Art. 274 f. Er steht daher *im Gegensatz zur Erstreckungsvereinbarung bzw. Einigung* und bezeichnet in allgemeiner Form eine Entscheidung einer Behörde über die Erstreckung des Mietverhältnisses, welche unabhängig von einem Konsens der Parteien (gl. z.B. GIGER, S. 120) zustande kommt. Zum anderen verweist der Begriff auf Art. 272, der *sowohl die Schlichtungsbehörde als auch den Richter* darüber anweist, wie sie einen Entscheid (Billigkeitsentscheid) zu fällen haben (vgl. dazu N 25, N 116, N 118 und N 120–123 zu Art. 272).

11 «Erstreckungsentscheid» meint daher nichts anderes als ein *Sachurteil i.e.S. über den Erstreckungsanspruch des Mieters und die daraus folgende Erstreckung des Mietverhältnisses, welches auf eigener Rechtsfindung der Entscheidinstanz beruht,* und nicht auf Parteierklärungen (dazu vgl. allgemein GULDENER, S. 242, VOGEL, S. 196, Rz. 97, S. 198 f.). Es handelt sich beim Erstreckungsentscheid somit um ein *vertragserhaltendes und -änderndes Gestaltungsurteil* (vgl. N 20, N 25 zu Art. 272; GIGER, S. 120 f.; allgemein dazu, statt vieler: GULDENER, S. 211 ff., VOGEL, S. 186). Dieses Urteil ist von der Schlichtungsbehörde oder vom danach angerufenen Richter (statt vieler: GIGER, S. 120 f.) nach Recht (wozu Art. 272c gehört) bzw.

Gesetz und Billigkeit (Billigkeitsentscheid; vgl. dazu ebenfalls N 121, N 123 zu Art. 272) zu erlassen.

## 2. Abgrenzung

Der Erstreckungsentscheid i.S. der Norm ist *von Sachurteilen abzugrenzen, die aufgrund einer Parteierklärung erlassen werden* (vgl. dazu allgemein VOGEL, a.a.O.) und nicht aufgrund eigener Rechtsfindung der Entscheidinstanz *(Sachurteile i.w.S.)*. Als solche, ein Sachurteil i.w.S. begründende Parteierklärung kommt vorab die *Erstreckungsvereinbarung* (gl. z.B. GIGER, S. 121), also die Einigung i.S.v. Art. 273 Abs. 4 bzw. Art. 274e Abse. 1 und 2 bzw. der *Vergleich* (dazu vgl. N 50 f. zu Art. 272b), in Frage. 12

Es *kommen aber ebenso* als ein Sachurteil i.w.S. begründende Erklärungen *in Frage*, was der Gesetzgeber – gewissermassen einigungseuphorisch (vgl. HIGI, Schlichtungsstellen, S. 31, S. 43–45) – nicht aufgeführt hat, *der Klagerückzug bzw. die Klageanerkennung* (allgemein VOGEL, S. 196, Rz. 97; vgl. ferner N 55, N 63 zu Art. 272b). 13

*Sachurteile i.w.S.*, die aufgrund von Parteierklärungen ergehen, *werden von Art. 272c nicht erfasst.* 14

Möglich ist endlich die *Kombination von Sachurteilen i.e.S.*, die aufgrund der Rechtsfindung der Entscheidinstanz ergehen, *und von Sachurteilen i.w.S.*, die aufgrund von Parteierklärungen ergehen (z.B. aufgrund von Erstreckungsvereinbarung, die der Entscheidinstanz die Frage der Mietzinsanpassung zur Entscheidung überlässt; z.B. aufgrund eines Vergleichs, der dem Gericht den Entscheid über die Kündigungsmöglichkeiten und/oder die Kosten- und Entschädigungsfolgen überlässt usw.). *Soweit die Entscheidinstanz in diesen Fällen einen Sachentscheid i.e.S. über die Vertragsanpassung durchzuführen hat, ist Art. 272c massgebend.* 15

# II. Inhalt

## 1. Grundsatz

16 Die Norm regelt *abschliessend*, wenn auch bloss sinngemäss (in Art. 272c Abs. 2, 2. Satz), welcher *Inhalt dem Erstreckungsentscheid* (zum Begriff vorn N 10 f.) *generell zukommen kann* (nachstehend N 17 ff.). Sie stellt dazu einen Grundsatz auf (Art. 272c Abs. 2, 1. Satz; nachstehend N 17 ff.) und legt zudem fest, wann von diesem Grundsatz abgewichen werden kann und muss (Art. 272c Abs. 1; nachstehend N 33 ff.).

17 a) *Im Grundsatz* postuliert die Norm eine **Weitergeltung des Mietvertrages** für die Dauer der Erstreckung **im bisherigen Umfang (Art. 272c Abs. 2)**. Dieser Grundsatz bezieht sich (wie bereits der altrechtliche Art. 267a Abs. 4) *auf alle das bisherige Mietverhältnis im Zeitpunkt der Vertragsbeendigung beherrschenden Bestimmungen* vertraglicher und/oder gesetzlicher Natur (vgl. SCHMID, N 24 f. zu aArt. 267a; ähnlich GIGER, S. 120, LACHAT/STOLL, S. 373, MENGE, S. 157, SVIT-Kommentar I, N 6 zu Art. 272c, TERCIER, S. 263). Er bezieht sich demnach *insbesondere* auf die Bestimmungen *zum Vertragsgegenstand*, auf die Bestimmungen *zum Gebrauch des Vertragsgegenstandes* durch den Mieter (z.B. Art. 256, Art. 257f, Art. 257g, Art. 257h, Art. 259a, Art. 260, Art. 260a, Art. 262), d.h. ebenfalls zu den Gebrauchsmodalitäten, *und* auf die Bestimmungen *zum geschuldeten Entgelt* (dazu gehören ebenfalls z.B. Art. 257, Art. 257b, Art. 257d, Art. 266h usw.). Beim geschuldeten Entgelt spielt es keine Rolle, ob es zuvor durch Vereinbarung (vgl. BGer, in: mp 3/95, S. 145 ff.) oder einseitig im Rahmen von Art. 269d durch den Vermieter festgesetzt worden ist – es gilt das zuletzt rechtsverbindlich geschuldete Entgelt.

18 Haben die Parteien das zu erstreckende Mietverhältnis z.B. *hinsichtlich des Mietzinses i.S.v. Art. 269b indexiert*, so bleibt diese Indexierung weiterhin wirksam, weil die Voraussetzungen der Indexierung (Mietverhältnis von fünf oder mehr Jahren, das vom Vermieter ordentlicherweise nicht gekündigt werden kann; vgl. etwa ZMP 2/92 Nr. 24) durch die Erstrekkung gerade nicht dahinfallen (SVIT-Kommentar I, N 10 zu Art. 272c). Ebenso dauern Staffelmietverträge i.S.v. Art. 269c grundsätzlich weiter, d.h., eine Erhöhung des Mietzinses aufgrund der Staffelungsvereinbarung ist während der Erstreckungsdauer nur dann möglich, wenn die bisherige Staffelungsvereinbarung das noch zulässt; ist das nicht der Fall, muss der Vermieter eben gerade eine Anpassung gemäss Art. 272c Abs. 1 verlangen (a.A. SVIT-Kommentar I, N 10 zu Art. 272c).

19 Die *Weitergeltung des bisherigen Vertragsregimes*, wie es von den Vereinbarungen der Parteien und *vom Gesetz festgelegt worden ist*, hat ebenfalls zur Folge, dass der *Erwerber*

*der Mietsache* gemäss den Regeln des Art. 261 Abs. 1 in das erstreckte Mietverhältnis eintritt (gl. SVIT-Kommentar I, N 8 zu Art. 272c; vgl. dazu auch N 39 zu Art. 261–261a), auch wenn er das Kündigungsrecht gemäss Art. 261 Abs. 2 lit. a anruft (was ihm zusteht; vgl. N 40 zu Art. 261–261a; gl. M. WEBER/ZIHLMANN, Basler Kommentar, N 3 zu Art. 272d; a.A. in diesem Punkt z.B. SVIT-Kommentar I, a.a.O.).

Es tritt bzw. treten in das erstreckte Mietverhältnis ebenfalls der bzw. die *Gesamtrechtsnachfolger* des Vermieters (vgl. N 8 zu Art. 261–261a) und des Mieters (vgl. N 4, N 14 ff. zu Art. 266i) ein, und zwar zu den für die Erstreckungsdauer geltenden Bedingungen. 20

Für einen *Ersatzmieter i.S.v. Art. 264*, der vom Vermieter für die Erstreckungsdauer akzeptiert wird, ist die weitere Erstreckung des Mietverhältnisses mit dem Ende der Erstreckungsdauer in gleicher Weise ausgeschlossen wie für den Mieter (vgl. N 23 und N 43 zu Art. 264). Ist das Mietverhältnis, in das der Ersatzmieter eintritt, erstmals erstreckt worden, so kann er ebenfalls wie der bisherige Mieter nur unter den zusätzlichen Voraussetzungen von Art. 272 Abs. 3 eine Zweiterstreckung erlangen. 21

Ob eine *Übertragung der erstreckten Miete gemäss Art. 263* zulässig ist, kann mit guten Gründen verneint werden (mit Vorbehalten bejahend GIGER, S. 142). Seine Zustimmung dazu kann der Vermieter jedenfalls berechtigt i.S.v. Art. 263 Abs. 2 verweigern (gl. GIGER, S. 142 f.). Verweigert er sie nicht, wird das erstreckte Mietverhältnis übernommen, aber kein neues Vertragsverhältnis begründet; es tritt der neue Mieter ins erstreckte Mietverhältnis wie der Ersatzmieter i.S.v. Art. 264 ein.

*Der Grundsatz* von Art. 272c Abs. 2, 1. Satz, *widerspiegelt damit* nichts anderes als *das Wesentliche des Institutes der Erstreckung:* Das Mietverhältnis, wie es im Zeitpunkt der vorgesehenen Vertragsbeendigung besteht, wird grundsätzlich *einzig* bezüglich der Vertragsdauer «verlängert» (vgl. N 17 f. zu Art. 272; TERCIER, S. 263, Rz. 2153; Cahiers 1993, S. 69), und zwar ausschliesslich zugunsten des Mieters (vgl. N 77 ff. Vorbem. zu Art. 271–273c; ähnlich z.B. ZIHLMANN, Basler Kommentar, N 4 zu Art. 272c); das beinhaltet wenigstens implizit zugleich den *Ausschluss* des ordentlichen Kündigungsrechts *des Vermieters.* 22

Der Grundsatz der Weitergeltung ist vom Gesetz selbst ausdrücklich *nur hinsichtlich der Kündigungsfristen und - termine für den Mieter gemäss Art. 272d durchbrochen* (gl. SVIT-Kommentar I, N 5 zu Art. 272c). Diese Bestimmung soll helfen, den Zweck der Erstreckung (die Abwendung der Härte, die den Mieter bei der Vertragsbeendigung trifft, durch ausreichende Zeit für die Ersatzobjektbeschaffung), nicht unnötig zu behindern bzw. zu erschweren. Sie ersetzt deshalb insgesamt die dispositiven gesetzlichen Bestimmungen von Art. 266a Abs. 1 und 266c ff. 23

Dem in Art. 272c Abs. 2 verankerten Grundsatz der Weitergeltung kommt, nach dem Gesagten einsichtigerweise, *generelle Bedeutung* zu: Er erheischt *Beachtung bei Erstreckungsvereinbarungen ebenso* – als diese ergänzendes bzw. beschränkendes Recht (vgl. N 6 f. und N 71 zu Art. 272b) – *wie im Fall des Erstreckungsentscheids*, der sich zu den für die Erstreckungsdauer geltenden vertraglichen Bestimmungen *nicht* (abweichend) *äussert.* 24

b) Der **Vorbehalt der gesetzlichen Anpassungsmöglichkeiten** gemäss **Art. 272c Abs. 2**, 2. Satz, ist (nach dem bislang Ausgeführten) nichts anderes als ein konsequenter Ausfluss des Grundsatzes der Weitergeltung der bisherigen Vertragsbeziehungen (vgl. GUHL/KOLLER/DRUEY, S. 413 [«Von selbst versteht sich ...»]). Im Vergleich zum alten Recht handelt es sich bei diesem ausdrücklichen gesetzlichen Hinweis allerdings um eine *echte Neuerung* (vgl. zum alten Recht BGE 102 II 12 ff., SCHMID, N 24 ff. zu Art. 267a; gl. RONCORONI I, a.a.O., S. 158, SVIT-Kommentar I, N 9 zu Art. 272c). 25

26 Unter den *gesetzlichen Anpassungsmöglichkeiten* sind *in erster Linie* die Anpassungen zu verstehen, die sich aus den Regeln der *Missbrauchsgesetzgebung (Art. 269–269c) ergeben*, bzw. umfangmässig beschränkt werden (vgl. ZMP 1/92 Nr. 8, E. 7) und einseitig vom Vermieter (Mietzinserhöhung; Art. 269d) oder vom Mieter (Mietzinsherabsetzung) letztlich klageweise durchgesetzt werden können (gl. LACHAT/STOLL, S. 373, RONCORONI I, a.a.O., S. 158, SVIT-Kommentar I, N 9 zu Art. 272c, WEBER/ZIHLMANN, Basler Kommentar, N 5 zu Art. 272c). *In zweiter Linie* sind während der Erstreckung des Mietverhältnisses *alle zweiseitigen* (vertraglichen) Änderungen der Vertragsbeziehungen soweit möglich, wie sie bereits vor der Erstreckung möglich waren (vgl. dazu BGer, in: mp 3/95, S. 145 ff.).

27 Ausgeschlossen sind demnach alle «einseitigen» Vertragsanpassungen, die nicht unter die Missbrauchsgesetzgebung fallen und ebenfalls keine Folge eines Mangels bzw. eines Mängelrechts des Mieters darstellen (vgl. Art. 259a, Art. 259d). Beispiele: «Wegnahme» eines Zimmers, eines Estrichs, einer Mansarde oder eines mitvermieteten Garagenplatzes durch den Vermieter usw. (gl.M. MENGE, S. 159; a.A. LACHAT/STOLL, S. 374, die unter Verkennung der Tragweite von Art. 269d Abs. 3 [vgl. N 108 Vorbem. zu Art. 266–266o] auch dergleichen für möglich halten; ähnlich, aber in den Voraussetzungen rigider, WEBER/ZIHLMANN, Basler Kommentar, N 11 zu Art. 269d; von Art. 269d Abs. 3 erfasst sind als andere «Forderungen» m.E. einzig Erhöhungen von Nebenkostenentschädigungen, die Einführung neuer Nebenkostenpositionen oder die Verminderung von Nebenleistungen des Vermieters, die bislang durch den Mietzins oder Nebenkostenentschädigungen abgegolten waren, wie z.B. Treppenhausreinigung, Hauswartung usw.). Es kann nicht der Sinn einer Missbrauchsgesetzgebung sein, einem Vermieter mehr Rechte zur Vertragsänderung zuzugestehen als einem Vermieter, der dieser Gesetzgebung nicht untersteht (z.B. dem Vermieter eines Autos, eines Gartens usw.). Eine weitergehende Auffassung höhlte das Konsensprinzip ohne Not aus.

28 *Die Vertragsanpassungen* (Erhöhungen bzw. Herabsetzungen) i.S.v. Art. 272c Abs. 2, 2. Satz, haben, waren sie bereits vor der Erstreckung des Mietverhältnisses mit Kündigungsterminen verbunden (unbefristetes Mietverhältnis; vgl. Art. 269d Abs. 1, Art. 270a Abs. 1), *den für das erstreckte Mietverhältnis neu geltenden gesetzlichen Kündigungsterminen des Art. 272d zu folgen.*

29 Die bisher geltenden vertraglichen bzw. gesetzlichen Termine gemäss Art. 266a Abs. 1 i.V.m. Art. 266c, Art. 266d oder Art. 266e gelten während der Erstreckung ja gerade nicht mehr, weil bezüglich der Kündigungsfristen

der Grundsatz von Art. 272c Abs. 1, 1. Satz, ausdrücklich durchbrochen ist (vorn N 23). Der Hinweis auf die gesetzlichen Anpassungsmöglichkeiten im Gesetzestext legt es daher nahe, einzig in den von Art. 272d ausdrücklich für die Erstreckungsdauer ausgestellten Terminvorschriften die unter diesem Aspekt massgebenden gesetzlichen Vorschriften zu erblicken (vgl. dazu auch nachstehend N 31; a.A. [ohne nähere Begründung] GIGER, S. 134 f. [der nur für die Herabsetzung die gesetzlichen Termine des Art. 272d angewandt wissen will, ansonsten die von Art. 266c f. aufgestellten Termine bzw. die einstmals geltenden vertraglichen Kündigungstermine], RONCORONI I, a.a.O., S. 158 [der ausschliesslich auf die Termine gemäss Art. 266c f. abstellen will]).

Zu den bisher *indexierten bzw. gestaffelten Mietverhältnissen* vgl. vorn N 18. 30

Die *einst befristeten und weder indexierten noch gestaffelten Mietverhältnisse* haben vor 31 der Erstreckung an sich von beiden Parteien gewollt keine Mietzinsanpassung zugelassen. Mit der *Erstreckung*, die *im Entscheidfall gegen den Willen des Vermieters erfolgt*, wird der den Vertrag in diesem Punkt einst beherrschende übereinstimmende Wille der Parteien hinfällig. Anpassungen des Mietzinses sind daher im vorhin geschilderten Rahmen des Gesetzes (vorn N 26) zulässig. Weshalb hier auf die Termine der Art. 266c f. abgestellt werden müsste, erschiene gerade in diesem Zusammenhang schlicht unerfindlich - anstelle der vom Gesetz vorgesehenen Regelung würde diesfalls eine gesetzliche Regelung treten, die die Parteien damals, als sie sie hätten wählen können, gerade nicht gewählt hatten (trotzdem so aber z.B. GIGER, S. 134 f., und offenbar auch RONCORONI I, a.a.O.).

Die einseitig erklärten *Mietzinserhöhungen* des Vermieters *haben* wäh- 32 rend der Erstreckungsdauer *weiterhin den Formvorschriften von Art. 269d zu folgen;* die Vorschriften über die Anfechtung bzw. Herabsetzung des Mietzinses usw. gemäss den Art. 270a ff. gelten während der Erstreckung ebenfalls weiter (statt vieler: GIGER, S. 135).

## 2. Änderung von Vertragsbedingungen auf Antrag einer Partei (Art. 272c Abs. 1)

a) Der **Zweck der Regelung** liegt vor allem darin, dem Vermieter, der 33 auf den vorgesehenen Beendigungstag hin den Mietzins gemäss den Art. 269–269d hätte anpassen können, das aber mit Blick auf die Vertragsbeendigung (und die Möglichkeit der Anpassung im Rahmen des Vertragsabschlusses mit einem neuen Mieter) nicht getan hat, die Möglichkeit einzuräumen, das nachzuholen (ähnlich GUT, a.a.O., S. 98; vgl. auch ZMP 1/92 Nr. 8, E. 7). Ebenso soll der Vermieter, gegen dessen Willen im Entscheidfall ein bislang befristetes Mietverhältnis erstreckt wird, die Möglichkeit besitzen, eine Anpassung des nicht mehr von seinem Willen erfassten Regimes der Mietzinsgestaltung für die Erstreckungsdauer durchsetzen zu können (vgl. vorn N 18 und N 30 f.). Endlich soll auch der Mieter die Möglichkeit haben, Anpassungen zu verlangen, die er vor der Vertragsauflösung und der Erstreckung nicht mehr hat verlangen können (ähnlich z.B. GIGER, S. 136 f., RONCORONI I, a.a.O., S. 157 [inhaltlich aber z.T. weitergehend], MENGE, S. 157, TERCIER, S. 263 f.).

34 b) Nicht in jedem Fall der Erstreckung kann allerdings eine Vertragsanpassung verlangt werden. Eine **Änderung** des zwischen den Parteien bestehenden Vertragsregimes (vorn N 17, N 22) kommt nur dann in Frage, wenn sie **eine Anpassung an veränderte Verhältnisse** darstellt (vgl. den Wortlaut von Art. 272c Abs. 1). Art. 272c Abs. 1 stellt somit einen *gesetzlich geregelten Anwendungsfall der sog. clausula rebus sic stantibus* dar (allgemein: GAUCH/SCHLUEP, Bd. 1, S. 245; ähnlich SCHMID, N 24 f. zu aArt. 267a, der den von Recht und Billigkeit i.S. des Art. 4 ZGB geprägten Charakter der [altrechtlichen analogen] Regelung hervorhebt).

35 *Massgebende Verhältnisse*, die eine Anpassung des Vertragsregimes verlangen, können *nur vertragserhebliche Umstände sein* (GAUCH/SCHLUEP, Bd. 1, a.a.O.). Ihre Änderung, die eine Anpassung rechtfertigt, kann Folge der Erstreckung sein oder direkt durch die Erstreckung geschaffen werden.

36 Unter Art. 272c Abs. 1 fallen allerdings *nicht alle* denkbaren mietvertragserheblichen Umstände, sondern *nur mietzinsrelevante vertragliche Bestimmungen* bzw. Umstände (z.B. bisherige Befristung; Staffelmietzins; unterlassene einseitige Anpassung i.S.v. Art. 269d im Hinblick auf das Vertragsende; vgl. auch ZMP 1/92 Nr. 8, E. 7, ZMP 3/93 Nr. 41, E. 4 [nichtige Pachtzinserhöhung]). *Das gebietet der Grundsatz von Art. 272c Abs. 2, 1. Satz* (ähnlich ZIHLMANN, Basler Kommentar, N 3 zu Art. 272c, MENGE, S. 157 f.). *Das gebietet ferner* der Verweis in *Art. 272c Abs. 2, 2. Satz,* der während der Erstreckungsdauer – ohne Entscheid i.S.v. Art. 272c Abs. 1 also – Anpassungen nur im gesetzlichen Rahmen für zulässig erklärt. Denn das erhellt, dass der Erstreckungsentscheid vernünftigerweise nicht dazu dienen kann, einer Partei mehr Rechte einzuräumen, als ihr zuvor im Rahmen des gewöhnlichen Mietverhältnisses zukamen und danach im Rahmen der Erstreckung zukommen (vgl. auch ZMP 3/93 Nr. 31 und Nr. 32).

37 Ein Teil der Literatur will allerdings auch Schmälerungen der Mietsache usw. für die Erstreckungsdauer zulassen, in der Regel ausgehend von einer unzutreffenden Auffassung über die Tragweite von Art. 269d Abs. 3 (vorn N 27). Über die Mietzinsgestaltung hinausgehende Eingriffe in das Vertragregime können daher m.E. höchstens in besonders schwerwiegenden, im Resultat der Erstreckung sonst geradezu unbilligen Fällen vorgenommen werden (ZIHLMANN, Basler Kommentar, N 3 zu Art. 272c), ansonsten der Charakter der Erstreckung, dem Art. 272c Abs. 2, 1. Satz, zum Durchbruch verhelfen soll (vorn N 22), gerade verlorengeht. Derart unbillige, stossende Ergebnisse als Folge der Erstreckung können beim Verzicht des Vermieters auf ein Mansardenzimmer, Parkplätze usw. ernsthaft kaum vorliegen (a.A. aber z.B. LACHAT/STOLL, S. 374, SVIT-Kommentar I, N 13 zu Art. 272c).

Ob im konkreten Einzelfall vertragserhebliche *veränderte Verhältnisse* vorliegen, die eine Anpassung des Vertrages nahelegen bzw. rechtfertigen, ist *anhand verschiedener Gesichtspunkte zu beurteilen*, die sich im wesentlichen aus dem Antrag (nachstehend N 40 ff.) der Partei ergeben müssen, die die Vertragsanpassung verlangt. 38

Zu berücksichtigen ist – je nachdem – *das bisherige* (gelebte) *Vertragsregime* in seiner Gesamtheit, wozu auch der einst von den Parteien *angestrebte Vertragszweck* gehört (etwa bei Staffelzins- oder Indexierungsvereinbarungen). Ferner ist die bisherige Mietzinsgestaltung, bzw. sind die bisherigen Mietzinsanpassungen massgebend (vgl. BJM 1987, S. 146 ff., ZMP 3/93 Nr. 31 und Nr. 32 [eine nichtige Mietzinserhöhung i.S.v. Art. 269d Abs. 2 lit. c kann nicht nachträglich über die Anpassungsmöglichkeiten des Art. 272c durchgesetzt werden]). Mit zu berücksichtigen ist endlich stets, dass für den Vermieter im Entscheidfall eine Erstrekkung eine unfreiwillige Vertragsbindung herstellt, weshalb ihm Verzichte auf gemäss Art. 269–269d Zulässiges vernünftig gesehen nicht zugemutet werden können. 39

c) Eine Vertragsanpassung darf die Entscheidinstanz nicht von sich aus vornehmen, sondern nur auf den **Antrag einer Partei** hin (so schon zum alten Recht BGE 102 II 12, BJM 1987, S. 146 ff.). Bei diesem Antrag handelt es sich um ein Rechtsbegehren i.S. des Prozessrechts, das Ausfluss der Parteiautonomie ist. *Die Entscheidinstanz* hat daher die Dispositionsmaxime zu beachten und *darf den Vertrag*, ist der Antrag ausgewiesen, *nicht weiter oder anders anpassen, als es die Partei beantragt hat* (vgl. allgemein dazu VOGEL, S. 157). Die Untersuchungsmaxime des Art. 274d Abs. 3 steht dem nicht entgegen (allgemein dazu wiederum VOGEL, S. 163). 40

Der Antrag kann *selbständig* erhoben werden oder nur *einredeweise*, zur Abwehr des Antrages der Gegenpartei, der dann den Hauptantrag stellt (im zweiten Fall fällt der nur zur «Abwehr» gestellte [einredeweise erhobene] Antrag mit dem Rückzug des Hauptantrages dahin). 41

Der Antrag kann *sowohl im Schlichtungsverfahren als auch erst im nachfolgenden Gerichtsverfahren gestellt werden*. Letzteres ergibt sich daraus, dass mit der Anrufung des Richters ein Entscheid der Schlichtungsbehörde dahingefallen und die Streitsache richterlich überhaupt noch nicht behandelt ist (vgl. dazu die Ausführungen zu Art. 273 und Art. 274 f.; die altrechtliche Praxis gemäss BGE 102 II 12 ist im Lichte dieser neuen Gegebenheiten zu betrachten). Das kantonale Prozessrecht kann jedoch den letztmöglichen Zeitpunkt bestimmen, bis zu dem ein Antrag im Gerichtsverfahren noch vorgebracht werden kann (vgl. dazu die Ausführungen zu Art. 274d). Wird der Antrag erst danach gestellt, so ist er abzuweisen (vgl. SCHMID, N 26 zu aArt. 267a). 42

Zum Entscheid über den Antrag ist namentlich auch die Schlichtungsbehörde nicht nur befugt, sondern verpflichtet, was Art. 273 Abs. 4 durch die Wendung «über die Ansprüche der Parteien» zum Ausdruck zu bringen versucht. Mit Blick auf den Umfang der Entscheidkompetenz der Schlichtungsbehörde in den übrigen Fällen, in denen sie angerufen werden 43 kann, sowie mit Blick auf den Summarcharakter des Schlichtungsverfahrens kann man das durchaus als kurios bzw. ungereimt betrachten (so MENGE, S. 157).

44 Der Umfang der Behandlung des Antrages durch die Entscheidinstanz ist im übrigen nicht beschränkt. Bei Mietzinsanpassungen hat die Behandlung des Antrages – gestützt auf die Antragsbegründung, die die Mietzinserhöhungsbegründung i.S.v. Art. 269d Abs. 1 bzw. das Herabsetzungsbegehren i.S.v. Art. 270a Abs. 2 ersetzt – den zur Mietzinsüberprüfung entwickelten bzw. vorgegeben Methoden (sog. «relative» oder «absolute», je nach der Antragsbegründung) zu folgen. Sie muss dabei u.U. auch die Rechtmässigkeit des zuletzt verlangten Mietzinses erfassen (so schon BJM 1987, S. 146 ff.).

## III. Wirkungen des Erstreckungsentscheides

45 Die Vertragsanpassung im Erstreckungsentscheid gestaltet das Mietverhältnis (als Teil eines Gestaltungsurteils; vgl. vorn N 11) für die Dauer der Erstreckung *unmittelbar und direkt* (vgl. allgemein GULDENER, S. 211 f.). Es bedarf für das Eintreten der Wirkungen der Vertragsanpassung m.a.W. keines weiteren Zutuns der Parteien (auch keiner Anzeige mittels eines Formulars). Die Parteien sind unmittelbar an den durch den Entscheid geänderten Vertragsinhalt gebunden, und zwar so, wie wenn sie ihn selbst vereinbart hätten (es bildet daher der Erstreckungsentscheid, der Mietzinsanpassungen enthält, anstelle eines Vertrages einen Rechtsöffnungstitel; analoges gilt für Erstreckungsvereinbarungen, die Bestandteil des Entscheides wurden; vgl. auch MRA 3/96, S. 138 ff. [Entscheid des OGer Zürich vom 21. Juni 1994], mit zutreffender Kritik auf S. 141).

46 Die Wirkungen des Entscheides treten ein, wenn er in Rechtskraft erwachsen ist. Wann das genau der Fall ist, bestimmt das massgebende kantonale Prozessrecht (vgl. VOGEL, S. 212 f.). Implizit bundesrechtlich durch Art. 272c vorgegeben ist jedoch, dass die Vertragsanpassung (u.U. «rückwirkend») als Teil des Erstreckungsentscheids auf den Tag des Erstreckungsbeginns bezogen ist, ausser der Entscheid sehe selbst Abweichendes (auf einen späteren Zeitpunkt) vor.

# C. Vertragsanpassungen ohne Entscheid i.S. der Norm

Den Parteien ist es unbenommen, im Rahmen der Erstreckungsvereinbarung Vertragsanpassungen vorzunehmen, die über das hinausgehen, was im Entscheidfall oder bloss einseitig im Rahmen der Möglichkeiten von Art. 272c Abs. 2, 2. Satz, möglich bzw. zulässig wäre (vgl. N 70 ff. zu Art. 272b, vorn N 26; ähnlich BGer, in: mp 3/95, S. 145 ff.). 47

Ist davon auch der Mietzins betroffen, ist die Formvorschrift des Art. 269d nicht zu beachten (zutreffend BGer, in: mp 3/95, S. 148; ähnlich bereits BGer, in: ZMP 2/92 Nr. 24 [S. 37]; a.A. z.B. LACHAT/STOLL, S. 374 [ohne nähere Begründung]). Ebensowenig ist die Beachtung der Form gemäss Art. 270 Abs. 2 notwendig, weil es nicht um den Abschluss eines neuen Vertragsverhältnisses geht. Zudem hat es der Mieter in der Hand, die Vereinbarung im Rahmen eines Verfahrens abzuschliessen, was zu einem Sachentscheid i.w.S. führt (vgl. vorn N 12 und N 15). 48

Dort, wo die Parteien den Vertrag in der Vereinbarung nicht angepasst haben, gilt aufgrund von Art. 272c Abs. 2, 1. Satz, weiterhin das bisherige Vertragsregime (vgl. vorn N 17 ff.). 49

# Art. 272d

V. Kündigung während der Erstreckung

**Legt der Erstreckungsentscheid oder die Erstreckungsvereinbarung nichts anderes fest, so kann der Mieter das Mietverhältnis wie folgt kündigen:**

**a. bei Erstreckung bis zu einem Jahr mit einer einmonatigen Frist auf Ende eines Monats;**

**b. bei Erstreckung von mehr als einem Jahr mit einer dreimonatigen Frist auf einen gesetzlichen Termin.**

V. Congé donné pendant la prolongation

**A défaut d'un jugement ou d'un accord contraires, le locataire peut résilier le bail:**

**a. En observant un délai de congé d'un mois pour la fin d'un mois lorsque la prolongation ne dépasse pas une année;**

**b. En observant un délai de congé de trois mois pour un terme légal lorsque la prolongation dépasse une année.**

V. Disdetta durante la protrazione

**Se la decisione di protrazione o le parti non dispongono altrimenti, il conduttore può dare la disdetta:**

**a. con preavviso di un mese per la fine di un mese, se la protrazione non è superiore a un anno;**

**b. con preavviso di tre mesi per una scadenza legale, se la protrazione è superiore a un anno.**

| | | |
|---|---|---|
| 1 | Materialien | Art. 272d des Entwurfes vom 27. März 1985; Amtl.Bull., SR, 1988, S. 178, NR, 1989, S. 540 |
| | Ausländisches Recht | Siehe N 1 zu Art. 272 |

2 **Literatur:** Siehe allgemeines Literaturverzeichnis sowie N 1 der Vorbem. zu den Art. 271–273c.

## Inhaltsverzeichnis

# I. Geltungsbereich, Gegenstand, Zweck und Charakter der Bestimmung

1. Der **Geltungsbereich der Bestimmung** entspricht dem, der grundsätzlich für alle Normen des Dritten Abschnittes des Achten Titels vorgesehen ist (vgl. dazu N 19 ff. Vorbem. zu Art. 271–273c, N 3–5 zu Art. 271, N 3–5 zu Art. 272), in dem auch sie enthalten ist. 3

2. Die Erstreckung begründet von Gesetzes wegen ein bloss vom Mieter ordentlicherweise kündbares befristetes Vertragsverhältnis, und zwar ein solches mit durch Entscheid oder Vereinbarung festgelegter Höchstdauer (vgl. dazu N 40 bzw. N 47 zu Art. 255; vgl. TERCIER, S. 264, Rz. 2156, ZIHLMANN, Basler Kommentar, N 1 zu Art. 272d). **Gegenstand der Bestimmung** sind die *ordentlichen Kündigungen des Mieters* während der Erstreckung des Mietverhältnisses. *Nicht Gegenstand der Norm sind* Vermieterkündigungen (dazu nachstehend N 42 ff.) und ausserordentliche Kündigungen des Mieters (dazu nachfolgend N 46 ff.). 4

Die Erstreckung des Mietverhältnisses dient der Abwendung von Härten, die beim Mieter durch die Vertragsbeendigung eintreten können (vgl. N 19, N 82 ff. zu Art. 272). Sie soll dem Mieter m.a.W. helfen, innert nützlicher Frist ein Ersatzobjekt zu finden und nicht ohne Wohn- oder Geschäftsraum dazustehen (vgl. N 19, N 82 f. zu Art. 272). Aus diesem Zusammenhang folgt 5 der **Zweck der Bestimmung:** Es soll durch grundsätzlich kurze ordentliche Kündigungsfristen und zahlreiche Kündigungstermine dem Mieter *die Übernahme des Ersatzobjektes erleichtert werden,* ohne dass er noch lange an das erstreckte Mietverhältnis und die sich daraus ergebenden Verpflichtungen namentlich zur Mietzinszahlung gebunden ist (vgl. Botsch., S. 1464; ähnlich, statt vieler: SVIT-Kommentar I, N 1 zu Art. 272d). Vermieden werden sollen also starre und damit u.U. für den Mieter kostspielige Bindungen an das erstreckte Mietverhältnis zugunsten einer *Flexibilität* versprechenden Lösung (vgl. auch MENGE, S. 163), die die Suche des Mieters nach Ersatz nicht zuletzt auch in «psychologischer» Hinsicht fördern soll (wer bezahlt schon gern an zwei Orten zugleich Mietzins; ähnlich GIGER, S. 138).

6 Die durch die Regelung angestrebte höhere Flexibilität des Mieters bei der Ersatzsuche *fördert überdies die Vermieterinteressen nach einer raschen, freien Verfügbarkeit der Mietsache.* Darin liegt ein weiterer Zweck der Norm (ähnlich, wiederum statt vieler: SVIT-Kommentar I, N 1 zu Art. 272d).

7 3. Der **Charakter der Bestimmung** wird von RONCORONI (in: mp 2/90, S. 85) generalisierend als absolut zwingend klassifiziert. Das ist mit dem Wortlaut der Norm schlicht unvereinbar. Eine nähere Betrachtung zeigt denn auch einen *ambivalenten Charakter* der Norm.

8 Die Norm verschafft (nur) dem Mieter das Recht zur Kündigung des erstreckten (befristeten) Mietverhältnisses vor dem Beendigungstag. Sie räumt ihm demnach ein Recht ein, auf das er gemäss Art. 273c nicht im voraus verzichten kann (so z.B. ZIHLMANN, Basler Kommentar, N 2 zu Art. 272d), was heissen soll, bevor sein Erstreckungsanspruch entstanden ist (vgl. dazu N 21 ff. zu Art. 272, N 81 f., N 83 f. zu Art. 272b). Hinsichtlich dieses *Vorausverzichts* kommt der Norm daher durchaus absolut *zwingender Charakter* zu (gl. z.B. SVIT-Kommentar I, N 4 zu Art. 272d).

9 *Mit der Entstehung des Erstreckungsanspruchs hingegen* stellt die Norm die Ausgestaltung der Kündigungsfristen und Termine für das erstreckte Mietverhältnis in das Belieben der Parteien bzw. in das pflichtgemässe Ermessen der Entscheidinstanz (Schlichtungsbehörde, Richter): Die von ihr getroffene Regelung kommt nur dann zum Zug, wenn nichts anderes von den Parteien vereinbart ist oder im Erstreckungsentscheid bestimmt wird (ähnlich RONCORONI, in: mp 2/90, S. 86). Die Norm besitzt demnach hier die Stellung ergänzenden Gesetzesrechts (GIGER, S. 138, spricht von einer subsidiären Regelung); sie besitzt also insoweit bloss *dispositiven Charakter* (verwirrend GIGER, S. 139, der die Norm als zwingende Regel mit Gestaltungsfreiraum betrachtet).

10 *Der Mieter* kann demnach im Rahmen einer Vereinbarung auf sein ordentliches Kündigungsrecht während der Erstreckungsdauer verzichten; er kann ebenso *mit dem Vermieter*

andere, längere oder kürzere, Kündigungsfristen und andere (mehr oder weniger als gesetzlich vorgesehene) Termine *vereinbaren* (vgl. dazu N 70 ff. zu Art. 272b; statt vieler: ZIHLMANN, Basler Kommentar, N 2 zu Art. 272d).

*Die Entscheidinstanz* hinwieder kann im Rahmen des Billigkeitsentscheides i.S.v. Art. 272 Abs. 1 (vgl. dazu N 120 ff. zu Art. 272) eine vom Gesetz abweichende Regelung treffen, die den Interessenlagen *beider* Parteien mehr Rechnung trägt als die von Art. 272d vorgezeichnete Lösung (beispielhaft ZMP 3/92 Nr. 32). Der Spielraum der Entscheidinstanz ist dabei grundsätzlich gleich gross wie der der Parteien (gl.M. wohl auch WEBER/ZIHLMANN, Basler Kommentar, N 2 zu Art. 272d). Immerhin stellt *Art. 272d positives Recht* dar, welches die Entscheidinstanz im Rahmen ihres Entscheides zu berücksichtigen hat (vgl. dazu N 121, N 123 zu Art. 272). Von ihm kann die Entscheidinstanz gemäss den prozessualen Grundsätzen der *Dispositionsmaxime* (vgl. VOGEL, S. 157) daher m.E. nur dann abweichen, wenn *eine der Parteien wenigstens sinngemäss einen entsprechenden Antrag gestellt hat* (es genügt dazu der blosse Ausdruck des Wunsches nach einer von der gesetzlichen Regel abweichenden Regelung; offen gelassen, ob die Entscheidinstanz auch ohne Antrag entsprechende Anpassungen vornehmen kann, in Botsch., S. 1464; unklar, ob ein Antrag zumindest erforderlich ist, bei SVIT-Kommentar I, N 7 zu Art. 272d, und bei GIGER, S. 140; im Fall von ZMP 3/92 Nr. 32 lag gemäss den unveröff. Erwägungen ein Antrag vor). Denn die Offizialmaxime gemäss Art. 274e Abs. 3 gilt in dieser Frage nicht. Unzulässig wäre es deshalb, wenn die Entscheidinstanz von sich aus, gewissermassen über den Willen beider Parteien hinweg, eine vom Gesetz abweichende Regelung treffen würde (offen gelassen bei WEBER/ZIHLMANN, Basler Kommentar, N 2 zu Art. 272d; unklar, ob a.A., bei SVIT-Kommentar I, N 7 zu Art. 272d). 11

## II. Die Kündigungsregelung des Gesetzes für das erstreckte Mietverhältnis

### 1. Allgemeines

Art. 272d kommt nur dann zur Anwendung, wenn keine gültig zustande gekommene Erstreckungsvereinbarung (vgl. dazu vorn N 9 und N 64 ff., N 81 ff. zu Art. 272b) und/oder kein Erstreckungsentscheid von ihm Abweichendes bestimmen (vorn N 9, N 11). 12

Seine Regelung erfasst *zwei* verschiedene *Sachverhalte*, die zu unterschiedlichen Fristen und Terminen führen. *Unterscheidungskriterium* in sachverhaltsmässiger Hinsicht ist die in einer Vereinbarung oder im Erstreckungsentscheid *festgelegte Höchstdauer* (vgl. vorn N 4) *der Erstrekkung im konkreten Einzelfall.* Unterschieden wird von der Norm zwischen einer festgesetzten Höchstdauer von längstens einem Jahr (Art. 272d lit. a; dazu nachstehend N 17 ff.) und einer festgesetzten Höchstdauer von mehr als einem Jahr (Art. 272d lit. b; dazu nachstehend N 33 ff.). 13

14 *Unmassgebend* ist somit für die Anwendung von Art. 272d die *effektive Dauer der Erstreckung im Zeitpunkt der Mieterkündigung.* Da die Norm in sachverhaltsmässiger Hinsicht keine weiteren Differenzierungen vornimmt, gilt die von ihr vorgenommene Zweiteilung zudem unabhängig davon, ob es sich bei der vereinbarten oder entscheidweise festgelegten Erstreckung um eine *Erst- oder um eine Zweiterstreckung* handelt. Ergänzend ist zu den Erstreckungsvereinbarungen noch folgendes festzuhalten:

15 – Erstreckungsvereinbarungen, die *vor der Entstehung des Erstreckungsanspruchs abgeschlossen* wurden, sind grundsätzlich nichtig (Art. 273c Abs. 2) und begründen eine Fortsetzung des Mietverhältnisses (vgl. N 61 f. zu Art. 272b). Art. 272d kann hier gar nie zur Anwendung gelangen.

16 – Erstreckungsvereinbarungen, die *nach dem Untergang des Erstreckungsanspruchs abgeschlossen wurden* («freiwillige» oder «Quasi-Erstreckungen»; vgl. N 63 und N 82 f. zu Art. 272b), binden zwar die Parteien, begründen jedoch keine Erstreckungsvereinbarung i.S.v. Art. 272b bzw. Art. 272d, 1. Satz (vgl. N 34, N 63 zu Art. 272b). Art. 272d kann daher bei solchen Vereinbarungen, haben sie die Frage der Kündigungsberechtigung des Mieters für die Dauer der freiwilligen Erstreckung nicht geregelt, nur analog zur Anwendung kommen. Die analoge Anwendung setzt allerdings voraus, dass das Unterlassen der Regelung zur Kündigung eine echte Vertragslücke bildet und nicht gerade Ausdruck eines Willens der Parteien ist, keine Kündigungsmöglichkeit vorzusehen. Was im konkreten Fall zutrifft, ist u.U. durch die Ermittlung des entsprechenden Parteiwillens und durch Vertragsauslegung zu ermitteln. Der ermittelte Parteiwille bildet dabei eine Schranke für jede andere Auslegung (vgl. JÄGGI/GAUCH, N 297–317 zu Art. 18).

## 2. Termin und Frist bei höchstens einjähriger Erstreckung (lit. a)

17 Im Gegensatz zum Tatbestand des lit. b räumt die Norm in lit. a dem Mieter äusserst kurzfristige Kündigungsmöglichkeiten ein (vgl. N 21, N 22). Damit kann dem Zweck der Erstreckung und den Interessen der Parteien im Regelfall am besten gedient werden. Diese Interessen sind bei kurz festgesetzten Erstreckungsdauern mieterseits stets in möglichst flexible Vertragsauflösungsmöglichkeiten zu sehen, da diese sich mit Blick auf die rasch anzustrebende Ersatzlösung kosteneinsparend auswirken (vgl. vorn N 5); vermieterseits steht im Vordergrund die raschestmögliche ungehinderte Verfügung über die Mietsache (vgl. vorn N 6).

18 Als *«kurze Erstreckung» definiert das Gesetz* über Art. 272d lit. a *indirekt* alle Erstreckungen, die nicht länger als ein Jahr dauern. Es gibt damit den Entscheidinstanzen zugleich einen Hinweis für die Bestimmung der Erstreckungsart und -dauer im Rahmen der Ermessensausübung beim Billigkeitsentscheid i.S.v. Art. 272 Abs. 1 (vgl. dazu N 121 ff. zu Art. 272).

19 Die *Berechnung der Jahresfrist* gemäss Art. 272d lit. a richtet sich nach Art. 77 Abs. 1 Ziff. 3 i.V.m. Art. 77 Abs. 3. Die Frist beginnt mit dem Tag,

der dem Tag folgt, auf den die ordentliche Vertragsbeendigung vorgesehen war (Kündigungstermin, letzter Tag des befristeten Mietverhältnisses).

Die Regelung von Art. 272d lit. a stellt dem Mieter als ordentliche Möglichkeit der Auflösung des erstreckten Mietverhältnisses *befristete, terminierte Kündigungen zu Verfügung* (vgl. dazu N 126 Vorbem. zu Art. 266–266o). Deren Beurteilung richtet sich nach den allgemeinen, für alle befristeten terminierten Kündigungen geltenden Grundsätzen, weshalb hier vorab darauf verwiesen werden kann (vgl. N 123 f., N 126 f. Vorbem. zu Art. 266–260o). Zwischen Wohn- und Geschäftsraummiete wird hier sodann nicht unterschieden. Die gesetzlichen Fristen und Termine des Art. 272d lit. a gelten für alle gleichermassen (gl.M. z.B. SVIT-Kommentar I, N 6 zu Art. 272d, GIGER, S. 139). 20

a) Als **Termin** bestimmt Art. 272d lit. a das Ende eines jeden Monats, d.h., den letzten Tag eines jeden Kalendermonats (vgl. Art. 76 Abs. 1). 21

b) Die gesetzliche **Frist** zur Kündigung wird auf einen Monat festgesetzt. Die *Monatsfrist berechnet* sich nach den allgemeinen Grundsätzen der Art. 76 ff. (vgl. dazu ausführlich N 10 f. zu Art. 266c). *Die Kündigungsfrist ist gewahrt,* wenn die Kündigung spätestens am Kündigungstag ausgesprochen wird *und* dem Vermieter zugegangen ist. (Selbstredend ist auch bei ordentlichen Mieterkündigungen i.S.v. Art. 272d lit. a die Kündigung vor dem Kündigungstag [z.B. einige Tage, einige Wochen oder gar mehr als einen Monat vor dem Kündigungstag] möglich und zulässig [vgl. N 128 Vorbem. zu Art. 266–266o]). 22

*Kündigungstag* ist der letzte (Geschäfts-)Tag (vgl. Art. 79) des Monats, der dem Monat vorangeht, auf dessen Ende der Kündigungstermin fällt (z.B.: beim Kündigungstermin Ende Februar, der auf den 28. oder 29. fällt, ist der Kündigungstag der 31. Januar, sofern dieser nicht auf einen Sonn- oder Feiertag fällt; ist letzteres der Fall, fällt der Kündigungstag auf den 30. Januar [vgl. N 11 zu Art. 266c, mit Verweisen]). 23

*Verspätete Kündigungen* können gemäss der Regel des Art. 266a Abs. 2 Wirkung erst auf den nächstmöglichen Termin entfalten (vgl. dazu N 45, N 47 zu Art. 266a). Verspätet sind Kündigungen, die erst nach dem Kündigungstag in den Zugriffsbereich des Vermieters gelangen (vgl. N 38 ff. Vorbem. zu Art. 266–266o). 24

Eine *Kündigung i.S.v. Art. 272d lit. a ist dann nicht notwendig,* wenn der Kündigungstermin mit dem Tag zusammenfällt, an dem auch die Erstreckung ausläuft und das Mietverhältnis ohnedies de lege beendet ist. Das gilt auch bei verspäteten Kündigungen, bei denen der nächstmögliche Kündigungstermin (Art. 266a Abs. 2) mit dem Beendigungstag zusammenfällt. 25

Alle diese Kündigungen sind lediglich als Mitteilung des Mieters darüber aufzufassen, dass er auf eine über den Beendigungstag hinausgehende Benützung des Objektes verzichten wird (und damit ebenfalls auf eine Zweiterstreckung).

26 Hat der Mieter vor der Kündigung bereits um Zweiterstreckung ersucht, so wird das Zweiterstreckungsverfahren gegenstandslos (vgl. überdies N 29 ff.).

27 Das erstreckte Mietverhältnis ist durch eine Höchstdauer befristet (vgl. vorn N 4). «Ausgeschlossen» ist daher eine *Kündigung, die einen Kündigungstermin bezeichnet, der auf einen Zeitpunkt fällt, der nach dem Tag liegt, mit dem das erstreckte Mietverhältnis beendet ist* (nicht damit befasst: SVIT-Kommentar I, N 6–8 zu Art. 272d, GIGER, S. 138 ff., usw.). Eine solche Kündigung entfaltet einsichtigerweise keine Wirkung auf diesen späteren Zeitpunkt; das erstreckte Mietverhältnis endet grundsätzlich de lege mit dem letzten Tag der Erstreckungsdauer (vorn N 25).

28 Eine Kündigung gemäss N 27 kann *lediglich als Antrag des Mieters an den Vermieter* verstanden werden, ihm («freiwillig») eine weitere (ev. zweite) Erstreckung zu gewähren. Der Anspruch auf eine weitere Erstreckung ist hinwieder im Rahmen von Art. 273 Abs. 3 bei der Schlichtungsbehörde geltend zu machen. Aus einem blossen Schweigen des Vermieters auf den Antrag des Mieters kann angesichts dieser klaren gesetzlichen Regelung deshalb nie dessen stillschweigende Zustimmung zu einer weiteren Erstreckung hergeleitet werden. Ebensowenig besteht eine Verpflichtung des Vermieters – etwa gemäss Treu und Glauben –, einen derartigen Antrag an die Schlichtungsbehörde weiterzuleiten (gl.M. [sinngemäss] z.B. unveröff. Urteil des Mietgerichtes Zürich vom 18. Oktober 1990 i.S. R. ca. S. [in Zusammenhang mit übergangsrechtlichen Problemen] und unveröff. Beschluss des OGer Zürich vom 8. Mai 1991, i.S. S. ca. R.). Eine andere Auffassung vertreten hiesse, vom Vermieter eine Wahrung von Interessen des Mieters zu verlangen, die u.U. seinen Interessen widerspricht.

29 Hat ein Mieter bei der Schlichtungsbehörde *um Zweiterstreckung ersucht* und kündigt er in der Folge gemäss Art. 272d lit. a *auf einen Termin, der nach dem Ende der* (behaupteten) *Ersterstreckung* liegt, so ist wie folgt zu differenzieren:

30 – Ist das bisher erstreckte Mietverhältnis *bereits letztmals erstreckt* worden (aufgrund einer einmaligen [endgültigen] Erstreckung oder aufgrund einer zweiten und damit ebenfalls endgültigen Erstreckung), so entfaltet die Kündigung keine Wirkung (vorn N 27).

31 – Ist das *Zweiterstreckungsverfahren bereits positiv entschieden, so wird das zum zweiten Mal erstreckte Mietverhältnis gekündigt.* Massgebend hat daher für die Beurteilung der Frage nach den anwendbaren Bestimmungen zu den Kündigungsterminen und -fristen die festgesetzte Zweiterstreckungsdauer zu sein (vgl. vorn N 13 f.). Entweder beurteilt sich die Kündigung dann also im Lichte von Art. 272d lit. a (bei höchstens einjähriger Zweiterstreckung) oder im Lichte von dessen lit. b (bei mehr als einjähriger Zweiterstreckung). Im zweiten Fall ist eine Kündigung, die Fristen und Termine des Art. 272d lit. a beachtet hat, gestützt auf die Auslegungsregel des Art. 266a Abs. 2 mit Blick auf Art. 272d lit. b auszulegen, und es ist der nächstmögliche Termin nach dieser Norm zu bestimmen. Ist das *Zweiterstreckungsverfahren* für den Mieter *negativ* ausgegangen, gilt das in N 27 bzw. N 30 Festgehaltene.

32 – *Ist das Zweiterstreckungsverfahren noch nicht entschieden*, steht weder fest, ob eine Zweiterstreckung überhaupt gewährt wird, noch steht fest, welche der Kündigungsbestimmungen überhaupt zum Zuge käme. Die Kündigung kann folglich nicht im Lichte der gesetzlichen Bestimmungen (Art. 272d, Art. 266a Abs. 2) ausgelegt werden, da zu guter Letzt auch noch

die Frage offen ist, ob dem Mieter überhaupt die ordentliche Berechtigung zur Kündigung des (zweit)erstreckten Mietverhältnisses zukommt. Eine Kündigung, die damit auf einer letztlich bedingten (im Fall der Zweiterstreckung) Kündigungsberechtigung beruht (wobei die Bedingung noch nicht eingetreten ist), kann deshalb keine Wirkung entfalten. Sie kann jedoch als Antrag zur Zweiterstreckung verstanden werden. Wird sie vom Vermieter akzeptiert (blosses Schweigen genügt hier wohl ebenfalls nicht; vgl. vorn N 28), so liegt eine Erstreckungsvereinbarung vor (zur Erstreckungsvereinbarung vgl. N 50 ff. zu Art. 272b).

### 3. Termine und Frist bei überjähriger Erstreckung (lit. b)

Art. 272d lit. b befasst sich mit erstreckten Mietverhältnissen, deren festgesetzte (vorn N 4) Erstreckungsdauer *mehr als ein Jahr beträgt* (zur Berechnung vgl. vorn N 19), also mindestens ein Jahr und ein zusätzlicher Tag (z.B.: ordentlicher Beendigungstag des Mietverhältnisses war der 15. Juni 1995; wird das Mietverhältnis bis zum 15. Juni 1996 erstreckt, liegt ein von Art. 272d lit. a erfasster Sachverhalt vor; wird das Mietverhältnis bis zum 16. Juni 1996 erstreckt, wird Art. 272d lit. b anwendbar). 33

Wie lit. a von Art. 272d (vgl. vorn N 20) stellt die Norm dem Mieter wiederum *befristete, terminierte ordentliche Kündigungsmöglichkeiten* zur Verfügung. Im Vergleich mit der Regelung von lit. a unterscheidet sich diejenige von lit. b jedoch durch längere Fristen und weniger kurzfristige Terminbestimmungen. Der Grund hierfür liegt darin, dass bei längerdauernden Erstreckungen ein erhebliches Interesse des Vermieters an einer raschestmöglichen freien Verfügbarkeit des Mietobjekts (vorn N 17) nur noch selten besteht bzw. bestehen kann; in den Vordergrund rücken für den Vermieter vielmehr eine gewisse Planbarkeit und damit Vorhersehbarkeit der Verhältnisse. In den Augen des Gesetzgebers hat das eine Annäherung an die Regeln zur ordentlichen Kündigung unbefristeter Mietverhältnisse notwendig gemacht (vgl. ferner z.B. SVIT-Kommentar I, N 7 zu Art. 272d). Die Interessenlage des Mieters bleibt demgegenüber grundsätzlich gleich wie bei den kurzen Erstreckungen (vgl. vorn N 17), weshalb die Regeln zur ordentlichen Kündigung unbefristeter Mietverhältnisse nicht tel quel übernommen wurden. 34

a) Als massgebende **Termine** für die Kündigung nennt Art. 272d lit. b die «gesetzlichen» Termine. Verwiesen wird damit – in missverständlicher Weise – im wesentlichen auf die Termine gemäss den Art. 266c und Art. 266d. Missverständlich ist dieser Verweis vorab, weil auch Art. 272d lit. a einen gesetzlichen Termin bezeichnet, den lit. b allerdings einsichtigerweise nicht meint. Missverständlich ist der Verweis zudem, weil er bei einem Teil der Literatur zur (allerdings nicht näher begründeten) Auffassung geführt hat, es kämen nur ausgewählte Termine der Art. 266c f. zur Geltung, nicht aber 35 die ortsüblichen (vgl. GIGER, S. 139 f., MENGE, S. 163, ZIHLMANN II, S. 242 [dort auch Fn. 116]; offen gelassen bei GUHL/KOLLER/DRUEY, S. 413 f., LACHAT/STOLL, S. 373, WEBER/ZIHLMANN, Basler Kommentar, N 1 ff. zu Art. 272d). Die ortsüblichen Termine der Art. 266b ff. sind allerdings – wie nur schon der Wortlaut von Art. 266a Abs. 1 klarlegt – durchaus gesetzliche Termine (vgl. N 20 ff. zu Art. 266b, N 15 ff. zu Art. 266c, N 10 zu Art. 266d), weshalb schlicht unerfindlich bleiben muss, warum nicht auf sie abgestellt werden soll (Botsch., S. 1464, legt das ebenso wenig nahe wie die Beratung im Parlament [vgl. Amtl.Bull. SR vom 8. Juni 1988, NR vom 16. März 1989, S. 540]).

36 Der Hinweis auf die «gesetzlichen» Kündigungstermine erfordert daher – anders als im Fall von lit. a des Art. 266d – auch eine Unterscheidung nach der Mietart (Wohn- oder Geschäftsraum bzw. möbliertes Einzelzimmer [wiewohl Erstreckungen über solche Zimmer in der Praxis zu Recht kaum je mehr als ein Jahr dauern dürften]; mit möblierten Zimmern befassen sich im übrigen weder GIGER, S. 139 f., noch MENGE, S. 163, noch LACHAT/STOLL, S. 373, usw.). Liegt eine Wohnraummiete vor, so ist Art. 266c der gesetzliche Termin zu entnehmen, bei der Geschäftsraummiete Art. 266d, beim möblierten Zimmer Art. 266e (a.A. bezüglich möblierter Zimmer offenbar GIGER, a.a.O., MENGE, a.a.O., SVIT-Kommentar I, N 6 ff. zu Art. 272d).

37 Da mit Art. 272d der Grundsatz der unveränderten Weitergeltung des bisherigen Mietverhältnisses für die Erstreckungsdauer von Gesetzes wegen durchbrochen ist (vgl. N 23 zu Art. 272c), kommen als *«gesetzliche» Termine* nur diejenigen in Frage, *welche die Art. 266c ff. als dispositives Recht zur Verfügung stellen*, nicht aber die vertraglich vereinbarten Termine, denen die Art. 266c ff. bei unbefristeten Mietverhältnissen den Vorrang einräumen (vgl. Art. 266a Abs. 1).

38 Einzelheiten zur Bestimmung dieser gesetzlichen Termine, die in erster Linie auf die Ortsüblichkeit abstellen (vgl. vorn N 35), können für die Wohnraummiete den N 15 ff. zu Art. 266c entnommen werden, für die Geschäftsraummiete N 10 zu Art. 266d, für die Miete eines möblierten Zimmers N 58 zu Art. 266e (a.A. bezüglich des Begriffs der gesetzlichen Termine: GIGER, S. 139 f., MENGE, S. 163). Ergänzend ist anzufügen, dass die Berechnung der Mietdauer (vgl. dazu N 18 zu Art. 266c, N 10 zu Art. 266d, mit Verweis auf N 25 f. zu Art. 266b) im Fall der Terminbestimmung bei fehlendem ortsüblichem Termin nicht vom Mietantritt auszugehen hat; abzustellen ist vielmehr auf den Tag des Erstreckungsbeginns, weil mit diesem die Mietdauer des erstreckten Mietverhältnisses als Mietverhältnis eigener Art (vgl. N 20 zu Art. 272, N 85 Vorbem. zu Art. 271–273c) beginnt.

**b)** Die massgebende **Frist** zur Kündigung auf den «gesetzlichen» Termin (vorn N 35 ff.) bestimmt die Norm selbst. Es handelt sich um eine Dreimonatsfrist wie im Fall der (halbzwingenden) Frist des Art. 266c. Diese Frist gilt bei Art. 272d lit. b unterschiedslos für alle Mietarten. 39

Zur Fristberechnung und Fristwahrung kann auf die Ausführungen vorn in N 22 ff. sowie auf das in N 10 ff. zu Art. 266c vewiesen werden. 40

Zu Kündigungen, die auf das Ende der festgesetzten Erstreckungsdauer fallen oder gar erst Wirkung auf einen Zeitpunkt danach entfalten sollen, kann auf das vorn in N 25 ff. Dargelegte verwiesen werden, das auch hier uneingeschränkt zutrifft. 41

## III. Von der Norm nicht erfasste Kündigungsmöglichkeiten

### 1. Ausserordentliche Kündigungen des Vermieters

Unvereinbar mit dem Wesen der Erstreckung sind grundsätzlich ordentliche Kündigungen des Vermieters (vgl. N 76 zu Art. 272b; gl., statt vieler: GIGER, S. 143). Art. 272d regelt daher konsequent für die Dauer der Erstreckung nur die (ordentliche) Kündigungsberechtigung des Mieters und gestaltet damit indirekt das erstreckte Mietverhältnis für den Vermieter als unkündbar. 42

Der Grundsatz der Unkündbarkeit des erstreckten Mietverhältnisses für den Vermieter erleidet allerdings gewichtige Ausnahmen: *Der Vermieter ist berechtigt, das erstreckte Mietverhältnis dann zu kündigen, wenn in dessen Verlauf ein Sachverhalt eintritt, der eine Erstreckung an sich ausgeschlossen hätte* (vgl. Art. 272a). Denn unter diesen Voraussetzungen kann ihm als korrektem Partner nicht mehr zugemutet werden, eine Erstreckung noch zu dulden, die bereits im Zeitpunkt der Vertragsbeendigung bzw. des Ablaufs der Erstreckungsdauer nicht hätte gewährt werden können, hätte sich der Sachverhalt bereits damals verwirklicht (vgl. GIGER, S. 144, SVIT-Kommentar I, N 8 zu Art. 272d). Die *Erstreckungsausschlussgründe des Art. 272a* begründen daher zwangsläufig eine *ausserordentliche Kündigungsberechtigung* des Vermieters. 43

Diese ausserordentliche Kündigungsberechtigung ergibt sich allerdings *nicht aus allen von Art. 272a geregelten Ausschlussgründen*. Sie ist beschränkt auf die in Art. 272a Abs. 1 lit. a–c geregelten Fälle. Diese Ein- 44 schränkung versteht sich in Zusammenhang mit Art. 272a Abs. 1 lit. d von selbst. Bezüglich Art. 272a Abs. 2 folgt sie aus dem Umstand, dass die fragliche Norm keine ausserordentliche Kündigungsberechtigung umschreibt, sondern an einen Sachverhalt anknüpft, der sich u.U. erst nach der Kündigung verwirklicht und mit dieser direkt nichts zu tun hat.

45 Die ausserordentliche Kündigung gemäss den in *Art. 272a Abs. 1 lit. a–c aufgeführten Gründen* setzt bezüglich der Kündigungsberechtigung des Vermieters voraus, dass die in den *Art. 257d, Art. 257f Abse. 3 und 4 sowie Art. 266h* definierten Grundlagen der Kündigungsberechtigung erfüllt sind (vgl. z.B. ZMP 3/92 Nr. 29). Die Kündigung selbst (als Ausübung der Kündigungsberechtigung) folgt ebenfalls den Grundsätzen, die bei den Kündigungen gemäss Art. 257d, Art. 257f Abse. 3 und 4 sowie Art. 266h 2 im gewöhnlichen Mietverhältnis zu beachten sind (vgl. ZMP 3/92 Nr. 29). Es kann daher an dieser Stelle auf die Ausführungen zu den entsprechenden Bestimmungen verwiesen werden.

46 Ebenfalls zulässig ist die *Kündigung des Erwerbers i.S.v. Art. 261 Abs. 2* (vgl. dazu N 40 zu Art. 261–261a; gl.M. WEBER/ZIHLMANN, Basler Kommentar, N 2 zu Art. 272d, vgl. auch GUHL/KOLLER/DRUEY, S. 388 f.; offen gelassen bei ZIHLMANN II, S. 242; a.A. MENGE, S. 158 f., SVIT-Kommentar I, N 8 zu Art. 272d). Auch die ausserordentliche *Kündigung i.S.v. Art. 266g – aus wichtigem Grund* – wird gemeinhin während der Erstreckung als zulässig erachtet (vgl. GIGER, S. 145, GUT, a.a.O., S. 98, MENGE, S. 158 f., SVIT-Kommentar I, N 8 zu Art. 272d). Die Berechtigung, gestützt auf Art. 266g kündigen zu können, setzt eine Unzumutbarkeit der Fortsetzung des Mietverhältnisses für den Vermieter voraus (vgl. N 31 ff. zu Art. 266g), bei einem erstreckten Mietverhältnis mithin die Unzumutbarkeit der weiteren Erstreckung. Darüber wurde grundsätzlich allerdings bereits im Rahmen des Billigkeitsentscheides i.S.v. Art. 272 Abs. 1 (vgl. dazu N 107 ff. zu Art. 272) bzw. der Erstreckungsvereinbarung (vgl. dazu N 26 f., N 118 zu Art. 272, N 20 f., N 50 ff. zu Art. 272b) befunden. Ein zur Kündigung gemäss Art. 266g berechtigender Grund kann daher von vornherein nur dann vorliegen, wenn er nach dem Erstreckungsentscheid bzw. nach dem Abschluss der Vereinbarung eingetreten ist. Denn in diesem Fall ist er insbesondere von der Prognose, die zur Festlegung der Erstreckungsart und -dauer geführt hat (vgl. N 33 ff. zu Art. 272b), nicht erfasst worden. Dadurch wird das in der Praxis ohnehin schon eher kleine Anwendungsgebiet von Art. 266g nochmals erheblich geschmälert.

47 Eine *Kündigung i.S.v. Art. 266g* setzt den wichtigen Grund *und* die Unzumutbarkeit der Fortsetzung für den Vermieter als Kündigungsberechtigung voraus (vgl. N 11, N 29 ff., und N 54 zu Art. 266g). Fehlt es im kon-

kreten Fall wenigstens an einem dieser Elemente der Kündigungsberechtigung, so bleibt die Kündigung wirkungslos (N 67 zu Art. 266g), und es bleibt bei der bereits gewährten Erstreckung. Sind hingegen die Voraussetzungen der Kündigungsberechtigung gegeben, so ist die Kündigung grundsätzlich wirksam und anfechtbar i.S.v. Art. 271 Abs. 1. Sie schliesst jedoch eine Erstreckung nicht aus und führt daher in den Konsequenzen der Anfechtung (vgl. Art. 274e Abs. 3) zur *Überprüfung des Entscheides, der zur Erstreckung des Mietverhältnisses geführt hat,* im Lichte der erstellten Unzumutbarkeit der Fortsetzung (gewichtige Vermieterinteressen i.S.v. Art. 272 Abs. 1; vgl. N 63, N 114 zu Art. 272) und *im Rahmen der bislang festgelegten Erstreckung* (Erstreckungsart und -dauer; ähnlich GIGER, S. 145; MENGE, S. 158); dabei sind auch die vermögensrechtlichen Aspekte gemäss Art. 266g Abs. 2 als positives Recht die Billigkeitsüberlegungen (vgl. N 121 zu Art. 272) mit einzubeziehen. Die Kündigung gestützt auf Art. 266g führt somit weder zu einer neuen Erstreckung noch zu einer weiteren (z.B. zweiten oder gar dritten) Erstreckung, denn eine Erstreckung der Erstreckung kennt das Kündigungsschutzrecht nicht (vgl. N 27 ff. zu Art. 272b; bei einem erstmals auf zwei Jahre erstreckten Wohnraummietverhältnis kann daher z.B. im Gefolge einer Kündigung gemäss Art. 266g nach einem Jahr nicht eine zweite Erstreckung um drei Jahre gewährt werden; hingegen kann die Ersterstreckung in eine letztmalige umgewandelt oder um ein halbes Jahr gekürzt werden). Das Gesagte gilt cum grano salis auch bei der Kündigung nach Art. 261 Abs. 2.

### 2. Ausserordentliche Kündigungen des Mieters

Art. 272d regelt nur die ordentliche Kündigungsberechtigung des Mieters 48
für die Dauer der Erstreckung in dispositiver Gestalt. Sie schliesst damit einsichtigerweise ausserordentliche Kündigungen des Mieters ebensowenig a priori aus wie solche des Vermieters (gl., statt vieler: GIGER, S. 141). In Frage kommen – mit Blick auf den Schutzzweck der Erstreckung und die relativ kurzfristigen und zahlreichen ordentlichen Kündigungsmöglichkeiten des Mieters – vor allem Kündigungen in Zusammenhang mit Mängeln an der Mietsache (Art. 259b lit. a). Wie bei den Vermieterkündigungen setzen diese ausserordentlichen Kündigungen des Mieters, sollen sie wirksam sein, das Bestehen der entsprechenden ausserordentlichen Kündigungsberechtigung voraus (vgl. dazu N 31 ff. zu Art. 259b). Trifft das nicht zu, bleibt es beim erstreckten Mietverhältnis ebenso wie im Fall der erfolgreichen Anfechtung der Kündigung durch den Vermieter gestützt auf Art. 271 Abs. 1.

49 *Art. 266i* kann dann zum Zuge kommen, wenn die Erstreckungsvereinbarung bzw. der Erstreckungsentscheid oder die zwischen den Parteien geltende dispositive Regel von Art. 272d eine Vertragsauflösung erst auf einen Zeitpunkt hin erlauben, der nach dem gemäss Art. 266i geltenden zu liegen kommt (ähnlich GIGER, S. 141). Vorausgesetzt ist auch hier, dass die Kündigungsberechtigung der Erben im Lichte von Art. 266i gegeben ist. Trifft das nicht zu, bleibt es beim erstreckten Mietverhältnis ebenso wie im Fall der erfolgreichen Anfechtung der Kündigung durch den Vermieter gestützt auf Art. 271 Abs. 1.

50 Den wichtigen Grund gemäss Art. 266g kann der Mieter ebenso nur anrufen, wenn er nach dem Erstreckungsentscheid bzw. dem Abschluss der Erstreckungsvereinbarung eingetreten ist (vgl. vorn N 46). Denn dadurch wurde die Zumutbarkeit der Erstreckung für ihn ja bejaht.

Allfällige Verpflichtungen des Mieters zu «Doppelzahlungen» bei längerdauernden Erstreckungen, die Folge davon sind, dass der Mieter bereits einen Ersatz gefunden und dafür ebenfalls Mietzins zu bezahlen hat, bilden keinen wichtigen Grund (vgl. N 31 zu Art. 266g). Der Gesetzgeber hat diesen Fall in der dispositiven Regelung des Art. 272d bereits sinngemäss berücksichtigt; denn mit dieser Regelung hat er dem Mieter die Möglichkeit eingeräumt, mit dem Vermieter kürzere Fristen und günstigere Termine zu vereinbaren oder auf einen für ihn günstigeren Entscheid gemäss Art. 273 zu dringen. Wenn der Mieter weder das eine noch das andere getan hat, hat er die Folgen davon selbst zu tragen. Hat die Entscheidinstanz anders entschieden, hat sie konkret die Möglichkeit allfälliger Doppelzahlungen als nicht derart gewichtig bzw. unzumutbar erachtet.

51 Die Parteien können im Rahmen einer Erstreckungsvereinbarung weitere ausserordentliche Kündigungsberechtigungen des Mieters verabreden (vgl. N 70 zu Art. 272b).

## IV. Einzelfragen

52 1. Die **Kündigungsformalien** für die ordentliche *Kündigung des Mieters* gestützt auf Art. 272d haben den Anforderungen von Art. 266l Abs. 1 zu genügen (gl., statt vieler: GIGER, S. 141). Die letzterwähnte Norm ist zudem gleichermassen bei ausserordentlichen Kündigungen zu beachten. Haben die Parteien besondere Kündigungsmodalitäten verabredet, so sind auch sie einzuhalten (vgl. N 70 zu Art. 272b; vgl. ferner N 116 ff. Vorbem. zu Art. 266–266o).

53 Bei *Familienwohnungen* müssen beide Ehegatten kündigen, wenn sie gemeinsame Mieter (des erstreckten Mietverhältnisses) sind. Das ist stets dann

der Fall, wenn die Erstreckung auf einer Vereinbarung über die Erstrekkung des Mietverhältnisses der Familienwohnung beruht (vgl. Art. 273a Abs. 2; siehe ferner N 67 zu Art. 272b). Ist nur einer der Ehegatten Mieter (was im Fall des Erstreckungsentscheides zwanglos gleich möglich ist wie dann, wenn die Wohnung erst nach dem Abschluss der Erstreckungsvereinbarung Familienwohnung geworden ist), so bedarf der mietende Ehegatte der Zustimmung des anderen Ehegatten (vgl. Art. 266m; siehe dazu N 21 ff. zu Art. 266m–266n).

Der ausserordentlich *kündigende* Vermieter hat die für die entsprechende Kündigung vorausgesetzten Formalien (wie z.B. schriftliche Kündigungsandrohung; Art. 257d Abs. 1 und Art. 266n) sowie die Formvorschriften des Art. 266l (insbesondere Formular) und von Art. 266n zu beachten (gl. GIGER, S. 145). Für Einzelheiten kann auf die Ausführungen zu den entsprechenden Normen verwiesen werden. 54

Die zwingend gebotene Verwendung des Formular (vgl. Art. 266o) erweist sich bei solchen ausserordentlichen Kündigungen des Vermieters wohl kaum als glücklich, muss doch dieses Formular den Mieter darauf hinweisen, dass er auch die Erstreckung des Mietverhältnisses verlangen kann. Das trifft bei den ausserordentlichen Kündigungen i.S.v. Art. 257d, Art. 257f und Art. 266h nicht zu (vgl. Art. 272a Abs. 1). Bei den Kündigungen gemäss Art. 266g (und Art. 261 Abs. 2) kommt es zudem nicht zu neuen Erstreckungen, sondern letztlich nur zur Überprüfung der bereits gewährten Erstreckung im Lichte neuer Vermieterinteressen (vgl. vorn N 47 und ferner N 40 zu Art. 261–261a). 55

Zwangsläufig greift für den Mieter in allen diesen Fällen überdies kein zeitlicher Kündigungsschutz i.S.v. Art. 271a Abs. 1 lit. d oder lit. e. Abs. 3 dieser Norm steht dem gerade entgegen 56

2. Die rechtliche **Behandlung von** in Erstreckungsvereinbarungen **vereinbarten Kündigungsfristen und Kündigungsterminen** folgt den Grundsätzen, die für die von Art. 272d dispositiv gestellten Fristen und Termine gelten. 57

Bei Kündigungen, gestützt auf von Art. 272d abweichende vereinbarte Regelungen sind dieselben Formalien wie bei den Kündigungen gemäss Art. 272d zu beachten. Namentlich sind vereinbarte Kündigungsmodalitäten zu erfüllen. 58

# Art. 273

C. Verfahren: Behörden und Fristen

[1] Will eine Partei die Kündigung anfechten, so muss sie das Begehren innert 30 Tagen nach Empfang der Kündigung der Schlichtungsbehörde einreichen.

[2] Will der Mieter eine Erstreckung des Mietverhältnisses verlangen, so muss er das Begehren der Schlichtungsbehörde einreichen:

a. bei einem unbefristeten Mietverhältnis innert 30 Tagen nach Empfang der Kündigung;

b. bei einem befristeten Mietverhältnis spätestens 60 Tage vor Ablauf der Vertragsdauer.

[3] Das Begehren um eine zweite Erstreckung muss der Mieter der Schlichtungsbehörde spätestens 60 Tage vor Ablauf der ersten einreichen.

[4] Die Schlichtungsbehörde versucht, eine Einigung zwischen den Parteien herbeizuführen. Kommt keine Einigung zustande, so fällt sie einen Entscheid über die Ansprüche der Vertragsparteien.

[5] Ruft die unterlegene Partei nicht innert 30 Tagen den Richter an, so wird der Entscheid rechtskräftig.

C. Procédure: autorité et délais

[1] La partie qui veut contester le congé doit saisir l'autorité de conciliation dans les 30 jours qui suivent la réception du congé.

[2] Le locataire qui veut demander une prolongation du bail doit saisir l'autorité de conciliation:

a. Lorsqu'il s'agit d'un bail de durée indéterminée, dans les 30 jours qui suivent la réception du congé;

b. Lorsqu'il s'agit d'un bail de durée déterminée, au plus tard 60 jours avant l'expiration du contrat.

[3] Le locataire qui demande une deuxième prolongation doit saisir l'autorité de conciliation au plus tard 60 jours avant l'expiration de la première.

[4] L'autorité de conciliation s'efforce d'amener les parties à un accord. Si elle n'y parvient pas, elle rend une décision sur les prétentions des parties.

[5] La partie qui succombe peut saisir le juge dans les 30 jours, à défaut de quoi la décision de l'autorité de conciliation devient définitive.

C. Procedura: autorità e termini

[1] La parte che intende contestare la disdetta deve presentare la richiesta all'autorità di conciliazione entro 30 giorni dal ricevimento della disdetta.

[2] Il conduttore che intende domandare la protrazione della locazione deve presentare la richiesta all'autorità di conciliazione:

a. per le locazioni a tempo indeterminato, entro 30 giorni dal ricevimento della disdetta;

b. per le locazioni a tempo determinato, al più tardi 60 giorni prima della scadenza del contratto.

**[3] Il conduttore che intende domandare una seconda protrazione deve presentare la richiesta all'autorità di conciliazione al più tardi 60 giorni prima della scadenza della protrazione iniziale.**
**[4] L'autorità di conciliazione cerca di indurre le parti all'intesa. Se l'intesa non è raggiunta, emette una decisione sulle foro pretese.**
**[5] La parte soccombente può adire il giudice entro 30 giorni; in caso contrario, la decisione passa in giudicato.**

| | | |
|---|---|---|
| Materialien | aArt. 267a Abs. 3, aArt. 267b Abs. 2, aArt. 267f OR, Art. 273 des Entwurfes vom 27. März 1985; Amtl.Bull., SR, 1988, S. 178, 1989, S. 431 f., NR, 1989, S. 540, S. 1879 | 1 |
| Ausländisches Recht | Siehe N 1 zu Art. 271 und zu Art. 272, ferner vgl. BGB §§ 556a, 556b, 556c | |

**Literatur:** Siehe allgemeines Literaturverzeichnis sowie N 1 der Vorbem. zu den Art. 271–273c und N 2 zu Art. 274. 2

## Inhaltsverzeichnis

# A. Geltungsbereich, Gegenstand, systematische Stellung und Charakter der Norm

## I. Geltungsbereich

Der Geltungsbereich der Norm entspricht dem, der grundsätzlich für alle Normen des Dritten Abschnittes des Achten Titels vorgesehen ist (vgl. N 19 ff. Vorbem. zu Art. 271–273c). 3

## II. Gegenstand und systematische Stellung

1. **Gegenstand** der Norm sind zum einen Klagen: die Klage auf Anfechtung der Gültigkeit der Kündigung in Abs. 1 (nachfolgend N 11 ff.) und die Klagen auf Erstreckung des Mietverhältnisses in den Abse. 2 und 3 (nachfolgend N 66 ff., N 83 ff. und N 105 f.). Sie ergänzt dadurch die Art. 271 Abs. 1 und Art. 271a Abse. 1 und 2 (vgl. N 33 zu Art. 271: Anfechtbarkeit als Gestaltungsklagerecht) sowie Art. 272 Abs. 1 (Erstreckungsanspruch als gesetzlicher Anspruch; vgl. dazu N 21 f., N 24 ff. zu Art. 272). 4

Zum andern hat die Norm das Verfahren der Schlichtungsbehörde zum Gegenstand, und zwar vor allem in Abs. 4 (nachstehend N 122 ff.), bzw. die Klageeinleitung beim Richter in Abs. 5 (nachfolgend N 130 ff.). Im letzten Punkt ergänzt sie die Bestimmungen zu den Klagen (vorn N 4), die ebenfalls zum Teil verfahrensrechtlichen Charakter besitzen (Zuständigkeitsvorschriften). 5

2. Die **systematische Stellung** der Norm ist ihrem Gegenstand entsprechend gewissermassen als doppelgesichtig zu beschreiben: Dort, wo sie Klagen zum Gegenstand hat, *ergänzt* sie *materielles Recht* und entfaltet sie Wirkungen auf das materielle Recht (Gestaltungsklage, Verwirkungsfrist; vgl. z.B. nachstehend N 27, N 43 f.). Dort, wo sie *Zuständigkeiten bestimmt und Verfahren regelt,* besitzt die Norm rein prozessuale Natur und steht in Zusammenhang mit den Art. 274 ff., die ebenfalls Behörden und Verfahren zum Gegenstand haben. Die Art. 274 ff. sollen Art. 273 und die übrigen 6

Normen der ersten drei Abschnitte des Achten Titels des Gesetzes, die Verfahrenscharakter besitzen, gewissermassen zu einem einheitlichen Verfahrensrecht zusammenfügen (vgl. WIDMER, bei: HANGARTNER, S. 38 f.: «einheitliches Konzept auch beim Verfahren»). Art. 273 besitzt daher im Verhältnis zu den lediglich harmonisierenden Art. 274 ff. die Stellung einer lex specialis (wohl gl.M. z.B. MENGE, S. 164).

## III. Charakter

7 Soweit die Norm prozessrechtliche Bestimmungen enthält, ist sie der *Parteiautonomie* entzogen; prozessrechtlich sind insbesondere die Zuständigkeitsbestimmungen in den Abse. 1–3 sowie der Abs. 4 und der Abs. 5, 2. Halbsatz (ähnlich RONCORONI, in: mp 2/90, S. 93 [Zusammenfassung], unklar demgegenüber DERS., a.a.O., S. 86; gl.M. ferner offenbar z.B. ebenfalls SVIT-Kommentar I, N 3 zu Art. 273).

8 Der Parteidisposition entzogen (und damit *absolut zwingendes Recht* enthaltend) ist die Norm im übrigen, namentlich dort, wo sie Klagefristen aufstellt. Die Parteien können diese Fristen nicht abändern, also weder verkürzen noch verlängern (vgl. RONCORONI, in: mp 2/90, S. 86, SVIT-Kommentar I, N 3 zu Art. 273).

9 Nicht direkt Gegenstand der Norm ist das Verhalten der Parteien in Zusammenhang mit der Klageanhebung bzw. Fristwahrung: Sie lässt es den Parteien m.a.W. frei, von den in ihr aufgestellten Klagemöglichkeiten innert den von ihr aufgestellten Fristen (in den Abse. 1–3 und in Abs. 5) Gebrauch zu machen oder nicht. Ebenso hindert sie keine Partei daran, eine Klage später zurückzuziehen. *Allfällige Verzichte* (durch eine Erklärung an die Gegenpartei oder aufgrund einer Vereinbarung) *einer Partei auf die von der Norm geregelten Klagemöglichkeiten* bereits im voraus werden daher nicht von ihr erfasst, sondern von *Art. 273c* (ähnlich SVIT-Kommentar I, N 3 zu Art. 273, der der Norm daher auch einen halbzwingenden Charakter zugunsten des Mieters zubilligen will).

10 Zu Verzichtserklärungen des Mieters im Rahmen von Vereinbarungen «im voraus» vgl. N 61, N 72 ff., N 81 ff. zu Art. 272b. Einseitige Verzichtserklärungen des Mieters im voraus sowie Erklärungen des Vermieters im voraus sind im Lichte von Art. 2 Abs. 2 ZGB aufgrund der gesamten Umstände, unter denen sie abgegeben wurden, zu betrachten. Je nach diesen Umständen im konkreten Einzelfall kann eine Klage als rechtsmissbräuchlich erscheinen (widersprüchliches Verhalten; Erweckung besonderen Vertrauens usw.) oder die Berufung auf die der Klage entgegenstehende Erklärung (die Erklärung wurde unter falschen Zusiche-

rungen erschlichen). Eine mietverfahrensrechtliche Besonderheit liegt dabei nicht vor (vgl. beispielhaft etwa BGE 111 Ia 150, MERZ, N 365 zu Art. 2 ZGB, STRÄULI/MESSMER, N 3 f. zu § 50 ZPO, LEUCH/MARBACH/KELLERHALS, N 1g zu Art. 35 ZPO).

# B. Die Anfechtungsklage (Abs. 1)

## I. Allgemeines

**1. Gegenstand** des Abs. 1 von Art. 273 ist die *Klage auf Anfechtung der Kündigung* des Mietverhältnisses. Sie definiert damit in der Kündigung den *Klagegegenstand* (vgl. N 36 zu Art. 271). Die Norm differenziert nicht zwischen den verschiedenen Kündigungsarten und steht deshalb – in Ergänzung zu Art. 271 – bei jeder Kündigung der gekündigten Partei (dazu nachstehend N 21) zur Verfügung. Ein Begehren um Anfechtung der Kündigung ist demnach gestellt (bzw. es ist eine Anfechtungsklage erhoben), wenn die klagende Partei – wenigstens sinngemäss (vgl. GMÜR, in: mp 3/90, S. 133) – um Anfechtung einer Kündigung bei der Schlichtungsbehörde ersucht (ähnlich SVIT-Kommentar I, N 16 zu Art. 273; dazu nachstehend N 13, N 22 ff.). 11

Abs. 1 von Art. 273 stellt hingegen *keine materiellen Voraussetzungen* der Klage auf. Diese müssen sich vielmehr aus den Art. 271 und Art. 271a ergeben (und sind im wesentlichen eine gültige Kündigung [N 36, N 39 ff. zu Art. 271, N 60 ff. Vorbem. zu Art. 271–273c] sowie ein treuwidriges Verhalten der kündigenden Partei in Zusammenhang mit der Kündigung [vgl. N 48 ff. zu Art. 271; siehe ferner Art. 271a Abse. 1 und 2]). Die Norm regelt lediglich – absolut zwingend (vorn N 8) –, innert welcher Frist (nachstehend N 42 ff.) bei welcher Instanz (nachstehend N 13, N 22 ff.) das *Gestaltungsklagerecht* (N 33 ff. zu Art. 271) *der Anfechtbarkeit* (N 28 ff. zu Art. 271) ausgeübt werden kann. 12

Die Norm definiert damit immerhin, *wann das Gestaltungsklagerecht* der Anfechtbarkeit rechtzeitig ausgeübt worden ist und *wo eine Anfechtungsklage bundesrechtlich zutreffend* angehoben werden muss. Indirekt regelt sie dadurch ferner die *Folgen zeitlich und sachlich falscher Rechtsausübung bzw. Klageanhebung* (zum Begriff BGE 74 II 15, 118 II 479; ferner siehe dazu allgemein auch BGE 98 II 181, 110 II 389, 111 II 194, 114 II 13

263, 336) und weist den gesamten mit allen diesen Fragen zusammenhängenden Problemkomplex *ausschliesslich dem Bundesrecht* zu (vgl. dazu, statt vieler: VOGEL, S. 233 f.).

14 *Nicht Gegenstand der Norm* sind die Wirkungen, die sich aus der Anhebung der Anfechtungsklage ergeben (vgl. N 96 f. zu Art. 271) sowie die Rechtsfolgen der Anfechtung (vgl. N 30 f. und N 88 ff. zu Art. 271). Letztere folgen aus dem materiellen Recht, erstere aus dem Verfahrensrecht (Rechtshängigkeit; zum Begriff vgl., wiederum statt vieler: VOGEL, S. 204 f., S. 206 ff.) und aus dem materiellen Recht. Massgebendes Verfahrensrecht ist dabei teilweise auch das Bundesverfahrensrecht der Art. 274 ff. (vgl. Art. 274g Abs. 1). *Die Rechtshängigkeit ist daher als bundesrechtlicher Begriff zu verstehen*, der nicht nur im bundesrechtlichen Verfahrensrecht verankert ist (Art. 274g Abs. 1), sondern ebenso im materiellen Bundesrecht (vgl. BGE 114 II 186 f.). Im bundesgerichtlichen Verfahren wird die Rechtshängigkeit von Amtes wegen geprüft (vgl. BGE 112 II 272). Zur Prüfung der Rechtshängigkeit in den Verfahren vor den kantonalen Instanzen vgl. N 97 zu Art. 271 (weitergehend VOGEL, S. 66 f., STAEHELIN/SUTTER, S. 226). *Bei der Anfechtungsklage markiert das Bundesrecht mit der Klageanhebung zugleich die Rechtshängigkeit.*

15 *Nicht direkt Gegenstand der von der Norm geregelten Klage sind die* Feststellung der *Unwirksamkeit* (vgl. N 44 ff. zu Art. 271, N 120, N 130, N 133 ff. Vorbem. zu Art. 266–266o) und *der Nichtigkeit* (N 40 ff. zu Art. 271, N 14 ff. zu Art. 266o) *der Kündigung* (in diesem Sinn wohl auch zu verstehen BGE 121 III 156, mp 4/95, S. 155, DdB 7/95 Nr. 26, DdB 6/94 Nr. 22; a.A. CALAMO, S. 311 ff., und z.T. auch EIHOLZER, in: SJZ 1992, S. 326). Ob eine Kündigung unwirksam oder gar nichtig ist, stellt bezüglich der Anfechtung der Kündigung lediglich eine *Vorfrage* dar, die von Amtes wegen zu prüfen ist (vgl. N 135 Vorbem. zu Art. 266–266o, N 41, N 46 zu Art. 271). Die Fragen nach der Unwirksamkeit bzw. Nichtigkeit kann deshalb völlig *losgelöst von der Anfechtungsklage i.S.v. Art. 273 Abs. 1 geprüft werden;* an die Frist von Art. 273 Abs. 1 sind diese Klagen nicht gebunden (vgl. BGE 121 III 156 und BGE 122 III 92 ff. [allerdings diese Möglichkeit nicht näher ins Auge fassend und eher verwirrlich von einer Anfechtung innert Frist gemäss Art. 273 sprechend]; vgl. auch LGVE 1991 I Nr. 14; ähnlich z.B. EIHOLZER, in: SJZ 1992, S. 325 ff., und DERS., in: mp 2/93, S. 62; vgl. endlich N 47 zu Art. 271). Ebensowenig sind – konsequenterweise – die Verfahrensvorschriften von Art. 273 Abse. 4 und 5 bzw. von Art. 274e Abs. 2 anwendbar (a.A. auch hierin offenbar CALAMO, a.a.O., unter Berufung auf die mit BGE 119 II 147 ff. begründete und mit BGE 121 III 156 mittlerweile – zu Recht – überholte Rechtsprechung; irrig oder unklar BGE 122 III 95).

**2.** Die Norm siedelt die **Zuständigkeit** zur Entgegennahme und zur ersten Behandlung der Klage **in funktioneller und sachlicher Hinsicht** *zwingend* bei der Schlichtungsbehörde i.S.v. Art. 274a an (vgl. BGE 118 II 309; WIDMER, bei: HANGARTNER, S. 39). 16

*Anfechtungsklagen, die nicht bei einer Schlichtungsbehörde eingereicht werden*, sind bei einer unzuständigen Behörde i.S.v. Art. 139 eingereicht (zur Anwendbarkeit von Art. 139 vgl. [zum alten Recht] SCHMID, N 11 zu aArt. 267a; siehe ferner N 56). Diese (sachlich und funktionell) unzuständige Behörde hat auf die Klage einsichtigerweise *nicht einzutreten* (vgl. dazu auch ZR 94 [1995] Nr. 35 E. 2). Art. 139 sowie die Art. 274 ff. *verpflichten* sie überdies *nicht von Bundesrechts wegen, die Klage an die zuständige Schlichtungsbehörde zu überweisen* (vgl. BGE 100 III 38 f.); eine solche Pflicht ist bundesrechtlich im Gegenteil gerade ausgeschlossen, da der Formularzwang i.S.v. Art. 266l Abs. 2 nach Auffassung des Gesetzgebers ausreichend sicherstellt, dass wenigstens die sozial schwächere Vertragspartei sich an die zutreffende Schlichtungsbehörde richtet, was ausreichen muss (vgl. N 17 zu Art. 266l, N 22 ff. zu Art. 266l). Eine Überweisung von Amtes wegen kann sich daher nur aus dem für die unzuständige Behörde massgebenden (kantonalen) Verfahrensrecht ergeben (vgl. VOGEL, S. 129, Rz. 106, S. 235, Rz. 116–119; vgl. auch [allgemein] BGE 98 II 181 ff., 100 II 284, 109 III 50 ff., 112 III 123). 17

Welche Schlichtungsbehörde in *örtlicher Hinsicht* zur Entgegennahme und Behandlung der Klage im konkreten Fall zuständig ist, regelt demgegenüber *Art. 274b* teilweise (vgl. auch Art. 274a Abs. 1, Ingress), nicht aber Art. 273 Abs. 1. 18

**3.** Die Klageanhebung bei der Schlichtungsbehörde ist gemäss Art. 273 Abs. 1 an keine **Form** gebunden. Diese bundesrechtlich vorgesehene Formlosigkeit ist ein Ausfluss des eher formlosen Charakters des bundesrechtlich vorgesehenen Schlichtungsverfahrens (vgl. HOHL, S. 250: «relativement informelle»), das nicht Gerichtsverfahren ist (vgl. BGE 117 II 506, ZMP 2/91 Nr. 21), sondern ein (bundesrechtliches) Sühnverfahren eigener Art (vgl. z.B. EIHOLZER, in: mp 2/93, S. 57, HIGI, Schlichtungsstellen, S. 18, Fn. 9, mit zahlreichen Verweisen, HOHL, S. 248 ff.; Weiteres dazu in den Ausführungen zu den Art. 274 ff.). Die Klageanhebung kann daher auch mündlich bei der Schlichtungsbehörde erfolgen, z.B. durch Diktat zu Protokoll (gl. z.B. SVIT-Kommentar I, N 16 zu Art. 273; zum alten Recht [Erstreckung] MOSER, S. 142). Immerhin geht das Gesetz im Wortlaut seiner deutschsprachigen Fassung («... das Begehren ... einreichen») vom Regelfall der Schriftlichkeit aus. Dieser Regelfall wird in der Praxis denn auch entsprechend beachtet. 19

20 Kantonale Vorschriften, die eine schriftliche Klageanhebung (bzw. ein schriftliches Einreichen des Begehrens in der Sprache des Gesetzes) verlangen, sind deshalb bundesrechtswidrig. *Nicht bundesrechtswidrig ist es allerdings, für die «mündliche» Klageanhebung bei der Behörde Formulare bereitzustellen*, welche die klagende Partei auszufüllen und insbesondere zu unterschreiben hat; das gebieten vielmehr geradezu die Interessen an einer sicheren Rechtspflege.

21 Der *bundesrechtlichen Formlosigkeit entsprechend* hat für eine rechtzeitige und ausreichende Klageerhebung bei der Schlichtungsbehörde die wenigstens *sinngemässe Erklärung* der das Begehren einreichenden Partei (der klagenden Partei) zu genügen, sie fechte eine Kündigung der Vertragsgegenpartei an (vorn N 11 f.). *Mit Blick auf Art. 139* (verbesserliche Fehler; siehe auch nachstehend N 56) *ist überdies zwingend erforderlich,*

22 – dass die angefochtene Kündigung genau bezeichnet wird (vgl. dazu auch N 36 zu Art. 271),

23 – dass die klagende Partei sich genau bezeichnet (vgl. N 31 f., N 33 ff.) sowie

24 – dass die Gegenpartei so genau bezeichnet wird, dass sie zur Sühnverhandlung geladen werden kann (vgl. dazu nachstehend N 38).

25 *Nicht notwendig* ist demgegenüber eine *Begründung des Begehrens* bzw. der Klage. Diese kann im Verfahren mündlich oder schriftlich nachgeliefert werden (vgl. z.B. EIHOLZER, in: mp 2/93, S. 58; siehe auch N 76, N 133 f.). Mit der Anfechtungsklage kann ferner (muss aber nicht) eine Eventualklage auf Erstreckung verbunden werden (vgl. N 68, N 112, N 115).

26 Anfechtungsbegehren, die den angeführten minimalen Anforderungen nicht entsprechen, darf die Schlichtungsbehörde zur Verbesserung unter gleichzeitiger Ansetzung einer Nachfrist (analog Art. 139; dazu nachstehend N 58) m.E. zurückweisen (vgl. ferner nachstehend N 38, N 112).

27 4. Die Anfechtungsklage zielt darauf ab, die Kündigung wegen Treuwidrigkeit i.S.v. Art. 271 Abs. 1 für ungültig erklären zu lassen (vgl. N 90, N 92 ff. zu Art. 271). Damit ist eine Rechtsumgestaltung verbunden (Aufhebung der Gültigkeit der Kündigung; vgl. N 61 Vorbem. zu Art. 271–273c). Der **Streitwert** einer Anfechtungsklage bestimmt sich deshalb analog zu den Grundsätzen, die auch bei der Streitwertberechnung für Klagen auf die Feststellung der Nichtigkeit bzw. Unwirksamkeit einer Kündigung Anwendung finden (vgl. BGE 109 II 154, 111 II 386, mp 3/95, S. 162 [BGer, unter Hinweis auf nicht publizierte Teile von BGE 118 II 50, E. 1b, und von BGE 120 II 105, E. 2b]; gl.M. ZIHLMANN II, S. 221): Er setzt sich aus dem Mietzins und den Nebenkosten zusammen, die für den Zeitraum geschuldet wären, während dessen der Vertrag fortdauern würde, wäre die Kündigung nicht gültig.

28 Bei ausserordentlichen Kündigungen *befristeter Mietverhältnisse* (vgl. N 26 ff. zu Art. 255) bestimmt sich demnach der Streitwert an der verabrede-

ten Vertragsdauer. Bei Verträgen mit verabredeter Höchstdauer (vgl. N 40 zu Art. 255) sowie bei einseitig befristeten Mietverhältnissen (die dem Mieter z.B. ein ordentliches Kündigungsrecht einräumen, nicht aber dem Vermieter) kommen die Berechnungsgrundsätze zum Zuge, die für die Streitwertermittlung bei unbefristeten Mietverhältnissen gelten (vgl. nachstehend N 30).

Bei *resolutiv bedingten Mietverträgen* (dazu auch N 90–94), ist ungewiss, wann die Bedingung eintritt. Der Streitwert ist bei ihnen im Fall ausserordentlicher Kündigung der Einfachheit halber daher ebenfalls nach den Grundsätzen zu berechnen, die bei den unbefristeten Mietverhältnissen zur Berechnung herangezogen werden, ausser die Art der Bedingung lasse eine andere Berechnungsweise zu. 29

Bei *unbefristeten Mietverhältnissen* bestimmt sich der Streitwert nach der Dauer, die verstreichen würde, bis das Mietverhältnis ordentlicherweise gekündigt werden könnte. Das ist – im Sinn eines Regelfalles – bei angefochtenen *Vermieterkündigungen* erst nach dem Ablauf der Sperrfrist gemäss Art. 271a Abs. 1 lit. e möglich (vgl. BGer, in: mp 3/95, S. 162; zur Berechnung der Sperrfrist vgl. N 272 zu Art. 271a; endet die Sperrfrist z.B. am 30. Juli 1997 und sieht der Vertrag eine Kündigung per jeweils Ende September und Ende März vor, unter Einhaltung einer Dreimonatsfrist, so ist der nächstmögliche ordentliche Kündigungstermin, der die Streitwertbegrenzung herbeiführt, der 31. März 1998). Bei angefochtenen *Mieterkündigungen* fällt die Sperrfrist weg; abzustellen ist daher bei ihnen auf die Dauer, die bis zum nächsten ordentlichen Kündigungstermin gemäss Vertrag oder Gesetz verstreicht. 30

## II. Legitimation

Die Legitimation (sog. Sachlegitimation) zur Anfechtungsklage ergibt sich aus dem materiellen Recht (statt vieler: VOGEL, S. 194, Rz. 89 f.), also hier im wesentlichen aus den Art. 271 Abs. 1 und Art. 271a Abse. 1 und 2, welche beiden Parteien das Anfechtungsrecht einräumen. Diese hinwieder setzen ein vom Mieter angetretenes, gültig zustande gekommenes Mietverhältnis voraus (vgl. N 6 Vorbem. zu Art. 266–266o). Daraus folgt, dass *zur Klage grundsätzlich nur die an einem solchen Mietverhältnis beteiligten Parteien* (vgl. aber auch nachstehend N 36) *legitimiert sind* (statt vieler: SVIT-Kommentar I, N 5 f. zu Art. 273). 31

Aktiv zur Klage legitimiert (d.h. zur Klage berechtigt) ist für das Schlichtungsverfahren *bei einer Kündigung des Vermieters* ausschliesslich der Mieter – der Vermieter ist sog. passiv legitimiert. *Bei einer Kündigung des Mieters* ist hingegen dieser passiv legitimiert und der Vermieter aktiv (d.h. klageberechtigt). Zu den Parteirollen im Gerichtsverfahren siehe N 133 f. 32

33 Wer im konkreten Einzelfall genau Vertragspartei, also Mieter oder Vermieter ist, ergibt sich grundsätzlich aus dem Vertrag selbst. Sind auf einer Parteiseite mehrere Personen beteiligt, so liegt eine *gemeinsame Miete* vor (N 103 Vorbem. zu Art. 253–274g); aktiv bzw. passiv legitimiert ist in diesen Fällen *nur die Gesamtheit aller dieser Personen* auf der jeweiligen Parteiseite (vgl. N 117 und N 124 Vorbem. zu Art. 253–274g; vgl. auch WEBER, S. 184 ff. und BGer – sinngemäß –, in: JDG vom 5. 9. 1996, S. 24 [Arrêt 4C.474/1995 du 13 mai 1996]). Denn mit der Gestaltungsklage der Kündigungsanfechtung kann nur für sie alle gleich, d.h. einheitlich, entschieden werden. Die mehreren Mieter und/oder Vermieter bilden im Prozess daher eine bundesrechtlich vorgegebene *notwendige Streitgenossenschaft* (gl. z.B. VOGEL, S. 139, Rz. 53, WEBER, S. 184).

34 Im *Bestand der Parteien* können sich im Lauf der Zeit *Änderungen* ergeben, sei es *durch Gesamtrechtsnachfolge* (Eintritt der Erben auf Mieter- oder Vermieterseite), sei es *durch Parteiwechsel,* die das Gesetz z.T. explizit erwähnt (Art. 261 Abs. 1 [vgl. N 22 ff. zu Art. 261–261a], Art. 263 [vgl. N 44 f. zu Art. 263], Art. 264 [vgl. dazu N 40 zu Art. 264]), sei es durch von den Parteien vorgenommene andere Parteiwechsel («dreiseitige» Verträge, bei denen die im Vertrag verbleibende Partei sowie die auszuwechselnden Parteien übereinstimmende Erklärungen abzugeben haben [vgl. N 7 f. zu Art. 263]; solche Verträge werden insbesondere beim Wechsel im Bestand einer gemeinsamen Mieter- oder Vermieterschaft meist konkludent geschlossen). Für die Aktiv- bzw. Passivlegitimation massgebend ist daher einerseits der Bestand der Parteien im Zeitpunkt der Klageanhebung (mit Blick auf Vorladungen usw.), anderseits der Bestand im Zeitpunkt der Verfahrenserledigung (Bindung der Parteien an den Entscheid). Eine Änderung des Bestandes der Parteien nach der Klageanhebung kann daher – vorbehalten die gesetzlichen Parteiwechsel (N 35, N 36) – an sich nur noch mit dem Einverständnis beider Parteien erfolgen (weil sonst u.U. die Verteidigungsposition des Beklagten erschwert würde: BGE 118 II 132), sofern das kantonale Verfahrensrecht dies überhaupt für das Schlichtungs- und Gerichtsverfahren zulässt (vgl. z.B. STRÄULI/MESSMER, N 6a zu § 49, VOGEL, S. 148 ff.).

35 Bei der *Gesamtrechtsnachfolge sowie beim Erwerb der Mietsache i.S. von Art. 261 Abs. 1* erfolgt von Gesetzes wegen ein Parteiwechsel auch nach der Klageanhebung (ZR 72 [1973] Nr. 51; statt vieler: CALAMO, S. 309 f., SCHMID, N 10 zu aArt. 267a, WEBER/ZIHLMANN, Basler Kommentar, N 2 zu Art. 273; vgl. dazu auch N 23 zu Art. 261–261a, N 14 f. zu Art. 266i, N 143 zu Art. 271a, N 108 zu Art. 272).

Bei *Familienwohnungen* ist – abweichend vom vorstehend angeführten Grundsatz (N 33) – aufgrund ausdrücklicher gesetzlicher Anordnung auch der *nicht mietende* Ehegatte zur Klage legitimiert (Art. 273a Abs. 1). Dieser kann ebenso erst später als Zweitkläger dem Schlichtungs- oder Gerichtsverfahren beitreten (vgl. BGE 115 II 365; dazu auch ZBJV 127 [1991], S. 282). 36

*Nicht zur Anfechtung legitimiert sind hingegen* (alle anderen) *Dritten*, d.h. alle nicht am gekündigten Mietverhältnis als Partei Beteiligten. Reicht eine zur Klage nicht legitimierte Partei ein Anfechtungsbegehren ein, so ist dieses abzuweisen (statt vieler: VOGEL, S. 194, Rz. 90; beispielhaft: ZMP 3/91 Nr. 23). Dasselbe gilt, wenn nicht alle gemeinsamen Mieter/Vermieter klagen oder als Beklagte ins Recht gefasst werden (statt vieler: VOGEL, S. 141, Rz. 57). 37

In der Praxis werden *fehlerhafte Parteibezeichnungen* u.ä.m. im Schlichtungsverfahren häufig noch korrigiert, was angesichts des eher informellen Charakters dieses Verfahrens grundsätzlich bedenkenlos geübt werden kann (vgl. WEBER/ZIHLMANN, Basler Kommentar, N 2 zu Art. 273: Korrektur ungenauer Benennung von Erben; Berichtigung einer Verwechslung zwischen Partei und deren Vertreter usw.). Da die Erledigung des Anfechtungsverfahrens durch die Schlichtungsbehörde im Regelfall Rechtswirkungen nach sich zieht, die die Parteien binden, können diese *Korrekturen allerdings nicht erst mit dem Entscheid zusammen vorgenommen* werden. Sie müssen im Gegenteil *so frühzeitig* vorgenommen werden, dass der *Anspruch auf rechtliches Gehör*, der auch in informellen Verfahren gelten muss (zumal diese Rechtswirkungen entfalten), der davon betroffenen Partei (meist der beklagten Partei) gewahrt bleibt (gehörige Ladung, Möglichkeit der Äusserung zur Klage vor dem Entscheid, Einräumung von ausreichend Zeit zur Einigung; vgl. auch EIHOLZER, in: mp 2/93, S. 59). Ist das nicht möglich, muss auf die Korrektur *zugunsten einer formaleren Betrachtungsweise*, die der Rechtssicherheit dient, *verzichtet werden*. 38

## III. Klagefrist

Das Recht, eine Kündigung bei der Schlichtungsbehörde anzufechten, ist an eine *Frist von 30 Tagen* gebunden. Die Frist beginnt gemäss Gesetz mit dem Empfang (dazu N 45 ff.) der Kündigung durch die gekündigte Partei. Das gilt auch dann, wenn die Kündigung (lange) vor dem Kündigungstag (zu diesem Begriff vgl. N 128 Vorbem. zu Art. 266–266o) ausgesprochen worden ist (so schon zum alten Recht [betreffend Erstreckung] BGE 99 II 167 ff., MOSER, S. 141 f., SCHMID, N 12 zu aArt. 267a; siehe ferner, statt vieler: LACHAT/STOLL, S. 354, SVIT-Kommentar I, N 10 zu Art. 273). 39

40 *Bei möblierten Einzelzimmern* beträgt die gesetzliche Kündigungsfrist allerdings bloss zwei Wochen (vgl. Art. 266e). Die gekündigte Partei hat in diesem Sonderfall, den der Gesetzgeber auch im neuen Recht nicht ausdrücklich geregelt hat (vgl. zum alten Recht SCHMID, N 12 zu aArt. 267a), die Kündigung deshalb vor dem in der Kündigung erwähnten Termin anzufechten (MOSER, S. 143, SCHMID, a.a.O. [zur Erstreckung]), bzw. spätestens an diesem Termin. Denn mit dem Ablauf des Kündigungstermines treten ebenfalls die vertragsauflösenden Wirkungen der Kündigung ein (vgl. N 126 Vorbem. zu Art. 266–266o).

41 Zu dieser *Fristverkürzung kommt es allerdings dort nicht*, wo der Kündigungstermin auf einen Zeitpunkt nach dem Ablauf der Frist von 30 Tagen gemäss Art. 273 Abs. 1 zu liegen kommt. In diesen Fällen gilt wiederum die gesetzliche Frist (ähnlich MOSER, a.a.O.).

## 1. Fristwahrung

### *a) Zweck der Frist*

42 Primärer Zweck der Frist des Art. 273 Abs. 1 ist es, im Gefolge einer Kündigung über deren Gültigkeit relativ schnell Klarheit zu schaffen. Denn mit der Ausweitung der Anfechtbarkeit auf (auch) bloss treuwidrige und nicht bloss offensichtlich rechtsmissbräuchliche Kündigungen (dazu N 141 ff., N 162 f. Vorbem. zu Art. 266–266o, N 46 f. Vorbem. zu Art. 271–273c, N 55 ff. zu Art. 271) verlangen die *Interessen der Rechtssicherheit* gewissermassen nach *Klarheit der Verhältnisse*. Gefordert ist deshalb ebenso ein rascher Entscheid über die Gültigkeit der Kündigung, wenn daran gezweifelt wird (vgl. Votum KOLLER, in: Amtl.Bull. NR vom 16. März 1989, S. 536; ähnlich GIGER, S. 155, Fn. 22).

43 Bei der Frist von Art. 273 Abs. 1 handelt es sich dem angestrebten Zweck entsprechend, um *eine bundesrechtliche Verwirkungsfrist* (vgl. BGE 121 III 158 [mp 3/95, S. 155 f.], 117 II 410, 114 II 166; statt vieler: LACHAT/STOLL, S. 354, SVIT-Kommentar I, N 10 zu Art. 273, ZIHLMANN, Basler Kommentar, N 4 zu Art. 273). Zweifel an der Gültigkeit der Kündigung sind nach ihrem unbenützten Ablauf daher nutzlos, weil schutzlos. Es handelt sich bei ihr zudem um eine *Maximalfrist*, d.h., es kann schon vor ihrem Ablauf das Begehren gestellt werden, und es ist die Frist gewahrt, d.h. ausgeschöpft. *Ein Rückzug des Begehrens innert Frist* eröffnet der zurückziehenden Partei daher keine neue Möglichkeit mehr (res iudicata; vgl. vorn N 13), ein gleiches Begehren (auch innert Frist) nochmals anzuheben (siehe aber nachfolgend N 112).

44 Die Fristwahrung im Sinn von Art. 273 Abs. 1 durch das Einreichen eines Begehrens (das Erheben der Anfechtungsklage, welches Klageanhebung i.S. des Bundesrechts darstellt; gl.

z.B. SVIT-Kommentar II, N 8 zu Art. 274f) führt nicht direkt zu einem Gerichtsverfahren, sondern zunächst zu einem eher informellen bundesrechtlich vorgeschriebenen Vorverfahren. Zum Gerichtsverfahren kommt es erst mit der Anrufung des Richters gestützt auf Art. 273 Abs. 5 (vgl. BGE 117 II 506, ZMP 2/91 Nr. 21, ZMP 3/93 Nr. 36). Die Durchführung des Schlichtungsverfahrens gewinnt dadurch gewissermassen den Charakter einer Prozessvoraussetzung (vgl. BGE 117 II 506): Wo es nicht stattgefunden hat, ist auf die Klage durch den Richter nicht einzutreten. *Die Frist von Art. 273 Abs. 1* selbst hingegen *hat keinen (bloss) prozeduralen Charakter* (so aber WEBER/ZIHLMANN, Basler Kommentar, N 3 zu Art. 273). Sie hat vielmehr eine *materiell-rechtliche Komponente* (vgl. N 28–30, N 33, N 92 ff. zu Art. 271), weil ihre Wahrung den einzigen Weg darstellt, im Fall einer Treuwidrigkeit der Kündigung die Ungültigkeit der Kündigung herbeizuführen. Ihre Nichteinhaltung führt denn auch zum Verlust des entsprechenden (Gestaltungsklage-)Rechts der gekündigten Partei (vgl. ferner BGE 121 III 162).

### *b) Fristbeginn*

Der Fristbeginn ist vom *Gesetz an den Empfang der Kündigung durch die gekündigte Partei geknüpft*. Mit dem Tag, der dem Empfangstag (dazu N 42 f.) folgt, beginnt die Frist von Art. 273 Abs. 1, die als Tagesfrist analog Art. 77 Abs. 1 Ziff. 1 zu berechnen ist, daher zu laufen (ungenau CALAMO, S. 315). 45

Fällt der Empfangstag (vgl. dazu auch N 40 Vorbem. zu Art. 266–266o) hingegen auf einen Samstag oder einen Tag vor einem Feiertag (z.B. Auffahrt), so beginnt die Frist gleichwohl mit dem diesem folgenden Sonntag bzw. Feiertag zu laufen. 46

Bei der Kündigung handelt es sich um eine empfangsbedürftige Willenserklärung, die ihre Wirkungen – gemäss der uneingeschränkten Empfangstheorie – dann entfaltet, wenn sie im Zugriffsbereich des Empfängers eingegangen ist (vgl. dazu N 37 f. Vorbem. zu Art. 266–266o). Kenntnisnahme des Inhaltes der Kündigung ist demgegenüber nicht erforderlich (vgl. illustrierend ZMP 2/94 Nr. 17). Treuwidrige Kündigungen entfalten als grundsätzlich gültige, jedoch anfechtbare Kündigungen (vgl. N 28 f., N 36 zu Art. 271) folglich ab dem Eingang im Empfangsbereich des Empfängers ihre Wirkung (BGE 118 II 44). *Der Empfangstag i.S.v. Art. 273 Abs. 1 fällt daher zwangsläufig mit dem Tag zusammen, an dem die Kündigung dem Empfänger* im geschilderten Sinn *zugeht* (h.L. und Praxis). 47

Die Antwort auf die Frage, in welchem *Zeitpunkt* eine Kündigung beim Empfänger genau eingegangen ist und *die Frist auszulösen vermag*, folgt – nicht zuletzt mit Blick auf den Gesetzeswortlaut – konsequenterweise aus den *Grundsätzen der* (uneingeschränkten) *Empfangstheorie* (gl.M. z.B. GUT, S. 92 [i.V.m. S. 34], MENGE, S. 168, BRUNNER, a.a.O., S. 44, LACHAT/STOLL, S. 354; siehe auch etwa BJM 1988, S. 305, ZMP 2/93 Nr. 14, S. 6; gl.M. offenbar auch GIGER, S. 154, und zum alten Recht etwa MOSER, 48

S. 142, HUNZIKER, S. 27; offen gelassen in BGE 121 III 156). *Einzelheiten dazu* in N 39 ff. Vorbem. zu Art. 266–266o.

49 In der Praxis (vgl. etwa ZMP 2/94 Nr. 17) und bei einem Teil der Literatur (WEBER/ZIHLMANN, Basler Kommentar, N 3 zu Art. 273, unter Hinweis auf BGE 100 III 5, SVIT-Kommentar I, N 12 f. zu Art. 273, CALAMO, S. 315 ff.; zum alten Recht SCHMID, N 12 zu aArt. 267a) wird von der Empfangstheorie und den daraus folgenden Grundsätzen, die den Fristbeginn definieren, *bezüglich eingeschriebener Postsendungen* abgewichen. Bei solchen Postsendungen wird nach dieser Auffassung dann, wenn die Sendung nicht (sogleich) zugestellt werden konnte, der Fristenlauf erst mit der Abholung auf der Post ausgelöst, spätestens mit dem unbenützten Ablauf der Abholfrist (vgl. BGE 100 III 5, 107 II 189). Begründet wird das – wenn überhaupt (vgl. etwa SVIT-Kommentar I, N 13 zu Art. 273) – etwa damit, dass eine Eingabe an eine Behörde zur Diskussion stehe (so WEBER/ZIHLMANN, Basler Kommentar, N 3 zu Art. 273). Der *Fristbeginn wird allerdings weder durch eine Eingabe noch durch eine Behörde ausgelöst*, sondern nach dem eindeutigen Wortlaut des Gesetzes nur durch die Kündigung, deren Zustellung auch andere Wirkungen als bloss die Frist von Art. 273 Abs. 1 auslöst (Vertragsauflösung auf den in der Kündigung genannten bzw. nächstmöglichen Termin). Irgendwelche Erleichterungen bringt das Abstellen auf die von der Empfangstheorie abweichende Auffassung für die Behörde bei der Feststellung des massgebenden Fristenlaufs sodann nicht (vgl. N 42 Vorbem. zu Art. 266–266o, N 22, N 35 zu Art. 266m–266n, N 134 und N 162 zu Art. 271), weshalb mit einer solchen Begründung sich die von der uneingeschränkten Empfangstheorie a.A. auch *unter dem Gesichtspunkt der Rechtssicherheit stichhaltig kaum vertreten* lässt.

50 Die a.A. *verkennt* überdies *den materiell-rechtlichen Gehalt der Anfechtungsklage* (vorn N 44, mit Weiterverweisen) und zieht Parallelen zu den Grundsätzen, die für die Zustellung von amtlichen Formularen bei Mietzinserhöhungen gelten (eingeschränkte Empfangstheorie; vgl. dazu auch N 37 f. und N 51 f. zu Art. 257d). Solche Parallelen sind allerdings nur schon deshalb *unlogisch und sachlich unzulässig*, weil die Grundsätze zur Zustellung von Mietzinserhöhungen geschaffen worden sind, um dem Mieter die ungeschmälerte zusätzliche Bedenkfrist von 10 Tagen gemäss (neu) Art. 269d Abs. 1 sicherzustellen. Eine solche zusätzliche Bedenkfrist räumt aber Art. 273 Abs. 1 der gekündigten Partei ebensowenig ein wie Art. 273 Abs. 2 lit. a, der gleichlautend mit Art. 273 Abs. 1 bestimmt, innert welcher Frist Erstreckung verlangt werden kann und wie lange somit der Erstreckungsanspruch des Mieters besteht (vgl. N 21 ff. zu Art. 272). Die Parallele zu Art. 273 Abs. 2 lit. a hinwieder verdeutlicht den materiell-rechtlichen Charakter auch der Frist von Art. 273 Abs. 1, welche letztlich die Entstehung und den Untergang eines gesetzlich verankerten Individualrechts (eines Gestaltungsklagerechts) bestimmt.

51 Ein Abweichen von den allgemeinen Grundsätzen rechtfertigt im übrigen auch der Umstand nicht, dass die gekündigte Partei u.U. die *Begründung der Kündigung* noch einholen muss (so aber CALAMO, S. 316 f.). Denn hätte der Gesetzgeber das als massgebend erachtet, hätte er für den Beginn der Anfechtungsfrist auf den Empfang der begründeten Kündigung abstellen können, was er aber gerade nicht getan hat – massgebend ist in allen drei Textfassungen der Empfang bloss der Kündigung. Damit ist zugleich dargetan, dass die a.A., die nur bei eingeschriebenen Postsendungen zum Tragen kommen soll, sich mit dem klaren *Wortlaut des Gesetzes und dessen allgemeinem Sinngehalt* in Widerspruch setzt.

52 Bei *Familienwohnungen* beginnt die Anfechtungsfrist für beide Ehegatten dann zu laufen, wenn die zwei separat zugestellten Kündigungen (vgl. dazu N 36 ff. zu Art. 266m–266n) empfangen worden sind (vgl. N 52 zu Art. 257d, mit Verweisen). Treffen die Kündigungen zu verschiedenen Zeitpunkten bei den

Ehegatten ein, ist der Eingang der späteren Kündigung für beide fristauslösend; denn zuvor ist die separate Zustellung noch gar nicht erfolgt (gl. BRUNNER, a.a.O., S. 44, CALAMO, S. 317, LACHAT/STOLL, S. 354). Gleichgültig ist hingegen, wer von den Ehegatten die spätere Kündigung entgegengenommen hat (BGE 118 II 43 ff.; vgl. auch mp 3/92, S. 124 f., S. 127 f.).

### c) *Fristende/Fristwahrung*

Das Begehren um Anfechtung der Kündigung (die Anfechtungsklage) hat innert der dreissigtägigen Verwirkungsfrist von Art. 273 Abs. 1 bei der Schlichtungsbehörde einzugehen. Das Fristende wird somit ebenfalls – wie bei allen bundesrechtlichen Verwirkungsfristen – vom Bundesrecht bestimmt (vgl., statt vieler: VOGEL, S. 233 f.). 53

Die *Frist endet* gemäss Art. 273 Abs. 1 i.V.m. Art. 77 Abs. 1 Ziff. 1 grundsätzlich mit dem Ablauf des dreissigsten Tages nach dem Fristbeginn (vgl. vorn N 45–48, N 52; ist die Kündigung beispielsweise am 23. Januar zugegangen, dann beginnt die Frist mit dem 24. Januar zu laufen und endet mit dem 22. Februar). Zur Fristwahrung im einzelnen nachstehend N 56, N 57 ff. 54

Die *Frist kann weder verkürzt noch* (z.B. durch Kontaktaufnahme mit der Gegenpartei analog zu Art. 135 oder in Analogie zu Art. 134) *unterbrochen, noch verlängert werden* (z.B. durch die Parteien oder kantonalrechtliche Gerichtsferien; vgl. dazu [allgemein] BGE 104 II 358, 119 II 435). Sie ist auch nicht gemäss kantonalem Verfahrensrecht wiederherstellbar (gl. SVIT-Kommentar I, N 10 zu Art. 273; vgl. [allgemein] BGE 101 II 88 f.; ferner vgl. VOGEL, S. 233 f.). 55

Wird innert der Frist ein Begehren bei einer *unzuständigen Behörde* eingereicht oder wird das Begehren fristgerecht bei der zuständigen Behörde mangelhaft (aber verbesserbar) eingereicht, so ist eine *Nachfrist* anzusetzen (vgl. BGE 72 II 331 f., 85 II 511, 100 III 38 f.), und zwar *analog Art. 139* (allgemein: BGE 98 II 183 f., 100 II 284, 109 III 49 [Aberkennungsklage], SJ 1994, S. 516 ff.; vgl. ferner VOGEL, S. 235, Rz. 118 f., BUCHER, AT, S. 468, GAUCH/SCHLUEP, Bd. 2, S. 279, Rz. 3510). Diese Nachfrist beträgt (Analogie!) jedoch nicht 60, sondern bloss weitere *30 Tage* (h.L.; vgl. etwa MOSER, S. 141 [Erstreckung], CALAMO, S. 310, SCHMID, N 11 zu aArt. 267a [Erstreckung]; zu analogen Nachfristbildungen vgl. ferner etwa BGE 109 III 50 ff., 113 III 88, betreffend Aberkennungsklagen; a.A. [singulär] WEBER/ZIHLMANN, Basler Kommentar, N 3 zu Art. 273, wo eine analoge Anwendung von Art. 35 Abs. 1 erwogen wird, in Verkennung des materiellrechtlichen Charakters der Frist). 56

57 Mit dem *Fristende verknüpft* ist (gerade anders als beim Fristbeginn [Empfang der Kündigung]; vorn N 47 f.) eine Handlung gegenüber der Schlichtungsbehörde. Das hat z.T. von den rein privatrechtlichen Grundsätzen zur Fristberechnung abweichende Konsequenzen beim Fristende bzw. bei der Fristwahrung.

58 Fällt das rechnerisch ermittelte *Fristende* (vorn N 54) *auf einen Samstag, einen Sonntag oder einen* (auch bloss kantonalen) *Feiertag*, so endet die Frist am nachfolgenden Werktag (Art. 78 i.V.m. dem BG vom 21. Juni 1963 über den Fristenlauf an Samstagen [SR 173.110.3]).

59 Gewahrt ist die Frist *entweder*, wenn spätestens an ihrem letzten Tag (spätestens 23.59 Uhr, da mit 24.00 Uhr bereits der neue Tag beginnt) einer schweizerischen Poststelle das Begehren zuhanden der Schlichtungsbehörde übergeben worden ist (so, statt vieler: LACHAT/STOLL, S. 354, MENGE, S. 168), *oder* wenn das Begehren spätestens am letzten Tag mündlich der Schlichtungsbehörde gegenüber gestellt oder als Schrift dieser überbracht wird (gl. MENGE, a.a.O.).

60 Will man den postalischen Weg nicht einhalten, so hat man die Öffnungszeiten der Büros der Schlichtungsbehörde zu beachten; diese Behörden werden vom Bundesrecht nicht verpflichtet, einen Betrieb rund um die Uhr aufrechtzuhalten (gl.M wohl z.B. MENGE, S. 168, Fn. 444).

### *d) Prüfung der Fristwahrung*

61 Die Prüfung der Fristwahrung hat *von Amtes wegen* durch die Schlichtungsbehörde oder im anschliessenden Gerichtsverfahren durch den Richter zu erfolgen (vgl. BGE 101 II 86, 114 II 166, vgl. auch BGE 119 II 434 f.; gl. z.B. GIGER, S. 155, Fn. 22, HUNZIKER, S. 29, SVIT-Kommentar I, N 10 zu Art. 273, ZIHLMANN, Basler Kommentar, N 3 zu Art. 273).

62 Die *kündigende Partei* hat dabei gestützt auf Art. 274d Abs. 3 die für den *Nachweis* des Empfanges nötigen Unterlagen beizubringen (vgl. zum Nachweis ferner N 42 Vorbem. zu Art. 266–266o, N 22 und N 35 zu Art. 266m–266n, N 162 zu Art. 271).

## 2. Fristversäumnis

63 Ist die Frist nicht gemäss dem vorhin Ausgeführten gewahrt (vgl. vorn N 54, N 57 ff.), so ist das Begehren um Anfechtung der Kündigung *verspätet.* Mit dieser Säumnis geht der *Anspruch* der gekündigten Partei auf Ungültigerklärung der Kündigung infolge Treuwidrigkeit *unheilbar unter* (statt vieler: LACHAT/STOLL, S. 354; vgl. z.B. ferner ZR 72 [1973] Nr. 50 [Erstreckung]). Die Kündigung bleibt unanfechtbar gültig (vgl. auch BGE 121 III 156 ff.).

Bei nichtigen bzw. von Anfang an unwirksamen Kündigungen vermag der unbenützte Fristablauf gemäss Art. 273 Abs. 1 demgegenüber nichts zu bewirken (vgl. BGE 121 III 156 ff. [Verwirrung stiftend, da äusserst unglücklich formuliert, BGE 122 III 95]; vgl. aber auch N 114 [Zweiterstreckung]). 64

Zu allfälligen Nachfristen vgl. vorn N 17, N 26, N 56. 65

# C. Die Erstreckungsklagen (Abse. 2 und 3)

## I. Allgemeines

### 1. Gegenstand

Gegenstand der Begehren um Erstreckung i.S.v. Art. 273 Abse. 2 und 3 (Erstreckungsklage) ist der Erstreckungsanspruch des Mieters (dazu vgl. N 21 ff. zu Art. 272). Er setzt die gültige Beendigung des Mietverhältnisses voraus, die durch Zeitablauf (Vertragsdauer, Erstreckungsdauer) oder Kündigung eintreten kann (vgl. N 52 ff. zu Art. 272). 66

*Nicht von der in Art. 273 Abse. 2 und 3 geregelten Erstreckungsklage erfasst sind* deshalb Fragen der Nichtigkeit bzw. anfänglichen Unwirksamkeit der Kündigung (vgl. dazu auch BGE 121 III 156 ff.; ähnlich, aber streckenweise verwirrend formuliert, BGE 122 III 95). *Die Unwirksamkeit* (vgl. dazu N 44 ff. zu Art. 271, N 120, N 130, N 133 ff. Vorbem. zu Art. 266–266o) *und die Nichtigkeit* (N 40 ff. zu Art. 271, N 14 ff. zu Art. 266o) *der Kündigung* sind jedoch vorgängig einer klageweise geltend gemachten Erstreckung von Amtes wegen (als Vorfrage) zu prüfen (siehe Genaueres zum Umfang der Prüfung in N 58 f. zu Art. 272; zur Ausnahme siehe nachfolgend N 114 [Zweiterstreckung]; zur unabhängig von der Erstreckung erhobenen Klage auf Feststellung der Nichtigkeit bzw. Unwirksamkeit der Kündigung siehe nachstehend N 113). 67

Der *Anspruch auf Erstreckung kann* gestützt auf Art. 273 Abs. 2 lit. a *unabhängig von einer Anfechtung der Kündigung* geltend gemacht werden (vgl. etwa RONCORONI I, a.a.O., S. 117). Soll auch die Gültigkeit der Kündigung unter dem Aspekt der Treuwidrigkeit i.S.v. Art. 271 f. geprüft werden, muss daher stets *zusätzlich* ein Art. 273 Abs. 1 entsprechendes Begeh- 68 ren gestellt werden (vgl. vorn N 11 ff.; den umgekehrten Fall regelt Art. 274e Abs. 3 [Offizialmaxime aufgrund eines gesetzgeberischen Entscheides; RONCORONI I, a.a.O., S. 117]; dazu N 112 nachstehend). Wo dies unterlassen wird, gilt eine Kündigung (weiterhin) als gültig (vgl. N 61 Vorbem. zu Art. 271–273c). Die Frage der Gültigkeit der Kündigung darf hier auch nicht von Amtes wegen aufgeworfen werden (statt vieler: LACHAT/STOLL, S. 376; damit würde nicht zuletzt die Dispositionsbefugnis eines Klägers missachtet, die Ausdruck in der zivilprozessualen Dispositionsmaxime findet).

### 2. Zuständigkeit in funktioneller und sachlicher Hinsicht

69 Das Erstreckungsbegehren i.S.v. Art. 273 Abse. 2 und 3 (die Erstrekkungsklage) ist wie die Anfechtungsklage gemäss Abs. 1 an die Schlichtungsbehörde zu richten. Darin liegt eine Klageanhebung i.S. des Bundesrechts (vgl. dazu allgemein BGE 118 II 479), die zugleich die Rechtshängigkeit der Streitsache bei der Schlichtungsbehörde bewirkt (vgl. auch vorn N 13, N 43). Zur daraus folgenden Zuständigkeit der Schlichtungsbehörde in funktioneller und sachlicher Hinsicht vgl. vorn N 16 ff.

### 3. Form

70 Das Erstreckungsbegehren i.S.v. Art. 273 Abse. 2 und 3 ist vom Bundesrecht an *keine Form* gebunden. Auch hierin entspricht die Regelung derjenigen zur Anfechtungsklage i.S.v. Art. 273 Abs. 1, weshalb grundsätzlich auf die Ausführungen in N 19 ff. vorstehend verwiesen werden kann.

71 Ergänzend ist anzufügen, dass trotz der Formlosigkeit *von einem ausreichenden Erstreckungsbegehren* nur dann ausgegangen werden kann, wenn es wenigstens

72 – den sinngemässen Antrag um Erstreckung des Mietverhältnisses enthält (vgl. vorn N 66, N 68, nachstehend N 75 f.),

73 – den antragstellenden Mieter genau bezeichnet (vgl. N 83 ff., N 106) und

74 – die Vermieterschaft so genau umschreibt, dass diese ordnungsgemäss zu einer Verhandlung vorgeladen werden kann (vgl. N 38, N 76).

75 *Nicht erforderlich* ist demgegenüber, dass das Begehren im Zeitpunkt des Einganges bei der Schlichtungsbehörde bereits begründet ist und die Art (letztmals oder erstmals) sowie die Dauer der Erstreckung genau angegeben

werden (gl.M. z.B. EIHOLZER, in: mp 2/93, S. 58, S. 62; es genügt z.B. der Antrag auf «angemessene Erstreckung»).

76 Mit Blick auf Art. 273 Abs. 5 und die ausreichende Gewährung rechtlichen Gehörs der Gegenpartei müssen immerhin spätestens in der Verhandlung die vom Mieter gewünschte Art der Erstreckung sowie die gewünschte Erstreckungsdauer fixiert werden (gl.M. z.B. SVIT-Kommentar, N 18 zu Art. 273; a.A. EIHLOZER, in: mp 2/93, S. 62; vgl. aucj N 133 f.). Auch *Nebenbegehren auf Vertragsanpassung* sind aus diesen Gründen spätestens in der Schlichtungsverhandlung vorzubringen (gl. EIHOLZER, a.a.O., S. 63), was durchaus zu einer Formalisierung des eher informellen (vgl. vorn N 19) Schlichtungsverfahrens führt.

77 Erstreckungsbegehren, die den vorhin angegebenen minimalen Anforderungen nicht genügen, darf die Schlichtungsbehörde zur Verbesserung (unter Ansetzung einer Nachfrist analog Art. 139) m.E. zurückweisen (vgl. dazu auch vorn N 26, N 56).

78 Innert einer solchen Nachfrist zur Verbesserung der Erstreckungsklage kann jedoch nicht zusätzlich z.B. auch noch die (vergessene?) Anfechtung der Kündigung i.S.v. Art. 273 Abs. 1 vorgebracht werden. Denn damit wird ein zusätzliches, unabhängig von der Erstreckung bestehendes (vorn N 68; siehe auch N 112) Recht geltend gemacht; die Anfechtungsklage erfordert denn auch innert Frist von Art. 273 Abs. 1 einen wenigstens sinngemässen Antrag (vgl. vorn N 21; bei einer innert Nachfrist zur Verbesserung einer Erstreckungsklage erst anhängig gemachten Anfechtungsklage liegt konsequenterweise eine Säumnis vor, die zur Abweisung der Anfechtungsklage führt.

## 4. Streitwert

79 Der Streitwert einer Erstreckungsklage berechnet sich im gerichtlichen Verfahren anhand der im Streit liegenden Erstreckungsdauer (vgl. dazu auch nachstehend N 81), die entweder vom Mieter (sofern er klagt) beantragt sein muss oder von ihm beantragt wird (als Beklagter), sei es durch einen ausdrücklichen Antrag oder durch den Antrag, es sei an der im Schlichtungsverfahren ausgesprochenen Erstreckungsdauer festzuhalten. Unmassgebend für die Streitwertberechnung ist die Erstreckungsart.

80 In die Rechnung kommen die Mietzinse und Nebenkosten, die während der im Streite liegenden Erstreckungsdauer geschuldet wären (vgl. BGE 109 II 351 f., 113 II 407; ferner, statt vieler: GIGER, S. 161). Auszugehen ist dabei vom Mietzins, der vom Beginn der Erstreckung an geschuldet ist (vgl. Art. 272c Abs. 1).

81 Die durch frühzeitige Kündigung bereits gewährte und im Erstreckungsentscheid anzurechnende freiwillig gewährte Erstreckung (vgl. N 217 zu Art. 272, mit Verweisen) gilt nicht

als streitig, sondern anerkannt, und fällt daher aus der Streitwertberechnung (OGer Zürich, unveröff. Beschluss vom 23. März 1993, NM920007.U/IIZKR, i.S. J.W.I. ca. 1. G.F.).

82 Ist der Mieter durch die Verfahrensdauer bereits in den Genuss einer faktischen Erstreckung gekommen, bestimmt sich die *für die Berufung an das Bundesgericht massgebende Streitwertsumme* nur noch auf Grund der streitigen, durch die faktische Erstreckung noch nicht «konsumierte» Erstreckungsdauer (BGE 109 II 351 f., Pra. 73 [1984], S. 69, BGE 113 II 407, Pra 77 [1988], S. 746; vgl. aber auch BGE 121 III 214 [Mietzinsstreitigkeit]).

## II. Die erstmalige Erstreckungsklage (Abs. 2)

### 1. Legitimation

83 Die Legitimation zur Klage folgt aus dem materiellen Recht (vgl. N 31). Wer hinsichtlich der *Erstreckungsklage* legitimiert ist, ist auch zur Stellung von *Nebenbegehren* im Sinn der Art. 272c und Art. 272d legitimiert.

84 Im Verfahren *der Schlichtungsbehörde* ist aktiv legitimiert der Träger des Erstreckungsanspruchs, d.h. ausschliesslich der Mieter (vgl. N 71 ff. zu Art. 272, mit Weiterverweisen). Passiv legitimiert ist konsequenterweise stets die Vermieterschaft.

85 Wer Mieter und wer Vermieter ist, ergibt sich im Grundsatz aus dem Vertrag. Zu den dabei auftauchenden Problemen, wer im konkreten Fall als Mieter bzw. Vermieter zu betrachten ist usw., vgl. N 73 zu Art. 272 sowie die Ausführungen vorn in N 33 ff., die hier sinngemäss ebenfalls zutreffen.

86 Im gerichtlichen Verfahren hängt die Frage der aktiven oder passiven Legitimation auch vom Entscheid der Schlichtungsbehörde i.S.v. Art. 273 Abs. 5 ab (Parteirollentausch; vgl. dazu BGE 117 II 506 f.; nachstehend N 133 f.). An der sich aus dem materiellen Recht ergebenden grundsätzlichen Legitimation der Vertragsparteien ändert dieser Entscheid der Schlichtungsbehörde jedoch nichts.

87 Zusätzlich zum Mieter ist bei der Erstreckung eines Mietverhältnisses über eine *Familienwohnung* auch der *nicht mietende Ehegatte* zur Erstreckungsklage legitimiert (Art. 273a Abs. 1; vgl. auch vorn N 36, mit Verweisen). Das gilt für das Schlichtungs- wie für das Gerichtsverfahren.

## 2. Klagefristen

### a) Allgemeines

Art. 273 Abs. 2 unterscheidet – wie schon das alte Recht (vgl. aArt. 267a Abs. 3 und aArt. 267b Abs. 2) – nach der Art der Beendigung des Mietverhältnisses zwei verschiedene Typen von Fristen, die bei der Geltendmachung des Erstreckungsanspruchs zu beachten sind, und zwar unter *Verwirkungsfolge* (vgl. SCHMID, N 11 zu aArt. 267 und N 3 zu aArt. 267b). Es handelt sich bei diesen Fristen demnach (wiederum; vgl. vorn N 43 ff.) um bundesrechtliche Verwirkungsfristen. 88

Im Fall des *kündbaren Mietverhältnisses* handelt es sich bei der gesetzlichen Frist um eine gewissermassen positiv zu beachtende Frist, die derjenigen von Art. 273 Abs. 1 entspricht (vgl. lit. a von Art. 273 Abs. 2; dazu N 95 f.). *Im Fall des Vertragsendes bei befristeten Mietverhältnissen aufgrund des Zeitablaufes* liegt demgegenüber gewissermassen eine negative Fristbestimmung vor (vgl. Art. 273 Abs. 2 lit. b): Innert der im Gesetz aufgeführten Frist kann kein Erstreckungsbegehren mehr wirksam gestellt werden (vgl. dazu N 97 ff.). 89

Nicht vom Gesetz erfasst sind *resolutiv bedingte Mietverhältnisse*. Unter dem *alten Recht*, welche diese Mietverhältnisse ebenfalls in erstreckungsrechtlicher Hinsicht nicht beachtete, ging SCHMID (N 1 f. zu aArt. 267b) davon aus, es handle sich um befristete Mietverhältnisse, die *nicht erstreckbar seien* (gl. JEANPRÊTRE, La prolongation des baux à loyer, in: Mémoires publiées par la faculté de droit Genève, Genf 1970, S. 120). MOSER (S. 65 ff.) neigte demgegenüber dazu, die resolutiv bedingten Mietverhältnisse den kündbaren gleichzustellen, und mit dem Eintritt der Resolutivbedingung die Frist für die Erstreckungsklage analog aArt. 267a Abs. 3 beginnen zu lassen. 90

*Das neue Recht* unterscheidet sich gegenüber dem alten Recht in dieser Frage nicht, da aArt. 267e einen Vorausverzicht des Mieters auf das Erstreckungsrecht wie der neue Art. 273c bezüglich der Mieterrechte gemäss Art. 271 ff. der Nichtigkeit anheimfallen liess (vgl., statt vieler: SCHMID, N 1 ff. zu aArt. 267c). Von diesem Vorausverzicht ausgenommen sind kraft Art. 255 die Abreden eines befristeten Mietverhältnisses (mit denen ein Verzicht auf die Anfechtbarkeit einer Kündigung soweit einhergeht, wie das befristete Mietverhältnis nicht auch kündbar ausgestaltet ist [vertragliche Höchstdauer; vgl. N 27 und N 40 zu Art. 255]). Eine vergleichbare gesetzliche Regelung findet sich im Gesetz für den Fall der resolutiv bedingten Mietver- 91 hältnisse nicht, weshalb deren Abrede zwangsläufig nicht auch noch einen Vorausverzicht auf eine Erstreckung i.S.v. Art. 272 beinhalten kann, der vor dem Gesetz standhalten könnte (ähnlich MOSER, S. 65 ff.; a.A. zum alten Recht, SCHMID, N 1 f. zu aArt. 267b [entgegen seinen Ausführungen in N 1 ff. zu aArt. 267e]). Nach der h.L. und nach der Auffassung des BGer fallen die *resolutiv bedingten Mietverhältnisse* (vgl. N 43 f. zu Art. 255) demgegenüber in die Kategorie *befristeter Mietverhältnisse* (apodiktisch BGE 121 III 260 [MRA 1/96, S. 15 ff.], mit Verweis auf die h.L.; zur hier vertretenen a.A., die sich an die Auffassung von MOSER [S. 65 ff.] zum nicht ganz identischen alten Recht gemäss aArt. 267b anlehnt, vgl. N 44 ff. zu Art. 255, N 27 Vorbem. zu Art. 266–266o und N 39 zu Art. 272a).

92 Das *Bundesgericht* (dazu auch N 93 f.) nimmt in BGE 121 III 260 bezüglich der resolutiv bedingten Mietverhältnisse, die es als «befristete» ansieht, mit Blick auf deren gesetzlich geforderte Erstreckbarkeit eine Gesetzeslücke an (die Berechnung der Frist gemäss Abs. 3 ist hier sinnvollerweise unmöglich). *Nach der hier vertretenen Auffassung* (zustimmend WEBER/ZIHLMANN, Basler Kommentar, N 4 zu Art. 255, sowie [gemäss BGE 121 III 260] auch dass Appellationsgericht des Kantons Tessin) ist diese «Lücke» dadurch *zu schliessen, dass mit dem Eintritt der Bedingung eine Kündigungsberechtigung entsteht* (Einzelheiten dazu in N 44 ff. zu Art. 255), weil es sich beim resolutiv bedingten Mietverhältnis nicht um ein befristetes i.S.v. Art. 255 handelt (N 27 Vorbem. zu Art. 266–266o [mit Weiterverweis]; vgl. auch N 93 nachstehend). Das *Bundesgericht* scheint die von ihm angenommene Lücke dahingehend schliessen zu wollen (in BGE 121 III 260 hat es sich noch nicht endgültig festgelegt), dass mit dem *Eintritt der Bedingung zwar das Mietverhältnis erlischt;* ab dem Zeitpunkt, in dem der Mieter Kenntnis vom Eintritt der Bedingung hat (bzw. haben kann), beginnt jedoch eine Art. 273 Abs. 2 lit. a entsprechende (per Analogie nachgebildete) *Frist von 30 Tagen zur Geltendmachung des Erstreckungsrechts* (zu den Konsequenzen dieser Auffassung N 93 f.).

93 Die vom *Bundesgericht erwogene Lösung erscheint auf den ersten Blick praktisch, dogmatisch jedoch kaum haltbar.* Denn sie lässt einen Anspruch auf Erstreckung erst dann entstehen, wenn das Mietverhältnis bereits beendet ist; logisch betrachtet kann ein untergegangenes Mietverhältnis aber nicht mehr erstreckt werden. Sie übersieht zudem eine weitere Differenz des neuen zum alten Recht. Das alte Recht unterschied zwischen Mietverhältnissen von «unbestimmter» und von «bestimmter» Dauer, wobei es letzteren Verträge gleichstellte, die auf einen bestimmten Zeitpunkt auslaufen (vgl. aArt. 267b Abs. 1); das neue Recht unterscheidet demgegenüber nur noch zwischen «unbefristeten» und «befristeten» Mietverhältnissen, womit das gleiche wie unter dem alten Recht gemeint sein soll. Ein befristetes Mietverhältnis kann daher auch als Mietverhältnis auf bestimmte Zeit beschrieben werden (vgl. N 26 zu Art. 255, mit Verweis). Bei einem resolutiv bedingten Mietverhältnis ist die Zeit, also seine Dauer, im Zeitpunkt des Vertragsschlusses allerdings für die Parteien noch nicht bestimmbar, und damit auch nicht bestimmt (gl. schon MOSER, S. 59). Das rechtfertigt es m.E. bereits schon, diese Art von Mietverhältnis – abweichend von den *allgemeinen Grundsätzen zur*

*Befristung mittels Bedingung, die ohnedies nicht die Auflösung von Dauerschuldverhältnissen im Auge haben* (vgl. Art. 151 ff.) – nicht als befristetes Mietverhältnis i.e.S. aufzufassen. Vielmehr ist ein resolutiv bedingtes Mietverhältnis gemäss dem Grundsatz von Art. 255, wonach die Befristung des Mietverhältnisses die Ausnahme ist, als ein unbefristetes Mietverhältnis im Sinn der von Art. 255 aufgestellten Regel zu betrachten (so schon zum alten Recht MOSER, S. 59). *Art. 255* ist denn auch in dieser Hinsicht *als lex specialis zu den Art. 151 ff. aufzufassen.* Damit entfallen die dogmatisch störenden Konsequenzen, die bei der vom Bundesgericht skizzierten Lösung zwangsläufig eintreten.

Zu den bei der bundesgerichtlich erwogenen Lösung erwähnten *dogmatischen Inkonsequenzen* kämen *noch weitere Probleme hinzu:* Da der Eintritt der Bedingung das Mietverhältnis nach den allgemeinen Grundsätzen ja auflöst (Art. 154), würde der Mieter an sich nach dem Eintritt der Bedingung, von dem er u.U. nichts weiss bzw. wissen kann, unberechtigt im Mietobjekt verweilen. Dafür hätte er dann wohl eine dem bisherigen Mietzins entsprechende Entschädigung als Schadenersatz zu leisten (vgl. etwa N 60 zu Art. 257d [S. 274], N 58 zu Art. 267; eine Art. 153 analoge Regelung hat der Gesetzgeber für resolutiv bedingte Verhältnisse nicht aufgestellt). Würde ihm in der Folge aber Erstreckung gewährt, wäre dieser geschuldete Ersatz im nachhinein wiederum (ab dem Zeitpunkt der Vertragsauflösung) vertraglich geschuldetes Entgelt. Weitere Komplikationen der Verhältnisse folgen aus dem Gesagten mit Blick auf allfällige Betreibungen bzw. Rechtsöffnungen (z.B. was ist wann Rechtsöffnungstitel für «Mietzinse», wenn das Verfahren über die Erstreckungsklage längere Zeit dauert) bzw. Ausweisungsverfahren (zu einer Kompetenzattraktion im Sinn von Art. 274g kommt es nicht); ein Ausweichen auf die ultima ratio des Art. 2 ZGB wäre hier vielfach zur Problemlösung unumgänglich. Art. 2 Abs. 2 ZGB müsste auch dann bemüht werden, wenn der Mieter den Eintritt der Bedingung herbeiführen kann, es sich aber während der dreissigtägigen Frist anders überlegt und um Erstreckung nachsucht (vgl. auch Art. 156 für den gegenteiligen Fall der Hinderung des Eintritts). Das alles *kommt dem Bedürfnis der Praxis nach Rechtssicherheit kaum entgegen, im Gegensatz zur hier vertretenen Auffassung*, die im Eintritt der Bedingung eine vereinbarte, im Regelfall (zur Ausnahme siehe N 39 zu Art. 272a) für beide Parteien gleichermassen geltende Kündigungsberechtigung erblickt, deren Ausübung grundsätzlich nicht treuwidrig im Sinn von Art. 271 f. sein kann; die hier vertretene Auffassung wirkt über alles betrachtet wohl auch weniger gekünstelt, weil sie der Besonderheit von Dauerschuldverhältnissen mehr Rechnung trägt. 94

### *b) Bei einer Kündigung (Abs. 2 lit. a)*

Die Frist zur Erstreckungsklage ist derjenigen der Anfechtungsklage nachgebildet und unterscheidet sich grundsätzlich nicht von dieser (siehe den Gesetzestext). Es kann daher an dieser Stelle auf die zu Art. 273 Abs. 1 gemachten Ausführungen zum *Fristbeginn/Fristende* (vgl. N 45–48, N 52, N 53 f.), *zum Fristenlauf* (vgl. N 55 f.), *zur Fristwahrung* (vgl. N 44, N 57 ff.) sowie zu *allfälligen Nachfristen* (N 56) und zur *Prüfung der Fristwahrung* (N 61 f.) hingewiesen werden. 95

Da die Frist von Art. 273 Abs. 2 lit. a *Verwirkungsfrist* ist (vorn N 88), bewirkt die *Fristversäumnis* den Untergang des Erstreckungsanspruches (dazu vgl. N 22 zu Art. 272, N 61 ff., N 81 ff. zu Art. 272b), wie die Fristversäumnis bei Art. 273 Abs. 1 den Untergang der Anfechtbarkeit besiegelt 96 (vorn N 63 f.; statt vieler: GIGER, S. 155). Eine verspätete Erstreckungsklage ist daher abzuweisen. Zu danach abgeschlossenen Erstreckungsvereinbarungen vgl. N 34, N 63 zu Art. 272b.

*c) Beim Ablauf der Vertragsdauer (Abs. 2 lit. b)*

97 **aa)** Die Fristbestimmung zur Erstreckung von Mietverträgen, die durch den Zeitablauf beendigt werden, knüpft an den im Vertrag bestimmten Beendigungstag an. Dieser markiert gewissermassen das **Fristende.** Die Frist erstreckt sich auf 60 Tage vom Beendigungstag an zurückgerechnet, womit der **Fristbeginn** bestimmt ist. Als «negative» (Verwirkungs-)Frist (vorn N 89) kennzeichnet ihr Beginn sodann nicht die Entstehung des Erstreckungsanspruchs (dazu N 84 f. zu Art. 272b), sondern gegenteilig dessen Untergang (vgl. N 83 zu Art. 272b; gl. z.B., statt vieler: GIGER, S. 154 f., MOSER, S. 140 f.).

98 Die *Fristdauer von 60 Tagen*, die, wie bei Verwirkungsfristen üblich, nicht verkürzt (oder verlängert) werden kann (vorn N 55), hat zur Folge, dass Mietverhältnisse, die kürzer sind als 61 Tage, nicht erstreckbar sind (gl. SCHMID, N 4 zu aArt. 267b).

99 Die zur *Bestimmung des Fristbeginns* notwendige Rückrechnung erlaubt kein unbesehenes Abstellen auf die prospektiven Fristbestimmungen der Art. 76 ff., sondern nur deren analoge Anwendung. Sie setzt überdies die genaue Kenntnis des Beendigungstages für beide Parteien – an sich bereits im Zeitpunkt des Vertragsabschlusses – voraus, was eine auch bloss analoge Anwendung der Norm bei resolutiv bedingten Mietverhältnissen ausschliesst (dazu vorn N 90 ff.; gl.M. in diesem Punkt wohl auch BGE 121 III 260).

100 Die *Rückrechnung folgt analog Art. 77 Abs. 1 Ziff. 1* (Tagesfrist). Art. 78 kann für das Fristende ausser acht gelassen werden, weil das Fristende nicht mit der Wahrung von Rechten verbunden ist, sondern Ausgangspunkt der Berechnung bildet. Für den Fristbeginn ist Art. 77 ohnedies nicht anwendbar (eine analoge Anwendung führte zur Unterschreitung der zwingend festgesetzten Frist; dazu besteht jedoch keine Notwendigkeit).

*Beispiel:* Vertragsende ist der 31. Mai; dieser Tag wird mitgezählt, da er nicht den «Vertragsschluss» i.S.v. Art. 77 Abs. 1 Ziff. 1 bezeichnet, sondern das Fristende; das führt zu einem Fristbeginn am 2. April.

101 **bb)** Zur **Fristwahrung** ist erforderlich, dass vor dem Ablauf der 60 Tage *vor* dem Vertragsende eine Erstreckungsklage bei der Schlichtungsbehörde angebracht wird, sei es durch Übergabe an eine Poststelle oder an die Schlich-

tungsbehörde (vgl. vorn N 59). Fällt der Beginn der gemäss den in N 97, N 99 f. geschilderten Grundsätzen ermittelten Frist auf einen Samstag, Sonntag oder Feiertag, so ist die Klage eben am jeweiligen Vortag einzureichen.

Keiner grossen Erörterung bedarf es hier, dass die vom Vertragsende zurückberechnete *Frist weder ruhen noch unterbrochen werden kann* (vgl. auch vorn N 98). 102

Wird die Klage bei einer unzuständigen Behörde vor Beginn der sechzigtägigen Frist eingereicht, so hat die Frist in Analogie zu Art. 139 als gewahrt zu gelten. Es ist eine *Nachfrist* zur Einbringung am richtigen Ort anzusetzen, wobei der Einfachheit halber die dreissigtägige Frist, die bei Fristwahrungen gemäss Art. 273 Abs. 1 und 273 Abs. 2 lit. a zum Zuge kommt (vorn N 56 und N 95) auch hier angewandt werden sollte (gl.M., schon zum alten Recht, SCHMID, N 3 zu aArt. 267b i.V.m. N 11 zu aArt. 267a). 103

cc) Die Folgen der **Fristversäumnis** entsprechen denen der Versäumnis der Fristen gemäss Art. 273 Abs. 1 und Art. 273 Abs. 2 lit. a (vorn N 63 f., N 96): Der Erstreckungsanspruch geht unwiderruflich unter; eine verspätete Klage ist abzuweisen (statt vieler: GIGER, S. 154 f., MOSER S. 141). 104

## III. Die Klage auf Zweiterstreckung (Abs. 3)

### 1. Allgemeines

Die Klage auf eine zweite Erstreckung des Mietverhältnisses *setzt eine erstmalige Erstreckung voraus* (vgl. dazu N 228–232 zu Art. 272), die mindestens mehr als 60 Tage dauern muss (vgl. N 11, N 41 zu Art. 272b). Sie verlangt sodann ein *Erstreckungsgesuch* des Mieters (dazu vgl. auch N 233–236 zu Art. 272), welches bezüglich *Form und Inhalt* dem Ersterstreckungsgesuch grundsätzlich gleichgestellt ist (vgl. dazu vorn N 70 ff.). 105

Die *Legitimation* der Parteien im Zweiterstreckungsverfahren folgt wiederum dem materiellen Recht. Erstreckung verlangen kann *nur der Mieter des erstmals erstreckten Mietverhältnisses* gegenüber dem an diesem Verhältnis beteiligten Vermieter. Es kann daher auf das dazu vorstehend Ausgeführte sinngemäss verwiesen werden (N 83 ff., N 87; ferner N 33 ff. und N 36 f.). Zu allfälligen Parteiwechseln vgl. ferner N 66 f. zu Art. 272b, N 19 ff. zu Art. 272c, N 46 f. zu Art. 272d). 106

Zur *Zweiterstreckung bei hängigen Ersterstreckungsverfahren* vgl. N 41 zu Art. 272b (mit Verweisen). 107

### 2. Fristenlauf und Fristwahrung

108 Die Frist von Abs. 3 des Art. 273 für die Zweiterstreckungsklage ist *der Frist von Art. 273 Abs. 1 lit. b nachgebildet*. Es handelt sich auch bei ihr um eine bundesrechtliche Verwirkungsfrist (statt vieler: GIGER, S. 154 f.; zur Verwirkungsfrist vgl. ferner vorn N 55, N 97 f.).

109 *Ihre Berechnung* setzt das Wissen um das Erstreckungsende voraus (vgl. N 17 ff. zu Art. 272b) und folgt im übrigen den gleichen Grundsätzen der Berechnung der Frist von Art. 273 Abs. 2 lit. b (vgl. dazu N 97 ff.). *Bezüglich Fristenlauf und Fristwahrung* kann daher ebenfalls auf das vorn zu Art. 273 Abs. 2 lit. b Ausgeführte verwiesen werden (N 98, N 101).

110 Die Voraussetzung der Kenntnis des Fristendes für die Fristberechnung sowie die zwingend einzuhaltende Frist für Zweiterstreckungen schliesst *resolutiv bedingt ersterstreckte Mietverhältnisse* aus (ähnlich MOSER, S. 106 f.; siehe auch N 17 f. zu Art. 272b; vgl. auch vorn N 93).

111 Die *Fristversäumnis* bewirkt wiederum den Untergang des Erstreckungsanspruches (vgl. vorn N 104; statt vieler: GIGER, a.a.O.). Eine verspätete Zweiterstreckungsklage ist daher abzuweisen.

# D. Das Verhältnis zwischen Anfechtungsklage und Erstreckungsklage

## I. Allgemeines

112 Die Anfechtung der Kündigung i.S.v. Art. 271 f. und das Institut der Erstreckung sind voneinander unabhängig bestehende Elemente des Kündigungsschutzes (vorn N 68; vgl. auch N 7 ff. Vorbem. zu Art. 271–273c). Es kann daher die Kündigung nur angefochten *oder* nur Erstreckung verlangt werden (was im Lichte der Dispositionsmaxime stets zu beachten ist). Ist letzteres der Fall, bleibt eine Überprüfung der Kündigung im Lichte von Art. 271 f. ausgeschlossen (vorn N 68, N 78). Die Unabhängigkeit der Institute erlaubt es einer Partei, welche innert der Frist von Art. 273 Abs. 1 ein Anfechtungsbegehren gestellt und zurückgezogen hat (vgl. vorn N 43), im-

mer noch innert der Frist von Art. 273 Abs. 2 lit. a ein Erstreckungsbegehren zu stellen und umgekehrt, ohne dass ihr das schadet.

*Unabhängig* vom vorstehend Ausgeführten beurteilen sich demgegenüber die Fragen nach der *Nichtigkeit der Kündigung bzw. nach der Unwirksamkeit der Kündigung.* Sie stellen sowohl beim Anfechtungsverfahren als auch beim Erstreckungsverfahren Vorfragen dar (siehe vorn N 15 und N 67). Ebenso können die Nichtigkeit und die Unwirksamkeit der Kündigung selbständig – ausserhalb der Klagefristen von Art. 273 – klageweise geltend gemacht werden (vorn N 15; ähnlich z.B. EIHLOZER, in: mp 2/93, S. 61 f.). Für die Klagelegitimation bei solchen Klagen, die aus dem materiellen Recht ausfliesst, gilt im wesentlichen das zur Anfechtungsklage Ausgeführte (siehe vorn N 31 ff.). Endlich ist es möglich, die Nichtigkeit bzw. Unwirksamkeit der Kündigung einredeweise erst im Ausweisungsverfahren vorzubringen (insoweit zutreffend BGE 122 III 95). 113

Erweist sich im Resultat einer Nichtigkeits- oder Unwirksamkeitsklage die Gültigkeit der Kündigung, so bleibt – infolge Verwirkung der Gestaltungsklagerechte bzw. des Anfechtungsrechts und des Erstreckungsanspruchs – regelmässig eine nachträgliche Anfechtungs- bzw. Erstreckungsklage ausgeschlossen (gl. z.B. EIHOLZER, in: mp 2/93, S. 62, mit Verweisen). *Ausgeschlossen* bleibt überdies die *Einrede der Nichtigkeit bzw. Unwirksamkeit der Kündigung* sodann stets *im Zweiterstreckungsverfahren*, wenn das Verfahren, welches zur Erstererstreckung führte, rechtskräftig erledigt worden ist. Denn in jenem Verfahren wurde über die Nichtigkeit bzw. Unwirksamkeit der Kündigung – vorfrageweise zumindest – rechtskräftig entschieden (die sich daraus ergebende res iudicata ist von Amtes wegen zu berücksichtigen und kann mühelos berücksichtigt werden; vgl. VOGEL, S. 213 f., Rz. 66, Rz. 69, sowie S. 66, Rz. 46a ff.). 114

## II. Amtsprüfung nach Art. 274e Abs. 3 (Offizialmaxime)

Kann einer Anfechtungsklage des Mieters *im Schlichtungsverfahren* nicht stattgegeben werden, so ist von Amtes wegen die Frage der Erstrekkung des Mietverhältnisses zu prüfen (Offizialmaxime; vgl. VOGEL, S. 315, Rz. 148y). Es ist daher im Fall der Anfechtungsklage vor der Schlichtungsbehörde nicht erforderlich, dass auch noch eine Eventualklage auf Erstrekkung gestellt wird (gl. EIHOLZER, in: mp 2/93, S. 61; ähnlich ferner, statt vieler: GMÜR, in: mp 3/90, S. 128, VOGEL, a.a.O.). Ein expliziter oder sinngemässer *Antrag des Mieters auf Erstreckung ist* im Anfechtungsverfahren *ebenso nicht notwendig* (unklar, ob a.A. GMÜR, a.a.O., VOGEL, a.a.O., SVIT-Kommentar II, N 15 zu Art. 274e). 115

Die Amtsprüfung der Erstreckung ist gemäss klarem Wortlaut von Art. 274e Abs. 3 *auf das Schlichtungsverfahren* beschränkt. In einem anschliessenden *gerichtlichen Verfahren* findet sie jedoch gestützt auf Art. 274f Abs. 3 gleichfalls Anwendung. 116

Die *Offizialmaxime von Art. 274e Abs. 3 kommt* selbstredend dann *nicht zum Zuge*, wenn der Mieter auf Feststellung der Nichtigkeit oder Unwirksamkeit der Kündigung klagte, statt 117 die Kündigung i.S.v. Art. 271 f. anzufechten (vgl. vorn N 11 ff.). Denn in diesen Fällen liegt keine Anfechtung i.S.v. Art. 274e Abs. 3 vor, welche gemäss dem Grundsatz der einheitlichen Auslegung von Gesetzesbegriffen (vgl. etwa BGE 118 II 53) identisch ist mit der Anfechtung i.S.v. Art. 271 Abs. 1, Art. 271a Abs. 1 sowie Art. 273 Abs. 1.

## III. Streitwertberechnungen

118 Zur Berechnung der Streitwerte bei Anfechtungs- bzw. Erstreckungsklagen vgl. vorn N 27 ff. und N 79 ff. Das zur Anfechtungsklage Ausgeführte gilt auch für Klagen auf Feststellung der Nichtigkeit bzw. Unwirksamkeit der Kündigung sinngemäss (vgl. mp 3/95, S. 162 [BGer, unter Hinweis auf nicht publizierte Teile von BGE 118 II 50, E. 1b und auf BGE 120 II 105, E. 2b]).

119 Da sich der Streitwert nach dem Rechtsbegehren des Klägers richtet, ergeben sich *im gerichtlichen Verfahren dann vordergründig Probleme bei der Streitwertberechnung, wenn* die Parteirollen vertauscht sind (vgl. vorn N 32, N 83, N 86; nachstehend N 133 f.) sowie *Anfechtung und zugleich Erstreckung im Raume stehen.* Da bei einer Anfechtung stets die Gültigkeit der Kündigung im Vordergrund steht, berechnet sich der Streitwert in diesen Fällen stets nach den Grundsätzen zur Anfechtungsklage (vorn N 27 ff.). Denn mit einer (Eventual-)Klage auf Erstreckung wird grundsätzlich «weniger» verlangt als mit der Anfechtungsklage (SVIT-Kommentar II, N 15 zu Art. 274e; vgl. auch unveröff. Teil von ZMP 3/92 Nr. 31 bzw. Nr. 32; bestätigt durch OGer Zürich, unveröff. Beschluss vom 23. März 1993, NM920007.U/IIZKR).

120 Problembehafteter erweist sich demgegenüber die *Frage der Kostenaufteilung auf die Parteien:* Wird die Gültigkeit einer Kündigung festgestellt und eine Erstreckung verneint, so liegt stets ein vollständiges Obsiegen des Vermieters vor. Wird dem Eventualbegehren (Antrag) des Mieters auf Erstreckung hingegen ganz oder teilweise entsprochen, so liegt immer noch ein Obsiegen des Vermieters in der Hauptfrage vor, weshalb in jedem Fall wenigstens eine hälftige Kostenauflage an den Mieter als Grundlage für die weitere Berechnung angezeigt ist. Die restliche Hälfte der Kosten ist dem Ausgang des Entscheides bezüglich der Erstreckungsfrage im Lichte der Parteianträge zu beurteilen; dabei ist zu Gunsten des Vermieters anzurechnen, was er dem Mieter bereits an freiwilliger Erstreckung durch frühzeitige Kündigung gewährt hat, weil dieser Zeitraum der Erstreckungsdauer anzurechnen ist (vgl. BGE 102 II 256, 99 II 171, BJM 1982, S. 135 f.; siehe auch N 217 zu Art. 272 sowie vorn N 81) und nicht als strittig bezeichnet werden kann (OGer Zürich, unveröff. Beschluss vom 23. März 1993, NM920007.U/IIZKR).

121 Steht im gerichtlichen Verfahren *nur die Erstreckung bzw. deren konkrete Dauer im Streit*, ergeben sich keine Probleme; es ist die (noch) strittige Erstreckungsdauer für die Berechnung massgebend (vgl. vorn N 80 ff.).

# E. Das Kündigungsschutzverfahren (Abse. 4 und 5)

**I. Art. 273** ist, soweit er sich mit dem Verfahren befasst, **als lex specialis zu den Art. 274 ff.** aufzufassen (vorn N 6). Es kann daher grundsätzlich hinsichtlich der sich in mietrechtlichen Verfahren stets wieder stellenden Fragen auf die Ausführungen zu Art. 274 ff. verwiesen werden. Nachfolgend ist nur noch das von Art. 273 besonders Geregelte knapp zu erörtern, soweit es nicht in den bisherigen Ausführungen zur Norm bereits angesprochen worden ist (mit Verweisen auf die Ausführungen zu den Art. 271 ff.). 122

**II.** In Abs. 4 regelt Art. 273 die **Einigungsbemühungen und den Entscheid** der Schlichtungsbehörde im Fall von Anfechtungs- oder/und Erstreckungsklagen. Ihre Regelung gilt daher erkennbar *nur für das Schlichtungsverfahren,* welches zwingend einem allfälligen gerichtlichen Verfahren voranzugehen hat (vgl. vorn N 16; siehe auch den Wortlaut von Art. 273 Abs. 5 und nachfolgend N 135). 123

1. Die Norm begründet einen **gemeinsamen Gegenstand von Einigungsbemühungen und Entscheid:** Generell sind das die Anfechtung der Kündigung i.S.v. Art. 271 Abs. 1 und/oder Art. 271a (vgl. Art. 273 Abs. 1) oder/und die Erstreckung des Mietverhältnisses i.S.v. Art. 272 f. (vgl. Art. 273 Abse. 2 und 3; siehe ebenfalls vorn N 112–114). Welches Ausmass diese Gegenstände im konkreten Einzelfall haben können, bestimmt in erster Linie die klagende Partei durch ihre Rechtsbegehren, die sie spätestens in der Verhandlung ausreichend zu präzisieren hat (vgl. vorn N 25, N 38 und N 76, N 78). Das Ausmass des Gegenstandes von Einigungsbemühungen und Entscheid wird überdies durch Nebenbegehren der Parteien i.S.v. Art. 272c und 272d begründet (vgl. dazu N 33 ff., N 40 ff. zu Art. 272c, N 11 zu Art. 272d). Endlich kann die Sachverhaltsdarstellung der Parteien das Ausmass des Gegenstandes bestimmen (Vorfragen der Nichtigkeit bzw. Unwirksamkeit). Damit ist zugleich dargetan, dass ausser den Parteien – abgesehen vom Fall des Art. 274e Abs. 3 (vorn N 115 f.) – niemand den Gegenstand des Schlichtungsverfahrens bestimmen kann (Dispositionsmaxime; vgl., statt vieler: Higi, Die Paritätische Schlichtungsbehörde in Miet- und Pachtsachen im Kanton Zürich, in: Mitteilungen aus dem Institut für zivilgerichtliches Verfahren in Zürich, Nr. 12, 1991, S. 11 f.). 124

125 **2. Die Einigungsbemühungen** hat die Behörde von Amtes wegen vorzunehmen (vgl. HIGI, a.a.O., S. 12). Grenzen werden ihr durch den Willen der Parteien zur Einigung gesetzt, der seinen prozessualen Ausfluss in der Dispositionsmaxime findet (die Schlichtungsbehörde hat daher namentlich [Teil-]Rückzüge von Begehren und [Teil-]Anerkennungen von Begehren zwingend zu beachten). Die von Art. 273 Abs. 4 geforderten Einigungsbemühungen unterscheiden sich im übrigen nicht von den Einigungsbemühungen i.S.v. Art. 274e Abs. 1 und Art. 259i Abs. 1 (vgl. dazu N 15, N 16–24 zu Art. 259i). *Ergebnis der Einigungsbemühungen ist die Einigung, der Vergleich* bzw. die Erstreckungsvereinbarung. Sie erledigt das Schlichtungsverfahren grundsätzlich unwiderruflich (siehe Art. 274e Abs. 1, 2. Satz; vgl. auch nachstehend N 133, N 135, N 140 f.). Immerhin bedarf es *zusätzlich noch einer formellen Erledigung des Verfahrens* durch die Behörde (vgl. auch nachstehend N 127), und zwar in Form eines sog. Sachentscheides i.w.S. (vgl. N 12 zu Art. 272c); dieser Erledigungsentscheid wird von Art. 273 direkt nicht erfasst (vgl. dazu N. 82 ff. zu Art. 274a).

126 **3. Bei gescheiterten Einigungsbemühungen** hat die Schlichtungsbehörde einen **Entscheid** zu fällen, und zwar über die Ansprüche der Parteien. Das hat sie aufgrund eigener Rechtsfindung zu tun (vgl. N 11 zu Art. 272c). Welches diese Ansprüche sind, über die aufgrund eigener Rechtsfindung zu urteilen ist, folgt aus dem Gegenstand des Verfahrens (vorn N 124; vgl. auch N 43 zu Art. 272c). Es handelt sich bei diesem Entscheid um einen *Sachentscheid i.e.S.* (vgl. dazu N 11 ff. zu Art. 272c, N 71 f. zu Art. 274a), und zwar um eine Art *Gestaltungsurteil* (N 94 zu Art. 271, N 25 zu Art. 272, N 11 zu Art. 272c).

127 4. Entgegen der vereinfachenden Optik des Gesetzgebers kann ein Schlichtungsverfahren *nicht* bloss *entweder* durch Einigung (Vergleich; vorn N 126) *oder* durch Entscheid erledigt werden. Es können bzw. müssen zwangsläufig auch andere Entscheide der Schlichtungsbehörde als bloss der im Gesetz erwähnte anfallen, der an die Stelle der Einigung tritt. Eine **Abgrenzung** des Entscheides i.S.v. Art. 273 Abs. 4 **von anderen Entscheiden** ist daher notwendig.

128 *Sachentscheide* (i.w.S.; vorn N 125) hat die Schlichtungsbehörde im Fall der Einigung zu fällen und überdies dort, *wo Klagen anerkannt bzw. zurückgezogen* werden (vgl. N 13 zu Art. 272c, N 86 ff. zu Art. 274 a). Denn in diesen Fällen kann die Behörde augenfällig (Dispositionsmaxime) nicht über irgendwelche Ansprüche der Parteien aus eigener Rechtsfindung entscheiden, weshalb alle diese Sachentscheide i.w.S. nicht als Entscheid i.S.v. Art. 273 Abs. 4 gelten können. Klagerückzüge und -anerkennungen stellen

sodann keine Einigung dar (sie sind Ausdruck bloss *eines* Parteiwillens), obwohl auch sie Ausfluss einer Einigung sein können (vgl. dazu auch HIGI, Schlichtungsstellen, S. 31, S. 44 f.). Erledigungen des Schlichtungsverfahrens aufgrund von Klagerückzügen und -anerkennungen sind m.a.W. weder *explizit von Art. 273 Abs. 4 erfasst* noch implizit (wie beim Entscheid infolge Einigung); es liegt hier folglich eine *gesetzliche Lücke* vor. Da nicht davon ausgegangen werden kann, der Gesetzgeber habe bewusst Anerkennungen und Rückzügen von Klagen im Schlichtungsverfahren keine Wirkung zukommen lassen wollen, sind ihnen wie den Einigungen (vgl. dazu auch N 12 f., N 15 zu Art. 272c) *analog Art. 274e Abs. 1, 2. Satz*, die gleichen Wirkungen wie Klagerückzügen und -anerkennungen in gerichtlichen Verfahren und damit materielle Rechtskraft zuzubilligen (nicht mit diesen Fragen befasst z.B. GIGER, S. 152 ff., LACHAT/STOLL, S. 353 ff., 375 ff., SVIT-Kommentar I, N 19–23 zu Art. 273c, ZIHLMANN II, S. 243 ff., WEBER/ZIHLMANN, Basler Kommentar, N 7 zu Art. 273).

Hinsichtlich der Gegenstandslosigkeit des Schlichtungsverfahrens und der Entscheide bei fehlenden Prozessvoraussetzungen usw. wird auf die Ausführungen zu Art. 274e verwiesen. 129

**III.** Mit dem Entscheid der Schlichtungsbehörden wird den Parteien der Weg für **die Anrufung des Richters (Abs. 5)** geöffnet. Erst mit dieser Anrufung wird ein gerichtliches Verfahren eingeleitet (vgl. BGE 117 II 506, ZMP 2/91 Nr. 21; ferner z.B. EIHOLZER, in: mp 2/93, S. 57, HIGI, Schlichtungsstellen, S. 18, Fn. 9, mit zahlreichen Verweisen, HOHL, S. 248 ff.). 130

1. Die Anrufung des Richters steht den Parteien nur unter folgenden **Voraussetzungen** offen, die sich alle aus Art. 274 Abs. 5 selbst ergeben: 131

– Es muss ein *Entscheid der Schlichtungsbehörde in der Sache selbst ergangen sein* (mit Prüfung der Ansprüche aus eigener Rechtsfindung gemäss Art. 273 Abs. 4; vorn N 126, mit Weiterverweisen); zum Fall, in dem von der Schlichtungsbehörde trotz fehlender Einigung überhaupt kein Entscheid gefällt wird, vgl. N 19 zu Art. 272b). Bei gemischten Entscheiden (Teileinigung; vgl. N 15 zu Art. 272c) kann der Teil, über den sich die Parteien bereits geeinigt haben, konsequenterweise nicht mehr Gegenstand eines gerichtlichen Verfahrens werden (die Dispositionsmaxime steht dem ebenso entgegen wie die Tatsache, dass die Parteien, soweit sie sich geeinigt haben, gar kein rechtliches Interesse an der Fortsetzung des Verfahrens mehr besitzen können; vgl. auch nachstehend N 133, N 135). 132

133 – Die den Richter anrufende Partei muss im Schlichtungsverfahren *unterlegen sein* (Art. 273 Abs. 5). Damit umschreibt das Gesetz – in Anlehnung an die Rechtsmittelvoraussetzung der Beschwer – dass die Klageeinleitung ein rechtliches Interesse der klagenden Partei erfordert. Sie umschreibt ferner, welches das rechtliche Interesse sein muss, das zur Klageeinleitung minimal ausreicht (Weiteres dazu in den Ausführungen zu Art. 274f). Damit ist zugleich klargestellt, dass die Anrufung des Richters kein Rechtsmittel darstellt (vgl. BGE 117 II 506 f.). Die Durchführung des Schlichtungsverfahrens stellt eine (zusätzliche) bundesrechtliche Prozessvoraussetzung des Gerichtsverfahrens dar (BGE 117 II 506 f.).

134 Ob eine Partei im Schlichtungsverfahren unterlegen ist, muss sich aus dem Entscheid der Schlichtungsbehörde ergeben. Das Bundesrecht setzt damit zugleich *minimale Anforderungen für eine Begründung des Entscheides fest, welche die Schlichtungsbehörden in Verfahren gemäss Art. 273 Abse. 4 und 5 zu befolgen haben*, unbeschadet um anderslautende kantonale Verfahrensvorschriften (vgl. auch N 277 zu Art. 271a). Sind beide Parteien unterlegen, können beide den Richter anrufen; es liegt dann eine zulässige Form der *doppelseitigen Klage* (actio duplex) vor (vgl. dazu allgemein z.B. VOGEL, S. 187 f.; gl.M. WEBER/ZIHLMANN, Basler Kommentar, N 7 zu Art. 273).

135 Sind diese *Voraussetzungen nicht erfüllt*, ist auf eine dennoch erhobene Klage mangels ausreichender Prozessvoraussetzungen *nicht einzutreten* (vgl. allgemein VOGEL, S. 191 ff.; gl.M. SVIT-Kommentar II, N 8 zu Art. 274f, mit Verweisen). Namentlich eine Einigung (Erledigung des Schlichtungsverfahrens infolge Vergleichs bzw. infolge Erstreckungsvereinbarung) kann nicht mit der Klage nach Art. 273 Abs. 5 angefochten werden (in diesen Fällen ist wie bei rechtskräftigen Entscheiden vorzugehen; siehe N 141, mit Weiterverweisen).

136 **2.** Die Einleitung des gerichtlichen Verfahrens ist an eine **Anrufungsfrist** von 30 Tagen geknüpft. Sie markiert jedoch, anders als die dreissigtägigen Fristen gemäss Art. 273 Abse. 1 und 2, nicht mehr eine Klageanhebung im bundesrechtlichen Sinn (vgl. vorn N 13, N 69; zu den Folgen siehe auch BGE 118 II 479). Den Fristbeginn legt das Bundesrecht überdies direkt nicht fest (vgl. dazu die Ausführungen zu N 274f). Im übrigen berechnet sich die Frist wie die Frist von Art. 273 Abs. 1 (vgl. dazu vorn N 54).

137 Es handelt sich bei der Anrufungsfrist endlich nicht um eine bundesrechtliche Verwirkungsfrist, sondern um eine *bundesrechtliche Prozessfrist*, deren Einhaltung bzw. Nichteinhaltung zwar mit Rechtsfolgen verknüpft ist, aber am Bestand von Rechten und Pflichten grundsätzlich nichts mehr ändert (siehe nachfolgend N 140; gl. z.B. SVIT-Kommentar II, N 8 f. zu

Art. 274f, mit Verweisen). Als ausdrücklich im Gesetz verankerte Maximalfrist (dazu auch vorn N 43; gl. SVIT-Kommentar I, N 28 zu Art. 273) kann sie weder verkürzt noch verlängert werden. Analog Art. 34 f. OG wird sie daher weder durch Gerichtsferien gehemmt, noch kann sie ohne weiteres wiederhergestellt werden (gl.M. hierin wohl WEBER/ZIHLMANN, Basler Kommentar, N 3 zu Art. 273). Zu den analogen Wiederherstellungsmöglichkeiten vgl. BGE 119 II 86 ff., 111 Ia 357, 92 I 216.

Zu den Wirkungen der Klageeinleitung beim Richter vgl. die Ausführungen zu Art. 274f. 138

Hinsichtlich Klagen, die innert *Frist bei einer unzuständigen Behörde* eingereicht worden sind, vgl. die Ausführungen zu Art. 274f. 139

3. Die **Wirkungen der Fristsäumnis und des Verzichtes auf Anrufung** ergeben sich aus Art. 273 Abs. 5 selbst: Es wird der Entscheid der Schlichtungsbehörde von Bundesrechts wegen *rechtskräftig wie ein Gerichtsurteil.* Auf eine verspätet angehobene Klage ist daher vom Richter nicht mehr einzutreten. 140

Ist der rechtskräftig gewordene Entscheid der Schlichtungsbehörde *fehlerhaft*, kann er nur noch mit Hilfe (ausserordentlicher kantonaler) *Rechtsmittel* korrigiert werden bzw. auf dem Weg der Erläuterung/Berichtigung (vgl. dazu N 232 zu Art. 272, N 19 zu Art. 272b). 141

# Art. 273a

D. Wohnung der Familie

**[1] Dient die gemietete Sache als Wohnung der Familie, so kann auch der Ehegatte des Mieters die Kündigung anfechten, die Erstreckung des Mietverhältnisses verlangen oder die übrigen Rechte ausüben, die dem Mieter bei Kündigung zustehen.**

**[2] Vereinbarungen über die Erstreckung sind nur gültig, wenn sie mit beiden Ehegatten abgeschlossen werden.**

D. Logement de famille

**[1] Lorsque la chose louée sert de logement à la famille, le conjoint du locataire peut aussi contester le congé, demander la prolongation du bail et exercer les autres droits du locataire en cas de congé.**

**[2] Les conventions prévoyant une prolongation du bail ne sont valables que si elles sont conclues avec les deux époux.**

D. Abitazioni familiari

**[1] Se la cosa locata funge da abitazione familiare, anche il coniuge del conduttore può contestare la disdetta, chiedere la protrazione della locazione ed esercitare tutti gli altri diritti che competono al conduttore in caso di disdetta.**

**[2] Le convenzioni concernenti la protrazione della locazione sono valide soltanto se concluse con ambedue i coniugi.**

1 Materialien — aArt. 271a Abs. 2 OR, Art. 273d des Entwurfes vom 27. März 1985; Amtl.Bull., SR, 1988, S. 178, NR, 1989, S. 540

2 **Literatur:** Siehe allgemeines Literaturverzeichnis sowie N 1 der Vorbem. zu den Art. 271–273c.

## Inhaltsverzeichnis

# A. Geltungsbereich, systematische Stellung und Charakter der Norm

**I.** Der **Geltungsbereich** der Norm entspricht *unter sachlichen Gesichtspunkten* grundsätzlich demjenigen aller anderen Normen des Dritten Abschnittes des Achten Titels (vgl. dazu N 19 ff. Vorbem. zu Art. 271–273c, N 3–5 zu Art. 271, N 3–5 zu Art. 272), in dem auch sie enthalten ist. Er ist aber abweichend von diesem Grundsatz *eingeschränkt auf Mietverhältnisse über Familienwohnungen* (vgl. zu diesem Begriff N 12 ff. zu Art. 266m–266n, N 125 ff. Vorbem. zu Art. 253–274g). Familienwohnungen sind Wohnraum, der sich vom übrigen Wohnraum durch den Zweck des Gebrauches in persönlicher Hinsicht (nachfolgend N 4, N 7) unterscheidet. Vom Geltungsbereich der Norm in sachlicher Hinsicht also ausgeschlossen sind daher alle Mietverhältnisse über Wohnraum, der nicht Familienwohnung darstellt, sowie Mietverhältnisse über Geschäftsraum. 3

Unter *persönlichen Gesichtspunkten* ist die Geltung der Norm – dem Wortlaut nach – auf die *Ehegatten* beschränkt, *die nicht auch schon Mieter sind* (sonst liegt eine gemeinsame Miete vor; vgl. dazu N 103 ff. Vorbem. zu Art. 253–274g). 4

**II.** Die **systematische Stellung** der Norm folgt aus ihrem Zweck, dem Schutz der Familienwohnung, d.h. der ehelichen Wohnung (TUOR/SCHNYDER/SCHMID, S. 206; siehe auch N 7, N 17 Vorbem. zu Art. 271–273c, N 16 zu Art. 271a) als Hort der ehelichen Gemeinschaft: Sie ist mietrechtlicher 5

Anwendungsfall des Art. 169 ZGB, wie ebenfalls Art. 266m und Art. 266n. Sie stellt keine weitergehende mietrechtliche lex specialis dar (vgl. dazu N 4 f. und N 8–10 zu Art. 266m–266n, mit Verweisen).

6 **III.** Ihren **Charakter** bezieht die Norm aus dem Schutzgedanken des Art. 169 ZGB: Als Schutzvorschrift hat sie absolut zwingenden Charakter und kann auch (güter)vertraglich nicht wegbedungen werden (statt vieler: RONCORONI, in: mp 2/90, S. 85; vgl. auch N 6 und N 11 zu Art. 266m–266n).

# B. Die Ausübung von Rechten, die dem Mieter bei der Kündigung zustehen, durch den Ehegatten bei Familienwohnungen (Abs. 1)

## I. Allgemeines

7 **1.** Zum *Begriff* der **Familienwohnung** vgl. N 125 ff. Vorbem. zu Art. 253–274g, N 12 ff. und N 17 ff. zu Art. 266m–266n. *Keine Familienwohnung* im Sinn der Norm liegt dann vor, wenn *einer der Ehegatten Vermieter und der andere Mieter ist* (vgl. N 19 zu Art. 266m–266n), auch wenn die Wohnung als Familienwohnung dient (hier stehen den Rechten des vermietenden Ehegatten gemäss der Norm seine Stellung als Vermieter gerade entgegen; für den Schutz der ehelichen Gemeinschaft sorgt in diesen Fällen Art. 169 ZGB zusammen mit Art. 266m; vgl. N 4 f. und N 19 zu Art. 266m–266n).

8 Zu *Abgrenzungen* des Begriffes der Familienwohnung von der gewöhnlichen Wohnung in *zeitlicher Hinsicht* vgl. N 129 Vorbem. zu Art. 253–274g, N 15 zu Art. 266m–266n; zur Abgrenzung in *sachlicher Hinsicht* vgl. N 128 Vorbem. zu Art. 253–274g, N 16 zu Art. 266m–266n.

9 **2.** Die Norm räumt *nur dem nicht mietenden* **Ehegatten** Rechte ein (vgl. CALAMO, S. 212, HAUSHEER/REUSSER/GEISER, N 12 zu Art. 169 ZGB und aArt. 271a, TUOR/SCHNYDER/SCHMID, S. 206). Wer Ehegatte ist, bestimmt sich nach dem ZGB, dessen Art. 159 Abs. 1 festlegt, dass Ehegatten durch die Trauung (vgl. Art. 113 ff. ZGB) zur ehelichen Gemeinschaft verbunden

werden (Weiteres bei BRÄM/HASENBÖHLER, N 11 ff., N 54 f., N 61 ff. zu Art. 159 ZGB).

Ob ein *Ehegatte nicht Mieter ist,* bestimmt der Mietvertrag (vgl. aber auch nachstehend N 23 ff. [Parteiwechsel] und N 66 f., N 72 zu Art. 272b). Strittig ist, ob als Ehegatte im Sinn der Norm auch derjenige gilt, der die eheliche Wohnung (Familienwohnung) infolge (dauernder) faktischer oder gar rechtlicher Trennung der Ehe nicht bewohnt. Nach der hier vertretenen Auffassung, die der h.L. entspricht, liegt in solchen Fällen jedenfalls dann keine Familienwohnung mehr vor, wenn eine faktische Trennung besteht und der *nicht mietende Ehegatte ausgezogen ist* (vgl. N 15 zu Art. 266m–266n, mit Verweisen ebenfalls auf die a.A.; gl. ferner BGE 114 II 396, JdT 1990 I 261, DdB 2/1990 Nr. 24 sowie etwa HASENBÖHLER, in: MRA 5/95, S. 234, S. 244, SVIT-Kommentar I, N 2 zu Art. 273a, und TERCIER, S. 225, Rz. 1820). Ist die eheliche Gemeinschaft definitiv durch Scheidung aufgelöst (und erst recht durch den Tod eines Ehegatte), so erlischt der Charakter einer Wohnung als Familienwohnung ohnehin. 10

Dass trotz eines (faktischen oder richterlich gebilligten) Getrenntlebens eine Familienwohnung vorliegt (weil die eheliche Gemeinschaft an sich noch intakt ist bzw. begründete Aussicht auf eine Rückkehr des ausgezogenen Ehegatten besteht), hat im Streitfall der nicht mietende Ehegatte, der Rechte aus Art. 273a ableitet, gemäss den allgemeinen Grundsätzen der Beweislastverteilung zu beweisen (vgl. auch N 53 zu Art. 266m–266n). Dem Schutzgedanken von Art. 169 ZGB entsprechend dürfen an den Beweis keine allzu hohen Anforderungen gestellt werden (unklar, ob a.A., bei HASENBÖHLER, in: MRA, a.a.O.). 11

## II. Ausübbare Rechte gemäss Abs. 1

### 1. Allgemeines

Die Norm selbst zählt nicht im einzelnen auf, welche Rechte dem nicht mietenden Ehegatten zukommen, sondern verweist pauschal auf die «Rechte», die sich aus den Art. 271 ff. ergeben. Grundsätzlich sind das *alle Rechte, die auch dem Mieter zustehen,* also vor allem die Klagerechte i.S.v. Art. 273 Abse. 1–3 und das Recht auf die Anrufung des Richters (Art. 273 Abs. 5), aber auch das Recht, eine Begründung der Kündigung verlangen zu können (vgl. N 129 zu Art. 271), oder das Recht, ein Nebenbegehren auf Vertragsanpassung i.S.v. Art. 272c Abs. 1 zu stellen (statt vieler: WEBER/ZIHLMANN, Basler Kommentar, N 1 zu Art. 273a), wie überhaupt das Recht, in einem Verfahren, das den Verlust der Familienwohnung direkt 12 nach sich ziehen kann (z.B. Ausweisungsverfahren), selbständig Anträge zu stellen und Tatsachenbehauptungen vorzubringen (wie Härtegründe oder Indizien, die eine Treuwidrigkeit oder geringe Vermieterinteressen zu belegen vermögen usw.; vgl. [bereits zum alten Recht] etwa BJM 1987, S. 94 ff). Wo die entsprechenden *Rechte des mietenden Ehegatten* allerdings *bereits untergegangen sind* (z.B. Verwirkung infolge Säumnis; vgl. N 63 ff., N 104, N 111 zu Art. 273; siehe auch N 137 und 140 zu Art. 273), kann auch der nicht mietende Ehegatte grundsätzlich nichts mehr ausrichten. Denn mehr Rechte als dem mietenden Ehegatten (und damit einem jeden Mieter) kommen dem nicht mietenden Gatten nicht zu (vgl. auch nachstehend N 20).

13 Für die Möglichkeit der *zeitgerechten Wahrung der Klagerechte sorgt im Fall der Vermieterkündigung Art. 266n:* Die Klagefristen für beide Ehegatten beginnen erst mit dem Eingang der zweiten der beiden separat zuzustellenden Kündigungen des Vermieters (vgl. BGE 118 II 44; Genaueres dazu in N 41–47 zu Art. 266m–266n und in N 50–52 zu Art. 266m–266n [Zustelladresse]). *Im übrigen ist die zeitgerechte Wahrung der Rechte* (vgl. z.B. die Wahrung der Frist gemäss Art. 273 Abs. 5, wenn der nicht mietende Ehegatte bisher abseits vom Verfahren gestanden hat) ausschliesslich *Sache der Ehegatten selbst;* fehlende oder fehlerhafte Kommunikation (auch über den Verfahrensgang bzw. -stand) zwischen ihnen haben sie selbst zu vertreten (vgl. ebenfalls BGE 118 II 44 f. und Anmerkung 5 von WESSNER zu Nr. 10 von DdB 4/1990).

### 2. Bei Klagen

14 Art. 273a durchbricht den Grundsatz, dass Rechte aus einem Vertrag nur von einem Vertragspartner geltend gemacht werden können, ausschliesslich aus Motiven des Eheschutzes (vgl. etwa SVIT-Kommentar, N 1 zu Art. 273a, WEBER/ZIHLMANN, Basler Kommentar, N 1 zu Art. 273a, ZIHLMANN II, S. 244 f.). Dieser Grundsatz wird allerdings nicht per se durchbrochen; der *nicht mietende Ehegatte* wird deshalb nicht von Amtes wegen in ein Verfahren einbezogen, sondern nur dann, wenn er sich selbst am Verfahren beteiligen will und entsprechende zeitgerechte (vorn N 13) Handlungen vorgenommen hat (siehe, statt vieler: ZIHLMANN II, S. 245; zu den Klagen vgl. auch N 36, N 52, N 86 zu Art. 273). Es liegt in der Regelung von Art. 273a Abs. 1 somit ein Anwendungsfall der *Prozessstandschaft* (HAUSHEER/REUSSER/GEISER, N 106 zu Art. 169 ZGB und aArt. 271a, WEBER/ZIHLMANN, Basler Kommentar, N 1 zu Art. 273a; allgemein dazu VOGEL, S. 135 f.).

Die Anhebung einer Anfechtungs- oder Erstreckungsklage bzw. die Einleitung eines gerichtlichen Verfahrens i.S.v. Art. 273 Abs. 5 durch den nicht mietenden Ehegatten führt zu *einer einfachen Streitgenossenschaft der zwei Ehegatten,* wenn ebenfalls der mietende Ehegatte die entsprechenden Klagen erhoben bzw. den Richter angerufen hat (vgl. BGE 118 II 168 ff.; dazu allgemein z.B. GULDENER, S. 301–305). Dannzumal lautet ein Entscheid in der Sache auf beider Namen. *Bleibt hingegen der mietende Ehegatte dem Verfahren fern,* so ist nur der nicht mietende Ehegatte Verfahrensbeteiligter. Der Entscheid der Schlichtungsbehörde bzw. das Urteil des Richters hat dannzumal nur auf den Namen des nicht mietenden Ehegatten zu lauten (das gilt ebenso dann, wenn der mietende Ehegatte nach einem Entscheid der Schlichtungsbehörde Abstand von einer gerichtlichen Klage i.S.v. Art. 273 Abs. 5 nimmt und der nicht mietende Ehegatte die Sache weiterverfolgt; vgl. HAUSHEER/REUSSER/GEISER, N 106 zu Art. 169 ZGB und aArt. 271a, ferner allgemein: GULDENER, S. 142, S. 303, VOGEL, S. 135, Rz. 37). 15

Der *nicht mietende Ehegatte* muss nicht von Anfang an am Verfahren beteiligt sein; er kann von Bundesrechts wegen auch erst später – während jedes Verfahrensstadiums vor der Entscheid- bzw. Urteilsfällung sowie im Rechtsmittelverfahren – dem Verfahren beitreten (vgl. BGE 115 II 365; dazu auch ZBJV 127 [1991], S. 282; vgl. auch HAUSHEER/REUSSER/GEISER, N 107 ff. zu Art. 169 ZGB und aArt. 271a). Der umgekehrte Fall (späterer Eintritt des mietenden Ehegatten) ist von Art. 273a nicht erfasst (vorn N 9) und gemäss Art. 273 (Fristversäumnis, z.T. unter Verwirkungsfolge; vgl. vorn N 12) ausgeschlossen. 16

Sind hingegen *beide Ehegatten Mieter (gemeinsame Miete),* so stehen beiden Ehegatten die sich aus den Art. 271 ff. ergebenden Rechte zu, die sie im Lichte von Art. 166 Abs. 2 ZGB an sich auch selbständig ohne den anderen geltend machen können (allerdings nur innert den zu beachtenden Fristen; unklar, ob und allenfalls wie weitergehend, bei BGE 118 II 169 f.; ähnlich, aber weitergehend, z.B. WEBER/ZIHLMANN, Basler Kommentar, N 3 zu Art. 273a). Im Verfahren über eine Anfechtungsklage der Mieterschaft sowie im Erstreckungsprozess, aber ebenso im Ausweisungsverfahren (HASENBÖHLER, in: MRA 5/95, S. 243; vgl. auch SJZ 1990, S. 182) bilden sie *eine notwendige Streitgenossenschaft,* da die Wirkungen eines das Verfahren abschliessenden Gestaltungsentscheides beide als Mieter gleichermassen treffen (gl. WEBER/ZIHLMANN, Basler Kommentar, a.a.O.). Bei den Ausweisungsverfahren hat das überdies zur Folge, dass dann, wenn nur gegen einen der gemeinsam mietenden Ehegatten eine Ausweisungsbefehl erlassen worden ist, dieser Befehl (wie stets bei gemeinsamen Mietern) erst dann vollstreckbar wird, wenn auch gegen den anderen mietenden Ehegatten ein 17

Befehl vorliegt (Rückgabe der Mietsache als grundsätzlich «unteilbare» Leistung bei der gemeinsamen Miete [siehe N 120 Vorbem. zu Art. 253–274g]; gl.M. etwa GUHL/KOLLER/DRUEY, S. 415, HASENBÖHLER, in: MRA 5/95, S. 243, mit Verweis, SJZ 1990, S. 182; a.A. SJZ 1990, S. 212).

18 Der Entscheid bzw. das Urteil hat in den vorerwähnten Fällen daher, auch wenn ein Ehegatte anfangs abseits steht (siehe auch nachstehend N 19), stets auf beider Name zu lauten (gl.M. WEBER/ZIHLMANN, Basler Kommentar, N 3 zu Art. 273a; unklar, inwieweit a.A., bei BGE 118 II 170 [einfache Streitgenossenschaft], da das BGer dort die Folgen der Solidarschuldnerschaft in unzulässiger Weise mit den Auswirkungen des Status einer Vertragspartei bei gemeinsamen Vertragsverhältnissen vermischt [vgl. Ingress in BGE 118 II 168 Ziff. 1]; kritisch zu BGE 118 II 170 in diesem Sinn auch WEBER/ZIHLMANN, Basler Kommentar, N 3 zu Art. 273a).

19 *Ausgeschlossen ist* nach dem Gesagten *konsequenterweise (notwendige Streitgenossen), dass einer der beiden mietenden Ehegatten erst später dem Prozess gestützt auf Art. 273a Abs. 1 beitritt.* Er ist von Anfang an in diesen – wenigstens im Rahmen von Art. 166 Abs. 2 ZGB i.V.m. Art. 169 Abs. 2 ZGB – einbezogen (vgl. dazu auch BRÄM/HASENBÖHLER, N 24 und N 55 [Ziff. 1/b] zu Art. 166 ZGB [Aufhebung des gemeinsamen Haushaltes], N 40 und N 56 [S. 286] zu Art. 166 ZGB).

20 Art. 273a will gemäss eindeutigem Wortlaut nur den *nicht mietenden Ehegatten schützen* (der mietende Ehegatte ist im internen Verhältnis durch Art. 169 ZGB geschützt), *nicht jedoch den Ehegatten als gemeinsamen Mietern* (einheitliche Partei) *weitergehende Rechte einräumen als anderen Mietern* (allein oder als gemeinsame Mieter); wie die Ehegatten intern zu ihrem Konsens gelangen, ist unter dem Blickwinkel von Art. 169 ZGB zu beurteilen (gl.M. z.B. HASENBÖHLER, in: MRA 5/95, S. 234; offenbar a.A. ZIHLMANN II, S. 244 f., der einen familienrechtlichen Zweck in Art. 273a Abs. 1 erblickt, welcher es jedem Ehegatten erlauben soll, Rechte zur Erhaltung der Wohnung selbständig zu wahren, und verbieten bzw. verunmöglichen soll, gegen den Willen des anderen darauf zu verzichten; unklar, ob ebenfalls dieser a.A., die gemeinsam mietende Ehegatten nicht gemeinsam mietenden Ehegatten im Lichte von Art. 273a Abs. 1 gleichstellen würde, bei BGE 118 II 168 ff. [dazu vorn N 18] und bei HAUSHEER/REUSSER/GEISER, N 109 zu Art. 169 ZGB und aArt. 271a).

## C. Vereinbarungen über die Erstreckung (Abs. 2)

### I. Allgemeines

21 Zum *Wesen* der Erstreckungsvereinbarung vgl. N 50 f. und N 64 zu Art. 272b, zu den *Erscheinungsformen* (Arten) der Erstreckungsvereinbarung siehe N 52 ff. zu Art. 272b, zum *Inhalt* der Erstreckungsvereinbarungen

vgl. N 68 ff. zu Art. 272b, zur *Form* dieser Vereinbarungen siehe N 77 ff. zu Art. 272b.

*Keine Erstreckungsvereinbarung* stellt der Aufhebungsvertrag dar; zu diesem muss der nicht mietende Ehegatte gemäss Art. 169 ZGB seine Zustimmung abgeben. 22

## II. Gültigkeit nur bei Abschluss mit beiden Ehegatten

Art. 273a Abs. 2 verlangt zwingend, dass Erstreckungsvereinbarungen (aber nicht irgendwelche anderen Vergleiche) über die Familienwohnung gültig nur mit beiden Ehegatten *abgeschlossen* werden können. Eine blosse Zustimmung des nicht mietenden Ehegatten zu einer Erstreckungsvereinbarung genügt damit nicht; beide Ehegatten haben entsprechende Willenserklärungen abzugeben (siehe N 67 zu Art. 272b). 23

Gewissermassen Art. 162 ZGB und Art. 169 ZGB «überholend» (diese Normen verlangen nur eine interne Übereinkunft der Ehegatten bzw. eine Zustimmung), durchbricht somit Art. 273a Abs. 2 den Grundsatz, dass nur eine Partei aus einem Vertrag Rechte (wie z.B. der Erstreckungsanspruch eines bildet) der anderen Vertragspartei gegenüber geltend machen kann (vgl. vorn N 14 und N 65 f. zu Art. 272b). Art. 273a Abs. 2 begründet dadurch für den Vermieter *dann einen Kontraktionszwang und führt im Fall eines gültigen Abschlusses zu einem Parteiwechsel, wenn nicht bereits beide Ehegatten Mieter sind* (gemeinsame Miete; vgl. N 67 zu Art. 272b). 24

Räumt die *Erstreckungsvereinbarung der Mieterschaft die Möglichkeit einer Zweiterstreckung ein,* so bilden die Ehegatten im Zweiterstreckungsverfahren stets eine gemeinsame Mietpartei (gemeinsame Miete). Die Wahrung der Mieterrechte im Zweiterstreckungsverfahren folgt deshalb nur noch bedingt Art. 273a Abs. 1 (dazu vorn N 12 f., N 14 ff.). 25

Art. 273a Abs. 2 *gilt für alle Arten* (dazu N 52 ff. zu Art. 272b) *von Erstreckungsvereinbarungen.* Bei gerichtlichen bzw. behördlichen führt ihr gültiger Vertragsschluss stets dann zu einem Parteiwechsel noch während eines Verfahrens auf der Mieterseite vom mietenden Ehegatten auf beide Ehegatten als gemeinsame Mieter, wenn bislang einer der Ehegatten noch nicht Mieter war (vgl. N 67 zu Art. 272b; ähnlich z.B. SVIT-Kommentar I, N 3 zu Art. 273a, der in diesem Zusammenhang von einem zivilprozessualen Novum spricht). Der Erledigungsentscheid hat in diesen Fällen folglich stets beide Ehegatten als Partei aufzuführen. 26

Erstreckungsvereinbarungen, die nicht mit beiden Ehegatten (als gemeinsamer Mieterpartei) abgeschlossen worden sind, sind nicht nur nicht 27 gültig zustande gekommen, sondern kraft Gesetzes *nichtig*. Das Nichtzustandekommen einer Erstreckungsvereinbarung unter dem Gesichtspunkt der Beteiligung der Ehegatten ist daher von Amtes wegen zu berücksichtigen und gilt allgemein, namentlich aber dem Vermieter gegenüber. Die Schlichtungsbehörde oder das Gericht dürfen daher keinen Prozess infolge Vergleiches (Erstreckungsvereinbarung) erledigen, wenn nicht beide Ehegatten den Vergleich mitabgeschlossen haben (vgl. z.B. SVIT-Kommentar I, N 3 zu Art. 273a).

28 Im Fall eines *Klagerückzuges oder einer Klageanerkennung infolge Vergleiches* (Erstreckungsvereinbarung; vorn N 23 f.; siehe auch N 127 f. zu Art. 273, mit Weiterverweisen) bildet der Vergleich direkt keine Grundlage für die Verfahrenserledigung, sondern die (einseitige) Rückzugs- bzw. Anerkennungserklärung. Die Nichtigkeit des Vergleiches (der Erstreckungsvereinbarung) ist trotzdem von der Behörde oder vom Gericht dann zu berücksichtigen, wenn der Vergleich der Behörde oder dem Gericht zusammen mit der Anerkennungs- oder Rückzugserklärung vorgelegt wird; denn dadurch wird offenbar, dass die (einseitige) Anerkennungs- oder Rückzugserklärung an einem Willensmangel bei der erklärenden Partei leiden kann. Alsdann darf das Verfahren mangels Klarheit der Rückzugs- bzw. Anerkennungserklärung, wie es die Interessen der Rechtssicherheit erfordern, nicht gestützt auf diese einseitige Erklärung erledigt werden.

29 Wird die Vereinbarung hingegen nicht vorgelegt, kann nur die einseitige Anerkennungs- bzw. Rückzugserklärung massgebend sein. Nach Eintritt der Rechtskraft (vgl. N 140 f. zu Art. 273) kann ein Entscheid (der Schlichtungsbehörde) nur noch mittels kantonaler Rechtsmittel (Revision in der Regel) angefochten werden, nicht aber mit einer Anrufung des Richters i.S.v. Art. 273 Abs. 5.

30 Im Fall der *Fristversäumnis gemäss Art. 273* Abse. 1–3 durch die Ehegatten kann sich der Vermieter oder dessen Rechtsnachfolger auf die Nichtigkeit einer privaten/vorprozessualen Erstreckungsvereinbarung berufen (und es ist diese Berufung auf die Nichtigkeit wohl nur dann ausgeschlossen, wenn der Vermieter sie durch täuschendes Verhalten bewirkt hat, da Ehegatten ihre Rechte auch kennen müssen).

# Art. 273b

**[1] Dieser Abschnitt gilt für die Untermiete, solange das Hauptmietverhältnis nicht aufgelöst ist. Die Untermiete kann nur für die Dauer des Hauptmietverhältnisses erstreckt werden.** E. Untermiete

**[2] Bezweckt die Untermiete hauptsächlich die Umgehung der Vorschriften über den Kündigungsschutz, so wird dem Untermieter ohne Rücksicht auf das Hauptmietverhältnis Kündigungsschutz gewährt. Wird das Hauptmietverhältnis gekündigt, so tritt der Vermieter anstelle des Mieters in den Vertrag mit dem Untermieter ein.**

**[1] Les dispositions du présent chapitre s'appliquent à la sous-location jusqu'à l'extinction du bail principal. La prolongation n'est possible que pour la durée du bail principal.** E. Sous-location

**[2] Lorsque la sous-location a pour but principal d'éluder les dispositions sur la protection contre le congé, le sous-locataire bénéficie de cette protection sans égard au bail principal. Si ce dernier est résilié, le bailleur principal est subrogé au sous-bailleur dans le contrat avec le sous-locataire.**

**[1] Le disposizioni del presente capo sono applicabili alla sublocazione, sempreché non sia sciolta la locazione principale. La protrazione è possibile soltanto per la durata della locazione principale.** E. Sublocazione

**[2] Se la sublocazione è intesa principalmente ad eludere le disposizioni sulla protezione dalle disdette, il subconduttore beneficia di questa protezione senza riguardo alla locazione principale. In caso di disdetta della locazione principale, il locatore è surrogato al conduttore nel contratto con il subconduttore.**

| | | |
|---|---|---|
| Materialien | aArt. 267d Abs. 1 OR, Art. 273e des Entwurfes vom 27. März 1985; Amtl.Bull., SR, 1988, S. 178, NR, 1989, S. 540 | 1 |
| Ausländisches Recht | Siehe N 1 zu Art. 271 und zu Art. 272, ferner vgl. MRG § 34a | |

**Literatur:** Siehe allgemeines Literaturverzeichnis sowie N 1 der Vorbem. zu den Art. 271–273c. 2

## Inhaltsverzeichnis



# A. Geltungsbereich, systematische Stellung und Charakter der Norm

3 **I.** Der **Geltungsbereich** der Norm entspricht grundsätzlich demjenigen der Normen des Dritten Abschnittes (vgl. N 19 ff. Vorbem. zu Art. 271–273c). Er ist jedoch – was sich aus dem Randtitel ergibt – eingeschränkt auf den Bereich der Untermiete (zu diesem Begriff vgl. nachstehend N 9 ff.; Weiteres siehe ebenfalls bei den nachstehenden Ausführungen zur systematischen Stellung).

4 **II.** Hinsichtlich der **systematischen Stellung** der Norm ist zu differenzieren zwischen Abs. 1 (nachstehend N 5 f.) und Abs. 2 (nachstehend N 7).

*Abs. 1* der Norm regelt im 1. Satz den eingeschränkten Geltungsbereich der Norm selbst (vgl. vorn N 3). Sie steht damit in einem systematischen Bezug zu den allgemeinen Prämissen des Dritten Abschnittes des Achten Titels (vgl. N 3 Vorbem. zu Art. 271–273c), die den Geltungsbereich des Kündigungsschutzrechts umschreiben. Die Norm nimmt diesen Prämissen gegenüber gewissermassen die Stellung einer (einschränkenden) lex specialis ein. 5

In ihrem 2. Satz schränkt die Norm überdies den Erstreckungsanspruch des Mieters im Vergleich zu Art. 272 bzw. Art. 272b ein. Sie erweist sich insoweit als lex specialis zu Art. 272 und zu Art. 272b. Die Einschränkung folgt aus der Natur des Untervertragsverhältnisses (dazu siehe nachfolgend N 11; vgl. überdies N 8 zu Art. 262 [mit Verweisen] und BGE 112 II 115, mit Verweisen). Die Norm steht damit ebenfalls in einem systematischen Bezug zu Art. 262 und bildet insoweit Bestandteil des materiellen Untermietrechts. 6

In ihrem *Abs. 2* will die Norm Umgehungen des (gesamten) Kündigungsschutzrechts (Art. 271 f. und Art. 272 ff.) verhindern. Sie knüpft dabei an Art. 273c Abs. 1 an und lässt in der Rechtsfolge (nachstehend N 44 ff.) den Hauptvermieter in das Untermietverhältnis als Vermieter eintreten. Sie weicht darin von der Rechtsfolge des Art. 273c Abs. 2 ab und bildet hierin (wiederum) eine lex specialis (zu Art. 273c Abs. 2). Da Umgehungen von Recht auch Rechtsmissbrauch i.S.v. Art. 2 Abs. 2 ZGB sein können (vgl. zum alten Recht: SCHMID, N 3 zu aArt. 267d), erweist sich Abs. 2 von Art. 273b auch als lex specialis zu Art. 2 ZGB (dazu siehe gleichfalls nachstehend N 35 und N 41). 7

**III.** **Der Charakter** der Bestimmung ist durchgehend zwingend. *Absolut zwingend* ist Abs. 1, der im 1. Satz den Geltungsbereich der Norm bestimmt und insoweit überdies der Parteiautonomie entzogen ist. Abs. 2 ist ebenfalls im 1. Satz absolut zwingend (gl. RONCORONI, in: mp 2/90, S. 85), bezüglich des 2. Satzes, 2. Teil (Rechtsfolge), der Parteidisposition entzogen und somit gleichermassen absolut zwingend (RONCORONI, a.a.O., S. 80). 8

# B. Kündigungsschutzbestimmungen bei der Untermiete (Abs. 1)

## I. Untermiete

9 Die Untermiete (vgl. dazu auch N 6 ff. zu Art. 262) bezeichnet ein *eigenständiges Mietverhältnis zwischen einem Mieter als Vermieter (Untervermieter) und einem weiteren Mieter* (Untermieter; vgl. dazu N 7 ff. zu Art. 262). Wie jedes Mietverhältnis kann sie befristet oder unbefristet i.S.v. Art. 255 sein. Sie kann sich auf Wohn- oder Geschäftsraum beziehen (vgl. N 20 ff. und N 26 ff. Vorbem. zu Art. 271–273c) oder auf gemischten Gebrauch (vgl. N 36 ff. Vorbem. zu Art. 271–273). Sie kann endlich eine Familienwohnung erfassen (zum Begriff vgl. N 7 zu Art. 273a, mit Weiterverweisen).

10 Zwischen dem *Hauptvermieter* (dem Vermieter des Untervermieters) *und dem Untermieter bestehen grundsätzlich keine vertraglichen Beziehungen.* Aus der obligatorischen Natur der Vertragsbeziehungen folgt, dass für die Erfüllung des Untermietvertrages ausschliesslich der Untervermieter dem Untermieter gegenüber verantwortlich ist, nicht aber der Hauptvermieter (vgl. N 23–25 zu Art. 262; ähnlich BGE 120 II 115, mp 2/94, S. 76 [eine mangelhafte Mietsache führt gegebenenfalls zur Werkeigentümerhaftung des Hauptvermieters gegenüber dem Untermieter], unter Hinweis auf SJ 1963, S. 589 ff., und BGE 60 II 341).

11 Als *Untervertragsverhältnis* ist die Untermiete jedoch in ihrem Bestand durch das Hauptvertragsverhältnis beschränkt (vgl. N 18 f. zu Art. 262; BGE 120 II 115), was der 2. Satz von Abs. 1 der Norm unmissverständlich zum Ausdruck bringt, als verdeutlichendes Korrektiv zu Art. 262 Abs. 2, und dort namentlich dessen lit. c (vgl. N 45 zu Art. 262; ähnlich GIGER, S. 146, SVIT-Kommentar I, N 2 zu Art. 273b; mutmasslich gl.M., aber missverständlich, BGE 120 II 115). Die grundsätzliche Zulässigkeit der Untermiete sowie die nur in bestimmten Fällen verweigerbare Zustimmung des Hauptvermieters zur Untermiete sollen den Hauptvermieter im Hauptmietverhältnis nicht anders binden, als dieser sich gegenüber dem Hauptmieter binden wollte (auch wenn er von einer ihm an sich zustehenden Verweigerung der Zustimmung gutgläubig bzw. der Streitvermeidung willen absah; ähnlich wiederum z.B. GIGER, a.a.O., SVIT-Kommentar I, N 2 zu Art. 273b). Im Regelfall (zu den Ausnahmen vgl. nachstehend N 35 ff., insbesondere N 40 ff.) soll aus einer vom Hauptmieter «erlaubten» Untermiete

daher kein Kontraktionszwang für den Hauptvermieter gegenüber dem Untermieter folgen (gl.M. BGE 120 II 115 f.).

Der vorerwähnte Entscheid leitet übrigens aus einer im Sachverhalt nicht näher umschriebenen (!) Entgegennahme von Mietzinsleistungen des Untermieters durch den Hauptvermieter einen Vertrag zugunsten Dritter i.S.v. Art. 112 her, mit einer dogmatisch umstrittenen Annahme von weitergehenden Schutzwirkungen zugunsten des Dritten (BGE 120 II 116), ohne allerdings zu erläutern, worin denn in diesem (einmaligen, zweimaligen oder langdauernden?) Vorgang das Zahlungsversprechen des Untermieters gegenüber dem Untervermieter zugunsten des Hauptvermieters zu erblicken wäre. Bei vereinzelten Leistungen des Untermieters hätte wohl die Annahme eines (gewöhnlichen) Erfüllungsgehilfen einer natürlichen Betrachtungsweise entsprochen. In BGE 120 II 116 ging es überdies darum, dass sich das vom BGer angenommene Zahlungsversprechen gemäss Art. 112 aus der Entgegennahme von Mietzinsleistungen gewissermassen ebenfalls auf Zahlungen aus vertragswidrigem Verhalten (Schadenersatz, eingetreten durch bzw. nach Vertragsbeendigung) fortgesetzt haben soll (sic! [zur Dogmatik und Problematik von Verträgen mit Schutzwirkungen zugunsten Dritter vgl. allgemein z.B. GAUCH/SCHLUEP, Bd. 2, S. 384 ff.; kritisch zu BGE 120 II 112 ff. DdB 7/1995 Nr. 29]; nachzutragen bleibt hier noch, dass sich die «Schutzwirkung» zugunsten des Dritten [hier des Vermieters] im konkreten Fall in prozeduraler Hinsicht im Resultat gerade ins Gegenteil verkehrte). 12

## II. Grundsatz der uneingeschränkten Geltung der Kündigungsschutzbestimmungen auch bei der Untermiete

Der *Eigenständigkeit des Untermietvertrages* entsprechend (vorn N 9), gelten gemäss Abs. 1, 1. Satz, die Kündigungsschutzbestimmungen des Dritten Abschnittes des Achten Titels im Grundsatz (vgl. aber N 19 ff.) uneingeschränkt (vgl. z.B. GIGER, S. 146, SVIT-Kommentar I, N 3 f. zu Art. 273b, WEBER/ZIHLMANN, Basler Kommentar, N 1 zu Art. 273b, ZIHLMANN II, S. 242). Den Parteien kommt mithin das Anfechtungsrecht i.S. der Art. 271 f. zu, das Recht, die Begründung der Kündigung verlangen zu können (Art. 271 Abs. 2), dem Untermieter ferner der Erstreckungsanspruch i.S.v. Art. 272 ff. (LACHAT/STOLL, S. 374), beiden Parteien sodann die Möglichkeiten zur Erstreckungsvereinbarung gemäss Art. 272b Abs. 2 und Art. 272d (zu den inhaltlichen Grenzen der Vereinbarung siehe nachstehend N 20 ff., N 37) und endlich die Möglichkeiten der Vertragsanpassung gemäss Art. 272c. 13

Selbstredend stehen den Untermietvertragsparteien zusätzlich die (selbständigen) Klagen auf Feststellung der Nichtigkeit bzw. Unwirksamkeit der Kündigung zu (vgl. N 15, N 67, N 113 f. zu Art. 273; zu deren Grenzen vgl. nachstehend N 21 [sinngemäss] und N 26), dem Untervermieter zudem das Recht auf Ausweisung des Untermieters nach der gültigen Vertragsbeendigung (zu den Grenzen des Ausweisungsrechts siehe nachstehend N 21). 14

15 Die *Rechte, die die Art. 271 ff. dem Untermieter* – wie jedem Mieter – *einräumen*, hat dieser konsequenterweise (vorn N 13) ausschliesslich dem *Untervermieter gegenüber geltend zu machen* (gl. schon zum alten Recht: SCHMID, N 1 zu aArt. 267d), nicht aber dem Hauptvermieter gegenüber (statt vieler: MENGE, S. 177, SCHMID, N 2 zu aArt. 267d). Dieser ist hinsichtlich der Aktiv- bzw. Passivlegitimation in einem Kündigungsanfechtungsverfahren oder einem Erstreckungsverfahren als vertragsunbeteiligter Dritter zu betrachten (vgl. dazu N 31 f. zu Art. 273). Es steht ihm denn auch nicht zu, das Untermietverhältnis aus eigenem Recht zu kündigen, und zwar selbst dann nicht, wenn der Untermieter die Mietsache (haupt)vertragswidrig benutzt oder gar beschädigt usw. (siehe Art. 262 Abs. 2; vgl. N 28 zu Art. 262). Zu den Folgen fehlender Kündigungsberechtigung des Hauptvermieters vgl. N 132 ff. Vorbem. zu Art. 266–266o.

16 *Umgekehrt stehen die Rechte, die die Art. 271 ff. dem Vermieter einräumen*, insbesondere die Möglichkeit der Anfechtung der Kündigung des Untermietverhältnisses durch den Untermieter wegen Treuwidrigkeit (Art. 271 Abs. 1), *nur dem Untervermieter* als Vertragspartei gegenüber dem Untermieter zu, nicht aber dem Hauptvermieter.

17 *Nicht berufen kann sich der Untervermieter* in Kündigungsschutzverfahren hingegen auf *Rechte, die dem Vermieter als Eigentümer zustehen* (vgl. SCHMID, N 1 zu aArt. 267d), wozu – anders als unter dem alten Recht – der *dringende Eigenbedarf i.S.v. Art. 271a Abs. 3 lit. a bzw. 272 Abs. 2 lit. d* gerade *nicht zählt* (vgl. N 193 ff. zu Art. 271a). Gleich wie beim dringenden Eigenbedarf verhält es sich bei «Dienst-» oder «Personalwohnungen» (dazu N 143 zu Art. 272) sowie beim Ausschlussgrund des Art. 272a Abs. 1 lit. d, wenn die Voraussetzungen dieses Tatbestandes in das Untermietverhältnis Eingang gefunden haben (z.B. Umbauvorhaben des Rohbaumieters; vgl. auch N 43). Ausgeschlossen bleibt eine – analoge – Berufung auf den dringenden Eigenbedarf immerhin in Zusammenhang mit Art. 261 Abs. 2 lit. a, etwa wenn der Untervermieter das Mietverhältnis gestützt auf Art. 263 Abs. 1 an einen Dritten übertragen will.

18 *Nicht berufen kann sich der Untervermieter* bei Erstreckungsverfahren im Rahmen der Interessenabwägung schliesslich auf Interessen des Hauptvermieters, soweit sie nicht seine eigene Vertragsposition dem Hauptvermieter gegenüber betreffen (z.B. vertragswidriges Verhalten des Untermieters, das die begründete Befürchtung des Untervermieters weckt [Mahnung des Hauptvermieters i.S.v. Art. 257f Abs. 3], es könne das Hauptmietverhältnis aufgelöst werden). Dem Hauptvermieter gegenüber kann sich der Untervermieter umgekehrt auch nicht auf die Interessen des Untermieters als

Härtegründe berufen (mp 2/94, S. 77; vgl. N 98 zu Art. 272; gl.M. GIGER, S. 147, LACHAT, La sous-location, a.a.O., S. 484, SVIT-Kommentar I, N 5 zu Art. 273b, WEBER/ZIHLMANN, Basler Kommentar, N 2 zu Art. 273b, ZIHLMANN II, S. 243; a.A. MENGE, S. 177 [mit der in ihrer Absolutheit rational nicht nachvollziehbaren Begründung, dem Hauptvermieter entstünden daraus keine Nachteile; vgl. dazu auch vorn N 11]; unklar, ob a.A., bei LACHAT/STOLL, S. 374 f.).

## III. Grenzen des Grundsatzes

Die Bindung der Untermiete an den Bestand eines Hauptmietverhältnisses (vorn N 11) setzt dem Grundsatz der Geltung der Kündigungsschutzrechtsbestimmungen gewissermassen natürliche Grenzen, die das Gesetz in Abs. 1 z.T. ausdrücklich aufführt: Es ist das die Beendigung des Mietverhältnisses generell (nachstehend N 20 ff.), die ebenfalls die Dauer der Erstreckung des Untermietverhältnisses – wie das Gesetz ausdrücklich festhält – begrenzt (nachstehend N 30 ff.). 19

### 1. Aufgelöstes Hauptmietverhältnis

Die Kündigungsschutzrechte des Untermieters gehen *de lege* unter, wenn das Hauptmietverhältnis aufgelöst (dazu N 23 f.) bzw. beendigt ist (vgl. Art. 273 Abs. 1, 1. Satz, «... solange das Hauptmietverhältnis nicht aufgelöst ist»; frz.: «jusqu'à l'extinction»; ungenau daher SVIT-Kommentar I, N 5 zu Art. 273b, der entgegen dem Gesetzeswortlaut von einem «gekündigten» Hauptmietverhältnis spricht; ähnlich z.B. WEBER/ZIHLMANN, Basler Kommentar, N 1 zu Art. 273b [jedoch verkürzt auf das Erstreckungsrecht]). 20

Die *Regelung schliesst* konsequent *an die Unterordnung des Untervertrages unter den Hauptvertrag an, mit dessen Auflösung das Recht des Untermieters auf die weitere Benützung der Mietsache untergeht* (vgl. vorn N 11, N 20). Sie gilt unbeschadet darum (vgl. aber ebenfalls nachstehend N 27 f.), ob der Untervermieter seinerseits das Untermietverhältnis aufgelöst hat oder nicht (zur Ausnahme nachstehend N 35 ff.). Dem *Hauptvermieter steht* daher – mangels vertraglicher Beziehung – ein aus seinem Eigentums- bzw. Besitzesrecht (etwa bei Unter-Untermieten) fliessendes *Ausweisungsrecht gegenüber dem Untermieter zu, aber ebenso gegenüber* 21 *dem Untervermieter* (vgl. N 16, N 17 f. zu Art. 267; gl. z.B. SVIT-Kommentar I, N 7 zu Art. 273b, WEBER/ZIHLMANN, Basler Kommentar, N 1 zu Art. 273b; vgl. auch N 27 zu Art. 262, mit weiteren Verweisen; ähnlich BGE 120 II 116 f., wo allerdings auch [unter Hinweis auf einen Teil der Lehre] ein vertragliches Ausweisungsrecht des Hauptvermieters dem Untermieter gegenüber als nicht unvertretbar in Betracht gezogen wird, trotz fehlender mietvertraglicher Beziehung, unter Annahme irgendeines «Sonderverhältnisses» [vgl. BGE 120 II 115]). *Dem Untervermieter steht demgegenüber nur dann ein Ausweisungsrecht dem Untermieter gegenüber zu,* wenn er das Untermietverhältnis selbst auf den gleichen Zeitpunkt wirksam aufgelöst hat (was z.B. bei einer nichtigen Kündigung des Untervermieters i.S.v. Art. 266o nicht der Fall ist; diese nichtige Kündigung vermag zwar das Untermietverhältnis nicht zu beenden, hat jedoch einsichtigerweise keinen Einfluss auf die Auflösung des Hauptvertrages).

22 An die Stelle des *Anspruchs des Untermieters* gegenüber dem Untervermieter *auf Realerfüllung tritt u.U. ein Schadenersatzanspruch* (gl., statt vieler: SCHMID, N 2 zu aArt. 267d; siehe auch mp 2/94, S. 77 f.; vgl. zum Ersatzanspruch nachstehend N 27 f.).

23 Aufgelöst ist das Hauptmietverhältnis *mit dem Eintritt des Beendigungstages* (vgl. N 122 f. Vorbem. zu Art. 266–266o, N 20 zu Art. 266, N 48 zu Art. 267). Dieser kann eintreten *infolge Kündigung* (bei terminierten Kündigungen ist es der Kündigungstermin, bei fristlosen Kündigungen der Tag, an dem die Kündigung der gekündigten Vertragspartei zugeht), *infolge Ablaufes der bestimmten Vertragsdauer* (er fällt mit dem letzten Tag der Vertragsdauer zusammen) *oder aber auch durch einen Aufhebungsvertrag* usw. (vgl. N 2 ff. Vorbem. zu Art. 266–266o; ähnlich z.B. HÖCHLI, S. 68, ZIHLMANN II, S. 243).

24 Zu den unterschiedlichen Auffassungen über den Zeitpunkt, wann ein vereinbartes *resolutiv bedingtes Mietverhältnis* aufgelöst ist (mit dem Eintritt der Bedingung oder aufgrund einer Kündigung infolge Bedingungseintrittes [Entstehung der Kündigungsberechtigung]), siehe BGE 121 III 260 (MRA 1/96, S. 15 ff.) und insbesondere N 90 ff. zu Art. 273 sowie N 43 ff. zu Art. 255.

25 Solange ein Hauptmietverhältnis demnach *bloss gekündigt, aber noch nicht beendet* ist, steht namentlich der Untermieter noch in allen Kündigungsschutzrechten. Er kann daher jederzeit vor der Auflösung des Hauptmietverhältnisses eine Kündigung des Untervermieters anfechten (so auch SVIT-Kommentar I, N 8 zu Art. 273b), Erstreckung verlangen usw., hingegen nicht mehr nach der Beendigung: Das Gestaltungsklagerecht der Anfechtung und der Erstreckungsanspruch erlöschen mit dem Beendigungstag (vorn N 23 f.), auch wenn die Fristen gemäss Art. 273 Abse. 1–3 über diesen Tag hinaus weiterlaufen würden. Ob den Untermieter die Auflösung

des Hauptmietverhältnisses und damit auch die des Untermietverhältnisses hart i.S.v. Art. 272 treffen, ist unter diesem Aspekt unerheblich (gl. z.B. GIGER, S. 146). Das gehört gewissermassen zum Risiko der Untermiete.

Ist im Zeitpunkt der Beendigung des Hauptmietverhältnisses *vor der Schlichtungsbehörde oder einem Gericht noch ein Verfahren* über die Gültigkeit der Kündigung des Untermietverhältnisses i.S.v. Art. 271 f. *hängig*, oder ein Erstreckungsverfahren, so wird dieses nicht gegenstandslos, sondern es sind die entsprechenden Begehren in der Sache zu entscheiden (Feststellung des Rechtsverlustes), also je nach den Parteirollen abzuweisen oder gutzuheissen (analog sind die Klagen des Untermieters auf Feststellung der Nichtigkeit bzw. Unwirksamkeit der Kündigung zu behandeln). *Bei nach der Vertragsbeendigung angehobene Verfahren* gilt grundsätzlich dasselbe; die Annahme eines fehlenden Rechtsschutzinteresses, die zu einem Nichteintreten führen würde, gebietet sich nur in ganz offensichtlichen Fällen, bei denen die klagende Partei bereits in ihrer Sachdarstellung vom aufgelösten Untermietverhältnis ausgeht. 26

Das Gesetz differenziert in seiner Regelung nicht bezüglich der *Gründe, die zur Auflösung des Hauptmietverhältnisses und zum Untergang der Kündigungsschutzansprüche geführt* haben. Diese sind deshalb (insoweit) *grundsätzlich* (siehe aber nachstehend N 35 ff.) *unerheblich* und vermögen den Untergang der Kündigungsschutzrechte nicht zu beeinflussen. *Bedeutung* erlangen sie jedoch unter dem *Gesichtspunkt allfälliger Schadenersatzansprüche des Untermieters gegenüber dem Untervermieter*, und zwar da, wo sie dem Untervermieter hinsichtlich der gescheiterten (vollständigen) Erfüllung des Untermietvertrages *zum Verschulden* gereichen (ähnlich z.B. LACHAT/STOLL, S. 375, SCHMID, N 2 zu aArt. 267d). 27

Zum *Verschulden* unter ersatzrechtlichen Gesichtspunkten gereichen dem Untervermieter etwa (vgl. auch HÖCHLI, S. 50 f., S. 67, sowie mp 2/94, S. 77 f.) eigene Kündigungen sowie vertragsweise Aufhebungen des Hauptmietverhältnisses, die seinem Erfüllungsversprechen an den Untermieter entgegenstehen (wie z.B. vor Ablauf der vereinbarten Befristung). Zum Verschulden gereicht dem Untervermieter auch, wenn er trotz eines unbefristeten Hauptmietverhältnisses ein längerdauerndes befristetes Untermietverhältnis abschliesst, da er mit der Kündigung des bloss unbefristeten Hauptmietverhältnisses vor dem Ablauf der Befristung des Untermietverhältnisses durchaus rechnen muss (wer mehr verspricht, als er gewiss halten kann, hat die Konsequenzen zu tragen). Zum Verschulden gereichen dem Untervermieter zudem alle Vermieterkündigungen wegen Vertragsverletzungen, die er selbst begangen hat, soweit der Untermieter mit seinem Verhalten nicht selbst dazu beigetragen hat (z.B. durch Unterlassen von Zahlungen an den Hauptvermieter gestützt auf ein Versprechen i.S.v. Art. 112 dem Untervermieter gegenüber; haupt- *und* untervertragswidrige Benützung oder Beschädigung der Mietsache [auch durch den Untermieter] usw.). 28

*Nicht zum Verschulden* gereicht dem Untervermieter hingegen die Unterlassung einer Erstreckungsklage oder einer Anfechtung der Vermieterkündigung wegen Treuwidrigkeit bei unbefristeten Haupt- und Untermietverhältnissen, wenn diese wahrscheinlich oder gar offensichtlich wenig aussichtsreich gewesen wären (mangels Treuwidrigkeit der Kündigung, mangels Härte auf seiten des Untervermieters, vgl. mp 2/94, S. 77 f.). Cum grano salis gleich beurteilt sich die unterlassene Erstreckungsklage des Untervermieters bei befristeten Haupt- und Untermietverhältnissen. 29

## 2. Dauer der Hauptmiete

30 Die Dauer des Hauptmietverhältnisses *beschränkt* – nach dem vorhin Dargelegten einsichtigerweise – auch die *Dauer der Erstreckung*. Dies verankert Art. 273b Abs. 1, 2. Satz, in Abweichung von Art. 272b als Sondernorm gesetzlich ausdrücklich (vgl. vorn N 6); ähnlich, statt vieler: WEBER/ZIHLMANN, Basler Kommentar, N 1 zu Art. 273b).

31 Das Untermietverhältnis kann daher in *einem Entscheidfall gemäss Art. 272 oder vereinbarungsweise nicht länger erstreckt werden, als das Hauptmietverhältnis besteht*. Spätestens mit dem Beendigungstag (vorn N 23 f.) des (u.U. auch erstreckten) Hauptmietverhältnisses hat deshalb ebenso eine allfällige Erstreckung des Untermietverhältnisses zu enden (statt vieler: GIGER, S. 147).

32 *Wenn gewiss ist, wann das Hauptmietverhältnis endet*, bietet die Anwendung dieses Grundsatzes keine Probleme (z.B. ist das da der Fall, wo das Hauptmietverhältnis selbst [letztmalig] erstreckt wurde; z.B. ist das ebenso da der Fall, wo der Untervermieter es bei einer frühzeitigen Kündigung des Vermieters unterlassen hat, Erstreckung zu verlangen, und seinerseits dem Untermieter [später] hinsichtlich Fristen und Termin usw. korrekt den Untermietvertrag auf einen Zeitpunkt vor der Auflösung des Hauptmietverhältnisses gekündigt hat oder auf gerade diesen Zeitpunkt hin).

33 Erstreckungsvereinbarungen und Erstreckungsentscheide, die das missachten, sind bezüglich der Erstreckungsdauer, die über den Beendigungstag des Hauptmietverhältnisses hinausgeht, nichtig i.S.v. Art. 20.

34 Ist das *Ende des Hauptmietverhältnisses im Zeitpunkt des Entscheides oder der Erstreckungsvereinbarung über die Erstreckung noch nicht gewiss*, so kann an sich gemäss den allgemeinen Grundsätzen zur Bemessung und Ausgestaltung der Erstreckung verfahren werden. Entscheid und Vereinbarung zur Erstreckung des Untermietverhältnisses sind jedoch *stets – kraft Art. 273b Abs. 1 – (gleichsam zwingend gesetzlich) resolutiv bedingt*. Bedingung ist die Auflösung des Hauptmietverhältnisses vor Ablauf der Erstreckung des Untermietverhältnisses. Anders als bei den vereinbarten resolutiv bedingten Mietverhältnissen (siehe vorn N 24; vgl. N 90 ff. zu Art. 273, mit Verweisen) endet mit dem Eintritt der Bedingung das *erstreckte* Untermietverhältnis *de lege*. Die Gründe der Auflösung des (auch bloss erstreckten) Hauptmietverhältnisses sind wiederum grundsätzlich gleichgültig (vgl. vorn N 27; es können das namentlich ausserordentliche Kündigungen aus Vertragsstörungen sein [dazu siehe auch N 42 ff. zu Art. 272d]; so z.B. WEBER/ZIHLMANN, Basler Kommentar, N 1 zu Art. 273b).

# C. Schutz des Untermieters vor Umgehungen des Kündigungsschutzrechts (Abs. 2)

## I. Umgehung des Kündigungsschutzes

Der Untergang der Kündigungsschutzrechte de lege bei der Auflösung des Hauptmietverhältnisses (vorn N 20, N 27, N 34) kann Hand für Missbrauch bieten. Unter dem alten Recht wurden Umgehungstatbestände von Art. 2 Abs. 2 ZGB erfasst (vgl. BGE 87 I 445; siehe auch SCHMID, N 3 zu aArt. 267d). Das neue Recht erfasst die Umgehung des Kündigungsschutzes mit Art. 273b Abs. 2 unter einer eigenen Norm (als lex specialis zu Art. 2 Abs. 2 ZGB; vorn N 7). 35

Was eine Umgehung der Normen zum Kündigungsschutz ist, lässt die Regel von Art. 273b Abs. 2 *der Praxis zur weiteren Bestimmung offen* (ähnlich ZIHLMANN II, S. 243). Ihre Begrifflichkeit zeigt dieser Praxis immerhin an, was unter Kündigungsschutz zu verstehen ist (vgl. vorn N 13 f.). Zu präzisieren bleibt hier demzufolge noch, was «Umgehung» im Sinn des Gesetzes meint (nachstehend N 37) und welche Folgen die Unbestimmtheit des Begriffes «Umgehung» bei der Rechtsanwendung zeitigt (N 38). 36

1. Unter **Umgehung** kann *jede gewollte Ausschaltung* einer oder aller Kündigungsschutznormen durch besondere vertragliche Abreden bzw. Konstruktionen verstanden werden. Da der zwingende Charakter der Kündigungsschutzbestimmungen sowie Art. 273c einem solchen Ausschalten in bezug auf *Abreden zwischen dem Untervermieter und dem Untermieter* den Riegel schieben (vgl. dazu auch N 81 ff. zu Art. 272b), *sind sie von der Norm nicht erfasst.* Es müssen sich das *Wollen zur Umgehung* (zur Ausschaltung), und damit die von der Norm erfasste Umgehung selbst, folglich in erster Linie auf Abreden, Konstruktionen und Verhalten des *Untervermieters und des Hauptvermieters als daran Beteiligter beziehen.* In zweiter Linie (wohl eher selten) kommen aber auch Abreden, Verhalten usw. zwischen dem Hauptvermieter und dem Untermieter in Frage, die allerdings nicht von Art. 273b direkt erfasst werden, da die Rechtsfolge dieser Norm den geprellten Untervermieter gerade nicht schützt (vgl. dazu N 14 f. zu Art. 273c). 37

38 2. Nicht jede vertragliche Konstruktion, die eine Ausschaltung bestimmter Kündigungsschutzbestimmungen darstellen könnte, wird von Art. 273b erfasst. Weitere Voraussetzung dafür, dass ein von der Norm erfasster Sachverhalt vorliegt, ist es, dass die Ausschaltung der Kündigungsschutzrechte **als hauptsächlicher Zweck** der Konstruktion/Abrede erscheint (objektiv, also im Verständnis vernünftiger und korrekter Menschen). Konsequenterweise liegt daher *stets kein unter die Norm fallender Sachverhalt vor, wenn die Umgehung bloss nebensächlicher Zweck* bzw. «erfreulicher» Nebeneffekt ist. Wann in einer vertraglichen Konstruktion bzw. deren Ausnützung durch den Hauptvermieter und Untervermieter (seltener zwischen Hauptvermieter und Untermieter; vorn N 37) ein derartiger hauptsächlicher Zweck erblickt werden kann, mithin ein von der Norm erfasster Sachverhalt vorliegt, wird damit allerdings noch nicht erheblich deutlicher.

39 Mit Blick auf Art. 273c (vorn N 37) kommen wohl im wesentlichen nur Konstruktionen in Frage, die das Anfechtungsrecht i.S.v. Art. 271 f. und den Erstreckungsanspruch des Untermieters (oder Untervermieters; vorn N 37) von vornherein eher illusorisch erscheinen lassen. Anzufügen bleibt, dass von Art. 273c erfasste Verabredungen zwischen dem Hauptvermieter und Untervermieter (aber auch zwischen dem Hauptvermieter und dem Untermieter) immerhin ein Indiz für eine beabsichtigte Umgehung sein können und insoweit mit in die Betrachtung der gesamten Konstruktion bzw. vertraglichen Konstellation einzubeziehen sind.

40 Die Beschränkung der unter Art. 273b Abs. 2 fallenden Sachverhalte auf solche, die die Umgehung zum hauptsächlichen Zweck haben, *nähert die Norm dem offenbaren Rechtsmissbrauch von Art. 2 Abs. 2 ZGB an, ohne allerdings ganz dessen strenge Voraussetzung der Offensichtlichkeit zu erreichen* (a.A. WEBER/ZIHLMANN, Basler Kommentar, N 2 zu Art. 273b, die in Art. 273b Abs. 2 einen Tatbestand erblicken, der über eine Wiederholung von Art. 2 Abs. 2 ZGB kaum hinauskomme).

41 Die Unbestimmtheit der gesetzlichen Begriffe sowie die Einbettung der Norm in das aus Art. 2 ZGB fliessende Missbrauchsrecht erfordern daher in der praktischen Anwendung *eine Konkretisierung sowohl des Begriffes «Umgehung»* als auch des Begriffspaares des *«hauptsächlichen Zwecks»* getreu den zu Art. 2 Abs. 2 ZGB entwickelten Grundsätzen im Einzelfall: Es sind *nach den Regeln der Normschöpfung* (vgl. N 146 Vorbem. zu Art. 266–266o, mit Verweisen) die hinter den Begriffen der «Umgehung» bzw. des «hauptsächlichen Zwecks» derselben steckenden *Vorstellungen des Gesetzgebers zu dem, was noch korrekt und was nicht mehr korrekt ist, zu konkretisieren* (vgl. N 147 f. Vorbem. zu Art. 266–266o, mit Verweisen). Dabei ist auch das Verhalten der Vertragsparteien, namentlich *des Hauptvermieters und des Untervermieters*, im konkreten Fall mit einzubeziehen (Beispiele nachstehend in N 42 f.; vgl. auch N 14 f. zu Art. 273c). Schliesslich ist eine *Orientierung am Zweck des Rechts*, das missbräuchlich (zur

Umgehung eben) verwendet bzw. ausgeübt worden sein soll (hier das Institut der Untermiete), unerlässlich (vgl. N 149 Vorbem. zu Art. 266–266o, mit Verweisen).

*Beispiele:* 42

– Der Vermieter schaltet einen ihm gefügigen Dritten (etwa die von ihm beherrschte Aktiengesellschaft) zwischen sich und den Mietanwärter (SCHMID, N 3 zu aArt. 276d), obwohl dafür keine vordringlichen bzw. erheblichen sachlichen Gründe gegeben sind (ähnlich SVIT-Kommentar, N 10 zu Art. 273b). Bei diesem Dritten kann es sich durchaus auch um eine Liegenschaftsverwaltung handeln, weshalb der im SVIT-Kommentar I (N 11 zu Art. 273b) erwähnte Fall einer Liegenschaftsgesellschaft, die aufgrund eines Mietvertrages oder eines «Verwaltungsvertrages» usw. mit dem Hauptvermieter selbst als «Haupt»-Vermieter auftritt, nicht von vornherein unbedenklich erscheinen kann (die Interessen des Hauseigentümers an Anonymität und/oder problemloser Vermietung der Liegenschaft rechtfertigen das wohl kaum, wenn beim Entzug des Verwaltungsmandates auch das [versteckte] Hauptmietverhältnis ohne weiteres erlischt; der damit u.U. verbundene Parteiwechsel führt im übrigen für den Mieter zu einem Kontraktionszwang mit einem Partner, den er in voller Kenntnis aller Umstände vielleicht gerade nicht als Vermieter ausgesucht hätte; ebensowenig rechtfertigen dergleichen Verhältnisse die Interessen der Liegenschaftsverwaltung an möglichst starker Bindung des Eigentümers an sich).

– Der Hauptvermieter und der von ihm beherrschte Untervermieter (juristische Person) verabreden z.B., dass der Untervermieter den Kündigungsgrund des Zahlungsrückstandes eintreten lässt, um die Mieträumlichkeiten baldmöglichst frei zu bekommen. Um Schadenersatzansprüchen zu entgehen, fällt die Untervermieterschaft danach in Konkurs.

*Keine Umgehung liegt etwa dann vor,* wenn gemeinnützige Institutionen oder Gemeinden, aber auch Private, zwecks Untervermietung Abbruchliegenschaften mit Blick auf Art. 272a Abs. 2 lit. d mieten, damit diese bis zum Abbruch nicht leer stehen, damit Notunterkünfte bereitgestellt werden können usw. (gl. z.B. MENGE, S. 180, SVIT-Kommentar, N 12 zu Art. 273b, WEBER/ZIHLMANN, Basler Kommentar, N 3 zu Art. 273b; vgl. dazu auch N 28 ff. zu Art. 272a). Das Gesetz schützt derartige Hauptzwecke gerade. 43

## II. Rechtsfolge bei erfülltem Umgehungstatbestand

Für das Vorliegen eines Umgehungstatbestandes ist der Untermieter oder – wohl eher selten (vgl. vorn N 37 und N 14 f. zu Art. 273c) – der Untervermieter beweisbelastet, der kündigungsschutzrechtliche Rechtsbehelfe in Anspruch nimmt (statt vieler: SVIT-Kommentar I, N 13 zu Art. 273b). 44

An den (bewiesenen) Umgehungstatbestand knüpft das Gesetz in Art. 273b Abs. 2 explizit nur eine Rechtsfolge an (nachstehend N 46). 45

**1. Beim gekündigten Hauptmietverhältnis (Abs. 2, 2. Satz)** tritt der Hauptvermieter de lege an die Stelle des Untervermieters in den Mietvertrag mit dem Untermieter. Es liegt somit ein *gesetzlich angeordneter Partei-* 46 *wechsel vor* (gl. etwa WEBER/ZIHLMANN, Basler Kommentar, N 2 zu Art. 273b), bei dem der Hauptvermieter alle Rechte und Pflichten des bisherigen Untervermieters übernimmt. Ein bereits hängiges Verfahren wird mit dem Hauptvermieter als Partei weitergeführt (SVIT-Kommentar I, N 15 zu Art. 273b). (Zur Rechtsfolge von Umgehungen, an denen der Untermieter zusammen mit dem Hauptvermieter beteiligt ist, siehe N 15 zu Art. 273c).

Eine Befreiung des bisherigen Untervermieters von seinen noch offenen Verpflichtungen folgt den gleichen Grundsätzen wie im Fall des gesetzlichen Parteiwechsels gemäss Art. 261 Abs. 1 (vgl. N 26 ff. zu Art. 261–261a).

47 2. Welche Rechtsfolge **in den übrigen Fällen** eintritt, lässt das Gesetz in Art. 273b expressis verbis offen. Zwei Fälle sind im wesentlichen zu unterscheiden:

48 – *Erstens:* Das *Untermietverhältnis ist unkündbar* ausgestaltet worden, mit dem hauptsächlichen Zweck, die Kündigungsschutzbestimmungen (den Erstreckungsanspruch) auszuschalten (z.B. Befristung auf den Beendigungstag des Hauptmietverhältnisses, dessen Mieter eine vom Hauptvermieter beherrschte juristische Person ist, die keinerlei Härte geltend machen kann und dem Hauptvermieter willfährig ist). Es kann nicht angenommen werden, der Gesetzgeber habe diesen Fall als stets zulässig und nichtmissbräuchlich erachten wollen. Da dieser Fall in den Wortlaut von Art. 273b keinen Eingang gefunden hat, ist zwangsläufig von einer Lücke im Gesetz auszugehen, die analog zu Art. 273b Abs. 2, 2. Satz, zu schliessen ist, wenn der Untermieter einen Erstreckungsanspruch geltend macht (Parteiwechsel; vorn N 46).

49 Hand bieten zu Umgehungen auch *vereinbarte resolutiv bedingte Mietverhältnisse, wenn man sie, wie das BGer* (vgl. BGE 121 III 260 [MRA 1/96, S. 15 ff.]) *als unmittelbaren Beendigungsgrund eines befristeten Mietverhältnisses betrachtet* (vgl. zu den diesbezüglichen Auffassungen auch N 90 ff. zu Art. 273). Denn sie lösen das Hauptmietverhältnis unmittelbar auf und führen im Lichte von Art. 273b Abs. 1 zum unmittelbaren Untergang der Kündigungsschutzansprüche (vorn N 20, N 34).

50 – *Zweitens:* Es ist weder zu einer Kündigung gekommen noch steht das Vertragsende des befristeten Untermietverhältnisses zur Diskussion. Hier tritt direkt keine Rechtsfolge ein. Art. 273b knüpft nämlich – abweichend von Art. 273c (vorn N 7), der die Nichtigkeit als Rechtsfolge vorsieht – nur an die aktuelle Umgehung seine Rechtsfolge an. Diese Rechtsfolge (Parteiwechsel) ihrerseits schliesst eine (anfängliche) Nichtigkeit der Untermiet- bzw. Hauptmietbedingungen, die eine Umgehung ermöglichen, aber nicht zwingend nach sich ziehen müssen (siehe vorn N 37 [nur gewollte Ausschaltung], N 38 [als hauptsächlicher Zweck], N 43), aus.

# Art. 273c

**[1] Der Mieter kann auf Rechte, die ihm nach diesem Abschnitt zustehen, nur verzichten, wenn dies ausdrücklich vorgesehen ist.** F. Zwingende Bestimmungen
**[2] Abweichende Vereinbarungen sind nichtig.**

**[1] Le locataire ne peut renoncer à des droits que lui confère le présent chapitre que si ce dernier le prévoit expressément.** F. Dispositions impératives
**[2] Les conventions contraires sont nulles.**

**[1] Il conduttore può rinunciare ai diritti conferitigli dal presente capo soltanto se previsto espressamente da quest'ultimo.** F. Disposizioni imperative
**[2] Le convenzioni contrarie sono nulle.**

Materialien — aArt. 267e OR, Art. 273f des Entwurfes vom 27. März 1985; Amtl.Bull., SR, 1988, S. 178, NR, 1989, S. 540 1

**Literatur:** Siehe allgemeines Literaturverzeichnis sowie N 1 der Vorbem. zu den Art. 271–273c. 2

## Inhaltsverzeichnis

## I. Geltungsbereich und Charakter der Norm

3 Der *Geltungsbereich* der Norm bezieht sich auf den gesamten Dritten Abschnitt des Achten Titels. Dieser erfasst in sachlicher Hinsicht ausschliesslich Mietverhältnisse über Wohn- und Geschäftsräume (vgl. N 3, N 19 ff. Vorbem. zu Art. 271–273c). Der Geltungsbereich der Norm ist somit in sachlicher Hinsicht gleichermassen eingeschränkt. Bezüglich aller Mietverhältnisse, die nicht vom Dritten Abschnitt erfasst sind, beansprucht die Norm demgegenüber (konsequenterweise) keine Geltung.

4 Die Norm, welche gemäss Marginale den zwingenden *Charakter* der im Dritten Abschnitt enthaltenen Normen festlegen will, ist der Parteiautonomie entzogen und damit zwangsläufig auch absolut zwingend (gl. RONCORONI, in: mp 2/90, S. 80).

5 Zur systematischen Stellung von Art. 273c siehe N 3, N 6, N 17 f. Vorbem. zu den Art. 271–273c.

## II. Aufbau und Zweck der Norm

6 Die Norm erklärt in *Abs. 1*, wann nur Verzichte des Mieters auf Rechte, die ihm die Normen des Dritten Abschnitts (Art. 271 ff.) einräumen, zulässig sind. Sie selbst umschreibt kein solches Recht. Sie definiert ebenfalls nicht, was genau ein von ihr untersagter Verzicht ist. Sie bezeichnet somit einzig den Charakter der Normen des Dritten Abschnitts *generalisierend* als einseitig zwingend zugunsten des Mieters (um diesen gewissermassen vor Druck zu schützen, und damit auch in seiner Entscheidungsfreiheit; MENGE, S. 182; siehe ferner nachstehend N 13). Darin liegt zugleich ihr *Zweck* (Kündigungsschutz als Schutz des Mieters; vgl. N 18 Vorbem. zu Art. 271–273c).

7 Die *generalisierende Sichtweise der Norm* in ihrem Abs. 1 ist *nicht ausschliesslich zutreffend* (vgl. N 86 f. Vorbem. zu Art. 271–273c), was durch den *Vorbehalt ausdrücklicher anderweitiger Anordnungen* (teilweise) *klargestellt wird* (vgl. dazu auch N 86 f. Vorbem. zu Art. 271–273c). Die zuverlässige Ermittlung des Umfangs des Verzichtsverbots erfordert daher eine Einzelbetrachtung jeder Norm des Dritten Abschnitts (vgl. dazu die Ausführungen zum Charakter der einzelnen Normen; ähnlich etwa MENGE, S. 183).

In *Abs. 2* regelt die Norm die *Rechtsfolge bei individuellen Verstössen* gegen den von ihr in Abs. 1 verworfenen Verzicht. Diese besteht in der *Nichtigkeit* (i.S.v. Art. 20). Damit beschneidet die Norm nicht bloss die Vertragsfreiheit des Vermieters, sondern ebenso (wiederum) die des Mieters (siehe N 18 Vorbem. zu Art. 271–273c). 8

## III. Der Verzicht des Mieters auf Rechte (Abs. 1)

Auf welche Rechte gemäss den Art. 271 ff. der Mieter verzichten kann, 9
jedoch u.U. mangels ausdrücklicher gesetzlicher Erlaubnis nicht verzichten darf, kann im einzelnen nur bei der Untersuchung der entsprechenden Normen im Lichte konkreten individuellen Verhaltens festgestellt werden (vgl. daher die Ausführungen zu den einzelnen Normen). Generell lässt sich immerhin festhalten, dass der *Mieter in der Regel im voraus nicht auf das Recht verzichten kann, eine Kündigung anzufechten und/oder die Erstrekkung des Mietverhältnisses zu verlangen.* Immerhin kann er generell mit der *Abrede des befristeten Mietverhältnisses* (vgl. Art. 255 Abse. 1 und 2) im Regelfall (vgl. auch N 40 zu Art. 255; Höchstdauer) bereits im voraus darauf verzichten, dass ihm das Mietverhältnis (ordentlich) gekündigt wird. Dadurch verzichtet er implizit ebenfalls auf die Anfechtung einer Kündigung. *Eine weitere Ausnahme* vom (Voraus-)Verzicht sieht das Gesetz in Art. 272b Abs. 2 vor (vgl. dazu N 50 ff. zu Art. 272b).

Ein *Vorausverzicht liegt stets dann vor,* wenn das Recht, auf das der 10
Mieter verzichten könnte, noch nicht entstanden ist. Das ist in den Ausführungen zur Erstreckungsvereinbarung grundsätzlich dargelegt (vgl. N 81 ff. zu Art. 272b), worauf an dieser Stelle daher verwiesen werden kann (siehe insbesondere N 50 ff., N 61 ff., N 68 ff. und N 81 ff. zu Art. 272b). Ein *Verzicht auf die Ausübung der Rechte* dann, wenn sie entstanden sind, ist demgegenüber regelmässig statthaft (siehe nachstehend N 11–13).

## IV. Abweichende Vereinbarungen (Abs. 2)

11 **1.** Ein Verzicht des Mieters auf Rechte i.S. der Art. 271 ff. ist *nur dann unstatthaft*, wenn er in der Form einer **Vereinbarung** erfolgt. Gemeint sind damit Vereinbarungen *zwischen dem Mieter und dem Vermieter* (oder diesen Vertretende; h.L.; dazu nachfolgend N 16 ff.). Eine a.A. vertritt etwa MENGE, S. 182, der einen Verzicht des Mieters auf ihm zustehende Rechte überhaupt (z.B. durch einseitige Erklärung) ausschliesst; dass diese Auffassung, die den Mieter letztlich quasi gar zu Klagen verpflichten würde, die er nicht will, nicht stichhaltig sein kann und ist, bedarf an sich keiner weiteren Erörterungen (vgl. dazu etwa ZIHLMANN II, S. 239, Fn. 106; siehe ebenso N 73 zu Art. 272b [mit Verweisen] und nachstehend N 12 ff.).

12 *Einseitig*, durch Abgabe einer entsprechenden Erklärung, kann der Mieter auf die Ausübung eines Rechts auch im Lichte von Art. 273c verzichten. Er kann das zudem *bereits im voraus* (z.B. durch die Nichtausübung einer Option, was zum baldigen Vertragsende führt [und zur Verschlechterung der Erstreckungschancen, weil beim Vertragsablauf kaum Anlass besteht, eine Härte auszumachen; siehe dazu N 18 nachstehend]; z.B. durch die Mitteilung, man habe im Hinblick auf den in anderthalb Jahren anstehenden Vertragsablauf nach einem Ersatz gesucht und diesen gefunden, weshalb man am vereinbarten Vertragsende festhalte [Verzicht auf Erstreckung überhaupt]). Mit seiner Kündigung des Mietverhältnisses verzichtet der Mieter ebenfalls (im voraus), weil er damit die Ansprüche auf Kündigungsschutz, die ihm das Gesetz als Schutzrechte einräumt, erst gar nicht entstehen lässt (zu denken ist hier beispielsweise nicht nur an übliche ordentliche Kündigungen, sondern ebenso an eine [ordentliche] Kündigung des Mieters am selben Tag, an dem er den Mietvertrag abgeschlossen hat, auf einen bestimmten Termin [vgl. SVIT-Kommentar I, N 5 zu Art. 273c]).

13 Hat der *Mieter die (einseitige) Erklärung oder Kündigung auf Veranlassung (oder gar Druck)* des Vermieters (im voraus) abgegeben, so liegt demgegenüber eine Vereinbarung vor, die von Art. 273c erfasst ist. Denn eine solche Erklärung bzw. Kündigung widerspiegelt einen Konsens von Vermieter und Mieter, wiewohl bei der Willensbildung vor der Abgabe der Erklärung mieterseits im Fall des Druckes ein Mangel gegeben sein kann. Diesen Mangel muss der Mieter im Streitfall nicht innert Frist gemäss Art. 31 geltend machen und auch zu einem späteren Zeitpunkt nicht nachweisen (Rechtsfolge der Nichtigkeit; Abs. 2 von Art. 273c), wohl aber, dass die Erklärung auf einem – wenn auch mangelhaften – Konsens mit dem Vermieter beruhte.

14 *Verzichten kann der Mieter* nach dem Gesagten einsichtigerweise ebenfalls auf Rechte im Rahmen einer *Vereinbarung*, die er mit einem *Dritten* abschliesst

(z.B. indem er einem [potentiellen] Nachfolgemieter die ungestörte Inanspruchnahme des Mietobjektes zusichert, weil er das Mietobjekt verlassen wird).

Schliesst er als *Untermieter mit dem Hauptvermieter* eine solche Vereinbarung, so kann sie Teil einer Umgehung i.S.v. Art. 273b sein (zum Nachteil des Untervermieters). Sie fällt dannzumal aber nicht unter Art. 273b, weil die Rechtsfolge jener Norm den Untervermieter gerade nicht schützt. Sie fällt vielmehr unter Art. 20 bzw. Art. 2 Abs. 2 ZGB, weil sie wohl regelmässig einen weiteren nichtigen Inhalt i.S.v. Art. 20 aufweist (z.B. Vertragsverletzungen des Untermieters, um dem Hauptvermieter Handhabe zur Kündigung des Hauptmietverhältnisses mit dem ihm nicht mehr genehmen Mieter/Untervermieter zu geben). 15

Welcher *Art* die von der Norm erfassten *Vereinbarungen zwischen Mieter und Vermieter sind*, die Art. 273c ausschliesslich im Visier hat (vorn N 11), spielt hingegen keine Rolle: Es können das der Mietvertrag sein (vgl. ZMP 3/91 Nr. 35 [Koppelung von Beendigung des Arbeitsverhältnisses und Mietvertragskündigung]), ein späterer Zusatz zum Mietvertrag oder eine vorzeitige Erstreckungsvereinbarung (vgl. N 50 f., N 81 ff. zu Art. 272b; siehe z.B. GIGER, S. 131). Es kann an dieser Stelle wiederum (siehe vorn N 10) auf die Ausführungen zu den Erstreckungsvereinbarungen verwiesen werden (N 50 ff. zu Art. 272b). Aus dem folgt, dass der von der Norm erfasste Verzicht in Vereinbarungen praktisch auf einen sog. *Vorausverzicht beschränkt* ist (siehe dazu vorn N 9). 16

Unter formalen Aspekten betrachtet, fällt jede Art von Vereinbarung unter die Norm, also *auch die formlose*. (Beweisschwierigkeiten sind hierdurch für gewisse Fälle [vgl. etwa vorn N 13] vorauszusehen; denn es kann der Nachweis der Vereinbarung mangels abweichender gesetzlicher Regelung – wie üblich – nur durch den strikten Beweis erbracht werden. Beweisbelastet für die Behauptung des Zustandekommens einer Vereinbarung und deren genauen Inhalt ist der Mieter [Tatfrage]; ob der Inhalt der Vereinbarung unter Art. 273c fällt, ist demgegenüber [von Amtes wegen zu prüfende] Rechtsfrage.) 17

In *inhaltlicher Hinsicht* erfasst die Norm *jede vereinbarte* (siehe vorn N 11–13) *Schlechterstellung des Mieters im Vergleich zur gesetzlichen Regelung der Kündigungsschutzrechte*. Sie beschränkt sich also nicht bloss auf den impliziten (Beispiele vorn in N 9, N 12) oder expliziten Verzicht auf die Rechte überhaupt. *Unzulässig* sind demzufolge ebenso Abreden, die etwa die Ausübung der Klagerechte (Anfechtung, Erstreckung) beschränken oder (unnötig) erschweren (vgl. ebenfalls SVIT-Kommentar I, N 4 zu Art. 273c), sei es durch Verkürzung der gesetzlichen Fristen (20 oder 10 Tage statt der 30 Tage i.S.v. Art. 273 Abs. 1 und Abs. 2 lit. a), sei es durch Verlängerung der gesetzlichen Fristen (vgl. Art. 273 Abs. 2 lit. b und Abs. 3; statt 60 soll 18

90 Tage vor Vertragsende bzw. Erstreckungsende bereits die Klage eingereicht werden). Unzulässig sind ferner Vereinbarungen, wonach die Wirkungen einer Sperrfrist i.S.v. Art. 271a Abs. 1 lit. e nicht eintreten sollen (so wohl auch MENGE, S. 183), ein Vorausverzicht auf eine Herabsetzungsklage oder eine Mietzinsanfechtung (Vertragsanpassung i.S.v. Art. 272c Abs. 2) während der Erstreckungsdauer. Unzulässig sind endlich Vereinbarungen, die den nicht mietenden Ehegatten in seinen Rechten beschneiden oder einen Verzicht auf die Einrede des Umgehungstatbestandes von Art. 273b bewirken (die Unzulässigkeit der Vereinbarung im letzten Fall folgt allerdings aus Art. 273a). Weitere Beispiele ergeben sich aus den N 70 ff. zu Art. 272b (z.B. Verzicht gegen Abfindung) unter Berücksichtigung des in N 81 ff. zu Art. 272b (Vorausverzicht) Ausgeführten.

19 Darüber, ob die Abrede eines *resolutiv bedingten Mietverhältnisses einen unzulässigen Vorausverzicht auf Rechte* i.S.v. Art. 273c darstellt, gehen die *Auffassungen auseinander* (ablehnend – zum alten Recht – SCHMID, N 1 f. zu aArt. 267b [nicht erstreckbare Verhältnisse], eher bejahend, aber letztlich offen gelassen, in BGE 121 III 260 ff.; vgl. ferner N 90 ff. zu Art. 273 [mit Verweisen]).

20 *Nicht unter Art. 273c fallen Abreden*, die beispielsweise die Ausübung des Kündigungsrechts «erschweren», z.B. zusätzliche Formvorschriften, die es bei der Kündigung zu beachten gilt (vgl. N 112 ff. Vorbem. zu Art. 266–266o), z.B. die Abrede von besonderen Kündigungsgründen usw. Das Kündigungsrecht ist von den Art. 271 ff. nicht erfasst, und damit auch nicht von Art. 273c, der sich auf die Art. 271 ff. beschränkt (vorn N 3 ff.).

21 2. Das Gesetz sieht die **Nichtigkeit als Rechtsfolge der Abweichung** vom Verbot des Verzichtes im Rahmen von Vereinbarungen vor. Es handelt sich dabei um eine Nichtigkeit i.S.v. Art. 20, die allgemein wirkt und insbesondere von der Schlichtungsbehörde und den Gerichten von Amtes wegen zu beachten ist (statt vieler: MENGE, S. 182).

# Vierter Abschnitt:
# Behörden und Verfahren

# Chapitre IV:
# Autorités et procédure

# Capo quarto:
# Delle autorità e della procedura

# Art. 274

**Die Kantone bezeichnen die zuständigen Behörden und regeln das Verfahren.** A. Grundsatz

**Les cantons désignent les autorités compétentes et règlent la procédure.** A. Principe

**I Cantoni designano le autorità competenti e stabiliscono la procedura.** A. Principia

1 Materialien: Art. 64 Abs. 3 BV, Art. 25, 27 und 29 BMM, aArt. 267f OR, Art. 274 des Entwurfes vom 27. März 1985, Art. 19 Abs. 1 und Art. 21 Abs. 1 BGMM; Amtl.Bull., SR, 1988, S. 178, NR, 1989, S. 540

2 **Literatur:** Siehe allgemeines Literaturverzeichnis sowie (Auswahl): BISANG, Schlichtungsbehörde/Mietgericht, Vortrag im Rahmen eines Weiterbildungsseminars der SVIT-Sektion Zürich (hektografiert), Zürich, undatiert, BRÖNNIMANN, Verfassungsrechtliche Probleme des einfachen und raschen Verfahrens, in: ZSR NF 1989 I, S. 351 ff. (zit. Verfahren), DERS., Gedanken zur Untersuchungsmaxime, in: ZBJV 126 (1990), S. 329 ff. (zit. Maxime), COCCHI, Aspetti procedurali del nuovo diritto di locazione, in: Rep., 1990, S. 67 ff., DUCROT, Procédure et contentieux en matière de bail à loyer et de bail à ferme non agricole en particulier dans le canton du Valais, in: Zeitschrift für Walliser Rechtsprechung, 1991, S. 127 ff., EIHOLZER, Anfechtung von ausserordentlichen Kündigungen im Mietrecht. Ein Konflikt zwischen Schlichtungsbehörde und Ausweisungsbehörde, SJZ 1992, S. 325 ff. (zit. Anfechtung), DERS., Anträge an die Schlichtungsbehörde, in: mp 2/1993, S. 55 ff. (zit. Anträge), DERS., Neue Luzerner Zivilprozessordnung, in: ZBJV 131 (1995), S. 246 ff., GILLIÉRON, Poursuite pour dettes, faillite et concordat, 2. A., Lausanne 1988, DERS., Bailleur et locataire d'une chose immobilière dans l'exécution forcée, in: 7ème Séminaire sur le droit du bail, Neuchâtel 1992 (zit. GILLIÉRON II), GMÜR, Kündigungsschutz – Prozessuales rund um den «Entscheid» der Schlichtungsbehörde, in: mp 3/90, S. 121 ff., GUINAND, Le nouveau droit du bail à loyer: introduction, autorités et procédure, droit transitoire, in: 6ème Séminaire sur le droit du bail, Neuchâtel 1990, GUT, Grundzüge des Mietrechts, Referat für das Schweizerische Institut für Verwaltungskurse, 2. A. (hektografiert), Zürich 1996, HIGI, Der Umfang der sachlichen und funktionalen Zuständigkeit der Schlichtungsbehörde von Bundesrechts wegen, in: mp 1/92, S. 1 ff. (zit. Zuständigkeit), DERS., Die Paritätische Schlichtungsbehörde in Miet- und Pachtsachen im Kanton Zürich, in: Mitteilungen aus dem Institut für zivilgerichtliches Verfahren in Zürich, Nr. 12, 1991 (zit. Schlichtungsbehörde), KORNICKER, Die zivilprozessuale Revision im Spannnungsfeld zwischen Rechtsfrieden und Rechtsverwirklichung aufgezeigt am Beispiel der basellandschaftlichen Regelung, unter Berücksichtigung der übrigen Nordwestschweizer Kantone, Basel 1995, CH. LEUENBERGER, Streiterledigung zwischen Vergleich und Urteil – Modell eines einfachen und raschen Verfahrens, in: Festschrift für Oskar Vogel, Fribourg 1991, MEIER/OTTOMANN, Prinzipien und Verfahrensmaximen, Zürich 1993, PANCHAUD/CAPREZ, Die Rechtsöffnung – La mainlevée d'opposition, Zürich 1980, RAPP, Autorités et procédure en matière de bail à loyer. Observations critiques, in: Droit cantonal et Droit fédéral, Mélanges publiées par la Faculté de droit à l'occasion du 100ème anniversai-

re de la loi sur l'Université de Lausanne, DERS., Autorités et procédure en matière de bail a loyer, Aperçu de la jurisprudence et de la doctrine récente au sujet des art. 274 à 274g CO, in: 8ème Séminaire sur le droit du bail, Neuchâtel 1994 (zit. RAPP I), SCHUPBACH, Traité de procédure civile, Volume premier, Introduction, Zürich 1995, STOLL, Das Verfahren vor den Schlichtungsbehörden, Referat zur Mietrechtstagung vom 25. Oktober 1993 des Schweizerischen Institutes für Verwaltungskurse (hektografiert), STUDER/RÜEGG/EIHOLZER, Der Luzerner Zivilprozess, Kriens 1994, TERRAPON, Quelques considérations sur le Tribunal des Baux, en procédure fribourgeoise, in: Revue Fribourgeoise de Jurisprudence, 1992, S. 223 ff., TISSOT, Locataires et propriétaires: condamnés à la conciliation, in: Plädoyer 2/92, S. 49 ff., TRÜMPY, Das Vermittlungsverfahren im schweizerischen Mietrecht, in: La médiation: un mode alternatif de résolution des conflits? Publications de l'institut suisse de droit comparé, Zürich 1992, S. 63 ff., VOGEL, Der Mietrechtsprozess – neueste Bundesgerichtsentscheide klären Fragen zum Bundesmietprozess, in: Recht 1/1993, S. 31 f. (zit. Prozess), DERS., Kein Rechtsverlust mehr durch prozessuale Säumnis, in: Recht 5/1993, S. 182 ff. (zit. Säumnis), WEY, La consignation du loyer – étude des Art. 259g–i nCO, Lausanne 1995, WIDMER, Das Konzept der Mietrechtsrevision, in: HANGARTNER, S. 13 ff., ZIMMERLI, Einfacher und rascher ..., in: Baurecht 3/1991, S. 54.

## Inhaltsverzeichnis

# A. Geltungsbereich, Charakter und Gegenstand der Norm

## I. Geltungsbereich und Charakter

1. Der **Geltungsbereich** der Norm erstreckt sich auf den gesamten Achten Titel des Obligationenrechts, soweit in diesem Verfahrensfragen enthalten sind. 3

2. Die Norm stellt eine bundesrechtliche Verfahrensbestimmung dar und ist der Parteidisposition entzogen (gl. RONCORONI, in: mp 2/90, S. 79). Ihrem **Charakter** als bundesrechtliche Verfahrensnorm entsprechend, *richtet sie sich* in erster Linie ohnedies nicht an die Parteien, sondern *an* die kantonalen (Verfahrens-)Gesetzgeber, *an* die Schlichtungsbehörden *und an* alle Gerichte. 4

## II. Kompetenzausscheidung bei Behörden und Verfahren als Gegenstand der Norm

5 Art. 274 wiederholt die in Art. 64 Abs. 3 BV verankerte Aufgabenteilung zwischen dem Bund und den Kantonen im Bereich der Prozessrechtsgesetzgebung (statt vieler: WEBER/ZIHLMANN, Basler Kommentar, N 1 zu Art. 274; unklar, ob a.A., bei RAPP I, a.a.O., S. 4).

6 1. In Art. 64 Abs. 3 BV ist der **Grundsatz der kantonalen Hoheit in Prozessgesetzgebungsangelegenheiten** verankert (allgemein, statt vieler: GULDENER, S. 61, VOGEL, S. 53; vgl. ferner Botsch., S. 1466, RAPP, a.a.O., S. 275). Mit der Aufnahme von Art. 274 im Ingress zum Vierten Abschnitt des Achten Titels hat der Bundesgesetzgeber diesen *verfassungsrechtlichen Grundsatz als für das mietrechtliche Verfahren* weiterhin gültig statuiert (BGE 118 II 308; siehe ferner etwa Botsch., a.a.O., HIGI, Zuständigkeit, a.a.O., S. 4, SVIT-Kommentar II, N 1 zu Art. 274–274a; unklar, ob etwa a.A., bei RAPP I, a.a.O., S. 4).

7 *Dem kantonalen Prozessrecht gegenüber Vorrang hat hingegen das materielle Bundesrecht* (die Kompetenz zum Erlass erteilt dem Bund Art. 64 Abse. 1 und 2 BV), dessen Institute häufig kantonales Prozessrecht beherrschen, getreu dem Grundsatz, dem Prozessrecht komme lediglich eine dienende Rolle zu, weshalb es die Verwirklichung des materiellen Rechts nicht behindern dürfe (vgl., statt vieler: GULDENER, S. 50, S. 59, VOGEL, S. 53). Die Art. 274 ff. gehören nicht dazu.

8 Der Bundesgesetzgeber hat bereits in der Vergangenheit (zwecks Rechtsvereinheitlichung) wiederholt im *Bundesprivatrecht Normen mit rein prozessualer Natur* aufgestellt (wie beispielsweise Gerichtsstandsbestimmungen [z.B. Art. 144 ZGB, Art. 226l, Art. 343 Abs. 1], Streitwertbestimmungen [z.B. Art. 343 Abs. 2], Verfahrensmaximen [z.B. Art. 158 ZGB und Art. 343]; vgl. etwa GULDENER, S. 74 f.). Ferner hat er die Kantone zur Schaffung neuer Verfahren angehalten (einfaches und rasches Verfahren [so etwa bei Art. 343]; vgl. VOGEL, S. 63). *Mit der Mietrechtsnovelle* ist er im Jahre 1989 *noch einen Schritt weiter gegangen und hat bundesrechtlich Sühninstanzen geschaffen* (Art. 274a), deren Zuständigkeit und Verfahren er zudem teilweise selbst (Art. 274b ff.) geregelt hat oder auf dem Verordnungsweg hat regeln lassen (vgl. Art. 21 ff. VMWG; dazu nachstehend N 24 ff.). Ferner hat er (wie auch schon früher), mit den Art. 274b ff. in die Verfahrenshoheit der Kantone bezüglich des gerichtlichen Verfahrens eingegriffen (statt vieler: HIGI, Zuständigkeit, a.a.O., S. 5 ff., RAPP I, a.a.O., S. 4).

**2.** Mit den Art. 274 ff. ist daher eine **Durchbrechung des** verfassungsrechtlichen **Grundsatzes zugunsten mietrechtlicher Verfahrensvorschriften** geschaffen worden (vorn N 8). Diese lässt sich *rein oberflächlich damit rechtfertigen,* dass es sich bei den Schlichtungsbehörden nicht um Gerichte handle (so Botsch., S. 1467), sondern um – letztlich kantonale – Sühninstanzen eigener Art (dazu vgl. ZIHLMANN II, S. 250: «... Vermischung zwischen Beratungs- und Schlichtungsfunktion, zwischen Verwaltungsverfügung und Richterspruch»; siehe dazu auch N 8 ff. zu Art. 274a [Grundgedanken der Regelung] und N 21 ff. zu Art. 274a). Deren Verfahren stellt damit *kein Gerichtsverfahren dar* (konstante Praxis des BGer; vgl. etwa unveröff. Urteil 4C.83/1995 vom 10. Juli 1995), sondern – wenn schon – eine bundesrechtliche Prozessvoraussetzung (so BGE 117 II 506) für das eigentliche Gerichtsverfahren (vgl. N 44, N 133 zu Art. 273). Dieses aber ist weiterhin der Regelung der Kantone überlassen (Art. 274), soweit es nicht um die ungehinderte Durchsetzung des (materiellen) Bundesrechts geht (vorn N 7). 9

Diese Rechtfertigung des Durchbruches der verfassungsmässigen Ordnung *mag im rechtspolitischen Alltag genügen* (als Argument gegen die Furcht vor einer bundesweit geltenden einheitlichen Prozessordnung). Einer genaueren Betrachtung hält sie indes nicht stand. Schon die *Schaffung einer bundesrechtlichen Prozessvoraussetzung* (in Gestalt eines Verfahrens!), die *nicht im materiellen Bundesrecht begründet* ist (wie z.B. das Feststellungsinteresse), stellt eine *Missachtung von Art. 64 Abs. 3 BV dar* (Kantonen ist dergleichen verboten; vgl. BGE 118 II 479, Pra. 82 [1993] Nr. 74 [Urteil vom 23. Oktober 1992]). Das vom Bundesgesetzgeber vorgesehene Schlichtungsverfahren stellt sodann ein Verfahren dar, in dem z.T. Beweise erhoben werden müssen (vgl. Art. 274d Abs. 3); es ist überdies geeignet, endgültig i.w.S. über materielle Ansprüche zu befinden (Entscheide, Einigung als gerichtlicher Vergleich; vgl. Art. 273, Art. 274e). Ein erheblicher Unterschied zwischen der Tätigkeit der Schlichtungsbehörden und der richterlichen Tätigkeit (siehe GULDENER, S. 3) ist da ehrlicherweise kaum auszumachen. Das Schlichtungsverfahren und die es beherrschenden Verfahrensregeln werden deshalb zu *Recht allgemein dem Zivilprozessrecht zugerechnet.* Die oberflächlich angebotene Rechtfertigung mutiert in diesem Kontext folglich zu einem *Etikettenschwindel* (vgl. HIGI, Schlichtungsstellen, S. 25, Fn. 18, mit Verweisen). 10

Mit der Charakterisierung «Etikettenschwindel» soll die Zweckmässigkeit weder des Bestrebens etwa zur Schaffung einer einheitlichen ZPO für das Gebiet der Schweiz noch einer solchen einheitlichen ZPO selbst in Frage gestellt werden. Das Bundesgericht schreitet im übrigen immer mehr auf diesem Weg, indem es vereinheitlichende zivilprozessuale Grundsätze aus dem materiellen Bundesrecht herleitet. Getadelt werden soll als Etikettenschwindel hier ausschliesslich das Vorgehen des Gesetzgebers, dem es bei der Schaffung des Schlichtungsverfahrens augenfällig an dem gebrach, was man gemeinhin intellektuelle Redlichkeit nennt.

11 Endlich ist darauf hinzuweisen, dass die vom Bundesgesetzgeber *gewählte Verfahrensordnung weder der einheitlichen Durchsetzung des materiellen Bundesrechts* (vgl. dazu VOGEL, S. 56, Rz. 19 f.) *noch der Rechtssicherheit besonders förderlich ist.* Denn das Ziel des Schlichtungsverfahrens soll die paritätische Streitvermittlung durch Laien (mit psychologischem Gespür und gesundem Menschenverstand; vgl. TOBLER, in: HANGARTNER, S. 93) sein, die gerichtliche Auseinandersetzungen überflüssig macht. Der *Verfahrensweg zum Bundesgericht,* das für die einheitliche Durchsetzung des materiellen Bundesrechts letztlich zuständig ist, *wurde mit dem Schlichtungsverfahren im Fall gescheiterter Einigung aber gerade verlängert.* Die Anrufung *unterer Entscheidinstanzen, die in der Lage wären, eine Praxis zu bilden,* was die Schlichtungsbehörden nur in Ausnahmefällen (vgl. Art. 274e Abs. 2) vermögen, *unterbleibt* wenigstens als Zielvorgabe des Gesetzgebers (Einigung oder Nichteinigung) *häufig.* Die *Verfahrensordnung selbst* kann *kaum* als *übersichtlich* bezeichnet werden (vgl. nachstehend N 63 ff.) und wurde im Gefolge der Praxisbildung zum Verfahrensrecht wohl noch unübersichtlicher.

12 Der Praxisbildung der Gerichte zum materiellen Recht und damit nicht zuletzt der Rechtssicherheit förderlich ist, das sei der Vollständigkeit halber hier angefügt, nicht bloss die Zahl der Fälle, die sie entscheiden. Auch die Fälle, die sie vergleichsweise usw. erledigen, tragen zur Praxisbildung bei: Sie zwingen Gerichte nämlich, sich mit vielfältigen Fragen und Problemen des materiellen Rechts zu befassen, die zu einem Erfahrungsschatz beitragen, der zwangsläufig auch in die Entscheide einfliesst. Je weniger ein Gericht sich daher mit Problemen und Fragen befassen muss, die ein bestimmtes Rechtsgebiet aufwirft, desto geringer ist auch sein entsprechender professioneller Erfahrungsschatz, der es erlaubt, Lösungen unter diversen Aspekten und in ihrer Tragweite abzuschätzen.

13 3. Immerhin hat der Bundesgesetzgeber seinem rechtsstaatlich fragwürdigen Vorgehen zum Trotz (vgl., statt mehrerer: ZIHLMANN II, S. 250) den Art. 274 den Verfahrensbestimmungen zum Mietrecht vorangestellt. **Die Norm** muss daher zwangsläufig **als Auslegungshilfe für die mietrechtlichen Verfahrensnormen** gelten, soweit diese geeignet sind, in die kantonalrechtliche Hoheit einzugreifen; und in der Konsequenz muss *das zu einer engen Auslegung dieser Normen führen, zugunsten der bestehenden verfassungsmässigen Ordnung* (vgl. etwa HIGI, Zuständigkeit, a.a.O., S. 4 f.; ähnlich RAPP, in: DdB 7/1995 Nr. 29, ab Note 7).

14 Das Bundesgericht hat in seinen Entscheiden zum mietrechtlichen Verfahren diese Funktion des Art. 274 (Verweis auf die verfassungsmässige Ordnung des Art. 64 Abs. 3 BV) allerdings bisher kaum beachtet. In BGE 118 II 308 etwa weist es zwar einleitend darauf hin, ohne sich in der Folge jedoch noch gross damit zu befassen (vgl. BGE 118 II 309 ff.), sondern um im Gegenteil auslegungsweise einer breiten Anwendung des Bundesverfahrensrechts das Wort zu reden. Dass es in seiner Argumentation nicht um

jeden Preis den geläufigen Regeln der Logik folgte (vgl. einlässlich ZR 94 [1995] Nr. 35, E. II/3c und d) und in seiner Begründung letztlich einen *Kreisschluss* vollzog (vgl. VOGEL, in: ZBJV 130 [1994], S. 362; ZR 94 [1995] Nr. 35, E. II/3d [am Schluss]), macht die Sache nicht besser.

Eine Änderung seiner Auslegung der mietrechtlichen Verfahrensnormen in diesem Punkt hat das Bundesgericht auch in den BGE 118 II 307 ff. folgenden Entscheiden nicht angedeutet. In BGE 120 II 112 ff. beispielsweise ist es den von ihm vorgezeichneten Weg weitergeschritten, und hat – dem *Auslegungsgrundsatz der Praktikabilität* folgend (BGE 120 II 117) – die Auffassung vertreten, die Rechtsnatur eines eingeklagten Anspruches (vertraglicher Natur, quasivertraglicher oder ausservertraglicher [auch sachenrechtlicher?]) bestimme im Mietrecht etwa die Zuständigkeitsfrage nicht. Wesentlich sei im Lichte der Art. 274 ff. vielmehr ein mietrechtlicher «Tatbestand» (BGE 120 II 117). RAPP (in DdB 7/1995 Nr. 29, Note 7) hält dazu wohl unübertrefflich fest: «certains des motifs avancés laissent toutefois *perplexe. D'abord, il n'est guère satisfaisant sur le plan des principes de voir, une fois de plus,* la jurisprudence constater qu'une norme fédérale de for déroge aux règles constitutionelles de la garantie du for du domicile (art. 59 Cst. féd) et de la garantie raineté cantonale en matière de procédure (art. 64 al. 3 Cst féd), *sans pourtant donner à la loi l'interprétation la plus conforme à l'ordre constitutionelle existant».* BGE 118 II 52, der auf eine Betrachtung des Verfahrensrechts im Lichte von Art. 274 hinweist und eine solche in Zusammenhang mit dem einfachen und raschen Verfahren auch vornimmt, bleibt somit im wesentlichen einzigartig.

Die Hoffnung, das Bundesgericht wende sich trotz dieser sachlich zutref- 15
fenden Kritik, die nicht allein steht, in Zukunft gewissermassen dem Pfad der Tugend zu, scheint allerdings nicht wahrscheinlich. Der bundesrechtlich zwar nicht vorgesehene (vgl. Art. 274), absolute Vorrang mietverfahrensrechtlicher Vorschriften scheint vielmehr angesichts des *bisherigen Begründungsaufwandes* unseres höchsten Gerichtes den Stellenwert *eines Axiomes* einzunehmen (vgl. ZR 94 [1995] Nr. 35, E. II/3e; zum Begründungsaufwand siehe z.B. die ausführlichen Erwägungen des BGer zum Verhältnis zwischen Untermieter und Hauptvermieter in BGE 120 II 112 ff., die auf Seite 117 dann mit einem Satz vom Gericht selbst als letztlich bedeutungslos bezeichnet werden). Dass sich die verfahrensrechtliche Situation durch die bundesgerichtliche Rechtsprechung nicht vereinfacht hat (trotz der Anwendung des Auslegungsgrundsatzes der «Praktikabilität»), zeigen die weiteren Ausführungen zu den Art. 274 ff. (vgl. auch nachstehend N 63 ff.).

# B. Übersicht über die mietrechtlichen Verfahrensnormen

## I. Mietrechtliche Verfahrensnormen

16 Der Achte Titel des OR enthält nicht bloss in seinem Vierten Abschnitt Normen mit (primär oder sekundär) verfahrensrechtlicher Bedeutung.

17 1. **Normen** mit mehr oder weniger direktem Bezug zum Verfahren finden sich ebenso **im Ersten, Zweiten und Dritten Abschnitt des Achten Titels.** Normen mit einem *primären verfahrensrechtlichen Bezug* sind im wesentlichen die Art. 259g–259i (vgl. auch nachstehend N 35, N 40, N 64 ff.), der Art. 266g Abs. 2, die Art. 270 ff. (dazu nachstehend auch N 36, N 40, N 73 ff.), der Art. 272 Abse. 2 und 3 sowie der Art. 273 (vgl. auch N 36, N 40, N 71 f.). Normen mit *eher sekundärem Bezug* zum Verfahren sind demgegenüber beispielsweise die Art. 253a und 253b (vgl. auch nachstehend N 36, N 39, N 73 ff.), der Art. 257e Abse. 3 und 4, der Art. 259a Abs. 2, der Art. 259f, der Art. 268b und der Art. 271a Abs. 1 lit. e.

18 2. Die **Normen des Vierten Abschnittes** (Art. 274 ff.) *sollen die* diversen *in den übrigen drei Abschnitten* des Achten Titels *enthaltenen Normen*, die direkt das Verfahren zum Gegenstand haben, jedoch in unterschiedlicher Weise (vgl. dazu nachstehend N 35 ff. ), *zu einem einheitlichen mietrechtlichen Verfahren verbinden* (so z.B. WIDMER, bei: HANGARTNER, S. 38 f.: «einheitliches Konzept auch beim Verfahren»); das ist nicht zuletzt wegen der Integration der Missbrauchsgesetzgebung ins ordentliche Recht erforderlich geworden (vgl. WIDMER, a.a.O., S. 37 f.; vgl. auch N 32 ff. Vorbem. zu Art. 253–274g).

19 Den Normen des Vierten Abschnittes ist *Art. 274 vorangestellt*, der das mietrechtliche Verfahren in seiner Umsetzung eigentlich prägen sollte (vorn N 5 f., N 13). Zur tatsächlichen Umsetzung des Grundsatzes vor allem auch in der Rechtsanwendung siehe vorn N 14 f. und nachstehend N 42 f., N 46 ff.

20 *Art. 274a* hat die *Schlichtungsbehörde*, der im Rahmen der ersten drei Abschnitte des Achten Titels verschiedentlich Aufgaben zugewiesen werden, unter dem Blickwinkel gerade dieser Aufgaben im Visier (Abs. 1), aber auch deren

Zusammensetzung (Abs. 2 und Abs. 3; dazu ferner N 32). Mit der Schlichtungsbehörde befasst sich ferner *Art. 274c* (Schlichtungsbehörde als Schiedsgericht).

*Art. 274b* stellt bundesrechtliche *Gerichtsstandsbestimmungen* für mietrechtliche Streitigkeiten auf, und wirkt derart bundesweit vereinheitlichend. 21

*Die Art. 274d–274f* befassen sich mit dem *mietrechtlichen Verfahren im engsten Sinn* (eingeschränkt auf Streitigkeiten aus der Miete von Wohn- und Geschäftsraum gemäss Marginale E; dazu siehe nachstehend N 73 ff.), und zwar teilweise unbeschadet darum, ob es sich um ein Verfahren vor der Schlichtungsbehörde oder einem Gericht handelt. Dabei werden namentlich das kantonale Recht derogierende Verfahrensmaximen aufgestellt und der Verfahrenstyp teilweise festgelegt («einfaches und rasches Verfahren»; Art. 274d Abs. 1). Alle übrigen Verfahren, bei denen zwar mietverfahrensrechtliche Normen zum Zuge kommen, aber nicht die Art. 274d ff., werden demgegenüber hier als *mietrechtliches Verfahren im engeren Sinn* (soweit sie Wohn- oder Geschäftsraum betreffen) oder gar *i.w.S. bezeichnet* (Miete «gewöhnlicher» beweglicher oder unbeweglicher Sachen; vgl. dazu N 64 ff. nachstehend [Übersicht]). 22

*Art. 274g* versucht bundesrechtlich eine verfahrensmässige Doppelspurigkeit zu verhindern *(Kompetenzattraktion bei der Ausweisungsbehörde)*. Die Norm gilt ebenfalls nur für die Miete von Wohn- und Geschäftsraum, was sich bereits aus ihrem ersten Halbsatz ergibt («Ficht der Mieter ... an»; vgl. dazu Art. 271 Abs. 1). 23

24

**3.** Mietverfahrensrechtliche **Normen** sind endlich in **der VMWG** enthalten.

a) Der **Geltungsbereich der VMWG** wird *durch die Ermächtigungsnorm des Art. 253 Abs. 3 bestimmt.* Diese Norm hält in Zusammenhang mit der «Definition» von Wohn- und Geschäfträumen (vgl. dazu N 3 f. zu Art. 253a–253b) fest, dass der Bundesrat *Ausführungsvorschriften* erlassen könne. In einer *nüchternen Leseart* kann das – mit Blick ebenfalls auf die Marginale II/1 zu Art. 253a – wohl nur heissen, dass der Bundesrat noch weiter definieren könne, was allenfalls unter das Begriffspaar «Wohn- und Geschäftsräume» fallen kann (z.B. in bezug auf bewegliche Sachen oder Nebenräume oder Kategorien von Wohnungen gemäss Art. 253b). Ferner kann das heissen, der Bundesrat könne den Geltungsbereich der sich mit der Miete von Wohn- und Geschäftsraum befassenden Normen allenfalls erweitern. 25

Ein Blick in die *VMWG zeichnet* allerdings ein *anderes Bild*. Die Verordnung *lehnt sich ganz an die altrechtliche VMM an*, deren gesetzliche 26

Grundlage Art. 36 BMM darstellte. Daraus könnte man den (logisch allerdings unzulässigen) Rückschluss ziehen, der Gesetzgeber habe mit seiner Ermächtigungsnorm nicht das zum Ausdruck bringen wollen, was eine nüchterne Leseart von Art. 253a Abs. 3 nahelegt. Dieser Rückschluss ist nicht nur logisch unzulässig, sondern auch inhaltlich: Die VMWG gibt nämlich letztlich die Auffassung des Bundesrates darüber wieder, wie er den Inhalt der Ermächtigung von Art. 253a versteht. Die Auffassung des Bundesrates hinwieder muss nicht zwingend dem Willen des Gesetzgebers entsprechen, zumal dieser Wille, soweit er Gesetzeswortlaut geworden ist, eine Ermächtigung zum Erlass einer Verordnung, wie sie die VMWG darstellt, nüchtern besehen eben gerade nicht enthält.

27 *Im Parlament wurde über den Inhalt bzw. die Tragweite von Art. 253a nur sehr knapp diskutiert* (vgl. Amtl.Bull. SR vom 7. Juni 1988, S. 147, vom 19. September 1989, S. 421, und NR vom 15. März 1989, S. 472 f.). Im *Entwurf des Ständerates war eine Ermächtigung* zur Verordnungsregelung vorgesehen zur näheren Bestimmung von Nebenkostenentschädigungen, zu Ausführungen über indexierte und missbräuchliche Mietzinse, zu näheren Bestimmungen über Mietzinserhöhungen sowie zur ergänzenden Regelung über die Schlichtungsbehörden. *Der Nationalrat* legte sich – ohne dass darüber ein Wort im Plenum verloren worden wäre – auf eine verkürzte Formulierung der Norm fest, die durch Zustimmung des Ständerates im *Differenzbereinigungsverfahren* Gesetz geworden ist. Die Zustimmung des Ständerates im Differenzbereinigungsverfahren erlangte der Kommissionssprecher JELMINI im wesentlichen mit der Begründung, es bedürfe einer Verordnung, weil gewisse Fragen nicht vom Gesetzgeber geregelt werden müssten, andere hingegen der Anpassung an sich verändernde Verhältnisse bedürften. Man müsse Vertrauen in die Regierung haben.

28 Aus alldem wird immerhin der Wille des Gesetzgebers manifest, es sei der Bundesrat *zumindest im vom Ständerat ursprünglich als zweckmässig erachteten Umfang durch Art. 253a Abs. 3 zu Regelungen zu ermächtigen.* Festzustellen ist überdies, dass die Fassung des Nationalrates, die zum Gesetz wurde, derart vage ist, dass man sie für sich allein kaum als rechtsstaatlich ausreichende Ermächtigungsnorm auffassen kann (ähnlich z.B. WEBER/ZIHLMANN, Basler Kommentar, N 3 zu Art. 253b, die von einer bisweilen zweifelhaften Ermächtigungsnorm ausgehen). *Mehr als das hier Dargelegte kann der Debatte in den Räten* – auf die es im wesentlichen ankommt – nicht entnommen werden, ohne dass man zugleich in Spekulationen verfallen würde. Mit ZIHLMANN (Basler Kommentar, N 3 zu Art. 253b) ist deshalb festzuhalten, dass die VMWG streckenweise klar über die feststellbare Ermächtigung des Art. 253a Abs. 3 hinausgegangen ist (vgl. etwa N 16 ff. zu Art. 266l). An sich gesetzlich bereits klar Geregeltes hat sie

zudem teilweise geradezu überflüssig nochmals aufgenommen (vgl. N 25 f. zu Art. 257a–257b).

Nicht abgestellt werden kann – nur schon aus Gründen der Transparenz der Gesetzgebung, auf die es in einem demokratischen Rechtsstaat ankommt – auf im Plenum nicht wenigstens ansatzweise erwähnte Auffassungen und Beweggründe der Kommissionen der Räte. Denn dort, wo ein Hinweis auf Auffassungen der Kommissionen fehlt, kann nicht davon ausgegangen werden, diese hätten den Gesetzgeber, also die Räte insgesamt, in der Willensbildung direkt und erkennbar beeinflusst. Auf obskure Elemente der gesetzgeberischen Willensbildung ist hingegen nicht abzustellen (sonst müsste man realistischerweise z.B. auch Verbandsprotokolle usw. beiziehen, die Auffassungen von Parlamentariern wiedergeben oder beeinflusst haben). Das muss gleichgültig darum gelten, ob in einer Kommission an sich tiefschürfende Analysen vorgenommen wurden oder nicht – denn diese haben die Räte nach aussen erkennbar in solchen Fällen nicht beeinflusst. Im Fall von Art. 253a Abs. 3 fehlt es in den Amtl.Bull. an entsprechenden Hinweisen in der nationalrätlichen Debatte auf die Gründe der Kommission des Nationalrates, den Text zu verknappen. 29

**b) Die Normen** der VMWG, die sich mit dem Verfahren befassen (Art. 21 ff. VMWG), sind jedenfalls durch Art. 253a Abs. 3 im Grundsatz (vorn N 27), aber nicht zwingend im Detail (nachstehend N 31) gedeckt. 30

*Art. 21 VMWG* befasst sich mit den Aufgaben der Schlichtungsbehörde in Ergänzung zu Art. 274a und 274e. Die Norm schliesst an den alten Art. 14 VMM an. Sie enthält aber – ernsthaft betrachtet – nichts Gültiges von erheblicher Tragweite, sondern im wesentlichen gerade *Unzulässiges* (vgl. N 59 ff. zu Art. 274a, mit Weiterverweisen). 31

In *Art. 22 VMWG* wird die *Zusammensetzung der Schlichtungsbehörden* festgelegt. In Abs. 3 von Art. 22 VMWG wird – mit Blick auf Art. 274 und Art. 274a Abs. 1, Ingress – schlicht *Überflüssiges* geregelt. Wiederum wird an eine Norm der alten VMM angelehnt (Art. 15 VMM). Eine *Unterlassung des Gesetzgebers korrigierend* (wie kann im Entscheidfall paritätisch entschieden werden, wenn die Meinungen der Interessenvertreter auseinander gehen), *wird* immerhin für die Schlichtungsbehörden, sofern sie Verfahren durchführt, zwingend eine *minimale Dreierbesetzung* vorgeschrieben: Sie besteht aus einem neutralen Vorsitzenden und je einem Mieter- und Vermieterinteressenvertreter (zu den teilweise üblichen «Vorschlichtungen» vgl. N 38 zu Art. 274a). 32

*Art. 23 VMWG* schliesslich übernimmt im wesentlichen die Regelung des altrechtlichen Art. 16 VMM. Verfahrensrelevanten Inhalt hat diese Bestimmung keinen. 33

## II. Unterscheidungskriterien in den mietrechtlichen Verfahrensnormen

34 Die Verfahrensnormen der Art. 274 ff. sowie des übrigen Verfahrensrechts im Achten Titel (siehe vorn N 17) *enthalten* explizit oder implizit *diverse Unterscheidungskriterien*, die für ihre Anwendbarkeit erheblich sind (vgl. nachstehend N 35 ff., N 63 ff.). In einer knappen Übersicht sollen hier die wesentlichsten Kriterien daher angeführt werden. Die von den Verfahrensnormen getroffenen Unterscheidungen sind dabei (je nach Auffassung über den Umfang der Schlichtungskompetenz; vgl. dazu N 42 ff. zu Art. 274a) nicht stets identisch mit den Unterscheidungen, die das materielle Recht trifft.

35 1. Unterscheidungen nach der **Art der Mietsache und/oder deren Gebrauch** trifft ausdrücklich *Art. 259g* (Art. 259g Abs. 1: «Mieter einer unbeweglichen Sache»). Implizit treffen dieselbe Unterscheidung die *Art. 259h f.* (vgl. dazu N 3 ff. zu Art. 259g, N 3 zu Art. 259h, N 3 zu Art. 259i). Demselben Kriterium wie die *Art. 259g–259i folgen Art. 274a Abs. 1 und Art. 274b Abs. 1 lit. a*, jedoch stets explizit.

36 *Art. 273* trifft demgegenüber (implizit) eine Unterscheidung zwischen der Miete von Wohn- und Geschäftsräumen (vgl. N 3 zu Art. 273 und N 19 ff. Vorbem. zu Art. 271–273c) und anderen Mieten. Dasselbe gilt für die *Art. 274d–274g* (vgl. Marginale E des Vierten Abschnittes) sowie für die *Art. 270 ff.* (vgl. die gesetzliche Überschrift des Zweiten Abschnittes des Achten Titels); diese Bestimmungen hinwieder gelten allerdings nicht für alle Formen der Miete von Wohn- und Geschäftsraum, sondern (implizit) nur für bestimmte, gewissermassen «gewöhnliche» Mieten, nicht hingegen für die eher «aussergewöhnlichen» Mieten (vgl. N 39 nachstehend; ferner siehe N 63 ff. und N 88 zu Art. 253a–253b).

37 *Art. 274b Abs. 2 sowie Art. 274c* unterteilen explizit Mietstreitigkeiten nach solchen über Wohnräume und nach solchen über alle anderen Sachen.

38 *Art. 274b Abs. 1 lit. b und Abs. 2 lit. b* verwenden als explizites Kriterium die «Miete beweglicher Sachen» (mit Unterdifferenzierungen in Abs. 2 lit. b).

39 2. Die Unterscheidung nach Mietarten in den vorerwähnten Normen geht regelmässig einher mit **Einschränkungen im Geltungsbereich.** Die fraglichen Normen sind jeweils nur für Streitigkeiten aus oder über bestimmte Mietverhältnisse anwendbar, die von ihnen explizit oder implizit

erwähnt werden. *Art. 253b Abse. 2 und 3 sowie Art. 253a Abs. 2* schränken den an sich von einem Teil der Normen bereits bestimmten Anwendungsbereich (Wohn- und Geschäftsraum) teilweise weiter ein (vorn N 36; statt vieler siehe ferner z.B. ZIHLMANN II, S. 34 f., ROBERTI, S. 17 f.). Diese doch eher diffizil anmutenden Unterscheidungen sind streckenweise historisch bedingt (BMM und Integration der Missbrauchsgesetzgebung ins OR; vorn N 18). Sachlich zwingend sind sie namentlich im Fall von Art. 253b hingegen kaum.

3. Innerhalb ihres Anwendungsbereiches und untereinander differenzieren die mietrechtlichen Verfahrensnormen auch nach der **Art der Streitsache.** Beispielhaft erwähnt dafür seien Art. 274g (Verfahren über ausserordentliche Kündigung des Vermieters und Befehlsverfahren [Ausweisung]), Art. 274e Abs. 2 i.V.m. Art. 273, Art. 270 ff. und Art. 259i, endlich Art. 273 (vgl. dessen Abs. 1 [Anfechtung] und Abs. 2 [Erstreckung]). 40

## C. Mietrechtliches Verfahren

Die Verfahrensnormen des Achten Titels differenzieren ihren Anwendungsbereich unter diversen Gesichtspunkten (vorn N 34 ff.). Es steht daher mit Gewissheit zu erwarten, dass das Resultat dieser Differenzierungen, also das, was man gemeinhin vereinfachend als *«mietrechtliches Verfahren»*, «Mietprozess» usw. bezeichnet (vgl. z.B. VOGEL, S. 312, Titel, DERS., in: ZBJV 129 [1993], S. 454, Titel, und in ZBJV 130 [1994], S. 361, Titel) entsprechend *vielfältig* ausfällt. Wir nennen dieses «Verfahren» hier das mietrechtliche Verfahren i.w.S. (zum mietrechtlichen Verfahren i.e.S. siehe vorn N 22, nachstehend N 73 ff.). Nachstehend wird dargelegt, welche Streitsachen unter dieses «Verfahren» i.w.S. fallen können (aber nicht müssen). Daran anschliessend werden in Form einer Übersicht die sich aus den gesetzlichen Differenzierungen ergebenden Typen mietrechtlichen Verfahrens dargelegt (N 63 ff.). 41

## I. Streitigkeiten aus dem Mietverhältnis beim mietrechtlichen Verfahren i.w.S.

42 Das mietrechtliche Verfahren im gemeinhin verwendeten Sinn, hier als *mietrechtliches Verfahren i.w.S.* bezeichnet (dazu auch vorn N 22, N 41), knüpft an die Tatsache an, dass eine Streitigkeit *aus* einem Mietverhältnis vorliegt (vgl. z.B. Art. 274b Abs. 1, 1. Halbsatz) oder dass es um die *«Miete von»* etwas geht (vgl. z.B. Art. 272c, Art. 272d Abs. 1). Das Bundesgericht spricht in diesem Zusammenhang demgegenüber von einem sog. «mietrechtlichen Tatbestand» (BGE 120 II 117) und nimmt damit aus «Praktikabilitätsgründen» (BGE 120 II 117) zugleich stillschweigend an, es liege den Art. 274 ff. eine weitergehende, im Gesetz aber nicht formulierte Prämisse zugrunde. Das kann durchaus insoweit als zutreffend bezeichnet werden, als den Art. 274 ff. ja vereinheitlichende Funktion zukommen muss (vgl. vorn N 18). Fraglich ist immerhin, was in concreto unter einem «mietrechtlichen Tatbestand» zu verstehen ist – «Streitigkeiten *aus* dem Mietverhältnis», wie das Gesetz zuweilen spricht, scheint nämlich inhaltlich ausreichend fassbar. Die Auffassung des Bundesgerichtes in BGE 120 II 117, die auf den «mietrechtlichen Tatbestand» abstellt, scheint von daher kaum zur weiteren Erhellung beizutragen (Genaueres dazu in N 46 ff.).

43 Ein *«mietrechtlicher Tatbestand», der ein mietrechtliches Verfahren i.w.S. zur Folge hat,* liegt – folgt man dem Bundesgericht – stets dann vor, wenn der Kläger Ansprüche aus einem Sachverhalt herleitet, der irgendwie in einem Mietverhältnis gründet (bei BGE 120 II 112 ff. lag kein Mietverhältnis zwischen den Streitparteien vor). Solche Ansprüche können – *differenziert man nach dem Gegenstand der Klage* – in der Form von Vertragsklagen geltend gemacht werden (nachstehend N 44 f.), insbesondere in der Form gesetzlich geregelter *Gestaltungsklagen* (nachstehend N 44 f.), sowie in *anderen Formen von Klagen* (vgl. nachstehend N 46 ff.). Endlich liegt auch *vollstreckungsrechtlichen Klagen* zuweilen ein mietrechtlicher Tatbestand zugrunde (nachstehend N 59).

44 **1.** In der Form von **Vertragsklagen** werden *alle materiell-rechtlichen Ansprüche* geltend gemacht, die *aus einer bestehenden Vertragsbeziehung* ausfliessen (z.B. Mietzinsforderung, Ansprüche gemäss Art. 258a), *Folge einer einst bestehenden Vertragsbeziehung* sind (Rückerstattungsansprüche, Schadenersatz aus dem Dahinfallen des Vertrages, Kündigungsschaden usw.) *oder das Zustandekommen bzw. Nichtzustandekommen des Vertrages* selbst betreffen (vgl. beispielhaft BGE 119 II 347, ZMP 3/91

Nr. 28 [Miete oder Gebrauchsleihe?]; vgl. dazu auch HABSCHEID, S. 215–217). Klagen selbst aus culpa in contrahendo fallen letztlich unter diese Klageform.

Eine besondere Form der Vertragsklagen stellen die *im Gesetz vorgesehenen Gestaltungsklagen* dar, die Ausfluss eines einer Partei zukommenden materiellrechtlichen Gestaltungsrechts sind. Beispielhaft für den Bereich des Mietrechts können angeführt werden: die Anfechtungsklagen i.S.v. Art. 271 f. (vgl. N 33 zu Art. 271), die Erstreckungsklagen i.S.v. Art. 272 (vgl. N 20, N 22 zu Art. 272), die Herabsetzungsklagen i.S.v. Art. 259d (vgl. N 6 zu Art. 259d). 45

2. Als **andere Klagen** werden hier alle Klagen verstanden, die *keine vertragliche Anspruchsgrundlage im Sinn der Vertragsklage besitzen*, aber mit einem Mietverhältnis in einem Zusammenhang stehen (siehe vorn N 43: «mietrechtlicher Tatbestand»). *Fraglich* (und strittig; vgl. vorn N 15) *ist, ob diese Klagen nur schon deshalb ein mietrechtliches Verfahren i.w.S. begründen* (und damit zur Anwendung der mietverfahrensrechtlichen Bestimmungen der Art. 274 ff. führen), *weil sie in irgendeinem Zusammenhang mit einem Mietverhältnis stehen* (so offenbar das Bundesgericht: «Dies folgt vorab daraus, dass das Gesetz die Verfahrensordnung nicht aus dem Vertragsverhältnis, sondern aus dem mietrechtlichen Tatbestand als solchem begründet, welcher Tatbestand entsprechend weit» [sic!; was entspricht hier wem?] «zu fassen ist. Mithin tritt für die Zuständigkeitsfrage in den Hintergrund, ob der geltend gemachte Anspruch materiell als vertraglicher, quasivertraglicher oder ausservertraglicher zu qualifizieren ist; eine differenzierte Anwendung eines an materiellen Beziehungen orientierten Verfahrensrechts nach Massgabe des Entstehungsgrunds der Obligation würde der traditionellen Ausrichtung des schweizerischen Rechts auf klare und überschaubare Verhältnisse widersprechen»; offenbar geht das BGer u.a. auch davon aus, die Art. 253 ff. und die Art. 274 ff. im besonderen hätten klare und überschaubare Verhältnisse geschaffen). 46

Zu denken ist hier etwa an *Klagen aus dem Eigentumsrecht:* Ein Vermieter klagt beispielsweise ebenso in Wahrung der Interessen seines Mieters auf den ungestörten Gebrauch der Mietsache gestützt auf Art. 679 ZGB auf Unterlassung von Immissionen gegen den Nachbarn (vgl. dazu aber N 15 ff. zu Art. 259a); ein Zusammenhang mit einem Mietverhältnis ist evident. Ein Vermieter verlangt beispielsweise gestützt auf Art. 641 ZGB die Ausweisung des Untermieters; ein Zusammenhang mit einem Mietverhältnis ist ebenfalls evident. 47

Zu denken ist ebenfalls an Klagen, die sich aus dem *Recht des Stockwerkeigentums* oder *aus dem Gesellschaftsrecht* ergeben: Ein Vermieter, der Stockwerkeigentümer ist und seine Wohnung vermietet hat, geht gegen die Stockwerkeigentümergemeinschaft gestützt auf Art. 712h vor, weil die Kostenaufteilung derart untransparent ist, dass er dem Mieter nicht die Nebenkosten korrekt in Rechnung stellen kann. Ein Zusammenhang mit der Miete ist evident. 48

Eine Aktiengesellschaft mietet Geschäftsräume zu überhöhten Mietpreisen und zu ihrem finanziellen Schaden. Ein Aktionär erhebt gegen die verantwortlichen Organe eine Verantwortlichkeitsklage (Art. 754). Ein mietrechtlicher Zusammenhang ist hier ebenso evident wie bei der Klage des ehemaligen Mieters und Genossenschafters auf Herausgabe des Anteilskapitals (vgl. MRA 4/95, S. 211).

49 Zu denken ist des weitern an *Klagen aus dem Besitzesschutzrecht* (Art. 926 ff. ZGB), beispielsweise an Ausweisungsklagen des Untervermieters gegen den Untermieter oder des Hauptvermieters gegen den Untervermieter und/oder gegen den Untermieter, an Klagen des Mieters einer beweglichen Sache auf Rückgabe der Mietsache gegen einen Dritten usw. Mietrechtliche Zusammenhänge sind hier ebenfalls unschwer auszumachen.

50 Zu denken ist ferner an *Klagen aus Persönlichkeitsrechten* (Art. 28 f. ZGB): Ein Mieter (oder ein Vermieter) verletzt beispielsweise in Anwesenheit Dritter (z.B. auch Mitmieter) verbal den Vermieter oder einen Mitmieter (bzw. den Mieter) in der Persönlichkeit, weil sich die verletzte Person nach Auffassung des Verletzers im Rahmen der Hausordnung oder der Abwicklung des Vertragsverhältnisses unstatthaft benommen hat (z.B. Lärm, unseriöser Lebenswandel usw.). Mieter – um ein weiteres Beispiel anzuführen – verbreiten schriftlich ehrverletzende Äusserungen über den Hauswart, die (auch) seine Arbeitsleistungen betreffen (z.B. er belästige bei Reparaturarbeiten Ehegattinnen von Mietern bzw. Mieterinnen usw.). Dass solche Klagen *aus* dem «Mietverhältnis» herrühren oder wenigstens mit diesem in einem engen Zusammenhang stehen, ist ebenfalls evident.

51 Zu denken ist schliesslich an *Klagen aus unerlaubter Handlung* (Art. 41 ff.), aus *ungerechtfertigter Bereicherung* (Art. 62 ff.) oder aus Auftrag. Beispielhaft erwähnt sei hier etwa der Fall des Kindes des Mieters, das im Garten eines Mehrfamilienhauses beim Spiel Garteneinrichtungen beschädigt oder die Fensterscheibe des Mitmieters. Erwähnenswert ist überdies z.B. der Fall des Vermieters bzw. Mieters, der den Vertragspartner (im Fall des Mieters auch einen Mitmieter) im Rahmen einer Auseinandersetzung über die Ausgestaltung des Mietverhältnisses verletzt. Beispielhaft erwähnt seien auch Klagen aus Schadenersatzansprüchen eines Vermieters gegen Hausbesetzer, die zu Unrecht geltend gemacht haben, es läge ein Mietverhältnis vor, sowie Klagen auf Schadenersatz des Vermieters gegenüber dem Untermieter für die vertragslose Benützung der Mietsache.

Zum Auftragsrecht seien schliesslich noch beispielhaft angeführt: die Klage des Hauseigentümers gegen den Verwalter auf Schadenersatz, weil dieser nicht rechtzeitig für einen Nachfolgemieter gesorgt habe, sowie die Klage des Verwalters gestützt auf Art. 404 Abs. 2 gegen den Hauseigentümer, der ihm die Verwaltung der Mietsachen entzogen hat.

52 *Nach den bislang geltenden prozessrechtlichen Grundsätzen, die auch Eingang in das Bundesprivatrecht oder die Bundesverfassung gefunden haben* (vgl. z.B. Art. 28b, Art. 28c f., Art. 28g ff. ZGB; Art. 40g, Art. 31$^{sexies}$ BV [Konsumentenschutzrecht]; Art. 343 usw.), *bestimmen die sog. «Rechtsnatur» des eingeklagten Anspruches* sowie das Rechtsbegehren *die Zuständigkeiten und das Verfahren,* welche das Prozessrecht zur Verfügung stellt (vgl. dazu allgemein etwa GULDENER, S. 52, HABSCHEID, S. 214, Rz. 380, S. 217, Rz. 386, STAEHELIN/SUTTER, S. 41; vgl. auch etwa BGE 117 II 26, JdT 1992 I 351 und BGE 120 II 117 [sinngemäss]; siehe endlich, bloss beispielhaft, STRÄULI/MESSMER, N 1, N 12 f., N 15 zu den §§ 6/7 ZPO, N 1 f. und N 6 zu § 9 ZPO).

53 *Von diesem Grundsatz abzuweichen besteht* – gerade mit Blick auf die in den N 47 ff. angeführten Beispiele – *hinsichtlich des mietrechtlichen Verfahrens i.w.S. kein sachlicher, begründeter Anlass* (so grundsätzlich wohl ebenfalls BGE 120 II 117). Denn Anlass besteht eigentlich schon mit Blick auf die in Art. 274 hervorgehobene verfassungsmässige Ordnung keiner

(*Grundsatz der verfassungskonformen Gesetzesauslegung*; vgl. dazu DdB 7/1995 Nr. 29, ab Note 7).

Anlass besteht überdies keiner, weil das *Bundesrecht selbst Sachverhalte, die durchaus als «mietrechtlicher Tatbestand» aufgefasst werden können, gerade bezüglich der Zuständigkeit eigens geregelt hat* (vgl. z.B. Art. 28b ZGB oder Art. 40g), und zwar teilweise in einer Form, die erst recht bei der Annahme eines gewissermassen generellen «mietrechtlichen Tatbestandes» (so BGE 120 II 117) zu geradezu kuriosen Resultaten führen müsste (oder ohnehin schon ohne dieses Konstrukt führt; vgl. Art. 40g, welche Norm auch bei mietrechtlichen Streitigkeiten bezüglich des Widerrufsrechts des Konsumenten gilt [vgl. N 18 ff. zu Art. 266f., N 6, N 15 zu Art. 266k). 54

Die Folgen der Annahme eines generellen «mietrechtlichen Tatbestandes», der zu einem mietrechtlichen Verfahren führt, wären beispielsweise die, dass dort, wo ein (welcher?) Zusammenhang mit einer Wohn- oder Geschäftsraummiete vorliegt, stets die Regeln des einfachen und raschen Verfahrens zur Anwendung kämen, dass die Untersuchungsmaxime also in einem Prozess aus unerlaubter Handlung gelten müsste, und dass in allen diesen Fällen – je nach Auffassung über den Umfang der Zuständigkeit der Schlichtungsbehörde – stets auch ein Schlichtungsverfahren dieser Behörde gewissermassen als «Prozessvoraussetzung» zum Zuge käme; vgl. dazu N 27 ff. und N 42 zu Art. 274a). 55

Anlass besteht ebenfalls deshalb keiner, weil *das Gesetz selbst keinen rational fassbaren Anhaltspunkt dafür bietet,* einen übergreifenden «mietrechtlichen Tatbestand» (vorn N 42 f., N 46) aus Praktikabilitätsgründen anzunehmen. Wo das Gesetz sich in den Verfahrensnormen über mietrechtliche Streitigkeiten explizit äussert, spricht es immerhin von solchen *aus* dem Mietverhältnis oder aus der Miete (Art. 274b, Abs. 1, 1. Halbsatz, Art. 274d Abs. 1); oder es spricht *von* der Miete einer Sache (Art. 274c). Nicht anders verhält es sich bei den materiell-rechtlichen Normen (vgl. etwa Art. 253b Abs. 1, Art. 254, Art. 257e Abse. 1 und 2, Art. 265 *[aus]*; dazu BGer, in: mp 2/95, S. 72 «... nur für ‹Forderungen und Schulden aus dem Mietverhältnis› gilt»). 56

Der *Grundsatz einheitlicher Gesetzesauslegung* (dazu etwa BGE 118 II 53, unter Hinweis auf BGE 104 Ib 272) verlangt die einheitliche Auslegung von *gleichlautenden Begriffen.* Einheitlich auszulegen ist somit ebenfalls, was die Wendung «Miete von» bedeutet, und einheitlich auszulegen ist überdies, was die Wendung «*aus* dem Mietverhältnis» bedeutet. Im Resultat dieser beiden Auslegungen kann sich ergeben, dass beide Wendungen dasselbe meinen. 57

Mit «Miete» bezeichnet Art. 253 einen Vertrag und dessen Wirkungen (vgl. N 3 ff. zu Art. 253). *Im allgemeinen Sprachgebrauch* bezeichnet man sodann unter einem *Vertragsverhältnis* die Wirkungen, die der Abschluss eines Vertrags mit sich bringt (vgl. GAUCH/SCHLUEP, Bd. 1, S. 38; vgl. ebenfalls N 9 zu Art. 253). Das BGer hat in mp 2/95 (S. 72 f.) den Begriff

«Mietverhältnis» völlig zu Recht denn auch genau diesem Sinn entsprechend gedeutet. Im Resultat führt all das (worauf hier der Kürze willen nicht mehr näher einzugehen ist) zwangsläufig dazu, die in den Art. 274 ff. aufscheinende Begrifflichkeit gleich zu verstehen. Das hinwieder schliesst die Annahme eines die Art. 274 ff. übergreifenden «mietrechtlichen Tatbestandes» geradezu aus. In BGE 120 II 117 hingegen wurde das Gebot der einheitlichen Gesetzesauslegung gerade nicht beachtet, wie auch übersehen wurde, dass Vertragsklagen (vgl. vorn N 44 f.) durchaus eine Zuständigkeit «aus Mietverhältnis» zu begründen vermögen, wenn es um Fragen des Bestandes oder Nichtbestandes eines Mietvertrages geht. Das *Bundesgericht ist* in BGE 120 II 117 endlich die *Antwort auf die Frage schuldig geblieben*, weshalb bei der Auslegung der Art. 274 ff. bloss und ausschliesslich der Auslegungsgrundsatz der Praktikabilität zum Zuge kommen kann oder muss.

58 Anlass zur Annahme eines mietrechtlichen Tatbestandes i.S.v. BGE 120 II 117 besteht schließlich keiner, weil es *nicht das Ziel der gesetzesauslegenden Rechtsprechung sein kann*, inhaltlich gemäss Sprachgebrauch einigermassen *fixierte Begriffe*, wie sie das Gesetz verwendet, *durch eine* angeblich praktikable *Annahme eines diffusen Tatbestandes zu ersetzen*, der zu alldem aus sich selbst heraus noch eine weite Auslegung fordert! (Siehe den Text von BGE 120 II 117 vorn in N 46.) Die in BGE 120 II 117 festgestellte (oder mit Blick auf die jüngere Vergangenheit der Gesetzgebung nur geforderte?) Ausrichtung des schweizerischen Rechts auf klare und überschaubare Verhältnisse gebietet eigentlich gerade das Gegenteil: Im Interesse der *Rechtssicherheit* ist an im Sprachgebrauch mehr oder weniger inhaltlich fixierten Begriffen festzuhalten. Denn dieser *Sprachgebrauch bestimmt auch den Gesetzgeber in der Wortwahl.* Das alles lässt es nur zu, den «mietvertraglichen Tatbestand» entweder schon gar nicht mehr anzunehmen (was richtig erscheint) oder – wenn man ihn schon für schier unverzichtbar hält – gerade eng aufzufassen, im Lichte der Gesetzessprache also auf Klagen *«aus* dem Mietverhältnis» (Art. 274b Abs. 1) oder über die *«Miete von»* (Art. 274c, Art. 274d Abs. 1) beschränkt.

59 **3. Klagen aus Vollstreckungsrecht** (z.B. Rechtsöffnungsbegehren) können ebenfalls einen mietrechtlichen Tatbestand zur Ursache haben (vgl. etwa ROBERTI, S. 37 f., mit einer Argumentation allerdings, die dem ausschliesslich vollstreckungsrechtlichen Charakter des Rechtsöffnungsverfahrens streckenweise zu wenig Rechnung trägt). *Soweit das Bundesrecht sie regelt (namentlich im SchKG), stehen sie ausserhalb der Art. 274 ff.* (gl. im Resultat ROBERTI, a.a.O.; siehe dazu auch N 52 zu Art. 274a, N 13–18 zu Art. 274b). Mit Blick auf den Art. 274 und die herrschende verfassungs-

mässige Ordnung können vollstreckungsrechtliche Klagen vernünftigerweise *auch dort, wo sie dem kantonalen Recht zur Regelung überlassen worden sind* (siehe etwa BGE 116 Ia 394; vgl. ferner GULDENER, S. 49, VOGEL, S. 400 f.), *von den Art. 274 ff. grundsätzlich nicht erfasst* sein. Das räumt zumindest implizit sogar Art. 274g selbst (vgl. Marginale F) bezüglich Ausweisungsbegehren ein; solche Begehren müssen nicht unbedingt im Rahmen eines Erkenntnisverfahrens behandelt werden, können aber (für Art. 274g hätte sonst auch Raum in Marginale E vorgelegen).

4. **Fasst** man die Resultate der vorstehenden Betrachtungen in einer **Übersicht zusammen**, so darf dabei zunächst festgestellt werden, dass ein *mietrechtliches Verfahren i.S. der Art. 274 ff. stets nur dann gegeben ist, wenn sich der Klagegegenstand (Anspruch) aus einem Mietverhältnis herleitet* und damit dem entspricht, was unter die *Vertragsklage* (vorn N 44 f.) fällt. 60

*Erfasst der Klagegegenstand,* den ausschliesslich die klagende Partei durch ihr Rechtsbegehren definiert (Dispositionsmaxime; GULDENER, S. 156), *noch anderes gewissermassen untrennbar* (verschiedene Anspruchsgrundlagen), ist weniger aus Gründen der Praktikabilität (vgl. BGE 120 II 117) als aufgrund der allgemeinen prozessrechtlichen Grundsätze und wegen der Sozialschutzintentionen, die hinter den Art. 274 ff. stehen (siehe etwa VOGEL, S. 311), dem *mietrechtlichen Verfahren der Vorrang einzuräumen* (vgl. allgemein GULDENER, S. 156: «Zuständig ist das Gericht, das unter dem wesentlichsten Gesichtspunkt zu entscheiden berufen ist»; ähnlich z.B. WALDER I, S. 129, Rz. 86). 61

*Dort, wo eine klagende Partei gerade keinen mietrechtlichen Anspruch* im hier verstandenen Sinn (vgl. Vertragsklage; vorn N 44) *geltend macht* (was ihr gutes Recht ist), bleibt auch kein Raum für das mietrechtliche Verfahren (die Dispositionsmaxime ist prozessrechtlicher Ausfluss der bundesrechtlichen Parteiautonomie; STAEHELIN/SUTTER, S. 103, VOGEL, S. 157, Rz. 7 f., WALDER I, S. 203). Ob ein mietrechtlicher Anspruch vorliegt, ist eine von der angerufenen Instanz selbst zu prüfende Frage (iura novit curia; vgl. BGE 119 II 68; siehe allgemein GULDENER, S. 156, HABSCHEID, S. 216, Rz. 382, VOGEL, S. 127 f., 363 f.; WALDER I, S. 130 [Rz. 87], S. 207 f.; vgl. auch LEUCH/MARBACH/KELLERHALS, S. 25 f.). 62

## II. Gesetzlich vorgegebene Verfahrenstypen

63 Die verschiedenen Unterscheidungskriterien in den Normen des Achten Titels mit verfahrensrechtlichem Aspekt (vorn N 34 ff.) führen zu einer Grobeinteilung folgender Verfahrenstypen:

64 1. Es gibt **Verfahren für die Miete unbeweglicher Sachen.** Zum Begriff der unbeweglichen Sache vgl. N 84 ff. Vorbem. zu Art. 253–274g, N 3–5 zu Art. 259g; vgl. ferner z.B. WEY, S. 65 ff.

65 Das Gesetz unterscheidet Mietarten allerdings nicht nur unter dem Aspekt ihrer Beschaffenheit, d.h. hier vor allem ihrer Beweglichkeit (unbewegliche und bewegliche Sachen), sondern ebenso – z.T. überschneidend – nach der Art des vereinbarten Gebrauchs (Wohn- oder Geschäftsraum; Familienwohnung; Ferienwohnung; vgl. vorn N 35 ff.; siehe ferner N 52, N 84 Vorbem. zu Art. 253–274g, N 15 ff., N 22 ff. zu Art. 253, N 44 f. zu Art. 253a–253b). Das *führt hinsichtlich des anwendbaren Verfahrensrechts bei unbeweglichen Sachen* zu folgenden *Verfahrenstypen*:

66 – Verfahren zur Miete *unbeweglicher Sachen, die weder Wohn- noch Geschäftsraum sind* (aber z.B. eine Ferienwohnung i.S.v. Art. 253a Abs. 2; anwendbare Verfahrensnormen sind: Art. 259g ff., Art. 274a, Art. 274b Abs. 1 lit. a, aber nicht die Art. 274d ff.).

67 – Verfahren zur Miete *unbeweglicher Sachen, die Wohn- und Geschäftsraum* sind (dazu nachfolgend N 76 f., N 79; der sog. «klassische» Fall, den man als mietrechtliches Verfahren *im engsten Sinn* bezeichnen kann).

68 2. Es gibt ferner **Verfahren für die Miete beweglicher Sachen,** wobei wiederum die Unterscheidung nach dem vertraglich vereinbarten Gebrauch der Sache (vorn N 65, vorn N 35 ff.) zu verschiedenen Verfahrenstypen führt. Hinzu kommt eine weitere Unterscheidung nach persönlichen Eigenschaften des Vermieters bzw. Mieters (siehe Art. 274b Abs. 2 lit. b und überdies N 6, N 9, N 11 ff. zu Art. 266f), was im wesentlichen ergibt:

69 – Verfahren zur *«gewöhnlichen Miete»* von beweglichen Sachen (wozu auch Fahrnisbauten gehören; anwendbare Verfahrensnorm: Art. 274b Abs. 1 lit. b).

70 – Verfahren zur Miete *beweglicher Sachen* (auch Fahrnisbauten; vgl. N 4 f. zu Art. 259g, N 8–12 zu Art. 266b), die dem privaten Gebrauch des Mieters dienen und vom Vermieter im Rahmen einer gewerblichen Tätigkeit vermietet wurden *(Konsumgütermiete;* anwendbare Verfahrens-

normen sind: Art. 274b Abs. 1 lit. b, Art. 274b Abs. 2 lit. b und Art. 40g [Widerrufsrecht]).

- Verfahren zur Miete beweglicher Sachen (auch Fahrnisbauten; vgl. N 4 f. zu Art. 259g, N 8–12 zu Art. 266b), die *dem Mieter vertragsgemäss als Wohnraum dienen* (anwendbare Verfahrensnormen: Art. 270 ff. [analog], Art. 273 [analog], Art. 274b Abs. 1 lit. b und Art. 274b Abs. 2 lit. a, ferner Art. 274c, Art. 274d Abs. 1 und Abs. 3, Art. 274f Abs. 2 und Abs. 3). 71
- Verfahren zur Miete beweglicher Sachen (auch Fahrnisbauten; vgl. N 4 f. zu Art. 259g, N 8–12 zu Art. 266b), die *dem Mieter vertragsgemäss als Geschäftsraum dienen* (anwendbare Verfahrensnormen: Art. 270 ff. [analog], Art. 273 [analog], Art. 274b Abs. 1 lit. b, Art. 274d Abs. 1 und Abs. 3, Art. 274f Abs. 2 und Abs. 3). 72

**3.** Schliesslich ergeben sich **Verfahren für die Miete aus Wohn- und Geschäftsraum**, die wir hier als **mietrechtliches Verfahren im engeren Sinn bezeichnen wollen** (vgl. vorn N 22), und dessen als «klassisch» zu bezeichnende Typen das mietrechtliche Verfahren *im engsten Sinn* bilden (vorn N 67, nachstehend N 76 f., N 79). 73

Zu den *Begriffen des Wohn- und Geschäftsraumes* vgl. N 19 ff. Vorbem. zu Art. 271–273c (mit Weiterverweisungen). 74

Mit Blick auf die anwendbaren verfahrensrechtlichen Normen gemäss den in diesen Normen enthaltenen Unterscheidungskriterien (vorn N 35 ff.) ergeben sich folgende Verfahrenstypen: 75

- Das Verfahren zur Miete eines *Wohnraumes in einer unbeweglichen Sache*, die sich *durch keine Besonderheiten auszeichnet* (der eine «klassische» Fall, den wir hier als «gewöhnliche Wohnraummiete» bezeichnen; die wesentlichen anwendbaren Normen sind: Art. 259g ff., Art. 270 ff., Art. 273, Art. 274a, Art. 274b Abs. 1 lit. a und Abs. 2 lit. a, Art. 274c, Art. 274d ff.). 76
- Das Verfahren zur *Wohnraummiete bei unbeweglichen Sachen, die unter Art. 253b Abs. 2 oder 3 fallen* (die wesentlichen anwendbaren Normen sind: Art. 259g ff., Art. 273, Art. 274a, Art. 274b Abs. 1 lit. a und Abs. 2 lit. a, Art. 274c, Art. 274d ff.). 77
- Das Verfahren zur Miete *beweglicher Sachen*, die dem Mieter vertragsgemäss als Wohnraum dienen (vorn N 71). 78
- Das Verfahren zur *Miete eines Geschäftsraumes in einer unbeweglichen Sache* (der andere «klassische Fall»; die wesentlichen anwendbaren Normen sind: Art. 259g ff., Art. 270 ff., Art. 273, Art. 274a, Art. 274b Abs. 1 lit. a, Art. 274d ff.). 79

80 – Das Verfahren zur Miete *beweglicher Sachen,* die dem Mieter vertragsgemäss als Geschäftsraum dienen (vorn N 72).

81 Durch welchen Inhalt sich die einzelnen in den N 64 ff. vorgestellten, doch sehr zahlreichen Typen im wesentlichen auszeichnen, ergibt sich aus den Kommentierungen zu den vorstehend jeweils angegebenen wichtigsten Normen. Zu weiteren, vorhin nicht angeführten Normen mit verfahrensrechtlichem Inhalt siehe vorn N 17 (wieweit diese Einfluss auf den Inhalt der Verfahrenstypen haben, ergibt sich im wesentlichen aus den Kommentierungen der hier nicht einzeln angeführten Normen).

82 Die *eindrückliche Zahl diverser Verfahrenstypen* dokumentiert nachhaltig, dass die Art. 274 ff. gerade *kein einheitliches Verfahrensrecht* geschaffen haben und von einem einheitlichen Konzept (so aber WIDMER, bei: HANGARTNER, S. 38 f.) kaum die Rede sein kann. Schlicht *unerfindlich* muss demnach ebenfalls bleiben, worin ein der Verfahrensordnung der Art. 274 ff. übergeordneter «mietrechtlicher Tatbestand» liegen kann (vgl. aber BGE 120 II 117). Denn allein bei der *Wohnraummiete* zählen wir z.B. im wesentlichen vier Verfahrenstypen (rechnet man die doch denkbare Konsumgütermiete als Untertyp hinzu), bei der Geschäftsraummiete zählen wir zwei Typen. Das ergibt insgesamt sechs Typen von Verfahren, von denen drei (bei beweglichen Sachen) bezüglich Art. 270 ff. und Art. 273 zudem erhebliche Probleme (keine Schlichtung durch die Schlichtungsbehörde) mit sich bringen.

83 Gegen diese Sicht kann man einwenden, *die Miete beweglicher Wohn- oder Geschäftsräume* habe nicht der gesetzgeberischen Vorstellung entsprochen und sei daher unberücksichtigt zu lassen. Ersteres mag zutreffen, letzteres verbietet sich aus dem Sozialschutzgedankengut des Mietrechts heraus von selbst; dieses verbietet die wohl doch einfache Sichtweise, dass (frei nach dem Sprichwort) nicht sein darf, was sein kann. Bei der *Miete unbeweglicher Sachen* führt die dargelegte Verfahrensordnung im übrigen zu kostenfälligen Schlichtungen (vgl. vorn N 66; vgl. ferner HIGI, Zuständigkeit, a.a.O., S. 18). An diesen Typ hat der Gesetzgeber für Aussenstehende erkennbar auch nicht gedacht. Mit RAPP (a.a.O., S. 277) muss man bei diesem Befund in der Tat ein *«système ingénieux»* konstatieren. Und man findet Verständnis dafür, dass Ständerat HUBER bei der Beratung von Teilen dieses Systems ein *Gefühl der Irrealität beschlich,* welches er dem Rat – ohne allerdings auf ein Echo zu stossen – auch kundtat (vgl. Amtl.Bull. SR vom 18. Juni 1988, S. 179).

# Art. 274a

[1] Die Kantone setzen kantonale, regionale oder kommunale Schlichtungsbehörden ein, die bei der Miete unbeweglicher Sachen:

B. Schlichtungsbehörde

a. die Parteien in allen Mietfragen beraten;
b. in Streitfällen versuchen, eine Einigung zwischen den Parteien herbeizuführen;
c. die nach dem Gesetz erforderlichen Entscheide fällen;
d. die Begehren des Mieters an die zuständige Behörde überweisen, wenn ein Ausweisungsverfahren hängig ist;
e. als Schiedsgericht amten, wenn die Parteien es verlangen.

[2] Vermieter und Mieter sind durch ihre Verbände oder andere Organisationen, die ähnliche Interessen wahrnehmen, in den Schlichtungsbehörden paritätisch vertreten.

[3] Die Kantone können die paritätischen Organe, die in Rahmenmietverträgen oder ähnlichen Abkommen vorgesehen sind, als Schlichtungsbehörden bezeichnen.

[1] Les cantons instituent des autorités cantonales, régionales ou communales de conciliation qui sont chargées, dans toute question relative aux baux de choses immobilières:

B. Autorité de conciliation

a. De conseiller les parties;
b. De tenter, en cas de litige, de les amener à un accord;
c. De rendre les décisions prévues par la loi;
d. De transmettre les requêtes du locataire à l'autorité compétente lorsqu'une procédure d'expulsion est pendante;
e. De faire office de tribunal arbitral à la demande des parties.

[2] Bailleurs et locataires sont représentés paritairement au sein des autorités de conciliation par l'intermédiaire de leurs associations ou d'autres organisations défendant des intérêts semblables.

[3] Les cantons peuvent désigner comme autorité de conciliation les organes paritaires prévus dans des contrats-cadres ou dans des conventions semblables.

[1] I Cantoni istituiscono, a livello cantonale, regionale o comunale, autorità di conciliazione che, nel caso di locazione di immobili:

B. Autonià di conciliazione

a. prestano consulenza in tutte le questioni concernenti il rapporto di locazione;
b. cercano, ove sia insorta una controversia tra le parti, di indurle all'intesa;
c. prendono le decisioni previste dalla legge;
d. trasmettono le richieste del conduttore all'autorità competente qualora sia pendente un procedimento di sfratto;
e. fungono da tribunale arbitrale a domanda delle parti.

[2] I locatori e i conduttori sono rappresentati pariteticamente nelle autorità di conciliazione, tramite le loro associazioni o altre organizzazioni che tutelano analoghi interessi.

[3] I Cantoni possono designare come autorità di conciliazione gli organi paritetici previsti in contratti-quadro di locazione o in convenzioni analoghe.

## Art. 274a

1 Materialien — Art. 25 und 26 BMM, Art. 274a des Entwurfes vom 27. März 1985, Art. 17 und 18 BGMM; Amtl.Bull., SR, 1988, S. 178 f., 1989, S. 432, NR, 1989, S. 541 f.

2 **Literatur:** Siehe allgemeines Literaturverzeichnis sowie N 2 zu Art. 274.

## Inhaltsverzeichnis

# A. Geltungsbereich und Charakter der Norm

## I. Geltungsbereich

Der Geltungsbereich der Norm wird von dieser im Ingress von Abs. 1 *selbst definiert*. Entsprechend dem allenthalben anzutreffenden gesetzgeberischen Vorgehen, den Geltungsbereich von Normen *durch die Art der Miete* zu bestimmen (vgl. dazu N 34 ff. zu Art. 274), beschränkt sie ihren *Geltungsbereich von Bundesrechts wegen auf die Miete unbeweglicher Sachen*. Nach zutreffender, allerdings teilweise umstrittener Auffassung regelt Art. 274a zudem nicht jede Tätigkeit der Schlichtungsbehörde unter dem Aspekt der unbeweglichen Sache (vgl. nachstehend N 43 ff., N 54 ff.). 3

Im Lichte des verfassungsmässigen Grundsatzes von Art. 274 können die *Kantone, so sie wollen*, der Schlichtungsbehörde ebenfalls Aufgaben aus dem Bereich der *Miete beweglicher Sachen übertragen* (vgl. Botsch., S. 1468). Alsdann liegt aber eine *kantonalrechtlich geregelte Sühninstanz* vor. Den Kantonen bleibt es demnach frei, für die Miete beweglicher Sachen überhaupt keine Sühninstanz vorzusehen oder die Streitigkeiten aus der Miete beweglicher Sachen ihrer kantonalrechtlich bereits vorgegebenen Instanz (Friedensrichter, Sühnbeamter) zu belassen (h.L.). 4

Die Norm *beschränkt ihren Geltungsbereich ferner auf die von ihr definierten Schlichtungsbehörden und deren Aufgaben*. Damit begründet sie eine sachliche Zuständigkeit der Schlichtungsbehörden von Bundesrechts wegen, und es ist die Norm demzufolge insofern ebenfalls eine *bundesrechtliche Zuständigkeitsvorschrift in sachlicher Hinsicht* (allgemein zu den sachlichen Zuständigkeitsvorschriften vgl. etwa GULDENER, S. 17 ff., VOGEL, S. 92, Rz. 9 f.). Sie berührt jedoch – «getreu» Art. 274 und Art. 64 5

Abs. 3 BV (vgl. dazu N 9 ff. zu Art. 274) – direkt *nicht die Hoheit der Kantone, das gerichtliche Verfahren unter dem Gesichtspunkt der sachlichen Zuständigkeit der kantonalen Gerichte auszugestalten.* Die Kantone können daher Fachgerichte wie Mietgerichte (so etwa Genf, Waadt, Jura, Freiburg und Zürich) für die Beurteilung von gerichtlichen Streitigkeiten aus der Miete vorsehen. Möglich ist es ihnen dabei, die Fachgerichte generell für alle Mietstreitigkeiten sachlich zuständig zu erklären, oder nur für Streitigkeiten über die Miete unbeweglicher Sachen oder gar bloss für solche über die Miete von Wohn- und Geschäftsräumen usw. (ähnlich, statt vieler: SVIT-Kommentar II, N 2 zu Art. 274–274a).

6 In Art. 274a wird überdies die funktionelle Zuständigkeit (zum Begriff vgl. etwa VOGEL, S. 92, Rz. 11) der Schlichtungsbehörde von Bundesrechts wegen definiert (Schlichtungsverfahren als «Prozessvoraussetzung»; nachstehend N 27 ff.)

## II. Charakter

7 Die Norm richtet sich grundsätzlich an die kantonalen Gesetzgeber und *erteilt diesen Anweisungen zur Ausgestaltung der Schlichtungsbehörden* und deren (Mindest-)Zuständigkeit (vorn N 3 f., mit Weiterverweisen) gemäss Bundesrecht in sachlicher Hinsicht im kantonalen Recht. Sie ist daher einsichtigerweise *der Parteidisposition entzogen* (gl. RONCORONI, in: mp 2/90, S. 79). Die *kantonalen Gesetzgeber bindet sie zwingend allgemein* (hinsichtlich des Erlasses kantonaler Verfahrensnormen), die kantonalen Rechtsanwendungsinstanzen hingegen (zwingend) *konkret* (bei der Anwendung von Bundesrecht widersprechenden kantonalen Normen [derogatorische Kraft des Bundesrechts; vgl. dazu allgemein etwa GULDENER, S. 74 f., VOGEL, S. 73, S. 355, Rz. 117]).

# B. Die Schlichtungsbehörde

## I. Grundgedanken der gesetzlichen Regelung

Die *Intentionen des Gesetzgebers* zur Schaffung bundesrechtlich vorgeschriebener Schlichtungsbehörden können im wesentlichen *unter drei Aspekten* zusammengefasst werden: Formlosigkeit der Streitschlichtung (nachstehend N 10 ff.), Rechtsschutz durch Verfahren (nachstehend N 15 f.) sowie paritätische Laienschlichtung (nachstehend N 17 ff.). 8

Zu den weiteren Gründen im allgemeinen und im besonderen, wozu auch «historische» Gründe zählen (Integration des BMM), siehe ferner nur beispielhaft HIGI, Schlichtungsstellen, S. 15 ff., HOHL, S. 4 ff., S. 86 ff., S. 239 f., MÜLLER, S. 42 ff. (zum BMM), WIDMER, bei: HANGARTNER, S. 36 ff. 9

1. Rechtsstreitigkeiten, welche Parteien nicht selbst bereinigen können, werden üblicherweise in sog. förmlichen Verfahren (Prozessen) einem Ende zugeführt. Die **formlose Streitschlichtung** soll helfen, die *Ängste der Parteien abzubauen*, sich in solche Verfahren einzulassen und sich damit dem Richter zuzuwenden, indem es zunächst gar nicht zu einem Verfahren vor dem Richter kommt. Das vom BMM her bekannte und «bewährte» Schlichtungsverfahren (vgl. Amtl.Bull. SR vom 7. Juni 1988, S. 155) soll folglich in erster Linie gewissermassen «psychologische» *Rechtswegbarrieren* abbauen (vgl. z.B. TOBLER, in: HANGARTNER, S. 93), ebenfalls die *Furcht vor Verfahrenskosten* und die Furcht, aus Rechtsunkenntnis den falschen Richter anzurufen usw. (siehe etwa VOGEL, S. 35). Die *zur Begründung des Bewährten am bisherigen Schlichtungsverfahren herangezogenen statistischen Zahlen* (z.B. über 80%) waren allerdings irreführend und *objektiv unrichtig* (vgl. die Analyse der Statistik bei HIGI, Schlichtungsstellen, S. 36–41). 10

Den Intentionen formloser Streitschlichtung entspricht das *Bild*, das im Parlament und in der Literatur *von den Schlichtern* gezeichnet wurde: Schlichter sollen in erster Linie «Vermittlertypen» sein (vgl. Amtl.Bull. NR vom 16. März 1989, S. 541 [Votum STUCKY]), die im paritätischen Zusammenwirken, mit psychologischem Geschick usw. (TOBLER, in: HANGARTNER, a.a.O.) die Parteien zur Einigung führen sollen. Die Einigung ist denn auch das hohe gesetzgeberische Ideal der Streitschlichtung (vgl. dazu kritisch HIGI, Schlichtungsstellen, S. 28 ff.). 11

12 Die Formlosigkeit des Verfahrens wird durch Art. 274a allerdings gesetzlich nirgends direkt verankert. Das Ziel der Formlosigkeit vermag immerhin vielleicht zu erklären, weshalb die Regelungsdichte zum Schlichtungsverfahren in den Art. 253 ff. sich im Vergleich mit derjenigen zum materiellen Recht äusserst bescheiden ausnimmt. Ausdruck der angestrebten Formlosigkeit bilden zudem Art. 271a Abs. 1 lit. a (Pflicht zur Beratung; gute Beratung erspart Verfahren) und Art. 271a Abs. 1 lit. b (Einigungsbemühungen; hohe Einigungsquoten «belegen» Zufriedenheit [zu den unrichtigen statistischen Zahlen vgl. HIGI, Schlichtungsstellen, S. 36 ff.] und senken die Zahl der Gerichtsverfahren [vgl. dazu HIGI, a.a.O., S. 51, Tabelle 1, und S. 55, Tabelle 6]).

13 Die nähere Ausgestaltung des Schlichtungsverfahrens ist nach h.L. zu einem grossen Teil den Kantonen überlassen. Zum andern Teil wird die Ausgestaltung von den Art. 274a Abs. 1 lit. c – lit. f. vorgezeichnet sowie durch die Art. 274d ff. Gerade letztere Bestimmungen verleihen dem Schlichtungsverfahren hinwieder durchaus einen gewissen förmlichen Charakter (Beweiserhebungen, Beweiswürdigung, Vorlage von Unterlagen, Entscheid: ähnlich WEBER/ZIHLMANN, Basler Kommentar, N 3 zu Art. 274a). Gewisse minimale Formen sind – soll Schlichtung nicht in ein allgemeines Gerede ausarten – von vornherein notwendig: Unerlässlich ist beispielsweise eine gewisse Redeordnung (auch wenn diese nicht strikten Limiten unterworfen sein soll wie im Gerichtsverfahren [Eventualmaxime und Beschränkung des Novenrechts; vgl. dazu, statt vieler: VOGEL, S. 173 f., S. 343]). Unerlässlich ist überdies, dass das Verfahren relativ rasch (siehe Art. 274d Abs. 1) einem geregelten Ende zugeht, welches durch die Einigungs-, Nichteinigungs- oder Entscheidfeststellung der Behörde zwingend gesetzt ist (vgl. dazu etwa zu den zürcherischen Verhältnissen HIGI, Schlichtungsbehörde, a.a.O., S. 10 ff. [Maximen], S. 13 ff. [Verfahren]).

14 Mit dem Anliegen einer «Deformalisierung» von Verfahren in Gestalt des Schlichtungsverfahrens beschritt der Bundesgesetzgeber für hiesige Verhältnisse grundsätzlich nicht vollkommen neue Wege. Das zeigt etwa das – z.T. bereits in der Mediationszeit (1803–1813; vgl. WALDER I, S. 45, Rz. 12 f.) – geschaffene Sühnverfahren der Friedensrichter anschaulich (vgl. dazu etwa VOGEL, S. 286 f.). Wer demzufolge heute von «Mediation» spricht, «wärmt» nüchtern besehen insofern teilweise bloss «Altes» in einer neuen und zusätzlichen Form auf.

15 **2.** Mit dem Abbau der (psychologischen oder finanziellen) «Rechtswegbarrieren», die namentlich der unbeholfenen Partei den Gang vor die Gerichte erschwert (vgl. VOGEL, S. 35 f.), soll gewissermassen **Rechtsschutz durch Verfahren** gewährt werden (WIDMER, in: HANGARTNER, S. 36; siehe dazu ebenfalls N 12 ff. Vorbem. zu Art. 271–273c; vgl. zudem HIGI, Schlichtungsstellen, S. 72 [Tabelle 14]). *Das Schlichtungsverfahren bzw. die Dienste der Schlichtungsbehörde (Beratung) sollen für jeden jederzeit offen stehen und daher auch von jedem genutzt werden* (siehe zu letzterem: HIGI, Schlich-

tungsstellen, S. 72 [Tabelle 14]). Es sollen durch das formlose Schlichtungsverfahren überdies Berührungsängste zwischen den Parteien abgebaut werden. Es sollen *durch den «sanften» Zwang bzw. Druck zur Schlichtung die Chancen erhöht werden, Einigungen zu vermitteln* (vgl. Amtl.Bull. NR vom 16. März 1989, S. 543 [Votum BR KOLLER], WIDMER, a.a.O., HIGI, Schlichtungsstellen, S. 63 [Tabelle 12]). Schliesslich soll durch das *Schlichtungsverfahren dazu beigetragen werden, dass der «Wohnfrieden» sichergestellt ist* (vgl. Botsch., S. 1418, TOBLER, in: HANGARTNER, S. 93).

Der «Zwang» zur Schlichtung, wie er dem Bundesgesetzgeber vorschwebte, führt allerdings bei komplexeren oder gar strittigen Sachverhalten sowie dort, wo Parteien sich um die Schlichtung nicht kümmern wollen (z.B. durch Abwesenheit), in der Regel zu einer Verfahrensverlängerung, die dem Prinzip von Art. 274d Abs. 1 eigentlich widerspricht (vgl. Beispiele hierzu bei HIGI, Schlichtungsstellen, S. 25 f. [Fn. 18, Fn. 19, Fn. 20], S. 30 [dort auch Fn. 30], S. 44 f. [Fn. 60, Fn. 61]). 16

3. Der *Idee*, den «Wohnfrieden» zu sichern, bzw. die Beziehungen zwischen Mietern und Vermietern zu entkrampfen (vgl. Botsch., S. 1418), *trägt ebenfalls die Konzeption der Schlichtungsbehörde Rechnung* (vgl. Art. 274a Abs. 2, Art. 22 Abs. 1 VMWG): Sie verwirklicht den Grundsatz der **Parität statt** den der **Neutralität** (unabhängige Sühninstanz). Mit «gesundem Menschenverstand» (TOBLER, in: HANGARTNER, S. 93) sollen Mieter und Vermieter Mietstreitigkeiten zwischen Mietern und Vermietern bereinigen und notfalls für ihresgleichen auch Entscheide fällen. 17

Dem Grundsatz der Parität entsprechend, haben stets gleich viele Mieter- und Vermietervertreter jeweils an den Verfahren (Verhandlungen) der Behörde zugunsten der Parteien mitzuwirken (vgl. Art. 22 Abs. 1 VMWG [dazu siehe N 30, N 32 zu Art. 274]; statt vieler: LACHAT/STOLL, S. 39 f.). *Für das Schlichteramt sind somit einzig massgebend die Eigenschaft der Schlichter, Mieter- oder Vermietervertreter zu sein* (sog. Interessenvertreter; Art. 274a Abs. 2 [gl. z.B. LACHAT/STOLL, S. 39 f., a.A. offenbar WEBER/ZIHLMANN, Basler Kommentar, N 4 zu Art. 274a]). *Von Gesetzes wegen nicht erforderlich sind demgegenüber irgendwelche anderweitigen fachlichen Kompetenzen* (verwirrend daher TOBLER, in: HANGARTNER, S. 93), wiewohl solche stets erwünscht sein müssen. Art. 274a Abs. 3 erlaubt es den Kantonen sogar, den Gedanken der Parität insoweit konsequent umsetzend, *statt eigenen Behörden Verbandsinstanzen* (sog. «paritätische Organe») als Schlichtungsbehörden einzusetzen (statt vieler z.B. LACHAT/STOLL, S. 40). Vor diesem Hintergrund können Schlichtungsbehörden konsequenterweise *keine Fachbehörden darstellen*, vergleichbar den Fachgerichten (a.A. SVIT-Kommentar II, N 2 und N 4 zu Art. 274a–274b). 18

Die paritätische Streitvermittlung im Sinn des Gesetzes stellt m.a.W. auf die *Vermittlung von Streit durch juristische Laien ab und steht insofern in der* 119

*Tradition des Laienrichtertums* (vgl. z.B. HABSCHEID, S. 50 f.). Den *interessenvertretenden Laien* (offenbar a.A. WEBER/ZIHLMANN, Basler Kommentar, N 4 zu Art. 274a) wird streckenweise *auch Beratungsfunktion überbunden* (Art. 271a Abs. 1 lit. a; vgl. dazu auch Art. 21 Abs. 3 VMWG, der allerdings den Grundsatz der Parität durchbricht und insoweit nicht gesetzeskonform ist) *sowie Entscheidkompetenz zugestanden.* **Beides ist rechtsstaatlich fragwürdig.** *Ersteres* (die Beratungsfunktion) gab im Ständerat Anlass zur Diskussion (vgl. Amtl.Bull. SR vom 8. Juni 1988, S. 179). *Zweites* (die Entscheidkompetenz) ist rechtsstaatlich nur schon deshalb zweifelhaft, weil die *gesetzliche Regelung es erlaubt, Mietstreitigkeiten durch Verbandsorgane erledigen zu lassen* (vgl. Art. 274a Abs. 3 und Art. 3 Abs. 3 lit. e des BG über Rahmenmietverträge sowie Art. 5 des BG über Rahmenmietverträge), *letztlich gar Nichtverbandsmitgliedern gegenüber* (sog. Aussenseiter)! Abgesehen von der mangelnden demokratischen Legitimation solcher Organe muss das nur schon deshalb fragwürdig erscheinen, weil es *nicht unbedingt gerade die Aussenseiter sein müssen, die den Wohnfrieden stören, den es u.a. auch mittels der Schlichtungsbehörden zu wahren gilt.* Folgt man überdies der Auffassung des Bundesgerichtes, das Schlichtungsverfahren sei gewissermassen Prozessvoraussetzung (vgl. etwa BGE 117 II 504 ff.), dann wird diese gesetzliche Regelung in den Konsequenzen bei allgemeinverbindlichen Rahmenmietverträgen, die schlichtende Verbandsorgane vorsehen, rechtsstaatlich gar höchst bedenklich. Die von WIDMER (in: HANGARTNER, S. 39) noch gepriesene Verhinderung der *Kapitulation des Gesetzgebers vor Verbänden* ist hier trotz allem unübersehbar eingetreten.

**20** Zur rechtsstaatlichen Fragwürdigkeit der *Rahmenmietverträge und deren Allgemeinverbindlicherklärung, die eine geradezu anachronistisch anmutende Rechtszersplitterung herbeizuführen vermag,* und die überdies fragen lässt, warum denn dereinst wohl nur das OR geschaffen worden war, siehe N 227 ff. Vorbem. zu Art. 253–274g (die dort gemachten Ausführungen treffen auch nach dem Erlass des BG über Rahmenmietverträge immer noch zu). Es steht – nicht zuletzt *im Interesse der Rechtsstaatlichkeit und der Rechtssicherheit und des gesamtstaatlichen Gemeinwohls* – zu hoffen, es komme nicht zu dergleichen allgemeinverbindlichen Rahmenmietverträgen; zu hoffen bleibt überdies, die im Mietrecht getroffene Regelung stelle einen einmaligen «Ausrutscher» des Gesetzgebers unter dem Druck von Verbänden dar (kritisch zu den Rahmenmietverträgen etwa auch TRÜMPY, in: mp 1/95, S. 45 f. [Rechtszersplitterung], ZIHLMANN II, S. 170; unkritisch eher bejahend demgegenüber LACHAT/STOLL, S. 5, S. 25 f., SVIT-Kommentar II, N 21 zu Art. 274–274a).

## II. Die Schlichtungsbehörde als bundesrechtlich vorgeschriebene Behörde kantonalen Rechts

**1.** Wiewohl die Schlichtungsbehörde als Instanz vom Bundesrecht vorgeschrieben ist, handelt es sich bei ihr um eine kantonale Behörde (vgl. vorn N 5, nachstehend N 33; zutreffend hierin etwa ROBERTI, S. 10). **Vom Bundesrecht** her betrachtet, besteht für die Schlichtungsbehörde dort, wo sie in Zusammenhang mit der **Miete unbeweglicher Sachen** wirkt, lediglich ein **vorgegebenes Pflichtenheft** (vgl. Art. 271a Abs. 1; dazu nachstehend N 34–69). Die Organisation der paritätischen Schlichtungsbehörden in räumlicher und personeller Hinsicht wird demgegenüber dem Kanton überlassen (Art. 274a Abs. 1, Ingress, Art. 274a Abse. 2 und 3, Art. 22 Abs. 1 VMWG), wie auch die Übernahme der Kosten dieser Behörden (vgl. Art. 22 Abs. 3 VMWG; siehe dazu N 32 zu Art. 274). 21

*Aus der bundesrechtlich vorgegebenen (funktionellen) Zuständigkeit der Schlichtungsbehörde (Miete unbeweglicher Sachen) folgt allerdings kein einheitliches Verfahren:* Siehe dazu N 64–67 (Schlichtungsverfahren i.w.S.) und N 73 ff. zu Art. 274 (Schlichtungsverfahren i.e.S.) sowie vorn N 3 f. und nachstehend N 43 ff. 22

Zur paritätischen Zusammensetzung der Schlichtungsbehörden siehe vorn N 6 sowie nachstehend N 38; überdies siehe N 32 zu Art. 274. 23

**2.** Soweit das Bundesrecht in Art. 274a Abs. 1 den Schlichtungsbehörden keine Aufgaben (indirekt) überträgt, die der kantonale Gesetzgeber umzusetzen hat (siehe vorn N 7), und soweit es deren Verfahren nicht regelt (vgl. Art. 274b, Art. 274d f., Art. 274f Abs. 1 und Art. 274g Abs. 3), kommt **ergänzendes kantonales Recht** zur Verfahrensgestaltung zum Zuge. 24

*Dem kantonalen Recht* (vgl. auch Art. 274) *vorbehalten sind namentlich* die Definition des konkreten innerkantonalen örtlichen Zuständigkeitsbereiches der Schlichtungsbehörden, die Aufstellung von minimalen Verfahrensregeln (vgl. vorn N 13; Verhandlungsordnung, Protokollwesen, Vorladungswesen, Säumnisfolgen usw.), der Erlass von Normen zur Bestellung der Schlichter usw. (vgl. dazu auch Art. 22 Abs. 2 VMWG), die Bezeichnung der Hinterlegungsstelle usw. (vgl. N 67 ff. zu Art. 259g), die Verzinsung von Hinterlagen (N 82 zu Art. 259g). *Das Bundesrecht setzt der Befugnis des kantonalen Gesetzgebers zum Erlass verfahrensrechtlicher Vorschriften* verschiedene *Schranken,* vor allem in den 25

Art. 259h f., Art. 270e, Art. 273, Art. 274b ff., aber nicht ausschliesslich dort. Es setzt ebenso Schranken mit seinen *materiellen Vorschriften*, die teilweise zu denselben Schranken führen, die für das kantonale Zivilprozessrecht i.e.S. gelten (vgl. dazu etwa VOGEL, S. 64 ff.). *So sind bundesrechtlich im wesentlichen bestimmt* (weitere bundesrechtliche Vorgaben werden in Zusammenhang mit den einzelnen Verfahrensnormen oder in Zusammenhang mit den materiellrechtlichen Normen erörtert):

26 – *die Klageanhebung* (vgl. N 248 zu Art. 271a, N 6 N 13, N 69 zu Art. 273),
- *die Klageeinleitung* (N 131 ff. zu Art. 273 [Rechtsschutzinteresse]; siehe dazu auch die Ausführungen zu Art. 274f),
- *die (Rechts-)Hängigkeit*, auch des Schlichtungsverfahrens (vgl. N 274 ff. zu Art. 271a),
- *die Pflicht zu Einigungsbemühungen* (siehe den Wortlaut von Art. 274e Abs. 1 und N 27 ff. zu Art. 274e; vgl. ferner etwa N 125 zu Art. 273),
- *die Pflicht zum Entscheid* (Art. 274e Abs. 2; vgl. dazu auch N 124, N 126, N 132 zu Art. 273) *bzw. zur Begründung eines Entscheides* (vgl. N 277 zu Art. 271a, N 134 zu Art. 273, N 91 und N 94 zu Art. 274d, N 64 ff. zu Art. 274e),
- *die Folgen der Säumnis im Verfahren* (BGE 120 II 30 und DdB 6/1994 Nr. 28; dazu N 36 ff. zu Art. 274d),
- *der Eintritt der materiellen Rechtskraft eines behördlichen Erlasses* (Nichteinigung/Entscheid oder Einigung; vgl. dazu auch N 127 ff. zu Art. 273; Genaueres in den Ausführungen zu Art. 274f).

27 3. Das alles *kennzeichnet* **das Verfahren der Schlichtungsbehörde** bei der Miete unbeweglicher Sachen in weiten Zügen **als justizförmiges Verfahren** (vgl. etwa WEBER/ZIHLMANN, Basler Kommentar, N 3 zu Art. 274a), unbeschadet darum, dass es sich bei diesem Verfahren um *kein gerichtliches Verfahren* i.e.S. handelt, sondern um eine Art «Prozessvoraussetzung» (so BGE 117 II 506; h.L., stellvertretend GIGER, S. 156, HOHL, S. 249 f.).

28 Dass es sich beim Schlichtungsverfahren nach dem *Willen des Gesetzgebers nicht um ein gerichtliches Verfahren handelt, zeigt sich zum einen anhand des Gesetzestextes.* In Art. 274f Abs. 2 werden ausdrücklich Entscheide über vorsorgliche Massnahmen, mithin typisch richterliche Tätigkeiten, dem gerichtlichen Verfahren zugewiesen, was die Kompetenz der Schlichtungsbehörde zum Erlass vorsorglicher Massnahmen ebenso ausschliesst wie die Nichterwähnung dieser Kompetenz in Art. 274a Abs. 1 (vgl. dazu z.B. ZMP 1/91 Nr. 9; a.A. WEBER/ZIHLMANN, Basler Kommentar, N 3 zu Art. 274a [ernsthaft wohl nur de lege ferenda]). Es ergibt sich anhand des Gesetzes ferner aus Art. 274e Abs. 1, der den Einigungen die Kraft gerichtlicher Vergleiche zukommen lässt, sie jedoch nicht als solche bezeichnet (*«gilt* als» und nicht «ist ein»).

29 Aus den *Materialien* ergibt sich sodann, dass selbst dort, wo die Schlichtungsbehörde einen Entscheid zu fällen hat, keine richterliche Kompetenz vorliegt, sondern eine «Quasi-Kompetenz», die sich darin erschöpft, den Parteien (Urteils)-Vorschläge unterbreiten zu dürfen, sog. «Prima facie-Vorentscheide» (vgl. Amtl.Bull. NR vom 16. März 1989, S. 545, Botsch., S. 1467, BGE 117 II 507, ferner, statt vieler: GMÜR, a.a.O., S. 132 f.).

Die *fehlende richterliche Kompetenz der Schlichtungsbehörde hat zur Folge,* dass sie *keine prozessualen Zwangsmittel* anwenden kann (z.B. Editionspflicht Dritter; Zwangsmassnahmen gegen Zeugen oder die Parteien; ähnlich z.B. GMÜR, a.a.O., S. 125), was den Intentionen eines deformalisierten Verfahrens (vorn N 10 ff.) optimal entspricht. Ebensowenig kann sie förmlich Beweismittel abnehmen (Zeugen; vgl. auch Art. 307 StGB; statt vieler: GMÜR, a.a.O., S. 125, HOHL, S. 251, S. 254; siehe auch BGE 119 Ia 267 [Beweismittelbeschränkungen]). Sie kann keine vorsorglichen Massregeln treffen (vgl. Art. 274f Abs. 2; ZMP 1/91 Nr. 9). Ihr Verfahren ist daher zwangsläufig *summarisch* und muss sich im wesentlichen *mit der Glaubhaftigkeit als Mittel der Sachverhaltsforschung begnügen* (statt vieler: HOHL, S. 254; Genaueres dazu in N 25 ff. zu Art. 274d). Welche Mittel im einzelnen die Kantone den Schlichtungsbehörden zusätzlich zur Sachverhaltsabklärung zur Verfügung stellen wollen (z.B. Augenschein), bleibt ihnen in diesem engen Rahmen überlassen (siehe Art. 274; dazu vgl. auch N 13 zu Art. 274 sowie N 93 zu Art. 274d). 30

In diesen Beschränkungen liegen z.T. *nicht unerhebliche Gefahren für die Rechtssicherheit im allgemeinen* (beschränkte Praxisbildung; vgl. N 11 f. zu Art. 274) *und im Einzelfall* (Entscheid auf der Basis unsicherer Sachverhaltsermittlung; vgl. HIGI, Schlichtungsstellen, S. 75 f.). Für unbedenklich hält diese Einschränkungen etwa HOHL, S. 251: «Celui qui a vraisemblablement raison est déchargé de l'obligation d'introduire le procès au fond.» Nur hat bei weitem nicht immer recht, wer bloss glaubhaft recht hat – dass der Schein trügen kann, und damit auch die Aura des Glaubhaften, ist eine Alltagswahrheit, die man mit Fug nicht als verfehlt bezeichnen darf. 31

Die Deformalisierung – «nichtgerichtliches Verfahren» bewirkt endlich, dass *die Verfahrensgarantien der EMRK im Schlichtungsverfahren grundsätzlich nicht zur Anwendung kommen* (offen gelassen in BGE 119 Ia 264, da auch Art. 4 BV den Anspruch auf rechtliches Gehör gewährleistet). Mit der Rechtsanwendung im Zivilrecht betraut, stellt die Schlichtungsbehörde weder Gericht noch Verwaltungsbehörde dar, sondern Rechtsanwendungsinstanz eigener Art (vgl. dazu auch nachstehend N 75). Die *Garantien der EMRK richten sich hinwieder bezüglich der Rechtsanwendung an den Richter oder an Verwaltungsbehörden,* in erster Linie aber an den *erstinstanzlichen* Richter (vgl. VILLIGER, Handbuch der EMRK, Zürich 1993, S. 41). Dieser Richter aber kann bei gewissen mietrechtlichen Streitigkeiten erst nach dem erfolglosen Abschluss des Schlichtungsverfahrens angegangen werden (vgl. zu gewissen Ausnahmen, die zur Anwendbarkeit der EMRK auch im Schlichtungsverfahren führen können, nachstehend N 76). 32

## III. Die Schlichtungsbehörde als originäre kantonale Behörde

33 In den Bereichen, in denen der Bund die sachliche Zuständigkeit der Schlichtungsbehörden nicht zwingend vorgeschrieben hat (Miete beweglicher Sachen; vgl. dazu auch N 68 ff. zu Art. 274), können die Kantone aus eigener Kompetenz die Schlichtungsbehörde für zuständig erklären (vgl. vorn N 3 f.). In der Ausgestaltung deren Verfahrens sind sie verschieden frei, fast völlig frei bei den Verfahren gemäss N 69 f. zu Art. 274, massiv eingeschränkt bei den Verfahren gemäss Art. 271 f. (Wohn- und Geschäftsraum; zu den bundesrechtlich hier ebenfalls zu beachtenden Grundsätzen, die aus den Art. 259g ff. und Art. 273 folgen, siehe vorn N 26 [Verweise auf Kommentierungen dieser Norm]).

## IV. Aufgaben der Schlichtungsbehörde gemäss Art. 274a Abs. 1

34 1. Die Aufgaben der Schlichtungsbehörden, die Art. 271a Abs. 1 im einzelnen auflistet, grenzen einen **auf die Miete unbeweglicher Sachen beschränkten Aufgabenbereich** der Schlichtungsbehörde von möglichen grösseren Aufgabenbereichen ab (vgl. vorn N 3 f.; gl. M. z.B. RAPP, a.a.O., S. 277, GUINAND, a.a.O., S. 1).

35 Zum Begriff der «unbeweglichen Sache» vgl. N 84 ff. Vorbem. zu Art. 253–274g, N 3–5 zu Art. 259g; vgl. ferner etwa WEY, S. 65 ff. *Der Begriff der «unbeweglichen Sache» wird vom Gesetz vor allem in Bestimmungen mit verfahrensrechtlichem Charakter verwendet* (z.B. Art. 259g, Art. 274a, Art. 274b Abs. 1 lit. a), aber auch im Kündigungsrecht (Art. 266b). Die Verwendung *erfolgt neben Begriffen wie «bewegliche Sache» oder «Wohn-» bzw. «Geschäftsraum»*. Bereits daraus folgt an sich hinreichend, dass der Begriff der «unbeweglichen Sache» in der Gesetzessprache *kein Synonym zu den Begriffen des «Wohn- oder Geschäftsraumes»* darstellt. Letztere bezeichnen denn auch nicht Eigenschaften einer Sache wie Beweglichkeit oder Unbeweglichkeit, sondern deren Verwendungsart. Die gesetzliche Unterscheidung *folgt darin dem allgemeinen Sprachgebrauch*. (Gegen den gesetzlichen Sprachgebrauch will demgegenüber DUCROT, a.a.O., S. 130, mit

Blick auf den eingeschränkteren Geltungsbereich der Art. 274d ff. die Geltung von Art. 274a auf Wohn- und Geschäftsraummiete [unbeweglicher] Sachen verstanden haben.)

Die Gleichsetzung von «unbeweglichen Sachen» mit «Wohn- und Geschäftsraum» verbietet zudem der *Grundsatz der einheitlichen Auslegung gleicher Gesetzesbegriffe* (vgl. dazu BGE 118 II 53). Da auch in beweglichen Sachen gewohnt oder geschäftet werden kann (dazu überdies N 83 zu Art. 274), enthält die Verfahrensordnung gemäss den Art. 274a ff. in den Konsequenzen eine seltsame Kontur. Ob man von Kontur überhaupt noch sprechen kann, soll hier offen bleiben (vgl. die Übersicht in N 63 ff. zu Art. 274). Konsequenzen hat das namentlich bezüglich der Frage, wieweit die Schlichtungsbehörde von Amtes wegen zur Schlichtung verpflichtet ist. 36

2. Erste bundesrechtliche Aufgabe der Schlichtungsbehörde (und damit *Pflicht)* ist gemäss Art. 274a Abs. 1 lit. a die **Beratung** der Parteien in *allen* Mietfragen. Damit sind nicht nur Fragen in Zusammenhang mit (eventuellen) Streitigkeiten gemeint, sondern auch Vertragsberatung usw., allerdings *bloss unter vertragsrechtlichen und verfahrensrechtlichen Gesichtspunkten,* nicht jedoch unter persönlichen usw. Aspekten (vgl. auch Art. 21 Abs. 2 VMWG; die Norm ist soweit rechtsbeständig; vgl. aber N 59 f.). 37

Die Schlichtungsbehörden sind also beispielsweise nicht gehalten, Ratschläge darüber abzugeben, ob X mit Y einen Vertrag abschliessen soll oder lieber mit Z. Sie sind ebensowenig Mietbörse und Vermittlungsstelle für Rechtsvertreter. Endlich haben sie im Rahmen der Beratung keine Prognosen über allfällige Prozesschancen in einem konkreten Fall abzugeben – das ist der Verhandlung vorbehalten, nachdem beide Parteien ihren Sachverhalt dargelegt haben (vgl. dazu auch vorn N 27). Parteilichkeit ist trotz Interessengebundenheit den Schlichtungsbehörden aufgrund ihrer Aufgabe zur Streitschlichtung untersagt, was Art. 21 Abs. 2 VMWG – wenigstens sinngemäss – mit der Wendung zum Ausdruck bringt, es habe die Behörde namentlich behilflich zu sein, dass sich Mieter oder Vermieter selbst ein Urteil zu bilden vermöchten etwa über die Missbräuchlichkeit eines Mietzinses (ähnlich WEBER/ZIHLMANN, Basler Kommentar, N 4 zu Art. 274a). 38

Mit Blick auf die geforderte paritätische Zusammensetzung der Behörde ist es auch ausgeschlossen, unter dem Titel einer Beratung gewissermassen ein *«Vorschlichtungsverfahren»* mit den Parteien durchzuführen, an dem nur ein oder zwei Angehörige der Schlichtungsstelle vertreten sind (MÜLLER, S. 255, HUNZIKER, S. 125 f., HIGI, Schlichtungsbehörde, a.a.O., S. 5 [dort Fn. 4]).

Die Beratung kann gemäss Art. 21 Abs. 3 VMWG an das Sekretariat der Behörde oder *an einzelne Behördenmitglieder delegiert werden* (Art. 21 Abs. 3 VMWG ist insoweit wohl rechtsbeständig). 39

Die Pflicht, die Parteien zu beraten, wurde im Parlament teilweise kritisiert, weil sich die Beratungsfunktion schlecht mit der Streitschlichtungsfunktion vertrage (vgl. Amtl.Bull. SR vom 8. Juni 1988, S. 179). Rechtsstaatliche Bedenken sind denn auch durchaus angebracht (siehe vorn N 19), weil es sich bei der Schlichtungsbehörde nicht um eine unabhängige, sondern paritätische Behörde handelt, die durch Interessenvertreter besetzt wird (vgl. vorn 40

N 17 f.). Es kann zudem der Streitschlichtung, d.h. ebenfalls der Entkrampfung der Beziehung zwischen Mietern und Vermietern (Botsch., S. 1418; MÜLLER, S. 215) im Einzelfall, nicht unbedingt förderlich sein. Das trifft vor allem dann zu, wenn der Schlichtungsverhandlung die individuelle Beratung bloss einer Partei vorangegangen ist. Der SVIT-Kommentar II (N 6 zu Art. 274–274a) erblickt deswegen in der vorgängigen Beratung einen *Ausstandsgrund* für die beratende Person bezüglich des eigentlichen Schlichtungsverfahrens. ROBERTI (S. 21, Fn. 75) hält demgegenüber die Beratung und Mitwirkung an einer Verhandlung in der selben Sache für unbedenklich. Letzteres ist zutreffend, weil die Schlichtungsbehörden gerade keine unabhängigen Instanzen der Streitschlichtung sind; ob die Vermischung von Beratungs- und Schlichtungs-, ja gar Entscheidfunktion dem Ansehen der Behörden gerade in kleinräumigen Gebieten förderlich ist, kann man jedoch mit Fug in Frage stellen. An der grundsätzlichen rechtsstaatlichen Bedenklichkeit der Behörden (so auch z.B. ZIHLMANN II, S. 250) ändert das zudem nichts.

41 *Unter dem Aspekt der örtlichen Zuständigkeit ist die Beratungspflicht vom Bundesrecht her* beschränkt auf die Behörde am Ort der gelegenen Sache (Art. 274b Abs. 1 lit. a und Abs. 2 lit. a). Die genaue innerkantonale Zuständigkeit definiert das kantonale Recht gestützt auf Art. 274a Abs. 1, Ingress. Denn nur diese Behörde kennt die gerade für die verlässliche Beratung nicht ganz bedeutungslosen Ortsübungen (vgl. z.B. Art. 266b ff., Art. 269a lit. a) ausreichend (vgl. auch Botsch., S. 1468 [in bezug auf Streitigkeiten allerdings]).

42 3. Zweite vom Bundesrecht vorgegebene Aufgabe der Behörde ist die **Schlichtung**, das Bemühen um Einigung. *Wie weit die Kompetenz (funktionelle Zuständigkeit) der Behörde zur Schlichtung reicht*, bzw. wann sie unbedingt schlichtend tätig werden muss, ist *für das mietrechtliche Verfahren in einem engeren bzw. engsten Sinn umstritten* (zum mietrechtlichen Verfahren im engeren, im engsten und i.w.S. vgl. N 22 zu Art. 274):

- Einerseits ist die Schlichtungskompetenz umstritten unter dem *Aspekt der Mietart, die zur Schlichtung führen soll* (unbewegliche Sache usw.; dazu nachstehend N 43 ff., N 54 ff.).
- Anderseits ist sie umstritten *bezüglich des Streitgegenstandes* (dazu nachstehend N 48 ff.).

43 a) Was die bundesrechtlich zwingende **Kompetenz** *zur Schlichtung* **unter dem Aspekt der Art der Miete** betrifft, stellt die eine Auffassung (Theorie) darauf ab, dass Art. 271a Abs. 1 lit. b die Schlichtungsbehörde verpflichte, in *allen* Streitigkeiten bei der *Miete unbeweglicher Sachen* eine Schlichtung durchzuführen (GUINAND, a.a.O., S. 1, LACHAT/MICHELI, S. 64, LACHAT/STOLL, S. 40, WEBER/ZIHLMANN, Basler Kommentar, N 2 zu Art. 274a [im Nachgang zu BGE 118 II 307]; unter dem alten [kantonalen] Recht BJM 1984, S. 32 ff.).

Man nennt diese *Theorie* auch die der *«umfassenden Kompetenz» zur Schlichtung.*

Dieser Auffassung (Theorie) hat sich mutmasslich (vgl. N 46) das *Bundesgericht* in BGE 118 II 307 angeschlossen (BGE 118 II 307 ff. = Pra. 1993 Nr. 166, mp 1/93, S. 44 ff.; vgl. BGE 118 II 311: «Quoi qu'il en soit, s'agissant de la question à résoudre, l'avis majoritaire parle en faveur d'une conciliation préalable ...»). Seine Auslegung des Gesetzes ergab, dass trotz des (im Vergleich zu lit. a von Art. 274a Abs. 1) in Art. 274a Abs. 1 lit. b fehlenden Wortes «alle» von dieser Norm eben gerade alle Streitigkeiten aus der Miete unbeweglicher Sachen erfasst seien. Die Begründung des Bundesgerichts in BGE 118 II 307 vermag allerdings einer näheren rationalen Überprüfung kaum standzuhalten, lässt Art. 274 praktisch ausser acht und enthält im wesentlichen einen Kreisschluss (vgl. VOGEL, in: ZBJV 130 [1994], S. 362; ausführlich dazu ZR 94 [1995] Nr. 35, E. II/3c und d; siehe überdies [schon früher] HIGI, Zuständigkeit, a.a.O., S. 1 ff.; siehe überdies N 13 ff. zu Art. 274). Der sog. «umfassenden» Kompetenz der Schlichtungsbehörde kommt daher gewissermassen der Charakter eines *verfahrensrechtlichen Axioms* zu (vgl. dazu auch nachstehend N 54 ff.). 44

Die Auffassung (Theorie) der «umfassenden Kompetenz» hat als augenfälligste verfahrensrechtliche Auswirkung, dass für die Miete unbeweglicher Sachen, die nicht zugleich Wohn- und Geschäftsraum darstellen, ein kostenfälliges Schlichtungsverfahren durchzuführen ist, das – ausgenommen der Fall des Art. 259g ff. – auch zu keinem Entscheid führt (vgl. N 65 f. zu Art. 274; vgl. HIGI, Zuständigkeit, a.a.O., S. 18). 45

Eine *andere Auffassung* (Theorie) vertreten DUCROT (a.a.O., S. 138 ff.) und ZIHLMANN II (S. 249 [im Nachgang zu BGE 118 II 307; vgl. S. 249, Fn. 2), die die Schlichtungsbehörden nur für die Schlichtung bei der Miete von Wohn- und Geschäftsraum in unbeweglichen Sachen für zuständig erachten im mietrechtlichen Verfahren i.e.S.; vgl. N 22 zu Art. 274; unter dem alten [kantonalen] Recht BJM 1984, S. 32 ff.). Man kann diese Auffassung auch als *Theorie der «eingeschränkteren umfassenden Kompetenz» zur Schlichtung* beschreiben. (Aufgrund des im Entscheid zu erörternden Gegenstandes von BGE 118 II 311 und der Argumentationsweise des Bundesgerichtes, das eine umfassende Schlichtung u.a. mit der Kostenlosigkeit des Schlichtungsverfahrens begründete [vgl. BGE 118 II 311], kann nicht ausgeschlossen werden, dass das BGer die «umfassende» Schlichtung ebenfalls bloss auf die Miete von Wohn- und Geschäftsraum in unbeweglichen Sachen beschränken will.) Die Auffassung der eingeschränkteren umfassenden Kompetenz missachtet, wie bereits dargelegt, allerdings die Gesetzessprache, Art. 259g ff. usw. (vgl. vorn N 35 f.). Sie lässt sich mit der gesetzlichen Systematik sodann nicht in Einklang bringen (vgl. dazu die Übersicht in N 64 ff. zu Art. 274 zum mietrechtlichen Verfahren i.w.S.). 46

47 *Endlich wird die Auffassung* (Theorie) *vertreten, die Schlichtungsbehörde sei* nur bei der Miete unbeweglicher Sachen zur Schlichtung zuständig. Diese Zuständigkeit sei jedoch eingeschränkt auf die Fälle, in denen sie der Bundesgesetzgeber im Achten Titel des Gesetzes ausdrücklich erwähne (d.h. in den Fällen von Art. 259g ff., Art. 270 ff., Art. 273; RAPP, a.a.O., S. 286, HIGI, Zuständigkeit, a.a.O., S. 4 ff., SVIT-Kommentar I, N 8 zu Art. 274–274a; SVIT-Kommentar II, N 8 zu Art. 274–274a, gibt demgegenüber die Auffassung des BGer wieder, mit kritischer Anmerkung zu den Ungereimtheiten, die daraus folgen). *Dieser Auffassung* – man kann sie die *Theorie der «eingeschränkten Kompetenz»* bezeichnen – *wird hier der Vorrang eingeräumt.* Da sie die Schlichtungskompetenz der Behörde nach der Streitsache einschränkt, ist sie nachstehend näher zu betrachten.

48 b) Bezüglich der **Kompetenz** (der funktionellen Zuständigkeit) der Schlichtungsbehörde **unter dem Aspekt der Streitsache** stützt sich die *hier vertretene Auffassung* (Theorie; vorn N 47) im wesentlichen auf den Wortlaut von Art. 274a Abs. 1 lit. b, auf eine verfassungskonforme Auslegung der Verfahrensnormen der Art. 274a ff., auf die in den Art. 253 ff. durchscheinende Gesetzessystematik und den Wortlaut des Gesetzes. Ihre Konsequenzen bezüglich der Verfahrensrechtsanwendung ergeben sich aus der Übersicht zum mietrechtlichen Verfahren in N 64 ff. zu Art. 274. Sie gesteht der Schlichtungsbehörde *Schlichtungskompetenz nur im Rahmen des mietrechtlichen Verfahrens im engsten Sinn zu* (vgl. N 22, N 73 ff. zu Art. 274) *sowie beim Verfahren i.S.v. Art. 259g ff. bei unbeweglichen Sachen, die weder Wohn- noch Geschäftsraum sind.* Sie erweist sich damit nicht bloss als verfassungs- und gesetzeskonform, sondern ebenso als *verfassungs- und gesetzestreu.* Zudem ist sie – nur schon mit Blick auf die verschiedenen Formen «mietrechtlichen Verfahrens» – die praktikabelste Lösung, gerade für den Laien (der sich, wenn überhaupt, am ehesten am Gesetz orientiert). Ihre Vorzüge punkto Praktikabilität ergeben sich endlich aus den nachstehenden Ausführungen.

49 Eine *weitergehende Auffassung* (Theorie) geht davon aus, die Schlichtungskompetenz beschränke sich unter dem Aspekt der Streitsache im wesentlichen *auf Vertragsklagen* (zu Begriff und Umfang vgl. N 44 f., 60 ff. zu Art. 274; vgl. überdies etwa beispielhaft BGE 119 II 347, ZMP 2/93 Nr. 24) *oder gar noch auf weitere Klagen* (vgl. etwa ROBERTI, in: mp 3/94, S. 115 ff.). Die Kompetenz zur Schlichtung erfasste demnach auch weite Teile des mietrechtlichen Verfahrens i.w.S., sofern als Mietgegenstand eine unbewegliche Sache vorliegt (dazu auch nachstehend N 52). Diese Theorie berücksichtigt die grundlegende Differenz zwischen mietrechtlichen Verfahren i.w.S, i.e.S. und im engsten Sinn nicht. Sie gibt sich im Gegenteil keine

Rechenschaft über die diversen gesetzlichen Unterscheidungskriterien, die zu den diversen Verfahrenstypen führen (vgl. dazu N 64 ff. zu Art. 274). Sie knüpft daher z.B. auch bei Zuständigkeitsvorschriften an eine «umfassende» Kompetenz der Schlichtungsbehörde an (vgl. N 52 ff. zu Art. 274). Man geht deshalb kaum gänzlich fehl, wenn man diese *Theorie als «Eintopflösung»* zu umschreiben versucht.

*Will man nicht der zutreffenden Auffassung folgen*, die sachliche Zuständigkeit der Behörde sei ohnedies von Gesetzes wegen nur auf Fälle gemäss Art. 259g ff., Art. 270 ff. und Art. 273 beschränkt (vorn N 47 f.), *so ist der Beschränkung der* – erweiterten, sog. «umfassenden» (ROBERTI, in: mp 3/94, S. 115) – *Kompetenz zur Schlichtung bloss auf Vertragsklagen der Vorrang einzuräumen*. Denn sie steht wenigstens im Einklang mit den übrigen Verfahrensbestimmungen des Achten Titels und ergibt sich aus einer verfassungskonformen Gesetzesauslegung in Zusammenhang mit dem mietrechtlichen Verfahren i.w.S. (vgl. dazu N 52, N 57 f., N 60 ff. zu Art. 274). 50

Demnach umfasste die Kompetenz der Schlichtungsbehörde auch die Schlichtung bei Anerkennungsklagen (weitergehend, irrigerweise auch auf Aberkennungsklagen ausdehnend, ZMP 3/94 Nr. 39), bei Verfahren zur Arrestprosequierung (vgl. SVIT-Kommentar II, N 9 zu Art. 274–274a) usw. (dazu der nachstehende Abschnitt und vor allem die Ausführungen in N 14 f., N 16 f. [Arrestverfahren], N 18 f. [Klagen in Zusammenhang mit der Retention] zu Art. 274b). Dass dabei u.U. summarische Verfahren der Schlichtungsbehörde vorgängigen summarischen Verfahren richterlicher Instanzen folgen, es mithin manchmal *zweier summarischer Verfahren bedarf* (von denen in einem nicht einmal ein provisorischer Entscheid gefällt werden kann; nachstehend N 63 ff.), *bis die Sache in ein unbeschränktes Erkenntnisverfahren gelangen kann*, stellt wohl eine Antinomie zu Art. 274d Abs. 1 dar. Befriedigen kann das wohl kaum (vgl. dazu HIGI, Schlichtungsstellen, S. 44, Fn. 60, S. 75–79), ausser man wünscht sich, die ordentlichen Gerichte möglichst fern von solchen Streitigkeiten zu halten. Dem Rechtsfrieden kann dergleichen zudem da, wo eine Partei «obstruiert» (was durchaus nicht unalltäglich ist oder gar ausgesprochen selten wäre), kaum förderlich sein. 51

Bezüglich der *Aberkennungsklagen* ist *im neuen Art. 83 Abs. 2 SchKG* im übrigen immer noch die Klage «beim Gericht des Betreibungsortes» vorgesehen. Diese Bestimmung wurde in Kenntnis der mietverfahrensrechtlichen Problematik (vgl. zur Bekanntheit der Problematik etwa BGE 118 II 307, DdB 5/1993 Nr. 26, Note 8 [zu BGE 118 II 307], GILLIERON II, S. 11 ff.) erlassen und hat ausdrücklich den Weg trotzdem nur an das Gericht geöffnet. Die Annahme, es müsse eine Aberkennungsklage mit mietrechtlichem Gegenstand daher stets zuvor noch der Schlichtungsbehörde überlassen werden (so ZMP 3/94 Nr. 39, ROBERTI, in: mp 3/94, S. 120, S. 121 f.), erweist sich somit unter dem neuen Verfahrensrecht des SchKG als *krass contra legem*. Die schon früher geäusserte anderweitige Auffassung ist somit nach wie vor nicht wegen BGE 118 II 307 «überholt» (vgl. aber ROBERTI, a.a.O., S. 120, Fn. 13). BGE 118 II 307 spricht sich sodann zur Problematik der sachlichen Zuständigkeit bei der Behandlung von Aberkennungsklagen nicht aus; dieser Entscheid ist nur schon deswegen nicht geeignet, Auffassungen zu «überholen».

52 Das *Bundesgericht* weitet die sachliche Zuständigkeit *noch über Vertragsklagen aus* auf alle Streitigkeiten (vgl. auch BGE 118 II 307), *die* seiner Auffassung nach *in einem* gewissermassen gesetzesimmanenten *«mietrechtlichen» Tatbestand* gründen. Dieser Tatbestand fordert zudem für sich selbst weite Geltung (vgl. BGE 120 II 117).

53 Die Auffassung des BGer, die einen unbestimmten Rechtsbegriff kreiert, der an die Stelle der Gesetzessprache treten soll, wird hier abgelehnt (ausführlich dazu N 14, N 42 f., N 46, N 47 ff. zu Art. 274 [mit illustrierenden Beispielen möglicher derartiger «Tatbestände»], N 52 ff. zu Art. 274 [mit einer kritischen Prüfung des «mietrechtlichen Tatbestandes» und dessen doch eher seltsamen Rechtfertigung). Eine genauere Betrachtung von BGE 120 II 112 ff. (insbesondere S. 117) zeigt im übrigen, dass dieser Entscheid weniger den Charakter eines systematisch aufgebauten, logisch durchdachten und dogmatisch breit abgestützten Urteils aufweist. Er besitzt eher den *Charakter* – getreu der Formulierung von WIEGAND (in: ZBJV 132 [1996], S. 322) – *einer «topischen» Entscheidung* (siehe dazu auch N 15 zu Art. 274; ansatzweise kritisch zu BGE 120 II 112 z.B. auch SVIT-Kommentar II, N 11 f. zu Art. 274–274a). Namentlich lässt er vollstreckungsrechtliche Verfahren ebenso ausser acht wie Verfahren, in denen das Bundesrecht eine besondere Verfahrensordnung vorgeschrieben hat (vgl. N 59 zu Art. 274, N 12 ff. zu Art. 274b).

Zu weiteren Auffassungen über die Kompetenz unter dem Aspekt der Streitsache vgl. RAPP I, a.a.O., S. 6 f.

54 c) Trotz der – je nach Auffassung – gewissermassen «umfassenden» funktionellen Zuständigkeit (ROBERTI, in: mp 3/94, S. 115) ist eine Schlichtung **bei Mietsachen i.S.v. Art. 253b** streckenweise von Gesetzes wegen ausgeschlossen (das lässt wenigstens die Umschreibung der Zuständigkeit als «umfassend» von vornherein als höchst zweifelhaft erscheinen). Ausgeschlossen ist von der Schlichtung gemäss Art. 253b ein Teil von Mietzinsstreitigkeiten i.S.v. Art. 270 ff. (vgl. N 63 ff. zu Art. 253a–253b). Auch hier ist *wiederum zu differenzieren*, jedoch nicht in erster Linie, weil strittige Auffassungen gegeben sind, sondern weil das *Gesetz selbst Unterscheidungen trifft*. Unterschieden wird zwischen *Luxuswohnungen* einerseits (vgl. dazu N 66 ff. zu Art. 253a–253b) und *Wohnungen*, deren Erstellung *von der öffentlichen Hand gefördert wurde und* deren *Mietzinsgestaltung durch eine Behörde kontrolliert* wird (vgl. N 78 ff. zu Art. 253a–253b).

Bei solchen Wohnungen *fehlt es von vornherein an der sachlichen Zuständigkeit der Schlichtungsbehörde zur Schlichtung.* Auf dennoch eingereichte Begehren i.S.v. Art. 270 ff. sollte gar *nicht eingetreten* werden; bei ihnen kann das Verfahren der Schlichtungsbehörde gar keine Prozessvoraussetzung von Bundesrechts wegen darstellen (siehe N 58 nachstehend; vgl. zudem MRA 4/95, S. 172 ff. [OGer Zürich]; gl. z.T. SVIT-Kommentar II, N 14 zu Art. 274–274a). 55

Immerhin lässt sich die *Auffassung vertreten,* ob die *Voraussetzungen des Art. 253b erfüllt seien, müsse von einem Gericht festgestellt werden,* und das verlange die Durchführung eines zwar wirkungslosen, von vornherein *nur der Nichteinigung zugänglichen Verfahrens* (in diese Richtung zielend BGE 121 II 266; allein daraus ist aber noch nichts dazu gesagt bzw. herleitbar, welches Gericht aufgrund welchen Verfahrensrechts zur Überprüfung zuständig ist; die Schlichtung kann daher nicht zwingend Prozessvoraussetzung sein; vgl. ebenfalls N 58). 56

Für die *Miete von Luxuswohnungen* wird eine stete Schlichtung durch die Behörde z.B. vom SVIT-Kommentar II (N 16 zu Art. 274–274a) bejaht. Es sei oft gerade streitig, ob überhaupt eine Luxuswohnung i.S.v. Art. 253b vorliege; die Schlichtungsbehörde habe dies dann vorab einmal abzuklären. Gleiches lässt sich allerdings auch bei den übrigen von Art. 253b erfassten Mieten feststellen, wenn dort die Qualität strittig ist, welche die Anwendung von Art. 270 ff. ausschliesst. Bei sachgerechter Betrachtung zeigt sich, dass das Problem hier allerdings nicht in der sachlichen Zuständigkeit der Schlichtungsbehörde allein liegt, sondern vor allem bei ihrer «Kompetenz», Entscheide zu fällen (vgl. dazu nachstehend N 90 ff.). 57

Nachzutragen ist an dieser Stelle noch, dass *Mietzinsanfechtungen* bei Wohnungen, deren Erstellung durch die öffentliche Hand gefördert wurde und deren Mietzinsgestaltung behördlicher Kontrolle unterliegt, entweder bei der kontrollierenden Behörde (als Einsprache), bei deren übergeordneter Stelle (in Form einer Aufsichtsbeschwerde) bzw. u.U. (sofern vorgesehen) in einem *Verwaltungsverfahren* geltend gemacht werden müssen (ähnlich SVIT-Kommentar II, N 14 zu Art. 274–274a). Bei vom bundesrechtlichen WEG erfassten Wohnungen ist einzig die Aufsichtsbeschwerde an das Eidgenössische Volkswirtschaftsdepartement möglich (unveröffentlichter Beschwerdeentscheid 94/CC–001 vom 30. August 1995; gl. SVIT-Kommentar II, N 15 zu Art. 274–274a). 58

**d) Die Schlichtungsbemühungen** der Behörde haben sich **im Lichte von Art. 21 Abs. 1 VMWG** «auf das gesamte Mietverhältnis» zu beziehen, sprich: «Höhe des Mietzinses, Dauer des Vertrages, Kündigungsfrist usw.» 59

Über den tieferen Sinn dieser Vorschrift kann man gewiss diskutieren. Ohne Zweifel entspringt sie der bundesrätlichen Sorge um Entkrampfung der Beziehung zwischen den Parteien (vgl. Botsch., S. 1418). Im Gesetz selbst, nämlich dort, wo der Gesetzgeber die Einigungsbemühungen der Schlichtungsbehörden gewissermassen eigenhändig vorgezeichnet hat, findet Art. 21 Abs. 1 VMWG 60 allerdings keine Stütze (vgl. Art. 259i Abs. 1, Art. 273 Abs. 4, Art. 274e Abs. 1). In allen diesen Normen hat der *Gesetzgeber* vielmehr mit Bedacht *die Einigungsbemühungen der Schlichtungsbehörde auf die Ansprüche der Parteien beschränkt, die ebenfalls Gegenstand eines Entscheides sein können,* also von den Parteien als Streitgegenstand der Behörde unterbreitet worden sind (vgl. dazu N 21, N 25 zu Art. 259i, N 123 ff. zu Art. 273). Diese *Haltung des Gesetzgebers respektiert* sowohl den *Grundsatz der Parteiautonomie* als auch die diesem Grundsatz entsprechende *verfahrensrechtliche Dispositionsmaxime* (siehe ebenfalls treffend BGE 122 III 25: Eigenmächtige Eingriffe in das Vertragsverhältnis sieht das Gesetz nicht vor).

61 Art. 21 Abs. 1 VMWG, der die Schlichtungsbehörden und die Parteien zu einer umfassenden Einigung zu allen nur möglichen Punkten verpflichten will, *schiesst* folglich *über das vom Gesetzgeber bereits detailliert formulierte Ziel von Einigungsbemühungen erheblich hinaus.* Dabei *verletzt er grundlegende Ziele der Privatrechtsordnung und des Bundeszivilprozessrechts* (vgl. etwa GAUCH/SCHLUEP, Bd. 1, S. 53, Rz. 314, VOGEL, S. 157, Rz. 6 ff.). Die Norm erweist sich schon von daher *nicht als rechtsbeständig.* Nicht rechtsbeständig ist sie überdies deshalb, weil sie Geltung für Schlichtungen bei der Miete unbeweglicher Sachen verlangt, was durch die Ermächtigungsnorm des Art. 253a Abs. 3 nicht gedeckt ist (vgl. auch N 22 zu Art. 259i, N 25 ff. zu Art. 274).

62 Aufgrund dieses Befundes gilt somit im Schlichtungsverfahren weiterhin der *Grundsatz der Parteiherrschaft:* Es sind die Parteien, je einzeln, die bestimmen, worüber die Schlichtungsbehörde zu schlichten hat; es sind die Parteien, je einzeln, die durch ihre Vorbringen bestimmen, worüber die Schlichtungsbehörde allenfalls zu entscheiden hat; es sind die Parteien, je einzeln, die bestimmen, ob sie überhaupt eine Einigung anstreben wollen, denn sie sind es, die sich einigen müssen – sie bestimmen daher auch, ob sie sich z.B. auf Weitergehendes einlassen wollen oder nicht. Und die Parteien haben folglich – Art. 21 Abs. 1 VMWG zum Trotz – nicht zu befürchten, im Rahmen einer Mietzinsstreitigkeit über den angemessenen Ertrag i.S.v. Art. 269 von der Schlichtungsbehörde verpflichtet werden zu können, auch noch über eine irgendwem opportun erscheinende Änderung der vertraglichen Kündigungsfristen diskutieren zu müssen.

63 4. Art. 274a Abs. 1 lit. c nimmt in den Aufgabenkatalog für die Schlichtungsbehörde als weitere Aufgabe deren *Pflicht* auf, einen **Entscheid** zu fällen, wo das nach dem Gesetz erforderlich ist.

64 Nach einhelliger Meinung sieht das Gesetz *einen Entscheid vor in Art. 259i Abs. 1, Art. 273 Abs. 4* (statt vieler: RAPP I, a.a.O., S. 9). Zu diesen Entscheiden vgl. die Ausführungen zu den entsprechenden Bestimmungen sowie zu Art. 274e.

65 Das Gesetzt sieht *ferner nach Auffassung des Bundesgerichtes ebenso in Art. 274d Abs. 2 einen Entscheid* i.S.v. Art. 274a Abs. 1 lit. c vor (letzteres spricht es allerdings nicht aus, sondern begnügt sich mit einem Verweis auf die Art. 259i, Art. 273 und Art. 274f; vgl. BGE 117 II 421; dazu nachstehend N 73 ff.).

**5.** Weitere bundesrechtlich vorgesehene Aufgabe ist die **Überweisung** eines hängigen Schlichtungsverfahrens an die (vom kantonalen) Recht vorgesehene Ausweisungsbehörde, wenn ein *Ausweisungsverfahren hängig ist* (Art. 274a Abs. 1 lit. d). Angesprochen wird in dieser Norm die Regelung des Art. 274g. *Die Überweisung kommt nur bei der Miete von unbeweglichem* (vorn N 34) *Wohn- und Geschäftsraum in Frage* (die Anfechtbarkeit der Kündigung i.S.v. Art. 271 f. ist auf diese Mietformen beschränkt). Bei anderen Mietformen ist sie daher zu unterlassen (wird dennoch überwiesen, muss die Ausweisungsbehörde auf das überwiesene Geschäft kostenfällig [vgl. N 97 zu Art. 274d] nicht eintreten). 66

Die Überweisung hat durch die Schlichtungsbehörde *von Amtes wegen* zu erfolgen. Es ist gleichgültig, ob zuerst das Schlichtungsverfahren oder das Ausweisungsverfahren hängig war (BGE 117 II 554). Die Kantone haben nur grundsätzlich (organisatorisch) sicherzustellen, dass die Schlichtungsbehörde und/oder die Ausweisungsbehörde Kenntnis von der gleichzeitigen Hängigkeit beider Verfahren haben. Nach Art. 274d Abs. 3, 2. Satz, liegt es vor allem an den Parteien, die Schlichtungsbehörde über das Ausweisungsverfahren zu informieren, damit diese den Überweisungsentscheid fällen kann. Folgen allfälliger Unterlassungen in dieser Hinsicht haben die Parteien daher vorab selbst zu tragen (vgl. N 72 ff. zu Art. 274d). 67

**6.** In lit. e von Art. 274a Abs. 1 wird schliesslich noch die **schiedsgerichtliche Tätigkeit** der Schlichtungsbehörde geregelt. Auch diese Bestimmung bezieht sich nur auf den *bundesrechtlich geregelten Bereich der Tätigkeiten der Schlichtungsbehörde.* Dieser beschränkt sich zum einen auf Verfahren in Zusammenhang mit *unbeweglichen Sachen* gemäss Art. 274a Abs. 1, Ingress; bei diesen Mietformen *darf und muss* die Schlichtungsbehörde als Schiedsgericht amten, wenn die Parteien gemeinsam das wünschen (Schiedsabrede; siehe N 22 ff. zu Art. 274b). Art. 274c lässt zudem andere Schiedsgerichte als die Schlichtungsbehörde bei Streitigkeiten aus der *Wohnraummiete* nicht zu (vgl. N 19 zu Art. 274c). Damit ist eine weitere *verfahrensmässige Ungereimtheit* geschaffen worden (Wohnraum in einer beweglichen Sache; vgl. N 73 ff. zu Art. 274; siehe dazu ebenfalls N 16 f. zu Art. 274c). 68

Bei der *Miete von Geschäftsraum* (dazu auch N 20 f., N 24 f. zu Art. 274c) sowie bei der Miete beweglicher Sachen können die Parteien auch andere Schiedsgerichte als die Schlichtungsbehörde anrufen (statt vieler: ZIHLMANN II, S. 252, SVIT-Kommentar II, N 20 zu Art. 274–274a; kritisch ferner RAPP I, a.a.O., S. 9 f., der zu Recht nicht ganz einsieht, weshalb man durch Art. 274c verhindern wollte, dass ebenfalls bei der Miete eines unbeweglichen Wohnraums bloss *ein* Schiedsrichter für die Parteien amten kann, was doch kostengünstiger wäre). 69

## V. Zu den Entscheiden im Schlichtungsverfahren im besonderen

### 1. Vom Bundesrecht vorgegebene Entscheidarten

70 Entgegen dem von Art. 274a Abs. 1 lit. c vermittelten Eindruck *beschränkt sich das Bundesrecht nicht, einige wenige Entscheide vorzuzeichnen* (vgl. z.B. auch N 127 f. zu Art. 273). Das Bundesrecht beschränkt sich ebenfalls – wenigstens implizit – *nicht* auf eine Unterscheidung zwischen Einigung einerseits und Entscheid/Nichteinigung anderseits, wiewohl das Gesetz mit seiner Sprache das hochgradig nahezulegen scheint (und ebenso Voten im Parlament: vgl. Amtl.Bull. NR vom 16. März 1989, S. 545 [Votum HUBACHER]). In der Literatur *wird dieser Problematik allerdings unterschiedliches Gewicht beigemessen* (vgl. z.B. GMÜR, a.a.O., S. 122, GUT, a.a.O., S. 39, RAPP, a.a.O., S. 287 ff., RAPP I, a.a.O., S. 9, S. 15 f., SVIT-Kommentar II, N 10 ff. zu Art. 274e, WEBER/ZIHLMANN, Basler Kommentar, N 3 zu Art. 274a), *sofern sie überhaupt angesprochen wird* (vgl. z.B. LACHAT/STOLL, S. 41). Eine **Übersicht** soll die diversen, durchaus **notwendigen Entscheide, die in einem Schlichtungsverfahren anfallen können,** in der – angesichts der komplexen Verfahrensordnung des Bundes (vgl. N 63 ff. zu Art. 274) – gebotenen Kürze aufzulisten versuchen. *Dabei wird* – wie es allgemein angenommen und wohl zutreffend der Fall ist – *vorausgesetzt, dass die Regeln zum Schlichtungsverfahren grundsätzlich (Bundes-) Zivilprozessrecht i.w.S. darstellen* (vgl. N 10 zu Art. 274).

*Ergänzende Ausführungen zu dieser Übersicht* können der Kommentierung jener Bestimmungen entnommen werden, die die fraglichen Entscheide mitbestimmen (z.B. Art. 259i, Art. 273, Art. 274e).

#### *a) Sachentscheide i.S.v. Art. 274a Abs. 1 lit. c*

71 Art. 271a Abs. 1 lit. c verweist auf die Entscheidkompetenz der Schlichtungsbehörde. Diese liege dort vor, wo das Gesetz sie vorgesehen habe (vgl. vorn N 63 ff.). Damit erschöpft sich die Entscheidkompetenz der Schlichtungsbehörde von Bundesrechts wegen, soweit es *um Ansprüche* der Parteien geht (vgl. Art. 259i Abs. 1, Art. 273 Abs. 4). Bei all diesen Entscheiden handelt es sich um *Sachentscheide i.e.S.*, die aus *eigener Rechtsfindung der*

*Schlichtungsbehörde* erlassen werden (vgl. dazu allgemein: HABSCHEID, S. 249, VOGEL, S. 196). Gilt es dabei einen Rechtsvorschlag zu beseitigen, fällt auch diese vollstreckungsrechtliche Massnahme ausnahmsweise in die Kompetenz der Behörde; denkbar ist das allerdings *nur in Zusammenhang mit Hinterlegungsklagen i.S.v. Art. 259h f.* (ähnlich, aber auf Vergleiche im Aberkennungsprozess [!] bezogen, WEBER/ZIHLMANN, Basler Kommentar, N 3 zu Art. 274a [ohne Begründung]; nach zutreffender Auffassung fallen Aberkennungsprozesse nicht in die Kompetenz der Schlichtungsbehörden; N 15 zu Art. 274b).

Diese Entscheide sind *von Bundesrechts wegen so zu begründen, dass ein Unterliegen i.S.v. Art. 259i Abs. 2, Art. 273 Abs. 4 und Art. 274f Abs. 1 für die Parteien feststellbar ist* (vgl. N 134 zu Art. 273, N 277 zu Art. 271a; ähnlich, aber m.E. unnötigerweise auf Art. 4 BV zurückgreifend, SVIT-Kommentar II, N 11 zu Art. 274e). Über ihre Form usw. regelt das Bundesrecht ansonsten nichts (dazu nachstehend N 106 ff.). Wird im Anschluss an das Schlichtungsverfahren Klage im Sinn von Art. 274f Abs. 1 erhoben, kommt dem Entscheid lediglich die Rolle eines «Prima facie-Vorentscheides» zu, der u.U. zu einem Parteirollentausch führt (grundlegend BGE 117 II 424, 117 II 507), aber ansonsten dahinfällt und keine Wirkung entfaltet. Kommt es nicht zur Klage i.S.v. Art. 274f Abs. 1, bleibt es beim Entscheid der Schlichtungsbehörde, der dannzumal Wirkungen wie ein Gerichtsurteil entfaltet (vgl. dazu N 10 zu Art. 274, N 61 zu Art. 274e). 72

### *b) Entscheide mit pönalem Charakter*

Mit der Kompetenz, *bei mutwilliger Prozessführung* (Verfahrens-)*Kosten auferlegen und Entschädigungen* (Ersatz von Parteikosten) *zusprechen zu dürfen* (Art. 274d Abs. 2), hat der Gesetzgeber den Schlichtungsbehörden eine *ureigene Entscheidkompetenz eingeräumt, die sich nicht aus Art. 274a Abs. 1 lit. c herleiten lässt.* Es handelt sich bei dieser Kompetenz der Schlichtungsbehörde um eine Entscheidbefugnis *mit pönalem Charakter*, die auch sitzungspolizeilich motiviert sein kann (z.B. Verhalten in der Verhandlung; ähnlich GUT, a.a.O., S. 38), grundsätzlich aber jedes Prozessverhalten der Parteien erfasst (vgl. dazu N 103 ff. zu Art. 274d, mit Beispielen in N 109 ff. zu Art. 274d). Das hat das BGer unter Hinweis auf die Entstehungsgeschichte der Norm treffend dargelegt (BGE 117 II 423: «Art. 274d Abs. 3 des bundesrätlichen Entwurfes ... sah ausdrücklich vor, dass die Schlichtungsbehörde bei mutwilliger Prozessführung der fehlbaren Partei *eine Busse* und die Verfahrenskosten ... auferlegen sowie der anderen Partei eine Parteientschädigung zusprechen könne»; dafür, dass die dann von den Räten verabschiedete 73

Fassung in ihrem Inhalt hätte geändert werden sollen, so das BGer, ergäben die Materialien keinen Anhaltspunkt). Die Kompetenz i.S.v. Art. 274d Abs. 2 bezieht sich also *nicht direkt auf die Streitsache*, sondern auf die *Art und Weise, wie* die Streitsache *vorgebracht wird oder dass* die Streitsache *überhaupt vorgebracht wird* (vgl. N 104 ff. zu Art. 274d).

74 Dieser im *Vergleich zu Art. 259i und Art. 273 wesentlich unterschiedliche Gegenstand* des Entscheides lässt die Kompetenz der Behörde nach Art. 274d Abs. 2 ebensowenig mit Art. 274e Abs. 2 in einen sachgerechten Zusammenhang bringen (zu den Charakteristika von Art. 274d Abs. 2 siehe N 104 f. zu Art. 274d).

*Eine a.A. vertritt das BGer*, welches in der Begründung des BGE 117 II 421 allerdings weder Art. 274a Abs. 1 lit. c noch Art. 274e Abs. 2 ins Spiel brachte. Es muss nur schon deshalb fraglich erscheinen, warum das Bundesgericht bei Entscheiden über mutwillige Prozessführung dennoch Art. 274f Abs. 1 für anwendbar erklärt und damit eine eigene Auffassung entwickelt hat. Der Grund dafür liegt in der *bundesgerichtlichen Annahme*, der Schlichtungsbehörde komme nirgends eine umfassende Prüfungsbefugnis von Bundesrechts wegen zu, namentlich nicht in den Fällen von Art. 259i und Art. 273. Wie dargelegt (vorn N 73), hat nun aber Art. 274d Abs. 2 gerade keine solche Entscheidkompetenz wie die Art. 259i und Art. 273 (Ansprüche der Parteien) zum Gegenstand, sondern *ausschliesslich prozessuales Verhalten* (ähnlich, aber nicht in allem zutreffend, GUT, a.a.O., S. 38). Der Schluss des Bundesgerichtes, auch beim Entscheid i.S.v. Art. 274d Abs. 2 handle es sich geradezu zwangsläufig um einen «Prima facie-Vorentscheid» wie bei allen übrigen Entscheidfällen, erscheint demzufolge alles andere als zwangsläufig. Die fehlende bundesrechtliche Kompetenz der Schlichtungsbehörde in Verfahren gemäss Art. 259g ff., die gewöhnliche unbewegliche Sachen zum Gegenstand haben (vgl. dazu N 110 f.), wird vom BGer zudem nicht gewürdigt.

75 Bei *sachgerechter Betrachtung, die den unterschiedlichen Entscheidgegenstand von Art. 274d Abs. 2 im Vergleich zu Art. 259i und Art. 273 in Betracht zieht* (und damit ebenfalls zu Art. 271a Abs. 1 lit. c und Art. 274e Abs. 2), kommt der Schlichtungsbehörde im Fall des Art. 274d Abs. 2 somit *eine volle Entscheidbefugnis zu* (a.A. BGer in BGE 117 II 421; vgl. vorn N 74), wie sie beispielsweise ebenfalls einer Verwaltungsbehörde zukommen kann. Nicht zufällig und zu Recht ist die Schlichtungsbehörde denn auch schon als Rechtsanwendungsinstanz eigener Art bezeichnet worden, mit Elementen eines Quasi-Gerichtes und einer Quasi-Verwaltungsbehörde (vgl. ZIHLMANN II, S. 250; verfehlt WEBER/ZIHLMANN, Basler Kommentar, N 5 zu Art. 274a; der dort zu findende Hinweis auf BGE 119 Ia 264 ist in der hier interessierenden Frage wenig ergiebig; die dort zitierten angeblichen a.A. [wie etwa N 34 zu Art. 259i dieses Kommentares] behaupten keine Eigenschaft der Schlichtungsbehörde als Verwaltungsbehörde]; vgl. dazu ferner HIGI, Schlichtungsbehörde, S. 1, ZIHLMANN, S. 228; dass die Schlichtungsbehörde Verwaltungsgeschäfte tätigen kann [je nach Ausgestaltung im kantonalen Recht], die solchen der üblichen Justizverwaltung entsprechen, steht vernünftigerweise zudem ausser Zweifel).

*Der pönale Charakter des Entscheides* i.S.v. Art. 274d Abs. 2 (vgl. ebenfalls N 106 ff. zu Art. 274d) lässt die (strafrechtlichen) Verfahrensgarantien der EMRK in diesem Bereich des Schlichtungsverfahrens als anwendbar erscheinen (vgl. VILLIGER, Handbuch der EMRK, Zürich 1993, S. 231–233; es liegt m.E. in diesem Fall keine zivilrechtliche Streitigkeit i.S. der EMRK vor). Das beinhaltet insbesondere eine Begründungspflicht der Behörde (zum Verfahren der Behörde vor dem Entscheid und zu den dabei zu beachtenden Grundsätzen vgl. N 117 ff. zu Art. 274d). 76

Die hier vertretene Auffassung *führt zu einem Ausschluss der Klage nach Art. 274f Abs. 1* (anders BGE 117 II 421). Ein Rechtsmittel gegen Entscheide i.S.v. Art. 274d Abs. 2 bestimmt sich nach dem kantonalen Recht (vgl. Art. 274; siehe ferner N 13 zu Art. 274; gl.M. GUT, a.a.O., S. 38). 77

Damit es nicht zu einer *unnötigen Aufsplitterung des Rechtsweges* kommt (Art. 274d Abs. 1 verlangt Einfachheit), sollte dieses Verfahren (m.E. von Bundesrechts wegen) der gleichen Instanz zur Behandlung überwiesen werden, die nach kantonalem Recht auch für die Behandlung von Klagen i.S.v. Art. 274f Abs. 1 zuständig ist. So kann vermieden werden, dass in den Fällen, in denen zugleich Klage i.S.v. Art. 274f erhoben wird, und nicht bloss die Anfechtung der Kostenauflage usw. i.S.v. Art. 274d Abs. 2, zwei verschiedene Instanzen befasst sind (ähnlich GUT, a.a.O., 38). 78

### c) Nichteinigungsentscheide

In Art. 274e Abs. 2 hält das Bundesrecht fest, *dort*, wo es selbst *keinen Entscheid der Behörde* in der Sache (vgl. vorn N 71 f.) *vorgesehen* habe, sei von der Behörde eine *Nichteinigung festzustellen*, wenn keine Einigung habe erzielt werden können. *Diese Feststellung der Nichteinigung ist ebenfalls ein Entscheid*, dessen Unterlassung (N 80) keine Wirkungen verfahrensrechtlicher Art zu entfalten vermag (vgl. allgemein BGE 4P.262/1995 vom 15. Mai 1996 gemäss NZZ vom 25. Juni 1996, Nr. 145, S. 15). Das Gesetz sieht in Art. 274e Abs. 2 somit eine weitere Entscheidform für das Schlichtungsverfahren vor. Diese Art von Entscheid zeichnet sich dadurch aus, dass *in der Sache* (also materiell) *gerade nichts geregelt* wird (vgl. – e contrario – vorn N 72; Art. 274e Abs. 2 gilt im übrigen nur für Verfahren über Streitigkeiten aus der Miete unbeweglichen Wohn- und Geschäftsraumes. Bei der Miete übriger unbeweglicher Sachen kommt der Behörde die Kompetenz zur Feststellung der Nichteinigung konsequenterweise von Bundesrechts wegen nicht zu. Warum sie dennoch von Bundesrechts wegen zur «allgemeinen» Schlichtung befugt sein soll, bleibt auch unter diesem Gesichtspunkt unklar). 79

Von der Feststellung der *Nichteinigung ist der Nicht-Entscheid zu unterscheiden*. Letzterer beinhaltet überhaupt keine Entscheidung bzw. Feststel- 80 lung, sondern unterlässt solches gerade (vgl. BGE 4P.262/1995 vom 15. Mai 1996 gemäss NZZ vom 25. Juni 1996, Nr. 145, S. 15). Damit verwehrt der Nicht-Entscheid den Parteien den Zugang zum Gericht, wie Art. 274f unschwer entnommen werden kann. Der Nicht-Entscheid beinhaltet somit eine Pflichtverletzung der Behörde und stellt eine *Form der Rechtsverzögerung bzw. -verweigerung* dar. Als solche ist er ausschliesslich mit (kantonalen) aufsichtsrechtlichen Mitteln zu rügen (vgl. Art. 274; das Bundesrecht, dessen Art. 274f Abs. 1 nicht zum Zuge kommen kann, sieht dafür keine eigene Lösung vor).

81 Bezüglich *Form* usw. regelt das Bundesrecht selbst den Entscheid *der Feststellung der Nichteinigung* nicht (vgl. dazu nachstehend N 106 ff.; gl. OGer Zürich, II. Zivilkammer, in einem Beschluss vom 23. Mai 1996 i.S. B. ca.G.).

### *d) Einigungsentscheide*

82 Die vom Gesetz vielfach hervorgehobene Einigung der Parteien führt ebenfalls zur Erledigung des Schlichtungsverfahrens (vgl. Art. 274e Abse. 1 und 2). Da die *Einigung nichts anderes als einen Vergleichsvertrag bezeichnet,* kann die Schlichtungsbehörde ein *Verfahren erst dann als durch Einigung erledigt* betrachten, wenn sie *festgestellt* hat, dass die *Parteien* einen der Einigung *entsprechenden übereinstimmenden Willen erklärt haben* (dazu kann ebenso z.B. in einem Aberkennungsverfahren die Erklärung gehören, es werde ein Rechtsvorschlag zurückgezogen; Aberkennungsverfahren fallen aber von Bundesrechts wegen richtig besehen nicht in die Entscheidkompetenz der Schlichtungsbehörde; vgl. N 14 f. zu Art. 274b). Diese *Feststellung* der Behörde ist *ebenfalls ein Entscheid* (vgl. N 49 zu Art. 274e; die Unterlassung der Feststellung, es sei zu einer Einigung gekommen, bildet einen wirkungslosen Nicht-Entscheid und stellt eine Rechtsverweigerung dar; siehe vorn N 80). Mit Blick auf Art. 274e Abs. 1, 2. Satz, kann der Einigungsentscheid (den üblichen Grundsätzen des Prozessrechts folgend) als *Sachurteil i.w.S. bezeichnet werden* (da er nicht auf eigener Rechtsfindung der Behörde beruht, kommt der Behörde insoweit auch keine vollstreckungsrechtliche Kompetenz zur Beseitigung des Rechtsvorschlages zu; unklar, ob a.A., bei WEBER/ZIHLMANN, Basler Kommentar, N 3 zu Art. 274a, weil nicht erklärt wird, aus welchem Bundesrecht sich die «Befugnis zur Beseitigung des Rechtsvorschlages» ergeben soll). Die Einigungsfeststellung entfaltet Wirkungen wie ein Sachurteil i.e.S. (vgl. allgemein: VOGEL, S. 196, Rz. 97).

*Die Regelung des Art. 274e bezieht sich nur auf Einigungen im Bereich der Wohn- und Geschäftsraummiete* (wie auch Art. 273 Abs. 4 und streckenweise Art. 259i Abs. 1). Folgt man der Auffassung, die Schlichtungsbehörden seien zu einer allgemeinen Schlichtung im Bereich der Miete unbeweglicher Sachen berufen (vorn N 43 ff.) und nicht bloss in den vom Gesetz ausdrücklich erwähnten Verfahren (vorn N 47), *bestehen für die nicht von Art. 274e erfassten Verfahren keine Art. 274e analogen gesetzlichen Vorschriften zur Einigung, ausser im Fall von Art. 259i.* Es wäre daher von einer Lücke im Gesetz auszugehen, die es analog der Regelung des Art. 274e zu füllen gälte (was nicht besonders für die Stichhaltigkeit des Argumentes der «umfassenden Schlichtung» spricht). Mit Blick auf Art. 274 verbietet sich das an sich schon. (Zur Einigung i.S.v. Art. 259i in Verfahren, die eine unbewegliche Sache zum Gegenstand haben, die weder Wohn- noch Geschäftsraum darstellt, vgl. N 14, N 38 ff. zu Art. 259i; ferner siehe nachstehend N 110 f.) 83

*Formvorschriften usw. zum Einigungsentscheid* finden sich in den Art. 274 ff. ebensowenig wie in den übrigen Normen des Achten Titels. *Art. 21 Abs. 1 VMWG* schreibt demgegenüber – auch in Ergänzung zu Art. 274a – für die Einigung (den Vergleich) selbst eine Form vor. Art. 21 Abs. 1 VMWG ist allerdings *nicht rechtsbeständig,* da die Ermächtigung in Art. 253a Abs. 3 sich nicht generell auf die Miete unbeweglicher Sachen bezieht (vgl. vorn N 61). Art. 21 Abs. 1 VMWG griffe überdies in die Verfahrenshoheit der Kantone gemäss Art. 274 ein, wozu Art. 253a Abs. 3 ebenfalls keine ausreichende Ermächtigung böte. Denn es kann nicht Sinn einer Verordnungskompetenz mit Ausführungscharakter sein, explizit im Gesetz aufgestellt Grundsätze, die sich auf die verfassungsmässige Ordnung berufen, schlicht auszuschalten. Art. 21 Abs. 1 VMWG kann daher *höchstens der Rang einer bundesrätlichen Empfehlung* zugebilligt werden, die im übrigen durchaus Sinn macht. 84

Gegen Verfahrenserledigungen infolge Einigung ist der *Klageweg an das Gericht i.S.v. Art. 274f Abs. 1 ausgeschlossen* (vgl. Art. 274e Abse. 1 und 2, Art. 274f Abs. 1, Art. 273 Abs. 5, Art. 259i Abs. 2). Fehlerhafte Verfahrenserledigungen sind daher im Lichte von Art. 274 (vgl. N 13 zu Art. 274) mit kantonalem Rechtsmittel zu rügen. 85

Vgl. etwa § 18 Abs. 2 GVG Zürich; überholt durch das Inkrafttreten dieser Norm ist mittlerweile der in der Literatur zuweilen zitierte und diskutierte (siehe RAPP I, a.a.O., S. 15) unveröff. Beschluss des OGer Zürich vom 19. August 1991, MI910154U/II ZKR; vgl. überdies ZMP 2/93 Nr. 25, 3/92 Nr. 36.

### *e) Weitere Entscheide*

aa) *Nicht im* «einigungszentrierten» *Verfahrensrecht des Achten Titels* (vgl. dazu etwa HIGI, Schlichtungsstellen, S. 41–46, mit zahlreichen Verweisen) *figurieren Entscheide der Behörde, die Verfahren ebenfalls aufgrund* 86 *einer* **Parteierklärung** erledigen, nämlich durch **Rückzug oder Anerkennung der Klage** (darunter fallen auch Rückzüge oder Anerkennungen infolge Vergleiches, die u.U. ohne Mitwirkung der Behörde zustande kamen; vgl. dazu etwa N 294 f. zu Art. 271a, N 54 f. zu Art. 272b). Es liegt hier für die Verfahren aus der *Miete von Wohn- und Geschäftraum eine Lücke des Gesetzes vor*, die analog zur Regelung über den Vergleich (Einigung) in Art. 274e Absc. 1 und 2 zu schliessen ist (vgl. N 127 ff. zu Art. 273; a.A. offenbar hierin das BGer in BGE 120 II 28; ferner etwa SVIT-Kommentar II, N 6 zu Art. 274f, unter blossem Hinweis auf BGE 120 II 28 allerdings). Denn einsichtigerweise stellen der Rückzug und die Anerkennung der Klage eingedenk der Dispositionsbefugnis der Parteien gerade *keine blossen Nichteinigungen* dar, die den Rechtsweg an das Gericht zu öffnen i.S.v. Art. 274f Abs. 1 geeignet *und* bestimmt wären. Vielmehr sollen sie ebenfalls durch eine Feststellung der Behörde, es sei eine entsprechende Erklärung ergangen, das Verfahren gerade erledigen (die Unterlassung der Feststellungen stellt logisch betrachtet einen Nicht-Entscheid dar und begründet eine Rechtsverzögerung bzw. -verweigerung; vgl. allgemein vorn N 80). Die dem Rückzug bzw. der Anerkennung entsprechenden Feststellungen der Behörde führen wie die Einigung *zu einem Sachentscheid i.w.S.* (vgl. vorn N 82).

87 *Die Lückenfüllung* gemäss N 86 lässt sich dann problemlos per Analogie bewerkstelligen, wenn man der Schlichtungsbehörde nur eingeschränkte Schlichtungskompetenz zubilligt (vorn N 47). *Bei der Annahme der umfassenden Schlichtungskompetenz (vorn N 43 ff.) ist man hingegen gezwungen*, gleich doppelt eine Lücke zu schliessen: Per Analogie ist der gesetzlich vorgezeichnete Rahmen des Art. 274e Absc. 1 und 2 zu vervollständigen, d.h. auszuweiten auf Rückzüge und Anerkennungen. Von diesem ausgeweiteten Rahmen ist weiter per Analogie die auch die für die Miete unbeweglicher Sachen bestehende Lücke aufzufüllen (zur Lösung bei einer nur eingeschränkten Schlichtungskompetenz vgl. N 14, N 38 ff. zu Art. 259i). Eine derartig strapaziöse Analogie spricht ebenfalls nicht überzeugend für die Annahme einer bundesrechtlich vorgegebenen «umfassende Schlichtung».

88 **bb)** Ebenfalls nicht direkt von der mietrechtlichen Verfahrensordnung erfasst sind Verfahren, die gegenstandslos werden. Mit der **Gegenstandslosigkeit** einher geht der *Verlust eines rechtlich schützenswerten Interesses beider Parteien* an der Fortführung des Schlichtungsverfahrens. Das Rechtsschutzinteresse wird gemeinhin vom Bundesprivatrecht erfasst (vgl. GULDENER, S. 69, VOGEL, S. 64, Rz. 30–32, S. 65, Rz. 38 ff.). Ob ein Schlichtungsverfahren gegenstandslos geworden ist, beurteilt sich daher insoweit nach dem Bundesrecht, allerdings nicht nach dessen «Mietverfahrensrecht» (vgl. dazu nachstehend N 101 ff.; siehe ferner N 17 zu Art. 274f).

89 In *welcher Form die Behörde die Gegenstandslosigkeit feststellt* usw., ist hingegen Sache des kantonalen Rechts (vgl. Art. 274; siehe nachstehend N 106 ff., ferner N 13 zu Art. 274). Die Unterlassung der entsprechenden Feststellung

führt in den Konsequenzen zu einer Rechtsverzögerung bzw. -verweigerung (Nicht-Entscheid im bundesrechtlichen Sinn; vgl. dazu allgemein vorn N 80).

cc) Schliesslich regelt das Bundesrecht, zumindest indirekt, teilweise aber auch direkt, ein **Nichteintreten.** Wiederum gehen die Auffassungen darüber allerdings auseinander (vgl. z.B. GUT, a.a.O., S. 39, GMÜR, a.a.O., S. 122 f., RAPP, a.a.O., S. 287 ff., WEBER/ZIHLMANN, Basler Kommentar, N 3 zu Art. 274a). 90

Das *Bundesgericht scheint ein Nichteintreten der Schlichtungsbehörde auf ein Begehren schlechterdings als unzulässig zu erachten.* In BGE 121 III 266 hält es fest, der Behörde komme aufgrund der Verfahrensordnung der Art. 274e und 274f nur ausnahmsweise eine Entscheidkompetenz zu, die zudem nicht vorsehe, dass die Schlichtungsbehörde über Fragen des Bundesrechts «abschliessend» entscheide (vgl. BGE 121 III 269). Ein «abschliessender» Entscheid der Schlichtungsbehörde über Ansprüche des Bundesrechts widerspreche daher dieser Verfahrensordnung. Die Kantone hätten deshalb gewissermassen von Bundesrechts wegen das Verfahren so zu gestalten, dass eine gerichtliche Instanz mit sog. «voller Kognition» über die Tragweite eines bundesrechtlichen Anspruches entscheide (a.a.O.; dazu siehe auch N 72 ff. zu Art. 274f). 91

Diese Auffassung, die sich auf die Art. 274e f. beruft, kann sich an sich nur auf materielle Ansprüche des Bundesrechts beziehen, die aus einer Miete von Wohn- und Geschäftsraum ausfliessen (z.B. Art. 257, Art. 259b, Art. 259g ff., Art. 262, Art. 264, Art. 267, Art. 270 ff., Art. 271 usw.). *Selbst BGE 121 III 266 schliesst demnach Entscheide der Schlichtungsbehörde, die keine derartigen Ansprüche zum Gegenstand haben, an sich nicht aus.* Grundsätzlich betrachtet besteht dazu auch kein Anlass (nachfolgend N 93 ff., insbesondere N 94, N 97 und N 101); angesichts der bisherigen Rechtsprechung des Bundesgerichtes kann allerdings nicht ausgeschlossen werden, das Bundesgericht verneine ebenso bei anderen Fragen, die u.U. das Bundesrecht regelt, unter Hinweis auf *die* mietrechtliche Verfahrensordnung (dazu siehe zur Illustration N 63 ff. zu Art. 274) jegliche Entscheidkompetenz der Schlichtungsbehörde zum Nichteintreten (vgl. dazu BGE 117 II 421 [dazu vorn N 43 ff.], BGE 117 II 506 [vgl. dazu N 9 f. zu Art. 274], BGE 118 II 308 ff. [vgl. dazu N 14 f. zu Art. 274], BGE 120 II 112 ff. [dazu N 14 f., N 46 und N 52 ff. zu Art. 274]; gewissermassen contra immerhin BGE 119 Ia 264 ff. [Befugnis zur Bestellung eines unentgeltlichen Rechtsbeistandes]). 92

Eine sachgerechte Betrachtung der bundesrechtlichen Verfahrensordnung der Art. 274 ff. zeigt vorab an, dass das *Bundesrecht als Verfahrens-* 93 *recht die sachliche Zuständigkeit der Schlichtungsbehörde* festlegt, und zwar in Art. 274a Abs. 1, Ingress. Die Schlichtungsbehörde ist vom Bundesrecht nur berufen, über Streitigkeiten bei der Miete unbeweglicher Sachen zu schlichten (vgl. vorn N 34 f.).

94 *Unbeschadet darum, wie weit man die sich aus Art. 274a Abs. 1 ergebende Schlichtungskompetenz auffasst* (zu den diversen Auffassungen vorn N 43 ff. und N 48 ff.), **versagt** damit **das Bundesrecht** der Schlichtungsbehörde jedenfalls zugleich eine **schlichtende Tätigkeit bei der Miete beweglicher Sachen.** Alsdann räumt es der Behörde aber ebenfalls implizit das Recht zum Entscheid ein, die Schlichtung einer Streitigkeit über die Miete beweglicher Sachen nicht zu behandeln. Ergo kann es der Behörde ebensowenig verwehrt sein, das in Form eines Nichteintretensentscheides festzuhalten, womit von ihr nichts anderes ausgedrückt wird, als dass es im konkreten Fall *an einer bundesrechtlichen Prozessvoraussetzung fehlt* (vgl. dazu allgemein VOGEL, S. 191, Rz. 73; vgl. dazu ebenfalls N 17 zu Art. 274f).

95 Dass *über diesen Entscheid hernach generell auch noch ein Gericht mit sog. «voller Kognition»* entscheiden müsste, kann sich aus den Art. 274e f. nicht ergeben. Denn diese Normen befassen sich ausschliesslich mit der Miete von Wohn- und Geschäftsraum unter dem Aspekt des Sachanspruches und setzen (siehe Art. 274a Abs. 1, Ingress) für das Schlichtungsverfahren zwingend eine Streitigkeit aus der Miete von Wohn- und Geschäftsraum in einer unbeweglichen Sache voraus. Daraus folgt m.E. zwingend – und insoweit durchaus im Einklang mit BGE 121 III 266 ff. (dort insbesondere 269) –, dass *der Rechtsweg* (analog Art. 274f Abs. 1) *nur dann zu öffnen ist*, wenn gemäss den Sachdarstellungen der Parteien im Schlichtungsverfahren *strittig ist*, ob eine Miete beweglicher oder unbeweglicher Sachen gegeben ist, *nicht aber*, wenn *die Sachdarstellung der klagenden Partei klar einen unzuständigkeitsbegründenden Anspruch* aus der Miete beweglicher Sachen *herleitet.* Zu ähnlichen Fällen bei der Miete unbeweglicher Sachen vgl. vorn N 54 ff. Da die strittige Frage gewissermassen zivilrechtliche Vorfrage ist (vgl. Art. 274f Abs. 2), gilt das Gesagte sinnreicherweise nur für Verfahren, in denen der Behörde keine Entscheidkompetenz zukommt (vgl. N 17 zu Art. 274f.).

96 Regelt das kantonale Recht eine Zuständigkeit der Schlichtungsbehörde im Bereich der Miete beweglicher Sachen, so ist Bundesrecht i.S. der Art. 274 ff. ohnedies (ausgenommen Art. 274b) in Zuständigkeitsfragen nicht anwendbar.

97 Die *Regelung der konkreten örtlichen Zuständigkeit* einer konkreten Schlichtungsbehörde hat das Bundesrecht dem kantonalen Verfahrensrecht (vgl. Art. 274 Abs. 1, Ingress) überlassen. Art. 274b regelt den Gerichtsstand nur allgemein (bei Binnenstreitigkeiten). Die Frage, ob ein konkretes Mietobjekt (als unbewegliche Sache) im vom kantonalen Recht bestimmten

örtlichen Zuständigkeitsbereich liegt, beurteilt sich demnach nach kantonalem Recht. Nach Bundesrecht bestimmt sich nur die Frage der richtigen Anwendung der Bestimmung von Art. 274b Abs. 1 lit. a (u.U. in Verbindung mit Art. 274b Abs. 2 lit. a).

Auch daraus kann, vernünftig betrachtet, keine generelle Verneinung der Entscheidkompetenz der Schlichtungsbehörden abgeleitet werden. Im Gegenteil – *bei der Entscheidung über die örtliche Zuständigkeit wird die Frage nach einem materiellen Anspruch i.S. der Art. 274e f. schlicht nicht aufgeworfen.* Art. 274f Abs. 1 kann daher *gar nie zur Anwendung gelangen.* Die einheitliche Durchsetzung von Bundesprivatrecht steht zudem ausser Gefahr, da Art. 139 dem gerade entgegenwirkt (vgl. etwa N 17 f., N 21, N 26, N 56, N 77). Das *Bundesrecht gesteht* daher m.a.W. der Schlichtungsbehörde überdeutlich *die Kompetenz zu, darüber zu entscheiden, ob sie unter dem Gesichtspunkt der örtlichen Zuständigkeit zur Schlichtung befugt ist* (vgl. dazu ebenfalls N 17 zu Art. 274f). 98

Diese Folgerungen gründen im übrigen in einer gewissermassen natürlichen und nicht gekünstelten Betrachtungsweise von Zuständigkeitsfragen. Sie schliessen in ihren Konsequenzen sodann nicht aus, dass vom kantonalen Recht bloss eine Instanz ohne sog. «volle Kognition» – wie sie das Bundesgericht in Zusammenhang mit Art. 274f versteht (vgl. BGE 121 III 266 ff.) – mit der Überprüfung dergleichen Entscheide betraut wird. Massgebend ist einzig die volle Kognition dieser Instanz zur Überprüfung der Zuständigkeitsfrage unter bundes- und kantonalrechtlichen Aspekten. Da die *Regelungen über die (örtliche) Zuständigkeit zu den wesentlichen Verfahrensgrundsätzen zählen,* kann beispielsweise eine Kassationsinstanz nach zürcherischem Recht (nicht nur praxisgemäss) mit *«voller Kognition»* die richtige Anwendung sowohl der kantonalen als auch der bundesrechtlichen Zuständigkeitsvorschriften überprüfen, was BGE 121 III 266 geflissentlich zu übersehen scheint (vgl. dazu etwa STRÄULI/MESSMER, N 15 und N 17 zu § 281; *zu den wesentlichen Verfahrensgrundsätzen zählt* überdies etwa die richtige Anwendung von Vorschriften über bundesrechtliche Fristen, wie sie also z.B. Art. 273 und damit Art. 139 vorschreiben [STRÄULI/MESSMER, N 28 f. zu § 281]). Dass es im Falle der Aufhebung des Entscheides der Behörde zur «Wiederholung» einer Schlichtungsverhandlung kommt, kann vor dem Hintergrund der gesetzgeberischen Intentionen zur Wichtigkeit der Schlichtung (Entkrampfung der Beziehungen, Versuch der paritätischen Einigung als vorrangiges Ziel) nur positiv bewertet werden und verbietet die Annahme prozedural unnötigen Leerlaufes geradezu. 99

Differenzierungen danach, wie weit sich die unterschiedlichen Auffassungen über den Zuständigkeitsbereich der Behörde allenfalls auszuwirken vermöchten (vorn N 43 ff.), erübrigen sich somit (vorn N 98) hier. 100

Endlich erlaubt das Bundesrecht der Schlichtungsbehörde auch *Nichteintretensentscheide dort zu fällen, wo es von vornherein an einem Rechtsschutzinteresse des Klägers nach dessen eigener Sachdarstellung mangelt.* Denn es kann nicht der Sinn des bundesrechtlichen Schlichtungsverfahrens sein, dort Schlichtungsbemühungen von der Behörde zu verlangen, wo es ernsthaft im Lichte des Bundesrechts (Rechtsschutzinteresse als bundes- 101 rechtliche Prozessvoraussetzung; vgl., statt vieler: VOGEL, S. 64, Rz. 31) an einem Thema zur Schlichtung fehlt (vgl. dazu auch N 17 zu Art. 274f).

102 Beispiele dazu, mit Verweisen, ergeben sich etwa aus N 11, N 12 (und dazu überdies N 15) zu Art. 259i, ferner beispielsweise aus N 252 zu Art. 271a (identisches Verfahren schon hängig), N 26 zu Art. 273b.

103 Zur sog. vollen Kognition einer kantonalrechtlichen Instanz usw., die dergleichen Entscheide der Behörde überprüfen kann, siehe vorn N 99 sowie z.B. STRÄULI/MESSMER, N 21 zu § 281.

## 2. Dem kantonalen Recht vorbehaltene Regelungen zu Entscheiden

104 Die *vom Bundesrecht vorgezeichnete Ordnung des mietrechtlichen Verfahrens* (siehe dazu ebenfalls N 63 ff. zu Art. 274) *erfasst* unschwer erkennbar *nicht alle möglichen Handlungen der Schlichtungsbehörde, die einen Entscheid darstellen.* Dem **kantonalen Recht** kommt daher – wie es Art. 274 festhält – die *Rolle zu, die vom Bundesrecht nicht erfassten Fragen* prozeduraler Art *zu regeln.* Das kann auf *zweierlei Arten* geschehen: Zum einen hat das kantonale Recht die *unvollständige bundesrechtliche Ordnung zu ergänzen* (nachstehend N 106 ff.). Zum anderen regelt es *aus eigener Kompetenz* (Art. 274) all die Fragen, die der Bundesgesetzgeber im mietrechtlichen Verfahrensrecht i.w.S. nicht geregelt hat (nachstehend N 110 f.).

105 Der *genaue Umfang* dieser zwei grundsätzlich verschiedenen Bereiche, in denen das kantonale Recht als Verfahrensrecht zum Zuge kommt, hängt massgebend davon ab, *wie weit man die bundesrechtliche Schlichtungskompetenz der Behörde definiert* (vgl. dazu vorn N 43 ff., N 48 ff.). Die hierüber bestehenden verschiedenen Auffassungen (Theorien) und deren Begründungen zeigen im übrigen an, dass ein letztes, fundiertes Wort in der Sache wohl noch längst nicht gesprochen worden ist.

106 a) **Ergänzendes kantonales Verfahrensrecht** kommt überall dort in Frage und zum Zuge, wo der Bundesgesetzgeber selbst direkt (z.B. vorn N 71 f., N 73) oder indirekt (z.B. vorn N 79, N 82, N 86 ff.) eine Regelung vorgesehen hat, diese aber entweder bloss rudimentär (z.B. vorn N 73, N 79, N 82, N 86 ff.) oder wenigstens unvollständig ausgefallen ist (z.B. vorn N 71 f.).

107 Die *ergänzende kantonale Befugnis erstreckt sich* immerhin – mangels Rechtsbeständigkeit etwa von Art. 21 VMWG (vorn N 59 ff.) – auf die *Form der auch bundesrechtlich vorgegebenen Entscheide, die Protokollführung usw.*

*Kantonale Regelungen gemäss dieser Befugnis zur Ergänzung haben jedoch die allgemeinen* (siehe vorn N 26; vgl. zudem grundlegend BGE 95 II 643; aus der jüngeren Judikatur siehe etwa BGE 120 II 352 [materielle Rechtskraft von Entscheiden in summarischen Verfahren kantonalen Rechts; dazu gleichfalls BGE 199 II 89, 244], BGE 120 II 2 [formelle Rechtskraft], BGE 119 II 189, 119 II 90) *und die besonderen, sich namentlich aus den Art. 259i, Art. 273 und Art. 274e f. ergebenden bundesrechtlichen Vorschriften zur materiellen Rechtskraft zu berücksichtigen.* Ebenso haben sie auf die sich aus dem Bundesrecht ergebenden Folgen der *Hängigkeit von Schlichtungsverfahren bzw. zur Rechtshängigkeit von Gerichtsverfahren* Rücksicht zu nehmen (allgemein dazu etwa: VOGEL, S. 66). 108

Zu berücksichtigen sind schliesslich vom ergänzenden kantonalen Recht *die Ansprüche auf rechtliches Gehör, die aus Art. 4 BV fliessen,* namentlich die ausreichende Begründung eines Entscheides, wo dies erforderlich ist (z.B. bei Art. 273 Abs. 5 und Art. 274f Abs. 1 [Unterliegen]; vorn N 72), das Recht auf Akteneinsicht bzw. Eröffnung des Entscheides, das Recht, sich vor der Entscheidung bei der Behörde zu äussern usw. 109

**b) Originäres kantonales Verfahrensrecht** kommt bezüglich der Entscheide dort zum Zuge, wo der Bundesgesetzgeber *weder explizit noch implizit im Rahmen des «Mietverfahrensrechts»* (vgl. dazu N 63 ff. zu Art. 274) *Regelungen vorgegeben hat* (beispielhaft unter dem alten Recht: BJM 1984, S. 32 ff.). Das trifft namentlich für die *Schlichtungsverfahren zu,* die vom Bundesrecht explizit und unbeschadet um die divergierenden Auffassungen zur Schlichtungskompetenz nicht erfasst werden *(Miete beweglicher Sachen).* 110

Die vom Bundesrecht allgemein vorgegebenen Grundsätze sind allerdings selbst bei diesen Schlichtungsverfahren und der Gestaltung zu beachten (vorn N 26, N 108). Dort, wo es zugleich um eine Wohn- oder Geschäftsraummiete geht (vgl. N 78, N 80 zu Art. 274), sind ebenso die bundesrechtlichen Vorschriften zu beachten, die sich aus dem materiellen Mietrecht ergeben oder dieses direkt berühren (z.B. Art. 273). 111

# Art. 274b

C. Gerichtsstand

[1] **Zuständig für Streitigkeiten aus dem Mietverhältnis sind:**

**a. bei der Miete unbeweglicher Sachen die Schlichtungsbehörde und der Richter am Ort der Sache;**

**b. bei der Miete beweglicher Sachen der Richter am Wohnsitz des Beklagten.**

[2] **Der in der Schweiz wohnhafte Mieter kann nicht zum voraus auf den Gerichtsstand nach Absatz 1 verzichten bei:**

**a. Wohnräumen;**

**b. beweglichen Sachen, die seinem privaten Gebrauch dienen und vom Vermieter im Rahmen seiner gewerblichen Tätigkeit vermietet werden.**

C. For

[1] **Les litiges relatifs aux baux à loyer sont portés:**

**a. Lorsqu'il s'agit de baux d'immeubles, devant l'autorité de conciliation et le juge du lieu de situation de l'immeuble;**

**b. Lorsqu'il s'agit de baux de choses mobilières, devant le juge du domicile du défendeur.**

[2] **Le locataire domicilié en Suisse ne peut pas renoncer à l'avance au for prévu au premier alinéa lorsqu'il s'agit:**

**a. De locaux d'habitation;**

**b. De choses mobilières louées par le locataire pour son usage privé et par le bailleur dans l'exercice de son activité professionnelle.**

C. Foro

[1] **Per le controversie in materia di locazione sono competenti:**

**a. l'autorità di conciliazione e il giudice del luogo di situazione della cosa, nel caso di locazione di immobili;**

**b. il giudice del domicilio del convenuto, nel caso di locazione di cose mobili.**

[2] **Il conduttore domiciliato in Svizzera non può rinunciare anticipatamente al foro previsto dal capoverso l in caso di locazione di:**

**a. locali d'abitazione;**

**b. cose mobili destinate al suo uso privato e locate dal locatore nell'ambito della suà attività professionale.**

1 Materialien — Art. 21 und Art. 29 BMM, Art. 274b des Entwurfes vom 27. März 1985, Art. 19 Abs. 3 und Art. 21 Abs. 2 BGMM; Amtl.Bull., SR, 1988, S. 179, NR, 1989, S. 542

2 **Literatur:** Siehe allgemeines Literaturverzeichnis sowie N 2 zu Art. 274.

## Inhaltsverzeichnis



# I. Geltungsbereich der Norm

Die Norm bestimmt bundesweit Gerichtsstände (örtliche Zuständigkeit) aus Mietstreitigkeiten *bei Binnenverhältnissen* (statt vieler: SVIT-Kommentar II, N 9 zu Art. 274b, ZIHLMANN II, S. 251; zur funktionellen Zuständigkeit der Schlichtungsbehörden vgl. N 22, N 42 ff. zu Art. 274a). Die von ihr bestimmten Gerichtsstände gehen grundsätzlich kantonalen Bestimmungen über die örtliche Zuständigkeit vor (vgl. VOGEL, S. 92, Rz. 8; zu den Ausnahmen nachstehend N 5, N 10, N 34). **3**

Bei *internationalen Sachverhalten* findet die Norm keine Anwendung (allgemein: VOGEL, S. 92, Rz. 8a). Hier kommen zum Zuge das LugÜ und das IPRG (siehe dazu N 231 ff., N 238 ff., N 264 ff. Vorbem. zu Art. 253–274g; ähnlich DdB 6/1994 Nr. 24). **4**

## II. Gegenstand der Norm: Bestimmung der örtlichen Zuständigkeit für Streitigkeiten aus dem Mietverhältnis

5 1. Die **örtliche Zuständigkeit** wird **im allgemeinen** bei *innerkantonalen Streitigkeiten* durch das kantonale Recht geregelt. Art. 274b geht innerkantonalen Regelungen grundsätzlich vor. Er bestimmt die örtliche Zuständigkeit – immerhin nach Massgabe der kantonalen Ordnung (vgl. Art. 274a Abs. 1, Ingress) – direkt (zu Ausnahmen, auch bundesrechtlicher Art, siehe nachstehend N 10, N 13 ff., N 34).

6 Im *interkantonalen Verhältnis* geht Art. 274b der allgemeinen Regel von Art. 59 BV vor und bestimmt wiederum direkt die örtliche Zuständigkeit.

7 2. Art. 274b bestimmt Gerichtsstände von Bundesrechts wegen nur bei **Streitigkeiten aus dem Mietverhältnis**. Die Norm hält das im Ingress ihres Abs. 1 wörtlich fest. Über das, was darunter im Einzelfall zu verstehen ist, bestehen geteilte Auffassungen. Namentlich das Bundesgericht vertritt eine Auffassung, die von den üblichen Grundsätzen, die es sonst und die h.L. zum Zivilprozessrecht generell vertreten, abweicht (vgl. BGE 120 II 112 ff.; ausführlich dazu N 42 f., N 46 ff., N 52 ff. zu Art. 274).

8 Die vom Bundesgericht vertretene Auffassung gründet auf der Annahme eines «mietrechtlichen Tatbestandes» (vgl. die Beispiele in N 47 ff. zu Art. 274) und damit auf einer gewissermassen «topischen» Sicht der Dinge (in Anlehnung an WIEGAND, in: ZBJV 132 [1996], S. 322). Diese Sicht fusst zudem ausschliesslich auf dem Auslegungsgrundsatz der Praktikabilität und ist insoweit nicht verfassungskonform usw. (vgl. N 52 ff. zu Art. 274). Sie ist aber nicht wirklich praktikabel, sondern vielmehr geeignet, Rechtsunsicherheit zu verbreiten über das, was gerade noch unter den «mietrechtlichen Tatbestand» fallen kann, und was gerade nicht mehr darunter fallen soll.

9 *Nach sachgerechter* (allgemeiner) *Auffassung* (vgl. N 52 zu Art. 274, mit Verweisen) *beschränkt sich die Norm* auf die Bestimmung der örtlichen Zuständigkeit bei sog. *Vertragsklagen* (dazu N 44 f. zu Art. 274). Zu den Vertragsklagen zählen insbesondere die Klagen i.S.v. Art. 259h und Art. 259i, von Art. 270 ff., von Art. 273, und – je nach dem Klagegegenstand – Anerkennungsklagen gemäss Art. 79 SchKG, Aberkennungsklagen gemäss Art. 83 SchKG (vgl. FRITZSCHE/WALDER, Bd. 1, S. 268 f.), Arrestprosequierungsklagen i.S.v. Art. 279 SchKG (zu diesen Klagen vgl. auch nachstehend N 13 ff.).

Nicht von der Norm erfasst sind demgegenüber im wesentlichen *Klagen aus unerlaubter Handlung i.S.v. Art. 41 ff.* (a.A. BGE 120 II 112 ff.), *Klagen aus Eigentum oder Besitz, Klagen aus Gesellschaftsrecht* (vgl. etwa MRA 4/95, S. 211) *sowie Klagen auf Vollstreckung* (vgl. dazu N 59 zu Art. 274; siehe überdies nachstehend N 13 ff.). 10

Das Bundesgericht scheint solche Klagen ebenfalls unter den «mietrechtlichen Tatbestand» zu subsumieren, der (auch) bei Art. 274b zur Anwendung gelangen soll, wobei unklar ist, wie weit (Rechtsunsicherheit; siehe vorn N 8, mit Verweisen). In BGE 120 II 117 plädiert es immerhin für eine weite Auslegung des «mietrechtlichen Tatbestandes», die gewissermassen aus diesem Tatbestand selbst folgt (vgl. N 46 zu Art. 274 [Wortlaut des BGE]). 11

3. Von Art. 274b **abweichende Gerichtsstandsregelungen des Bundesrechts** finden sich vor allem im Bereich des Vollstreckungsrechts (SchKG), aber auch im OR selbst (nachstehend N 20). Bundesrechtliche *Gerichtsstände für betreibungsrechtliche Klagen* sind im SchKG vorgesehen etwa in Art. 84 Abs. 1 (Rechtsöffnung), Art. 85 (Aufhebung, Einstellung der Betreibung), Art. 85a SchKG (negative Feststellungsklage), Art. 86 (Rückforderungsklage), Art. 83 Abs. 2 (Aberkennungsklage), Art. 148, Art. 250 (Kollokationsklagen), Art. 107 Abs. 5, Art. 108 Abs. 1, beide i.V.m. Art. 109 (Widerspruchsverfahren) usw. Nachstehend werden nur einige dieser Klagen behandelt. Bezüglich der übrigen wird auf die Spezialliteratur verwiesen, mit der Bemerkung, dass die im SchKG ausdrücklich bezeichneten Gerichtsstände den Gerichtsständen des materiellen Rechts stets vorangehen. 12

a) Das **SchKG** stellt für *Rechtsöffnungsverfahren* in Zusammenhang mit Forderungen aus dem Mietverhältnis sowie für Verfahren auf Aufhebung oder Einstellung einer Betreibung mit mietrechtlichem Betreibungsgrund *zwingend* den Gerichtsstand am *Betreibungsort* zur Verfügung (Art. 84 Abs. 1 SchKG; vgl. BGE 112 III 9 ff.). Im vom LugÜ erfassten Bereich sind die Gerichtsstände für rein vollstreckungsrechtliche Klagen des SchKG gemäss Art. 16 Abs. 5 LugÜ zwingend (VOGEL, S. 117 f.). 13

Eine *Aberkennungsklage*, deren Gegenstand mietrechtlicher Natur ist, gilt es ebenfalls *am Betreibungsort* anhängig zu machen (Art. 83 Abs. 2 SchKG), wobei hier bloss ein ausschliesslicher Gerichtsstand des SchKG vorliegt (vgl. GUT, a.a.O., S. 36, VOGEL, S. 116 f.; Schiedsabreden sind hier, soweit eine schiedsfähige Sache gegeben ist [vgl. dazu N 16 ff. zu Art. 274c], zu beachten; BGE 68 III 81). 14

Die Aberkennungsklage ist sodann auch unter dem neuen Recht nach klarer gesetzlicher Vorschrift *beim Gericht* am Betreibungsort anhängig zu machen. *Der Bundesgesetzgeber hat mit dieser eindeutigen Regelung zugleich die Zuständigkeit der Schlichtungsbehörde zur Behandlung von Aberkennungsklagen ausgeschlossen*, die ein Teil der Literatur und Judikatur befürwortet hat (vgl. N 51 zu Art. 274a; siehe ferner – ohne Begründung – LACHAT/STOLL, 15

S. 132, WEBER/ZIHLMANN, Basler Kommentar, N 2 zu Art. 274a; kritisch SVIT-Kommentar II, N 9 zu Art. 274–274a; gl.M. demgegenüber GUT, a.a.O., S. 36; zum alten [kantonalen] Recht vgl. endlich: BJM 1984, S. 32 ff.). Nachdem er zugleich die Klagefrist von 10 Tagen (vgl. aArt. 83 Abs. 2 SchKG) auf 20 Tage erhöht hat, liesse sich die (nach dem Rechtsöffnungsverfahren bereits zweite) summarische Prüfung des betriebenen Anspruches anhand glaubhafter Sachdarstellungen im Schlichtungsverfahren mit dem Prinzip des einfachen und raschen Verfahrens ohnedies nicht mehr rechtfertigen (ähnlich GUT, a.a.O., S. 36), entgegen der sog. «umfassenden» Schlichtungsbefugnis (vgl. dazu auch BGE 118 II 307, 120 II 114 f.).

16 *Von Art. 274b ausgenommen sind* überdies *die Arrestlegung, die Einsprache gegen den Arrestbefehl* (vgl. Art. 272 Abs. 1 SchKG, Art. 278 SchKG). Anders verhält es sich demgegenüber bei den *Arrestprosequierungsklagen,* die gemäss SchKG lediglich innert 10 Tagen anhängig gemacht werden müssen (Art. 279 Abs. 1 SchKG), ohne dass dieses Gesetz einen Gerichtsstand bezeichnet oder einen Richter erwähnt. Wie bis anhin sind sie folglich am «gewöhnlichen» Gerichtsstand einzubringen (BGE 114 II 188, 118 II 190 [internationales Verhältnis]). Seit Inkrafttreten des *Art. 274b* kann das nichts anderes heissen, als dass sich der *Gerichtsstand* für Binnenverhältnisse im Lichte dieser Norm beurteilt (unklar, ob a.A., bei VOGEL, S. 117, Rz. 65). *Im internationalen Verhältnis* gilt demgegenüber Art. 4 IPRG (nicht zwingend: BGE 118 II 190). Soweit das LugÜ zum Zuge kommt, besteht «der exorbitante ... Gerichtsstand des Arrestortes nicht: LugÜ 3 II» (VOGEL, S. 117).

17 Im Vergleich zur Regelung bei den Aberkennungsklagen (vorn N 15) bestehen demnach erhebliche Unterschiede, die die Ausführungen *zur sachlichen Zuständigkeitsregelung* bei der Aberkennungsklage noch verdeutlichen. Nach zutreffender Auffassung fallen allerdings auch Arrestprosequierungsklagen nicht in die Schlichtungskompetenz der Behörde (vgl. N 47 f. zu Art. 274a). Es muss zudem bereits bei der Arrestlegung die Forderung glaubhaft gemacht werden (Art. 272 Abs. 1 Ziff. 1 SchKG). Daran kann ein Einspracheverfahren (mit Weiterzugsmöglichkeit) folgen (Art. 278 SchKG), während dem die Klagefrist des SchKG nicht läuft (vgl. Art. 278 Abs. 5 SchKG). In diesem weiteren Verfahren kann u.a. die Glaubhaftigkeit der Darstellung über den geltend gemachten Anspruch noch mal geprüft werden. Dass daran zusätzlich u.U. (je nach Mietart) auch noch ein summarisches Schlichtungsverfahren anschliessen soll, erscheint alles andere als zwingend erforderlich, sondern wohl eher als überflüssig, jedenfalls aber nicht als im Einklang mit Art. 274d Abs. 1 stehend (einfach und rasch!). *Eine Schlichtungskompetenz der Behörde* (zum alten [kantonalen] Recht vgl. BJM 1984, S. 32 ff.) wäre hier selbst bei der Annahme einer sog. «umfassenden» Kompetenz aus diesen Gründen *zu verneinen* (wie nach den Rechtsöffnungsverfahren).

18 Klagen auf *Rückschaffung von Retentionsgegenständen* i.S.v. Art. 284 SchKG fallen ebenfalls unter *Art. 274b Abs. 1 lit. a OR,* der die frühere Zuständigkeit des kantonalen Rechts *zur Gerichtsstandsbestimmung* insoweit verdrängt hat.

Sie fallen jedoch in bezug auf die *sachliche Zuständigkeit* aus der Schlichtungskompetenz der Behörde (welchen Umfang man dieser immer zumessen will), weil das Bundesrecht diese Klage *dem beschleunigten Verfahren zuweist.* Die Schlichtungsbehörde hat demgegenüber das «einfache und rasche» Verfahren anzuwenden (vgl. Art. 274d Abs. 1). Auch das muss die Theorie der «umfassenden» Schlichtungskompetenz einmal mehr als fragwürdig erscheinen lassen.

Für die *Klagen auf Feststellung des Retentionsrechts sowie für die Retentionsprosequierungsklage* gilt bezüglich Gerichtsstand das zur Klage i.S.v. Art. 284 SchKG Ausgeführte. 19

**b)** Eine eigene Regel, die Art. 274b vorgeht, enthält das **OR** überdies (bezüglich Klagen des Mieters in Zusammenhang mit dem Widerrufsrecht) in Art. 40g. 20

**4.** Für **gemischte Verträge** ist *Art. 274b grundsätzlich nicht anwendbar*, da es sich bei diesen Verträgen um Innominatkontrakte handelt, die kein Mietverhältnis begründen (vgl. N 196 ff., N 201 ff. Vorbem. zu Art. 253–274g). Ob ein gemischter Vertrag oder ein **anderer Innominatkontrakt** vorliegt oder statt dessen Miete, ist oft strittig. *Massgebend für die Wahl des Gerichtsstandes ist dannzumal der Anspruch des Klägers, wie er ihn in seinem Rechtsbegehren formuliert und/oder durch seine Sachdarstellung präzisiert hat* (vgl. GULDENER, S. 52, HABSCHEID, S. 214, Rz. 380, S. 217, Rz. 386, STAEHELIN/SUTTER, S. 41; beispielhaft ZMP 3/91 Nr. 28 [Gebrauchsleihe]; unklar, mutmasslich eher a.A., das Bundesgericht, welches auf den «mietrechtlichen Tatbestand» abstellt [vorn N 7 f., mit Verweisen]). 21

Immerhin *verlangen die Gerichtsstände des Art. 274b* bei Vertragsklagen *dort Anwendung, wo der Innominatkontrakt im wesentlichen eine Miete darstellt*, da es nicht darauf ankommt, wie die Parteien ihre Rechtsbeziehung benennen, sondern darauf, was sie in der Tat vereinbart haben (z.B. «Leasing» von Raum usw. [vgl. N 188 ff. Vorbem. zu Art. 253–274g]). Beim «Leasing» beweglicher Sachen ist u.U. eine Unterstellung unter das Abzahlungsrecht denkbar (vgl. N 194 Vorbem. zu Art. 253–274g), was zur Anwendung von Art. 226l führt. Zu den unter Art. 274b fallenden Streitigkeiten gehören ebenfalls solche aus oder über *Innominatkontrakte*, deren Hauptgewicht auf der entgeltlichen Gebrauchsüberlassung liegt und/oder deren Mischung nur durch eine *typfremde Nebenleistung* verursacht wird (BGE 118 II 162, mit Verweis auf BGE 41 II 111, 115 II 454; zu diesen Verträgen siehe N 204 ff. Vorbem. zu Art. 253–274g, N 177 Vorbem. zu Art. 266–266o). 22

*Verträge über «Dienstwohnungen», sog. «Hauswartverträge»* (namentlich von Feierabendhauswarten usw.), die mit einer Miete verbunden sind, und *Verträge über «Personalwohnungen»* stellen bei näherer Betrachtung regelmässig keine gemischten Vertragsverhältnisse i.e.S. dar (vgl. N 170 Vorbem. zu Art. 266–266o). Entweder sind es *gekoppelte Verträge*, deren mietrechtliche Aspekte im Fall der Vertragsklage die Anwendung von Art. 23

274b verlangen (namentlich dort, wo ebenfalls eine Familienwohnung vorliegt), *oder Verträge mit typfremder Nebenleistung* (Feierabendhauswart; vgl. zu diesen Verträgen auch N 216 ff. Vorbem. zu Art. 253–274g, N 176 Vorbem. zu Art. 266–266o, mit Weiterverweisen; beispielhaft zu dieser Problematik ferner etwa PKG 1991 Nr. 61, ZMP 1/91 Nr. 2–4, 3/92 Nr. 30–32; streckenweise ablehnend z.B. COCCHI, in: mp 2/95, S. 51 ff. [unter materiell-rechtlichen Aspekten]). Unklar ist, wie das BGer Klagen aus dergleichen Verträgen erfasst (vgl. vorn N 7 f.).

## III. Gerichtsstand für die Miete unbeweglicher Sachen

24 **1.** In Art. 274 Abs. 1 lit. a sowie Abs. 2 lit. a wird der Gerichtsstand für Streitigkeiten (vorn N 9; unklar auch hier das BGer [vorn N 7 f.]) aus der Miete unbeweglicher Sachen bestimmt. Diese Regelung gilt gleichermassen für die Zuständigkeitsermittlung der **Schlichtungsbehörde und der Gerichte** (statt vieler: SVIT-Kommentar II, N 1 zu Art. 274b).

25 **2.** Die gesetzliche Regelung begründet im **Grundsatz den ausschliesslichen Gerichtsstand am Ort der gelegenen Sache.** Die Wahl fiel auf diesen Gerichtsstand, weil er sich namentlich für Beweisverfahren am günstigsten auswirken kann (z.B. Augenschein bei Mängeln, Feststellung einer Orts- oder Quartierüblichkeit usw.; vgl. Botsch., S. 1468).

26 *Der Begriff der «unbeweglichen Sache»* im Sinn der Norm entspricht in seinem Gehalt dem allgemeinen Gehalt dieses Begriffes, wie ihn das Gesetz auch anderweitig verwendet. Genaueres dazu in N 84 ff. Vorbem. zu Art. 253–274g, N 3–5 zu Art. 259g; vgl. ferner z.B. WEY, S. 65 ff.

27 *Ausschliesslich* ist dieser Gerichtsstand, weil das Gesetz selbst keinen anderen Gerichtsstand für dergleichen Streitigkeiten vorgesehen hat (vgl. allgemein, statt vieler: GULDENER, S. 105 [dort Fn. 99]; ferner siehe etwa SVIT-Kommentar II, N 3 zu Art. 274b, VOGEL, S. 93, Rz. 16).

28 Den *Parteien* steht es jedoch *grundsätzlich frei* (zur Ausnahme nachstehend N 30 ff.), einen *anderen Gerichtsstand zu vereinbaren.*

29 Diese abweichende Vereinbarung kann *Teil einer Schiedsabrede* sein (zu den dabei teilweise eingeschränkten Möglichkeiten vgl. N 22 ff. zu Art. 274c, mit Weiterverweisen). Sie kann also generell bereits *im voraus abgeschlos-*

*sen werden* (Prorogation [allgemein dazu etwa GULDENER, S. 93 ff., VOGEL, S. 118 ff.; siehe ferner allgemein etwa BGE 118 Ia 294]; zur Ausnahme nachstehend N 30 ff.), etwa im Mietvertrag oder in einer besonderen Vereinbarung im Hinblick auf eine Streitigkeit. Dabei sind die erforderlichen prozessualen Formvorschriften zu beachten (siehe dazu VOGEL, S. 120 f.). Schliesslich kann *durch die vorbehaltlose Einlassung* (zum Begriff: VOGEL, S. 121, Rz. 82, mit Verweis) vor einer anderen als der gesetzlich vorgesehenen örtlich zuständigen Instanz ein anderer Gerichtsstand begründet werden (ähnlich etwa SVIT-Kommentar II, N 3 zu Art. 274b).

**3.** Abweichend von diesen Grundsätzen ergibt sich aus Art. 274b Abs. 2 lit. a ein **teilzwingender Charakter des Gerichtsstandes** am Ort der gelegenen Sache **bei der Miete von Wohnraum** (ähnlich VOGEL, S. 93 , S. 314, SVIT-Kommentar II, N 6 zu Art. 274b). *Teilzwingend* ist die Gerichtsstandsbestimmung des Gesetzes deshalb, weil sie die Verfügungsmöglichkeiten nur des Mieters beschränkt, nicht aber des Vermieters (gl. etwa MENGE, S. 164). Teilzwingend ist sie ferner deshalb, weil sie die zwingenden Wirkungen dem Mieter gegenüber nur auf Verfügungen über den Gerichtsstand «im voraus» einschränkt (in sog. Gerichtsstandsklauseln [vgl. dazu allgemein auch BGE 118 Ia 294] oder Schiedsabreden). 30

Aus *Sozialschutzgründen* kann bei Streitigkeiten aus der Miete von Wohnraum der Mieter, der in der Schweiz wohnhaft ist (nachstehend N 33), *nicht im voraus* auf diesen Gerichtsstand verzichten. Von der *gesetzlichen Ordnung des Art. 274 Abs. 1 lit. a abweichende Gerichtsstandsvereinbarungen* der Wohnraummietparteien *binden somit den Mieter nie,* sondern sind insoweit *teilnichtig* und von der angerufenen Instanz von Amtes wegen nicht zu beachten (vgl. dazu unveröff. Beschluss des Bezirksgerichtes Zürich, Prozessnummer CG930489, vom 22. September 1993, i.S. E. AG ca. W. [Konsumgütermiete]). 31

Dem *Mieter* ist es allerdings *nicht verwehrt,* sich trotzdem bei der vereinbarten Instanz oder vor einer anderen (vorbehaltlos) *einzulassen* (vgl. Botsch., S. 1468, gl. SVIT-Kommentar II, N 6 zu Art. 274b; zum Begriff der Einlassung VOGEL, S. 121, Rz. 82, mit Verweisen) oder bei der vereinbarten Instanz oder vor einer anderen *den Vermieter einzuklagen.* Im Fall der Einlassung des Mieters ist dannzumal nur diese massgebend und gültig (die teilnichtige Vereinbarung wird nicht geheilt; zu im internationalen Verhältnis u.U. abweichenden Fällen vgl. etwa BGE 118 Ib 468). Im Fall der Klage vor einer anderen als der gesetzlich vorgesehenen Instanz ist die (vorbehaltlose) Einlassung des Vermieters massgebend. Erfolgt die Klage am vereinbarten Ort, ist dem Vermieter eine allfällige *Einrede der örtlichen Unzuständigkeit* allerdings regelmässig *verwehrt.* Denn er kann sich bereits im voraus verzichtend binden (vorn N 30; gl. z.B. MENGE, S. 164). Die dem 32 entgegengestellte Einrede verstiesse gegen den prozessualen Grundsatz von Treu und Glauben (vgl. allgemein VOGEL, S. 171 f.).

33 Der *nicht in der Schweiz wohnhafte Mieter eines Wohnraumes* kann sich demgegenüber im voraus (vor der Streitanhebung also) vertraglich abweichend vom Gesetz binden (diese Bindung beurteilt sich als internationaler Sachverhalt nach dem IPRG bzw. LugÜ). *Die gesetzliche Wendung* «in der Schweiz wohnhafte» stellt somit *einen Verweis auf internationale Sachverhalte dar* (vgl. dazu auch DdB 6/1994 Nr. 24) und will einen Gleichlauf von internationalrechtlichem und nationalrechtlichem Wohnbegriff herstellen. «Wohnhaft» gemäss Art. 274b Abs. 2 darf folglich nicht im einschränkenden Sinn des Wohnsitzes des ZGB verstanden werden, sondern muss den Wohnsitz im Sinn des ZGB und des Art. 20 IPRG ebenso wie den gewöhnlichen Aufenthalt i.S.v. Art. 20 IPRG umfassen.

34 **4.** Zulässig sind **kantonale Gerichtsstandsbestimmungen,** die den *ausschliesslichen Gerichtsstand* des Bundesrechts i.S.v. Art. 274b Abs. 1 lit. a (insbesondere aus den sachlichen Gründen, die den Bundesgesetzgeber bereits zur ausschliesslichen Gerichtsstandsbestimmung veranlasst haben) *im innerkantonalen Verhältnis* (für beide Parteien) *zwingend ausgestalten.* Ebenso kann das kantonale Recht einen Art. 274b Abs. 1 lit. a entsprechenden zwingenden Gerichtsstand auf weitere unbewegliche Sachen als bloss den Wohnraum ausdehnen (vgl. allgemein HABSCHEID, S. 118 ff. [insbesondere S. 121, Rz. 217], und WALDER I, S. 121 f.; siehe ferner ZMP 3/92 Nr. 33 und Nr. 34 [zum für das Schlichtungsverfahren bei der Miete von Wohn- und Geschäftsräumen zwingenden § 6 der Verordnung über die paritätischen Schlichtungsbehörden], LACHAT/STOLL, S. 39, RAISSIG/ SCHWANDER, S. 163 f., SVIT-Kommentar II, N 3, N 6 zu Art. 274b).

35 **5.** Implizit ist sodann vom Bundesrecht in Abweichung von Art. 274b Abs. 1 lit. a und Abs. 2 lit. a ein **halbzwingender Gerichtsstand bei** Streitigkeiten aus **Hinterlegungen i.S.v. Art. 259g ff.** geschaffen worden. Es ist das der Gerichtsstand am *Hinterlegungsort* (vgl. N 69 zu Art. 259g). *Vereinbarungen der Parteien, die ein anderes Forum für die Streitigkeit als den Hinterlegungsort wählen,* sind unzulässig, weil sie den vom Gesetzgeber angestrebten Gleichlauf von Forum und Hinterlegungsort von vornherein verunmöglichen (gl.M. SVIT-Kommentar II, N 7 zu Art. 274b). Klagt hingegen eine der Parteien an einem anderen als am Hinterlegungsort und lässt sich die Gegenpartei darauf ein, so haben die Parteien die allfälligen Folgen einer Wirrnis bei der Herausgabe der Hinterlage zu vertreten.

## IV. Gerichtsstand für die Miete beweglicher Sachen

Die Regelung des Gerichtsstandes für Streitigkeiten aus Mietverhältnissen über bewegliche Sachen trifft Art. 274b in Abs. 1 lit. b und in Abs. 2 lit. a und lit. b. Die *Regelung ist in gesetzestechnischer Hinsicht identisch mit derjenigen zu den Streitigkeiten aus der Miete über unbewegliche Sachen.* Das erlaubt es, nachfolgend nur noch auf die inhaltlichen Abweichungen hinzuweisen. 36

1. In Art. 274b Abs. 1 lit. e wird als **Grundsatz** für Streitigkeiten aus der Miete beweglicher Sachen ein **ausschliesslicher Gerichtsstand** am **Wohnsitz des Beklagten** festgelegt. Wohnsitz meint hier (im Binnenverhältnis) den Wohnsitz im Sinn des ZGB; wo internationale Sachverhalte denkbar sind, ist dieser Begriff – mit Blick auf den von der Norm verfolgten Sozialschutzgedanken (VOGEL, S. 36) – weitergehend im Sinn des IPRG aufzufassen (vgl. vorn N 33). 37

Zum *Begriff der beweglichen Sache,* der auch Fahrnisbauten umfasst, in denen vertragsgemäss gewohnt werden kann, siehe N 52 ff. Vorbem. zu Art. 253–274g, N 4 f. zu Art. 259g, N 8–12 zu Art. 266b, N 83 zu Art. 274. Zur *Ausschliesslichkeit* und den sich daraus ergebenden Folgen siehe vorn N 27, N 28 f. [Vereinbarungsmöglichkeiten, Einlassung], N 34 [kantonales Recht]. 38

2. Der Regelung kommt überdies durch Art. 274b Abs. 2 ein **teilzwingender Charakter bei der Konsumgüter-** (gemäss lit. b) **und** bei der **Wohnraummiete** (gemäss lit. a) zu (ähnlich, aber ohne Differenzierung bezüglich Wohnraum, z.B. SVIT-Kommentar II, N 8 zu Art. 274b, ähnlich ferner VOGEL, S. 314, Rz. 148s; gl.M. unveröff. Beschluss des Bezirksgerichtes Zürich, Prozessnummer CG930489, vom 22. September 1993, i.S. E. AG ca. W.). Erfasst von den sich daraus ergebenden Einschränkungen (vgl. vorn N 31 f.) ist auch hier nur der in der Schweiz «wohnhafte» Mieter (dazu vorn N 31, N 33). 39

Zum *Begriff der Konsumgütermiete* siehe N 6 zu Art. 266f. Darunter fallen auch die Geschäfte i.S.v. Art. 40 ff. (vgl. N 13 zu Art. 266f); Art. 40g ist daher bezüglich des Widerrufsrechts (und nur bezüglich dieses Rechts) massgebender abweichender Gerichtsstand (vorn N 20). Die Abweichung ist allerdings von untergeordneter Rolle (Wahlgerichtsstand für den Mieter/Kunden). 40

Zum Begriff «teilzwingend» siehe vorn N 30. Zur Möglichkeit der Kantone, zwingende Gerichtsstände zu schaffen, siehe vorn N 34. 41

# Art. 274c

D. Schiedsgericht

**Bei der Miete von Wohnräumen dürfen die Parteien die Zuständigkeit der Schlichtungsbehörden und der richterlichen Behörden nicht durch vertraglich vereinbarte Schiedsgerichte ausschliessen. Artikel 274a Absatz 1 Buchstabe e bleibt vorbehalten.**

D. Tribunal arbitral

**Pour les baux d'habitations, les parties ne peuvent pas exclure la compétence des autorités de conciliation et des autorités judiciaires en désignant par convention des tribunaux arbitraux. L'article 274*a*, 1er alinéa, lettre e, est réservé.**

D. Tribunale arbitrale

**Nel caso di locazione di locali d'abitazione, le parti non possono escludere la competenza delle autorità di conciliazione e delle autorità giudiziarie a favore di tribunali arbitrali designati nel contratto. È fatto salvo l'articolo 274*a* capoverso 1 lettera e.**

1 Materialien — Art. 22 und 26 Abs. 3 BMM, Art. 274c des Entwurfes vom 27. März 1985, Art. 16 und Art. 18 lit. d BGMM; Amtl.Bull., NR, 1989, S. 542, SR 1989, S. 432

2 **Literatur:** Siehe allgemeines Literaturverzeichnis sowie N 2 zu Art. 274, ferner (Auswahl aus der Spezialliteratur im Sinn eines weiterführenden Hinweises): BAUMGARTNER, Die Kosten des Schiedsgerichtsprozesses, Zürich 1991, HEINI/KELLER/SIEHR/VISCHER/VOLKEN (Hrsg.), IPRG-Kommentar, Zürich 1993 (zit. IPRG-Kommentar), INDERKUM, Der Schiedsrichtervertrag nach dem Recht der nicht internationalen Schiedsgerichtsbarkeit der Schweiz unter Mitberücksichtigung der Schiedsordnung des IPRG, Freiburg/Schweiz 1989, RÜEDE/REIMER-HADENFELDT, Schweizerische Schiedsgerichtsbarkeit, 2. A., Zürich 1993, SCHNYDER, Das neue IPR-Gesetz, Zürich 1988, VOGT, Der Schiedsrichtervertrag nach schweizerischem Recht, Zürich 1989, VULLIEMIEN, Jugement et sentence arbitrale, Lausanne 1990, WALDER H.-U., Das Schweizerische Konkordat über die Schiedsgerichtsbarkeit, Zürich 1982.

## Inhaltsverzeichnis

# I. Geltungsbereich und Charakter der Norm

## 1. Geltungsbereich

### *a) Geltungsbereich in sachlicher Hinsicht*

Der Geltungsbereich der Norm erstreckt sich in sachlicher Hinsicht auf Schiedsabreden für die Streitigkeiten aus allen Arten der Miete. Ihr *Gegenstand ist die Schiedsfähigkeit von Mietstreitigkeiten schlechthin.* 3

### *b) Nationale und internationale Verhältnisse*

Die Norm beansprucht, soweit sie die Schiedsfähigkeit einer Mietstreitigkeit beschränkt (Wohnraummiete; nachstehend N 10), *Geltung* nicht nur bei *Binnenstreitigkeiten,* sondern ebenfalls im internationalen Verhältnis, auch soweit dieses an sich vom IPRG geregelt wird (vgl. dazu Art. 176 f. IPRG). 4

Eine *von Art. 274c erfasste schiedsfähige Sache* liegt *im internationalen Verhältnis dann vor,* wenn sich die Streitigkeit auf eine *in der Schweiz gele-* 5 *gene unbewegliche* (nachstehend N 15) *Mietsache bezieht*, die vertragsgemäss als Wohnraum dienen soll (vgl. N 249 Vorbem. zu Art. 253–274g), und wenn überdies *wenigstens der Mieter* in der Schweiz «wohnhaft» ist oder sog. dauernden Aufenthalt hat (das ergibt sich aus Art. 274b Abs. 2 lit. a; vgl. auch N 248 Vorbem. zu Art. 253–274g; gl. IPRG-Kommentar, a.a.O., N 16 zu Art. 177 IPRG; ähnlich WEBER/ZIHLMANN, Basler Kommentar, N 1 zu Art. 274c). Zur Schiedsfähigkeit der Miete *beweglicher Sachen*, die vertragsgemäss *Wohnzwecken* dienen, siehe nachfolgend N 18.

6 Art. 274c hat den *Schutz des Wohnraummieters zum Ziel*. Dieser soll insbesondere nicht seine Kündigungsschutzrechte etwa vor einem ausländischen Schiedsgericht durchsetzen müssen. Mit der Beschränkung der Schiedsfähigkeit von Streitigkeiten aus der Wohnraummiete geht einher *eine eingeschränkte Rechtswahl der Parteien im internationalen Verhältnis* (vgl. N 255 ff. Vorbem. zu Art. 253–274g; Vorbehalt des schweizerischen Rechts [Eingriffsnormen i.S.v. Art. 18 IPRG] bezüglich der Art. 269 ff., 271 ff.).

7 Die Schiedsfähigkeit von *Streitigkeiten aus der Miete beweglicher Sachen* (davon ausgenommen solche, die zu Wohnzwecken gemietet wurden; nachstehend N 18) richtet sich im internationalen Verhältnis entweder nach dem Konsumgüterrecht des IPRG (Art. 114 Abs. 2 IPRG; vgl. IPRG-Kommentar, a.a.O., N 11 zu Art. 177 IPRG) oder nach den allgemeinen Regeln des IPRG. Vorbehalten bleiben hinsichtlich des *anwendbaren Rechts* stets Eingriffsnormen i.S.v. Art. 18 IPRG.

## 2. Charakter

8 Der Charakter der Norm ergibt sich aus ihrer «verfahrensrechtlichen» Stellung: Sie ist der *Parteidisposition entzogen* (gl. RONCORONI, in: mp 2/90, S. 80).

9 In ihren *Wirkungen* ist sie für die Parteien eines Mietverhältnisses über unbeweglichen Wohnraum (nachstehend N 16, N 19) *absolut zwingend; frei* sind diese Parteien allerdings bei der Wahl, *ob sie überhaupt eine Schiedsabrede treffen wollen* (gl.M. wohl RONCORONI, in: mp 2/90, S. 81).

## II. Die Schiedsfähigkeit bei Streitigkeiten aus der Miete

### 1. Unterscheidungskriterien zur Schiedsfähigkeit

#### *a) Wohnraum*

Die Norm unterteilt die Schiedsfähigkeit von Mietstreitigkeiten nach *zwei Gesichtspunkten. Erstes* Unterscheidungskriterium ist der vertraglich vereinbarte *Gebrauchszweck* der Mietsache als *Wohnraum* (Art. 274c 1. Satz). 10

Der *Begriff* des Wohnraumes entspricht dem allgemeinen Wohnraumbegriff des Mietrechts (vgl. dazu N 20 ff. Vorbem. zu Art. 271–273c, mit Weiterverweisen). Er *umfasst nicht Ferienwohnungen i.S.v. Art. 253a Abs. 2.* Der Wohnraumbegriff des materiellen Mietrechts ist auch bei internationalen Sachverhalten zu berücksichtigen, da es Art. 274c ist, welcher (ausnahmsweise) die Schiedsfähigkeit von Mietstreitigkeiten bestimmt, und nicht das IPRG (vgl. vorn N 5; gl.M. wohl auch IPRG-Kommentar, a.a.O., N 15 zu Art. 177 IPRG; unklar, ob a.A., etwa bei SCHNYDER, a.a.O., S. 125 f., der die Problematik von Art. 274c und ähnlicher Normen nicht behandelt [und wenigstens im Fall von Art. 274c auch gar noch nicht behandeln konnte]). 11

Liegt *gemischter Gebrauch vor* (zum Begriff siehe N 36 ff. Vorbem. zu Art. 271–273c, mit Verweisen), so ist grundsätzlich auf den *vereinbarten hauptsächlichen Verwendungszweck* abzustellen. Dieser ist vor dem Hintergrund des Schutzzweckes der Norm (vorn N 6) tendenziell beim Wohnen anzunehmen. 12

*Nicht beim Wohnen* liegt der *vereinbarte hauptsächliche Verwendungszweck* etwa dann, wenn der Mieter zwar auch im Mietobjekt wohnt, aber nicht mehr oder weniger «ausschliesslich» (z.B. weil sich das Wohnen auf zeitweilige berufsbedingte Anwesenheiten beschränkt, und/oder weil der Mieter über eine *Zweitwohnung* verfügt, in der er stets die Wochenenden und die übrige Freizeit verbringt, oder weil die «Zweitwohnung» zugleich Familienwohnung ist; das Gesagte gilt aber dann nicht, wenn die Benutzung der Zweitwohnung eher den Charakter von Erholungsaufenthalten besitzt). Abzustellen ist jedoch stets auf die konkreten (verabredeten) Verhältnisse (der Inhalt von Abreden kann sich ändern!). Die vorerwähnten Beispiele sollen daher einzig als Richtschnur dienen. 13

*Bei gemischten Verträgen* ist bezüglich der Schiedsfähigkeit die gleiche gesonderte Anknüpfung an das materielle Recht notwendig wie bei der Rechtsanwendung, namentlich bezüglich der Kündigungsschutzrechte (vgl. dazu N 168 ff. Vorbem. zu Art. 266–266o). 14

*b) Unbewegliche Sache*

15 *Zweites Unterscheidungskriterium* der Norm ist die Mobilität der Mietsache. In Art. 274c, 2. Satz, verweist die Norm nämlich im Sinn eines *Vorbehaltes* auf Art. 274a Abs. 1 lit. e, welcher die Schlichtungsbehörde verpflichtet, als Schiedsgericht zu amten. Art. 274a Abs. 1 lit. e hinwieder ist in seinem Geltungsanspruch gemäss dem Ingress von *Art. 274a Abs. 1* ausdrücklich auf die Miete von *unbeweglichen Mietsachen beschränkt* (vgl. N 34 f. zu Art. 274a).

## 2. Konsequenzen der Unterscheidungskriterien

*a) Bei der Wohnraummiete*

16 aa) Im 1. Satz stellt Art. 274c den **Grundsatz** auf, die Miete von Wohnraum begründe im Streitfall *keine schiedsfähige Sache.* Die Norm lässt nämlich die Schiedsabrede nicht zu, sondern schliesst sie im Gegenteil aus Mieterschutzgründen (siehe vorn N 6; ähnlich etwa STAEHELIN/SUTTER, S. 320) ausdrücklich aus (ähnlich etwa SVIT-Kommentar II, N 2 zu Art. 274c). *Schiedsabreden* der Parteien zur Wohnraummiete sind demzufolge grundsätzlich rechtswidrig und *nichtig i.S.v. Art. 20* (zu den Ausnahmen N 18 f.).

17 Insbesondere *schiedsunfähig ist damit die Miete von beweglichen Sachen zu Wohnzwecken,* ausser dort, wo der verabredete Wohnzweck dem einer Ferienwohnung i.S.v. Art. 253a Abs. 2 entspricht (hier dürften hingegen wohl regelmässig die Vorschriften des Konsumentenschutzrechts zur Anwendung gelangen [siehe vorn N 7]; gl.M. SVIT-Kommentar II, N 1 zu Art. 274c [«Keinerlei Beschränkungen ... für die Miete von anderen beweglichen Sachen»]).

A.A. ZIHLMANN II, S. 252 (die dort in Fn. 10 angeführte Begründung, die sich auf den fallengelassenen Entwurf des Bundesrates bezieht, hält einer näheren Betrachtung nicht stand: Die «Ausdehnung» der Schiedsgerichtsbarkeit, wie sie der Bundesrat im Entwurf noch vorgesehen hatte, war nicht auf die Miete beweglicher Sachen schlechthin bezogen, sondern nur auf die Konsumgütermiete; der Ausschluss der Schiedsfähigkeit bei Wohnräumen war demgegenüber schon damals vorgesehen und ist in der Gesetz gewordenen Fassung der Norm geblieben, präzisiert durch den Vorbehalt im 2. Satz der Norm).

18 Die Schiedsfähigkeit von Streitigkeiten aus der Miete beweglicher Sachen zu Wohnzwecken *bei internationalen Sachverhalten* ist mit Blick auf den von Art. 274c verfolgten Schutzzweck immerhin nur soweit beschränkt, wie der Vertrag schweizerischem Recht unterstellt ist und der Mieter in der

Schweiz seinen Wohnsitz oder gewöhnlichen Aufenthalt hat (vgl. Art. 274b Abs. 2 lit. a [zu den Eingriffsnormen i.S.v. Art. 18 IPRG bezüglich Kündigungsschutz siehe vorn N 6]).

**bb)** In Art. 274c, 2. Satz, wird immerhin vom strengen Grundsatz der Schiedsunfähigkeit zugunsten *einer* **Ausnahme bei der Miete unbeweglicher Sachen** abgewichen. Die Norm behält den Parteien einer Miete eines *unbeweglichen* (vorn N 15) *Wohnraumes* die *Wahl* vor, sich *zwischen den ordentlichen Gerichten und der Schlichtungsbehörde als Schiedsgericht im Sinn von Art. 274 Abs. 1 lit. e zu entscheiden* (gl. SVIT-Kommentar II, N 3 zu Art. 274c, RAPP I, a.a.O., S. 9). 19

Das (kostenlose) Schlichtungsverfahren i.S.v. Art. 274a Abs. 1 lit. b hat dem schiedsgerichtlichen Verfahren dabei gemäss Auffassung des Bundesgerichtes stets (und nicht nur in den Fällen, für die das Gesetz das Schlichtungsverfahren explizit fordert; siehe N 47) zwingend vorauszugehen; es bildet nach dieser Auffassung Prozessvoraussetzung eines gerichtlichen Verfahrens, also konsequenterweise auch eines schiedsgerichtlichen (vgl. BGE 117 II 506). Diese weite Auffassung wird hier nicht vertreten (vgl. N 42, N 47 f. zu Art. 274a).

**b) Bei der übrigen Miete** bestehen keine Beschränkungen der Schiedsfähigkeit durch Art. 274c. *Übrige Miete* im hier zu verstehenden Zusammenhang *ist jede* Miete, deren *Gegenstand nicht vereinbarungsgemäss* dem Mieter zu *Wohnzwecken* im Sinn des allgemeinen Wohnraumbegriffes dienen soll (vgl. vorn N 10 f.). Es handelt sich *im wesentlichen* um *Geschäftsraummieten* (beweglicher und unbeweglicher Sachen), um die Mieten von *Ferienwohnungen* i.S.v. Art. 253a Abs. 2 und um die Mieten aller übrigen unbeweglichen und beweglichen Sachen, auch die Miete von Konsumgütern also. 20

Bei der Miete von *unbeweglichem Geschäftsraum* ist immerhin zu beachten, dass nach Auffassung des Bundesgerichtes (umfassende Schlichtung) das Schlichtungsverfahren gemäss Art. 274a Abs. 1 lit. b in jedem Fall von Streitigkeit, und nicht nur in den vom Gesetz explizit erwähnten Fällen (Art. 259g ff., Art. 270 ff., Art. 273), vorab durchzuführen ist, weil dieses Verfahren Prozessvoraussetzung ist (vgl. BGE 117 II 506; siehe auch vorn N 19). 21

## III. Schiedsabreden

### 1. Prozessrechtlicher Vertrag/Bestimmung des Schiedsgerichtes

Die Schiedsabreden stellen einen *prozessrechtlichen Vertrag dar*, dessen Gültigkeit bezüglich Inhalt und Form sich nach dem anwendbaren Schiedsrecht bestimmt. Anwendbares Recht (dazu nachstehend N 29) ist bei 22 schweizerischen Schiedsgerichten *für Binnenverhältnisse* das Konkordat über die Schiedsgerichtsbarkeit (KSG), dem mittlerweile alle Kantone beigetreten sind, *für internationale Verhältnisse* das IPRG (vgl. etwa allgemein STAEHELIN/SUTTER, S. 320 ff., VOGEL, S. 375 ff.; siehe ferner Art. 4 und Art. 6 KSG, Art. 176 und Art. 178 IPRG).

23 Das gültige Zustandekommen der Schiedsabrede setzt überdies *eine schiedsfähige Sache voraus*. Bei der Miete von *unbeweglichen Wohnräumen* liegt nur dann eine schiedsfähige Sache vor, wenn *die Schlichtungsbehörde* (am Ort der gelegenen Sache) als Schiedsgericht bezeichnet wird (dazu vorstehend N 19 und N 16 [Nichtigkeit als Rechtsfolge]).

24 *In den übrigen Fällen* der Miete unbeweglicher Sachen (vorn N 20 f.) kann ein beliebiges Schiedsgericht bestimmt werden.

Den Parteien einer Miete über andere unbewegliche Sachen *(namentlich Geschäftsraum)* steht es damit frei, ebenfalls die Schlichtungsbehörde am Ort der gelegenen Sache als Schiedsgericht zu bezeichnen (gl. SVIT-Kommentar II, N 3 zu Art. 274c). *Alsdann ist die Schlichtungsbehörde von Bundesrechts wegen verpflichtet (siehe Art. 274a Abs. 1 lit. e), als Schiedsgericht zu amten.* Keine solche Pflicht besteht mit Blick auf Art. 274b hingegen für eine Schlichtungsbehörde, deren Zuständigkeitsbereich (gemäss kantonalem Recht; Art. 274a Abs. 1, Ingress) nicht den Ort der gelegenen Sache umfasst.

25 *Keine Pflicht*, als Schiedsgericht zu amten, trifft die Schlichtungsbehörden bei *Streitigkeiten aus der Miete beweglicher Sachen* (dazu vorn N 7, N 17 f., N 20; siehe sodann N 15 [Verweis auf Art. 274a Abs. 1]), ausser das kantonale Recht sehe dergleichen vor.

### 2. Zeitpunkt des Abschlusses

26 Die Schiedsabrede *kann* erst *im Konfliktfall* getroffen werden (vor dem Schlichtungsverfahren etwa, im Hinblick auf dessen allfälliges Scheitern; nach dem gescheiterten Schlichtungsverfahren).

27 *Als sog. Schiedsklausel* kann sie aber auch bereits im Mietvertrag vorgesehen sein. Ihre Gültigkeit besteht dann unabhängig von der Gültigkeit des Mietvertrages (allgemein dazu BGE 116 Ia 59; vgl. ferner etwa VOGEL, S. 380).

### 3. Zulässiger Inhalt

28 Dem Inhalt der Schiedsabrede setzen grundsätzlich Art. 27 ZGB, die Schiedsfähigkeit der Sache im Lichte von Art. 274c und die damit zusammen-

hängende Pflicht der Schlichtungsbehörde, als Schiedsgericht amten zu müssen (vorn N 24 f.), Schranken. Umfasst die Schiedsabrede ebenfalls eine *Gerichtsstandsvereinbarung*, so sind zudem die Einschränkungen zu beachten, die Art. 274b den Parteien auferlegt (die Gerichtsstandsvereinbarung führt überdies zur Bestimmung des anwendbaren Schiedsrechts [siehe N 29]).

Innerhalb dieser Schranken können die Parteien die Schiedsabrede auf bestimmte Arten von Streitigkeiten beschränken (Mietzinsstreitigkeiten und/oder nur Kündigungsschutzstreitigkeiten und/oder nur Hinterlegungsfragen und/oder nur sog. «Forderungsstreitigkeiten»). Es ist ihnen aber unbenommen, alle Streitigkeiten in Zusammenhang mit dem Mietverhältnis der Schiedsgerichtsbarkeit (auch der Schlichtungsbehörde) zu unterstellen (ähnlich z.B. SVIT-Kommentar II, N 3 zu Art. 274c).

## IV. Anwendbares Schiedsverfahrensrecht

1. Welches Recht als Verfahrensrecht des Schiedsgerichtes anwendbar 29
ist (nach dem sich ebenso die Gültigkeit der Schiedsabrede beurteilt; vorn N 22), **bestimmt der Sitz des vereinbarten Schiedsgerichtes**. Zum anwendbaren Schiedsverfahrensrecht, wenn ein schweizerisches Schiedsgericht (also auch eine Schlichtungsbehörde) vereinbart wurde, siehe vorn N 22.

Die *Schiedsgerichtsbarkeit schliesst die staatliche Gerichtsbarkeit* nach 30
dem Willen der Parteien zugunsten einer «privaten» Gerichtsbarkeit *grundsätzlich aus* (zur Funktion staatlicher Gerichte im Schiedsverfahren siehe die Übersicht bei VOGEL, S. 378, Rz. 25). Daran vermag nichts zu ändern, dass die Schiedsgerichte nur verbindliche Entscheide erlassen können, weil der Staat ihnen das zugesteht (und sie insoweit einen Teil der «staatlichen» Gerichtsbarkeit bilden). Der Grundsatz des Ausschlusses staatlicher Gerichte *gilt ebenso dort, wo die Schlichtungsbehörde als Schiedsgericht vereinbart worden ist.* Denn Art. 274c schliesst nicht die Schiedsgerichtsbarkeit a priori aus, sondern beschränkt bei der Wohnraummiete dort, wo er sie für schiedsfähig erachtet, einzig die Wahl der Parteien für die Bestimmung eines Schiedsgerichtes (vgl. RAPP, a.a.O., S. 283).

a) **Bei Binnenverhältnissen** ist demnach als Verfahrensrecht des 31
Schiedsgerichtes *ausschliesslich das KSG anwendbar*. Nicht zum Zuge gelangt im Schiedsgerichtsverfahren der Schlichtungsbehörde und aller anderen Schiedsgerichte eine zusätzliche Anwendung des Art. 274d. Diese Norm

regelt einzig das Schlichtungsverfahren und das Verfahren staatlicher Gerichte unter dem Aspekt des Sozialschutzes; wer auf diese Gerichtsbarkeit verzichtet, verzichtet ebenfalls auf den entsprechenden staatlichen Sozialschutz. Die Schiedsgerichtsbarkeit bei Binnenverhältnissen ist zudem den Kantonen überlassen; es bleibt daher auch unter diesem Aspekt kein Raum für die Anwendung von Art. 274d – im Gegenteil: Die Zulässigkeit der Schiedsbarkeit im Rahmen der Art. 274 ff. impliziert geradezu einen Verzicht auf die Anwendbarkeit des Art. 274d (gl.M. wohl SVIT-Kommentar II, N 4 ff. zu Art. 274c, und RAPP, a.a.O., S. 283; a.A. WEBER/ZIHLMANN, Basler Kommentar, N 2 zu Art. 274c, ohne Begründung).

32 Die Anwendbarkeit des KSG und dessen Verfahrensordnung bei Binnenverhältnissen bewirkt überdies die *Unbeachtlichkeit von abweichenden kantonalen Vorschriften zum Schiedsgerichtsverfahren der Schlichtungsbehörden* (gl. SVIT-Kommentar II, N 4 f. zu Art. 274c).

33 Für *vorsorgliche Massnahmen* bleibt der staatliche Richter zuständig, sofern sich die Parteien nicht freiwillig einer entsprechenden Anordnung des Schiedsgerichtes unterziehen (Art. 26 KSG).

34 **b) Bei internationalen Verhältnissen** kommt ausschliesslich *die Ordnung des IPRG* zum Zuge, auch bei schlichtungsbehördlichen Verfahren. Es sind das die Art. 176 ff. IPRG, namentlich dessen Art. 182 (ähnlich WEBER/ZIHLMANN, Basler Kommentar, N 2 zu Art. 274c). Das Verfahrensrecht des IPRG lässt ebenfalls keinen Vorrang zugunsten der Anwendung von kantonalen oder bundesrechtlichen Verfahrensbestimmungen zu (wie etwa den Vorrang von Art. 274d; vgl. vorn N 31; a.A. WEBER/ZIHLMANN, Basler Kommentar, N 2, ohne Begründung). Insbesondere eigenständige kantonale Vorschriften zum schiedsgerichtlichen Verfahren der Schlichtungsbehörde bleiben auch hier ausgeschlossen (gl.M. wohl auch SVIT-Kommentar II, N 5 zu Art. 274c).

35 Für *vorsorgliche Massnahmen* bleibt der staatliche Richter zuständig, sofern sich die Parteien nicht freiwillig einer entsprechenden Anordnung des Schiedsgerichtes unterziehen (Art. 183 IPRG).

36 **2. Die Wahl und die Bestellung der Schiedsrichter** sind in den Verfahren, die unter Art. 274a Abs. 1 lit. e fallen (Schlichtungsbehörde als Schiedsgericht), *durch die zwingend vorgeschriebene paritätische Besetzung der Behörde* unter Leitung eines neutralen Vorsitzenden (Art. 22 Abs. 1 VMWG [hierin rechtsbeständig; vgl. N 25 ff., N 30, N 32 zu Art. 274) eingeschränkt. Das Bundesrecht ergänzt insoweit die Verfahrensordnungen des KSG und des IPRG. Im Belieben

der Parteien steht es hingegen, aus den Mitgliedern der Behörde eine Wahl zu treffen. Dort, wo ein anderes Schiedsgericht als die Schlichtungsbehörde gewählt werden kann und gewählt wird, richten sich die Wahl und die Bestellung des Schiedsrichters oder der Schiedsrichter nach dem anwendbaren Schiedsrecht (KSG, IPRG).

3. Das Schiedsgerichtsverfahren ist ein *Gerichtsverfahren* und als solches **kostenpflichtig** (unveröff. Entscheid der Schlichtungsbehörde des Bezirkes Zürich, Geschäftsnummer MR940001). Art. 274d Abs. 2, welcher nur bei Schlichtungsverfahren gilt, kommt daher einsichtigerweise bei schiedsgerichtlichen Verfahren der Schlichtungsbehörde nicht zum Zuge (gl. SVIT-Kommentar II, N 8 zu Art. 274c; a.A. mutmasslich WEBER/ZIHLMANN, Basler Kommentar, N 2 zu Art. 274c, ohne Begründung). 37

Das Schlichtungsverfahren ist zudem – was die Richtigkeit des Gesagten verdeutlicht – bei der Miete von Wohn- und Geschäftsraum oft bzw. gemäss BGer (umfassende Schlichtung) stets kostenlose Prozessvoraussetzung für ein gerichtliches Verfahren (vgl. vorn N 19, N 21).

Die Kantone können für die *Gebühren und Auslagen ihrer Schlichtungsbehörden als Schiedsgerichte* besondere Reglemente erlassen, anhand deren die Schlichtungsbehörden gestützt auf Art. 33 Abs. 1 lit. g KSG ihre Kosten verbindlich festsetzen können. Wo eine solche Regelung fehlt, bestimmt die Schlichtungsbehörde die Partei- und Schiedsgerichtskosten (Honorare usw.). Zur Regelung des IPRG siehe IPRG-Kommentar, N 21 ff. zu Art. 189 IPRG). Diese Bestimmungen gelten selbstredend bei allen anderen Schiedsgerichten, die statt der Schlichtungsbehörde angerufen werden können und angerufen werden. 38

Die Schlichtungsbehörden können wie jedes Schiedsgericht vorab eine *Kostensicherstellung* (Vorschuss) verlangen (vgl. auch Art. 30 KSG). 39

4. Bezüglich der **weiteren Grundzüge** *der schiedsgerichtlichen Verfahrensordnungen,* wie sie sich aus dem KSG und dem IPRG ergeben, sowie bezüglich der *Rechtsmittel gegen schiedsgerichtliche Entscheide* (auch der Schlichtungsbehörden) kann auf die *Spezialliteratur verwiesen* werden. Die Schlichtungsstellen des BMM sowie die Schlichtungsbehörden des OR wurden in der Vergangenheit im übrigen äusserst selten als Schiedsgerichte angerufen (vgl. HIGI, Schlichtungsstellen, S. 53, dort auch Tabelle 4). Das belegt wohl den nicht besonders originellen Ansatz des Gesetzgebers, eine Sühninstanz zugleich auch noch als Gerichtsinstanz einzusetzen; offenbar trauen die Parteien, bei denen die Schlichtung gescheitert ist, der staatlichen Gerichtsbarkeit mehr Unabhängigkeit zu. 40

# Art. 274d

E. Verfahren bei der Miete von Wohn- und Geschäftsräumen
I. Grundsatz

[1] Die Kantone sehen für Streitigkeiten aus der Miete von Wohn- und Geschäftsräumen ein einfaches und rasches Verfahren vor.

[2] Das Verfahren vor der Schlichtungsbehörde ist kostenlos; bei mutwilliger Prozessführung kann jedoch die fehlbare Partei zur gänzlichen oder teilweisen Übernahme der Verfahrenskosten und zur Leistung einer Entschädigung an die andere Partei verpflichtet werden.

[3] Schlichtungsbehörde und Richter stellen den Sachverhalt von Amtes wegen fest und würdigen die Beweise nach freiem Ermessen; die Parteien müssen ihnen alle für die Beurteilung des Streitfalls notwendigen Unterlagen vorlegen.

E. Procédure relative aux baux d'habitations et de locaux commerciaux
I. Principe

[1] Les cantons prévoient une procédure simple et rapide pour les litiges portant sur les baux d'habitations et de locaux commerciaux.

[2] La procédure devant l'autorité de conciliation est gratuite; la partie téméraire peut cependant être condamnée à supporter tout ou partie des émoluments et frais judiciaires et à verser à l'autre partie une indemnité à titre de dépens.

[3] L'autorité de conciliation et le juge établissent d'office les faits et apprécient librement les preuves; les parties sont tenues de leur présenter toutes les pièces nécessaires à l'appréciation du litige.

E. Procedura in caso di locazione di locali d'abitazione e commerciali
I. Principio

[1] Cantoni prevedono una procedura semplice e rapida per le controversie in materia di locazione di locali d'abitazione e commerciali.

[2] Il procedimento innanzi l'autorità di conciliazione è gratuito; la parte temeraria può essere obbligata ad addossarsi in tutto o in parte le spese procedurali ed a versare ripetibili alla controparte.

[3] L'autorità di conciliazione e il giudice accertano d'ufficio i fatti e apprezzano liberamente le prove; le parti sono tenute a presentare loro tutti i documenti per la valutazione del caso.

1 Materialien — Art. 19 Abs. 2 BMM, Art. 27 und 29 BMM, aArt. 267f OR, Art. 274d des Entwurfes vom 27. März 1985, Art. 19 BGMM; Amtl.Bull., SR, 1988, S. 179 f., NR, 1989, S. 542 f.

2 **Literatur:** Siehe allgemeines Literaturverzeichnis sowie N 2 z u Art. 274.

## Inhaltsverzeichnis

# A. Geltungsbereich und Charakter der Norm

## I. Geltungsbereich

### 1. Beschränkung auf die Verfahren über Streitigkeiten aus der Miete von Wohn- und Geschäftsraum

3 Gemäss ausdrücklicher Gesetzesanordnung in der Marginale betrifft die Norm *nur Verfahren, denen eine Streitigkeit aus der Miete von Wohn- und Geschäftsraum zugrunde liegt.*

4 Die Norm beschränkt sich nicht bloss auf das Schlichtungsverfahren (dazu nachstehend N 5), sondern in ihrem *Abs. 1 und Abs. 3 ebenso auf Verfahren staatlicher Instanzen,* also ebenfalls auf die gerichtlichen Verfahren zu Streitigkeiten aus der Miete von Wohn- und Geschäftsraum, die sich grundsätzlich am kantonalen Recht (vgl. Art. 274) zu orientieren haben. Die Verfahrenshoheit der Kantone ist daher durch Art. 274d streckenweise durchbrochen. Die Norm gilt hingegen *nicht bei* Verfahren «privater» Gerichte, also bei *schiedsgerichtlichen Verfahren* (vgl. N 30 ff. zu Art. 274c, mit Verweisen auch auf a.A.).

5 Verfahren aus der Miete von Wohn- und Geschäftsraum sind gemäss Bundesrecht *von der Schlichtungsbehörde nur dann zu behandeln,* wenn der Wohn- oder Geschäftsraum in einer *unbeweglichen Sache* liegt (vgl. Art. 274a Abs. 1, Ingress; siehe ferner N 34 zu Art. 274a). Erfasst werden m.a.W. nur die Typen des «mietrechtlichen Verfahrens» im engsten Sinn (siehe N 67, N 76 f., N 79). Zum Begriff des Wohn- und Geschäftsraumes siehe N 20 ff., N 26 ff. Vorbem. zu Art. 271–273c; zum Begriff der unbe-

weglichen Sache vgl. N 64 f. zu Art. 274, mit Weiterverweisen). *Nicht Wohnraum* im Sinn des Gesetzes sind insbesondere Ferienwohnungen i.S.v. Art. 253a Abs. 2.

Darüber, wie weit die Schlichtungsbehörden *Streitschlichtungskompetenz* bei solchen Verfahren haben, ist strittig (vgl. N 48 zu Art. 274a [nur in den vom Gesetz ausdrücklich vorgesehenen Fällen], N 49 ff. zu Art. 274 [umfassende, Vertragsklagen erfassend], N 52 zu Art. 274a [umfassend, «alle» Klagen aus einem «mietrechtlichen Tatbestand» erfassend]). *Ausgeschlossen sind immerhin die rein vollstreckungsrechtlichen Verfahren* wie Rechtsöffnungsverfahren, die Arrestlegung *sowie alle Verfahren, die das Bundesrecht einem besonderen Verfahrenstyp zuweist* (beschleunigtes Verfahren; vgl. dazu N 59 zu Art. 274, N 13–18 zu Art. 274b). 6

Vom Bundesrecht her ist *die Miete von Wohn- und Geschäftsraum in einer beweglichen Sache* nicht von der Schlichtungsbehörde zu beurteilen (vorn N 5). Zu diesen Verfahrenstypen vgl. N 71 f., N 78, N 80, N 83 zu Art. 274. Sie bilden zusammen mit den mietrechtlichen Verfahren im engsten Sinn die mietrechtlichen Verfahren i.e.S. Der Geltungsbereich von Art. 274d erstreckt sich somit bei Streitigkeiten aus diesen Mietarten von Bundesrechts wegen *nur auf gerichtliche Verfahren*. 7

Streitigkeiten bei beweglichen Sachen, die Wohn- oder Geschäftsraum betreffen (vgl. dazu auch N 83 zu Art. 274), *sind z.B. die Miete* oder das «Leasing» von Bürowagen oder Wohnwagen etwa eines Zirkusunternehmens, die Miete eines Containers oder einer Holzhütte für den provisorischen Betrieb eines Geschäfts, die Miete eines Campingwagens für den Betrieb eines Kioskes usw. 8

## 2. Übrige Verfahren

Nicht von Art. 274d erfasst sind *alle Streitigkeiten aus der Miete unbeweglicher* (nachstehend N 10 f.) *oder beweglicher Sachen* (nachstehend N 12 ff.), die vereinbarungsgemäss weder Wohn- noch Geschäftsraum darstellen. 9

Streitigkeiten aus der *Miete unbeweglicher Sachen*, die weder Wohn- noch Geschäftsraum sind, können sein solche aus der Miete von Ferienwohnungen i.S.v. Art. 253a Abs. 2, aus der Miete von Gärten, (Stand-)Plätzen, Bootsanlegestellen, separat vermieteten Garagen (vgl. Art. 253a Abs. 1), Parkplätzen usw. 10

Diese Streitigkeiten fallen – je nach Auffassung (vgl. dazu N 43 ff. zu Art. 274a) – in die Schlichtungskompetenz der Schlichtungsbehörde (vgl. Art. 259g ff.). Die Verfahren zu solchen Streitigkeiten sind jedoch von Bundesrechts wegen *weder kostenlos noch durch die Untersuchungsmaxime beherrscht* (siehe zu diesem Typ N 66 zu Art. 274; vgl. ebenfalls HIGI, Zuständigkeit, a.a.O., S. 18). Dasselbe gilt für die gerichtlichen Verfahren zu diesen Streitigkeiten; die Kantone haben zudem kein einfaches und rasches Verfahren für diese Streitigkeiten vorzusehen. 11

12 *Streitigkeiten aus der Miete beweglicher Sachen, die weder Wohn- noch Geschäftsraum sind,* stellen den «Archetypus» der Streitigkeiten aus der Miete beweglicher Sachen dar (vgl. zu den sich daraus ergebenden Typen mietrechtlichen Verfahrens i.w.S. N 68, N 71 f. zu Art. 274). Sie können bei Fahrnisbauten auch als «Raummiete» i.w.S. erscheinen (Geräteschuppen, Gartenhäuschen, Garage, Campingwagen, Zelt) und insoweit Miete ebenfalls einer Ferienwohnung i.S.v. Art. 253a Abs. 2 beinhalten.

13 Schliesslich können Streitigkeiten aus der Miete beweglicher Sachen insbesondere unter den Begriff des *Konsumentenvertrages* fallen (Konsumgütermiete; vgl. dazu N 6, N 13 ff. zu Art. 266f; etwa als private Fahrzeugmiete, als privates Fahrzeug-«Leasing»). Sie können deswegen von Art. 40 ff. und/oder vom Abzahlungsrecht erfasst sein. Bei solchen Streitigkeiten kommt ebenfalls das «einfache und rasche Verfahren» zum Zuge, jedoch nicht gestützt auf Art. 274d (vgl. Art. $31^{sexies}$ Abs. 3 BV; dazu BRÖNNIMANN, Verfahren, a.a.O., S. 370 f.).

14 Die Streitigkeiten zu allen Mietarten gemäss N 12 f. fallen nicht unter Art. 274d. Sie fallen daher insbesondere nicht in die bundesrechtliche Schlichtungskompetenz der Schlichtungsbehörde (gl.M. sogar ROBERTI, S. 20). Anwendbar können jedoch u.U. Art. 226l bzw. Art. 40g sein; anwendbar ist sodann stets kantonales Verfahrensrecht.

## II. Charakter

15 Die Norm ist *Verfahrensnorm,* die sich entweder an die Kantone richtet (in Abs. 1) oder an die (kantonalen) Rechtsanwendungsinstanzen (in Abs. 2 und Abs. 3), oder an die Streitparteien indirekt (Abs. 2) oder direkt (in Abs. 3, 2. Satz). Sie ist damit der *Parteidisposition entzogen und, soweit sie Verhalten der Parteien zum Gegenstand hat,* ebenfalls *absolut zwingend* (ähnlich RONCORONI, in: mp 2/90, S. 79).

# B. Prozessmaximen im Verfahren zur Miete von Wohn- und Geschäftsraum

## I. Einfaches und rasches Verfahren (Abs. 1)

Mit Art. 274d Abs. 1 statuiert der Bundesgesetzgeber für das «mietrechtliche Verfahren» i.e.S. (vorn N 4) ein einfaches und rasches Verfahren als Prinzip (nachstehend N 17 ff.). 16

### 1. Einfachheit und Raschheit

Die *Einfachheit und die Raschheit,* die das Verfahren kennzeichnen sollen, *definiert das Bundesrecht nicht* direkt (gl. BRÖNNIMANN, Verfahren, a.a.O., S. 362, HOHL, S. 243). Immerhin *kann Abs. 3 von Art. 274d als kennzeichnend* für das einfache und rasche Verfahren in Mietstreitigkeiten betrachtet werden, weil er zum einen eine *«Fragepflicht»* der Rechtsanwendungsinstanzen statuiert (Genaueres nachstehend in N 50 ff., N 57 ff.) und zum andern die Parteien anhält, Unterlagen vorzulegen (vgl. dazu ebenfalls N 72 ff.; allgemein vgl. etwa VOGEL, S. 323 [Rz. 185, 187]). Insoweit kommt dem *Begriffspaar des «einfachen und raschen Verfahrens»* hier *sinngemäss normativer Gehalt* zu, den die Kantone bei der Verfahrensgestaltung zu beachten haben (vgl. auch BRÖNNIMANN, Verfahren, a.a.O., S. 363. 17

Das «einfache und rasche Verfahren» soll nach dem Willen des Gesetzgebers eine «rasche» Entscheidung ermöglichen (Botsch., S. 1469). Es soll «einfach», also «unkompliziert» sein. Es soll m.a.W. *anders als das ordentliche Verfahren* in Zivilstreitigkeiten sein (vgl. auch BRÖNNIMANN, Verfahren, a.a.O., S. 364 f.) Es grenzt sich daher von diesem im Grundlegenden gleichsam gedanklich ab (ordentliche Verfahren sind demgegenüber offenbar eher «kompliziert» und «langsam», wenigstens nach der Auffassung des Bundesgesetzgebers; spätestens seit SOKRATES kann man allerdings im hiesigen Kulturkreis erkennen, so man will, wie relativ «einfach» und «rasch» sowie ihre Gegenteile letztlich zu werten sind). Das «einfache und rasche» Verfahren wird vom Bundesgesetzgeber sodann – nur schon sprachlich – *vom sog. «beschleunigten Verfahren» abgegrenzt,* welches das SchKG für gewisse Streitigkeiten vorschreibt (vgl. VOGEL, S. 322 f.; vgl. dazu auch BRÖNNIMANN, Verfahren, a.a.O., S. 365 [«beschleunigt» meint u.a. ein Ab- 18 sehen von Aussöhnungsverfahren, welche die Art. 274d f. jedoch gerade zum Gegenstand haben]).

## 2. Keine direkt anwendbare Norm

19 Art. 274d Abs. 1 bildet *keine direkt anwendbare Norm des Bundesrechts*. Es ist somit – in Einklang mit Art. 274 – *Sache der Kantone* (statt vieler: HOHL, S. 243, SVIT-Kommentar II, N 3 zu Art. 274d), ein «einfaches und rasches» Verfahren vorzusehen, wobei ihnen das Bundesrecht *grundsätzlich einen grossen Freiraum* zugesteht (statt vieler: BRÖNNIMANN, Verfahren, a.a.O., S. 366).

20 *Grenzen setzt das Bundesrecht* dem Freiraum der Kantone immerhin durch den (beschränkten) normativen Gehalt der Begriffe «Einfachheit» und «Raschheit» (vgl. vorn N 17): Unter dieses Begriffspaar fällt namentlich die *Einfachheit der Verfahrenseinleitung* (Klageanhebung), bei der der Gesetzgeber für die ausdrücklich von ihm vorgeschriebenen Schlichtungsverfahren Formlosigkeit vorgesehen hat (vgl. z.B. N 19 zu Art. 273). Grenzen setzt das Bundesrecht ferner durch das bundesrechtlich vorgegebene *Sühnverfahren* (das «einfach» und «rasch» zu sein hat, wobei strittig ist, wann dieses Verfahren zwingend zum Zuge kommen muss; vgl. vorn N 6). Schranken setzt das Bundesrecht endlich etwa durch *Klagefristen* (namentlich in Art. 274f) und die *Offizialmaxime* in Art. 274e Abs. 3 und Art. 274f Abs. 3. Zu weiteren Grenzen vgl. die nachfolgenden Ausführungen.

21 *«Raschheit» und «Einfachheit» bewirkende Mittel in der Verfahrensgestaltung durch die Kantone* sind (vgl. allgemein BRÖNNIMANN, Verfahren, a.a.O., S. 362–366, SVIT-Kommentar II, N 3 zu Art. 274d, VOGEL, S. 323, Rz. 187) die Verkürzung prozessrechtlicher Fristen, der Fristenlauf in den Gerichtsferien (nachstehend N 43 f.), die Verkürzung von Säumnisverfahren (nachstehend N 36 ff.), «eingeschränkte» Zuständigkeiten (z.B. Einzelrichter statt Kollegialgerichte), die Durchführung von mündlichen Verfahren (SVIT-Kommentar II, N 4 zu Art. 274d; vgl. auch STAEHELIN/SUTTER, S. 109), die Beschränkung des sog. Novenrechts (nachstehend N 44, N 65 f.), die Abkürzung des Rechtsmittelweges (nachstehend N 45) usw.

### 3. Ausgestaltung im kantonalen Recht

Die *Ausgestaltung des einfachen und raschen Verfahrens im kantonalen Recht* kann nach dem Dargelegten (vorn N 20 f.) sehr *verschiedenartig ausfallen*. Nachstehend sind daher nur noch weitere Grenzen anzusprechen, die das Bundesrecht nicht unter spezifisch mietverfahrensrechtlichen Gesichtspunkten setzt. Es handelt sich um Grundsätze des Bundesprivatrechts, die bei jedem «einfachen» und «raschen» Verfahren durch den kantonalen Gesetzgeber und die Rechtsanwendungsinstanz zu beachten sind. 22

#### *a) Geltung*

Art. 274d Abs. 1 verlangt *Geltung für alle Verfahren bzw. Verfahrensstadien in ihrer Gesamtheit*, also namentlich für das *Schlichtungsverfahren* und für das allenfalls an das Schlichtungsverfahren anschliessende *gerichtliche Verfahren* (GUINAND, a.a.O., S. 6, HOHL, S. 243, Fn. 24, RAPP I, a.a.O., S. 11). Für das *Verfahren der Rechtsmittelinstanzen* muss er überdies konsequenterweise auch gelten, ferner streckenweise ebenso für die Ausweisungsverfahren, die dadurch u.U. langsamer werden (vgl. BGE 119 II 141). 23

Zu beachten ist dabei immerhin, *dass der Bundesgesetzgeber* in Art. 274e, aber auch in Art. 274a Abs. 1, Art. 273 Abs. 4, Art. 270e, Art. 259i Abs. 1 *dem Schlichtungsverfahren gewollt den Charakter eines formlosen summarischen Verfahrens* vorgegeben hat. Zudem hat er die Schlichtungsbehörde nicht als richterliche Instanz vorgesehen (vgl. etwa Amtl.Bull. NR vom 16. März 1989, S. 545 [Voten HUBACHER, GUINAND, BR KOLLER], ferner etwa BGE 117 II 421 ff., 117 II 504 ff. [entspricht JdT 1992 I 592 ff.], 118 II 307 ff., 121 III 266 ff.). Dem Summarcharakter des Schlichtungsverfahrens entsprechend können daher durch die Schlichtungsbehörden keine förmlichen Beweismittel erhoben werden usw. (vgl. N 27 ff. zu Art. 274a, mit Verweisen). Hauptmittel der *Sachverhaltsermittlung im Schlichtungsverfahren stellen folglich die Parteivorbringen* (vgl. etwa STAEHELIN/SUTTER, S. 108 f., in Zusammenhang mit der Untersuchungsmaxime) *und deren Glaubhaftigkeit* dar (statt vieler: GMÜR, a.a.O., S. 125, HOHL, S. 243, S. 245, S. 251; vgl. auch BGE 119 Ia 267 [Beweismittelbeschränkungen]). 24

*Glaubhaft* ist eine *Sachdarstellung* dann, wenn sie *plausibel* ist *und* sich durch *objektive Anhaltspunkte* (Indizien) *erhärten* (untermauern) *lässt*, so dass für ihre *Richtigkeit* eine nicht *erhebliche* (gewisse) *Wahrscheinlichkeit* 25 besteht (vgl. BGE 88 I 14, 117 II 378, 120 II 397 f.; ähnlich z.B. GULDENER, S. 323, Fn. 27, KUMMER, S. 135, VOGEL, S. 240, Rz. 25 f., STRÄULI/MESSMER, N 6 zu § 148). Solche *«objektiven Anhaltspunkte» sind* im wesentlichen die mit der Behauptung übereinstimmende Darstellung der Gegenpartei, die unbestritten gebliebene Sachdarstellung, von den Parteien vorgelegte Urkunden(texte), die Ergebnisse eines Augenscheins, Notorisches. Glaubhaft gemacht ist somit eine Sachdarstellung nicht schon allein deswegen, weil eine Partei sie vorgebracht hat (vgl. BGE 117 II 378).

26 Eine glaubhaft gemachte Sachdarstellung *wird nicht bereits durch die blosse Bestreitung oder die Behauptung des Gegenteils unglaubhaft* (vgl. BGE 117 II 378). Die Bestreitung ihrerseits muss wiederum objektiv erhärtet sein mit konkreten Anhaltspunkten (BGer, a.a.O.). Alsdann ist abzuwägen, ob die mit konkreten Anhaltspunkten bestrittene Sachdarstellung für ihre Richtigkeit immer noch eine gewisse (und damit im Vergleich zur Bestreitung überwiegende) Wahrscheinlichkeit zu beanspruchen vermag, oder ob die ihr widersprechende Darstellung gleich wahrscheinlich oder gar wahrscheinlicher ist. Die zwei letzten Fälle sind namentlich *im Lichte der Regeln zur Beweislast zu berücksichtigen* (vgl. N 72 und N 77).

### *b) Eventualmaxime*

27 In der *Ausgestaltung der Eventualmaxime* (Konzentrationsmaxime) *im kantonalen Verfahrensrecht* sind die Kantone grundsätzlich frei. Die Fragepflicht des Art. 274d Abs. 3 (1. Satz) sorgt grundsätzlich für die Wahrung ausreichenden rechtlichen Gehörs zur Darlegung des Parteistandpunktes in tatsächlicher Hinsicht (STAEHELIN/SUTTER, S. 114 f.).

28 Zulässig und vom Ziel des raschen Verfahrens gar gefordert ist es daher, die Möglichkeiten der Parteien zu beschneiden, stets von neuem in einem Verfahren Sachbehauptungen vorzutragen (vgl. BGE 118 II 50, SJ 1992, S. 435). Diese Freiheit bei der Gestaltung der Eventualmaxime kann namentlich durch die Anordnung *eines mündlichen Verfahrens*, innerhalb dessen alles vorzutragen ist, ausgeschöpft werden (vgl. BRÖNNIMANN, Verfahren, a.a.O., S. 364, STAEHELIN/SUTTER, S. 108 f., SVIT-Kommentar II, N 4 zu Art. 274d). Mündlichkeit des Verfahrens, ausser im Schlichtungsverfahren, ist jedoch nicht grundsätzlich verlangt. Vorgeschrieben werden kann auch, dass Unzuständigkeitseinreden sowie Behauptungen zu Prozessvoraussetzungen vor oder spätestens mit der Klageanwort geltend gemacht werden müssen.

29 *Der Anspruch auf rechtliches Gehör gebietet es immerhin,* dass den Parteien Gelegenheit gegeben wird, sich zu *neuen tatsächlichen Behauptungen*

*der Gegenpartei zu äussern,* soweit diese im gerichtlichen Verfahren noch vorgebracht werden können (VOGEL, S. 306, Rz. 127). Ob sie diese Gelegenheit dann benutzen, spielt keine Rolle, weil der Gehörsanspruch insoweit rein formeller Natur ist (VOGEL, S. 171, Rz. 85; vgl. allgemein aus der jüngeren Praxis des BGer etwa BGE 111 Ia 166, 119 Ia 138, 149, 431, 120 V 362; grundlegend: BGE 111 Ia 103).

Im *Schlichtungsverfahren* verbietet es die angestrebte Deformalisierung des Verfahrens (vgl. N 12 zu Art. 274), die Eventualmaxime rigoros zu handhaben (gl.M. wohl RAPP I, a.a.O., S. 14). Bis zum Abschluss der grundsätzlich mündlichen Sühnverhandlung sollen die Parteistandpunkte und allfällige Ergänzungen vorgelegt werden dürfen. Die Zahl der Parteivorträge kann immerhin beschränkt werden (vgl. N 13 zu Art. 274a). *Das mündliche Verfahren muss im übrigen* nach den gesetzgeberischen Vorstellungen *der Grundsatz sein* (gl. etwa RAPP I, a.a.O., S. 12). Der Grundsatz darf nur aus stichhaltigen sachlichen Gründen (wie z.B. längerdauernde Abwesenheit einer Partei, komplexer Sachverhalt) eingeschränkt werden. Mit Blick auf die *«Raschheit»* hat sich das Schlichtungsverfahren sodann in der Regel auf *eine Verhandlung zu beschränken* (gl. z.B. schon HUNZIKER, S. 127 f., ferner HOHL, S. 248; zu den Ausnahmen vgl. N 82). 30

Die Mündlichkeit des Verfahrens und die mit ihm angestrebte Entkrampfung der Beziehungen (vgl. Botsch., S. 1418; vgl. dazu N 17 zu Art. 274a) erfordert *die Anwesenheit der Parteien.* Den Parteien kann es jedoch *nicht untersagt sein, sich eines* (auch anwaltlichen) *Beistandes zu versichern* (vgl. BGE 119 Ia 267–269, mp 4/91, S. 193) und/*oder sich* (aus respektablen Gründen; z.B. Erkrankung, Abwesenheit, der Vertreter ist in der Sache selbst besser instruiert [Verwalter der Liegenschaft]) *vertreten zu lassen* (gl.M. RAPP I, a.a.O., S. 12, mp 4/91, S. 193). Der beförderlichen Verfahrenserledigung zuträglich sind deshalb Verfahrensordnungen nicht, die dergleichen Vertretungsmöglichkeiten, insbesondere die Vertretung der Vermieterschaft durch den Verwalter, dem die Kenntnisse der Partei zum Sachverhalt im wesentlichen zukommen (und nicht der Partei selbst), von vornherein ausschliessen. Sie verstossen insoweit vielmehr gegen den normativen Gehalt von Art. 274d Abs. 1 (vgl. vorn N 20; ähnlich BRÖNNIMANN, Verfahren, a.a.O., S. 364). 31

### *c) Dispositionsmaxime, Untersuchungsmaxime*

Zur *Dispositionsmaxime* und zur *Untersuchungsmaxime* siehe nachstehend N 50 ff., N 57 ff. (Untersuchungsmaxime) und N 67 ff. (Dispositionsmaxime). 32

### d) Beweisrecht

33 Aus dem *Anspruch auf rechtliches Gehör* fliesst das Beweisrecht der Parteien (Recht auf Beweis; ausführlich dazu z.B. KOFMEHL, S. 90 ff., S. 145 ff., S. 256 ff., S. 264 ff. [jeweils mit zahlreichen Verweisen]). Dieses umfasst das *Recht*

- auf die *Abnahme der offerierten Beweismittel, aber nur soweit sie nach Auffassung der richterlichen Instanz* für den Entscheid erforderlich sind (grundlegend: BGE 96 I 533, 101 Ia 103, 108 Ia 294; vgl. ferner BGer, in: mp 3/95, S. 150),
- auf die *Teilnahme an Beweisverhandlungen,* ausser höher zu wertende Interessen liessen das nicht zu (allgemein: BGE 98 Ia 338),
- auf eine *Stellungnahme zum Beweisergebnis* und damit zu den Beweismitteln der Gegenpartei (vgl. BGE 115 Ia 11).

34 Dieses *Recht darf den Parteien nicht* durch ein einfaches und rasches Verfahren *beschnitten werden:* Die umfassende autoritative Beurteilung des Sachverhaltes muss auch hier gewährleistet sein, *ausser das Bundesrecht selbst sehe Abweichendes* (nachstehend N 35) *vor* (BRÖNNIMANN, Verfahren, a.a.O., S. 363). Art. 274d Abs. 3 verlangt eine Beweiswürdigung nach freiem Ermessen und verpflichtet den Richter, auch von Amtes wegen Beweismittel zu erheben. Daraus folgt *zwingend, dass wenigstens* **eine** *kantonale richterliche Instanz* (GMÜR, a.a.O., S. 125; vgl. auch BGE 118 II 50 E. 2a [unter ausdrücklichem und zutreffendem Hinweis auf Art. 274 und damit auch Art. 64 Abs. 3 BV]) *die geforderte umfassende Überprüfung auch unter beweisrechtlichem Aspekt vornimmt* (vgl. auch BGE 117 II 424 f., 121 II 269, wo jedoch stets von «voller Kognition» die Rede ist; vgl. ferner BGE 119 II 246; gl.M. SVIT-Kommentar II, N 6 zu Art. 274d).

Nach BGE 117 II 504 ff. und BGE 119 II 183 ff. (dieser Entscheid betrifft nicht Mietverfahrensrecht) sind hingegen bei Streitigkeiten, deren Streitwert denjenigen der Berufung an das Bundesgericht erreicht, stets *zwei* kantonale Instanzen notwendig (unabhängig von der Frage nach deren «Kognition»). Beide Entscheide stützen sich dafür auf Art. 48 OG und die derogatorische Kraft des Bundesrecht ab. BGE 119 II 183 ff. legt Art. 48 OG in dessen eigenem Geist und Sinn aus («c'est-à-dire selon sa lettre, son ésprit, son but ...»; S. 186), ohne dass die verschiedenen Abschnitte der Norm einzeln und in ihrem Zusammenhang einer näheren Prüfung unterzogen würden. *BGE 117 II 504 ff.* geht demgegenüber gar nicht näher auf die Problematik der Auslegung ein. Nun kann Art. 48 OG beim *einfachen und raschen Verfahren, das der Bund vorschreibt,* allerdings durchaus ganz anders ausgelegt werden als wie durch das Bundesgericht in diesen zwei Entscheiden (vgl. vorn N 23). Art. 48 Abs. 2 lit. b OG insbesondere kann in einer zeitgemässen und vor allem sonst gerade höchstrichterlich gerne gepflegten «weiten» Auslegung etwa nahelegen, unter dem Aspekt der Einfachheit und Raschheit erlaube es der Gesetzgeber den Kantonen, bloss eine Instanz zu bezeichnen. Das Resultat würde der gesetzgeberisch angestrebten Raschheit sicher nahekommen und diese wohl durchgehend ideal verwirklichen. Das Bundesgericht soll hier jedoch für seine eher enge Auslegung von Art. 48 OG in BGE 117 II 504 ff. nicht getadelt werden. Die Ausführungen sollen nur aufzeigen, wie *undurchsichtig bisweilen die Kriterien sind, die das Bundesgericht offenbar dazu bestimmen, eine Norm weit und eine andere eher eng auszulegen.*

*Ausnahmen von der umfassenden Überprüfung sieht das Bundesrecht beim summarischen Verfahren* (vgl. BGE 117 II 507) *der nichtrichterlichen Schlichtungsbehörde verschiedentlich vor.* Denn in diesem Verfahren findet grundsätzlich kein Beweisverfahren i.e.S. statt (so schon HUNZIKER, S. 127; vgl. auch vorn N 24 ff.). 35

– Die augenfälligste Ausnahme vom Grundsatz der umfassenden Überprüfung liegt *im Fall des Entscheides gemäss Art. 259i Abs. 1, gemäss Art. 273 Abs. 4 und gemäss Art. 274e Abs. 2 vor,* der nach einer bloss summarischen Prüfung ergeht.
– Sodann sieht das Bundesrecht eine solche Ausnahme – weniger augenfällig – *beim Entscheid gemäss Art. 274d Abs. 2* vor (vgl. dazu nachstehend N 103 ff.; a.A. BGE 117 II 424 f. [dazu auch N 73 ff. zu Art. 274a]).
– Ferner ist eine Ausnahme – implizit – bei gewissen *Unzuständigkeitsentscheiden* der Schlichtungsbehörde vorgesehen (vgl. N 90 ff. zu Art. 274a; a.A. BGE 121 III 266 ff. [dazu N 90 ff. zu Art. 274a]).
– Endlich sieht das Bundesrecht eine – gewissermassen naturgegebene – Ausnahme *im Fall der Einigung* (vgl. N 85 zu Art. 274a, N 48 ff. zu Art. 274e) *sowie bei Klagerückzügen und -anerkennungen vor* (vgl. N 86 f. zu Art. 274a, N 53 f. zu Art. 274e).

*e) Säumnisfolgen*

Um das Verfahren rasch und einfach zu gestalten , können die kantonalen Gesetzgeber einen *Zwang zum Erscheinen an den Verhandlungen* aufstellen (vgl. VOGEL, S. 316, Rz. 148ah) und bei dessen *Nichtbeachtung Säumnisfolgen* eintreten lassen. Der Erscheinungszwang und die Anordnung der Säumnisfolgen können (und sollten) dabei für jede Verhandlung der Schlichtungsbehörde, des Gerichtes usw. gelten und bereits mit der sog. «ersten» Vorladung angedroht werden. 36

Im nichtrichterlichen *Schlichtungsverfahren* dürfen die *Säumnisfolgen* jedoch *nicht einem Rechtsverlust gleichkommen.* Das erfordert – nicht zuletzt in Zusammenhang mit Art. 274e Abs. 2 (Entscheid) – eine differenzierte Betrachtung. 37

38 *Dort, wo die Schlichtungsbehörde einen Entscheid* über die Ansprüche der Parteien *zu fällen* hat (Art. 259i Abs. 1, Art. 273 Abs. 4), ist mit Blick

auf Art. 274d Abs. 3 beim *Fernbleiben des Klägers* daher kein Nichteintreten oder ein Klagerückzug anzunehmen (gl.M. GMÜR, a.a.O., S. 129 f., FUTTERLIEB, in: MRA 1/96, S. 37 ff.; a.A. SVIT-Kommentar II, N 11 zu Art. 274d), sondern gleich *wie bei der Säumnis des Beklagten aufgrund der Akten zu entscheiden* (hierin gl.M. SVIT-Kommentar II, N 12 zu Art. 274d). Denn nur dadurch bleibt der Klageweg nach Art. 274f Abs. 1 offen. Darauf hinwieder kommt es ausschliesslich an (vgl. BGE 120 II 28 [und dazu DdB 6/1994 Nr. 28], Pra 1995, Nr. 228, ferner BGE 121 II 266). Ungenügend wäre bei der Säumnis des Beklagten die Klageanerkennung (vgl. GMÜR, a.a.O., S. 129, SVIT-Kommentar II, N 12 zu Art. 274d).

39 Beim *Ausbleiben des Klägers* wird der Aktenentscheid regelmässig in eine Klageabweisung münden, beim *Ausbleiben des Beklagten* wohl regelmässig in eine Klagegutheissung. Hinweise in den Akten bzw. die Sachdarstellung der nicht säumigen Partei können jedoch Anlass zur Durchbrechung dieser Regelmässigkeit bieten. Ein Klagerückzug oder eine Klageanerkennung im Säumnisfall kommen im übrigen schon nur deshalb nicht als bundesrechtsgerechte Säumnisfolge in Frage, weil sie keine Klage i.S.v. Art. 274f Abs. 1 zulassen (vgl. N 86 zu Art. 274a, N 53 f. zu Art. 274e).

40 *In den Fällen, in denen die Schlichtungsbehörde keinen Entscheid zu fällen hat* (Art. 274e Abs. 2), ist bei der *Säumnis einer jeden Partei das Nichtzustandekommen einer Einigung* festzustellen (dazu N 55 ff. zu Art. 274e). Der Klageweg bleibt damit ebenfalls offen (gl.M. wohl etwa WEBER/ZIHLMANN, Basler Kommentar, N 2 zu Art. 274e). Bei diesen Verfahren noch nach dem Grund der Anrufung der Schlichtungsbehörde zu differenzieren, sofern man eine umfassende Schlichtungskompetenz bejaht (welche Auffassung hier nicht vertreten wird), widerspräche der gesetzlich geforderten Einfachheit.

41 Hat das kantonale Recht u.a. wegen der Untersuchungsmaxime von Art. 274d Abs. 3 den Weg zum Richter offen gehalten, verbietet es die Untersuchungsmaxime ebenfalls, *bei der Säumnis einer der Parteien im gerichtlichen Verfahren* einen Klagerückzug oder eine Klageanerkennung anzunehmen. Wiederum ist vielmehr *aufgrund der Akten zu entscheiden* (vgl. auch VOGEL, S. 306, Rz. 129). Das gilt ebenfalls bei erstinstanzlichen Ausweisungsverfahren, die den Charakter von Erkenntnis- und nicht bloss von Vollstreckungsverfahren besitzen (vgl. VOGEL, Prozess, a.a.O., S. 32; unklar, ob a.A., bei BGE 117 II 504, 119 II 141 usw. [alle diese Entscheide haben nur die Kompetenzattraktion gemäss Art. 274g im Auge]).

42 *Andere Säumnisfolgen können hingegen* im kantonalen Recht für die *Rechtsmittelinstanzen vorgesehen* werden. Denn die Möglichkeit der umfassenden Überprüfung der Streitsache (vorn N 34) ist dann gewährt, wenn sie *einer* kantonalen Instanz zukommt. Ob eine Partei diese Möglichkeit auch genutzt hat, ist demgegenüber gleichgültig. Das Bundesrecht stellt mit seinen

Mindestanforderungen insoweit wiederum (vgl. vorn N 29; rechtliches Gehör) nur einen formalen Anspruch der Parteien auf (vgl. auch allgemein VOGEL, Säumnis, a.a.O.).

### *f) Gerichtsferien*

Die Raschheit des Verfahrens erfordert überdies, dass die von Art. 274d erfassten Streitigkeiten *während der Gerichtsferien behandelt werden* (gl.M. SVIT-Kommentar II, N 13 zu Art. 274d). Das ergibt sich sowohl aus dem normativen Gehalt des Begriffes «rasches Verfahren» (vgl. ebenfalls BRÖNNIMANN, Verfahren, a.a.O., S. 365) als auch – wenigstens sinngemäss – aus dem Lauf der bundesrechtlichen Fristen (vgl. N 55 f., N 95, N 108, N 137 zu Art. 273). 43

Dabei haben *namentlich die Schlichtungsbehörden* keine besonderen Rücksichten auf Ferienabwesenheiten usw. von Rechtsvertretern zu nehmen (so aber SVIT-Kommentar II, N 13 zu Art. 274d), sofern diese Rücksichtnahme zu Verfahrensverzögerungen führt. Denn Schlichtungsverfahren sollen gewissermassen formlos sein und daher grundsätzlich ohne Parteivertreter erfolgen, ausser besondere Umstände träten hinzu (vgl. unveröff. BGE 4P.316/1994 vom 19. Mai 1995 [in: NZZ vom 12. Juli 1995, Nr. 159, S. 14]; siehe ferner nachstehend N 123 ff.). Rechtsvertreter sollen (und dürfen deswegen) in einem einfachen, raschen und formlosen Verfahren *nur dann ein Mandat übernehmen*, wenn sie auch in der Lage sind, es fristgerecht zu erfüllen. Bei Schlichtungsverfahren hinwieder müssen sie mit der Erledigung des Verfahrens innert zwei bis drei Monaten rechnen (vgl. TRÜMPY, a.a.O., S. 65 f.) und sich deshalb entsprechend verfügbar halten. *Das Recht einer Partei auf Beizug eines Vertreters* (vorn N 31 f.) *erstreckt sich somit gerade bei einfachen und raschen Verfahren nur auf den Beizug eines Vertreters, der in der Lage ist, im absehbaren zeitlichen Rahmen des Verfahrens dem Auftrag der Partei nachzukommen.* Namentlich gilt das für die Mandatsübernahme vor einer bereits feststehenden Verhandlung, deren Verschiebung ebenfalls Interessen der Gegenpartei tangiert (vgl. dazu auch Verein Zürcherischer Rechtsanwälte [Hrsg.], Handbuch über die Berufspflichten des Rechtsanwaltes im Kanton Zürich, Zürich 1988, S. 72, S. 128). 44

### *g) Rechtsmittelbeschränkungen*

Die Kantone dürfen endlich im Rahmen des einfachen und raschen Verfahrens *Rechtsmittelbeschränkungen* vorsehen (vgl. etwa BGE 118 II 52). Zwingend ist von Bundesrechts wegen dort, wo es selbst keine Ausnahme vorsieht (vgl. dazu vorn N 35; a.A. das BGer, vgl. N 34), nur gefordert, dass einer einzigen kantonalen Instanz die Möglichkeit zukommt, die Streitsache umfassend, auch in beweisrechtlicher Hinsicht, zu überprüfen (vgl. vorn N 34; mit Verweisen). *Ein ordentliches* (uneingeschränktes) *Rechtsmittel gegen den Entscheid dieser kantonalen Instanz ist daher nicht nötig* 45 (vgl. BRÖNNIMANN, Verfahren, a.a.O., S. 365; siehe allgemein ebenfalls: VOGEL, S. 340 f., Rz. 27 f.). Das *Novenrecht im Rechtsmittelverfahren* kann deshalb auf echte Noven beschränkt oder gar gänzlich ausgeschlossen werden (vgl. BGE 118 II 50 E. 2a); es kann das Anrufen neuer Beweismittel ausgeschlossen sein usw. Die Untersuchungsmaxime gemäss Art. 274d Abs. 3 erfordert nicht mehr (vgl. auch unveröff. Entscheid des BGer, Nr. 4C.454/1995 vom 18. April 1996, unter Hinweis auf die wohl gl.M. von HOHL, S. 48, sowie RAPP I, a.a.O., S. 14). Denn die Untersuchungsmaxime ist in Rechtsmittelverfahren einsichtigerweise einschränkbar (BGer, in: mp 3/95, S. 127 f.; siehe auch vorn N 34).

### 4. Bundesrechtliche Hemmnisse

46 Mit dem *Anliegen* des Gesetzgebers nach einem einfachen und raschen Verfahren *kontrastieren im wesentlichen zwei* bundesrechtliche Hemmnisse.

47 *Erstes Hemmnis ist der «Zwang» zur Schlichtung.* Er ist es vor allem dann, wenn man ihn sog. «umfassend» versteht wie etwa das BGer (vgl. N 43 ff., N 52 f. zu Art. 274a). Denn dieser «Zwang» führt zu einer Verlängerung all der Verfahren, die einer materiellen Entscheidung und/oder eines Beweisverfahrens bedürfen, im Schlichtungsverfahren jedoch nicht entschieden werden können. Der Verzicht auf Sühnverfahren wird eingedenk dessen in der Literatur gemeinhin als eines der probaten Mittel der Verfahrensbeschleunigung betrachtet (vgl. etwa BRÖNNIMANN, Verfahren, a.a.O., S. 365). Das bundesrechtliche *Schlichtungsverfahren* begründet somit (vor allem, wenn es «umfassend» zur Anwendung kommen soll) gewissermassen eine *Antinomie zur Maxime des Abs. 1 von Art. 274d* (gl. GMÜR, a.a.O., S. 123: «eine ausgesprochen verzögerliche Prozedur»).

In komplexeren und streithaften Fällen sowie dort, wo sich eine Partei auf Obstruktion verlegt, bewirkt das Schlichtungsverfahren, wo es nicht durch Entscheid beendet werden kann, das Gegenteil einer Beschleunigung. Aber auch allgemein wird der Rechtsfrieden durch Schlichtung im Vergleich zur «konventionellen» Streiterledigung nicht wesentlich schneller hergestellt als durch Fachgerichte oder Einzelrichter (vgl. HIGI, Schlichtungsstellen, S. 30 [Fn. 30], S. 75 ff.; siehe überdies nachstehend N 49).

48 *Zweites Hemmnis der Raschheit sind die bundesrechtlichen Fristen*, namentlich bei Anfechtungs- oder Erstreckungsverfahren i.S.v. *Art. 273*. Bei durchschnittlichen *Verfahrensdauern von wenigstens zwei bis drei Monaten bei den Schlichtungsbehörden* (vgl. etwa TRÜMPY, a.a.O., S. 65 f.) und Fristen von je 30 Tagen zur Anfechtung ist wohl evident, dass namentlich dort,

wo Kündigungsfristen von drei Monaten oder weniger einzuhalten sind (vgl. Art. 266c oder Art. 266e, siehe ferner Art. 257d), am Kündigungstermin noch nicht einmal sicher ist, ob das Schlichtungsverfahren beendet ist. Dasselbe gilt mit Blick auf die 60-Tage-Frist von *Art. 273 Abs. 2 lit. a bzw. Art. 273 Abs. 3.* Daran schliesst im Streitfall eine weitere Frist von 30 Tagen gemäss *Art. 274f Abs. 1* an, was der Raschheit wiederum kaum förderlich sein kann (selbst dort, wo eine Partei im Schlichtungsverfahren säumig ist; vgl. vorn N 38 f.). Diese Ausführungen belegen, was dem Gesetzgeber als «Rechtsschutz *durch* Verfahren» (vgl. N 14 Vorbem. zu Art. 271–273c) offenbar *auch* vorschwebte.

Verzögerungen in «Einzelfällen», bei denen es für die Parteien immerhin um einiges gehen kann (vgl. HIGI, Schlichtungsstellen, S. 44 [Fn. 60]), wären dann – unter Verzicht auf Rechtsstaatlichkeit zugunsten von paritätischer Streiterledigung – in Kauf zu nehmen, wenn die Schlichtungsverfahren derart bewährt wären (Einigungsquoten von 80% und mehr; vgl. Amtl.Bull. SR vom 7. Juni 1988, S. 155), wie dies 1988 und 1989 aufgrund von Statistiken u.a. in den Räten hervorgehoben worden war (vgl. dazu indes zur Seltsamkeit dieser Statistiken, die je nach Jahr tatsächlich um 20–30% tiefere Werte ausweisen, HIGI, Schlichtungsstellen, S. 36–41 sowie S. 51 ff. [Tabellen 1–5]). Die Idee des Rechtsschutzes durch *das* und nicht *im* Verfahren (N 14 Vorbem. zu Art. 271–273c) erhält damit einen geradezu schalen Beigeschmack. 49

## II. Untersuchungsmaxime (Abs. 3)

### 1. Allgemeines

Art. 274d Abs. 3 statuiert für die mietrechtlichen Verfahren im engsten Sinn (vorn N 5) die Untersuchungsmaxime. Die Untersuchungsmaxime ist nicht blosser *Ausfluss des Sozialschutzgedankengutes,* auf dem das Mietrecht namentlich im Bereich des Kündigungsschutzrechts basiert (vgl. etwa N 8 ff. Vorbem. zu Art. 271–273c; vgl. auch BGer, in: mp 3/95, S. 127). *Sie soll zugleich gewissermassen «kompensatorisch» zugunsten beider Parteien im einfachen und raschen Verfahren wirken* (ähnlich BGer, in: mp 3/95, S. 127, Gleichheit der Parteien [wobei nur auf die wirtschaftlich schwächere Partei hingewiesen wird statt auf die unbeholfene Partei schlechthin]; gl.M. ferner etwa GMÜR, a.a.O., S. 126 f.): Denn das *rasche und einfache Verfahren,* welches regelmässig durch eine – im Vergleich zu den ordentlichen Verfahren – Verstärkung der Eventualmaxime (vorn N 27 f., N 45) und kurze Fristen geprägt ist, *stellt hohe Ansprüche an die Sorgfalt der Prozessführung der Parteien* (vgl. auch BRÖNNIMANN, Verfahren, a.a.O., S. 363). 50

51 Art. 274d Abs. 3 ist eine *direkt anwendbare Verfahrensnorm* des Mietverfahrensrechts. Sie beansprucht Beobachtung in *allen Verfahren über Streitigkeiten aus der Wohn- und Geschäftsraummiete, in denen es materiell-rechtliche Ansprüche abzuklären gilt*. Beachtung verlangt sie hingegen nicht in allen Verfahrensstadien innerhalb eines dieser Verfahren: Insbesondere gilt die Maxime im an sich «formlosen» Schlichtungsverfahren (vgl. vorn N 30, N 34 f.) sowie vor allem im erstinstanzlichen Gerichtsverfahren, nicht aber in kantonalen Rechtsmittelverfahren (vgl. BGE 118 II 50, BGer, in: mp 3/95, S. 127 f.; vorn N 45). Selbst der Grundsatz der einheitlichen Durchsetzung des materiellen Bundesrechts verlangt nicht, dass zwei kantonale Instanzen eine Sache mit – wie das Bundesgericht stets vage formuliert – «voller Kognition» überprüfen (siehe vorn N 34 f.).

52 *Nicht* zum Zuge kommt die Untersuchungsmaxime i.S. der Norm in *Vollstreckungsverfahren* kantonaler Gerichte, namentlich nicht in Rechtsöffnungsverfahren. Hier sind die prozessualen Fragestellungen nicht auf die Abklärung von Ansprüchen bezogen, sondern auf vollstreckungsrechtliche Probleme. Bei Ausweisungsverfahren mit dem Charakter von Erkenntnisverfahren ist die Maxime hingegen anwendbar (unklar, ob ebenfalls dieser Auffassung, bei BGE 117 II 504, 119 II 141 ff.; diese Entscheide fordern nur eine «volle» Kognition im Fall der sog. «Kompetenzattraktion i.S.v. Art. 274g, was es offen lässt, ob die Maxime in den nicht von Art. 274g erfassten Fällen nicht zum Zuge kommen muss; dazu N 21 ff., N 58 ff. zu Art. 274g).

53 Die Untersuchungsmaxime gilt endlich nicht in *Rechtsmittelverfahren vor dem Bundesgericht*. Die Aufgabe des Bundesgerichtes (wie auch kantonaler Rechtsmittelinstanzen, deren Überprüfungsbefugnis beschränkt ist) besteht hingegen in der Prüfung der Frage, ob die Untersuchungsmaxime (als wesentlicher Verfahrensgrundsatz) richtig angewandt worden ist (vgl. BGer, in: mp 3/95, S. 150; siehe Art. 43 OG [insbesondere dessen Abs. 3], Art. 68 OG).

## 2. Begriff/Abgrenzungen der bundesrechtlichen Untersuchungsmaxime

54 *Abs. 3, 1. Satz, von Art. 274d* verpflichtet die Rechtsanwendungsinstanzen zur Feststellung des Sachverhaltes von Amtes wegen, mithin zur Untersuchung des Sachverhaltes und damit zur Sammlung des Prozessstoffes (deswegen der Begriff «Untersuchungsmaxime» oder «Inquisitionsmaxime»; vgl. etwa HABSCHEID, S. 312). Diese Aufgabe obliegt bei Zivilprozessen sonst gemeinhin nur den Parteien (sog. *Verhandlungsmaxime;* HABSCHEID, a.a.O.).

55 *Im 2. Satz verlangt Art. 274d Abs. 3* allerdings von den Parteien, dass sie die für die Beurteilung notwendigen Unterlagen vorzulegen haben; damit hält die Norm an der im Zivilprozess üblichen *Verhandlungsmaxime weiterhin fest* (vgl. auch BGE 118 II 50). Die von Art. 274d Abs. 3 statuierte Maxime kann daher – je nach Betrachtungsweise – als *eingeschränkte Un-*

*tersuchungsmaxime* oder als *gemilderte Verhandlungsmaxime bezeichnet* werden (vgl. etwa SVIT-Kommentar II, N 18 zu Art. 274d). Da diese Maxime den Parteien die Prozessführung erleichtern soll (vorn N 50), wird sie auch als *soziale Untersuchungsmaxime* bezeichnet (BRÖNNIMANN, Maxime, a.a.O., S. 345, HOHL, S. 46).

*Von der* (sozialen) *Untersuchungsmaxime*, die die Verhandlungsmaxime einschränkt (vgl. vorn N 55; siehe, statt vieler: BRÖNNIMANN, Maxime, a.a.O., S. 360 f.), *strikte zu trennen ist die sog. Offizialmaxime. Letztere entzieht den Parteien streckenweise die Verfügungsbefugnis über die Streitsache* (siehe beispielhaft: Art. 274e Abs. 3, Art. 156 Abs. 1 ZGB; vgl. HABSCHEID, S. 309, Rz. 534 [Offizialprinzip], WALDER I, S. 219, Rz. 1 f., SVIT-Kommentar II, N 18 zu Art. 274d; wohl eher verwirrend denn a.A. VOGEL, S. 163 f., Rz. 46, Rz. 49 [der eine Offizialmaxime i.w.S. und i.e.S. annimmt und unter der Maxime i.w.S. teilweise ebenfalls die Untersuchungsmaxime versteht]; nicht zwischen Offizialmaxime und Untersuchungsmaxime unterscheidet demgegenüber GULDENER [S. 168], der diese Begriff synonym verwendet; verwirrend unter diesem Aspekt ebenfalls etwa BGE 119 II 146). *Die Offizialmaxime schränkt somit die Dispositionsmaxime ein, was bei der Untersuchungsmaxime gerade nicht* der Fall ist (vgl. BGE 122 III 25; gl., und zutreffend in sprachlicher Hinsicht [Untersuchungsmaxime] ferner BGer, in: unveröff. Urteil 4C.454/1995 vom 18. April 1996, S. 5 f. [E. 2b], sowie in: mp 3/95, S. 126 f.). 56

### 3. Wesentlicher Umfang

Die Untersuchungsmaxime i.S.v. Art. 274d Abs. 3 *erfordert demnach vom Richter und von der Schlichtungsbehörde, dass* (vgl. etwa BGE 118 II 50, BGer, in: mp 3/95, S. 126 ff. [= MRA 1/96, S. 1 ff. = ZMP 2/95 Nr. 23], unveröff. Urteil des BGer 4C.454/1995 vom 18. April 1996, BGE 122 III 25, ZMP 1/93 Nr. 12, ZMP 3/91 Nr. 30; BRÖNNIMANN, S. 360 f., GUT, a.a.O., S. 40 ff., HOHL, S. 46 ff., SVIT-Kommentar II, N 18 f. zu Art. 274d, VOGEL, S. 306, WEBER/ZIHLMANN, Basler Kommentar, N 5 ff. zu Art. 274d): 57

sie den *Sachverhalt auch ihrerseits erforschen*, indem sie *durch eine Befragung der Parteien* den für die Rechtsanwendung notwendigen *Sachverhalt vervollständigen* (vgl. BGE 107 II 236), *soweit er* für sie *erkennbar unvollständig* ist (weder Schlichter noch Richter sind Hellseher, die wissen können, was eine Partei auch noch hätte vorbringen können, aber nicht einmal ansatzweise vorgebracht hat; dazu auch nachstehend N 73 ff.); 58

59 – sie (dabei) *Tatsachen zu berücksichtigen haben, von denen sie aus den Akten oder von Dritten Kenntnis haben,* auch gerade wenn *keine Partei* sie *zur Grundlage* ihres *Standpunktes* erhoben hat;

60 – sie *nicht an die Beweisanträge der Parteien gebunden* sind und selbst *ohne* entsprechenden *Antrag einer Partei Beweise erheben* können und müssen (dazu auch N 79, N 97 [Kostenvorschuss]), wenn dies *für die Vervollständigung des Sachverhaltes,* den es zu beurteilen gilt, *notwendig* ist;

61 – sie das *Recht von Amtes wegen anzuwenden haben* («iura novit curia»; statt vieler: VOGEL, S. 267, Rz. 62 ff.) und damit *festlegen, was für die Rechtsanwendung erhebliche Sachverhalte sind.*

62 Aus der Untersuchungsmaxime wird ebenfalls gefolgert, dass die Rechtsanwendungsinstanz *Tatsachenvorbringen der Parteien nicht wegen unzeitiger Geltendmachung vom Prozessstoff ausklammern* dürfe (VOGEL, S. 306, Rz. 127); die Untersuchungsmaxime durchbreche damit die Eventualmaxime (vgl. auch GUT, a.a.O., S. 41).

63 Diese Form von *Durchbrechung der Eventualmaxime durch die Untersuchungsmaxime gilt* aber *nicht unbeschränkt;* sie ist zudem teilweise *Ausfluss des Grundsatzes des rechtlichen Gehörs* und nicht der Untersuchungsmaxime selbst (vgl. die Übersicht bei VOGEL, S. 170 f., dort insbes. Rz. 83).

64 – *Nicht zu berücksichtigen* sind neue Tatsachenvorbringen, die *keine Bedeutung für den Entscheid erlangen* (vgl. vorn N 61).

65 – *Nicht zu berücksichtigen* sind neue Tatsachenbehauptungen und Beweisofferten dann, *wenn der Entscheid schon gefällt worden ist* (vgl., statt vieler: VOGEL, S. 198, unter Hinweis auf BGE 116 II 393). Jedes Verfahren hat ein Ende; im Zivilprozess geht es sodann nur um die Erforschung der sog. formellen Wahrheit, die besser zu finden die soziale Untersuchungsmaxime hilft.

66 – Endlich sind *sog. unechte Noven* dann im erstinstanzlichen (gerichtlichen) Verfahren *nicht mehr zu berücksichtigen,* wenn die Prozessstoffsammlung bereits abgeschlossen ist (siehe auch VOGEL, S. 238, Rz. 11) *und* die *unechten Noven im allfälligen Rechtsmittelverfahren noch geltend gemacht werden können.* Analoges gilt für verspätete Beweisofferten (siehe ebenfalls N 75 f.). Sonst ufert jedes einfache und rasche Verfahren aus.

### 4. Schranken aufgrund der Dispositionsmaxime

67 Die Untersuchungsmaxime wird *beschränkt durch die Dispositionsmaxime,* die im Verfahrensrecht die *Befugnis der Parteien bezeichnet, über den Streitgegenstand nach ihrem Belieben bestimmen zu dürfen* (GULDENER, S. 148, VOGEL, S. 157; vgl. ebenfalls GMÜR, a.a.O., S. 128). Was Streitgegenstand ist, bezeichnen somit die Parteien mit ihren Anträgen zum

Streit, vorab jedoch der Kläger durch sein Rechtsbegehren (unklar, ob und inwieweit a.A. das BGer [vgl. N 46 und N 52 zu Art. 274: «mietrechtlicher Tatbestand»]).

*Untersuchungsmaxime bedeutet daher nicht, dass* die Rechtsanwendungsinstanzen 68

- Sachverhalte (Lebensvorgänge) – selbst auf einen Parteiantrag hin – abklären (und dafür auch Beweise abnehmen), die *mit der Streitsache nichts zu tun haben* (siehe vorn N 61, N 64 [Entscheidwesentliches], vgl. ferner BGE 122 III 25, mp 3/95, S. 127); 69
- *Sachverhalte* (Lebensvorgänge) abklären (und dafür Beweise abnehmen), *die andere Ansprüche als die von den Parteien geltend gemachten zum Gegenstand haben* (denn über diese dürfen weder die Schlichtungsbehörde noch der Richter befinden [vgl. BGE 122 III 25]; vgl., statt vieler: Walder I, S. 203, Rz. 2; Ausnahme bildet hier Art. 274e Abs. 3 [Offizialmaxime]); 70
- *Beweise über Tatsachen abnehmen, die anerkannt sind* oder die Ansprüche begründen, die von der dadurch belasteten Partei anerkannt sind. 71

## 5. Schranken aufgrund der Mitwirkungspflicht der Parteien

### *a) Im Allgemeinen*

Art. 274d Abs. 3 fordert mit dem 2. Satz ausdrücklich *eine Mitwirkungspflicht der Parteien* (besser: eine *Obliegenheit;* vgl. nachstehend N 76 f., N 93), *indem er verlangt, die Parteien hätten die entscheidwesentlichen Unterlagen beizubringen* (vgl. mp 3/95, S. 127). 72

*Daraus folgt, dass* (vgl. etwa BGE 118 II 50, BGer, in: mp 3/95, S. 126 ff. [= MRA 1/96, S. 1 ff. = ZMP 2/95 Nr. 23], unveröff. Urteil des BGer 4C.454/1995 vom 18. April 1996, BGE 122 III 25, ZMP 1/93 Nr. 12, ZMP 3/91 Nr. 30; Brönnimann, S. 360 f., Gmür, a.a.O., S. 124 ff., Gut, a.a.O., S. 40 ff., Hohl, S. 46 ff., SVIT-Kommentar II, N 18 f. zu Art. 274d, Vogel, S. 306, Weber/Zihlmann, Basler Kommentar, N 5 ff. zu Art. 274d)

- *die Parteien vorab* der Rechtsanwendungsinstanz *die Streitsache vorzutragen haben,* damit sich diese überhaupt ein genaues Bild vom Streit machen kann *(Behauptungslast bezüglich aller klagebegründenden und -hindernden Tatsachen;* insbes. BGE 118 II 52 und BGer, in: unveröff. 73

Urteil 4C.454/1995 vom 18. April 1996, S. 6; siehe dazu auch vorn N 60 f., N 64 ff.);

74 – die Parteien darnach wissen müssen, was *die Rechtsanwendungsinstanz* für entscheidwesentlich erachtet (vgl. vorn 61), weshalb diese *die Parteien* entsprechend *zu instruieren hat* (vgl. dazu auch vorn N 58 [Fragepflicht];

75 – die *Parteien an die Instruktion der Rechtsanwendungsinstanz bei der Beschaffung der Beweismittel gebunden sind* und sich auf die entsprechenden Beweismittel und deren Beschaffung zu konzentrieren haben (verspätet eingebrachte Beweismittel müssen nur berücksichtigt werden, wenn für die Verspätung eine sachlich nachvollziehbare und objektiv rechtfertigende Begründung gegeben ist; siehe dazu nachstehend N 76, N 78 f.);

76 – die *Weigerung einer Partei zur zumutbaren fristgerechten Mitwirkung* an der Beweiserhebung (dazu nachstehend N 78 f.) *zur Unterlassung der Beweisabnahme führen darf*, ohne dass das gegen Bundesrecht bzw. dessen Grundsatz der freien Beweiswürdigung verstossen würde (vgl. BGer, in: unveröff. Urteil 4C.454/1995 vom 18. April 1996, S. 6; dazu nachstehend ferner N 80 f.);

77 – die *Regeln zur Beweislastverteilung und zu den Folgen der Beweislosigkeit uneingeschränkt gelten* (sie ergeben sich aus dem materiellen Recht).

78 *Eine Weigerung zur zumutbaren Mitwirkung an der Beweiserhebung liegt namentlich dann vor*, wenn die Parteien von der Rechtsanwendungsinstanz angehalten werden, Beweismittel für ihre Sachdarstellung zu nennen, jedoch keine vorbringen, indem sie z.B.

- nicht den Namen der Nachbarin nennen, die ein fehlerhaftes Verhalten beobachtet haben soll;
- nicht die für die Ermittlung einer Vergleichsmiete erforderlichen Vergleichsobjekte bezeichnen;
- nicht die eigene Buchhaltung offen legen, aus der sich das zu Beweisende ergeben soll (unveröff. BGer-Urteil 4C.454/1995 vom 18. April 1996, S. 6), und statt dessen eine Expertise verlangen (worauf soll sich der Experte stützen?);
- die Rechnungen nicht einreichen, die den Schaden belegen können;
- keine für eine Zustellung einer Gerichtsurkunde ausreichende (persönliche) Adresse eines Zeugen oder Dritten beibringen, der die Buchhaltung führt, auf die es ankommen soll;
- nicht bezeichnen, was ein Dritter genau dem Gericht einreichen soll;
- keine ausreichenden Belege für Bemühungen zur Suche nach einem Ersatzobjekt einreichen.

79 *Die Pflicht zur Abnahme von Beweisen* (vorn N 60) *setzt voraus, dass der Rechtsanwendungsinstanz taugliche Beweismittel aufgrund der Parteidarstellungen und/oder der übrigen Akten derart bekannt sind, damit sie sie auch abnehmen kann* (unveröff. BGer-Urteil 4C.454/1995 vom 18. April 1996, S. 6; vgl. auch mp 3/95, S. 127). Nicht vom Richter verlangt werden kann daher, dass er gewissermassen als Detektiv den von den Parteien am Rande erwähnten «Müller» irgendwo als Zeugen ausfindig macht; dieser «Müller» muss den Parteien

ohnedies bekannt sein (gl. unveröff. Urteil des Mietgerichtes Zürich MD930072 vom 19. März 1996, S. 49 f.).

Eine Weigerung zur zumutbaren Mitwirkung liegt auch dann vor, *wenn eine Partei einen Kostenvorschuss für die Beweisabnahme nicht leistet, obwohl sie dazu in der Lage wäre* (ist sie es nicht, hat sie um unentgeltliche Prozessführung zu ersuchen; unklar, ob a.A., bei SVIT-Kommentar II, N 19 zu Art. 274d).

### *b) Im Beweisrecht*

*Die Beweisführung wird von der Untersuchungsmaxime nicht tangiert.* 80
Sie ist gemäss Dispositionsmaxime (Behauptungs- bzw. Substantiierungslast) *Sache der Parteien. Nicht Sache der Rechtsanwendungsinstanz ist es daher, von sich aus nach tauglichen Beweismitteln zur Stützung eines Parteistandpunktes zu suchen.* Die Pflicht zur Beweisabnahme selbst nicht von den Parteien angerufener Beweismittel (vorn N 60) kann sich nur auf Beweismittel beziehen, die aufgrund der Parteidarstellung bzw. der Akten eindeutig bestimmbar sind (z.B. Anforderung eines Amtsberichtes von einer Amtsstelle, die nach Angaben der Parteien einst tätig geworden ist; vgl. unveröff. Urteil des Mietgerichtes Zürich MD930072 vom 19. März 1996, S. 9).

*Nicht Sache der Rechtsanwendungsinstanz ist es überdies*, aus einer Un- 81
zahl von Beweismitteln *oder* aus umfangreichen Beweismitteln (z.B. Buchhaltung), die eine Partei anruft, herauszufinden, in welchem Bezug zum strittigen Sachverhalt diese stehen und was sich daraus zugunsten der Partei herleiten liesse, die das oder die Beweismittel angerufen hat (unveröff. Urteil des Mietgerichtes Zürich MD930072 vom 19. März 1996, S. 103, S. 108). *Die Rechtsanwendungsinstanz kommt den Pflichten, die ihr Art. 274d Abs. 3 auferlegt, dann ausreichend nach, wenn sie die Parteien dazu anhält, im einzelnen zu erklären, was sie aus den angerufenen Beweismitteln zur Stützung ihres Anspruches konkret herleiten* (BGer, in: mp 3/95, S. 127, BGer, in unveröff. Urteil 4C.454 vom 18. April 1996, S. 7, unveröff. Urteil des Mietgerichtes Zürich MD930072 vom 19. März 1996, S. 103, S. 108). Kommen die Parteien diesen Auflagen nicht oder nicht vollständig nach, haben sie die sich daraus ergebenden Folgen unterlassener Beweisabnahme selbst zuzuschreiben (vgl. vorn N 76 f.).

### *c) Im Schlichtungsverfahren*

Im Schlichtungsverfahren sind die sich aus der Mitwirkungspflicht erge- 82
benden Schranken der Untersuchungsmaxime *nicht derart rigoros zu beachten wie im Gerichtsverfahren.* Im eher formlosen Schlichtungsverfahren

fallen nämlich die Prozessstoffsammlung und die Beweiserhebung regelmässig in einer Verhandlung zusammen (vgl. vorn N 42 f.). *Was für die Schlichtungsbehörde zur Sachverhaltserhellung erforderlich ist, erfährt eine Partei* deshalb *grundsätzlich erst in der Verhandlung* (ähnlich SVIT-Kommentar II, N 24 zu Art. 274d). Notfalls ist hier – *hat die Behörde einen Entscheid zu fällen* – vielmehr eine *zweite Verhandlung* anzusetzen (was der Raschheit allerdings nicht förderlich sein kann). Hat die Schlichtungsbehörde hingegen keinen Entscheid zu fällen, kann in der Regel auf eine zweite Verhandlung verzichtet und die Nichteinigung festgestellt werden (ähnlich SVIT-Kommentar II, N 23 zu Art. 274d). Bringt eine Partei nicht alle sachdienlichen Unterlagen zur Verhandlung mit, so kann dies nach dem Gesagten hingegen grundsätzlich keine Kostenfolgen usw. i.S.v. Art. 274d Abs. 2 nach sich ziehen; denn daraus allein ist ehrlicherweise noch kein Mutwille herleitbar (siehe dazu aber N 84 f., N 106 ff.).

83 *Die Verletzung der Mitwirkungspflicht im Schlichtungsverfahren kann sich jedoch im gerichtlichen Verfahren auswirken* (zu Lasten der pflichtvergessenen Partei).

84 Im Vordergrund steht dabei der Fall, in dem die Partei im Schlichtungsverfahren – trotz Aufforderung in der Vorladung und ev. Verhandlung – überhaupt keine Unterlagen vorgelegt hat und die Vorlage der Unterlagen eine Einigung sogleich möglich gemacht hätte. Hier können – sofern es das kantonale Prozessrecht erlaubt – der pflichtvergessenen Partei die Kosten für das an sich unnötige Gerichtsverfahren auferlegt und der Gegenpartei eine Entschädigung zugesprochen werden (ähnlich unveröff. Beschluss des Kassationsgerichtes des Kantons Zürich 95/253Z vom 22. Januar 1996, S. 8).

85 Dem im Vordergrund stehenden Fall ist der Fall beizufügen, in dem eine Partei im Schlichtungsverfahren einen Einwand (gegen das Begehren) erhebt, von dem sie von vornherein weiss, dass sie ihn erheben wird (z.B. ungenügende Rendite), jedoch die zum Beleg erforderlichen Unterlagen nicht zur Verhandlung mitbringt (vgl. unveröff. Beschluss des Kassationsgerichtes des Kantons Zürich 95/253Z vom 22. Januar 1996, S. 8 f., worin der beklagten Partei vorgeworfen wird, sie habe bloss eine Renditeberechnung mitgebracht, nicht aber die dazugehörigen Belege; kritisch anzumerken ist dazu immerhin, dass es fraglich erscheinen muss, inwieweit die Schlichtungsbehörde und eine Gegenpartei im Rahmen einer mündlichen Verhandlung überhaupt in der Lage sein können, dergleichen u.U. komplexe Berechnungen samt Belegen zu prüfen). Auch in diesem zweiten Fall ist daher zu fordern, dass es zu den Kostenfolgen im Gerichtsverfahren nur dann kommen darf, wenn mit grosser Wahrscheinlichkeit die Vorlage der nicht in der Schlichtungsverhandlung beigebrachten Unterlagen zur Einigung geführt hätte (was vernünftig besehen nicht allein deswegen angenommen werden kann, weil es im gerichtlichen Verfahren hierzu gekommen ist; für den Vergleich im gerichtlichen Verfahren können auch andere Gründe mitbestimmend gewesen sein, beispielsweise das Interesse der Parteien, den Streit zu beenden oder nicht auszuweiten).

## III. Grundsatz der Würdigung der Beweismittel nach freiem Ermessen (Abs. 3)

### 1. Geltung

Der Grundsatz der sozialen Untersuchungsmaxime wird in Art. 274d Abs. 3 durch den *Grundsatz der freien Beweiswürdigung ergänzt.* Dieser Grundsatz beansprucht die *gleiche Geltung* für alle Verfahren *wie die Untersuchungsmaxime* (vgl. vorn N 51 ff.). 86

Für schiedsgerichtliche Verfahren hingegen ergibt sich der Grundsatz der freien Beweiswürdigung nicht aus Art. 274d Abs. 3. Er folgt aus dem anwendbaren Schiedsrecht (vgl. etwa VOGEL, S. 385 ff.). 87

### 2. Inhalt

Der Grundsatz der freien Beweiswürdigung hat *im wesentlichen zum Inhalt, dass* (vgl. etwa GULDENER, S. 321 f., HABSCHEID, S. 397 f., RAPP I, a.a.O., S. 14, SVIT-Kommentar II, N 22 zu Art. 274d, VOGEL, S. 250 f.) 88

- das *Verfahrensrecht keinen Ausschluss von Beweismitteln vorsehen darf* (vgl. aber nachstehend N 94), 89
- die Rechtsanwendungsinstanz die *Beweise nicht nach Regeln*, insbesondere über den Beweiswert von einzelnen Beweismitteln gegenüber anderen, zu würdigen hat, sondern alle Beweismittel als prinzipiell gleichwertig betrachten muss, 90
- der *Vorrang eines Beweismittels gegenüber einem anderen im konkreten Fall* die Folge der ungebundenen, sachbezogenen und kritischen richterlichen Wertung der Beweismittel ist, 91
- diese *Wertungen den Parteien im Entscheidfall offenzulegen sind* (was auch der Grundsatz des rechtlichen Gehörs verlangt; vgl. etwa VOGEL, S. 171, Rz. 84, unter Hinweis auf BGE 101 Ia 552 f.; dazu auch nachstehend N 95) und 92
- die Rechtsanwendungsinstanz *das Verhalten der Parteien zur Beweiserhebung* (Mitwirkungspflicht) im Weigerungsfall auch zu deren Ungunsten *mitberücksichtigen darf*, sofern für die «Weigerung» nicht einsehbare, sachlich zutreffende Gründe vorlagen (wohl zu apodiktisch und insoweit diesen Grundsatz zu wenig beachtend, unveröff. BGer-Urteil 4C.454/1995 vom 18. April 1996, S. 6, worin von der Unterlassung der Beweisabnahme «von Amtes wegen» im Weigerungsfall die Rede ist). 93

94 Das *Schlichtungsverfahren* ist von Bundesrechts wegen das eher formlose, summarische *Verfahren einer nichtrichterlichen Instanz* (vgl. [grundlegend] BGE 117 II 506; vgl. ferner N 27 ff. zu Art. 274a; siehe überdies etwa HOHL, S. 249 f.). Die Behörde kann daher von Bundesrechts wegen keine formellen Beweismittel abnehmen (gl. HOHL, S. 251), die Wahrheitsermahnungen im Sinn des StGB usw. oder letztlich gar prozessualen Zwang erfordern (wie Zeugen befragen [unklar, ob a.A., bei HOHL, S. 252, Rz. 767], Gutachten anfordern, Dritte zur Herausgabe von Unterlagen auffordern; gl. z.B. GMÜR, a.a.O., S. 125). Ihre *Sachverhaltsermittlung darf überdies die Möglichkeiten der zuverlässigen Sachverhaltsermittlung durch die richterliche Instanz,* der umfassende Prüfungsbefugnis ab «ovo» zukommen muss (vorn N 34), *nicht zum voraus beschränken oder beschneiden.* Unzulässig im Lichte des Bundesrechts wäre daher etwa die formlose Befragung von Auskunftspersonen, die später als Zeugen aussagen könnten. *Die freie Beweiswürdigung i.S.v. Art. 274d Abs. 3 beschränkt sich daher* im Schlichtungsverfahren von vornherein und von Bundesrechts wegen auf die Würdigung von Urkunden, der Mitwirkungspflicht der Parteien und der Parteidarstellungen (auf Glaubhaftigkeit; vorn N 25 f.), ev. auf die Würdigung des Resultates eines Augenscheins oder eines Amtsberichtes (vgl. auch HOHL, S. 251 f., ähnlich GMÜR, a.a.O., der allerdings den Amtsbericht nicht aufführt; soweit ein Amtsbericht kein förmlich einzuholendes Beweismittel darstellt, spricht nichts dagegen, es dort zu verwenden, wo der Behörde Entscheidkompetenz zukommt).

95 Diese Würdigung ist im Entscheidfall den Parteien zumindest knapp zu begründen (vorn N 92; gl. GMÜR, a.a.O., S. 131, HOHL, S. 252).

## IV. Grundsatz der Kostenlosigkeit (Abs. 2)

### 1. Geltung nur für das Schlichtungsverfahren

96 Der gesetzgeberisch angestrebten *Formlosigkeit* des Schlichtungsverfahrens (siehe N 10 ff. zu Art. 274a) und dem durch das Schlichtungsverfahren verwirklichten *Grundsatz des Rechtsschutzes durch Verfahren* (siehe N 15 f. zu Art. 274a) *entspricht der Grundsatz der Kostenlosigkeit* des Schlichtungsverfahrens. Dieser Grundsatz verlangt aber *Geltung ausdrücklich nur für das Schlichtungsverfahren* (so, statt vieler, etwa ZIHLMANN II, S. 252 f.). Die Geltung bei Schlichtungsverfahren ist überdies vom Bundesrecht selbst einge-

schränkt auf die Behandlung von *Streitigkeiten aus der Miete unbeweglicher Wohn- oder Geschäftsräume* (siehe vorn N 5, N 7).

*Nicht kostenbefreit nach Bundesrecht* (die Kantone können Abweichendes regeln) *sind demgegenüber* die *schiedsgerichtlichen Verfahren* (auch) der Schlichtungsbehörde (N 37 f. zu Art. 274c) sowie *alle gerichtlichen Verfahren,* die ebenfalls Wohn- oder Geschäftsraummiete zum Gegenstand haben (sei es infolge einer Klage gemäss Art. 274f Abs. 1 oder aufgrund eines besonderen mietrechtlichen Verfahrenstyps [Miete beweglicher Sache; vgl. N 71 f. zu Art. 274]). Das gilt selbstredend für gerichtliche Verfahren, die mangels sachlicher (und funktioneller) Zuständigkeit bloss eine Überweisung des Verfahrens an die Schlichtungsbehörden zum Ergebnis haben (vgl. ZR 94 [1995] Nr. 35, am Ende). Nicht bundesrechtlich kostenlos sind ferner einsichtigerweise alle Verfahren, die Streitigkeiten aus anderen als den von Art. 274d Abs. 2 erfassten Mietarten zum Gegenstand haben. Kostenpflichtig im Sinn des Bundesrechts sind schliesslich *die Ausweisungsverfahren, selbst wenn sie nach Art. 274g durchgeführt werden müssen* (sie sind in Art. 274d Abs. 2 nicht aufgeführt), sowie *Vollstreckungsverfahren* (wie Rechtsöffnungsverfahren; hier schreibt das Bundesrecht die Kostenpflicht sogar eigens vor). 97

*Nicht bundesrechtlich kostenlos sind* endlich *die Verfahren der Schlichtungsbehörde,* die andere Streitigkeiten als solche aus Wohn- oder Geschäftsraum zum Gegenstand haben (siehe N 38 f., N 41 zu Art. 259i; vgl. ferner HIGI, Zuständigkeit, a.a.O., S. 18); die Kantone dürfen Abweichendes regeln. 98

## 2. Inhalt des Grundsatzes

Der *Grundsatz* der Kostenlosigkeit hat eine *Befreiung* der Parteien von *jeglichen Verfahrenskosten* zum Inhalt. Es dürfen daher keine Zustellkosten, keine Kostenvorschüsse usw. erhoben werden, wie auch keine Übersetzungs- (dazu nachstehend N 124), Schreib- und Administrationskosten. *Beschlüsse und Entscheide der Behörde sind jeder Partei* wenigstens in einfacher Ausfertigung kostenlos abzugeben. Ist eine Partei vertreten oder setzt sie sich aus mehreren Personen zusammen, so erstreckt sich der Anspruch auf die Abgabe je eines Exemplars pro beteiligte Person. 99

*Unentgeltlich ist auch das Recht auf Akteneinsicht,* welches Ausfluss des Grundsatzes des rechtlichen Gehörs ist. Dieses Recht umfasst ebenfalls das Recht, sich Kopien von Akten oder eines Entscheides anfertigen zu dürfen. Daraus folgt jedoch nicht, dass die Parteien derglei- 100 chen Kopien kostenlos bei der Schlichtungsbehörde anfertigen können. Damit wären sie besser gestellt als dann, wenn sie die Kopien auf einem der üblichen Wege (zu Hause, öffentliches Gerät, im Fachgeschäft) anfertigen würden. Der Grundsatz der Kostenlosigkeit beschränkt sich m.a.W. auf das Verfahren selbst, nicht aber auf gewünschte «Extras» der Parteien in Zusammenhang mit dem Verfahren.

101 *Aus dem Grundsatz der Kostenlosigkeit folgt überdies, dass im Schlichtungsverfahren keine Parteientschädigungen* (Entschädigungen von Parteikosten) *zuzusprechen sind,* was Art. 274d Abs. 2 selbst hinreichend zum Ausdruck bringt. Für die Kosten des Beizuges allfälliger (Rechts-)Vertreter haben die Parteien daher selbst aufzukommen (vgl. ebenfalls SVIT-Kommentar II, N 14 zu Art. 274d, ZIHLMANN II, S. 252).

102 Das *mag unbillig erscheinen, findet seine Ursache jedoch wiederum in der gesetzgeberisch angestrebten Formlosigkeit* (vgl. dazu N 10 ff. zu Art. 274a) *und paritätischen Ausrichtung des Verfahrens.* Diese lassen den Beizug von Vertretern tendenziell nicht als besonders wünschenswert erscheinen, ausser die Vertreter seien gewissermassen selbst als «Partei» an der Streitigkeit beteiligt (Verwalter, der in der Sache besser informiert ist als die Partei). Die *Untersuchungsmaxime des Art. 274d Abs. 3* will zudem gerade auch im Schlichtungsverfahren eine *Gleichheit der Parteien herbeiführen* (vgl. vorn N 50; ähnlich GMÜR, a.a.O., S. 126). Die Maxime und die Prinzipien der Formlosigkeit sowie Parität sollen gewissermassen sicherstellen, dass die *Parteien einander ungezwungen gegenübertreten* und die unbeholfene Partei nicht von vornherein der gewandten, rechtskundig vertretenen ein Gefühl der Unterlegenheit entgegenbringt. Das wäre der im Verfahren fast zwangshaft (vgl. N 15 f. zu Art. 274a) anzustrebenden Einigung bloss hinderlich (vgl. dazu auch ZIHLMANN II, a.a.O., ferner BGE 119 Ia 267 ff. und dessen Präzisierung im Urteil 4P.316/1994 vom 19. Mai 1995 [gemäss NZZ vom 12. Juli 1995, Nr. 159, S. 14]: «Eine Verbeiständung kommt daher grundsätzlich nur dort in Betracht, wo aussergewöhnliche Schwierigkeiten hinzutreten»; siehe endlich Amtl.Bull. NR vom 16. März 1989, S. 542 f.). Das ist grundsätzlich konsequent – allfällige rechtsstaatliche Bedenken haben sich daher nicht gegen diese Konsequenzen zu richten, sondern wenn schon, dann gegen die Institution der Schlichtungsbehörde an sich.

## 3. Ausnahme bei mutwilliger Prozessführung

103 Der Grundsatz der Kostenlosigkeit erleidet eine gewichtige Ausnahme bei mutwilliger Prozessführung *einer oder gar beider Parteien.* Für solche Fälle sieht das Gesetz *die Möglichkeit («kann»), nicht aber die Pflicht* der Behörde vor, der *fehlbaren Partei* Kosten ganz oder teilweise aufzuerlegen. Ferner kann die fehlbare Partei von der Behörde verpflichtet werden, der Gegenpartei eine Entschädigung zu leisten.

### *a) Kostenauflage als Akt mit pönalem Charakter*

Bereits die *Sprache des Gesetzes zeigt* an (Mutwille; «fehlbare Partei»), 104
dass es sich bei einer *Kostenauflage* usw. im wesentlichen um einen *Akt mit pönalem Charakter* handelt (vgl. dazu auch N 73 ff. zu Art. 274a). Die *Entstehungsgeschichte der Norm verdeutlicht das Gesagte:* Im Entwurf des Bundesrates war noch die zusätzliche Möglichkeit vorgesehen, nebst der Kostenauflage usw. ebenfalls von Bundesrechts wegen eine Busse aussprechen zu können (vgl. Botsch., S. 1516). Die Möglichkeit zur Busse wurde im Parlament als Sanktion zwar fallengelassen, jedoch ohne damit den Gehalt der Norm erkennbar und gewollt verändern zu wollen (so auch BGE 117 II 423; vgl. Amtl.Bull SR vom 8. Juni 1988, S. 179 f., Amtl.Bull NR vom 16. März 1989, S. 542 ff.). Im Gegenteil, der Verzicht auf die Busse als weiterer Sanktion von Mutwille zeigt geradezu an, dass die Kostenauflage als ausreichende Sanktion genügen soll. *Die Kostenauflage des Art. 274d Abs. 2 kann daher nicht der üblichen Kostenauflage in Zivilverfahren* gleichgesetzt werden, die sich am Verursacherprinzip (am Verhältnis von Obsiegen und Unterliegen) orientiert.

Die *Norm ist* vielmehr *vergleichbar jenen Normen des Zivilprozessrechts, die es erlauben, Parteien wegen schuldhaften Verhaltens* (vgl. etwa STRÄULI/MESSMER, N 1 zu § 66) *unabhängig vom Verfahrensausgang Kosten aufzuerlegen* (z.B. § 66 Abs. 1 ZPO Zürich, § 210 ZPO Basel-Land, Art. 58 ZPO Bern; vgl. allgemein auch GULDENER, S. 407, LEUCH/MARBACH/KELLERHALS, S. 186, STAEHELIN/SUTTER, S. 188 f., VOGEL, S. 278, Rz. 25, WALDER I, S. 413 f.). *Art. 274d Abs. 2 ist in den Voraussetzungen jedoch strenger* (ähnlich ROBERTI, S. 105, der «hohe Anforderungen» verlangt). Die Norm verlangt nicht irgendein schuldhaftes Verhalten, sondern eben «Mutwillen», mithin ein Verhalten, das z.B. ebenfalls dem Strafrecht bekannt ist (vgl. Art. $179^{septies}$ StGB; unzutreffend daher SVIT-Kommentar II, N 15 zu Art. 274d, sofern mit dem dort gewünschten «Abhalteeffekt» einer weiten Auslegung des Begriffes der Mutwilligkeit das Wort geredet werden soll). *Anders als Art. 27 BMM lässt die Norm zudem bloss leichtfertiges Verhalten nicht mehr als Grund für eine Kostenauflage zu.* 105

### *b) Voraussetzungen*

Mutwille bezeichnet gemeinhin ein Verhalten, das nach dem *Verständnis vernünftiger und korrekter Menschen sachlich schlicht nicht gerechtfertigt werden kann*. Dieses Verhalten muss sodann von der Partei, der es zuzurechnen ist, gewollt sein (Mut*wille*). Mutwilliges Verhalten kann daher nie 106 auf einer Fahrlässigkeit (auch Leichtfertigkeit) gründen, sondern *nur auf einem Vorsatz* beruhen (nicht weiter erhellend zu dieser Problematik z.B. RAPP I, a.a.O., S. 13, ROBERTI, S. 105 f., SVIT-Kommentar II, N 15 ff. zu Art. 274d, ZIHLMANN II, S. 252 f.).

107 Von der Norm erfasst wird nicht jede Art von Mutwillen, sondern nur verfahrensbezogener. Die Norm pönalisiert («fehlbare Partei») demnach nur vorsätzliches, sachlich nicht zu rechtfertigendes *prozessuales Fehlverhalten einer Partei* (ungenau daher GUT, a.a.O., S. 38), an das sie die Sanktion der Kostenauflage knüpft.

108 Ein solches Fehlverhalten muss, soll es mutwillig sein, zudem *im wesentlichen andere Ziele verfolgen als den Rechtsschutz* (vgl. N 15 zu Art. 274a), dem ein Schlichtungsverfahren dient (siehe dazu ferner nachstehend N 110; vgl. zum Mutwillen auch STRATENWERTH, Schweizerisches Strafrecht, BT 1, 4. A., Bern 1993, S. 234). Der durch die Schlichtung gewährte Rechtsschutz wird bei der Mutwilligkeit m.a.W. missbraucht, womit ebenfalls angezeigt ist, dass der Mutwille *eine besondere Form des* (prozessualen) *Rechtsmissbrauches darstellt* (ähnlich ROBERTI, S. 105, der jedoch entgegen den hohen Anforderungen, die er grundsätzlich bei der Mutwilligkeit verlangt, sich unter diesem Aspekt ohne weitere Begründung mit einem treuwidrigen Verhalten «i.w.S.» begnügt).

### *c) Fälle prozessualen Mutwillens*

109 *Als Fälle solchen prozessualen Mutwillens können bezeichnet werden* (siehe auch nachstehend N 110 ff.; vgl. etwa HUNZIKER, S. 132 f., MÜLLER, S. 224, ROBERTI, S. 105, SVIT-Kommentar II, N 16 f. zu Art. 274d):

- das Anheben von materiell aussichtslosen Klagen wider besseres Wissen (dazu vgl. auch nachstehend N 121; wie z.B. einer Zweiterstreckungsklage, obwohl bloss eine einmalige Erstreckung gewährt worden war, z.B. einer Erstreckungsklage, obwohl ein Vertrag i.S.v. Art. 272a Abs. 1 lit. d vorlag, z.B. Mietzinsanfechtung, obwohl es nie zu einer Mietzinserhöhung gekommen ist, z.B. Hinterlegung des Mietzinses oder Herabsetzungsbegehren, obwohl erkennbar kein Mangel vorlag);
- das Verursachen von unnötigen Verfahren durch z.B. schikanöses Verhalten (Kündigung während der Sperrfrist trotz entsprechender Belehrung im Verfahren, das zur Sperrfrist führte, um den Mieter zu ärgern);
- das Anheben von Klagen, mit dem Hauptziel, die Gegenpartei zu ärgern oder einzuschüchtern (dass solche Klagen materiell stets haltlos sind, bedarf keiner weiteren Erklärung);
- das Anheben von Klagen, bloss um einmal ein Verfahren erlebt zu haben (ist in der Tat schon vorgekommen, und es ist bedauerlich, dass der Entscheid nicht publiziert wurde);
- das Anheben einer aussichtslosen oder bagatellhaften Klage, mit dem Hauptzweck, sich an der Gegenpartei für eine vorhergehende Prozessniederlage zu rächen;

- das Erheben von Einreden im Verfahren, die erkennbar sachlich haltlos sind, um das Verfahren zu verzögern, zu komplizieren;
- das mit unrichtigen Gründen begründete Ersuchen um Verschiebung einer Verhandlung;
- das Stellen von Verschiebungsgesuchen einzig mit dem Zweck, das Verfahren zu verzögern, vor allem wenn darnach noch ein sachlich nicht begründetes Fernbleiben von der Verhandlung folgt;
- die bewusste Vereitelung von Zustellungen von Vorladungen oder Beschlüssen, mit dem Zweck der Verfahrensverzögerung;
- die [nicht sogleich erkennbare] Lüge bei Sachdarstellungen, die zu Verfahrensweiterungen führt, bevor sie als solche erkannt wird;
- die Nichtmitnahme von Unterlagen zur Schlichtungsverhandlung trotz vorgängiger entsprechender Aufforderung der Behörde, dies zu tun (vgl. dazu vorn N 82 f., nachstehend N 111 f.), um dann eine weitere Verhandlung mit dem Anspruch auf rechtliches Gehör zu erzwingen;
- die Ablehnung eines Vergleichsvorschlages (dazu auch nachstehend N 110), der vollumfänglich dem Standpunkt der ablehnenden Partei entspricht usw.;
- die Ablehnung eines Schlichtungsbehördemitgliedes, einzig weil dieses beratend tätig war, und sonst kein ernst zu nehmender sachlicher Ausstandsgrund vorliegen würde (vgl. N 40 zu Art. 274a).

### *d) Fehlender Mutwille*

*Nicht mutwillig sein kann demgegenüber ein Verhalten,* das mit den Verfahrensregeln und Verfahrensmaximen, namentlich mit dem Grundsatz von Treu und Glauben und mit der Dispositionsmaxime, in Übereinstimmung steht: Wer sich auf Einigungsvorschläge nicht einlässt, weil er sich im Recht fühlt und nicht um des Friedens willen auf etwas verzichten will (vgl. zu solchen Vorschlägen etwa HIGI, Schlichtungsstellen, S. 43 ff. [und dort Fn. 60 f.]), wer Kompromisse nicht will, sondern den Entscheid, kann solange nicht des Mutwillens beschuldigt werden, als er dies aufgrund seiner Dispositionsbefugnis tut *und* nicht damit auch noch andere Zwecke verfolgt. *Ein auf Rechtsstaatlichkeit bedachter Gesetzgeber kann zwar die paritätisch bewirkte Einigung zum Ziel erheben, jedoch keinen der Rechtsunterworfenen darauf verpflichten* (dazu auch nachstehend N 113). Das muss erst recht da gelten, wo das Verfahren bloss Prozessvoraussetzung darstellt (vgl. BGE 117 II 506). Das erlaubt es ebenfalls nicht, unbesehen auf mutwilliges Verhalten abzustellen, wie es etwa vom Bundesgericht für bundesgerichtliche Verfahren angenommen wird; solchen Verfahren sind regelmässig andere, gar richterliche Verfahren vorangegangen. 110

Besteht das Resultat der Einigungsunwilligkeit einer Partei nicht im Entscheid der Behörde, sondern in der *Nichteinigungsfeststellung*, so entspricht das auch der gesetzlichen Vorgabe (vgl. Art. 274e Abs. 2). Vor diesem Hintergrund ist das Nichtmitbringen von Unterlagen zur Verhandlung zu betrachten, wenn die Partei überdies schon vor der Verhandlung der Gegenpartei gegenüber keine Kompromissbereitschaft hat erkennen lassen (unter diesem Aspekt somit fragwürdig unveröff. Beschluss des Kassationsgerichtes des Kantons Zürich 95/253Z vom 22. Januar 1996, S. 8; siehe vorn N 85). 111

112 Besteht das Resultat der Einigungsunwilligkeit einer Partei *im Entscheid der Behörde*, so entspricht das ebenfalls der gesetzlichen Vorgabe (vgl. Art. 274e Abs. 2). Fällt dabei die Verletzung der Mitwirkungspflichten gemäss Art. 274d Abs. 3 (Obliegenheit; vgl vorn N 72) zuungunsten der einigungsunwilligen Partei aus, so entspricht auch das den gesetzlichen Folgen (vgl. vorn N 76 f.). Fällt die Nichtmitwirkung der einigungsunwilligen Partei hingegen zu Lasten der Gegenpartei aus, so war deren Standpunkt – nüchtern betrachtet – nicht ausreichend fundiert, was es von vornherein verbietet, der einigungsunwilligen Partei Mutwillen vorzuwerfen (a.A. ROBERTI, S. 106).

113 *Nicht generell als mutwillig lässt sich nach dem Gesagten das Fernbleiben des Kläger von der Schlichtungsverhandlung bezeichnen* (so aber SVIT-Kommentar II, N 16 zu Art. 274d, ROBERTI, S. 106, mp 2/93, S. 94). Lassen sich dafür rechtfertigende Gründe vorbringen (z.B. Vorladung nicht erhalten; sachlich begründete plötzliche Verhinderung [wie attestierte Krankheit oder wie ein Unfall], die die Annahme der Verhandlungsunfähigkeit oder -unmöglichkeit rechtfertigt), verbietet sich diese Betrachtungsweise von vornherein. Ferner ist das Schlichtungsverfahren lediglich Prozessvoraussetzung (vgl. etwa BGE 117 II 506; h.L., stellvertretend dafür: GIGER, S. 156, HOHL, S. 249 f.). Als mutwillig *kann nur das nicht begründete Fernbleiben betrachtet werden, welches zugleich Respektlosigkeit bzw. mangelnden Anstand der Behörde und/oder der Gegenpartei gegenüber zum Ausdruck bringt* (was wohl der Regelfall sein dürfte). Solches kann aber *gleichfalls eine beklagte Partei betreffen, die der Verhandlung fernbleibt* (gl. im Ergebnis ROBERTI, S. 106).

### *e) Kostenauflage und Ermessen*

114 Das *Gesetz ermächtigt die Schlichtungsbehörde* ( vgl. N 73 ff. zu Art. 274a) zur Kostenauflage usw., ohne ihr dafür eine klare Richtschnur mitzuliefern. Ihr Entscheid (nachstehend N 117 ff.), der ohnedies pönalen Charakter hat (vgl. vorn N 104 f.), erfolgt daher grundsätzlich nach behördlichem *Ermessen in Würdigung aller Umstände.*

115 Als *Richtschnur zur Ermessensausübung hat der Behörde immerhin zu dienen, dass Kosten ganz allgemein nach dem Verursacherprinzip auferlegt werden.* Die Beachtung dieses Prinzips legt zudem die Wendung «zur gänzlichen oder teilweisen Übernahme der Verfahrenskosten» nahe. Die Notwendigkeit der Beachtung dieses Grundsatzes ergibt sich ebenfalls aus den vergleichbaren Normen des kantonalen Prozessrechts schlüssig (vgl. vorn N 105; vgl. etwa STAEHELIN/SUTTER, S. 188 f., Rz. 9, STRÄULI/MESSMER, N 1 f. zu § 66).

116 *Nach den Grundsätzen des Verursacherprinzips hat ebenfalls die Zusprechung einer Prozessentschädigung zu erfolgen.* Trotz des pönalen Cha-

rakters von Art. 274d Abs. 2 soll der Ersatz von blossen Parteikosten nicht zur Bereicherung der Gegenpartei führen. Sind der Gegenpartei aus dem mutwilligen Prozessverhalten der fehlbaren Partei keine (Mehr-)Kosten entstanden, so sind ihr daher grundsätzlich ebenso keine Entschädigungen zuzusprechen. Die *Billigkeit kann* allerdings u.U. *anderes nahelegen* (z.B. wenn sich der Mutwille auch in einer Herabsetzung der Gegenpartei äusserte).

## 4. Der Entscheid über die Kostenauflage und dessen Überprüfung

### *a) Kein Entscheid i.S.v. Art. 274e Abs. 2*

Der Entscheid der Schlichtungsbehörde über die Kostenauflage erfolgt *aufgrund einer ausdrücklichen gesetzlichen Ermächtigung. Er ist nicht einem Entscheid i.S.v. Art. 274e Abs. 2 gleichzustellen* (a.A. BGE 117 241; a.A. z.B. auch SVIT-Kommentar II, N 6 zu Art. 274f, WEBER/ZIHLMANN, Basler Kommentar, N 4 zu Art. 274d, ZIHLMANN II, alle unter blossem Hinweis auf BGE 117 II 423). Genaueres dazu und zu den sich daraus ergebenden Konsequenzen seiner Überprüfung vgl. in den N 73 ff. zu Art. 274a. 117

*Ergänzend ist* lediglich noch *anzufügen*, dass dieser Entscheid in einem *summarischen Verfahren* ergeht; das ist *vom Bundesgesetzgeber gerade vorgesehen* worden und daher bei der Verfahrensgestaltung durch die Kantone (Art. 274) ebenso zu berücksichtigen wie von den Gerichten bei der Überprüfung (vgl. auch BGE 112 II 193 [Gegendarstellungsrecht], BGE 119 II 89 und BGE 120 II 352 [zu Art. 697h Abs. 2] wonach im summarischen Verfahren ergangene Entscheide *durchaus der Rechtskraft* – selbst aufgrund des Bundesrechts – fähig sind; hier ist das wohl vom Bundesrecht vorgesehen [wie kämen die Behörde und die Gegenpartei sonst je zu ihrer vom Bundesrecht zugestandenen Kostenentschädigung?]). Die mutwillige Prozessführung i.S. des Art. 274d Abs. 2 stellt endlich *keinen Begriff des Bundesprivatrechts* dar, sondern des Bundeszivilprozessrechts. Die Grundsätze zur einheitlichen Durchsetzung des Bundesprivatrechts, die das BGer in Zusammenhang mit dem raschen und einfachen Verfahren fordert, fallen hier somit von vornherein aus der Diskussion. 118

*Wie Verfahrensgrundsätze des Bundeszivilprozessrechts im kantonalen Verfahren überprüft werden, ist aus diesem Recht und mit Blick auf Art. 274 selbst abzuleiten* (vgl. auch BGE 118 II 52). Dem Bundesgericht selbst stehen bei sachgemässer Betrachtung ausreichend Möglichkeiten zur Überprüfung kantonaler Gerichtsentscheide zur Verfügung – eine Gegendarstellung (BGE 112 II 193) kann für eine Partei wesentlicher sein als die Übernahme von Kosten. Eine berufungsfähige zivilrechtliche Streitsache kann hier ohnedies nie gegeben sein. 119

### *b) Grundsätze zur Entscheidfällung*

120 Der *pönale Charakter der Kostenauflage verlangt, dass vor dem Entscheid die Grundsätze des rechtlichen Gehörs respektiert werden* (vgl. dazu N 76 zu Art. 274a). *Insbesondere ist* der als fehlbar betrachteten Partei *Gelegenheit zu geben, sich zu rechtfertigen.* Das setzt voraus, dass ihr die Schlichtungsbehörde zuvor genau bezeichnet hat, was sie an ihrem Verhalten als mutwillig erachtet. Der fehlbar betrachteten Partei muss durch die Schlichtungsbehörde zudem namentlich der Vorsatz (vorn N 106 f.) belegt werden können. Sonst ist der Mutwille nicht hinreichend nachgewiesen. Dabei sollte Nachstehendes mitberücksichtigt werden.

121 *Sind Wissensfragen bzw. Fragen der Rechtskenntnis Voraussetzung des Mutwillens* (vgl. vorn N 108, N 110, N 113), so sind beim Entscheid ebenfalls *die sprachlichen und intellektuellen Fähigkeiten der fehlbaren Partei zu berücksichtigen* (sowie die Art, wie sie allenfalls vor dem Verfahren belehrt wurde). *Je geringer diese Fähigkeiten sind,* desto weniger rechtfertigt sich die Annahme, die Partei habe wider besseres Wissen und dergleichen mehr gehandelt. Der Zugang zum kostenlosen Schlichtungsverfahren, das u.a. ebenfalls der Beratung der Parteien dient und sozialpolitisch motiviert ist, darf in solchen Fällen nicht dadurch erschwert werden, dass die Behörde von den Parteien vertieftere Rechtskenntnis verlangt. Immerhin gilt, dass das Verfahrensrecht von den Parteien nichts anderes als Anstand im gegenseitigen Verhalten und im Verhalten zur Behörde verlangt (was von dieser verlangt, dass sie sich ebenfalls des Anstandes befleissigt). Anstand hinwieder darf man von jedermann erwarten (vgl. auch vorn N 113), auch von der «unbeholfenen» Partei.

122 Bei der *rechtskundig beratenen (z.B. Verwalter) oder gar vertretenen Partei rechtfertigt sich bezüglich Wissen demgegenüber eher ein strenger Massstab.* Zurückhaltung hat sich die Schlichtungsbehörde hier immerhin bei der *Annahme eines sog. «aussichtslosen Standpunktes»* aufzuerlegen. Zu dieser Annahme darf sie wohl nur dann gelangen, wenn eine Auffassung gegen eine klare und eindeutige Bestimmung verstösst und/oder gegen eine bewährte, konstante (namentlich höchstrichterliche) Gerichtspraxis, deren Änderung mit grosser Wahrscheinlichkeit nicht abzusehen ist. Stehen hingegen Auslegungsfragen zur Debatte (vgl. etwa ZMP 3/92 Nr. 36, 2/93 Nr. 25) oder gar bloss Beweisprobleme (z.B. Zeugen, Expertise), verbietet sich die Annahme wiederum von selbst.

## 5. Unentgeltlicher Rechtsbeistand

### *a) Allgemeines zum Gehörsanspruch*

123 Die Kostenlosigkeit und die vom Gesetzgeber beabsichtigte eher *formlose Streitvermittlung* durch ein paritätisches Gremium mit beratender Funktion, das der Untersuchungsmaxime nachzukommen hat, *erfordern grundsätzlich keine Rechtsverbeiständung* (vgl. vorn N 44, N 102; ähnlich BGE 119 Ia 267 f., und präzisierend unveröff. BGE 4P.316/1994 vom 19. Mai 1995 [in NZZ vom 12. Juli 1995, Nr. 159, S. 14]; vgl. zudem [analog] BGE

122 I 8 ff. betr. SchKG-Beschwerdeverfahren [Wirkungen der Offizialmaxime).

*Der Anspruch auf rechtliches Gehör i.S.v. Art. 4 BV verlangt allerdings auch im nichtrichterlichen Schlichtungsverfahren Beachtung.* Wer aus sprachlichen Gründen der Verhandlung nicht folgen oder seine Sachdarstellung nicht vorbringen kann, hat *Anspruch auf Übersetzung* (vgl. auch vorn N 99); hierfür braucht es aber keinen unentgeltlichen Vertreter. *Wer aus gesundheitlichen Gründen bzw. aufgrund* körperlicher oder seelischer *Leiden nicht in der Lage ist,* seinen Standpunkt darzulegen und/oder der Verhandlung zu folgen, hat *Anspruch auf die Bestellung eines Beistandes,* der für ihn seine Sache darlegt und seine Ansprüche wahrt. Dieser Beistand muss nicht unentgeltlich bestellt werden. Seine Entschädigung gehört zu den Parteikosten, die von der Kostenlosigkeit erfasst sind (vgl. vorn N 101). 124

*b) Besondere Voraussetzungen der unentgeltlichen Verbeiständung*

Eine unentgeltliche Vertretung kommt nach dem vorhin Ausgeführten *nur dann in Frage,* wenn *einerseits* die dafür erforderliche *Prozessarmut* der Partei gegeben ist (BGE 119 Ia 67 f.; dazu allgemein BGE 121 I 60 ff. [Zeitpunkt der Prozessarmut], BGE 122 I 6 und 113 II 323 ff. bzw. 111 Ia 276 ff. [Entzug der Rechtswohltat der Unentgeltlichkeit]). *Anderseits* muss eine *Notwendigkeit der Vertretung* gegeben sein (BGE 119 Ia 268). Diese muss hinwieder nicht nur (kann aber) in der Unfähigkeit der Partei bestehen, die Sache selbst überhaupt zu vertreten. Auch andere Gründe können die Notwendigkeit der Verbeiständung objektiv nahelegen, wobei *ein relativ strenger Masstab anzulegen ist:* Das Schlichtungsverfahren muss erhebliche Konsequenzen für die prozessarme Partei beinhalten, und/oder die im Verfahren aufgeworfenen rechtlichen Probleme müssen sich als schwierig erweisen (vgl. BGE 119 Ia 268 f.); letzteres ist nicht bloss deshalb gegeben, weil der Streit ein rechtliches Spezialgebiet beschlägt. Dem trägt die kostenlose Schlichtung gerade Rechnung. 125

aa) Die unentgeltliche Verbeiständung kommt daher bei **Schlichtungsverfahren, die mit einem Entscheid der Behörde enden** können (BGE 119 Ia 268), grundsätzlich dort in Frage, wo die Schwierigkeiten, die es im Verfahren zu meistern gilt, ohne Anwalt von der Partei nicht gemeistert werden können: «Eine Verbeiständung kommt daher grundsätzlich nur dort in Betracht, wo aussergewöhnliche Schwierigkeiten hinzutreten» (unveröff. BGE 4P.316/1994 vom 19. Mai 1995 [in NZZ vom 12. Juli 1995, Nr. 159, S. 14], präzisierend zu BGE 119 Ia 264 ff.). 126

127 Überdies soll den Grundsätzen der EMRK gemäss für beide Parteien «Waffengleichheit» bestehen (wobei dieser martialische Begriff in Zusammenhang mit formloser Schlichtung wohl deplaziert wirkt): Zieht die Gegenpartei einen Anwalt bei, so darf der prozessarmen Partei dasselbe nicht ohne Not verweigert werden, selbst wenn die Sache nicht derart schwierig ist, dass sie schon für sich genommen den Anspruch auf Verbeiständung begründen könnte (unveröff. BGE 4P.316/1994 vom 19. Mai 1995 [in NZZ vom 12. Juli 1995, Nr. 159, S. 14], präzisierend zu BGE 119 Ia 264 ff.). Die anwaltliche Vertretung der Gegenpartei allein reicht allerdings nicht aus, um den Anspruch zu begründen (unveröff. BGE 4P.316/1994 vom 19. Mai 1995 [in NZZ vom 12. Juli 1995, Nr. 159, S. 14]). Ob die EMRK im Schlichtungsverfahren, welches nach Auffassung des Bundesgerichtes ohnedies nur Prozessvoraussetzung darstellt (vgl. BGE 117 II 504 ff.), überhaupt anwendbar sein kann, scheint hinwieder mehr als fraglich. Art. 4 BV bietet in dieser Hinsicht m.E. ausreichende Grundlage, die Verbeiständung zu begründen.

128 **bb)** Die unentgeltliche Verbeiständung **im Schlichtungsverfahren, das durch Nichteinigung enden kann,** ist demgegenüber nur auf die in N 125 erwähnten Fälle *einzuschränken* (offen gelassen in BGE 119 Ia 264 ff.; eine Verbeiständung lehnt generell ab LGVE 1990 I Nr. 5); die anwaltliche Vertretung der Gegenpartei kann hier deshalb nie genügen. Diese Einschränkung rechtfertigt sich u.a. aus der Analogie mit friedensrichterlichen Verfahren ohne Entscheidkompetenz (vgl. BGE 114 Ia 29).

### *c) Der Entscheid*

129 *Entscheide über die Gewährung bzw. Verweigerung der unentgeltlichen Verbeiständung im Schlichtungsverfahren sind prozessuale Entscheide, die die Schlichtungsbehörde in eigener Kompetenz zu fällen vermag*, ähnlich einer Verwaltungsbehörde (vgl. BGE 119 Ia 264 ff.), und zwar kraft kantonalen Rechts. Denn sie sind nicht von Art. 274f Abs. 1 erfasst und daher wie alle prozessleitenden Entscheide der Behörde mit kantonalen Rechtsmitteln anzufechten (gl.M. RAPP I, a.a.O., S. 16, unter Hinweis auf ZMP 1/1991 Nr. 10, 2/1991 Nr. 21). Zur Anfechtung legitimiert ist dabei grundsätzlich nur die Partei, die durch den Entscheid beschwert ist. Im Regelfall ist das nur die um unentgeltliche Verbeiständung ersuchende Partei, deren Gesuch nicht bewilligt wird.

130 Im Schlichtungsverfahren kann nicht über eine umfassende Gewährung des Armenrechts im zivilprozessualen Sinn entschieden werden, weil es kostenlos ist. Die Voraussetzungen für die unentgeltliche Vertretung sind überdies strenger als im gerichtlichen Verfahren. *Die Wirkungen der Bewilligung* der unentgeltlichen Verbeiständung durch die Behörde sind daher auf das *Schlichtungsverfahren* und mit diesem in Zusammenhang stehende Rechtsmittelverfahren *beschränkt*. Im *gerichtlichen Verfahren*, welches gemäss Art. 274f Abs. 1 einzuleiten ist, *muss das Gesuch deshalb erneut eingebracht wer-*

*den* (vgl. allgemein dazu [analog] auch BGE 122 I 5 ff. [Entzug der unentgeltlichen Rechtspflege durch den zweitinstanzlichen Richter]).

Die unentgeltliche Verbeiständung darf sich sodann *nicht auf vorschlichtungsverfahrensmässige Aufwendungen* des Beistandes erstrecken; die Sammlung des Prozessstoffes erfolgt ja gerade im Verfahren gemäss Art. 274d Abs. 3 (siehe auch BGE 121 I 321). Da die Parteien die Parteikosten des Schlichtungsverfahrens selbst zu tragen haben, kann im gerichtlichen Verfahren i.S.v. Art. 274f Abs. 1 ebenfalls keine Entschädigung des Vertreters unter dem Titel des vorprozessualen Aufwandes (gleichsam rückwirkend) für Aufwendungen im Schlichtungsverfahren zugesprochen werden. 131

# Art. 274e

II. Schlichtungsverfahren

**[1] Die Schlichtungsbehörde versucht, eine Einigung zwischen den Parteien herbeizuführen. Die Einigung gilt als gerichtlicher Vergleich.**

**[2] Kommt keine Einigung zustande, so fällt die Schlichtungsbehörde in den vom Gesetz vorgesehenen Fällen einen Entscheid; in den anderen Fällen stellt sie das Nichtzustandekommen der Einigung fest.**

**[3] Weist die Schlichtungsbehörde ein Begehren des Mieters betreffend Anfechtbarkeit der Kündigung ab, so prüft sie von Amtes wegen, ob das Mietverhältnis erstreckt werden kann.**

II. En matière de conciliation

**[1] L'autorité de conciliation s'efforce d'amener les parties à un accord. L'accord vaut transaction judiciaire.**

**[2] Si aucun accord n'est trouvé, l'autorité de conciliation statue dans les cas où la loi le prévoit; dans les autres cas, elle constate l'échec de la tentative de conciliation.**

**[3] Lorsque l'autorité de conciliation rejette une requête en annulabilité du congé introduite par le locataire, elle examine d'office si le bail peut être prolongé.**

II. In materia di conciliazione

**[1] L'autorità di conciliazione cerca di indurre le parti all'intesa. L'intesa raggiunta dalle parti equivale a una transazione giudiziale.**

**[2] Se l'intesa non è raggiunta, l'autorità di conciliazione prende una decisione nei casi previsti dalla legge; negli altri casi, accerta la mancata intesa.**

**[3] Quando respinge la domanda con cui il conduttore contesta la disdetta, l'autorità di conciliazione esamina d'ufficio se la locazione può essere protratta.**

1 Materialien — Art. 26 Abs. 2 BMM, Art. 20 BGMM, Art. 259h und Art. 273a des Entwurfes vom 27. März 1985, Art. 259i und Art. 273 Abse. 4 und 5 OR; Amtl.Bull., SR, 1988, S. 180, 1989, S. 432, NR, 1989, S. 544 f.

2 **Literatur:** Siehe allgemeines Literaturverzeichnis sowie N 2 zu Art. 274.

## Inhaltsverzeichnis

# A. Geltungsbereich und Charakter der Norm

## I. Geltungsbereich

3 Der Geltungsbereich der Norm entspricht grundsätzlich demjenigen von Art. 274d: *Die Norm ist nur anwendbar bei Verfahren über die Miete aus unbeweglichen Wohn- oder Geschäftsräumen* (siehe dazu Genaueres in den N 3–14 zu Art. 274d; die dortigen Ausführungen gelten sinngemäss auch hier).

4 Zu den verschiedenen Typen mietrechtlichen Verfahrens i.w.S., die von Art. 274e nicht erfasst sind, siehe die Übersicht in N 63 ff. zu Art. 274.

5 Im Unterschied zu Art. 274d erlangt Art. 274e jedoch *Geltung nur für das Schlichtungsverfahren, nicht* hingegen *für alle gerichtlichen Verfahren* (wozu auch die Verfahren der Schlichtungsbehörde als Schiedsgericht zählen; vgl. N 30 f. zu Art. 274c).

## II. Charakter

6 **1.** Die Norm ist eine *Verfahrensnorm des Bundesrechts*, aber keine Regel des Bundes*privat*rechts. Als Verfahrensnorm ist sie der Parteiautonomie entzogen (gl. RONCORONI, in: mp 2/90, S. 80), womit ihr Charakter **im allgemeinen** ausreichend umschrieben ist.

7 **2.** Die Norm regelt als Verfahrensnorm Verhalten der Schlichtungsbehörde. Sie ist insoweit eine **direkt anwendbare Norm des Bundesrechts.** Kantonale Normen zum Schlichtungsverfahren, die ihr Zuwiderlaufendes zum Schlichtungsverfahren regeln, sind aufgrund der derogatorischen Kraft des Bundesrechts unbeachtlich.

# B. Das Schlichtungsverfahren

## I. Die Schlichtungskompetenz und deren rechtliche Grundlagen

### 1. Die Schlichtungskompetenz i.S.v. Art. 274e

*Von Bundesrechts wegen* ist die Schlichtungsbehörde sachlich zur Behandlung von Mietstreitigkeiten *explizit nur berufen im Fall* (h.L., stellvertretend: RAPP I, a.a.O., S. 15, SVIT-Kommentar II, N 1 zu Art. 274e, WIDMER, bei: HANGARTNER, S. 39) 8

- der *Hinterlegung i.S.v. Art. 259g ff.*, wobei ihr eine Entscheidkompetenz i.S.v. Art. 274e Abs. 2 zukommt (Art. 259i Abs. 1), soweit nicht bloss eine Streitigkeit über eine gewöhnliche unbewegliche Sache vorliegt (vgl. dazu N 38 ff. zu Art. 259i), 9
- der *Mietzinsüberprüfung i.S. der Art. 270 ff.*, wobei ihr keine Entscheidkompetenz zukommt, 10
- der *Anfechtung der Kündigung* i.S.v. Art. 271 f. (mit Entscheidkompetenz i.S.v. Art. 274e Abs. 2; Art. 273 Abs. 4) und/oder 11
- der *Erstreckung des Mietverhältnisses* i.S.v. Art. 272 ff. (mit Entscheidkompetenz i.S.v. Art. 274e Abs. 2; Art. 273 Abs. 4). 12

*Nach zutreffender*, hier vertretener *Auffassung* (vgl. N 47 f. zu Art. 274a, mit Verweisen), *ist damit die bundesrechtliche Geltung von Art. 274e erschöpft.* 13

In der *Literatur und in der* (vor allem) *bundesgerichtlichen Praxis* wird die bundesrechtliche *Schlichtungskompetenz* der Behörde allerdings sowohl unter dem Aspekt der Streitsache als auch unter dem Aspekt der Mietart *weiter aufgefasst*. Zu den einzelnen Theorien vgl. N 43 ff. zu Art. 274a (mit Verweisen). 14

Insbesondere das *Bundesgericht* nimmt gestützt auf Art. 274a Abs. 1 *unter dem Aspekt der Mietart eine allgemeine Schlichtungskompetenz der Behörde für Streitigkeiten aus der Miete unbeweglicher Sachen an* (vgl. N 44 f. zu Art. 274a, mit Verweisen); diese «umfassende» Kompetenz kann jedoch von Art. 274e insoweit nicht erfasst sein und ist insoweit auch nicht erfasst, wie eine Miete unbeweglicher Sachen vorliegt, die weder Wohn- noch Geschäftsraum sind (vgl. dazu N 65 f. und N 73 ff. zu Art. 274 [Übersicht zum «mietrechtlichen Verfahren»]). 15

16 *Ferner nimmt das Bundesgericht unter dem Aspekt der Streitsache ebenfalls eine «umfassende» Kompetenz an, die auf einem sog. «mietrechtlichen Tatbestand» basiert* (vgl.

dazu N 42 f., N 46 zu Art. 274, N 49 f., N 52 zu Art. 274a). Dass diese Auffassung nur schon im Lichte der Rechtssicherheit unpraktikabel ist, zeigen die Beispiele in N 47 ff. und N 59 zu Art. 274, ferner N 9 ff. zu Art. 274b. Dass diese Auffassung zudem mit diversen verfassungsmässigen bzw. gesetzlichen Grundsätzen bricht, wird dargelegt u.a. in den N 52 ff. zu Art. 274a, N 15, N 17 und N 18 zu Art. 274b (je mit Verweisen).

17 Wie weit man auch immer die «umfassende» Schlichtungskompetenz der Behörde fassen will, sind von ihr *nicht erfasst die Streitigkeiten aus der Miete beweglicher Sachen, die Wohn- und Geschäftsraum darstellen* (siehe dazu den Wortlaut von Art. 274a Abs. 1, Ingress; vgl. ferner N 71 f. und N 82 f. zu Art. 274).

18 Im übrigen gelten die *nachstehenden Ausführungen, unbeschadet darum, welcher Theorie zum Umfang der Entscheidkompetenz der Behörde* (vorn N 13 ff.) *man zuneigt.*

## 2. Bundesrechtliche Grundlagen

19 Art. 274e bildet *die* bundesrechtliche Grundlage des Schlichtungsverfahrens als Teil des mietrechtlichen Verfahrens im engsten Sinn (vgl. N 22 und N 73 zu Art. 274). Sie basiert auf Art. 274a Abs. 1 lit. b.

20 Art. 274e ergänzende Verfahrensnormen des Bundesrechts sind überdies im wesentlichen Art. 259h Abs. 2, Art. 259i Abs. 1, Art. 270e lit. a, Art. 272c Abs. 1, Art. 273 Abs. 4 sowie Art. 274d Abse. 2 und 3.

21 Den Rang einer Art. 274e ergänzenden bundesrechtlichen Verfahrensgrundlage erhebt überdies *Art. 21 Abs. 1 VMWG.* Diese Norm ist allerdings *nicht rechtsbeständig* (siehe N 59–62 zu Art. 274a) und bleibt daher höchstens im Sinn einer reinen Empfehlung «beachtlich».

22 Zu den notwendigen bzw. möglichen weiteren *kantonalen Rechtsgrundlagen* des Schlichtungsverfahrens siehe nachstehend N 71 ff.

# II. Bundesrechtliche Grundsätze des Verfahrens

## 1. Übersicht

Bundesrechtlich vorgegebene Züge und Grundsätze des Schlichtungsverfahrens *ergeben sich nicht ausschliesslich aus Art. 274e.* Massgebend sind auch die Grundsätze, die sich aus Art. 274d ergeben, sowie die gesetzgeberischen Wertentscheidungen, die hinter Art. 274a stehen. Massgebend sind schliesslich allgemeine verfahrensrechtliche Grundsätze des Bundesrechts. *Nachstehend werden allerdings nur die sich aus Art. 274e direkt ergebenden Grundsätze behandelt.* 23

Als Hilfe zur schnelleren Erfassung des bundesrechtlichen Schlichtungsverfahrens wird hier daher eine *Übersicht auf die wichtigsten Grundsätze des Verfahrens und das Wesen der Schlichtung* geboten (mit Verweisen), soweit sie bereits behandelt worden sind: 24

- Wesen der Schlichtung als zwar *justizförmiges,* aber trotzdem *nicht-gerichtliches, formloses summarisches Verfahren* (N 10 ff., N 27 ff. zu Art. 274a, N 23 ff. zu Art. 274d). 25
- Das Schlichtungsverfahren *als Prozessvoraussetzung* des gerichtlichen Verfahrens (N 44 und N 133 zu Art. 273, N 9 zu Art. 274, N 27 zu Art. 274a).

- *Einfachheit und Raschheit* (N 19 ff. zu Art. 273 [Klageanhebung], N 17 ff., N 34 ff. [N 36 ff., Säumnisfolgen], N 43 f. [Gerichtsferien] zu Art. 274d). 26
- *Eventualmaxime* (N 13 zu Art. 274a, N 27 ff. [insbesondere N 30 f.], N 50, N 62 ff. zu Art. 274d).
- *Dispositionsmaxime* (N 61 f. zu Art. 274, N 60 ff. zu Art. 274a, N 56, N 67 ff. zu Art. 274d).
- *Soziale Untersuchungsmaxime* (N 24, N 41, N 50 ff. [insbesondere N 56 ff.], N 61 ff., N 67 ff. zu Art. 274d).
- *Beweismittel* (N 30 zu Art. 274a, N 24 ff. [Glaubhaftmachung], N 94 zu Art. 274d).
- *Beweiswürdigung* (N 76 f., N 88 ff. [insbesondere N 94 f.] zu Art. 274d).

## 2. Einigungsbemühungen als Pflicht (Abs. 1)

27 Die formlose Schlichtung von Streit zwischen Mietvertragsparteien soll nach der gesetzgeberischen Idealvorstellung durch die paritätische Schlichtungsbehörde zu einer Einigung führen (vgl. N 10 f. zu Art. 274a; so schon HUNZIKER, S. 127).

### *a) Umfang der Pflicht*

28 Art. 274e Abs. 1, 1. Satz, macht es der Schlichtungsbehörde *zur Pflicht*, den Versuch zu unternehmen, eine Einigung zwischen den Parteien herbeizuführen (gl.M. RAPP I, a.a.O., S. 14; gl.M. wohl auch z.B. WEBER/ZIHLMANN, Basler Kommentar, N 1 zu Art. 274e). Die Parteien sind daher grundsätzlich stets zur Verhandlung vorzuladen, und es sind dabei grundsätzlich stets Einigungsbemühungen vorzunehmen.

29 *Von einer Verhandlung kann immerhin dann abgesehen werden* (muss aber nicht), wenn sich bereits aufgrund des Begehrens um Schlichtung klar zeigt, dass die Behörde örtlich oder sachlich unzuständig ist (vgl. N 93 ff. [sachliche Zuständigkeit], N 97 f. [örtliche Zuständigkeit] zu Art. 274a; zu den a.A. vgl. N 91 f. zu Art. 274a).

30 Eine Durchführung der Verhandlung erweist sich zudem dann als überflüssig (und hat zu unterbleiben), wenn die *klagende Partei* das Begehren zurückgezogen oder als gegenstandslos geworden erklärt hat. Ebenso braucht nicht mehr verhandelt zu werden, wenn die *beklagte Partei* das Klagebegehren vollumfänglich anerkannt hat und wenn *beide Parteien* vor der Verhandlung selbst zu einer Einigung gefunden haben. All das gebietet nur schon die Dispositionsmaxime (vgl. dazu auch N 79 f., N 89 zu Art. 272b, N 12 ff. zu Art. 272c, *N 128 f. zu Art. 273*, N 28 f. zu Art. 273c).

31 *Nicht von einer Verhandlung abgesehen werden* kann hingegen dann, *wenn eine der Parteien ein Desinteresse an den Schlichtungsbemühungen schon vor der Verhandlung kundgibt.* Das gilt sowohl für die Verfahren der Behörde mit Entscheidkompetenz sowie für die Verfahren, in denen der Behörde keine Entscheidkompetenz zukommt. Denn

32 – dort, *wo die Behörde einen Entscheid zu fällen hat*, bedarf sie der Entscheidgrundlagen und der Möglichkeit zur Komplettierung allfälliger schriftlicher Darstellungen im Lichte von Art. 274d Abs. 3. Eine Verhandlung ist nur schon deshalb nötig (siehe dazu N 78, N 83 ff. zu Art. 274d);

– dort, *wo der Behörde keine Entscheidkompetenz zukommt*, muss der Gegenpartei wenigstens die Möglichkeit geboten sein, ihren Standpunkt vorzutragen und kostenlos im Hinblick auf ein allfälliges Gerichtsverfahren rechtlich prüfen zu lassen (Rechtsschutz durch Verfahren und damit auch Beratung; vgl. N 15 zu Art. 274a, siehe ferner Art. 274a Abs. 1 lit. a). Unter dem Aspekt der Streitverhinderung, auf die die Behörde generell hinzuwirken hat, begründet diese Möglichkeit einen prozessualen *Anspruch der Gegenpartei*, der ebenfalls in den Sozialschutzmotiven des Schlichtungsverfahrens Verankerung findet (vgl. dazu etwa ZIHLMANN II, S. 253, Amtl.Bull. NR vom 16. März 1989, S. 542 f. [insbesondere Votum BR KOLLER]). 33

Ein *Verzicht* auf die Verhandlung und Einigungsbemühungen kann somit *unter dem Aspekt des Desinteresses* der Parteien an Einigungsbemühungen *nur dann statthaft* sein, wenn in einem Verfahren, in dem der Behörde *keine Entscheidkompetenz* zukommt, *beide Parteien* bereits vor der Verhandlung ihr Desinteresse an den Schlichtungsbemühungen kundgegeben haben. 34

Von Einigungsbemühungen und damit von einer Verhandlung absehen kann die Behörde endlich dann, wenn vor der Verhandlung ein Ausweisungsverfahren hängig wird bzw. ist und sie gestützt auf Art. 274a Abs. 1 lit. d ihrer *Überweisungspflicht* nachzukommen hat (vgl. dazu N 66 f. zu Art. 274a; siehe dazu ferner N 43 zu Art. 274g). 35

### *b) Inhalt der Pflicht*

**aa)** Wie weit die Einigungsbemühungen **in sachlicher Hinsicht** zu gehen haben, bestimmen ausschliesslich die *Parteien (Dispositionsmaxime)*. Massgebend ist unter dem Aspekt des sachlichen Umfangs der Pflicht somit vorab das *Rechtsbegehren der klagenden Partei;* ferner wird der Gegenstand der Einigungsbemühungen durch die *Anträge beider Parteien im Verfahren* bestimmt (siehe N 60 ff. zu Art. 274a und N 67 ff. zu Art. 274d; vgl. ferner N 124 zu Art. 273). 36

Eine Ausdehnung der *Einigungsbemühungen über diesen von den Parteien vorgezeichneten Rahmen hinaus darf die Behörde nur mit Einwilligung beider Parteien vornehmen.* Eigenmächtige Eingriffe der Behörde in die Freiheit der Parteien, nach ihrem Gutdünken zu verhandeln, und damit ihre Beziehung und ihr Vertragsverhältnis zu bestimmen, sieht das Gesetz nicht vor (vgl. auch BGE 122 III 25). Art. 21 VMWG ist gerade auch deswegen nicht rechtsbeständig (vgl. N 59 zu Art. 274a). 37

**bb) Unter persönlichen Aspekten** ist der Inhalt der Einigungsbemühungen ebenfalls durch den Willen der Parteien begrenzt; es gilt, *die Entschei-* 38 *dungsfreiheit der Parteien zu respektieren.* Der gesetzlich erwünschte «sanfte Druck» zur Einigung (vgl. Amtl.Bull. NR vom 16. März 1989, S. 543; Votum BR KOLLER) *erschöpft sich im Angebot* der Vermittlung in *einer Verhandlung* (dazu N 42). Der Wille einer jeden Partei, sich *keiner Einigung unterziehen* zu wünschen, ist von der Behörde somit ernsthaft zur Kenntnis zu nehmen (vgl. dazu auch N 110 ff. zu Art. 274d).

39 Die Behörde und ihre paritätischen Mitglieder haben sich daher – nicht zuletzt zu ihrem Vorteil und Ansehen – jeglichen sog. «psychologischen Geschicks» (vgl. aber TOBLER, bei: HANGARTNER, S. 93) zu enthalten, welches ihnen (nach den Massstäben vernünftiger Menschen und nicht streithafter Prozessparteien) als Druckversuch oder Versuch zum Zwang ausgelegt werden könnte. Das Schlichtungsverfahren selbst soll ausreichender «Zwang» sein (vorn N 38).

40 Aus *im Schlichtungsverfahren abgelehnten Vergleichsvorschlägen dürfen* konsequenterweise keiner der Parteien prozessuale oder materiellrechtliche Nachteile erwachsen (ähnlich etwa RAPP I, a.a.O., S. 14; zur Ausnahme siehe nachstehend N 41). Im Schlichtungsverfahren von einer Partei abgelehnte Vergleichsofferten und -vorschläge binden die Parteien ebenfalls nicht in einem gerichtlichen Verfahren (siehe etwa ZR 84 [1985] Nr. 13; vgl. ferner z.B. RAPP I, a.a.O., SVIT-Kommentar II, N 6 zu Art. 274e). Das ist nur schon deshalb notwendig, weil es sonst kaum zu ernsthaften, unbelasteten Gesprächen kommen kann.

41 Nur die *vorbehaltlose* (einschränkungslose bzw. bedingungslose) *und klare Anerkennung eines (Teil-)Anspruches der Gegenpartei* im Schlichtungsverfahren bindet die anerkennende Partei, wenn es zu keiner Einigung kommt (vgl. N 109 zu Art. 274d). Das ist jedoch keine direkte Folge des Schlichtungsverfahrens, sondern folgt aus dem Grundsatz von Treu und Glauben (Art. 2 Abs. 2 ZGB: *Venire contra dictum proprium).* Ob eine vorbehaltlose Anerkennung im Schlichtungsverfahren erfolgte, ist in einem gerichtlichen Verfahren dann, wenn es geltend gemacht wird, von Amtes wegen zu prüfen (ähnlich SVIT-Kommentar II, N 6 f. zu Art. 247e).

42 cc) **In zeitlicher Hinsicht** ist die Pflicht zu Einigungsbemühungen grundsätzlich auf *eine* Verhandlung beschränkt. Zu einer weiteren (also zusätzlichen) Verhandlung usw. soll es nur dort kommen, wo komplexe Sachverhalte oder wo in die Verhandlung mitgebrachte Unterlagen oder Anträge zur «Beweiserhebung» (formlose Beweismittel kommen nur in Frage; vgl. vorn N 26, mit Weiterverweisen) dergleichen im Interesse der Parteien nahelegen, und zwar mit Blick auf die Pflicht gemäss Art. 274d Abs. 3 (so schon HUNZIKER, S. 127 f., ferner etwa HOHL, S. 248).

43 Unzulässig ist es hingegen, nach dem Scheitern der Einigungsgespräche eine weitere Verhandlung anzusetzen, *ohne* dass beide Parteien damit einverstanden sind (vgl. vorn N 37, N 38).

### 3. Einigung als gerichtlicher Vergleich (Abs. 1)

a) Die Einigung im Schlichtungsverfahren stellt ihrem Wesen nach einen **Vergleichsvertrag** dar (vgl. dazu N 50 f. [Wesen des Vergleichsvertrages], N 80 [Form], N 88 f. [mangelhafte Einigung] zu Art. 272b; ähnlich, statt vieler: SVIT-Kommentar II, N 2 zu Art. 274e, allerdings mit m.E. auf den Kompromiss [gegenseitiges Nachgeben] bzw. die Ungewissheit vor dem Rechtsstreit zu stark eingeschränkter Sichtweise; ausführlich zur allgemein anzutreffenden und zu engen Sichtweise über das «Wesen» von Vergleichen HIGI, Schlichtungsstellen, S. 43–45). 44

Kommt die Einigung unter Mitwirkung der Behörde (auf deren Vorschlag) im Schlichtungsverfahren (bzw. in der Verhandlung) zustande, liegt eine sog. *«behördliche» Einigung vor* (analog dem «gerichtlichen Vergleich»). Möglich ist es überdies, dass sich die Parteien ohne Hilfe der Behörde einigen und den Konflikt beilegen. Alsdann liegt eine «ausserbehördliche Einigung» vor (analog dem «aussergerichtlichen» Vergleich). Auch diese Form der Einigung ist von Art. 274e Abs. 1 erfasst und führt zur Erledigung des Schlichtungsverfahrens (nachstehend N 48 f.). 45

Die Behörde kann einen Einigungsvorschlag auch an eine Bedenkfrist für die Parteien binden (vgl. RAPP I, a.a.O., S. 14). Die Folgen einer Ablehnung eines solchen Vorschlages sind die gleichen wie beim in der Verhandlung abgelehnten Vorschlag (vorn N 40 f.; siehe dazu ebenfalls N 67 f. zu Art. 274f).

Zu den Erstreckungsvereinbarungen bzw. Einigungen im Fall von Streitigkeiten, die die Existenz der *Familienwohnung* tangieren, siehe N 21 ff. zu Art. 273a. 46

b) Die Einigung im Schlichtungsverfahren gilt als gerichtlicher Vergleich (Art. 274e Abs. 1, 2. Satz). Damit sind in erster Linie ihre **Wirkungen** angesprochen – ihr gültiges Zustandekommen führt zur *rechtskräftigen Erledigung des Schlichtungsverfahrens.* Die Einigung *bindet die Parteien* damit verbindlich *und begründet zugleich von Gesetzes wegen* (siehe den Wortlaut von Art. 274e Abs. 1, 2. Satz) zusammen mit dem Verfahrenserledigungsentscheid der Behörde *einen Rechtsöffnungstitel, der zur definitiven Rechtsöffnung berechtigt* (vgl. Art. 80 Abs. 2 Ziff. 1 SchKG; ähnlich, statt vieler: RAPP I, a.a.O., S. 14, SVIT-Kommentar II, N 2 zu Art. 274e). 47

c) Unbeschadet um die Wirkungen, die die Einigung gemäss Art. 274e Abs. 1, 2. Satz, zur Folge hat, ist sie *kein gerichtlicher*, sondern ihrem Wesen nach gerade *ein aussergerichtlicher* Vergleich. Als solcher *beendet* sie das *Schlichtungsverfahren* selbst *direkt* noch *nicht.* Die Justizförmigkeit 48 des Schlichtungsverfahrens der nicht-richterlichen Behörde (vgl. N 27 zu Art. 274a) erfordert vielmehr zusätzlich eine **formelle Verfahrenserledigung durch einen Entscheid** (sog. Sachentscheid i.w.S. [dazu siehe N 12 ff. zu Art. 272c, N 125, N 128 zu Art. 273]; zum Entscheid der Behörde siehe N 82 ff. zu Art. 274a). Bei diesem Entscheid handelt es sich allerdings nicht um einen Entscheid i.S.v. Art. 274e Abs. 2 (vgl. dazu auch nachstehend N 62 f., mit Weiterverweisen).

49 Aufgrund ihres Schlichtungsauftrages, der Dispositionsmaxime sowie der Untersuchungsmaxime hat die Behörde *vor der Entscheidfällung die Einigung auf inhaltliche Klarheit und Zulässigkeit zu prüfen, aber nicht auf mehr* (vgl. allgemein GULDENER, S. 396; vgl. ferner N 119 zu Art. 272). Die Notwendigkeit dieser «beschränkten» Prüfung der Einigung durch die Behörde ergibt sich nur schon deshalb, weil auch die «ausserbehördliche» Einigung das Verfahren beenden kann und nicht bloss die sog. «behördliche» (vorn N 45; nicht damit befasst z.B. RAPP I, a.a.O., S. 14, SVIT-Kommentar II, N 3 zu Art. 274e, WEBER/ZIHLMANN, Basler Kommentar, N 1 f. zu Art. 274e). Die Prüfung der Einigung auf Zulässigkeit und Klarheit ist überdies erforderlich, weil *die Interessen* (vor allem der Parteien) *an Rechtssicherheit und an Vollstreckbarkeit klare und zulässige rechtskräftige Vergleiche verlangen* (siehe auch vorn N 47: Erledigungsentscheid als Rechtsöffnungstitel).

50 d) Die Einigung ist von Bundesrechts wegen an keine besondere **Form** gebunden. Art. 21 Abs. 1 VMWG ist nicht rechtsbeständig (vgl. N 84 zu Art. 274a; a.A. z.B. offenbar RAPP I, a.a.O., S. 14, SVIT-Kommentar II, N 2 zu Art. 274e; beide ohne Begründung). Die Form der behördlichen Einigung ist daher vom kantonalen Verfahrensrecht festzulegen, welches auch die Form ausserbehördlicher Vereinbarungen mitbestimmt (vgl. N 79 f. zu Art. 272b).

51 Die *Pflicht der Behörden, den Parteien kostenlos wenigstens je ein Exemplar der Vereinbarung zu übergeben* (wozu der Erledigungsentscheid genügt, in dem der Vergleichstext aufgeführt ist), folgt nicht aus Art. 21 Abs. 1 VMWG. Sie hat ihre Grundlagen im Anspruch der Parteien auf rechtliches Gehör (vgl. allgemein etwa VOGEL, S. 171, Rz. 84) und im bundesrechtlichen Grundsatz der Kostenlosigkeit gemäss Art. 274d Abs. 2 (vgl. dazu N 98 zu Art. 274d).

52 e) Die Einigung führt zum **Ausschluss des Klageweges** i.S.v. Art. 274f Abs. 1, welcher die umfassende Prüfung der Streitsache sicherzustellen hat (vgl. N 34 zu Art. 274d; gl.M. z.B. SVIT-Kommentar II, N 6 zu Art. 271f). Das folgt *von Bundesrechts wegen aus den Rechtskraftwirkungen*, die dem Vergleich zugebilligt werden (ein rechtlich schützenswertes Klageinteresse ist

nicht auszumachen). Das folgt ebenso aus dem *klaren und unzweideutigen Wortlaut von Art. 274e Abs. 2* (dazu nachstehend N 62 f.). Das folgt endlich aus dem Zweck, den Art. 274f Abs. 1 verfolgt, der nicht darin bestehen kann, dass eine Klage zur Sache insgesamt etwa der Überprüfung der Frage dienen kann, ob eine Partei den Vergleich aufgrund eines Willensmangels abgeschlossen hat (von einem Unterliegen i.S.v. Art. 274f Abs. 1 kann hier logisch betrachtet zudem keine Rede sein; ob eine Partei unterlegen ist, kann erst feststehen, wenn der Vergleich hinfällig geworden und der danach erforderliche Entscheid gefällt worden ist). Mit Blick auf Art. 274 ist es ausschliesslich Sache der Kantone, ein für die Überprüfung solcher Entscheide entsprechendes Rechtsmittel vorzusehen. Das Bundesrecht hat hierfür bei sachgerechter Betrachtung eben gerade nichts vorgesehen (vgl. dazu auch RAPP I, a.a.O., S. 15; siehe überdies N 85 zu Art. 274a, mit Verweisen).

### 4. Der Einigung vergleichbare Erledigungen

Art. 274e widerspiegelt eine gewissermassen «schlichte», «einigungs- 53
zentrierte» Sicht des Gesetzgebers zum Schlichtungsverfahren und dessen Erledigung (vgl. etwa Amtl.Bull. NR vom 16. März 1989, S. 545 [Votum HUBACHER]). Denn ein Schlichtungsverfahren kann gemäss der bundesrechtlichen Regelung – wörtlich genommen – nur durch Einigung bzw. Nichteinigung und dann ev. Entscheid ein Ende finden und den Rechtsfrieden (rechtskräftig) wiederherstellen. Schlichtungsverfahren können ihr Ende jedoch ebenso in Parteierklärungen finden, die überhaupt nicht oder nur indirekt eine Einigung zur Grundlage haben (Klagerückzug [u.U. infolge Vergleiches], Klageanerkennung [u.U. infolge Vergleiches]; vgl. HIGI, Schlichtungsstellen, S. 41 ff. [dort auch Fn. 52 zur tatsächlichen Bedeutung dieser Erledigungsarten]). Auch solche Parteierklärungen dienen dem Ziel des Schlichtungsverfahrens, d.h. der Wiederherstellung des Rechtsfriedens (vgl. HOHL, S. 253). Da vom Bundesrecht als Mittel der Wiederherstellung des Rechtsfriedens bloss Einigung, Nichteinigung oder Entscheid ausdrücklich aufgeführt werden, ist bezüglich dieser weiteren Erledigungsmöglichkeiten *von einer Lücke im Gesetz auszugehen,* und zwar von einer *Fahrlässigkeitslücke* (dazu vgl. MEIER-HAYOZ, N 284 ff. zu Art. 1 ZGB). Diese Lücke ist analog der Regelung zu Art. 274e Abs. 1 zu schliessen (vgl. dazu N 86 ff. zu Art. 274a, mit Weiterverweisen). Erledigungen des Schlichtungsverfahrens aufgrund solcher Parteierklärungen führen demnach ebenso zur rechtskräftigen Erledigung des Schlichtungsverfahrens und bilden in der Gestalt des verfahrenserledigenden Behördeentscheides einen Rechtsöffnungstitel (wie die Einigung; vgl. vorn N 47, N 48 f.).

54 Aus dem Dargelegten folgt zwangsläufig ebenso bei diesen Erledigungen des Schlichtungsverfahrens der Ausschluss des Klageweges i.S.v. Art. 274f Abs. 1 (vgl. vorn N 52). Namentlich von einem Unterliegen i.S.v. Art. 274f Abs. 1 kann hier keine Rede sein, da die Sache selbst von der Behörde ungeprüft geblieben ist. Selbst bei Schlichtungen gilt es ja die Dispositionsmaxime und damit die Parteiautonomie zu beachten (a.A. bezüglich des Klageweges offenbar das BGer; vgl. BGE 120 II 28; a.A. in dieser Hinsicht ebenso SVIT-Kommentar II, N 6 zu Art. 274f, unter blossem Hinweis auf BGE 120 II 28).

### 5. Gescheiterte Einigung (Abs. 2)

55 **a)** Art. 274e Abs. 2 sieht für den Fall des Scheiterns der Einigung (etwas ungenau; vorn N 53 f.) den **Grundsatz der Erledigung** des Verfahrens **infolge Nichteinigung** vor (gl.M. wohl etwa RAPP I, a.a.O., S. 15, SVIT-Kommentar II, N 4 f. zu Art. 274e, VOGEL, S. 313).

56 Die Nichteinigung allein erledigt aber weder das Verfahren, noch öffnet sie den Klageweg i.S.v. Art. 274f Abs. 1. Dafür ist sie zusätzlich gemäss Bundesrecht von der Schlichtungsbehörde *festzustellen.* In welcher *Form* diese Feststellung erfolgt, ist streckenweise Frage des kantonalen Verfahrensrechts (gl. statt vieler: SVIT-Kommentar II, N 5 zu Art. 274e; vgl. dazu N 60 ff. zu Art. 274f).

57 Die Nichteinigung hat *grundsätzlich zur Wirkung,* dass *die Streitsache weder beurteilt noch entschieden ist:* Was im Schlichtungsverfahren zur Diskussion gestellt wurde, hat keine streitaufhebende Antwort gefunden und wird von Gesetzes wegen offen gelassen. Es bleibt deshalb zwangsläufig bei den bisher zwischen den Parteien bestehenden (im Lichte des Rechtsfriedens gestörten) Rechtsbeziehungen (für Mietzinsstreitigkeiten hält das Art. 270e ausdrücklich fest). Zu den weiteren Wirkungen, die sich aus der Unterlassung einer Klage i.S.v. Art. 274f Abs. 1 ergeben können, siehe N 83 ff. zu Art. 274f.

58 **b)** Der (ungenaue) Grundsatz, bei gescheiterter Einigung sei bloss eine Nichteinigung festzustellen, wird durch die **Ausnahme des Entscheides in den vom Gesetz vorgesehenen Fällen** (Art. 274e Abs. 2) durchbrochen (statt vieler: RAPP I, a.a.O., S. 15, SVIT-Kommentar II, N 10 zu Art. 274e, VOGEL, S. 313).

59 **aa)** Mit dieser Ausnahmeregelung zum Entscheid schafft Art. 274e Abs. 2 ein zivilprozessuales Novum: Eine nichtrichterliche Behörde darf und muss

nach einem summarischen Erkenntnisverfahren eine materiell-rechtliche Entscheidung treffen (vgl. GMÜR, a.a.O., S. 122). Nach h.L. liegt darin allerdings *keine Delegation richterlicher Entscheidkompetenz an die Behörde*, weil der Weg zum Richter offen bleibt (vgl. z.B. HOHL, S. 249 f.; kritisch und weitgehend zutreffend z.B. WEBER/ZIHLMANN, Basler Kommentar, N 3 zu Art. 274a). Der Entscheid der Schlichtungsbehörde habe lediglich die **Funktion** gewissermassen eines *«Urteilsvorschlages» oder «Prima facie-Vorentscheides»*, welcher allerdings in sachverhaltsmässiger Hinsicht auf einem mageren Fundament stehen kann (Beweismittelbeschränkungen usw; vgl. etwa BGE 119 Ia 267; ähnlich zum mageren Fundament GMÜR, a.a.O., S. 131; ob man daher ernsthaft von Urteilsvorschlag sprechen kann, der doch eine gewisse «Seriosität» erfordert, muss fraglich bleiben). Die primäre Aufgabe des Entscheides ist es nach der Sicht der h.L. und Praxis, der unterlegenen Partei (Art. 274f Abs. 1) den Weg zum Richter zu öffnen. Daraus kann höchstens ein *Parteirollentausch für das gerichtliche Verfahren resultieren,* sonst gleichsam nichts (vgl. nachstehend N 61). Der Richter hingegen prüft und beurteilt danach mit voller «Kognition» und unbeschadet um allfällige Erwägungen der Schlichtungsbehörde die Streitsache umfassend (z.B. BGE 117 II 421 ff., 117 II 504 ff., 119 Ia 267, 121 III 269; vgl. zudem, statt vieler: HOHL, a.a.O.). Diese Sicht zum Wesen des Entscheides der Schlichtungsbehörde trifft allerdings nicht uneingeschränkt zu (vgl. N 81 f. zu Art. 274f); man darf sie daher ebenfalls als vereinfachend oder schlicht bezeichnen.

Immerhin ist mit dieser Sicht der h.L. und Praxis dargetan, dass nach einhelliger Meinung Art. 274e Abs. 2 und Art. 274f Abs. 1 in einem sachlichen und systematischen Zusammenhang stehen. Der Grundsatz der einheitlichen Auslegung identischer Gesetzesbegriffe (vgl. dazu etwa BGE 118 II 53) verlangt deshalb, bei der Auslegung von Art. 274e Abs. 2 und Art. 274f Abs. 1 zwingend zur Anwendung zu kommen. 60

Zur Hervorhebung der eingeschränkten Bedeutung der Entscheide i.S.v. Art. 274e Abs. 2 spricht das *Bundesgericht* regelmässig davon, der Behörde komme keine «abschliessende» Entscheidkompetenz zu (vgl. etwa BGE 117 II 424, 121 III 269). Das ist allerdings nur schon mit Blick auf Art. 274f Abs. 1 kaum zutreffend, und es kann nur schon deswegen die Frage offen gelassen werden, was überhaupt eine abschliessende Entscheidkompetenz ist (vgl. N 75, N 81 zu Art. 274f; siehe ferner z.B. N 117 f., N 129 ff. zu Art. 274d, N 86 ff. zu Art. 274a). 61

**bb)** Aus dem Kontext der Norm mit Art. 274e Abs. 1 und Art. 274f Abs. 1 ergibt sich, dass Art. 274e Abs. 2 als **Entscheid** zu verstehen ist, **der** ausschliesslich **materielle Ansprüche** der Parteien **zum Gegenstand hat.** Zum selben Resultat führt die Betrachtung von Art. 274e Abs. 2 sowie von *Art. 273 und von Art. 259i,* auf welche Art. 274e Abs. 2 sinngemäss verweist. Es ist fast müssig, hier noch anzufügen, dass aus diesem evidenten systemati- 62 schen Zusammenhang von Art. 274e Abs. 2 mit Art. 259i und Art. 273 folgt, *was für materielle Ansprüche der Parteien überhaupt nur Entscheidgegenstand sein können* (gl.M. RAPP I, a.a.O., S. 16; siehe auch N 71 ff. zu Art. 274e).

63 E contrario folgt aus dem Dargelegten, dass Entscheide, die die Schlichtungsbehörde zwar fällen muss, die sich aber nicht auf Ansprüche der Parteien i.S.v. Art. 259i und Art. 273 abstützen können, von Art. 274e Abs. 2 gar nicht erfasst sein können und erfasst sind (offenbar a.A. das BGer, z.B. in BGE 117 II 421 ff., 117 II 504 ff., 121 III 269). Das legt zusätzlich der Grundsatz der einheitlichen Auslegung gleicher Gesetzesbegriffe («Entscheid») nahe.

64 cc) Die **Form des Entscheides** i.S.v. Art. 274e Abs. 2 wird vom Bundesrecht direkt nicht bestimmt. Aus dem systematischen Zusammenhang der Norm mit Art. 274f Abs. 1 folgt immerhin, dass der Entscheid *von Bundesrechts wegen derart begründet zu sein hat,* dass die Parteien erkennen, inwieweit sie unterlegen sind (so auch GMÜR, a.a.O., S. 131; vgl. ferner N 134 zu Art. 273). Der Entscheid hat daher *einerseits die Anträge* (Rechtsbegehren) der Parteien im Schlichtungsverfahren *zu enthalten und anderseits ein klares Dispositiv,* damit ein Vergleich zwischen Anträgen (Rechtsbegehren) und Dispositiv auch der rechtsunkundigen Partei zweifelsfrei erlaubt, das Unterliegen festzustellen (gl.M. ferner etwa HOHL, S. 252).

65 Aus dem Anspruch auf rechtliches Gehör und damit aus dem Bundesrecht (hierin a.A. RAPP I, a.a.O., S. 16) folgt überdies, dass der *Entscheid wenigstens summarisch die Entscheidgründe aufführt,* damit die Parteien feststellen können, weshalb die Behörde zu ihrem Entscheid gekommen ist (gl. GMÜR, a.a.O., HOHL, a.a.O., RAPP I, a.a.O., S. 16, SVIT-Kommentar II, N 11 zu Art. 274e). Denn nur so können sie auch allfällige Chancen einer gerichtlichen Klage abschätzen.

66 Im übrigen – und nur darin (a.A. RAPP I, a.a.O.) – sind die Kantone frei in der Gestaltung von Vorschriften über die Entscheidform (ähnlich z.B. SVIT-Kommentar II, N 11 zu Art. 272e). Die Kantone können deshalb mündliche Eröffnungen (mit Übergabe eines Dispositivs und mündlicher Erläuterung der Entscheidgründe) ebenso vorsehen wie eine schriftliche «Eröffnung» des Entscheides (vgl. N 57 f. zu Art. 274f). Kantonale Ordnungen, die voraussetzungslos unbegründete Entscheide der Schlichtungsbehörden vorsehen, sind hingegen insoweit bundesrechtswidrig und unbeachtlich (derogatorische Kraft des Bundesrechts; offenbar a.A. RAPP I, a.a.O.).

### 6. Beschränkte Offizialmaxime (Abs. 3)

Art. 274e Abs. 3 verpflichtet die Behörde da, wo sie eine blosse Anfechtungsklage i.S.v. Art. 271 f. beurteilt und die Gültigkeit der Kündigung bejaht, *von Amtes wegen* die Erstreckbarkeit des Mietverhältnisses i.S.v. Art. 272 zu prüfen. Ein Antrag der klagenden Partei ist daher nicht vonnöten (ähnlich SVIT-Kommentar II, N 15 zu Art. 274e). 67

Art. 274e Abs. 3 enthält somit eine *beschränkte Offizialmaxime* (zum Begriff der Offizialmaxime vgl. N 55 zu Art. 274d). Beschränkt ist die Maxime deshalb, weil sie im umgekehrten Fall der blossen Erstreckungsklage es der Behörde nicht erlaubt, ebenfalls die Gültigkeit der Kündigung unter dem Aspekt der Treuwidrigkeit i.S.v. Art. 271 f. zu prüfen. (Das *ergibt sich zwangsläufig aus dem Anfechtungsprinzip* des materiellen Rechts [vgl. dazu N 60 ff. Vorbem. zu Art. 271–273c, N 33 ff. zu Art. 271; ähnlich, aber mit anderer Begründung, SVIT-Kommentar II, N 16 zu Art. 274e]). 68

Die *Maxime gilt gemäss klarem Gesetzeswortlaut überdies da nicht, wo lediglich die Nichtigkeit oder die Unwirksamkeit einer Kündigung geltend gemacht werden (vgl. dazu N 39 ff.).* Wird eine Klage erhoben, die ausschliesslich diese Fragen zum Gegenstand hat, steht der Behörde zudem keine Entscheidkompetenz zu (vgl. vorn N 9, N 11 f.). 69

Umgekehrt ist hingegen die Gültigkeit der Kündigung, die Anfechtungsvoraussetzung i.S.v. Art. 271 f. bildet bzw. Erstreckungsvoraussetzung i.S.v. Art. 272, im Schlichtungsverfahren im Rahmen eines Anfechtungsprozesses oder Erstreckungsverfahrens stets vorfrageweise von Amtes wegen (entgegen Art. 274f Abs. 2) zu prüfen (vgl. N 15 ff. zu Art. 274f; siehe überdies N 41, N 46 zu Art. 271, N 57 f. zu Art. 272). 70

## III. Unvollständige bundesrechtliche Regelung zugunsten des kantonalen Rechts

Die bundesrechtliche Ordnung zum Schlichtungsverfahren bzw. zum mietrechtlichen Verfahren überhaupt ist lediglich rudimentär ausgefallen (vgl. beispielsweise vorn N 53 [mit Weiterverweisen], N 56, N 66 [mit Weiterverweisen]; siehe ferner etwa N 70 ff. zu Art. 274a). Dem hat der Bundesgesetzgeber mit der Kompetenzausscheidungsregel des Art. 274 Rechnung getragen: Diese Bestimmung überlässt unter Hinweis auf die verfassungsrechtliche Ordnung den Kantonen die Regelung von Schlichtungsverfahren dort, wo der Bundesgesetzgeber selbst keine Regelung getroffen hat (vgl. dazu N 6 ff. zu 71

Art. 274, N 104 ff. zu Art. 274a, N 20 f. zu Art. 274f; ähnlich etwa RAPP I, a.a.O., S. 16, mit Verweisen, SVIT-Kommentar II, N 12 ff. zu Art. 274e, VOGEL, S. 315 f.; vgl. auch BGE 118 II 52 [«Art. 274 OR behält denn auch die Prozesshoheit der Kantone ausdrücklich vor»], BGE 118 II 308).

72 *Den Kantonen* kommt es demnach zu, *Regelungen über den Gang des Schlichtungsverfahrens aufzustellen*, soweit Art. 274d und 274e dazu nicht explizit oder implizit bereits eine Regelung aufgestellt haben oder sich Verfahrensgrundsätze aus anderem Bundesrecht zwingend ergeben (z.B. Art. 274f, Dispositionsmaxime als prozessualer Ausdruck der Privatautonomie, Anspruch auf rechtliches Gehör, materielle Rechtskraft [siehe dazu die entsprechenden Ausführungen in N 81 ff. zu Art. 274f]).

73 Für Einzelheiten ist vorab auf die Ausführungen in N 104 ff. zu Art. 274a zu verweisen. Ergänzend ist anzufügen, dass es den Kantonen insbesondere frei steht, das Verfahren hinsichtlich prozessleitender Entscheide der Schlichtungsbehörde und deren Überprüfung zu regeln (RAPP I, a.a.O., S. 16; vgl. auch GMÜR, a.a.O., S. 124; teilweise a.A. SVIT-Kommentar II, N 14 zu Art. 274e, unter Verweis auf die bundesgerichtliche Auffassung, wonach der Schlichtungsbehörde keine «abschliessende» Entscheidkompetenz zukomme [dazu vorn N 61]; die fraglichen BGE befassen sich allerdings nicht mit prozessleitenden Entscheiden. Die Auffassung des Bundesgerichtes fusst sodann auf einem unzutreffenden Verständnis von Art. 274f; Weiteres dazu in N 71 ff. zu Art. 274f).

74 Angesichts des zwitterhaften Charakters der Schlichtungsbehörde als nichtrichterlicher Instanz mit teilweiser Entscheidkompetenz in materiell-rechtlicher Hinsicht, die auch ihr Verfahren fördern und leiten muss («Quasi-Gericht»; N 75 zu Art. 274a), können die Kantone Kompetenzen für gewisse Entscheide von besonderer Tragweite jedoch auch dem Richter überlassen, analog Art. 274f Abs. 2. Namentlich Entscheide über die Gewährung eines unentgeltlichen Rechtsbeistandes (vgl. dazu N 123 ff. zu Art. 274d) können sie beispielsweise in die richterliche Kompetenz verweisen (müssen das aber nicht). Bundesrecht stünde einer solchen Regelung, deren Zweckmässigkeit allerdings doch fragwürdig erscheint, jedenfalls gerade nicht entgegen.

# IV. Einzelfragen

## 1. Widerklage

### *a) Grundsatz*

Vor allem unter dem Aspekt der «umfassenden Schlichtung» (vorn N 14 ff., mit Weiterverweisen), aber bei weitem nicht ausschliesslich, stellt sich das Problem, ob *Widerklagen* bereits im Schlichtungsverfahren angehoben werden müssen (vgl. den Entscheid in ZMP 3/91 Nr. 36, der aber von einer eingeschränkten Entscheidkompetenz ausgeht). Fasst man *die Schlichtung gewissermassen als Prozessvoraussetzung* des gerichtlichen Verfahrens auf (vgl. BGE 117 II 506; ähnlich die h.L., stellvertretend GIGER, S. 156, HOHL, S. 249 f.), so muss das insoweit notwendig sein, wie die Widerklage auch im gerichtlichen Verfahren geltend gemacht werden soll. 75

Die *Erhebung einer Widerklage im gerichtlichen Verfahren und nicht schon im Schlichtungsverfahren* erfordert m.a.W. als bundesrechtliche Prozessvoraussetzung grundsätzlich stets zwingend eine Schlichtung (a.A. BJM 1994, S. 54). Ob es sich dabei um eine Schlichtung im gleichen Verfahren wie zur Hauptklage handeln muss oder um eine eigene Schlichtung, darf immerhin fraglich sein. Eindeutiges lässt sich aus dem blossen Erfordernis der Schlichtung nicht herleiten. 76

Nach zutreffender Auffassung folgt aus dem Erfordernis der Schlichtung *kein Zwang zur ausdrücklichen, besonderen Schlichtung als Voraussetzung für die Erhebung der Widerklage erst im gerichtlichen Verfahren.* Der Prozessvoraussetzung der Schlichtung ist vielmehr bereits dann Genüge getan, *wenn die Lebensvorgänge (Sachverhalte), auf* (auch bloss einem von) *denen die Widerklage gründet, im wesentlichen* (und nicht ausschliesslich) *bereits Gegenstand der Schlichtung der Hauptklage waren* (gl.M. BJM 1994, S. 54, mp 2/94, S. 106, ZMP 1/95 Nr. 10; gl. ferner SVIT-Kommentar II, N 18 zu Art. 274e). Denn sonst würde die Schlichtung u.U. in den Konsequenzen mit einem Rechtsverlust verbunden sein, was gerade nicht der Fall sein darf (dazu auch N 25 ff. zu Art. 274f). 77

### *b) Ausnahme bei verwirkbaren Ansprüchen*

78 Der *Grundsatz* gemäss N 77 erleidet eine *gewichtige Ausnahme* da, wo aufgrund *bundesrechtlicher Verwirkungsfristen die* erst im gerichtlichen Verfahren *widerklageweise geltend gemachten Ansprüche bereits untergegangen sind* (ähnlich z.B. SVIT-Kommentar II, N 19 zu Art. 274e). Durch Verwirkung untergegangene Ansprüche können durch eine bloss prozessuale Form der Geltendmachung von Ansprüchen an sich nicht wieder entstehen. Ausgeschlossen ist es deshalb etwa, dass ein Mieter, der bloss auf Erstreckung des Mietverhältnisses i.S.v. Art. 273 Abs. 2 klagte und mit der Klage im Schlichtungsverfahren obsiegte, im anschliessenden gerichtlichen Verfahren auf Klage des Vermieters hin widerklageweise die Kündigung gestützt auf Art. 271 f. anficht.

79 *Keine bundesrechtlichen Verwirkungsfristen sind* allerdings *die Fristen gemäss Art. 274f Abs. 1.* Die Anrufung des Richters nach einem Entscheid der Schlichtungsbehörde steht gemäss Art. 274f Abs. 1 nur der unterlegenen Partei zu. Es muss nur schon deswegen wenigstens der im Schlichtungsverfahren obsiegenden Partei möglich sein, ihren Standpunkt im gerichtlichen Verfahren auch widerklageweise und nicht bloss einredeweise einzubringen. (Das gerichtliche Verfahren dient der «umfassenden» Prüfung der Streitsache ab «ovo» [vgl. N 25 ff. zu Art. 274f]; es kann nicht der Sinn einer [bundesrechtlichen] prozessualen Regelung sein, materielle Ansprüche ohne Not untergehen zu lassen [siehe etwa allgemein BGE 118 II 479, VOGEL, Säumnis, a.a.O., S. 186 ff.].) Die *Anrufung des Richters lässt überdies den Entscheid der Behörde gänzlich dahinfallen* (vgl. N 79 zu Art. 274f). Es kann dieser Entscheid daher *nie der Teilrechtskraft fähig sein* (ähnlich z.B. GMÜR, a.a.O., S. 134). Deshalb muss es ebenfalls zulässig sein, Ansprüche nicht einzig einredeweise, sondern ebenso widerklageweise im gerichtlichen Verfahren geltend zu machen, unbeschadet darum, wie weit man im Schlichtungsverfahren unterlegen ist (gl. ZMP 1/95 Nr. 10; a.A., aber nicht näher begründet, SVIT-Kommentar II, N 19 zu Art. 274e).

Die Frage, ob eine Widerklage an sich sinnreich oder notwendig ist (vgl. die «doppelseitigen Klagen» im Fall beidseitigen Unterliegens [N 42 zu Art. 274f], berührt das Dargelegte nicht näher. Wie eine Partei ihren Standpunkt vorbringen will, ist ihre Sache, solange sie es in prozessual zulässiger Form tut, was bei der Widerklage zutrifft.

80 *Keine bundesrechtliche Verwirkungsfrist* liegt überdies im Fall von Art. 270a Abs. 3 vor, denn diese Bestimmung dispensiert den Mieter davon, in einem bestimmten Zeitpunkt die Schlichtungsbehörde anzurufen (gl. BGE 122 III 25; vgl. überdies mp 2/94, S. 106; ähnlich SVIT-Kommentar II, N 20

zu Art. 274e; unklar, ob unter diesem Aspekt sich eine a.A. ergibt, war noch BGE 121 III 266).

Ob die Widerklage beim hauptklageweise gestützt auf Art. 274f Abs. 1 81
angerufenen kantonalen Richter zulässig ist, *beurteilt sich im übrigen grundsätzlich nach dem massgebenden kantonalen Verfahrensrecht*, nicht aber nach den Art. 274 ff. Allgemein bundesrechtlich massgebend ist hingegen, dass die Hauptklage wirklich anhängig gemacht worden ist (BGE 87 I 130) und es überdies ihr selbst nicht an einer Prozessvoraussetzung gebricht (z.B. keine Schlichtung, Klagefrist gemäss Art. 274f Abs. 1 versäumt).

## 2. Streitverkündung

Der Streitverkündung im Schlichtungsverfahren steht aus bundesrecht- 82
licher Sicht nichts entgegen. Im Gegenteil, der Zweck der Schlichtung, den Rechtsfrieden wieder herzustellen, kann nur dann sinnreich verfolgt werden, wenn sie möglichst alle vom Streit Betroffenen miteinbezieht. Zumindest dort, wo der Behörde Entscheidkompetenz zukommt, darf daher das kantonale Recht m.E. die Streitverkündung bereits im Schlichtungsverfahren nicht ausschliessen (ähnlich, aber nicht derart weitgehend, SVIT-Kommentar II, N 25 zu Art. 274e).

Ebensowenig steht der Streitverkündung aber auch entgegen, dass sie 83
erst im Rahmen des gerichtlichen Verfahrens erfolgt (gl.M. SVIT-Kommentar II, N 25 zu Art. 274e). Die Prozessvoraussetzung der Schlichtung kann nur die Hauptpartei (Vertragspartei) betreffen. Findet im gerichtlichen Verfahren ein Parteiwechsel statt, ändert dieser Wechsel am Massgebenden des Schlichtungsverfahrens mit der Hauptpartei nichts.

# Art. 274f

III. Gerichtsverfahren

[1] **Hat die Schlichtungsbehörde einen Entscheid gefällt, so wird dieser rechtskräftig, wenn die Partei, die unterlegen ist, nicht innert 30 Tagen den Richter anruft; hat sie das Nichtzustandekommen der Einigung festgestellt, so muss die Partei, die auf ihrem Begehren beharrt, innert 30 Tagen den Richter anrufen.**

[2] **Der Richter entscheidet auch über zivilrechtliche Vorfragen und kann für die Dauer des Verfahrens vorsorgliche Massnahmen treffen.**

[3] **Artikel 274e Absatz 3 gilt sinngemäss.**

III. En matière judiciaire

[1] **La décision de l'autorité de conciliation devient définitive si la partie qui a succombé ne saisit pas le juge dans les 30 jours; si l'autorité a constaté l'échec de la tentative de conciliation, la partie qui persiste dans sa demande doit saisir le juge dans les 30 jours.**

[2] **Le juge tranche aussi les questions préjudicielles de droit civil et peut ordonner des mesures provisionnelles pour la durée de la procédure.**

[3] **L'article 274*e*, 3ᵉ alinéa, est applicable par analogie.**

III. In materia giudiziaria

[1] **La decisione dell'autorità di conciliazione passa in giudicato se la parte soccombente non ricorre al giudice entro 30 giorni; se l'autorità di conciliazione ha accertato la mancata intesa, la parte che persiste nella sua pretesa deve ricorrere al giudice entro 30 giorni.**

[2] **Il giudice decide anche sulle questioni pregiudiziali di diritto civile e può prendere provvedimenti cautelari per la durata del procedimento.**

[3] **L'articolo 274*e* capoverso 3 è applicabile per analogia.**

1 Materialien — Art. 28 Abs. 2 BMM, Art. 20 Abs. 3 und Art. 21 BGMM, Art. 259h und Art. 273b des Entwurfes vom 27. März 1985, Art. 259i und Art. 273 Abs. 5 OR; Amtl.Bull., SR, 1988, S. 180, 1989, S. 432, NR, 1989, S. 545 f.

2 **Literatur:** Siehe allgemeines Literaturverzeichnis sowie N 2 zu Art. 274.

## Inhaltsverzeichnis

# A. Geltungsbereich und Charakter der Norm

## I. Geltungsbereich

3 Die Norm steht zusammen mit Art. 274d und Art. 274e unter der Marginale «E. Verfahren bei der Miete von Wohn- und Geschäftsraum». Der Geltungsbereich der Norm beschränkt sich deshalb unter dem Aspekt der Streitsache auf *Streitigkeiten aus der Miete bzw. über die Miete unbeweglicher Wohn- und Geschäftsräume* (vgl. N 3 zu Art. 274d).

4 Unter dem Aspekt der erfassten Verfahren verlangt die Norm ausdrücklich nur Geltung bezüglich der *Gerichtsverfahren*, nicht aber der Schlichtungsverfahren. In ihrem Abs. 1 regelt sie allerdings indirekt ebenfalls Wirkungen des Schlichtungsverfahrens (in bezug auf die Parteibeziehungen).

## II. Charakter

5 Die Norm hat den Charakter einer reinen Verfahrensnorm und ist damit der Parteidisposition entzogen (gl. RONCORONI, in : mp 2/90, S. 80).

# B. Gegenstand der Norm

## I. Übersicht

6 Die Norm hat vordergründig *dreierlei* zum Gegenstand:

7 **1.** Zum *ersten* regelt sie in **Abs. 1** *abschliessend* bundesverfahrensrechtlich die **Anrufung des Richters** nach der gescheiterten Schlichtung i.S.v. Art. 274e Abs. 2 (vgl. nachfolgend N 20 f.). Die Regelung erfasst direkt, in

positiver Umschreibung, *nur die Voraussetzungen der Anrufung unter* den *Teilaspekten* der Frist bzw. Fristwahrung (nachstehend N 52 ff.) und des zur Anrufung erforderlichen rechtlichen schützenswerten Interesses (nachstehend N 39 ff.).

Gleichsam negativ, nicht direkt umschreibend und soweit bloss *sinngemäss*, regelt die Norm zusammen mit Art. 274e Abse. 1 und 2 überdies die *Folgen des Schlichtungsverfahrens im Fall unterlassener Anrufung des Richters* (vgl. dazu nachstehend N 80 ff.). 8

2. Zum *zweiten* regelt die Norm in ihrem **Abs. 2** die **funktionelle und sachliche Zuständigkeit des Richters für den Erlass vorsorglicher Massnahmen** (auch während des Schlichtungsverfahrens). *Negativ abgrenzend wird der Schlichtungsbehörde damit eine eigene Kompetenz zum Erlass von vorsorglichen Massnahmen aberkannt* (h.L., statt vieler: GMÜR, a.a.O., S. 132, GUT, a.a.O., S. 40; vgl. dazu ferner etwa ZMP 1/91 Nr. 9; unklar SVIT-Kommentar II, N 28 zu Art. 274f, und ROBERTI, S. 103 [für den der Zweck des Schlichtungsverfahrens vereitelt wäre, könnte nicht ein Richter über die vorsorgliche Massnahme entscheiden]; a.A., aber ernsthaft wohl nur de lege ferenda, WEBER/ZIHLMANN, Basler Kommentar, N 8 zu Art. 274f; a.A. auch RAPP I, a.a.O., S. 18 [irrend bezüglich der Verhältnisse im Kanton Zürich; siehe ZMP 1/91 Nr. 9]). *Die Regel von Abs. 2 verdeutlicht die gesetzliche Intention zum Schlichtungsverfahren als nichtrichterlichem Verfahren (vgl.* dazu N 10 ff., N 27 ff. zu Art. 274a). 9

Vorsorgliche Massregeln hat das Gesetz *für Mietzinsstreitigkeiten i.S.v. Art. 270 ff. bezüglich des Schlichtungsverfahrens* im übrigen *bereits selbst getroffen* (vgl. Art. 270e lit. a). Der Vorbehalt von Art. 274f Abs. 2 kann sich daher bezüglich des Schlichtungsverfahrens nur auf andere Streitigkeiten beziehen (z.B. Umbaueinstellung *am* Mietobjekt [nicht aber, wenn dessen Gebrauchstauglichkeit nicht tangiert ist], z.B. einstweiliges Verbot von Renovationsarbeiten *im* Mietobjekt durch den Mieter [vgl. Art. 260a Abs. 1]). 10

*Welcher Richter* in welchem Verfahrenszeitpunkt zum Erlass vorsorglicher Massnahmen befugt ist, *regelt das kantonale Recht* (statt vieler: ROBERTI, S. 103), denn das Bundesrecht bezeichnet in Art. 274f Abs. 1 nicht einen bestimmten kantonalen Richter als dafür zuständig (dazu wäre es mit Blick auf Art. 64 Abs. 3 BV auch nicht ermächtigt; vgl. dazu allgemein VOGEL [S. 65, S. 328 f., mit Verweisen], wonach die Verfahrensfragen bezüglich vorsorglicher Massnahmen unbeschadet darum, ob diese im Bundesrecht gründen oder gerade nicht, stets in die Kompetenz der Kantone fallen). 11

Hinsichtlich der *Zuständigkeit des Richters nach kantonalem Recht* ist zu berücksichtigen, dass vor und während dem nichtrichterlichen *Schlichtungsverfahren* sowie danach (während der noch unbenützten Frist gemäss Art. 274f Abs. 1) *kein gerichtliches Verfahren* hängig ist (vgl. ZMP 1/91 Nr. 9). *Bei schiedsgerichtlichen Verfahren* ist für den Erlass der vorsorglichen Massnahmen überdies weiterhin die staatliche Gerichtsbarkeit zuständig (vgl. N 33 und N 35 zu Art. 274c). Unklar daher SVIT-Kommentar II (N 28 zu Art. 274f), für den 12

Sinn und Zweck der Bestimmung ergeben, es müsse für den Erlass vorsorglicher Massnahmen der «gleiche Richter» zuständig sein («gleich» worin? Prozessökonomisch und im Lichte des Rechtstatsächlichen wäre unter «gleich» wohl nur eine identische Person zu verstehen, die einen Hauptprozess und die vorsorglichen Massnahmen regelt; solange ein gerichtliches Verfahren allerdings noch nicht hängig ist, bleibt auch die Frage offen, ob es je zu einem Richter kommen wird, der den Hauptprozess und die vorsorgliche Massnahme beurteilt; die Materialien enthüllen deshalb unter diesem Aspekt zu Recht nichts Stichhaltiges zum Sinn und Zweck von Art. 274f Abs. 2 [vgl. Amtl.Bull. SR vom 8. Juni 1988, S. 180, vom 19. September 1989, S. 432, Amtl.Bull. NR vom 16. März 1989, S. 545 f.]).

13 Ob in einem konkreten Fall vorsorgliche Massregeln getroffen werden müssen oder *ob nicht statt dessen ein sog. Befehlsverfahren* zum Zuge kommen kann, ist ebenfalls Frage des kantonalen Prozessrechts.

14 Den *Charakter des nichtrichterlichen Verfahrens* der Schlichtung hebt sodann Abs. 2 ebenfalls dadurch hervor, dass **Entscheide über zivilrechtliche Vorfragen** ebenfalls dem Richter zugewiesen werden. *Der weitere, tiefere Sinn dieser Bestimmung bleibt streckenweise verhüllt* (ähnlich z.B. GMÜR, a.a.O.). Denn ein Entscheid über solche Vorfragen kann im Lichte der bundesrechtlichen Verfahrensordnung der Art. 274a Abs. 1 und 274d ff. von der nichtrichterlichen Schlichtungsbehörde überhaupt *nur dann gefällt werden, wenn ihr auch in der Hauptfrage Entscheidkompetenz zukommt* (vgl. Art. 259i Abs. 1 und Art. 273 Abs. 4). In den übrigen Fällen hat sie nichts zu entscheiden, also auch keine Vorfragen (solche stellen sich direkt gar nicht; vgl. auch nachstehend N 17; siehe überdies N 56 ff. zu Art. 274a). Will die Norm nur das zum Ausdruck bringen (unklar hierin wiederum etwa SVIT-Kommentar II, N 28 zu Art. 274f), hätte sie sich in diesem Punkt wohl erübrigt.

15 *Dort, wo der Schlichtungsbehörde* hinwieder *Entscheidkompetenz zukommt, muss sie* u.U. *zwingend auch über «Vorfragen» entscheiden* (können), insbesondere bei der Frage nach der Gültigkeit einer Kündigung unter den Gesichtspunkten der Nichtigkeit bzw. Unwirksamkeit mangels Kündigungsberechtigung. Dürfte sie darüber nicht entscheiden, so könnte sie – je nach dem Verfahrensthema – ernsthaft weder über die Gültigkeit einer Kündigung unter dem Gesichtspunkt von Treu und Glauben i.S.v. Art. 271 f. noch über eine Erstrekkung entscheiden (ähnlich GMÜR, a.a.O., S. 132). Darin kann der Zweck von Art. 274f Abs. 2 hinwieder vernünftig betrachtet nicht liegen.

16 Wollte man *statt der Behörde* in solchen Fällen *einen Richter* entscheiden lassen, müsste die Behörde wohl oder übel ihr *Verfahren bis zum Entscheid eines Richters einstellen.* Ein Richter hinwieder könnte danach in der Hauptfrage ebenfalls nochmals angerufen werden usw. Wo hier noch Einfachheit und Raschheit liegen würden (vgl. Art. 274d Abs. 1), wäre höchst fraglich.

17 Nach zutreffender Sicht der Dinge kann Art. 274f Abs. 2 nur den Sinn haben, der in N 14 vorstehend erörtert wurde. *Dort, wo der Behörde Entscheidkompetenz zukommt, ist sie somit nicht nur berechtigt, sondern verpflichtet, Vorfragen zu entscheiden* (gl.M. etwa CALAMO, S. 320, GMÜR,

a.a.O., S. 132, WEBER/ZIHLMANN, Basler Kommentar, N 7 zu Art. 274f). Daraus folgt konsequenterweise ebenfalls die Kompetenz der Behörde, bei solchen Verfahren u.U. auch ihre sachliche Zuständigkeit verneinen zu dürfen (z.B. aufgrund von Art. 253a Abs. 2).

Ausgeschlossen werden kann der Entscheid über zivilrechtliche Vorfragen somit grundsätzlich nur für Verfahren, in denen der Behörde keine Entscheidkompetenz zukommt (vorn N 14). Selbst das kann nicht uneingeschränkt gelten, will man Sinnreiches nicht zu Unsinn verkommen lassen (Schlichtungsbemühungen bei der Miete beweglicher Sachen! Vgl. dazu N 94 f. und N 101 ff. zu Art. 274a). Der Entscheid über die *örtliche Zuständigkeit* beschlägt sodann keine «zivilrechtliche Vorfrage» (vgl. dazu N 97 ff. zu Art. 274a). Dasselbe betrifft die Gegenstandslosigkeit, die insoweit eine rein prozessrechtliche Thematik beschlägt. Welcher Richter zuständig ist, die Vorfrage zu entscheiden, ist sodann Sache des kantonalen Rechts (vgl. auch vorn N 11). Es kann sich dabei auch um einen Richter im Verwaltungsverfahren handeln (vgl. N 56 ff. zu Art. 274a).

3. Zum *dritten* erklärt **Abs. 3** der Norm die **beschränkte Offizialmaxime** gemäss Art. 274e Abs. 3 ebenfalls im gerichtlichen Verfahren für anwendbar (statt vieler: SVIT-Kommentar II, N 29 zu Art. 274f). Genaueres dazu in N 67 ff. zu Art. 274e. 18

## II. Beschränkung des Gegenstandes

1. Art. 274f enthält, wie die Betrachtung seines Gegenstandes zeigt, **keine umfassende Regelung des Gerichtsverfahrens** bei mietrechtlichen Streitigkeiten auch bloss im engsten Sinn (vgl. dazu N 22, N 73, N 76 f. und N 79 zu Art. 274). 19

2. Die Norm ergänzt jedoch eine – in ihrem Zusammenhang mit den übrigen Normen des Vierten Abschnittes des Achten Titel betrachtet – **abschliessende bundesrechtliche Regelung**. 20

Der abschliessende Charakter der bundesrechtlichen Regelungen in den Art. 274 ff. ergibt sich: 21
- *aufgrund von Art. 274* (es sind alle Verfahrensfragen, die das Bundesrecht ausdrücklich oder sinngemäss *nicht* regelt, der Regelungshoheit der Kantone überlassen [vgl. N 5 ff. zu Art. 274]);
- *aufgrund von Art. 274a* (es beschränkt der Bundesgesetzgeber die bundesrechtlichen Möglichkeiten zur Regelung des Schlichtungsverfahrens auf die Miete unbeweglicher Sachen [vgl. N 3 ff. zu Art. 274a]);
- *aufgrund der Art. 274d ff.* (das Gesetz regelt mit diesen Bestimmungen bloss das mietrechtliche Verfahren im engsten Sinn [zu diesem Begriff siehe N 22 zu Art. 274], und

auch dieses nur punktuell und nicht umfassend [vgl. z.B. Art. 274d Abs. 1; dazu N 19 zu Art. 274d]; die bloss punktuelle Regelung ist Ausdruck einer *Selbstbeschränkung des Bundesgesetzgebers im Lichte der verfassungsmässigen Ordnung).*

22 **3. Die einheitliche Durchsetzung des materiellen Bundesrechts** ist *nicht direkter Gegenstand dieser Verfahrensordnung, die selbst ausschliesslich Bundeszivilprozessrecht darstellt.* Für die einheitliche Durchsetzung des materiellen Bundesrechts haben die Art. 259g ff., Art. 270 ff. und Art. 273 zu sorgen. Die Art. 274 ff. sollen nach den Überlegungen des Gesetzgebers, soweit diese offenbart wurden, die in den Vorschriften der ersten drei Abschnitte des Achten Titels enthaltenen verschiedenartigen Verfahrenstypen zu einem «einheitlichen Verfahren» verschmelzen (vgl. WIDMER, bei: HANGARTNER, S. 38 f.; vgl. ferner etwa Amtl.Bull. NR vom 16. März 1989, S. 545, Voten HUBACHER und GUINAND, die insoweit zutreffend von einem «neuen System» sprechen, als es um die Vereinheitlichung des neuen Verfahrensrechts geht, welches die Art. 259g ff., Art. 270 ff. und Art. 273 geschaffen haben [es gab zuvor keine Entscheidkompetenz der Behörde]). Nur soweit kann den Art. 274 ff. folglich nüchtern betrachtet überhaupt eigenständige Bedeutung zukommen. Die Art. 274 ff. können daher konsequenterweise nicht als direkte Grundlage für die einheitliche Durchsetzung des Bundesprivatrechts herbeigezogen werden. *Ihre eigene Auslegung und Durchsetzung stellen Auslegung und Durchsetzung von Bundeszivilprozessrecht dar* (vgl. dazu N 9 ff., N 13 ff. zu Art. 274, ferner beispielhaft N 117 f. zu Art. 274d).

23 Unbeschadet darum gehen das Bundesgericht und ein Teil der Literatur (so etwa ROBERTI, S. 23 f.) davon aus, aus dem Verfahrensrecht sei eine «umfassende Zuständigkeit» der Schlichtungsbehörden zur Schlichtung gegeben. Dazu siehe N 43 ff. zu Art. 274a. In den Begründungen hierfür wird mit unterschiedlichem Ansatz stets ein Kreisschluss gezogen, d.h., das Resultat der Begründung vorweggenommen (vgl. etwa N 14 zu Art. 274). Zur bundesgerichtlichen Begründung unter diesem Aspekt vgl. ZR 94 (1995) Nr. 35. Zur weiteren Illustration: ROBERTI beginnt seine Begründung im wesentlichen wie folgt (S. 23; Hervorhebung durch den Verfasser): «Die sachliche Zuständigkeit der Schlichtungsbehörde *ist m.E. weit auszulegen.* Gerade im verfahrensrechtlichen Bereich *zeitigte die systematische Änderung* (Integration der Missbrauchsgesetzgebung ins Obligationenrecht) grosse Auswirkungen ...» WIDMER (a.a.O.) bezeichnete diese Integration als konzeptionelle «Wildheuerei». Für die diversen Begründungen der Wirkungen dieser konzeptionellen Änderung zugunsten einer «umfassenden» Kompetenz hat WIDMER keine Bezeichnung angeführt.

## C. Die Anrufung des Richters im besonderen

### I. Allgemeines

1. Die **systematische Stellung von Art. 274f Abs. 1** ist in der Kommentierung von Art. 274e erläutert (vgl. N 59 ff. zu Art. 274e, mit Verweisen). 24

2. *Zweck von Art. 274f Abs. 1* ist es, **die gerichtliche Beurteilung der Streitsache** nach der gescheiterten Schlichtung zu regeln. Dies setzt voraus, dass in einem konkreten Einzelfall die Möglichkeit bestanden hat, dass die zuständige Behörde schlichtend tätig werden konnte, weil sie angerufen worden war. Nicht nötig ist hingegen, dass von der Möglichkeit der Schlichtung durch die zuständige Behörde von beiden Parteien Gebrauch gemacht wurde (vgl. dazu N 36 ff., N 110 ff. zu Art. 274d). 25

*Mit der Anrufung des Richters i.S.v. Art. 274f Abs. 1* tritt eine Mietstreitigkeit, ein mietrechtliches Verfahren im engsten Sinn (vgl. dazu N 22 zu Art. 274a), *erst in das Stadium des erstinstanzlichen Gerichtsverfahrens* (zum alten Recht bereits BGE 103 II 260 f., zum neuen Recht BGE 117 II 506, ZMP 2/91 Nr. 21 [S. 26], ferner, statt vieler: GMÜR, a.a.O., S. 132; ähnlich ferner SVIT-Kommentar II, N 3 zu Art. 274f). Denn das *Schlichtungsverfahren ist grundsätzlich das Verfahren einer nichtrichterlichen Instanz* (vgl. BGE 117 II 421 ff., 117 II 504 ff. [entspricht JdT 1992 I 592 ff.], 118 II 307 ff., 121 III 266 ff.). *Daraus folgt im wesentlichen:* 26

- Ob ein Gerichtsverfahren in solchen Streitigkeiten *hängig* ist, beantwortet sich bundesrechtlich nach Art. 274f Abs. 1 (vgl. dazu aber ebenfalls N 56 ff. nachstehend; von dieser Hängigkeit ist die Klageanhebung i.S. des Bundesrechts zu unterscheiden [vgl. dazu N 248 zu Art. 271a; N 6, N 13, N 69 zu Art. 273]). 27
- Das richterliche Verfahren *ist erstinstanzliches Verfahren* (BGE 117 II 506 f.; siehe dazu auch N 35 zu Art. 274d). 28
- Unter dem *Vorbehalt* der bundesrechtlichen Verwirkung von Ansprüchen (vgl. N 78 ff. zu Art. 274e) können *die Parteien dem Richter die gesamte Streitsache vorlegen,* grundsätzlich unbeschadet darum, was sie im Schlichtungsverfahren vorgebracht haben und wer von ihnen den Richter angerufen hat (ähnlich z.B. GMÜR, a.a.O., S. 132 f., RAPP I, a.a.O., S. 17 f., SVIT-Kommentar II, N 3 zu Art. 274f [a.A. aber DUCROT, a.a.O., S. 153, der z.T. für den Fall von Art. 274f Abs. 1, 1. Satz, eine Verwirkung der Ansprüche derjenigen Partei annimmt, die 29

den Richter nicht angerufen hat]; zu den Ausnahmen von diesem Grundsatz siehe N 41, N 77 zu Art. 274e).

30 – Dem angerufenen (erstinstanzlichen) Richter *kommt die Aufgabe zu, die Streitsache* (auch in beweisrechtlicher Hinsicht) *umfassend zu prüfen* (vgl. N 33 ff., N 67 ff., N 72 ff. zu Art. 274d). An Auffassungen der Schlichtungsbehörde über die Streitsache usw. ist er gerade nicht gebunden. Er ist nicht Rechtsmittelinstanz (vgl. auch BGE 117 II 504 ff.).

31 – *Der Richter darf* als einzige kantonale Instanz amten, wenn der *Streitwert* der Sache die *Berufungssumme* i.S. des OG *nicht erreicht* (vgl. BGE 117 II 504; dazu auch N 35 zu Art. 274d).

## II. Begriff des Richters

32 Unter Richter im Sinn von Art. 274f Abs. 1 ist *in erster Linie der vom kantonalen Recht für zuständig erklärte Richter zu verstehen* (vgl. BGE 103 II 269 [zum alten Recht]. Es kann das ein Einzelrichter sein, ein Kollegialgericht oder ein Fachgericht (wie ein sog. «Mietgericht»; vgl. dazu N 5 zu Art. 274a). *In zweiter Linie* kann das auch ein Schiedsgericht bzw. ein Schiedsrichter sein (vgl. Art. 274c). In Frage kommt endlich ein Gericht im Verwaltungsverfahren (vgl. vorn N 17, mit Weiterverweisen).

## III. Voraussetzungen der Anrufung nach Bundesrecht

### 1. Nichteinigung oder Entscheid der Schlichtungsbehörde

33 Art. 274f Abs. 1 *schliesst nahtlos an Art. 274e Abs. 2 an,* mit dem er in systematischem und inhaltlichem Zusammenhang steht, was bereits sein Wortlaut zum Ausdruck bringt (vgl. ferner N 59 ff. zu Art. 274e): Die in *Art. 274f Abs. 1, 2. Satz,* aufgeführte Nichteinigung («das Nichtzustandekommen der Einigung festgestellt») *knüpft* m.a.W. in augenfälliger Weise die Anrufung des Richters *an die gescheiterte Einigung i.S.v. Art. 274e Abs. 2* («stellt sie das Nichtzustandekommen der Einigung fest»). Analog verhält es sich mit dem *Entscheid i.S.v. Art. 274f Abs. 1, 1. Satz,* der mit an kaum zu überbietender Klarheit *Folgen an den Entscheid knüpft, den Art.*

*274e Abs. 2 aufführt*. Art. 274e Abs. 2 hinwieder meint einen Entscheid i.S.v. Art. 259i Abs. 2 bzw. Art. 273 Abs. 5 (vgl. RAPP I, a.a.O., S. 16; vgl. dazu ebenfalls N 124 ff., N 132 zu Art. 273). Der enge systematische Zusammenhang zwischen Art. 274e Abs. 1 und Art. 274f Abs. 1 ergibt sich endlich aus den Gründen der Entstehung von Art. 274f, der als Teil der durch die Integration der Missbrauchsgesetzgebung notwendig gewordenen Harmonisierung der Verfahren (vorn N 22) zu verstehen ist.

Getreu dem Grundsatz, wonach *identische Gesetzesbegriffe gleich auszulegen* sind (vgl. N 60 zu Art. 274e, siehe BGE 118 II 52), folgt aus der Verbundenheit von Art. 274f Abs. 1 mit Art. 274e Abs. 2, dass 34

- *zur Anrufung des Richters im Sinn von Art. 274f Abs. 1, 2. Satz*, jede Partei *befugt* ist, die an einem Schlichtungsverfahren beteiligt war, das mit der *Feststellung des Nichtzustandekommens einer Einigung* (vgl. dazu N 55 ff. zu Art. 274e) *gemäss Art. 274e Abs. 2* enden musste, weil die Behörde für die Streitsache über keine Entscheidkompetenz verfügte (dazu N 10, N 13, N 14 ff. zu Art. 274e; überdies vgl. N 79 ff. zu Art. 274a); 35
- *zur Anrufung des Richters im Sinn von Art. 274f Abs. 1, 1. Satz, grundsätzlich* jede Partei *befugt* ist, die an einem Schlichtungsverfahren beteiligt war, welches *durch einen gesetzlich vorgesehenen Entscheid i.S.v. Art. 274e Abs. 2*, d.h. gemäss Art. 259i Abs. 2 oder Art. 273 Abs. 5, zum Abschluss kam, weil die Behörde in diesen Fällen von Gesetzes wegen über eine Entscheidkompetenz verfügt (vgl. N 8 f., N 11 f. zu Art. 274e; siehe überdies N 71 f. zu Art. 274a); 36
- *nicht zur Anrufung des Richters befugt* sein können und sind die Parteien, die an einem *Schlichtungsverfahren* beteiligt waren, *das anders als durch die Feststellung der «Nichteinigung» oder einen Entscheid i.S.v. Art. 274e Abs. 2 erledigt wurde*. 37

In Frage kommen hier in erster Linie Schlichtungsverfahren, die durch *Einigung* (Art. 274e Abs. 1) erledigt wurden (vgl. N 52 zu Art. 274e), aber ebenso *Verfahren, die durch Rückzug oder Anerkennung des Begehrens oder infolge Gegenstandslosigkeit erledigt wurden* (vgl. N 53 f. zu Art. 274e; siehe zudem N 86 ff. zu Art. 274a). Namentlich in der Praxis wird durch das BGer allerdings entgegen der klaren gesetzlichen Regelung eine andere Auffassung vertreten; die Literatur hat sich dieser Auffassung zu weiten Teilen unkritisch angeschlossen (ähnlich wie die hier vertretene Auffassung immerhin z.B. RAPP I, a.a.O., S. 16, mit Verweis auf ZMP 1/91 Nr. 10, 2/91 Nr. 21). 38

## 2. «Unterlegensein» oder «Beharren» der anrufenden Partei

### *a) «Unterlegensein»*

39 Art. 274f Abs. 1, 1. Satz, erlaubt es einer Partei nur dann, den *Richter anzurufen, wenn sie im Entscheid der Behörde unterlegen ist.* Damit wird das vom Bundesrecht her geforderte notwendige Rechtsschutzinteresse an einer Klage umschrieben. Die Umschreibung kann allerdings kaum als glücklich bezeichnet werden, weil sie sich augenscheinlich an der allgemeinen Rechtsmittelvoraussetzung der «Beschwer» orientiert (vgl. N 133 zu Art. 273) und bei buchstabengetreuer Anwendung zu Rechtsverlusten führen kann (nachstehend N 45 f.).

40 *Im Grundsatz folgt aus Art. 274f Abs. 1, 1. Satz immerhin,* dass

41 – es *nicht auf den Umfang des Unterliegens im Entscheid ankommt,* sondern einzig auf das Faktum des Unterliegens an sich (vgl. nachstehend N 45).

42 – jede Partei, die gemäss dem Entscheid unterlegen ist, den Richter anrufen kann, was dann, *wenn beide Parteien unterlegen sind, zu einer doppelseitigen Klage führen kann,* aber nicht muss (vgl. N 134 zu Art. 273, mit Verweisen; vgl. ferner N 31 zu Art. 259i [entgegen den ungenauen und undifferenzierten Angaben von WEBER/ZIHLMANN, Basler Kommentar, N 2 zu Art. 274f, wird dort nicht generell ausgeführt, es könnten Ansprüche nicht in Form prozessualer Anträge geltend gemacht werden, sondern nur klageweise; vielmehr wird dort einzig auf die gesetzlich vorgegebene Verschiedenheit der Klagen von Mieter und Vermieter gemäss Art. 259h hingewiesen, die zu berücksichtigen ist und zu keinem Rechtsverlust führt]).

Je nach dem Ausgang des Schlichtungsverfahrens kann daher in bezug auf das gerichtliche Verfahren ein *Parteirollentausch* resultieren vom anfechtenden oder um Erstreckung ersuchenden Mieter als Kläger zum Vermieter als Kläger (vgl. Amtl.Bull. NR vom 16. März 1989, S. 545, Votum BR KOLLER).

43 – eine *Partei, die im Entscheid der Behörde nicht unterlegen ist, den Richter allein nicht anrufen kann,* weil es ihr am erforderlichen Rechtsschutzinteresse fehlt (es ist auf ihre Klage grundsätzlich nicht einzutreten; vgl. N 135 zu Art. 273, mit Verweisen; Ausnahme nachstehend N 45 f.).

44 – *das Unterlegensein eine* (nebst dem durchgeführten Schlichtungsverfahren; vgl. N 27 zu Art. 274a, ferner N 9 f., N 55 zu Art. 274) *weitere Pro-*

*zessvoraussetzung darstellt,* die von Amtes wegen durch den Richter zu prüfen ist (vgl. allgemein: VOGEL, S. 192, Rz. 78).

Ob eine Partei im Entscheid der Schlichtungsbehörde unterlegen ist, *muss sich an sich aus dem Entscheid der Schlichtungsbehörde selbst ergeben.* Dieser hat von Bundesrechts wegen daher in einem entsprechenden (knappen) Umfang begründet zu sein (vgl. N 64 f. zu Art. 274e). 45

*Ergibt sich aus dem Entscheid selbst ein Unterlegensein nicht, ist der Entscheid mangelhaft begründet* und insoweit erläuterungsbedürftig. Es muss die den Richter anrufende Partei ihr Unterlegensein in einem solchen Fall jedoch ebenfalls anderweitig belegen können dürfen, d.h., ohne zuerst um Erläuterung nachsuchen zu müssen. In jedem Fall darf diese Partei *keinen Rechtsverlust erleiden, auch dann nicht, wenn sie zunächst bei der Schlichtungsbehörde um Erläuterung nachsucht.* Die Klagefrist i.S.v. Art. 274f Abs. 1, die keine Rechtsmittelfrist ist, darf erst mit der Eröffnung der Erläuterung zu laufen beginnen (a.A. in den Auswirkungen für Rechtsmittelfristen im bundesgerichtlichen Verfahren [enge Auslegung des OG durch das BGer] in BGE 117 II 508 ff.).

Hat *nur eine Partei den Richter angerufen,* so kann *es der anderen Partei,* selbst wenn sie im Schlichtungsverfahren teilweise ebenfalls unterlegen ist, im erstinstanzlichen Gerichtsverfahren nicht verwehrt sein, alle Einreden vorzubringen und auch eine Widerklage zu erheben (gl.M. etwa SVIT-Kommentar II, N 3 zu Art. 274f; vgl. dazu N 77 ff. zu Art. 274e). Erst recht hat das zu gelten, wenn die Partei im Schlichtungsverfahren obsiegt hat; die bloss dienende Aufgabe gerade auch des Bundesverfahrensrechts gemäss Art. 274f Abs. 1 darf dergleichen nicht verhindern, weil sonst ein Rechtsverlust eintreten würde (vgl. vorn N 26 ff.). Sinn und Zweck des Schlichtungsverfahrens selbst können ebenfalls nicht darin bestehen, der in der Schlichtung obsiegenden Partei im Hinblick auf die gerichtliche Beurteilung Rechtsverluste beizufügen, etwa durch die Annahme einer Teilrechtskraft des Schlichtungsentscheides (vgl. N 79 zu Art. 274e; a.A. [singulär] DUCROT, a.a.O., S. 153). 46

*b) «Beharren»*

Ist das Schlichtungsverfahren durch eine *Feststellung der Nichteinigung beendet* worden, kann der Richter nur von der Partei angerufen werden, die auf ihrem Recht weiterhin «beharrt» (Art. 274f Abs. 1, 2. Satz). 47

*Welche Partei auf ihrem Recht beharrt, ergibt sich aus der Art der Klage sowie aus dem materiellen Recht,* welches die Wirkungen unterlassener Klagen mitbestimmen kann (vgl., statt vieler, etwa: GUT, a.a.O., S. 39, 48

SVIT-Kommentar II, N 7 zu Art. 274f, WEBER/ZIHLMANN, Basler Kommentar, N 5 zu Art. 274f, ZIHLMANN II, S. 255; zu den Wirkungen unterlassener Klage nachstehend N 83 ff.):

49 – *Bei Mietzinserhöhungen und anderen einseitigen Vertragsänderungen des Vermieters i.S.v. Art. 269d*, die vom Mieter gemäss Art. 270b ff. angefochten werden, ist beharrende Partei stets der Vermieter (das gilt unbeschadet darum, dass die formrichtige einseitige Erhöhung gestützt auf Art. 269d die Ausübung eines Gestaltungsrechts darstellt, die vom Mieter anzufechten ist; die Wirkungen der konkreten Ausübung dieses Rechts fallen mit der Anrufung der Behörde von Gesetzes wegen gemäss Art. 270e dahin). Im Vergleich zum Schlichtungsverfahren resultiert daraus für das gerichtliche Verfahren stets ein *Parteirollentausch* (vom anfechtenden Mieter zum klagenden Vermieter).

50 – Bei *Anfechtungen des Anfangsmietzinses i.S.v. Art. 270 sowie bei Herabsetzungsbegehren i.S.v. Art. 270a* ist demgegenüber beharrende Partei der Mieter. Es resultiert hier aus Art. 274f Abs. 1, 2. Satz, kein Parteirollentausch.

51 – *Für alle anderen Klagen*, die nach der hier nicht vertretenen Theorie der sog. «umfassenden» Schlichtung (vgl. N 14 ff. zu Art. 274e) ebenfalls zunächst ins Schlichtungsverfahren einzubringen sind (vgl. BGE 118 II 307), ist beharrende Partei die Partei, welche bereits die Schlichtungsbehörde angerufen hat. Wiederum resultiert hier kein Parteirollentausch.

### 3. Fristen

#### *a) Allgemeines*

52 Art. 274f Abs. 1 sieht eine Frist von 30 Tagen für die Anrufung des Richters vor. Diese Frist gilt unabhängig davon, wie das Schlichtungsverfahren erledigt worden ist. Die *Berechnung* der Frist folgt dem Bundesrecht (analog Art. 77 Abs. 1 Ziff. 1, Art. 78, unter Berücksichtigung des BG über den Fristenlauf an Samstagen vom 21. Juni 1963 [SR 173.110.3]). Nur beim Fristbeginn ist auch das kantonale Recht von Bedeutung (siehe nachstehend N 56 ff.).

53 Bei der Frist von 30 Tagen handelt es sich nicht um eine bundesrechtliche Verwirkungsfrist, sondern um *eine bundesrechtliche Klagefrist prozessualer Natur*, wie sie auch in Art. 259i Abs. 2, und in Art. 273 Abs. 5 vorgesehen ist (vgl. N 137 zu Art. 273; h.L.; gl. z.B. unveröff. Beschluss des

OGer Zürich vom 12. Juni 1995, Prozess-Nr. NM950020/II.ZK; a.A. MRA 2/96, S. 79). *Ihr Versäumnis führt daher* – wie bei analogen Vorschriften des kantonalen Rechts (vgl. BGE 118 II 479, Pra. 82 Nr. 74; VOGEL, Säumnis, a.a.O., S. 186 ff.) – *nicht zwangsläufig zu einem Rechtsverlust* (h.L., stellvertretend dafür SVIT-Kommentar II, N 8 zu Art. 274f; a.A. MRA 2/96, S. 79).

Ihre Nichtbeachtung führt immerhin dort, wo die Anrufung des Richters mit der *Einleitung des Schlichtungsverfahrens innert Verwirkungsfrist verbunden ist* (vgl. Art. 259h, Art. 270 Abs. 1, Art. 270a Abs. 2, Art. 270b Abs. 1, Art. 273 Abse. 1–3), regelmässig trotzdem zu einem (gewissen) Rechtsverlust (nachstehend N 81 ff.). Denn nur mit der Fristwahrung werden die einstweiligen Wirkungen der Klageanhebung bei Klagen i.S.v. Art. 259i und Art. 273 gewissermassen perpetuiert. Für Klagen i.S.v. Art. 270 ff. ist der Rechtsverlust demgegenüber Folge der gesetzlichen Regelung des Art. 270e.

Als bundesrechtliche gesetzliche *Maximalfrist* (vgl. dazu N 43 zu Art. 273) stellt ihre Einhaltung eine *Prozessvoraussetzung* dar. Sie kann überdies durch kantonales Recht generell oder durch den Richter aktuell *weder verkürzt noch verlängert werden.* Analog Art. 34 f. OG wird sie zudem durch die Gerichtsferien nicht gehemmt. Endlich kann sie nicht ohne weiteres wiederhergestellt werden (vgl. N 137 zu Art. 273; ähnlich ferner SVIT-Kommentar II, N 8 f., WEBER/ZIHLMANN, Basler Kommentar, N 3 zu Art. 274f, N 3 zu Art. 273). Eine *Wiederherstellung ist immerhin in engen Schranken analog Art. 35 OG möglich* (dazu BGE 119 II 86 ff., 111 Ia 357, 92 I 216). 54

Der *ausschliesslich prozessuale Charakter der Frist verbietet es* zudem – anders als bei den bundesrechtlichen Verwirkungsfristen –, im Fall der Klage beim unzuständigen Richter *Art. 139 analog* anzuwenden (vgl. dazu N 43 f., N 56 zu Art. 273; gl.M. hierin WEBER/ZIHLMANN, Basler Kommentar, N 3 zu Art. 274f, N 3 zu Art. 273; a.A. etwa SVIT-Kommentar II, N 9 zu Art. 274f; unklar, ob hierin ebenfalls a.A., bei VOGEL, S. 235; offen ist, ob das BGer in dieser Frage eher zu einer engen oder weiten Auslegung von Art. 274f Abs. 1 neigen wird: Siehe dazu die bei VOGEL [a.a.O.] zitierten Entscheide, die einer analogen Anwendung von Art. 139 für bundesprivatrechtliche Klagefristen wie z.B. der Frist gemäss Art. 273 Abs. 1 zuneigen, jedoch bundesverfahrensrechtliche Fristen nicht zum Gegenstand haben; vgl. überdies BGE 117 II 424, 120 II 29, die sich aber nicht direkt mit dieser bundesverfahrensrechtlichen Problematik befassen, sowie BGE 115 Ib 208, der eine Anwendung von Art. 34 OG im kantonalen Recht ablehnt). 55

*b) Im Fall des Entscheides*

56 Die Frist von 30 Tagen *beginnt* im Fall der Erledigung des Schlichtungsverfahrens durch Entscheid i.S.v. Art. 274e von Bundesrechts wegen *mit dem Tag, an dem der Entscheid der den Richter anrufenden Partei «eröffnet» worden ist.* Denn die bundesrechtliche Klagevoraussetzung des «Unterlegenseins» (vorn N 39 ff.) setzt die Möglichkeit zur Kenntnisnahme des Entscheidinhaltes in diesem Punkt zwingend voraus, was ebenfalls eine «Eröffnung» des Inhaltes fordert. Nicht notwendig ist demgegenüber, dass die Partei auch tatsächlich Kenntnis vom Entscheidinhalt genommen hat – die objektive Möglichkeit der Kenntnisnahme genügt aus bundesrechtlicher Sicht (ähnlich z.B. SVIT-Kommentar II, N 10 zu Art. 274f; offenbar gl.M., aber undifferenziert, WEBER/ZIHLMANN, Basler Kommentar, N 3 zu Art. 274f). *In der Berechnung wird der Tag der «Eröffnung» nicht mitgezählt* (analog Art. 77 Abs. 1 Ziff. 1; vorn N 52).

57 Wann ein Entscheid im konkreten Fall fristauslösend «eröffnet» worden ist, regelt das Bundesrecht nicht. Es ist *grundsätzlich Sache des kantonalen Rechts* (Art. 274), diesen Zeitpunkt genau zu bestimmen, *mit dem dem bundesrechtlichen Erfordernis der Möglichkeit der Kenntnisnahme Genüge getan ist* (vgl. dazu Beschluss des OGer Zürich, NM96003, vom 23. Mai 1996, S. 3 f; überdies siehe BGE 4P.262/1995 vom 15. Mai 1996 gemäss NZZ vom 25. Juni 1996, Nr. 145, S. 15 [Nichtentscheid]). Als «Eröffnungsformen» kommen im wesentlichen die mündliche (N 58) und die schriftliche Form (Zustellung) in Frage.

58 Ist *nach kantonalem Recht die mündliche Eröffnung des Entscheides unter Übergabe eines Dispositives zulässig*, und genügt diese mündliche Eröffnung (Erläuterung des Entscheidinhaltes) im weiteren den Anforderungen des Bundesrechts zur Begründung von Entscheiden (vgl. N 64 ff. zu Art. 274e), kann der Fristenlauf mit diesem Tag beginnen (ähnlich SVIT-Kommentar II, N 11 zu Art. 274f; undifferenziert offenbar a.A. WEBER/ZIHLMANN, Basler Kommentar, N 3 zu Art. 274f [ausgehend von den im Kanton Zürich bestehenden Vorschriften wird verallgemeinernd und apodiktisch eine schriftliche Entscheidbegründung usw. gefordert]).

59 Von Bundesrechts wegen ist für die Fristauslösung auf die Möglichkeit der Kenntnisnahme des Unterliegens abzustellen (vorn N 56). Je nach dem anwendbaren kantonalen Recht und dessen Vorschriften über die Zustellung von Entscheiden sowie je nach den konkreten tatsächlichen Verhältnissen kann die Frist für die Parteien *an verschiedenen Tagen zu laufen beginnen.*

### c) Im Fall der Nichteinigung

Endet das Schlichtungsverfahren mit der *Feststellung* der Nichteinigung, so ist für den *Fristbeginn grundsätzlich dieser Zeitpunkt von Bundesrechts wegen massgebend* (ähnlich – aber wiederum undifferenziert – z.B. WEBER/ZIHLMANN, Basler Kommentar, N 4 zu Art. 274f.). 60

Wann dieser Zeitpunkt konkret eintreten kann, überlässt das Bundesrecht erneut weitgehend der Regelung der Kantone (Art. 274; gl.M. SVIT-Kommentar II, N 12 zu Art. 274f; ähnlich ferner RAPP I, a.a.O., S. 17). Das Bundesrecht verlangt dabei immerhin zwingend, dass die *Parteien die Möglichkeit haben, von der Feststellung der Nichteinigung durch die Behörde Kenntnis zu erlangen.* (Die Feststellung der Nichteinigung ist ein Entscheid der Behörde [vgl. N 79 zu Art. 274a; ähnlich OGer Zürich, NM 96003, Beschluss vom 23. Mai 1996]; ihre Unterlassung stellt einen Nichtentscheid dar [vgl. allgemein dazu BGE 4P.262/1995 vom 15. Mai 1996 gemäss NZZ vom 25. Juni 1996, Nr. 145, S. 15].) 61

Mit Blick auf die relative Formlosigkeit des Schlichtungsverfahrens sind daher im wesentlichen *die folgenden Varianten zum Fristbeginn* möglich: 62

- *Es sind beide Parteien an der Schlichtungsverhandlung anwesend.* Besteht das Resultat der Verhandlung in der Nichteinigung, so genügt das für den Fristbeginn von Bundesrechts wegen mit diesem Tag (dieser Tag wird allerdings analog Art. 77 Abs. 1 Ziff. 1 nicht mitgezählt; vorn N 52, N 56). Denn einsichtigerweise haben beide Parteien Kenntnis von der entsprechenden Feststellung der Behörde, sofern diese sie ihnen auch kundgibt (eröffnet). Ein ausdrücklicher Hinweis auf den Fristbeginn muss die Eröffnung nur dann enthalten, wenn das kantonale Recht das ebenfalls verlangt (unklar diesbezüglich OGer Zürich, NM 96003, Beschluss vom 23. Mai 1996). 63

  Kantonale Regelungen können allerdings zusätzlich eine (spätere) schriftliche Mitteilung vorsehen. Ob dieser Mitteilung fristauslösende Wirkung zukommt oder bloss deklaratorische, ist ausschliesslich im Lichte des kantonalen Rechts zu beurteilen (unklar, ob a.A., bei SVIT-Kommentar II, N 12 zu Art. 274f, und bei mp 4/91, S. 203 ff; zutreffend OGer Zürich, NM96003, Beschluss vom 23. Mai 1996).

- *Es ist eine Partei nicht zur Verhandlung erschienen.* Am Verhandlungstag eintretendes fristauslösendes Moment ist hier eine *Vorladung*, die unter der Androhung ergeht, im Säumnisfall einer Partei oder beider Parteien sei damit zugleich die Feststellung der Nichteinigung eingetreten (vgl. dazu N 40 zu Art. 274d; zur Berechnung vgl. vorn N 63). Das Gesagte gilt aber nur unter dem Vorbehalt, dass die Zustellung der Vorladung die Möglichkeit der Kenntnisnahme des Vorladungsinhaltes mit der 64

Androhung der Säumnisfolge ermöglicht hat; damit hat die säumige Partei ebenfalls die Möglichkeit der Kenntnisnahme vom Zeitpunkt der Feststellung der Nichteinigung. Ein ausdrücklicher Hinweis auf den Fristbeginn (vgl. N 63) ist nicht notwendig. Die Fristberechnung folgt dem in N 63 Ausgeführten.

Sieht das kantonale Recht hingegen nur vor, im Säumnisfall *könne* die Feststellung der Nichteinigung erfolgen, kann das Dargelegte nicht ohne weiteres gelten: Sieht das kantonale Recht für die Feststellung der Nichteinigung zusätzlich eine schriftliche Feststellung der Behörde vor, kann dieser schriftlichen Feststellung kaum mehr bloss deklaratorischer Charakter zugebilligt werden. Diesfalls muss konsequenterweise für den fristauslösenden Zeitpunkt der Kenntnisnahmemöglichkeit auf die Zustellung des Feststellungsentscheides abgestellt werden (vgl. vorn N 57, N 59).

65 *Ist nach gescheiterter Einigung eine zweite Verhandlung im Einverständnis der Parteien angesetzt worden* (vgl. N 42 f. zu Art. 274e), so gelten die vorstehenden Ausführungen erst, wenn auch in dieser zweiten Verhandlung keine Einigung erzielt worden ist. Zur Säumnis einer Partei in dieser zweiten Verhandlung siehe vorn N 64.

66 – *Das kantonale Recht sieht nur die Möglichkeit der schriftlichen Eröffnung vor.* Es gelten hier die gleichen Grundsätze wie beim schriftlich «eröffneten» Entscheid (vgl. vorn N 56 f., N 59).

67 – Es wurde in der Verhandlung (oder ohne Verhandlung) *zwar eine Einigung im Grundsatz erzielt, doch es steht deren gültiges Zustandekommen* noch nicht endgültig fest. Die *Frist kann nur mit der späteren Eröffnung der Feststellung der Nichteinigung durch die Behörde den Parteien gegenüber ausgelöst werden.* (Eine telefonische Mitteilung dürfte dazu nach keinem kantonalen Recht ausreichen, sondern wohl nur die schriftliche Eröffnung bzw. Zustellung [vorn N 56 f., N 59] oder die mündliche Eröffnung in einer dieser Feststellung vorbehaltenen Verhandlung.)

68 Denkbare Fälle des nicht endgültigen Zustandekommens der Einigung in der Verhandlung sind *Vergleiche unter Widerrufsvorbehalt und unter Ratifikationsvorbehalt*, ferner Vergleiche, deren Gültigkeit vom Eintritt einer Bedingung abhängt (ähnlich Rapp I, a.a.O., S. 17, SVIT-Kommentar II, N 13 zu Art. 274f).

### *d) Fristwahrung*

69 Zur Fristwahrung, die sich nach dem Bundesrecht bestimmt, kann auf das in N 59 zu Art. 273 Ausgeführte verwiesen werden, das auch hier sinngemäss gilt.

## 4. Form der Anrufung

In welcher Form der Richter i.S.v. Art. 274f Abs. 1 angerufen werden muss, *regelt das Bundesrecht nicht*. Die Frage ist daher (vgl. Art. 274) nach dem für den angerufenen Richter (vorn N 32) massgebenden (kantonalen) Recht zu beurteilen. 70

## 5. Ausdehnung des Entscheidbegriffes durch die Praxis

### *a) Überblick zur Ausdehnung*

Art. 274f Abs. 1, 1. Satz, *beschränkt sich* nach seinem Wortlaut, nach seiner systematischen Stellung (vorn N 24, N 33) sowie nach seiner Entstehungsgeschichte (vorn N 33) *auf Entscheide i.S.v. Art. 274e Abs. 2 i.V.m. Art. 259i Abs. 2 und Art. 273 Abs. 5*. Diese Auffassung wird hier denn auch vertreten (vgl. N 71 ff., N 90 ff. zu Art. 274a und vorn N 17). 71

In der *Praxis des Bundesgerichtes* wurde demgegenüber Art. 274f Abs. 1 «weit» ausgelegt, und zwar im wesentlichen bloss *von seinem Zweck her, den Parteien den «Klageweg» (Rechtsweg) zu öffnen* (siehe N 90 ff. zu Art. 274a). Diesen Zweck hat die Bestimmung ohne Zweifel, nur folgt daraus nur schon logisch betrachtet bei weitem nicht zwingend oder wenigstens schlüssig (ähnlich kritisch z.B. Gut, a.a.O., S. 39, Rapp I, a.a.O., S. 16), dass etwa 72

- *Verfahrensfehler* der Schlichtungsbehörde oder die Anwendung unzutreffenden kantonalen Rechts durch die Schlichtungsbehörde den Klageweg nach Art. 274f Abs. 1 als Rechtsweg öffnen müssen (vgl. aber in den Konsequenzen BGE 120 II 28, 121 II 266 [Nichteintreten der Schlichtungsbehörde]),
- eine von der Schlichtungsbehörde falsch aufgefasste *Parteierklärung* zur Klage i.S.v. Art. 274f Abs. 1 führen muss (fraglich, ob nicht so, bei BGE 120 II 28 [Klagerückzug infolge Säumnis]),
- ein *Entscheid pönaler Natur* wie derjenige zur mutwilligen Prozessführung nur auf dem Klageweg nach Art. 274f Abs. 1 geltend gemacht werden kann (BGE 117 II 421).

Solches und anderes mehr legen weder die in N 71 dargelegten Gründe noch Art. 274 nahe (vgl. N 90 ff. zu Art. 274a; siehe zudem vorn N 17). Im Gegenteil, eine nicht zuletzt ebenfalls verfassungsmässige Auslegung von Art. 274f Abs. 1 schliesst diese ausdehnende, weite Interpretation von Art. 73

274f Abs. 1 geradezu aus, nicht aber die *«Öffnung des Rechtsweges»*. Denn diese ist gemäss Art. 274 dem *kantonalen Recht vorbehalten und kann durch kantonales Recht (Rechtsmittelweg; vgl. dazu ebenfalls N 76 ff.) sehr wohl gesichert werden.*

74 Das Bundesgericht hat in den vorerwähnten Entscheiden allerdings *diesen an sich gesetzlich vorgegebenen Weg nie ernsthaft näher in Betracht gezogen* (vgl. dazu N 71 ff., N 90 ff. zu Art. 274a, N 116 ff. zu Art. 274d), weshalb die hier vorgebrachten Fragestellungen geradezu auftauchen müssen (vgl. dazu aber auch N 78). Zur Begründung seiner am Zweck der Öffnung des Rechtsweges orientierten Rechtsprechung hat das Bundesgericht sich zudem im wesentlichen auf *die Formel versteift*, der Schlichtungsbehörde stehe von Bundesrechts wegen *keine «abschliessende» Entscheidkompetenz zu* (vgl. BGE 117 II 424, BGE 121 III 269). Oder es stellt fest, *kantonales Recht habe dem Bundesrecht wegen dessen derogatorischer Kraft zu weichen* (BGE 120 II 29). Das bezweifelt niemand vernünftigerweise, selbst der nicht, der sich trotzdem erlaubt, die Frage zu stellen, worin denn überhaupt der Gehalt des Bundesrechtes besteht.

75 *Fraglich* muss bei solcher Argumentation (dazu auch N 76 f., und insbesondere N 78) stets bleiben, *worin überhaupt eine «abschliessende» Entscheidkompetenz liegen kann* (vgl. nachstehend N 80). Warum der Schlichtungsbehörde – über alles gesehen – nirgends «abschliessende» Entscheidungsbefugnis zukommen soll, hat das Bundesgericht bislang nämlich ebenfalls nicht hinreichend bzw. erhellend erklärt. In BGE 117 II 424 beispielsweise knüpft es vielmehr in der Begründung bereits indirekt an Art. 274f Abs. 1 an, indem es *ohne Federlesen eine lückenlose bundesrechtliche Regelung von Nichtkompetenz voraussetzt* (unbeschadet etwa um die Problematik von Art. 274d Abs. 2, die ernsthaft nicht mit derjenigen von Art. 273 Abs. 5 verglichen werden kann [vgl. dazu N 104 ff., N 117 ff. zu Art. 274d, mit Weiterverweisen]; unbeschadet um die Problematik der Bewilligung unentgeltlicher Rechtsverbeiständung [vgl. N 129 zu Art. 274d]; unbeschadet endlich darum, dass Art. 274e Abse. 1 und 2 gerade lückenhaft ist [vgl. N 53 f. zu Art. 274e, mit Weiterverweisen]).

### *b) Probleme der ausdehnenden Interpretation*

76 Mit der weiten Auslegung von Art. 274f Abs. 1 *schafft das Bundesgericht (m.E.) nur unnötig verwirrende Weiterungen. Denn in den strikten Konsequenzen der bundesgerichtlichen Argumentation fehlender «abschliessender» Kompetenz, die gewissermassen durch eine Klage nach Art. 274f Abs. 1 zu heilen ist, führt alles und jedes zu einem gerichtlichen erstinstanzlichen Verfahren* (BGE 121 III 266 ff. fordert eine «volle Kognition» der kantonalen

Instanz, was im Fall des Art. 274f Abs. 1 nur heissen kann: eine umfassende Prüfung der Streitsache [zu Irrungen in BGE 121 II 266 ff. vgl. N 99 zu Art. 274a]).

Demnach muss z.B. die unstatthafte Anordnung von Säumnisfolgen in einer Vorladung zum umfassenden Verfahren des erstinstanzlichen Richters führen. Die an sich offenkundig gegebene Unzuständigkeit der Schlichtungsbehörde zur Schlichtung von Streitigkeiten aus einer Miete von beweglichen Sachen muss zu einem erstinstanzlichen Verfahren mit «umfassender Überprüfung» führen, dito die Streitigkeit über den Mietzins bei einer Ferienwohnung i.S.v. Art. 253a Abs. 2 (für zutreffend hält das z.B. offenbar jedoch ROBERTI, S. 28). Auch Willensmängel im Fall von Parteierklärungen führen u.U. ohne ernsthafte Einigungsbemühungen der Behörde (z.B. Vergleich vor der Verhandlung, Rückzug oder Anerkennung der Klage vor der Verhandlung) bzw. ohne das Vorliegen eines Entscheides oder einer Nichteinigungsfeststellung i.S.v. Art. 274e Abs. 2 zu einem erstinstanzlichen Verfahren mit umfassender Prüfung der Streitsache. Dasselbe muss schliesslich im Fall verweigerter unentgeltlicher Rechtsverbeiständung gleichfalls gelten usw. 77

Das alles kann den gesetzgeberischen Intentionen zu Art. 274e Abs. 2 und Art. 274f Abs. 1 schlicht nicht entsprechen (vgl. vorn N 25 ff., N 33 ff.). Aufgrund des jeweiligen Gegenstandes der hier zitierten Entscheide *kann allerdings zweifelsfrei ebensowenig angenommen werden, das Bundesgericht vertrete seine Auffassung auch in den letzten Konsequenzen. Das aber muss die Frage erlauben, weshalb das Bundesgericht trotzdem zu einer Ausdehnung von Art. 274f Abs. 1 gelangt ist, statt zugunsten der gesetzlich doch einigermassen klar vorgezeichneten Aufgabenteilung alle nicht von Art. 274e und Art. 274f Abs. 1 erfassten Entscheide dem kantonalen Rechtsmittelweg zu überlassen.* Die Frage muss erst recht erlaubt sein, wenn man berücksichtigt, dass die vorhin angeführten Entscheide *in ihrer Gesamtheit eine unheilvolle Vermischung* des Prinzips der *«umfassenden» Überprüfung einer* Streitsache i.S.v. Art. 274f Abs. 1 mit dem vom Bundesgericht auch anderweitig geforderten *Grundsatz der Prüfung* einer bundesrechtlichen (Teil-)Frage *mit «voller Kognition» enthalten* (BGE 121 III 266 ff., siehe ferner etwa N 35 zu Art. 274d). Ansätze zu subtilen *Unterscheidungen* zwischen den augenfälligen und den weniger augenfälligen, aber trotzdem *möglichen Entscheidungsarten der Schlichtungsbehörde* im Lichte des Bundesrechts usw. *fehlen* in diesen Entscheidungen des BGer endlich gänzlich. 78

## IV. Wirkungen der Anrufung

Zu den Wirkungen der Anrufung des Richters vgl. im wesentlichen vorn N 26 ff. Anzufügen ist hier nur noch zur Verdeutlichung, dass *der Entscheid der Schlichtungsbehörde i.S.v. Art. 274e Abs. 1 mit der Anrufung vollständig dahinfällt.* Daraus erhellt sich der «Prima facie»-Charakter des Entscheides, der in diesem Zusammenhang höchstens einen Parteirollentausch zu bewirken vermag (vgl., statt vieler: GMÜR, a.a.O., S. 133). Irrig erweist sich daher, wie schon wiederholt zu Recht festgehalten worden ist, eine Äusserung der Botsch. (S. 1467), die dem «Prima facie»-Entscheid ebenfalls Wirkungen bezüglich der Beweislast zubilligen will (statt vieler: GMÜR, a.a.O.). 79

## V. Die unterlassene Anrufung

80 Die Anrufung des Richters führt dazu, dass dem Schlichtungsverfahren – gewissermassen *rückwärts betrachtet – nur formale Wirkungen* zugebilligt werden können (Prozessvoraussetzung, Parteirollentausch [vgl. vorn N 46, N 79]; ähnlich z.B. HOHL, S. 250, Rz. 761). *Damit kontrastieren die Wirkungen der Unterlassung der Anrufung des Richters,* die in den gesetzlich vorgesehenen Fällen eine rechtskräftige Streiterledigung oder Analoges beinhalten (vgl. nachstehend N 81, N 84 ff.). Das lässt sich mit dem Bild der allenthalben hervorgehobenen, sog. fehlenden «abschliessenden» Kompetenz nicht ohne weiteres vereinbaren. Zu diesen Wirkungen, bezogen auf bestimmte Typen von Streitfällen, wird nachstehend im einzelnen näher eingegangen. Grundsätzlich ist vorher noch festzuhalten, dass *die Säumnis und die bewusste Unterlassung der Klage* (beides nachstehend vereinfacht «Unterlassung» genannt) *den Klageweg an den Richter versperren bzw. ausschliessen.*

### 1. Bei Sachentscheiden i.S.v. Art. 274e Abs. 2

81 Die Behörde kann gestützt auf Art. 274e Abs. 2 i.V.m. Art. 259i Abs. 2 und Art. 273 Abs. 5 einen Entscheid fällen. Hat sie das getan, so bleibt der Entscheid nicht wirkungslos «prima facie», sondern er erwächst *von Bundesrechts wegen ausdrücklich in Rechtskraft,* wenn die Anrufung des Richters unterlassen wird (vgl. Art. 259i Abs. 2, Art. 273 Abs. 5; gl. z.B. HOHL, S. 252, SVIT-Kommentar II, N 24 f. zu Art. 274f).

82 Der Eintritt der formellen Rechtskraft ist Frage des kantonalen Rechts, soweit dessen Eröffnungsformen die Fristdauer bestimmen (vgl. vorn N 57). Aus dem Bundesrecht hingegen folgt, dass diese Wirkungen mit dem 31. Tag nach dem Fristbeginn eintreten (zum Fristbeginn und zur Fristberechnung vorn N 56, N 52).

### 2. Bei Nichteinigungsfeststellungen

83 Bei den Nichteinigungsentscheiden ist bezüglich der Wirkungen der unterlassenen Anrufung des Richters zu differenzieren nach dem Grund der Anrufung. *Zu differenzieren ist zwischen Mietzinsstreitigkeiten i.S. der*

*Art. 270 ff.* (nachfolgend N 84 ff.) *und anderen Streitigkeiten* (nachfolgend N 88 ff.), wenn man der Theorie der umfassenden Schlichtung zuneigt (dieser Theorie wird hier nicht zugestimmt).

*a) Bei Streitigkeiten i.S.v. Art. 270 ff.*

**aa) Bei Mietzinsanfechtungen i.S.v. Art. 270** (Herabsetzung des Anfangsmietzinses) bleibt es beim vereinbarten Mietzins. Der Mieter kann zu einem späteren Zeitpunkt dieselbe Klage nicht nochmals erheben, weil sein Klageanspruch mit Blick auf die Verwirkungsfrist von Art. 270 Abs. 1 in diesem Fall bereits untergegangen ist (gl., statt vieler: SVIT-Kommentar II, N 22 zu Art. 274f). Es treten somit in diesem Fall *den Rechtskraftwirkungen vergleichbare Wirkungen von Bundesrechts wegen ein.* 84

**bb) Bei Mietzinsanfechtungen i.S.v. Art. 270a** (Herabsetzungsklage) ist demgegenüber zu beachten, dass der Mieter gemäss Art. 270a Abs. 2 nicht verpflichtet ist, innert einer Verwirkungsfrist seinen Anspruch geltend zu machen. Er darf das aber. Ruft er also die Schlichtungsbehörde gestützt auf Art. 270 Abs. 2 an und unterlässt er es in der Folge, den Richter anzurufen, so *verwirkt er konsequenterweise seinen Anspruch auf Herabsetzung nicht* (vgl. N 80 zu Art. 274e). Er *begibt sich nur der Möglichkeit* («verwirkt» diese insoweit), im Fall der späteren Klage die Herabsetzung ab dem Zeitpunkt (nächstmöglicher Kündigungstermin; vgl. dazu BGE 122 III 22 f.) verlangen zu dürfen, ab dem er sie durch Unterlassen der Klage i.S.v. Art. 274f Abs. 1 im nicht weiter verfolgten Verfahren hat verlangen können (gl. SVIT-Kommentar II, N 23 zu Art. 274f; a.A. im Grundsätzlichen offenbar LACHAT/STOLL, S. 43, die allgemein an die Unterlassung der Klage Verwirkungsfolgen anknüpfen). 85

**cc) Bei Mietzinsanfechtungen i.S.v. Art. 270b ff.** hat die Unterlassung der Klage *zur Folge, dass es bei dem Mietzins bleibt, der vor der Ausübung des Gestaltungsrechts gemäss Art. 269d gegolten hat:* Denn mit der Anrufung der Schlichtungsbehörde durch den Mieter sind die Wirkungen der Ausübung dieses Rechts vorbehältlich des richterlichen Entscheides oder der Einigung oder des Rückzuges des Anfechtungsbegehrens dahingefallen (vgl. Art. 270e). Die Unterlassung einer Klage i.S.v. Art. 274f Abs. 1 kann allgemein für sich allein keine Verwirkungsfolgen zeitigen (Prozessrechtsfrist; vorn N 53), weshalb der Vermieter auch nicht sein Recht verwirkt, später erneut gestützt auf Art. 269d eine Mietzinsanpassung vorzunehmen. Art. 274f Abs. 1 führt überdies nicht zu einer «Perpetuierung» 86 des Aufschubs bundesrechtlicher Verwirkungsfolgen wie in den Fällen von Art. 259h Abs. 1 in Verbindung mit Art. 259 Abs. 2 oder Art. 273 Abse. 1–3 in Verbindung mit Art. 273 Abs. 5 (vgl. vorn N 53). Die Frist von Art. 270b Abs. 1 lässt vielmehr im Säumnisfall *das Anfechtungsrecht des Mieters untergehen.* Der *Vermieter begibt sich* daher mit der Unterlassung der Klage aus allen diesen Gründen *nur der Möglichkeit, die dahingefallene Erhöhung in einem späteren Verfahren auf den im Fall der unterlassenen Klage möglich gewesenen früheren Zeitpunkt durchsetzen zu können*; damit kann er auch – wie der Mieter im Fall der Klage i.S.v. Art. 270a (vorn N 85) – in der Erhöhungsbegründung auf die materiell noch nie geprüften Gründe der nicht weiter verfolgten vormaligen Erhöhung im Tatsächlichen zurückgreifen (gl. im Resultat, aber mit anderer Begründung: SVIT-Kommentar II, N 14 ff. zu Art. 274f, insbesondere N 21 [dort wird zu Recht festgehalten, dass sich aus BGE 117 II 452 ff. nichts anderes herleiten lässt, als dass der Vermieter in einem konkreten Verfahren an die Begründung gebunden ist, die er auf dem amtlichen Formular abgegeben hat, welches Anlass zu diesem Verfahren gab]).

87 Eine davon *abweichende Auffassung* vertreten BJM 1990, S. 141, mp 2/90, S. 113 (beide zum alten Recht), GUHL/KOLLER/DRUEY, S. 420 (ohne nähere Begründung unter Hinweis auf das alte Recht), ZIHLMANN II, S. 255 (ohne nähere Begründung). Diese andere Auffassung *anerkennt der Unterlassung der Anrufung des Richters* die Wirkung der «res iudicata» zu bzw. einen «Rechtsverlust» (ZIHLMANN II, a.a.O.), was nach dem vorhin Dargelegten wohl nur soweit richtig sein kann, als die (erste) Mietzinserhöhung, die Gegenstand des Schlichtungsverfahrens war, das infolge Nichteinigung scheiterte und dem keine Klage i.S.v. Art. 274f Abs. 1 folgte, nicht Gegenstand eines anderen Verfahrens sein kann, wohl aber eine (zweite) andere Mietzinserhöhung, wenngleich mit derselben Begründung (wie bei der ersten).

*Will man die «Res iudicata»-Wirkung auch auf die Gründe der Erhöhung selbst beziehen, müsste man konsequenterweise im Fall der unterlassenen Klage des Mieters i.S.v. Art. 270a gleich Verfahren* (vgl. aber vorn N 85). Denn dann ginge man davon aus, der Frist des Art. 274f Abs. 1 komme als Prozessfrist zwangsläufig *generelle Verwirkungsfolge zu*, was unzutreffend ist (gleichermassen alle Parteien am Rechtsverlust teilhaben lassen wollen insoweit konsequenterweise LACHAT/STOLL, S. 43: «Das Verpassen der Frist hat zur Folge, dass zu einem späteren Zeitpunkt nicht mehr auf die behandelte Sache zurückgekommen werden kann»). Einen anderen Begründungsansatz findet man bei ROBERTI (S. 26, Fn. 87) oder BJM 1990 (S. 141): Es wird mit dem Grundsatz von Treu und Glauben operiert und ein Verzicht auf die Weiterverfolgung des Rechts konstruiert, womit aber noch nichts über den Umfang des Verzichts gesagt ist. Weitergehend ist BJM 1990, S. 141: Dieser Entscheid stellt auf die «Vermutung eines Verzichts» zur Geltendmachung der Ansprüche ab, die sich aus der zu den «Vorbehalten» entwickelten Grundsätzen der altrechtlichen Rechtsprechung herleitet. Alsdann wäre wiederum nüchtern betrachtet nicht einzusehen, weshalb die Bindung im Fall des Art. 270b an die Begründung der Erhöhung auf dem Formular von der Rechtskraftwirkung miterfasst sein muss, währenddem das für die Begründung des Herabsetzungsbegehrens im Fall der durchaus freiwilligen Klage gemäss Art. 270a Abs. 2 («kann») gerade nicht sein soll (auch hier gebieten Treu und Glauben dann wohl die «Vermutung», es werde auf die Weiterverfolgung der Herabsetzungsansprüche verzichtet; daraus, dass ein Mieter nicht gezwungen ist, eine Herabsetzung geltend zu machen, kann unter dem Gesichtspunkt von Treu und Glauben logisch nicht folgen, dass dann, wenn er diese Ansprüche trotzdem geltend macht, es sich dennoch um ein und dasselbe handle). Das Gesetz selbst bietet für derlei unterschiedliche Behandlungen von Art. 270a und Art. 270b jedenfalls keinen Anhaltspunkt an; im Gegenteil, Art. 270e, aus dem sich bei sog. «weiter» Auslegung allenfalls indirekt etwas zu Rechtskraftwirkungen herleiten liesse, verlangt auch für Klagen gemäss Art. 270a Geltung.

### *b) Andere Streitigkeiten*

Nach der Theorie der «umfassenden» Schlichtungskompetenz (vgl. N 43 ff., N 52 ff. zu Art. 274a) hat die Schlichtungsbehörde jede Streitigkeit, die ihr vorgetragen wird, grundsätzlich zu behandeln (diese Auffassung wird hier nicht vertreten; vgl. N 47, N 48 zu Art. 274a). *Die Wirkungen der Unterlassung der Klage i.S.v. Art. 271f Abs. 1, 2. Satz, beurteilen sich bei diesen Streitigkeiten mangels anderer gesetzlicher Regelungen ausschliesslich nach dem materiellen Recht.* Weil die Klagefrist i.S.v. Art. 274f Abs. 1 eine Frist des Bundesverfahrensrechts (prozessrechtliche Klagefrist) ist und als solche allein nicht den Verlust materiell-rechtlicher Ansprüche herbeiführt, bleibt die Schlichtung hier im Fall der Nichteinigung an sich *völlig wirkungslos* (gl. unveröff. Beschluss des OGer Zürich vom 12. Juni 1995, Prozess-Nr. NM950020/II.ZK; gl.M. DUCROT, S. 153, ROBERTI, S. 26, SVIT-Kommentar II, N 8 zu Art. 274f, a.A. offenbar LACHAT/STOLL, S. 43 [Wortlaut zit. in N 87]; solche Fragen sind offen gelassen z.B. bei ZIHLMANN II, S. 255, GUHL/KOLLER/DRUEY, S. 420). 88

*Inwieweit das mit den gesetzgeberischen Intentionen* (vgl. etwa Amtl.Bull. NR vom 16. März 1989, S. 543 [«sanfter Druck»]) *zur Schlichtung in Einklang gebracht werden kann, bleibt höchst fraglich bzw. fragwürdig und spricht kaum für den tieferen Sinn umfassender Schlichtung.* Es kann ja kaum die ernsthafte Auffassung des Gesetzgebers gewesen sein, es ergebe sich eine vernünftige Partei ohne weiteres den Empfehlungen einer Schlichtungsbehörde, die die u.U. komplexe streitige Sache ex officio – überspitzt formuliert – nur dem «Hörensagen» nach beurteilen kann. 89

*Nimmt man demgegenüber bei der Frist von Art. 274f Abs. 1* im Säumnisfall unrichtigerweise Verwirkungsfolgen an, bleibt wiederum offen, ob das der Gesetzgeber gewollt hat (vgl. HIGI, Zuständigkeit, a.a.O., S. 12) und was dabei verwirken soll. Die Theorie der umfassenden Schlichtung wird vom Verf. nicht zuletzt aus diesen Gründen abgelehnt (ablehnend ferner RAPP I, a.a.O., S. 5, SVIT-Kommentar I, N 8 zu Art. 274–274a). 90

### 3. Bei Einigungen und anderen Entscheiden

91 Der Vollständigkeit halber ist noch darauf hinzuweisen, dass nach zutreffender Auffassung die Feststellung der Einigung sowie die *behördliche Feststellung des Rückzuges oder der Anerkennung des Begehrens im Schlichtungsverfahren ebenfalls zur rechtskräftigen Streiterledigung führen* (vgl. N 47 und N 54 zu Art. 274e). Wann in diesen Fällen die formelle Rechtskraft eintritt, bestimmt das kantonale Verfahrensrecht (vgl. N 48 zu Art. 274e, N 82 ff. zu Art. 274a; siehe ferner – sinngemäss – vorn N 56 ff.). Der Eintritt der materiellen Rechtskraft folgt demgegenüber aus dem Bundesrecht (allgemein: VOGEL, S. 66 [Rz. 43], S. 216 [Rz. 87 f.]). Das gilt unbeschadet darum, dass die Rechtskraftwirkungen Folge eines summarischen Verfahrens sind, weil das Bundesrecht gerade ein solches Verfahren zur eher formlosen Rechtsstreiterledigung vorschreibt (ähnlich HOHL, S. 253 f.). Die Grundsätze gemäss BGE 119 II 89, der die Folgen des Eintrittes der materiellen Rechtskraft dem kantonalen Recht überlassen will, gewinnen hier im bundesrechtlichen Bereich (vgl. Art. 274e Abs. 1) keine Bedeutung.

92 *Die Rechtskraftwirkungen müssen konsequenterweise von Bundesrechts wegen dort eintreten, wo das Bundesrecht explizit die Behörde zur Schlichtung für kompetent erklärt hat* (vgl. dazu N 8 ff. zu Art. 274e). Für den Fall der Einigung sieht das Gesetz das in Art. 274e Abs. 1 denn auch zwingend vor. Im Fall der ausdrücklichen Kompetenz zur Schlichtung bietet das Bundesrecht ebenso keine Probleme dafür, dass die *Gegenstandslosigkeit des Verfahrens* zwangsläufig und im Einklang mit den allgemeinen bundesrechtlichen Grundsätzen (Rechtsschutzinteresse) zur materiell rechtskräftigen Erledigung des Schlichtungsverfahrens führt.

93 *Dort, wo hingegen über den ausdrücklichen gesetzlichen Rahmen hinaus eine «umfassende» Kompetenz zur Schlichtung angenommen wird* (vgl. N 14 ff. zu Art. 274e, mit Weiterverweisen), darf das Gesagte als fraglich erscheinen (vgl. etwa ROBERTI, S. 26–29). Immerhin: Soll die «umfassende Kompetenz» bundesrechtlich gefordert sein, muss in solchen Verfahren die Konsequenz *bei Einigungen und bei vorbehaltlosen Anerkennungen der Klage* grundsätzlich dieselbe sein wie in den explizit gesetzlich erwähnten Schlichtungsfällen (vorn N 91). Wozu sonst Streitschlichtung? *Beim Klagerückzug sowie bei der Gegenstandslosigkeit* hingegen können sinnreicherweise keine anderen Wirkungen eintreten wie im Fall der Klageunterlassung (vorn N 88).

94 Der Rechtskraft und damit der Vollstreckung fähig sind von Bundesrechts wegen endlich *die übrigen Entscheide der Schlichtungsbehörde* etwa

gemäss Art. 274d Abs. 2 (pönaler Charakter) oder bezüglich unentgeltlicher Rechtsvertretung. Diese Entscheide werden nach zutreffender Auffassung jedoch nicht von Art. 274f Abs. 1 erfasst (vgl. vorn N 72, N 73 ff., mit Weiterverweisen; a.A. BGE 117 II 421 [dazu vorn N 73 ff.]).

Den Eintritt der materiellen Rechtskraft und der formellen Rechtskraft 95
hat jedoch in diesen Fällen das kantonale Recht zu bestimmen, weil es bei solchen Entscheiden *nicht um Ansprüche des Bundesprivatrechts geht.* Bundesrechtswidrig wäre es hingegen, diesen Entscheiden keine Rechtskraft zukommen zu lassen.

# Art. 274g

F. Ausweisungsbehörde

[1] Ficht der Mieter eine ausserordentliche Kündigung an und ist ein Ausweisungsverfahren hängig, so entscheidet die für die Ausweisung zuständige Behörde auch über die Wirkung der Kündigung, wenn der Vermieter gekündigt hat:

a. wegen Zahlungsrückstand des Mieters (Art. 257d);
b. wegen schwerer Verletzung der Pflicht des Mieters zu Sorgfalt und Rücksichtnahme (Art. 257f Abs. 3 und 4);
c. aus wichtigen Gründen (Art. 266g);
d. wegen Konkurs des Mieters (Art. 266h).

[2] Hat der Vermieter aus wichtigen Gründen (Art. 266g) vorzeitig gekündigt, so entscheidet die für die Ausweisung zuständige Behörde auch über die Erstreckung des Mietverhältnisses.

[3] Wendet sich der Mieter mit seinen Begehren an die Schlichtungsbehörde, so überweist diese die Begehren an die für die Ausweisung zuständige Behörde.

F. Compétence en cas d'expulsions

[1] Lorsque le locataire conteste un congé extraordinaire et qu'une procédure d'expulsion est engagée contre lui, l'autorité compétente en matière d'expulsion statue aussi sur la validité du congé donné par le bailleur:

a. En cas de demeure du locataire (art. 257*d*);
b. Pour violation grave par le locataire de son devoir de diligence ou pour de graves manques d'égards envers les voisins (art. 257*f*, 3[e] et 4[e] al.);
c. Pour de justes motifs (art. 266*g*);
d. En cas de faillite du locataire (art. 266*h*).

[2] Lorsque le congé est donné par le bailleur pour de justes motifs (art. 266*g*), l'autorité compétente en matière d'expulsion statue aussi sur la demande de prolongation du bail.

[3] Si le locataire saisit l'autorité de conciliation, celle-ci transmet la requête à l'autorité compétente en matière d'expulsion.

F. Competenza in caso di sfratto

[1] Se il conduttore contesta una disdetta straordinaria quando è pendente contro di lui un procedimento di sfratto, l'autorità competente in materia di sfratto decide pure sulla contestazione della disdetta data dal locatore:

a. per mora del conduttore (art. 257*d*);
b. per violazione grave dell'obbligo di diligenza e di riguardo per i vicini (art. 257*f* cpv. 3 e 4);
c. per motivi gravi (art. 266*g*);
d. per fallimento del conduttore (art. 266*h*).

[2] Se la disdetta è stata data per motivi gravi (art. 266*g*), l'autorità competente in materia di sfratto decide pure sulla protrazione della locazione.

[3] Se il conduttore si rivolge all'autorità di conciliazione, questa trasmette la richiesta all'autorità competente in materia di sfratto.

Materialien Art. 273c des Entwurfes vom 27. März 1985; Amtl.Bull., SR, 1988, S. 180, NR, 1989, S. 546 1

**Literatur:** Siehe allgemeines Literaturverzeichnis sowie N 2 zu Art. 274. 2

## Inhaltsverzeichnis

# I. Gegenstand, Geltungsbereich und Charakter der Norm

## 1. Gegenstand

3 Die Norm regelt im wesentlichen das Verhältnis zwischen Schlichtungsverfahren und Ausweisungsverfahren, wenn diese Verfahren gleichzeitig hängig sind (dazu nachstehend N 26 ff.). Die Regelung erschöpft sich in ihrem Kern in einer sog. Kompetenzattraktion (vgl. ZIHLMANN II, S. 125) zugunsten der Instanz, die das Ausweisungsverfahren durchzuführen hat (dazu nachstehend N 29 f.). Zugleich regelt das Bundesrecht aber ebenfalls streckenweise das Verfahren der Instanz, die für die Ausweisung nach kantonalem Recht zuständig ist (nachstehend N 51 ff.).

4 Die Norm regelt das Verhältnis der zwei Verfahren aus bundesrechtlicher Sicht *nicht umfassend,* sondern wiederum (vgl. N 19 ff. zu Art. 274f) bloss mittels punktueller Eingriffe zu Lasten des kantonalen Rechts. Das kantonale Recht ist kraft Art. 274 überall dort anwendbar, wo das Bundesrecht keine Regelung getroffen hat. Insoweit ist *die von Art. 274g zusammen mit dem Art. 274 aufgestellte Verfahrensordnung abschliessend* (vgl. auch N 20 ff. zu Art. 274f).

## 2. Geltungsbereich

### *a) Grundlegende Beschränkung unter dem Aspekt der Mietsache*

5 Der Geltungsbereich der Norm beschränkt sich von Bundesrechts wegen *unter dem Aspekt der Mietsache,* über die das gekündigte Mietverhältnis bestand bzw. besteht, auf *unbewegliche Wohn- oder Geschäftsräume* (nicht näher mit dieser Frage befasst z.B. LACHAT/STOLL, S. 390 ff., RAPP I, a.a.O., S. 19 f., SVIT-Kommentar II, N 1 ff., N 8 ff. zu Art. 274g, WEBER/ZIHLMANN, Basler Kommentar, N 1 ff. zu Art. 274g, ZIHLMANN II, S. 123 ff.; alle diese Autoren setzen das – wie ihre Ausführungen teilweise zeigen – gewissermassen als «naturgegeben« voraus; ähnlich EIHOLZER, Anfechtung, a.a.O., S. 325).

6 Die *Einschränkung* des Geltungsbereichs auf die Miete unbeweglicher Wohn- und Geschäftsräume folgt zum einen *aus dem Wortlaut der Norm,* die von Ausweisungsverfahren usw. spricht und nicht vom Rückgabeverfah-

ren (was auch die Miete beweglicher Sachen einschliessen würde, die als Wohn- oder Geschäftsraum dienen). Sie ergibt sich zum andern *unter zwei weiteren* Aspekten *aufgrund der Art, wie die Norm ihren Gegenstand regelt:*

- Die Norm will gemäss ihren Abse. 1 und Abs. 2 nur im Fall der *Anfechtung einer Kündigung und der Erstreckung eines Mietverhältnisses* angewandt werden. Sowohl die Anfechtung i.S.v. Art. 271 f. als auch die Erstreckung i.S.v. Art. 272 ff. regeln Ansprüche nur des Wohn- und Geschäftsraummieters (vgl. N 19 ff. Vorbem. zu Art. 271–273c). 7
- In ihrem Abs. 3, der sich inhaltlich auf die Abse. 1 und 2 bezieht, *regelt die Norm zudem die sachliche Unzuständigkeit der Schlichtungsbehörde* im Fall der gleichzeitigen Hängigkeit von Ausweisungs- und Schlichtungsverfahren. Die Schlichtungsbehörde hinwieder ist gemäss Art. 274a Abs. 1, Ingress, nur sachlich zur Schlichtung befugt bei der Miete unbeweglicher Sachen (vgl. N 21 ff. zu Art. 274a). 8

*Nicht vom bundesrechtlich vorgezeichneten Geltungsbereich* der Norm 9
erfasst sind demnach alle Verfahren, die die *Rückgabe einer beweglichen Mietsache zum Gegenstand haben,* gleichgültig darum, ob sie vertragsgemäss als Wohn- oder Geschäftsraum dienten (dazu auch nachfolgend N 75) oder anderen Zwecken zu genügen hatten.

Nicht vom bundesrechtlich umschriebenen Geltungsbereich erfasst sind 10
überdies *alle Verfahren,* die eine Ausweisung bzw. Wegweisung eines Mieters einer *unbeweglichen Sache zum Gegenstand* haben, *die vertragsgemäss Wohn- oder Gebrauchszwecken gerade nicht dienen soll* (aber vielleicht vertragswidrig dient, was dann der Anlass der Ausweisung sein kann).

### *b) Grundlegende Beschränkung unter dem Aspekt des vertraglichen Rückgabeanspruches?*

Art. 274g hat die «Ausweisung» des Mieters nur indirekt zum Gegen- 11
stand. Zur Ausweisung *des «Mieters»* kann es begrifflich nur dann kommen, wenn ein *einstmals bestehendes Mietverhältnis dahingefallen ist* (zum Fall, in dem ein solches Verhältnis nie gültig bestanden hat, vgl. N 13–15). Alsdann stellt die *«Ausweisung»* nichts anderes dar als die *zwangsweise Durchsetzung des Rückgabeanspruches des Vermieters nach der Beendigung des Mietverhältnisses.* Die Ausweisung des Mieters im von Art. 274g erfassten Sinn basiert m.a.W. grundsätzlich *auf einem vertraglichen und nicht auf einem sachenrechtlichen Anspruch,* der mit der Pflicht des Mieters zur Rückgabe der Mietsache korreliert (vgl. dazu N 14, N 19 ff. zu Art. 267).

12 Daneben kann der Vermieter, der zugleich Eigentümer ist, auch den dinglichen Eigentumsanspruch i.S.v. *Art. 641 Abs. 2 ZGB* geltend machen (vgl. N 15 zu Art. 267). *Auf welchen dieser zwei Ansprüche er sich abstützen will, steht in seiner Wahl.* (Ausgeschlossen ist demgegenüber ein gleichzeitiger Rückgabeanspruch aus Besitz [vgl. N 17 f. zu Art. 267]). Soll Art. 274g nicht vielfach wirkungslos bleiben, muss er stets dann anwendbar sein, wenn der Vermieter sich, statt sich auf den ihm zugleich zustehenden mietvertraglichen Rückgabeanspruch zu beschränken, ausschliesslich oder zusätzlich auf den dinglichen Rückgabeanspruch gemäss Art. 641 Abs. 2 ZGB beruft. *Denn in beiden Fällen steht die Durchsetzung des Rückgabeanspruches im Kontext mit einer aufgelösten (Miet-)Vertragsbeziehung.* Keine (miet)vertragliche Beziehung ist demgegenüber dann gegeben, wenn kein gültiges Vertragsverhältnis zustande gekommen ist (vgl. N 14).

13 An einer relevanten aufgelösten *Mietvertragsbeziehung* (dazu siehe nachstehend N 15) fehlt es demgegenüber beim Rückgabeanspruch des *Hauptvermieters gegenüber dem Untermieter* (vgl. N 16, N 18 zu Art. 267). *Art. 274g kann bei solchen Fällen folgerichtig ebensowenig zum Zug kommen* wie dort, wo kein Vertragsverhältnis bestanden hat (a.A. mit einiger Gewissheit bislang wohl das BGer, welches in dergleichen Unterscheidungen unnötige Differenzierungen erblickt, die die Gefahr prozessualen Leerlaufes schüren [vgl. BGE 120 II 117; vgl. dazu auch N 21 zu Art. 273b]; von einem «mietrechtlichen Tatbestand» ausgehend [BGE 120 II 117], der auch «Sonderverhältnisse» umfasst [vgl. BGE 120 II 115], muss nach Auffassung des BGer wohl Art. 274g ebenfalls bei derartigen Fällen zum Zuge kommen [zur fehlenden Stichhaltigkeit dieser bundesgerichtlichen Annahmen bzw. Auslegungen des Gesetzes vgl. N 52 ff. zu Art. 274a]).

14 *Ausgeschlossen bleiben* muss die Anwendung von Art. 274g nach dem Gesetzeswortlaut, der ausschliesslich von «Mieter» usw. spricht, grundsätzlich dann, wenn kein Mietverhältnis den *Rückgabeanspruch begründet*, sondern *ein anderes Vertragsverhältnis* (z.B. Innominatkontrakt) oder gar kein Vertragsverhältnis (vorn N 13). Dieser Grundsatz gelangt allerdings *nicht uneingeschränkt zu Geltung*. Denn eine Streitsache wird massgeblich durch das Rechtsbegehren der klagenden Partei bestimmt (vgl. auch N 52 zu Art. 274a).

15 Für die Anwendung von Art. 274g unter dem Aspekt, ob ein Mietverhältnis vorgelegen hat, *massgebend ist in erster Linie* nicht das Ausweisungsbegehren des Vermieters, sondern – siehe Art. 274g Abs. 1 – *das Begehren des «Mieters» zur Anfechtung der Kündigung i.S.v. Art. 271 f.* (bei der Schlichtungsbehörde): Wer eine Kündigung anficht, macht damit zugleich wenigstens sinngemäss geltend, es liege zwischen den Streitparteien auch ein Mietvertrag vor. *Art. 274g muss daher ebenfalls dann zur Anwendung gelangen, wenn sich erst im Resultat der rechtlichen Betrachtung der Streitsache* durch die Ausweisungsbehörde *ergibt, dass keine Miete vorliegt* (im Resultat gleich: BGE 119 II 141; es kann allerdings bereits aufgrund des Rechtsbegehrens ersichtlich sein, dass keine von Art. 274g erfasste Streitsache vorliegt [dazu N 63]).

Bedauerlicherweise ist das Bundesgericht in BGE 119 II 141 mit keinem Wort darauf eingegangen, dass in dem von ihm beurteilten Streitfall ein gemischter Vertrag vorlag (also ein Innominatkontrakt und nicht bloss eine «Miete»). Dass dem so war, kann der aufmerksame Leser der amtlichen Sammlung, dem nicht auch die Entscheide der Vorinstanzen vorliegen, einzig den knappen Sachverhaltsangaben entnehmen, was stossend erscheinen muss. Bereits das OGer Zürich hat im übrigen dieselbe «Unterlassungssünde» wie das BGer begangen und über die Qualität des Vertragsverhältnisses kein Wort verloren.

Weitere Einschränkungen des Geltungsbereiches der Norm, genauer ihres konkreten und nicht bloss generellen Anwendungsbereiches, folgen aus ihren tatbeständlichen Voraussetzungen. Sie werden daher nachstehend im entsprechenden Zusammenhang behandelt. 16

### 3. Charakter

Art. 274g ist eine *Verfahrensnorm, die der Parteidisposition entzogen ist* (gl. RONCORONI, in: mp 2/90, S. 80). Er bestimmt sodann das Verhalten an sich kantonaler Behörden unter bestimmten Voraussetzungen unmittelbar und erweist sich damit als *direkt anwendbare Verfahrensnorm des Bundesrechts* (gl. im Resultat etwa BGE 117 II 504 ff., 118 II 306, 119 II 141 ff.). 17

## II. Die Ausweisungsbehörde

### 1. Begriff

Beim Begriff *«Ausweisungsbehörde»*, der in der Marginale zu Art. 274g aufscheint und der im Text der Norm mit «für die Ausweisung zuständige Behörde» umschrieben wird, handelt es sich gleichsam um einen bundesrechtlichen «Sammelbegriff». 18

Wer für eine Ausweisung im konkreten Fall zuständig ist, soll auch im neuen Recht *unter sachlichen Gesichtspunkten* (die örtliche Zuständigkeit folgt grundsätzlich Art. 274b) *weiterhin das kantonale Verfahrensrecht bestimmen* (vgl. Botsch., S. 1465; die Räte haben diese Auffassung der Botsch. diskussionslos übernommen). Der Begriff «Behörde» soll Ausdruck dieser Rücksichtnahme gegenüber allfälligen kantonalen Regelungen sein, die Ausweisungen nicht dem Richter überlassen wollen, sondern vielleicht der Schlichtungsbehörde usw. (vgl. SVIT-Kommentar II, N 7 zu Art. 274g). 19

20 Die Kantone sind demnach *in der Bezeichnung der Behörden bzw. Instanzen frei, die eine Ausweisung anzuordnen haben.* Die Kantone können deshalb beispielsweise eine einzige oder zwei verschiedene Instanzen mit dem Erlass von Ausweisungsentscheiden beauftragen (vgl. ZMP 1/96 Nr. 1 [S. 6 f.]). Dem stehen BGE 118 II 305, 119 II 141 ff., 241 ff. nicht entgegen. *Denn Art. 274g Genüge getan ist dann, wenn beide dieser Instanzen die Streitsache, die sie von Bundesrechts wegen behandeln müssen, jeweils mit sog. «voller Kognition» prüfen können und dadurch widersprüchliche Entscheide von Schlichtungsbehörde oder Richter* (so BGE 119 II 245, ZMP 1/96 Nr. 1 [S. 6]) *und Ausweisungsbehörde* (das BGer spricht in BGE 119 II 245 allerdings verwirrend von «juge») *vermeiden.*

21 Die Kompetenzattraktion von Art. 274g darf somit *nicht als Hemmnis für kantonale Verfahren zur «raschen» Ausweisung von Mietern verstanden werden, sondern als bundesrechtlicher Garant dafür, dass dergleichen «rasche» Verfahren nach kantonalem Recht trotz des Kündigungsschutzrechts weiterhin möglich sind, wo es ihrer bedarf.* Dass dabei «summarische» Verfahren kantonalen Rechts zu «einfachen und raschen» des Bundesrechts mutieren, bzw. durch Art. 274g denaturiert werden (vgl. GMÜR, a.a.O., S. 135), ist hingegen u.U. erforderlich (vgl. BGE 118 II 302, 119 II 141; vgl. dazu N 58 f.). Überdies scheint das Bundesrecht es dem kantonalen Recht nach Auffassung des Bundesgerichts (vgl. BGE 119 II 141 ff., unter Hinweis auf GMÜR) verbieten zu wollen, einem Vermieter Raum für sog. «unnötige Zwischenspiele» (Verfahren) zu lassen, die dieser zwar nicht eingehen muss, aber wenn er will, zu seinem eigenen Nachteil eingehen kann (vgl. ebenfalls BGE 118 II 306 f.).

22 Des besseren Verständnisses halber sei hier angefügt, dass das vom BGer und von GMÜR anvisierte «summarische Verfahren» nach zürcherischem Recht kein summarisches Verfahren i.e.S. darstellt, welches generell bei Ausweisungen zu beschreiten ist, sondern ein Erkenntnisverfahren (Befehlsverfahren) mit gesetzlich genau definierter eingeschränkter Kognition des Richters (Voraussetzungen: klares Recht, sofort beweisbare tatsächliche Verhältnisse), das eine Partei – sind die Voraussetzungen gegeben – statt des ordentlichen Verfahrens einschlagen kann. Dieses Verfahren wurde u.a. ebenfalls für die Anwendung des altrechtlichen Art. 282 SchKG geöffnet und blieb nach dessen Hinfall weiterhin bestehen, da es ja auch anderen Zwecken als der Ausweisung zu dienen hat (vgl. STRÄULI/MESSMER, N 1, N 6 zu § 222; grundsätzlich zutreffend daher ZMP 1/96 Nr. 1 [S. 6 f.]). Beim fraglichen Richter (Befehlsrichter) handelt es sich sodann gerade nicht um die primär zuständige ordentliche Instanz für Ausweisungsbegehren usw. Die primäre und ordentliche Zuständigkeit für Ausweisungsverfahren begründen im Kanton Zürich nach wie vor vielmehr § 31 GVG, § 21 GVG und § 18 GVG (unzutreffend daher in diesem Punkt SVIT-Kommentar II, N 7 zu Art. 274g).

23 Auf diese gesetzliche Ordnung ist das BGer in BGE 118 II 302 ff. überhaupt nicht eingegangen, in BGE 119 II 141 ff. nur in einem Satz, also wohl doch eher oberflächlich. So betrachtet hat das *BGer bis heute nicht hinreichend erklärt,* weshalb es einem Kanton gemäss Art. 274g versagt sein soll, einem Vermieter nebst dem ordentlichen Verfahren auch ein ausserordentliches, rascheres für besondere Fälle zur Verfügung zu stellen, das dann zugunsten des ordentlichen weicht, wenn seine Voraussetzungen nicht erfüllt sind (ähnlich kritisch WEBER/ZIHLMANN, Basler Kommentar, N 2 zu Art. 274g). *Dass Art. 274g von Bundesrechts wegen ganz allgemein «unnötige Zwischenspiele» verhindern muss, die eine Partei zu ihrem Nachteil* selbst verursachen kann (beispielhaft N 38, N 42), *darf ernsthaft kaum angenommen werden* (vgl. dazu BGE 119 II 144 f. und 118 II 306 f.; siehe ferner BGE 119 II 241, SJ 1993, S. 545, DdB 6/1994 Nr. 29; vgl. zum Ganzen auch KOLLER, in: AJP 1992, S. 1584 ff.). Möglich und zulässig muss es daher erscheinen, dass namentlich dort, wo keine Kompetenzattraktion vorliegt, eine sog. «volle Kognition» nicht notwendig ist (und zugleich Art. 274d Abs. 3 unanwendbar bleibt).

### 2. Abgrenzung von Vollstreckungsbehörden

Trotz der vagen Umschreibung der Instanz, die für die Ausweisung zuständig sein soll, als «Ausweisungsbehörde» kann Art. 274g vernünftigerweise Vollstreckungsbehörden des kantonalen Rechts nicht erfassen und erfasst haben wollen. *Unter Vollstreckungsbehörden sind jene kantonalen Behörden zu verstehen, die eine bereits rechtskräftig angeordnete Ausweisung eines Mieters zu vollziehen haben.* Denn diese rechtskräftige Anordnung der Ausweisung ist mit Blick auf den gesetzlichen Sprachgebrauch eben gerade von der «Ausweisungsbehörde» erlassen worden (gl.M. wohl etwa SVIT-Kommentar II, N 22 zu Art. 274g; irreführend insoweit ZIHLMANN II, S. 124). 24

*Nicht mit Art. 274g oder dem Bundesprivatrecht in Zusammenhang steht ein allfälliger Aufschub der Vollstreckung* insbesondere aus humanitären Gründen (vgl. BGE 117 Ia 336 ff.) oder aus «berechtigten Interessen» (z.B. schwere Erkrankung im Zeitpunkt des Vollzuges usw.; vgl. BGE 117 IV 178 f.). Ein solcher Aufschub, der überdies nur von kurzer Dauer sein kann, ist namentlich nicht erstreckungsrechtlich motivierbar, da die Vollstreckung der Ausweisung erst dann möglich ist, wenn die Frage der Erstreckung bereits endgültig geregelt worden ist. Die *Grundlagen* des Aufschubes haben *ausschliesslich im kantonalen Gesetzesrecht* zu liegen. 25

## III. Kompetenzattraktion der Ausweisungsbehörde

### 1. Zweck der Regelung

Nach Auffassung des Bundesgerichtes soll Art. 274g die beförderliche Behandlung von Kündigungsanfechtungen sicherstellen (vgl. BGE 119 II 145, unter Hinweis auf BGE 118 II 307). Das ist allerdings Aufgabe von Art. 274d (so immerhin BGE 118 II 306). Richtig betrachtet scheint der *Zweck der Regelung des Art. 274g vielmehr darin zu liegen, sich widersprechende Entscheide zweier mit der gleichen Sache befasster Instanzen im Sinn einer allgemeinen Beschleunigung zu verhindern* (ZIHLMANN II, S. 124; vgl. auch BGE 119 II 143, 118 II 304 f., ZMP 1/96 Nr. 1 [S. 6]). Damit gewinnt die Norm indes vor allem den Zweck, die Ausweisung eines (insbesondere pflichtvergessenen) Mieters nicht unnötig zu behindern (ähnlich BGE 117 II 557 f.; ähnlich etwa ZIHLMANN, Basler Kommentar, N 1 zu Art. 274g, sowie EIHOLZER, Anfechtung, a.a.O., S. 326). Letzteres legt vor allem der Abs. 1 von Art. 274g nahe. 26

## 2. Voraussetzung des gleichzeitig hängigen Ausweisungs- und Kündigungsschutzverfahrens

27 Zur Beurteilung von Kündigungsschutzfragen neben der Prüfung der Ausweisungsproblematik (Kompetenzattraktion) kommt nach dem Gesetzeswortlaut die Ausweisungsbehörde nur dann, *wenn gleichzeitig ein Kündigungsschutzverfahren und ein Ausweisungsverfahren hängig sind, und zwar zwischen den gleichen Parteien (Identität der Parteirollen ist hingegen gerade nicht gefordert)*. Dabei spielt es keine Rolle, welches der Verfahren zuerst anhängig gemacht worden ist (vgl. BGE 117 II 556). Ist ein Schlichtungsverfahren hängig, so hat die Schlichtungsbehörde überdies von Amtes wegen ihr Verfahren der Ausweisungsbehörde zu überweisen (Art. 274g Abs. 3 i.V.m. mit Art. 274a Abs. 1 lit. d; dazu Genaueres in N 43 ff.).

28 Die Kompetenzattraktion setzt m.a.W. *zwei hängige Verfahren (zwischen den gleichen Parteien) voraus* (vgl. dazu nachstehend N 33 f.), *bei zwei verschiedenen Instanzen* (dazu nachstehend N 30 ff.). Sie hängt jedoch nicht von der Überweisungspflicht der Schlichtungsbehörde gemäss Art. 274g Abs. 3 ab (dazu nachstehend N 45 ff.). Diese Pflicht der Behörde ist blosse Folge der Kompetenzattraktion, und zwar gemäss dem klaren Willen des Gesetzgebers und nicht gleichsam naturgegeben. Sie stellt *ein* Mittel dar, um die mit der Kompetenzattraktion verbundenen Ziele (vorn N 26) zu erreichen.

29 *Kompetenzattraktion* (dazu auch vorn N 3) heisst in diesen Zusammenhang gestellt folglich, *dass einer Behörde bzw. einem Richter die Befugnis und Pflicht zukommt, eine Streitsache umfassend gemäss Art. 274d Abs. 3* (mit sog. «voller Kognition» namentlich bezüglich der Beweiserhebung) *zu prüfen*. Und das, obwohl diese Behörde oder dieser Richter hierfür an sich gar nicht sachlich oder/und funktionell zuständig ist (vgl. etwa BGE 117 II 558 f., 118 II 306, 119 II 143 ff., 119 II 245, Pra. 1994 Nr. 154, JdT 1992 I 601, DdB 5/1993 Nr. 27). Ist vom kantonalen Recht für Ausweisungen und für Kündigungsschutzklagen sachlich dieselbe «Behörde» zuständig, bedarf es unter diesem Aspekt keiner Attraktion von Kompetenz mehr (vgl. auch N 52 und N 55 f.)

### *a) Davon betroffene Instanzen*

30 Die gesetzlichen Grundlagen der Kompetenzattraktion finden sich in Art. 274g Abse. 1 und 2. Diese Bestimmungen *verpflichten die Ausweisungsbehörde als sachlich* (und funktionell) *an sich unzuständige Instanz* (vgl. Art. 273 Abse. 1 und 2) *zusätzlich die Anfechtungsproblematik sowie die Erstreckungsproblematik zu überprüfen* (ähnlich, statt vieler: Rapp I,

a.a.O., S. 20). Die Kompetenz der Ausweisungsbehörde, über die Ausweisung befinden zu können, ist daher die für die Attraktion weiterer Kompetenz grundlegende Kompetenz *(Grundkompetenz* [zu deren Umfang siehe nachstehend N 57]; vgl. auch EIHOLZER, Anfechtung, S. 326 f.). Attraktion heisst in diesem Zusammenhang somit im wesentlichen «Erweiterung» von an sich bestehender Kompetenz, aber nicht Schaffung neuer Kompetenz.

Von der Regelung des Art. 274g Abse. 1 und 2 erfasst werden ferner die *Schlichtungsbehörde bzw. der Richter*, die nach kantonalem Recht und/ oder nach der Wahl der Parteien (vgl. Art. 274b, Art. 274c) an sich *zur Behandlung der Anfechtungs- bzw. Erstreckungsproblematik berufen wären* (ähnlich BGE 117 II 256, 558; vgl. überdies etwa ZIHLMANN II, S. 124). Die Erfassung des Richters und nicht nur der Schlichtungsbehörde durch die Norm folgt aus dem von der Norm verfolgten Zweck (vorn N 26) und aus dem in diesem Punkt «schrankenlosen» Wortlaut der Norm gleichermassen. 31

Die Kompetenzattraktion hat für diese zwei von Art. 274g Abse. 1 und 2 erfassten Rechtsanwendungsinstanzen *die sachliche und funktionelle Unzuständigkeit zur Folge*, und zwar von dem Zeitpunkt an, in dem ein Ausweisungsverfahren hängig ist. *Keine Rolle spielt es deshalb, ob das Ausweisungsverfahren vor oder nach dem Schlichtungs- oder Gerichtsverfahren hängig wurde* (vgl. etwa BGE 117 II 558, JdT 1992 I 601, DdB 5/1993 Nr. 27; ferner, statt vieler: EIHOLZER, Anfechtung, S. 326). Ihre (der Schlichtungsbehörde bzw. des Richters) Kompetenz zur Entscheidung der Kündigungsschutzfragen ist daher im Vergleich zur Kompetenz der Ausweisungsbehörde (vorn N 30) sozusagen *«nachrangig»* oder *«nachgiebig»* (ähnlich EIHLOZER, a.a.O.). 32

### *b) Hängigkeit*

Wann ein Ausweisungsverfahren hängig ist, bestimmt sich bei der Anwendung von Art. 274g einsichtigerweise nach dem Bundesrecht. Analog den Grundsätzen zur Fristwahrung i.S.v. Art. 273 Abs. 5 und Art. 274f Abs.1 (vgl. N 69 zu Art. 274f, mit Weiterverweis) ist das *Ausweisungsverfahren demnach dann hängig*, wenn das Ausweisungsbegehren der Ausweisungsbehörde direkt überbracht oder wenn es der Post zuhanden der Ausweisungsbehörde übergeben worden ist (die Form des Begehrens bestimmt das kantonale Recht). Im letzten Fall gilt das allerdings nur unter dem Vorbehalt des tatsächlichen Einganges bei der Ausweisungsbehörde. 33

Die *Hängigkeit des Schlichtungsverfahrens* folgt aus den Grundsätzen zur Klageanhebung i.S.v. Art. 273 (dazu N 42 ff. zu Art. 273, insbesondere 34

N 45 ff. [Fristbeginn] und N 59 f.). Die Hängigkeit eines *gerichtlichen Verfahrens* folgt den Grundsätzen, die für das Ausweisungsbegehren gelten.

### 3. Voraussetzung der örtlichen Zuständigkeit

35 *Vom Gesetz nicht ausdrücklich erwähnt* ist die *weitere* Voraussetzung der Kompetenzattraktion, dass die angerufene *Ausweisungsbehörde örtlich zuständig* sein muss. Diese Voraussetzung wird von der Norm, die sich ausschliesslich mit der sachlichen bzw. funktionellen Zuständigkeit (Grundkompetenz; vorn N 30) befasst, immerhin insoweit *stillschweigend mitgeregelt*. Die Voraussetzung der örtlichen Zuständigkeit scheint zudem so offensichtlich, dass sie in der einschlägigen Literatur kaum Beachtung findet.

36 Folgt man der hinter Art. 274g steckenden Auffassung, die Bezeichnung der Ausweisungsbehörde sei Sache der Kantone, bestimmt sich die örtliche Zuständigkeit der Ausweisungsbehörde an sich nach dem kantonalen Recht. Das kann allerdings nur soweit zutreffen, wie Art. 274b den Kantonen im innerkantonalen Verhältnis die Möglichkeit zur Bestimmung des Gerichtsstandes offen lässt (vgl. N 34 zu Art. 274b). *Denn Art. 274b regelt ansonsten die Frage der örtlichen Zuständigkeit auch der Ausweisungsbehörde* (vgl. allgemein VOGEL, S. 114).

37 *Nicht zur Bestimmung der örtlichen Zuständigkeit* der Ausweisungsbehörde herbeigezogen werden kann demgegenüber der Gerichtsstand der unbeweglichen Sache i.S. des ungeschriebenen Bundesrechts für dingliche Klagen (vgl. dazu allgemein STAEHELIN/SUTTER, S. 53, STRÄULI/MESSMER, N 1, N 6 ff. zu § 6/7, VOGEL, a.a.O.). Die von Art. 274g erfasste Ausweisungsklage ist keine (nur) dingliche Klage in diesem Sinn (vgl. vorn N 11 f.).

38 *Fehlt es der angerufenen Ausweisungsbehörde an der örtlichen Zuständigkeit, so hat sie auf das Ausweisungsbegehren nicht einzutreten.* Es fehlt hier an einer allgemeinen prozessualen Voraussetzung, die die Grundkompetenz (vorn N 30, nachstehend N 57) der Behörde erst entstehen lässt. *Zur Kompetenzattraktion kann es daher von vornherein gar nicht kommen.* Art. 274g hat denn auch nicht die Aufgabe, eine örtlich unzuständige Ausweisungsbehörde zwecks Verfahrensbeschleunigung mit weiterer Kompetenz auszustatten. Denn damit würde er gewissermassen eine «törichte Partei» vor ihrer eigenen «Torheit» schützen, zu Lasten der Gegenpartei, die gezwungen wäre, sich vor der örtlich unzuständigen Behörde auf den Streit einzulassen.

39 Hat eine Schlichtungsbehörde auf Antrag einer Partei oder aufgrund eigener Kenntnis von der Klage bei der Ausweisungsbehörde das Kündigungsschutzbegehren der Ausweisungsbehörde überwiesen (vgl. Art. 274g Abs. 3), so darf diese es wiederum der Schlichtungsbehörde retournieren. Gleich verhält es sich bei Überweisungen durch den mit der Anfechtung usw. befassten Sachrichter (vgl. dazu allerdings nachstehend N 44–51).

### 4. Wegfall der Voraussetzung

Die *gleichzeitige Hängigkeit zweier Verfahren vor zwei Instanzen (zwischen den gleichen Parteien) entfällt* an sich mit dem Eintritt der Kompetenzattraktion. Daraus folgt jedoch nicht zwingend, dass die Ausweisungsbehörde stets gewissermassen umfassend zuständig bleibt. Ihre «umfassende» Zuständigkeit scheint grundsätzlich dann dahinzufallen, wenn das Anfechtungs- und/oder Erstreckungsbegehren zurückgezogen wird, sowie dann, wenn das Ausweisungsbegehren zurückgezogen wird. Ebenso scheint sie grundsätzlich dahinzufallen, wenn eine Gegenstandslosigkeit eintritt (der Mieter verlässt das Objekt von sich aus). 40

*In den Fällen, in denen das Anfechtungs- bzw. Erstreckungsbegehren zurückgezogen oder gegenstandslos wird,* bleibt die Behörde gleichwohl gemäss den allgemeinen verfahrensrechtlichen Grundsätzen zuständig für die Erledigung sowohl des Kündigungsschutzverfahrens als auch des Ausweisungsverfahrens. Die Grundkompetenz, die zur Attraktion geführt hat (vorn N 30, nachstehend N 57), verbleibt ihr nämlich weiterhin. Das gilt auch dann, *wenn zugleich das Ausweisungsverfahren gegenstandslos wurde* (weil der Mieter das Mietobjekt verlassen hat); die Grundkompetenz ist von der Gegenstandslosigkeit gleich betroffen wie die durch die Attraktion hinzugekommene weitere Kompetenz. 41

Bei den *Kostenfolgen,* die sich nach dem Verursacherprinzip richten, ist im Fall der *Gegenstandslosigkeit* stets getrennt nach Ausweisungs- und Kündigungsschutzverfahren zu prüfen, wer die Gegenstandslosigkeit verursacht hat, bzw. wer das Verfahren kostenfällig verursacht hat. Es muss m.a.W. nicht zwingend stets derjenige alle Kosten beider Verfahren tragen, der für die Gegenstandslosigkeit verantwortlich ist (z.B. es wurde die Ausweisung zu früh beantragt und es erwies sich das Ausweisungsverfahren letztlich als überflüssig; vgl. dazu N 49).

*Beim Rückzug des Ausweisungsbegehrens* hingegen fällt die Grundkompetenz der Ausweisungsbehörde dahin. Damit entfällt zugleich die Ursache der erweiterten Kompetenz gemäss Art. 274g (wo keine Kompetenz ist, kann auch keine Attraktion derselben stattfinden oder fortdauern). Die «nachgiebige» Kompetenz (vorn N 32) erwächst demgegenüber wieder voll. Das bei der Ausweisungsbehörde in Behandlung stehende Kündigungsschutzbegehren *fällt daher konsequenterweise wieder in die Zuständigkeit der angerufenen Schlichtungsbehörde oder des an sich zuständigen Sachrichters zurück* (das Kündigungsschutzverfahren wird durch Nichteintreten bzw. «Von-der-Hand-Weisen» seitens der Ausweisungsbehörde für ihren Verfahrensbereich erledigt; eine Rücküberweisung muss von Amtes wegen erfolgen, und nicht bloss auf Antrag, weil sie Folge einer gesetzlichen Anordnung 42 ist). Ein sich daraus ergebender prozessualer Leerlauf ist als vom Bundesgesetzgeber gewollt hinzunehmen. Verursacht hat ihn letztlich zudem nicht das Gesetz, sondern die Partei, welche das Ausweisungsbegehren zurückzog (vgl. vorn N 38; siehe aber auch N 23) und zu deren Hilfe Art. 274g an sich gerade geschaffen worden ist.

Die Gegenpartei wird durch diesen Leerlauf übrigens im wesentlichen nicht schlechtgestellt: Sie kommt wieder in den Genuss des kostenlosen Schlichtungsverfahrens, und darüber hinaus ist sie von der Partei, die das Begehren zurückzog, für die mit dem Leerlauf verbundenen Umtriebe zu entschädigen. *Ein Leerlauf lässt sich mit dem Willen beider Parteien hingegen in solchen Fällen dann vermeiden*, wenn vor dem Rückzug des Ausweisungsbegehrens in der Kündigungsschutzsache ein Vergleich abgeschlossen oder diese anerkannt wird. Das hinwieder hängt ausschliesslich vom Willen der Parteien ab, nicht jedoch von der Ausweisungsbehörde.

## 5. Überweisungspflicht (Abs. 3)

43 Tritt die Kompetenzattraktion bei der Ausweisungsbehörde ein, so ist die *Schlichtungsbehörde* gestützt auf Art. 274d Abs. 3 *verpflichtet, der Ausweisungsbehörde das Kündigungsschutzverfahren zu überweisen*, sobald sie Kenntnis vom Ausweisungsverfahren hat (Art. 274g Abs. 3 und Art. 274a Abs. 1 lit. d sowie Art. 274d Abs. 3; vgl. dazu N 66 f. zu Art. 274a). Eines ausdrücklichen Antrages einer oder beider Parteien bedarf es dazu nicht. Ebensowenig ist ein Antrag der Ausweisungsbehörde auf Verfahrensüberweisung erforderlich (vgl. BGE 117 II 557 f.; siehe zudem SVIT-Kommentar II, N 19 zu Art. 274–274a). Die Überweisung setzt zudem voraus, dass sich im Ausweisungsverfahren die gleichen Parteien wie im Schlichtungsverfahren gegenüberstehen. Ist das nicht der Fall, muss die Ausweisungsbehörde den ihr überwiesenen Kündigungsschutzprozess zurücküberweisen (vgl. unveröff. Entscheid EV 960632 vom 6. August 1996, Audienzrichteramt Zürich).

44 *In äusserst extensiver «Auslegung»* von Art. 274g ist das Bundesgericht (BGE 117 II 558) zur Auffassung gekommen, eine gleiche Pflicht bestehe von Bundesrechts wegen ebenso für den Richter i.S.v. Art. 273 Abs. 5 bzw. Art. 274f Abs. 1, 1. Satz. Äusserst «extensiv» ist die Auslegung des Bundesgerichtes vor allem deshalb zu nennen, weil die Pflicht des Richters *unbekümmert um den klaren anderen Gesetzeswortlaut von Art. 274g Abs. 2* bestehen soll.

45 Das Wort *«Auslegung»* ist in diesem Zusammenhang *in Anführungszeichen* zu setzen, weil sich die Begründung des Bundesgerichtes mit Art. 274g Abs. 3 und Art. 274a Abs. 1 lit. d sowie Art. 274 gar nicht näher befasst, sondern sich in *einem Satz und in einem Literaturhinweis erschöpft*.

Das unbesehene Abstellen des Bundesgerichtes auf seine Auffassung ehrt sicher den Verfasser jenes Werkes (SVIT-Kommentar I, N 14 zu Art. 274g).

Es kann dieses Abstellen aber kaum den Ansprüchen genügen, die – ohne Überspanntheit – an eine höchstrichterliche Begründung gestellt werden dürfen, die sich mit dem unzweideutig anderen Wortlaut des Gesetzes klar in Widerspruch setzt. Es kommt hinzu, dass die fragliche Literaturstelle bloss das «Anliegen» des Gesetzgebers hervorhebt, es mit der Kompetenzattraktion nicht zu unerwünschten Verfahrensverzögerungen kommen zu lassen (vgl. SVIT-Kommentar I, N 14 zu Art. 274g). Aus diesem «Anliegen» wird gefolgert, es müsse nicht nur im Fall des Schlichtungsverfahrens, sondern ebenso in gerichtlichen Verfahren durch das Mittel der «Überweisung» gefördert werden (vgl. SVIT-Kommentar I, a.a.O.). Warum dem so sein muss, obwohl der *Gesetzgeber das expressis verbis gerade nicht angeordnet hat,* kann allein aus dem Anliegen des Gesetzgebers kaum derart zwingend folgen (vgl. N 46 ff.). Denn die Kompetenzattraktion stellt die Beschleunigung sicher, nicht aber die Überweisung. Die Überweisung ist *ein* Mittel, das hilft, die Kompetenzattraktion unkompliziert zu verwirklichen. Ein anderes Mittel kann hingegen etwa Art. 274d Abs. 3 sein (vgl. nachstehend N 50 f.). Die *Auffassung des Bundesgerichtes und der ihm darin ohne weiteres folgenden Literatur erweist sich nur schon deswegen eher als verfehlt.*

*Nicht erwogen wird* in SVIT-Kommentar I (N 14 zu Art. 274g) und vom Bundesgericht *überdies, dass der Gesetzgeber das «Anliegen»* – vielleicht einzig aus praktischen Gründen (vgl. nachstehend N 48) – *bewusst nur im Schlichtungsverfahren mit dem Mittel der Überweisungspflicht hat fördern wollen.* Der Wortlaut von Art. 274, Art. 274a Abs. 1 lit. d und Art. 274g Abs. 3 kann (ernsthafte) Erwägungen in dieser Richtung kaum von vornherein zugunsten einer «weiten» Auslegung nach dem «Sinn und Geist» einer Norm usw. im Lichte von «Anliegen» ausschliessen. *Im Gegenteil:* 46

- Die zur Begründung herangezogenen *Anliegen des Gesetzgebers wurden von diesem direkt nicht formuliert,* sondern in der Botschaft, die sich auf den insoweit unverändert Gesetz gewordenen Art. 273c des bundesrätlichen Entwurfes bezieht. Die zu Art. 274g *ausgebliebene Debatte im Parlament* (vgl. Amtl.Bull. SR vom 8. Juni 1988, S. 180, und Amtl.Bull. NR vom 16. März 1989, S. 546) *legt kaum schlüssig nahe, der Gesetzgeber habe der Norm durch das Schweigen seiner Mitglieder einen anderen Sinn als der bundesrätliche Entwurf geben wollen.* Dieser Entwurf aber sah den Richter ebenfalls nicht als vom Bundesrecht zur Überweisung verpflichtet an, obwohl er das durchaus hätte können (warum hätte er es nicht können?). Der *Gesetzgeber,* der der Botschaft folgte, bezeugte m.a.W. insoweit *Respekt vor der verfassungsmässigen Ordnung* (vgl. auch Art. 274 des Entwurfes, der der Gesetz gewordenen Fassung entspricht). Letzteres darf selbst bei der Auslegung einer Norm unter dem Gesichtspunkt von «Anliegen» nicht achtlos beiseite geschoben werden. 47
- *Die Überweisungspflicht der Schlichtungsbehörde,* die greift, sobald die Behörde Kenntnis von einem Ausweisungsverfahren hat, lässt sich als praktikabel rechtfertigen: *Die bundesrechtlichen Bestimmungen zur örtlichen und sachlichen Zuständigkeit vermögen nämlich im Regelfall den Gleichlauf der fori sowohl der Schlichtungs- als auch der Ausweisungsbehörde sicherzustellen.* Kenntnis von der Hängigkeit des Ausweisungsverfahrens kann die Schlichtungsbehörde aber deswegen allein noch nicht haben (was immerhin 48

die Problematik von Art. 274g Abs. 3 verdeutlicht). Kenntnis davon hat hingegen stets die Ausweisungsbehörde, der ja die Grundkompetenz zukommt (vorn N 30, nachstehend N 57). Und es ist daher für diese Behörde, trotz der Mitwirkungspflicht der Parteien gemäss Art. 274d Abs. 3, im Regelfall relativ einfach, bei der Schlichtungsbehörde des gleichen örtlichen Zuständigkeitsbereiches, die gemäss Art. 273 Abse. 1 und 2 stets als erste angerufen werden muss, in Erfahrung zu bringen, ob ebenfalls ein Schlichtungsverfahren hängig ist (et vice versa). *Das alles gilt demgegenüber für das gerichtliche Verfahren i.S.v. Art. 273 Abs. 5 nicht mehr, weil hier die fori von Richter und Ausweisungsbehörde auseinanderklaffen können* (vgl. nachstehend N 51). *Für die Suche nach dem Richter*, der zugleich ein Kündigungsschutzverfahren behandelt, ist in diesem Fall *die Ausweisungsbehörde stets auf die Mitwirkung der Parteien angewiesen.* Mit Blick auf Art. 274d Abs. 3 und den sich daraus ergebenden Pflichten der Ausweisungsbehörde selbst (wozu auch die Pflicht gehört, ohne Antrag der Parteien den Sachverhalt festzustellen), kann es dabei wohl ohne Not bleiben.

49 – Die vom Bundesgericht unbesehen übernommene Auffassung führt zudem – im Gesamtzusammenhang mit den übrigen Verfahrensnormen betrachtet – *nicht zu einer lückenlosen Sicherstellung* gewissermassen gar «automatischer» Überweisungen in jedem «Verfahrensstadium». Das mag zwar auf den ersten Blick so erscheinen und von daher gewissermassen nach der Anwendung des Auslegungsgrundsatzes der Praktikabilität rufen. Mit der Frist von Art. 274 Abs. 1 wurde indes ein Lücke geschaffen, was dem Gesetzeber kaum verborgen bleiben konnte. In der Zeitspanne zwischen der Entscheideröffnung und der Anrufung des Richters (die am 30. Tag i.S.v. Art. 274f Abs. 1, 1. Satz, erfolgen darf) oder deren Unterlassung kann ein Ausweisungsbegehren gestellt werden. Mangels Rechtskraft des schlichtungsbehördlichen Entscheides kann die Ausweisungsbehörde während dieser 30 Tage dem Gesuch allerdings nicht stattgeben (sie kann es einstweilen unbehandelt lassen oder [mangels aktuellen Rechtsschutzinteresses] einstweilen nicht darauf eintreten [unzutreffend in der Allgemeinheit der Formulierung daher SVIT-Kommentar II, N 17 zu Art. 274g]). Die Pflicht zur Prüfung der Frage der Rechtskraft folgt wiederum aus der Grundkompetenz der Ausweisungsbehörde. Weshalb im Fall der Anrufung des Richters sich daran etwas ändern soll, ist nicht ganz einsehbar.

50 *Nach richtiger Auffassung kann eine Überweisungspflicht aus dem Bundesrecht für die richterliche Instanz i.S.v. Art. 273 Abs. 5 bzw. Art. 274f aus dem Bundesrecht nicht folgen.* Es ist vielmehr Sache der Ausweisungsbehörde, in diesen Fällen gestützt auf die Untersuchungsmaxime die Akten des Richters beizuziehen, unter Mitwirkung der Parteien (vgl. N 67 zu Art. 274a, N 58 zu Art. 274d).

51 Diese Lösung rechtfertigt sich nicht nur aufgrund der verfahrensrechtlichen Ordnung der Art. 274 ff., sondern gleichfalls aus praktischen Gründen. Die gerichtlichen Verfahren müssen trotz Art. 274b Abs. 1 nicht stets am selben Ort stattfinden wie die Ausweisungsverfahren (Prorogation, Schiedsgericht; vgl. dazu Art. 274b Abs. 2 und Art. 274c). Die Mitwirkung der Parteien ist daher für die Ausweisungsbehörde nur schon unabdingbar, um den angerufenen Richter zu ermitteln (vorn N 48). Dieser hinwieder kann u.U. ja erst (zu) spät Kenntnis vom Ausweisungsverfahren haben.

## IV. Beschränkte Kompetenzattraktion gemäss Abs. 1

Die Grundkompetenz der Ausweisungsbehörde (vgl. vorn N 30, nachstehend N 57) wird gemäss Art. 274g Abs. 1 *nur um die Kompetenz bereichert*, die Frage der Gültigkeit einer ausserordentlichen Kündigung ebenfalls *unter dem Aspekt der Treuwidrigkeit gemäss Art. 271 f.* zu prüfen. Aber auch diese Prüfung hat *nicht in jedem Fall* der Hängigkeit von Kündigungsschutz- und Ausweisungsverfahren ganz grundsätzlich zu erfolgen, *sondern nur ausnahmsweise. Das Gesetz zählt die Ausnahmen abschliessend auf.* Die Kompetenzattraktion ist damit vom Bundesrecht abschliessend eingeschränkt (ähnlich, statt vieler: GUT, a.a.O., S. 40, SVIT-Kommentar II, N 18 zu Art. 274g, WEBER/ZIHLMANN, Basler Kommentar, N 3 zu Art. 274g). 52

*Die Kündigungen*, bei deren Anfechtung es zur beschränkten Kompetenzattraktion kommt, sind *alles ausserordentliche Kündigungen, die eine Erstreckung gestützt auf Art. 272a Abs. 1 lit. a–lit. c ausschliessen:* Kündigung gestützt auf Art. 257d (Zahlungsrückstand des Mieters; vgl. Art. 274g Abs. 1 lit. a), Kündigung i.S.v. Art. 275f Abse. 3 und 4 (schwere Vertragsverletzung des Mieters; vgl. Art. 274g Abs. 1 lit. b), Kündigung i.S.v. Art. 266h (Konkurs des Mieters; vgl. Art. 274g Abs. 1 lit. d). Die Frage der Erstreckung wird die Ausweisungsbehörde in diesen Fällen deswegen nie beschäftigen können und dürfen. Zu den Voraussetzungen dieser Kündigungen usw. vgl. N 15–27 zu Art. 274a, mit Weiterverweisungen. 53

Werden der Ausweisungsbehörde Verfahren überwiesen, die keine Kompetenzattraktion zu begründen vermögen (vgl. auch N 43), so hat sie diese wieder an die überweisende Instanz (in der Regel die Schlichtungsbehörde) mangels eigener Zuständigkeit zurück zu überweisen (vgl. auch N 63). Keine Kompetenzattraktion zu begründen vermögen im übrigen nicht nur Anfechtungsklagen, denen keine Kündigung gemäss Abs. 1 zugrunde liegt, sondern ebenfalls Klagen des Mieters auf Feststellung der Nichtigkeit oder der Unwirksamkeit der Kündigung (vgl. unveröff. Entscheid EU 960632 vom 6. August 1996, Audienzrichteramt Zürich). 54

## V. Erweiterte Kompetenzattraktion gemäss Abs. 1 lit. c und Abs. 2

Bei der *Kündigung aus wichtigem Grund i.S.v. Art. 266g* führt Abs. 2 von Art. 274g zu einer im Vergleich zu den in N 53 angeführten Verfahren wegen 55 besonderer ausserordentlicher Kündigungen erweiterten Kompetenzattraktion. Es ist nicht nur die Gültigkeit der Kündigung gemäss Abs. 1 lit. c unter dem Aspekt der Treuwidrigkeit zu prüfen; im Fall deren Bejahung muss überdies die Erstreckung des Mietverhältnisses i.S.v. Art. 272 ff. geprüft werden (vgl. nachstehend N 64). Die Erstreckung des Mietverhältnisses ist zudem stets dann zu prüfen, wenn die Kündigung selbst zwar nicht angefochten, aber Erstreckung (bei der Schlichtungsbehörde) verlangt worden ist. Zu den Voraussetzungen dieser Kündigung usw. vgl. N 54 ff. zu Art. 266g, mit Weiterverweisen.

56 *Nicht zu prüfen sind demgegenüber von der Ausweisungsbehörde die vermögensrechtlichen Folgen der Kündigung gemäss Art. 266g Abs. 2* (gl. SVIT-Kommentar II, N 12 zu Art. 274g; gl.M ferner wohl z.B. etwa GUT, a.a.O., S. 40). Das ergibt sich wiederum aus dem klaren Gesetzeswortlaut: Gemäss Art. 266 Abs. 2 darf bloss der «Richter» und nicht eine «Behörde» darüber entscheiden (also auch nicht die Schlichtungsbehörde in einem Anfechtungsverfahren). Es folgt das zusätzlich aus dem Wortlaut von Art. 274g Abse. 1 und 2, der die Kompetenzerweiterungen der Ausweisungsbehörde im Fall der Attraktion namentlich aufführt. Diese Regelung ist auch hier abschliessend (vgl. vorn N 4; vgl. ebenfalls N 20 ff. zu Art. 274f).

## VI. Das Verfahren der Ausweisungsbehörde

### 1. Die Grundkompetenz

57 Die Ausweisungsbehörde hat stets über die Ausweisung des Mieters bzw. die «Rückgabe» der Mietsache zu befinden (weil kein Mietverhältnis [mehr] besteht; vgl. vorn N 11–13). Aus dieser Aufgabe (Grundkompetenz) fliesst ihre sog. «Kognition» zur Überprüfung aller Fragen, die zunächst einmal *ihre eigene Zuständigkeit* beschlagen (vgl. vorn N 35 ff., N 40 ff.). Ferner fliesst daraus die Kognition (d.h. die Berechtigung und Pflicht) zur *Überprüfung aller Fragen, die den Ausweisungsanspruch des Vermieters begründen.* Darunter fällt namentlich die Prüfung der Gültigkeit einer Vertragsauflösung (zu den Möglichkeiten siehe N 58 Vorbem. zu Art. 271–273c, N 1 ff. Vorbem. zu Art. 266–266o). Ist diese durch Kündigung herbeigeführt worden, so muss die Kündigung *ebenfalls unter den Gesichtspunkten der Nichtigkeit i.S.v. Art. 266o, der übrigen Formgültigkeit und der Unwirksamkeit* (fehlende Kündigungsberechtigung; vgl. N 132 ff. Vorbem. zu Art. 266–266o, mit Weiterverweisen) *geprüft werden* (ähnlich EIHOLZER, An-

fechtung, a.a.O., S. 326, SVIT-Kommentar II, N 9 zu Art. 274g). Hinzu kommen Fragen der Aktiv- und Passivlegitimation usw. (z.B. Familienwohnung; gemeinsame Miete; Klage in Vertretung oder in eigenem Namen; Untermiete [Hauptvermieter oder Untervermieter ca. Untermieter]).

Zu dieser allgemeinen Kognition kommen bei Streitigkeiten, die von *Art. 274d erfasst* werden (und vom Bundesrecht her gesehen nur bei diesen), endlich die Berechtigung und Pflicht (auch unter beweisrechtlichen Aspekten), den Sachverhalt gemäss Art. 274d Abs. 3 zu prüfen sowie die Beweismittel frei zu würdigen (vgl. dazu auch vorn N 29; ähnlich das BGer in den in N 23 zitierten Entscheiden sowie der SVIT-Kommentar II, N 8 zu Art. 274g; dabei ist nicht restlos klar, ob vom BGer und vom SVIT-Kommentar II lediglich die Auffassung vertreten wird, Art. 274d Abs. 3 komme bei Ausweisungsverfahren nur im Fall der Kompetenzattraktion gemäss Art. 274g zum Zuge). 58

Den Kantonen ist nach der zutreffenden Auffassung die *Ausgestaltung des Ausweisungsverfahrens mit Ausnahme der von Art. 274g erfassten Fälle überlassen* (vorn N 19). Sie können die aus der Grundkompetenz der Ausweisungsbehörde und Art. 274d Abs. 3 fliessende Kognition daher verfahrensmässig einschränken und zweierlei oder mehr Verfahrensmöglichkeiten vorsehen (z.B. summarische Prüfung oder Prüfung auf liquide tatsächliche Verhältnisse und klares Recht in einem «schnellen» Verfahren und eine umfassende uneingeschränkte Prüfung in einem «ordentlichen, also einfachen und raschen Verfahren»; vgl. vorn N 22 f.). Dieses Recht muss ihnen nur schon deshalb zustehen, weil im voraus für eine Ausweisungsbehörde nie sicher sein kann, ob ein konkreter Fall unter Art. 274g fällt oder nicht (das sollte hingegen dem Vermieter, der Ausweisung verlangt, grundsätzlich möglich sein). Die Kantone können statt dessen alle Ausweisungen zur Behandlung bloss einer Behörde zuweisen, deren Verfahren dannzumal durch eine Kognition gekennzeichnet sein muss, die vor Art. 274d Abs. 3 standhält (vorn N 25, N 58). 59

Die Frage, ob Art. 274d Abs. 3 in einem konkreten Ausweisungsverfahren zur Anwendung gelangt oder gerade nicht, beurteilt sich demnach überall dort, wo Art. 274g nicht zum Zuge kommt, nach dem kantonalen Verfahrensrecht. 60

## 2. Verfahrensgrundsätze bei der Kompetenzattraktion

Zur Kompetenzattraktion kommt es dann, wenn ein Mieter eine besondere Kündigung gestützt auf Art. 274g Abs. 1 anficht (vorn N 52 ff. und N 55). Es kommt ferner dann zu ihr, wenn der Mieter in einem besonderen Fall um Erstreckung ersucht hat (vorn N 55). Hier entspricht die Kognition 61 von Bundesrechts wegen jener, die aus der Grundkompetenz und allgemein aus Art. 274d Abs. 3 fliesst. Die Fragestellungen zur Rechtsanwendung und Sachverhaltsermittlung sind sodann auf Art. 271 f. und Art. 272 erweitert oder mit Blick auf die sog. «umfassende Kognition» eingeschränkt (je nach Standpunkt der Betrachtungsweise).

62 Die Frage, ob ein Mieter *innert den bundesrechtlichen Verwirkungsfristen die Kündigung angefochten* bzw. um Erstreckung ersucht hat, *ist für den Eintritt der Kompetenzattraktion unmassgebend, nicht aber für die Rechtsanwendung.* Die Ausweisungsbehörde hat als Fragen mit materiellrechtlichem Gehalt deshalb selbst vorab zu prüfen, ob überhaupt eine Anfechtungsklage bzw. eine Erstrechnungsklage vorliegt. Ebenso hat sie zu prüfen, ob eine entsprechende Klage *innert* Verwirkungsfrist bei der zuständigen Schlichtungsbehörde eingegangen ist (Art. 273 Abse. 1 und 2); endlich hat sie zu prüfen, ob die Klage nicht bei einer anderen und damit unzuständigen Instanz eingegangen ist statt bei der örtlich zuständigen Schlichtungsbehörde (i.S. einer Prozessvoraussetzung).

63 Daraus folgt an sich konsequenterweise, dass die Ausweisungsbehörde selbst an sich keine Kündigungsschutzklagen bzw. Erstreckungsklagen annehmen kann. Durch die blosse Erweiterung ihrer Kompetenz wird sie ja nicht bereits zur Schlichtungsbehörde (gl.M. mutmasslich WEBER/ZIHLMANN, Basler Kommentar, N 3 zu Art. 274g). Dennoch bei ihr eingereichte Begehren muss sie zudem gestützt auf Art. 139 grundsätzlich der Schlichtungsbehörde nicht überweisen; sie hat an sich bloss eine Nachfrist anzusetzen (siehe dazu N 56 zu Art. 273).

Ist ein Ausweisungsverfahren allerdings anhängig, würde ein solches Vorgehen sich in der Tat (vgl. demgegenüber N 30, N 42; siehe zudem N 21 und N 23 [mit Verweisen]) als unnützes, verzögerndes Zwischenspiel erweisen, welches dem von Art. 274g angestrebten Zweck schlicht zuwiderläuft (vorn N 26). *Die Ausweisungsbehörde hat deshalb dann bei ihr und nicht bei der Schlichtungsbehörde eingereichte Anfechtungs- bzw. Erstreckungsbegehren zu behandeln, wenn bei ihr bereits ein Ausweisungsbegehren hängig ist* (gl.M. SVIT-Kommentar II, N 14, N 16 zu Art. 274g; unklar, ob hierin a.A., bei WEBER/ZIHLMANN, Basler Kommentar, N 3 zu Art. 274g; a.A. GUT, a.a.O., S. 40). *Trifft das nicht zu, hat sie auf das Anfechtungs- oder Erstreckungsbegehren nicht einzutreten, weil es an einer entsprechenden Prozessvoraussetzung fehlt* (Grundkompetenz [vorn N 30]; gl.M. WEBER/ZIHLMANN, Basler Kommentar, N 3 zu Art. 274g).

64 *Im Fall der erweiterten Kompetenzattraktion* gemäss Art. 274g Abs. 1 lit. c und Abs. 2 findet sodann die Offizialmaxime gemäss Art. 274e Abs. 3

bzw. Art. 274f Abs. 3 analog Anwendung (gl.M. SVIT-Kommentar II, N 15 zu Art. 274g).

*Das Verfahren vor der Ausweisungsbehörde wird von der Kostenlosigkeit des Art. 274d Abs. 2 nicht erfasst und muss daher kostenfällig sein* (vgl. N 96 ff. zu Art. 274d). Nicht zu beanstanden ist es allerdings, wenn die Kantone unter dem Aspekt des Verlustes der Kostenlosigkeit des Schlichtungsverfahrens die Gebühren des Ausweisungsverfahrens reduzieren oder wenn ausweisungsbehördlich eine entsprechende Praxis geübt wird. *Eine prozessarme Partei* kann immerhin im Ausweisungsverfahren die unentgeltliche Prozessführung beantragen und/oder die Bestellung eines unentgeltlichen Beistandes. Letzteres kann ihr auf ihren Antrag hin dann nicht verweigert werden, wenn ihr auch im Schlichtungsverfahren ein Vertreter hätte beigestellt werden müssen (BGer, in: Plädoyer, 5/92, S. 63, DdB 5/1993 Nr. 29; vgl. dazu überdies BGE 119 Ia 264, DdB 6/1994 Nr. 26 sowie N 123 ff. zu Art. 274d). Kostenlosigkeit angezeigt ist endlich bei Verfahren, die wegen Fehlern der Schlichtungsbehörde zu Rücküberweisungen führen (vgl. vorn N 43, N 54). Hat die fehlerhafte Überweisung der Schlichtungsbehörde einen entsprechenden Antrag einer Partei zur Ursache, fallen die Kosten hingegen bei dieser Partei an. 65

## 3. Die Übernahme des Anfechtungs- oder Erstreckungsverfahrens

Das Bundesrecht verpflichtet die Ausweisungsbehörde zur Ausübung der ihr durch die Attraktion zukommenden erweiterten Kompetenz, aber nicht zu mehr. Es verpflichtet sie überdies nur streckenweise zu dem, was sie dabei im einzelnen zu beachten hat (vgl. dazu vorn N 59 f.). Es begründet schliesslich – implizit, von der Sache her – *die Pflicht der gemeinsamen Behandlung von Ausweisungs- und Kündigungsschutzverfahren.* Daraus fliesst allerdings *keine Pflicht der Ausweisungsbehörde, die beiden Verfahren formell zu vereinigen* – die gemeinsame Behandlung kann auch anderweitig realisiert werden (z.B. gleichzeitige Behandlung in einer mündlichen Verhandlung). Die Vereinigung ist grundsätzlich gerade nicht angebracht, weil stets der Fall einer Rücküberweisung eintreten kann (vorn N 40 ff.). 66

### 4. Instanzenzug

67 Die vom Bundesrecht geforderte Kognition der Ausweisungsbehörde hat zur Folge, dass ihr Entscheid einen Entscheid darstellt, der zur rechtskräftigen Erledigung i.S.v. Art. 48 OG führen kann (vgl. BGE 119 II 141). Deshalb hat der kantonale Gesetzgeber zu gewährleisten, dass dann, wenn die Streitwertgrenze für die Berufung an das Bundesgericht erreicht ist, die Ausweisungsbehörde nicht einzige kantonale Instanz ist, die die Streitsache beurteilt (statt vieler: ZIHLMANN II, S. 125).

68 Der *Streitwert* berechnet sich *im Fall der Kompetenzattraktion* nach der erweiterten Kompetenz, also nach den Grundsätzen der Streitwertermittlung bei Anfechtungs- oder Erstreckungsklagen (je nach dem Grund der Attraktion; vgl. dazu N 27 ff. und N 79 ff. zu Art. 273). Eine Streitwertberechnung nach der blossen Grundkompetenz (Grundsätze für Ausweisungsverfahren ohne Kompetenzattraktion [dazu nachstehend N 72 ff.) würde dem tatsächlichen Gewicht der Streitigkeit zuwenig Rechnung tragen (unklar, ob a.A., bei BGE 119 II 148 f. [beschlägt diesen Fall nicht, sondern ein «gewöhnliches» Ausweisungsverfahren] und bei SVIT-Kommentar II, N 31 zu Art. 274f).

## VII. Ausweisungsverfahren ohne Kompetenzattraktion

69 Verfahren ohne Kompetenzattraktion im hier zu verstehenden Sinn *sind alle die Ausweisungsverfahren aus der Miete unbeweglicher Wohn- oder Geschäftsräume, bei denen die Voraussetzungen des Art. 274g Abse. 1 und 2 nicht eingetreten sind.* Macht eine Partei dennoch eine Übernahme des Kündigungsschutzverfahrens durch die Ausweisungsbehörde geltend, so ist auf den entsprechenden Antrag durch die Ausweisungsbehörde nicht einzutreten (vgl. auch vorn N 52 f., N 55 f. und N 63, am Ende).

70 *Der Schlichtungsbehörde hingegen ist es untersagt,* in dergleichen Fällen eine Überweisung vorzunehmen. Trotzdem vorgenommene Überweisungen führen wie die vom Mieter direkt bei der Ausweisungsbehörde eingereichten Begehren (ohne dass ein Ausweisungsverfahren hängig war) zu einem Nichteintreten der Ausweisungsbehörde (vgl. vorn N 63, am Ende). Im Fall der Überweisung des Verfahrens ohne Antrag einer Partei durch die Behörde kommt es überdies zur Rücküberweisung von Amtes wegen und dürfen die Kosten des unnötigen Zusatzverfahrens der Ausweisungsbehörde nicht den Parteien auferlegt werden.

71 *Das anwendbare Verfahrensrecht entspricht bei diesen Verfahren* dem Verfahren, das für die Behandlung eines Begehrens auf Rückgabe der

Mietsache (Ausweisung) im Rahmen der Grundkompetenz vorgesehen ist (vorn N 57 ff.).

Der *Streitwert* entspricht bei diesen «gewöhnlichen» Ausweisungsverfahren dem monatlichen Brutto-Mietzins, der in dem Zeitraum geschuldet wäre, während dessen der Vertrag ordentlicherweise fortdauern würde, wäre er nicht (u.U. bloss vermeintlich) aufgelöst worden (vgl. BGE 111 II 384 ff.). Der Zeitraum beginnt mit dem Tag, an dem er gemäss der Kündigung, die Anlass zur Ausweisung bot, hat aufgelöst sein sollen, und endet mit dem nächstmöglichen Termin, auf den das *kündbare Verhältnis* frühestens gemäss Vertrag und/oder Gesetz ordentlicherweise gekündigt werden könnte (vgl. BGE 111 II 385 f., 119 II 148 f.; gl. SVIT-Kommentar II, N 31 zu Art. 274f). *Bei unkündbaren (befristeten) Mietverhältnissen* wird das Ende durch den vereinbarten Endtermin gesetzt. 72

*Bei Verfahren, die Ausweisungen infolge des Eintrittes des vereinbarten Beendigungstages (befristster Mietvertrag oder Aufhebungsvertrag) zum Gegenstand haben*, ist der Streitwert gleich den Grundsätzen zum kündbaren Mietverhältnis zu berechnen, sofern dies sinngemäss der Position des nicht ausziehenden Mieters entspricht (vgl. Art. 266 Abs. 2); sonst sind die Gründe massgebend, die der Mieter für seinen Verbleib im Mietobjekt geltend macht (z.B. der vereinbarte Termin liegt eine Woche später oder drei Monate später usw.); macht der Mieter die Ausübung einer Option oder den Abschluss eines neuen befristeten Mietverhältnisses geltend, ist der Streitwert regelmässig wie bei unkündbaren Mietverhältnissen zu berechnen. 73

*In allen übrigen Fällen* (z.B. kein gültiger Vertrag zustande gekommen), wozu auch der Fall gehört, in dem der Mieter selbst gekündigt hat, aber nicht ausziehen will (es wird z.B. geltend gemacht, die eigene Kündigung sei erst in einem Monat oder in einem halben Jahr wirksam usw.), ist auf die konkreten Verhältnisse abzustellen, soweit sie sich aus den Parteivorbringen ergeben. Die allgemeinen Grundsätze gemäss N 72 vorstehend, die namentlich das BGer üblicherweise zur Anwendung bringt, entsprechen weder bei diesen noch bei den in N 73 erwähnten Fällen den tatsächlichen Gegebenheiten und damit dem tatsächlichen streitwerten Interesse. 74

*Zu den Verfahren aus der Miete beweglicher Sachen*, die grundsätzlich vom Geltungsbereich des Art. 274g ausgeschlossen sind, vgl. vorab vorn N 9 f. Zum anwendbaren Recht siehe N 68 ff. zu Art. 274. 75

*Zu beachten ist hier, dass im Fall der Miete von Wohn- oder Geschäftsraum* Art. 274d Abs. 3 ebenfalls Anwendung verlangt (siehe N 71 f. zu Art. 274). Zu einer Kompetenzattraktion kommt es jedoch einsichtigerweise nicht (vgl. N 5 ff.). Sieht das kantonale Recht für die Ausweisungsbehörde eine eingeschränkte Kognition vor, die die Anwendung der Untersuchungsmaxime nicht erlaubt, so ist diese Kognition zugunsten der bundesrechtlich geforderten nur dann unbeachtlich, wenn kein anderes kantonales Ausweisungsverfahren zur Verfügung steht, das den Anforderungen von Art. 274d Abs. 3 genügt (siehe [sinngemäss] vorn N 59 f. und überdies N 58). 76

# Sachregister

Die (**fett** gedruckten) Haupt-Stichworte sind alphabetisch geordnet, wobei die Umlaute ä, ö, ü, wie a, o, u behandelt werden. Die Anordnung der untergeordneten Stichworte folgt sachlichen Gesichtspunkten. Dabei wird zwischen wichtigen Unterstichworten sowie diesen untergeordneten weiteren Hinweisen unterschieden. Die wichtigen Unterstichworte werden *kursiv* wiedergegeben, die diesen untergeordneten weiteren Hinweise in normaler Schrift.

Die Verweise beziehen sich auf die Randnoten der Kommentierung eines Artikels bzw. von Vorbemerkungen (Beispiel: 272 N 5 = Note 5 zu Art. 272 OR). Die Hinweise auf Randnoten in Vorbemerkungen werden im Kurzsystem («V» steht dabei für «Vorbemerkungen») wie folgt dargestellt: V 271/273c N 10 (= Note 10 der Vorbemerkungen zu Art. 271–273c OR).

## A

## B

## G

## R

## S

## T



## U

## V

## W



## Z